| 国家安全情报研究丛书 |

国家安全情报研究

（上册）

张薇 | 主编

金城出版社
GOLD WALL PRESS
·北京·

图书在版编目（CIP）数据

国家安全情报研究 / 张薇主编. —北京：金城出版社有限公司，2021.3（2022.1重印）
ISBN 978-7-5155-2079-7

Ⅰ. ①国… Ⅱ. ①张… Ⅲ. ①国家安全—关系—信息工作—研究 Ⅳ. ①D035.3②G25

中国版本图书馆CIP数据核字（2020）第201359号

国家安全情报研究

主　　编　张　薇
责任编辑　蔡传聪
特约编辑　白燕琼　万园园　刘影梅　王育英
特约校对　贺小利　王平军　王菊
文字编辑　王　璐
责任校对　陈珊珊
责任印制　李仕杰
开　　本　710 毫米 ×1000 毫米　1/16
印　　张　45.5
字　　数　660 千字
版　　次　2021 年 3 月第 1 版
印　　次　2022 年 1 月第 2 次印刷
印　　刷　天津旭丰源印刷有限公司
书　　号　ISBN 978-7-5155-2079-7
定　　价　120.00 元（全二册）

出版发行　**金城出版社有限公司**　北京市朝阳区利泽东二路 3 号
　　　　　　邮编：100102
发 行 部　（010）84252396
编 辑 部　（010）88637126
总 编 室　（010）64228516
网　　址　http://www.jccb.com.cn
电子邮箱　jinchengchuban@163.com
法律顾问　北京市安理律师事务所　（电话）18911105819

序

中国的情报研究一直存在两大范式，即以信息管理为研究对象的信息科学（Information Science）范式或图书情报范式，以军事情报工作、公安情报工作为研究对象的情报研究（Intelligence Studies）范式。两大范式虽然都冠以“情报”之名，但在情报工作起源、情报工作的作用、情报工作的组织、情报研究的议题、情报研究的方法乃至情报学的教育等诸多领域，都存在根本分歧。

情报工作源远流长，最早的情报工作发生在军事斗争领域，而所谓图书情报、科技情报和竞争情报，都是军事情报工作的原则、方法在这些领域的运用，这应该属于基本的历史常识。有了战争，就有了情报工作，就有了对情报工作的理论探索。早在2500年前的春秋时代，中国兵圣孙武就对情报的作用（“知彼知己，百战不殆”）、情报用人（“上智为间”）、情报要素（“五事”“七计”）、情报搜集（“用间”“相敌”与“动敌”）、情报分析（“庙算”）、情报谋略（“诡道”“反间”）等，进行了系统总结，《孙子兵法》堪称世界上最早的军事情报学著作。现代中国的军事情报理论研究起码可以追溯至1943年军统特工郑介民出版的《军事情报学》《谍报勤务》等系列著作。郑介民勾勒的军事情报理论体系与今日西方的情报研究体系并无实质区别。美国的情报研究则可追溯至1949年谢尔曼·肯特出版的《战略情报：为美国世界政策服务》。在该书中，肯特把战略情报定位为战略家制定和执行计划所必需的情报，是身居高位的文武官员保卫国家福祉必须掌握的知识。这些事实说明，情报学的理论研究并非始于20世纪50年代美国的图书馆教育，也不是始于1958年中国科学技术情报研究所创建的“科技情报大学”，更与图情学派奉为圭臬的 *As We May Think* 没有关系。

我过去一直关注军事情报的理论研究，也致力于两大情报范式的融合。2017年我参加了苏新宁老师主持的国家社科基金重大项目“情报学学科建设与情报工作未来发展路径研究”，负责国家安全情报工作改革子课题的研究。这使我有更多机会与地方情报学者进行交流，思考国家安全情报学的理论构建和情报学两大范式的融合问题。我发现交流越多，分歧越大。比方说，我们对情报（intelligence）与信息（information）两个名词的讨论，对两大范式不同研究议题的讨论，尽管已经形成了相当丰富的研究成果，但学界对此视而不见，情报工作起源于科技情报或图书馆学的说法依然不绝于耳，我对两大范式的融合也产生了怀疑。在2017年出版的《军事情报学》中，我这样写道：中国的“情报科学”从未以军事情报实践作为研究对象，它奉布什（Vannervar Bush）和克劳迪·香农（Claude E. Shannon）为鼻祖，而忽略了以孙子为代表的中国兵家对军事情报研究的开拓性贡献。在谈到中国情报学的发展时，我认为，军事情报学应该借鉴科技情报学已经取得的成果，科技情报学则必须全面引进军事情报学的研究范式，实现 information 的 intelligence 化。2018年我修订《军事情报学》，继续讨论国内学者在情报学融合方面的见解，特别是沈固朝老师、苏新宁老师和赵冰峰同志的观点。我表达了这样一种认识：信息科学与情报研究分属两个不同的学科，有着不同的研究对象，其理论和学理根基截然不同，因此也没有必要强行融合。我也指出，情报学与信息科学不能整体融合，并不意味着两大学科之间不能相互借鉴。情报是经人的智力（文字理解能力、认知能力、推理能力和处理各项关系的能力）将序化了的数据加工成更高层次的信息。信息科学已经为这种加工和转变在理论、方法和技术方面打下了雄厚的基础。信息科学擅长的信息搜集方法、组织方法、分析方法是从事学术研究的基本工具，这样的工具弥补了传统军事情报工作在分析工具方面的缺陷。所以，在军事情报分析中引入定量分析方法，提高情报分析的科学性，使传统的定性分析与定量分析相结合，是摆在军事情报研究人员面前的任务。至于中国的科技情报学和社会科学情报学是否考虑引入军事情报学的研究范式，将其研究主题从一般的科技信息和图书信息拓展到国家安全信息，将其主要工作从建库、建网、建平台、数字化资源建设等信息服务职能转移到信息分析、智库建设上来，将其主要方向从信息组织、信息服务、信息检索延伸到对信息的“研判、洞察”，实现information的intelligence化，履行国家赋予的“耳目、尖兵和参谋”责任，完成其与信息科学的分离，提炼出自身的学科属性，则有赖于其学科自觉。在写下这段文字时，我对图书情报和科技情报的转型，是抱有深深疑问。我认为它们没有必要进行这种转型，而且也不可能完成这种转型。作为一门组织信息的学问，信息科学在科学研究方面自有其用武之地。所以，我把信息科学摆到了工具的位置，与逻辑学、语言学等诸多基础学科一样。我们做学问需要检索信息获取信息，我们需要严谨的逻辑进行思考，我们需要通过流畅的文字把思考的结果表达出来，仅此而已。

2019年我发表了两篇文章，分别从研究主题、研究方法角度揭示国家安全情报研究与信息科学之间的本质区别。其中《情报分析方法论的演变》指出，信息技术的发展使信息获取能力有了大幅提升，云计算等计算技术的进步为情报分析提供了强大的计算能力，但是，分析人员的认知偏差、对手的战略欺骗使国家安全情报分析与一般的信息分析存在本质的区别，国家安全情报领域的数据匮乏问题并不因大数据而解决；数据本身并不能说话，对数据的解读依赖于分析人员的思维模式的指引；大数据在揭示相关关系方面作用明显，但大数据能否透过对手释放的虚假信息，揭露虚假关系，依然有待探索。因此，大数据分析能否应对国家安全情报分析中的复杂问题，依然存有很大疑问。另一篇《国家安全情报工作在态势塑造中的作用》则认为，情报工作可以在塑造国家安全态势中发挥重要作用，塑造态势的方式，则有政治战、经济战、准军事行动、战略欺骗、影响间谍等，其目的是干扰对手的认知，影响其对外政策取向。这篇文章揭示的国家安全情报学的研究主题，与信息科学找不到任何对接之处。

如果我们承认信息科学与国家安全情报学的研究对象不同，那么，所有有关情报学困境的问题也就迎刃而解：图情学派将 Information 译成了情报，从而把 Information Science 当成了情报科学来研究，这是造成学界困惑的根本原因。如果图情学派继续坚持以 Information Science 为研究对象，而不去考虑 Intelligence，那么也就无所谓情报学的危机，当然也不用去考虑转型的问题。信息技术的发展已经为图书情报工作提供了广阔的舞台。鉴于图情学派利用公开研究的便利条件，已经牢牢地占领了"情报学"这一高地，为避免混乱，我还是建议军事情报研究和公安情报研究使用"国家安全情报学"这一新的学科名称。总体国家安全观的提出、国家安全委员会的成立、《国家情报法》的通过、国家安全学一级学科的设置，凸显了情报工作在国家安全工作中的地位与作用。这也为国家安全情报学的发展提供了广阔的天地。我认为，在国家安全学一级学科的框架内，建立中国的国家安全情报学，以真正的国家安全情报工作为研究对象，揭示国家安全情报工作规律，阐明国家安全情报工作的理论与方法，完善中国的国家安全情报理论，提升中国的国家安全情报实践水平，是一个现实选择。这几年，围绕国家安全情报理论建构，我撰写了一系列论文，包括《作为一门学科的国家安全情报学》《论国家安全情报工作》《国家安全情报工作的改革路径》《国家情报管理体制的改革》《情报分析方法论的演变——基于国家安全情报的视角》《论国家安全决策中情报的作用》《论国家安全情报工作在态势塑造中的作用》，对国家安全情报工作的认识愈发清楚，有关国家安全情报的理论框架已经基本成型。

陕西科学技术情报研究院主办的《情报杂志》一向在推动中国的国家安全情报理论方面不遗余力，是推动中国国家安全情报研究的火车头、排头兵。2014 年，陕西科学技术情报研究院、《情报杂志》编辑部和中国人民公安大学反恐怖研究中心共同发起，举办了第一届"华山情报论坛"，就反恐情报工作展开研讨。之后每年举办一次，迄今已成功举办六届，成为国家安全情报学界的年度学术盛会。自 2014 年以来，《情报杂志》共刊发国家安全情报类文章 280 余篇，成为国家安全情报理论研究的重要阵地。这些文章是 2014 年以来国家安全情报学界取得的主要研究成果（也有些文章发表在其他期刊上），数量虽然不多，但涉及国家安全情报工作的演变、国家安全情报机构的改革、情报战略与情报管理、情报立法与情报监督、情报分析与情报失误、反情报与情报谋略、情报学学科重构与国外情报学教育，是对六年来中国国家安全情报学界的一次成果检阅。

本书收集了其中近百篇文章，作了摘编整理，对于同一研究内容由不同作者完成的文章，编者进行了择优筛选。另外，反恐情报研究是国家安全情报研究的重点，也是《情报杂志》重点关注的研究方向之一，近几年共刊发了这一研究领域的文章 130 余篇，编者拟另外摘编整理“专辑”，故没有纳入本书。

我们希望，这样的摘编工作能让学界了解我国的国家安全情报理论研究现状，重新认识中国的情报研究议题，推动中国情报学的转型与重塑，使中国的情报研究真正成为“耳目、尖兵与谋士”，在中国的崛起过程中找准自己的定位，为中华民族的伟大复兴尽绵薄之力。

在本书即将付梓之际，薇子主编嘱我写几句。我不揣冒昧，写了以上文字，是为序。

高金虎

2020 年冬

目录

上册

第一章 情报基础

第一节 情报理论……002

一、情报的定义……002

二、美国情报理论研究……009

三、情报分析理论创新……022

四、孙子情报理论与思想……033

五、中美情报转型与理论发展……042

六、美国情报研究进展……048

第二节 情报历史……057

一、一个情报强国的崛起之路……057

二、美国国家情报体系改革……072

三、“五眼情报联盟”的兴起和演变……079

四、日本走向情报大国的历程……086

五、美国国防情报整合路径……098

六、美国国防情报分析力量的发展……110

七、美国执法情报共享融合的改革发展……118

第三节 情报智库……127
一、美国防务智库对国防改革的影响……127
二、情报智库：美—中经济与安全评估委员会……135
三、情报智库：情报与国家安全联盟……144
四、情报智库：IARPA的管理机制及运行模式……152

第二章 情报分析

第一节 分析思维……166
一、情报分析中的批判性思维……166
二、情报分析中的非逻辑方法……175
三、情报分析中的群体思维……179
四、辛西娅·葛拉博的预警情报思想……185
五、战略欺骗中的认知干预……194
六、情报场理论及其应用……203

第二节 分析方法……211
一、情报分析中的结构化分析……211
二、情报分析中的证据证明……219
三、预警情报中的机会分析……226
四、公安情报预警中的地平线扫描……233
五、国家情报产品的特征及形成条件……241
六、科技安全中的情报预测……248
七、美国犯罪情报预测分析技术……256

第三节 情报失误……265
一、情报失误中的文化因素……265

二、情报失误中的组织因素……271
三、决策失误与情报失察……279
四、美国对俄在叙军事行动的情报失误……285
五、朝鲜战争初期美国的情报失误……290

第四节 情报评估……298
一、战略情报评估……298
二、国家情报评估……303

下册

第三章 情报活动

第一节 情报决策……314
一、战略情报与国家安全决策……314
二、美国对外政策中的情报功能……321
三、情报工作的“政治化”问题……329
四、美国的情报政治化特性……340
五、法国情报决策的政治化……348

第二节 情报实践……359
一、国家安全情报工作……359
二、英国警务情报工作改革……369
三、以色列军民融合的情报工作……377
四、军事情报工作的智能化……383
五、美国情报分析网络共享系统……391
六、国家安全情报与战略抗逆力的融合……397

七、非常规作战中的文化情报……405

第三节 反情报……414
一、美国国家反情报管理……414
二、网络间谍的国际法规制……422
三、网络间谍的防控策略……430
四、美国网络威胁情报应用……437

第四章 情报管理

第一节 情报战略……452
一、国家情报战略概述……452
二、国家情报体系构建……456
三、中国情报界的战略选择……464
四、美国国家情报战略体系……472

第二节 情报体制……478
一、美国情报管理体制……478
二、美国国家情报管理机制……485
三、俄联邦情报管理体制……489
四、英国秘密情报转向诉讼证据……495
五、韩国情报体制及工作特点……504

第三节 情报立法……512
一、国家安全情报法律体系构建……512
二、美国国家情报立法及对外情报立法……517
三、俄罗斯联邦情报法制建设……525
四、俄罗斯对军事技术情报的法律规制……530

第四节　情报监督……536
一、英美情报监督体系……536
二、美国总审计署的情报监督……548

第五节　情报监控……556
一、国外情报监听立法比较……556
二、美国涉外情报监控法……564
三、欧盟对情报部门元数据监控管理……570
四、德国通信战略性监控制度……576

第五章　情报教育

第一节　情报学科……584
一、情报的本源内涵和情报学学科边界……584
二、中国情报学的研究内容……595
三、中国情报学学科重构……600
四、面向安全与发展的情报学学科基础……611
五、军事情报学与中国情报学学科融合……619
六、中国公安情报学的演进和范式……628
七、公安情报学的研究对象……643

第二节　情报教学……651
一、情报专业特色教育……651
二、美国高校情报教育……659
三、美国情报专业课程设计……669
四、美国情报分析教学培训……682
五、美国执法情报分析师的认证和培训……690

第一章
情报基础

第一节
情报理论

一、情报的定义[1]

情报是人类社会一种基本现象，定义情报是情报学研究的起点。情报是政府、军队和企业为制定和执行政策而搜集、分析与处理的信息，情报是知识与信息的增值，是对事物本质、发展态势的评估与预测，是决策者制订计划、定下决心、采取行动的重要依据。与此相对应，军事情报则是为满足国家安全决策需求、保障军事活动顺利遂行而搜集、处理与分析并提供给决策者的有关国家安全环境、作战指挥和军队建设方面的情况。

（一）情报是信息

情报学研究碰到的首要问题就是弄清楚信息与情报之间的区别。长期以来，人们对这两个词产生了许多误解。

信息（information），即以适合于通信、存储或处理的形式来表示的知识

[1] 高金虎：《论情报的定义》，载《情报杂志》2014年第3期。摘编后收入本书。

或消息。人通过获得、识别自然界和社会的不同信息来区别不同事物，从而认识和改造世界。在一切通信和控制系统中，信息是一种普遍联系的形式。

信息作为一个科学术语被提出和使用，可追溯到1928年。哈特利(R.V.Hartly）在《信息传输》一文中认为，信息是指有新内容、新知识的消息。克劳德·香农（C. E. Shannon）认为，信息是用以消除随机不确定性的东西（信息是肯定性的确认，确定性的增加）。美国数学家、控制论的奠基人诺伯特·维纳（Norbert Wiener）在其专著《控制论——动物和机器中的通信和控制问题》中认为，信息是“我们在适应外部世界、控制外部世界的过程中，同外部世界交换内容的名称”。总之，信息是自然界、人类社会及人类思维活动中存在和发生的一切宏观和微观现象，大至天体，小至细胞、原子、电子、基本粒子等现象，故一切消息、知识、数据、文字、程序和情报等都是信息。不同的事物有不同的运动状态与方式，因而会产生不同的信息。

英语中同时用information和intelligence来表示情报，但早期information用得更多。美国情报机构长期使用information指代情报。美国内战时期成立的波托马克河军区军事情报局名为Bureau of Military Information，1885年成立的美国陆军情报机构名为陆军情报部（Division of Military Information)，1899年美菲战争爆发后，美军远征军设立的情报机构名为军事情报局(Bureau of Military Information)，1908年美军取消陆军情报部后，陆军总参谋部的情报职能由军事情报委员会（Military Information Committee）承担，美国第二次世界大战时期建立的战略情报机构名为情报协调局（Coordinator of Information)。所以，美军一直是使用information指代情报。只是到1946年，美国才成立了中央情报组（Central Intelligence Group，CIG，中央情报局的前身)，从这时起，美国使用Intelligence。Information专门用来指代信息，指的是断片的事实、知识和获得这些事实、知识的过程，intelligence则译为“情报”，是一个从得到的信息中勾画出对象全貌的过程。美国情报界认为，情报机构搜集的原始资料只能称为数据（data)，数据必须经过加工处理后形成信息（information)，信息经分析处理后成为情报（intelligence)。所以，美国《国防部军事与相关术语辞典》严格区分了信息和情报。在这部辞典中，信息是指任何形式或任何媒介的事实、数据或者指令（facts, data, or instructions in any medium or form），情报则是对信息进行搜集、处理、综合、评估和分析、解释的结果。信息需要通过综合、评估分析和解读，才能转化为情报。信息与情报之间的差距，一目了然。

这种看法与英国情报界的看法颇有不同。英国情报界很少使用 information 一词，而大量使用 intelligence。英国情报界认为情报机构搜集的就是情报。它对秘密情报的定义是：一种信息，其获取违反了信息源头或信息拥有者的意愿，通常是在其不知情的情况下进行，搜集得到的情报，在本质上是片段的或不完整的。秘密情报局的主要功能是搜集秘密外国情报（collection of secret foreign intelligence），而政府通信总部负责通过通信截收搜集情报（gathering intelligence through the interception of communications）。从上述用法可知，英国情报界对“信息”与“情报”的区分并不如美国那么严格，通常情况下它更倾向于使用 intelligence，无论其所指是“情报”还是“信息”。

同美国一样，中国军事情报学界对信息与情报有严格的区分。郑介民认为军事情报“乃对于实际或假想的敌人，与作战地区（含天候与地形）情形所需要的一切情报资料而为我军事行动，经汇集、鉴定、分析、比较、整理、研判等程序所得的成品，而为我军事行动达成使命（目的与任务）所必须者”。《中国人民解放军军语》认为军事情报是“对获取的军事斗争所需的情况进行分析判断的成果”。《中国军事百科全书·军事情报》中认为军事情报是“为满足军事活动需求而搜集的有关国家安全环境、作战指挥和军队建设情况以及对其研究判断的成果”。

但是，中国的科技情报界对情报的定义迥异于军事情报学界，以信息替代情报的现象十分普遍。1956 年 10 月 15 日，中国科学院科学情报研究所成立，其他部委级和省市级等情报机构相继建立，1978 年，以武衡为理事长的中国科技情报学会成立。与此同时，由于保密的因素，情报工作的正宗源头军事情报工作却被遗忘了。

日本的情报观念与英美颇为不同。日本最早把 Information 译成“情报”，并像老黄牛一样辛辛苦苦地搜寻各种信息。日本最著名的民间情报机构满铁在中国广泛从事各种调查活动，十分重视搜集外国公开发行的各类图书、报纸、文献等出版物，通过翻译、研究，从中挖掘出有价值的情报。为了充实图书馆的文献资料，日军曾展开大规模的文献劫掠活动。这种将情报信息化的做法产生了非常严重消极的后果。直到现在，日本人还没有搞清 information 和 intelligence 的区别。不少日本大学设有“情报科学”学部，其实是“信息科学”学部，是搞 IT 的。日本通产省曾经考虑从中文引进“信息”这个词用来替换现在日语中用来翻译 information 的“情报”，防卫厅和自卫队都坚决支持通产省，当年把这两个词混为一谈吃过的苦头实在太多了。但一直未能实现。

（二）情报具有知识性

知识（knowledge）是人类社会实践经验的总结，是人的主观世界对于客观世界的概括和如实反映，是人类对自然和社会运动形态与规律的认识和掌握。知识是人们在改造世界的实践中所获得的认识和经验的总和，是人的大脑通过思维重新组合的系统化的信息集合。知识是经人脑思维加工而有序化的人类信息。知识一旦被记录、固化在一定的载体上，就成了我们常说的资料或文献。情报蕴含在文献之中，但并非所有文献都是情报。

1918 年 2 月 14 日，在巴勒斯坦战场上，英军第 60 师奉命进攻驻扎在杰里科的土耳其军队。他们必须先攻取一个叫作密抹的小村。它位于进攻路线上一座很高的石头山顶上。维文 · 吉尔伯特少校记得密抹这个名字曾经在《圣经》上出现过。他翻阅《圣经》，找到了密抹这个名字。这一段描写了该地地形以及扫罗和他的儿子约拿单从小路夜袭高地上的非利士人的经过。约拿单从隘口爬上山顶，睡梦中的非利士人醒来了。他们以为陷入了扫罗军队的包围，便在混乱中奔逃。扫罗指挥全军猛攻，取得了对非利士人的第一次胜利。

吉尔伯特不知道随着岁月的流逝，巴勒斯坦的地形是否发生了改变。如果没有改变，他们就可以像扫罗那样，把土耳其人打个措手不及。为了核实

《圣经》中记载的情况，查看是否可利用当地的地形，侦察分队被派出去重新调查这片古老的地方。他们发现，在月光之下那条小路和在密抹顶上的一小片高地仍如《圣经》上所形容的那样，“经过了多少世纪，巴勒斯坦竟完全没有变动”。他们立刻改变了先前的强攻计划，悄悄地消灭了为数不多的哨兵，在天亮之前顺利地到达高地。土耳其人从睡梦中惊醒，就像从前的非利士人那样，以为陷入包围，四散逃跑。最终，英军借助《圣经》上的知识轻而易举地取得了胜利。这是知识转化成情报的一个生动案例。

中国兵家在论及情报时大多用“情”或“知”“计”来指代“情报”。如《鬼谷子·谋》称“凡谋有道，必得其所因，以求其情”。中国兵圣孙子在《孙子兵法》中也多次使用“情”字，但他用得更多的是“知”。据统计，在《孙子兵法》中，“情”共出现了 7 次，而“知”则出现了 79 次。这里要指出的是，“知”显然是动词，“情”则是名词。“知”与“情”，是一个问题的两种表述，翻译成英文，应该分别是 know 和 knowledge，也就是我们今天所说的“知识”。

这一定义对中国学者的影响显而易见。《中国大百科全书·军事卷》定义情报是“为保障军事斗争需要而搜集的敌对国家、集团和战区的有关情况以及对其研究判断的成果”。黄政基认为情报是为了适应社会斗争的某种需要获取的彼方情况，卢克旺认为军事情报是“有关军事斗争方面的对方信息”。表达各有侧重，但他们对情报的知识性的认识是一致的。

西方对情报的知识性亦有同样的认识。近代英国第一个情报机构被命名为军事知识部（Depot of Military Knowledge）。近代情报机构的主要情报来源就是图书馆里的资料、报纸上的新闻、驻外人员在海外的旅行见闻。在帝国主义瓜分非洲时，英国赴埃及的远征军军官随身带着情报机构编撰的《埃及手册》。手册的内容既涉及埃军的战斗序列，也包括埃及的面包产量。布尔战争爆发前，陆军情报部为英国远征军总司令莱德弗斯·布勒（Redvers Buller）准备的《南非手册》，也是介绍南非的风土人情、兵要地志等知识性情况。因此，知识与情报密不可分。

关于情报最有名的定义，来自谢尔曼·肯特（Sherman Kent）。在《战略情报：为美国世界政策服务》一书中，他用非常直截了当的语言，将情报定义为知识。他说情报并不神秘，当一个家庭主妇需要购物时，她需要对某种商品有一定的了解和认识，这就是情报。因此，情报是一件简单的事情：作为一种活动，它是对某种知识的追求；作为一种现象，它是由此而产生的知识。以上几个因素结合在一起，可以得出情报的定义：情报是某种组织通过行动而追求的特定的知识。图书馆的资料，报纸上的新闻，以及军人在海外旅行时观察到的情况，都是情报，因此，情报组织“必须拥有合适的设施，主要是有一个图书馆和一个安静的工作场所。图书馆应该收藏公开出版的参考类著作和各类资料，这些资料是今天的新闻，也是明天用于分析的素材”。肯特认为，基本描述型的情报有一项重要的情报内容，即所谓“现场情报”(Spot Intelligence)。

肯特这个定义提出后，得到了美国情报界和学术界的普遍认同。今天，美国情报理论界和官方普遍认为，情报是一种“知识”“信息”，这是其最重要、最本质的含义。在不同的语境中，英文 intelligence 也可理解为活动或组织，但是，对中国人而言，我们完全没有必要把这三个含义“一锅煮”，而用“情报”“情报工作”和“情报组织”三个词来分别指代英文 intelligence 的三个含义。

中国科技情报界也认为情报的本质就是知识，没有一定的知识内容就不能成为情报。知识性是情报最主要的属性。如钱学森认为“情报就是为了解决一个特定问题而需要的知识”。

（三）情报是信息和知识的增值

无论孙子还是肯特，在讲到情报的知识性时，都强调了既有知识的重要性。但是，仅具知识性的情报显然不能真正满足决策者的需求，不可能成为我们一切想法和行动的基础。真正有价值的情报，必须与决策或行动联系起来，这就是情报的效用性。缺乏效用性的信息只能是信息，而不是情报。情报是必须制造出来的产品，仅仅知道情况是不够的；信息必须通过用户的特定指向进行加工，从而实现增值。如果没有经过包装、分析和过滤，对决策者是无用的。情报产品的作用是向决策者提供有关外部世界的相关信息，使其在充分了解后做出选择。包昌火先生指出，信息的序化和转化，或者再聚焦一下，信息的获取和分析，即广义的 Information 的 Intelligence 化，是一切情报活动的基本任务。俞天任在所著《有一类战犯叫参谋》中指出，日本在公开情报搜集方面不遗余力，但分析信息提炼情报的能力却很弱，它看到了劫掠来的堆积如山的书籍，却没有意识到这些图书毕竟不是情报，并不会自动告诉日本中国的国力情况，更不会告诉日本中国决策者的意图，真正的情报工作（即信息的增值）却很少重视。因此，第二次世界大战中日本的情报工作一团糟。

美军《联合情报纲要》指出，信息本身是一个或一系列可能对指挥官有用处的事实，但是当把它与有关作战环境的其他已知信息联系起来，或根据以往关于敌手的经验予以分析时，它就会产生一组新的事实，即情报。情报分析人员将一组信息与另一组信息进行联系，或将信息放在已经掌握知识的数据库中进行比较，并由此得出结论，这就是情报生产的基本流程。美国海军陆战队《情报行动》条令指出，给指挥官提供一切数据而不对其含义进行解释，只会增加情况认识的不确定性，这些支离破碎、自相矛盾、彼此无关的信息会造成信息过载。

美国《国防部军事及相关用语辞典》这样定义：情报指对所获得的有关外国或地区的信息进行搜集、处理、综合、分析、评价和诠释而得到的产品，也指通过监视、调查、分析或理解而获得的有关对手的信息和知识。通过对全源数据进行综合、评估、分析和解读，信息将转化为情报，可以满足已知或预期的用户需求。这个全源数据，不仅包括彼方情况，也包括己方情况和自然情况。“天”“地”“彼”“己”各方情况构成了情报分析的原料，而情报是这种分析的结果。英国情报学家布鲁克斯（B. C. Brookes）认为，情报与知识一样，是知识结构的微小单元。情报或许要依赖于感觉观察，但是所接收到的信息必须用知识结构进行主观解释才能成为情报。知识的增长不是简单地堆加，情报被吸收后，它所引起的不是知识的简单相加，而是对知识结构的某些调节，甚至是重组。因此，情报是信息或知识的增值，而不仅仅是知识或信息本身。

知识或信息的增值主要体现在情报机构的情报产品是否摆脱了简单的陈述事实或解说事实这一层次，而能够前进到由此及彼和由表及里这一层次，即实现知识或信息升华。美国情报分析家罗伯特·克拉克直截了当地指出：叙述过去的事件，不是情报分析，那是历史。最高级形式的情报分析是对可能发生的情况进行预测的结构性思考（Structured Thinking），真正的情报分析总是预测性的。因此，除了预测未来的发展趋势外，所谓基本描述类情报和动向报告类情报，实际上都不是情报工作的真正目标，它们只是情报分析的基础，或者说，是达成情报分析终极目标的一个阶段性目标，而不是终极目标。预测性成为情报区别于信息和知识的本质属性。不能预测事态发展趋势的情报产品，充其量只是一些事实的堆砌，不可能真正满足决策者对情报的需求。

综上所述，情报是政府、军队和企业为制定和执行政策而搜集、分析与处理的信息，情报是知识与信息的增值，是对事物本质、发展态势的评估与预测，是决策者制订计划、定下决心、采取行动的重要依据。

二、美国情报理论研究[1]

美国是当今世界情报能力最强的国家，以情报优势为核心的信息优势、决策优势，已经成为美国维护世界霸权、推进军事转型、引领世界新军事变革的核心要素；而高度重视情报理论研究对情报实践发展的先导性作用，则是美国获取情报优势、保持强大情报能力的重要原因。

情报理论研究在美国，是情报建设的重要组成部分，也是情报建设的基础智力支撑，对于总结升华经验并为情报发展提供理论先导，起到了不可替代的作用。不仅如此，情报理论研究，对于美国国家安全体系的构建与调整、

---

[1]　张晓军：《美国情报理论研究的宏观考察》，载《情报杂志》2017年第2期。摘编后收入本书。

国家安全政策的制定与实施、战争形态和作战方式的变革与检验等，也具有不可忽视的影响。如果我们要探究美国情报组织体系设计、调整及其运转原理，叩问美国所谓“世界政策”制定与实施背后的“所以然”，破解美国国家安全与军事变革的奥秘，剖析战争形态与作战方式变革背后所蕴含的制胜机理等等，美国情报理论研究是无论如何也绕不开的课题。再联系美国对于国际政治经济基本格局及其走势，对于世界军事发展、战争形态与作战方式变革等所具有的举足轻重影响，我们就不得不说，有关美国情报理论研究的课题，其理论和实践意义已远远超出专国研究或者情报学术本身的范畴。

（一）发展轨迹

美国的情报理论研究，发轫于20世纪40—50年代末，发展于60—70年代，兴盛于80—90年代，变革转型于世纪之交，至今保持着蓬勃的发展势头。纵观70年的历史，可以发现，差不多每20年一个阶段，形成美国情报理论发展演变的起承转合。至迟到20世纪90年代，美国的情报研究已成为一门成熟的学科，并在某种程度上有渐成“显学”之势。具体表现在以下方面：

首先，研究群体不断扩大，名家不断涌现。20世纪70至90年代，相关行业和学科的专家，或因“水门事件”等现象所刺激，或被神秘而富于挑战的情报课题所吸引，或被破解国际政治、军事等领域的历史和现实难题所驱使，纷纷投身情报学术研究，逐渐形成了阵容庞大的研究群体。众多名家乃至大师级学者脱颖而出，其中，既有历史学家、政治学家、新闻记者，也有情报分析专家、技术专家，还有情报界现任和前任部门乃至行业领导。他们不断贡献出研究成果，使美国的情报研究呈现出一派繁荣局面。至90年代，美国的情报研究已是硕果累累。当时，仅美国国会图书馆（Library of Congress, LOC）收藏的关于情报问题的相关论著就达数千种之多。

其次，研究领域不断拓展，专业程度不断提升。随着情报工作实践的发展和理论研究的深入，特别是不同专业背景的专家加入情报研究队伍，美国的情报理论研究逐渐延伸到情报历史、政策、决策、机构、组织、功能、程序等层面，而且每一层面又分化、深化出诸多专精的研究。仅就情报分析理论而言，其研究领域已从一般的方法研究，逐渐深入到情报分析心理、依据和推理、分析模型建构等跨学科研究层面，并且形成了基础理论、阐释理论、应用理论等研究范畴，以及历史描述、科学预测、思辨—规范等研究方向；具体的理论派别，如定量分析理论、群体分析理论、“以政治为导向”的分析理论、“机会分析”理论、“可选择性”分析理论、“枢纽分析”理论、情报预警与情报失误分析理论等，更是不可胜数。

再次，研究平台日趋丰富，学术交流不断加强。继谢尔曼·肯特（Sherman Kent）在中央情报局情报研究中心（Center for the Study of Intelligence, CSI）创办《情报研究》（*Studies in Intelligence*）杂志之后，越来越多的美国政府机构、研究团体和私人组织开始搭建自己的情报交流平台。据美国学者哈登·B. 彼克（Hayden B. Peake）统计，截至1992年，美国国内出现的关于情报问题的期刊总计已达155份。除情报界各组成机构的部门刊物之外，还陆续涌现出《情报与国家安全》（*Intelligence and National Security*）、《世界情报评论》（*World Intelligence Review*）、《美国情报期刊》（*American Intelligence Journal*）、《国防情报期刊》（*Defense Intelligence Journal*）、《国际情报与反情报期刊》（*International Journal of Intelligence and Counterintelligence*）、《情报专题论坛》（*Intelligence Monograph*）等知名专业期刊。此外，相关专业的知名期刊如《外交事务》（*Foreign Affairs*）、《外交政策》（*Foreign Policy*）、《国际安全》（*International Security*）、《战略评论》（*Strategic Review*）等，也常刊发情报研究论文。同时，美国科学家联合会（Federation of American Scientists, FAS）、情报官员协会（Association for Intelligence Officers, AFIO）、国际研究学会（International Studies Association）情报研究小组（Intelligence Section）等情报学术团体的成立，也为情报交流的开展和情报学地位的确立，做出了重要贡献。美国中情局、国防部、兰德公司等单位，还定期或不定期召开情报理论国际研讨会、情报高峰会等，政府机关、情报机构、科研单位、公民个人开设的情报研究网站、博客、论坛等更如雨后春笋般涌现。这些期刊、学术团体、会议、网站等经常就情报理论进行讨论，促进了情报研究的广泛开展。

最后，大学成为情报研究重镇，大批情报课程进入大学课堂。课程体系构建是教学的基础，教师的学术造诣是教学的智力保障。如果一门学科普遍且系统地进入了大学的课程体系，则说明大学在该学科的研究积淀和师资储备已比较充分，也说明该学科在总体上达到了成熟学科的程度。开设情报类课程的院校，首推情报类院校，如国家情报大学（National Intelligence University）、中央情报局大学（CIA University）、国防语言学院（Defense Language Institute）、谢尔曼·肯特情报分析学校（Sherman Kent School for Intelligence Analysis）以及各情报机构、各军种的情报研究中心和情报学校等；其次是相关的军事院校，如美国陆军军官学校（U.S. Military Academy，即西点军校）、国家战争学院（National War College）、指挥与参谋学院（Command and General Staff College）、空军大学（Air Force University）等。除上述情报类和军事类院校外，众多一般大学，包括享誉世界的常青藤联合会（Ivy League）成员，如哈佛、耶鲁等，也普遍设立情报研究机构并开设情报课程。截至20世纪90年代末，美国已有200多所大学开设固定的情报课程。值得关注的是，美国未将军事学列入学位教育学科，但是继国防情报学校于1980年首先获得“战略情报学硕士”学位授予资格之后，约翰·霍普金斯大学（Johns Hopkins University）、底特律大学（University of Detroit Mercy）等越来越多的高等院校也先后获得了情报类硕士学位的授予权，且教学和研究方向从“战略情报学”拓展到了“情报分析”等方向。

（二）五大主题

自20世纪40年代末《战略情报：为美国世界政策服务》（*Strategic Intelligence for American World Policy*）出版之后，美国在情报研究领域出版的著述可谓汗牛充栋。这些成果从情报控制、情报历史、战争形态演变与情报的角色变化、情报失误等宏观研究，到情报分析心理学、情报分析依据与推理等微观研究，从情报的基本定义和术语、作用、功能、工作流程等基础理论探讨，到信息时代情报工作的特点、联合作战情报支援等应用理论研究，几乎涉及情报理论与实践的各个层面。

考察情报理论的途径，概括言之，不外乎：其一，聚焦情报自身的内容，如情报体制、情报活动、情报功能、情报流程等等；其二，聚焦与情报关联的内容，如国际形势与国家安全环境、外交与国防政策、军事指挥与行动、政治体制、法律制度、科技革新、新闻媒体、文化传统等等；其三，聚焦上述两种内容的联系。作为总体而非专题、宏观而非微观的考察，若依这三种途径逐一地考察美国情报研究命题，一者非常繁复，难以达成以简驭繁的结构性把握，二者放之四海而皆准，难以体现美国情报研究的独特性。

系统扫描美国情报学术研究所涉及的课题，发现美国情报理论研究基本辐辏于以下五个方面：第一，情报基础知识研究；第二，情报分析研究；第三，情报失误研究；第四，情报控制研究；第五，作战支援研究。

情报基础知识（Intelligence Basic Knowledge），主要包括情报定义、类别、流程、功能等内容。情报基础知识研究是情报研究的奠基性工程，是其他情报命题的研究起点和立论前提。在整个情报理论的构建过程中，情报基础知识的渗透性、辐射性最强。从本质而言，有关情报命题的论述，都离不开对基础知识的认识；换个角度看，所有研究的展开，又是从某个特定的角度和侧面对基础知识的拓展和深化。所以，情报基础知识是情报研究的基础内容，也是美国官方和学者论述最为丰富，最具哲理底蕴、思辨色彩的内容。

情报分析（Intelligence Analysis），按照美国《国防部军事与相关术语字典》的界定，是通过对全源数据进行综合、评估、分析和解读，将处理过的信息转化为情报以满足已知或预期的用户需求的过程。打个比方，情报侦察相当于利用各种仪器设备做身体检查，情报分析则相当于基于检查进行病情诊断；所不同的是，情报分析始终面对敌手信息欺骗的挑战。情报分析在情报工作流程中至关重要，是信息转化为情报的枢纽，也是情报价值得以实现的关键。情报分析作为研究对象，具有极高的研究价值和广阔的研究空间；同时，从事情报分析专家的知识结构，又使他们成为最具著书立说能力的研究群体。因此，情报分析研究便成了情报理论研究的持续热点和情报学术的持续增长点。

情报失误（Intelligence Failure），是指已然事件，即情报对威胁或危险未能及时警告，或对情况误判等。已定格为失误的历史事件及其档案，经解密可作为研究素材，供学者们反思、索解；而失误研究的意义又特别显著：探究何以失误之因，可以启发避免失误之智；获得后见之明，可以启发先见之明。同时，反思失误，自我纠偏，不断反省和改良，是美国文化的一大特点。所以，在美国，参与情报失误研究的学者及其成果，数量众多、蔚为大观，成为美国情报研究领域的一道独特风景。

情报控制（Intelligence Control），按照美国《国家安全法（1947）》、《情报监督法（1980）》以及美国国防部、能源部等政府部门的相关解释，是情报组织及其活动不逾越法规的限定，确保其正确履行职能，在维护国家安全的同时保护宪法和法律赋予公民的合法权利。所以，“情报控制”在很多语境下，是“情报监督”（intelligence oversight）或“情报问责”（intelligence accountability）的同义词。情报控制实现机制的设立与修补，具有美国法律制度、文化传统和政治体制的独特背景。相应地，情报控制理论研究，就其本质而言，主要是关于情报组织机制设计与运行（活动）方面诸多因素之间平衡关系的探讨，诸如安全威胁程度与情报控制力度的张弛、情报活动与政策导向、情报效率与法律限定、国家安全需求与公民权利等之间的适度与平衡问题等等。情报控制理论，其主旨是在美国特定的政治体制、法律、文化背景下以国家利益为基准对情报建设和管理问题的深层探讨。而美国情报力量的成长史，正是在这样的背景下启动运行情报控制机制，对诸多因素不断调适平衡的过程。所以，情报控制理论又可以成为一种观察、解释美国情报发展演变的理论，而且其解释力远超一般的历史陈述。正由于其理论解析和历史阐释的双重功能，情报控制研究成为美国情报研究的又一大热点。

作战支援（Support to Military Operations），是情报最为显著和典型的功能之一。与传统作战形式相比，信息化条件下的联合作战情报支援已不再仅仅是作战计划和作战行动的前提与基础，而是计划、准备和实施作战行动的核心与焦点。以情报为核心的指挥控制系统，是连接不同时（空）域、不同作战单元的枢纽，是实现联合作战的基础和关键。所以，联合作战情报支援，作为信息化战争条件下军事情报理论研究的基础与核心内容，自然成为美国情报学术探讨的重点。

在美国的情报学术著作中，以上五个方面常常相互渗透、彼此牵连：情报基础知识研究的内容关联、渗透、辐射到几乎所有情报理论命题的讨论；情报分析、情报失误，常常是同一课题正面做、反面做的问题；对情报控制的探讨，则深层次地关乎保证情报工作不超越法律的规范以及从制度层面防范、避免情报失误发生的问题；而以上四大课题无论是分别研究还是交叉研究，国家安全、战争与作战情报支援问题，始终是主流和主旨。至于情报学术研究中的重要分支情报历史研究，或个人经历或历史回忆，其中最有理论价值的，也往往是有关分析、失误、控制等问题的叙述与思考，或直接或间接而已。

以上五大主题，聚焦一个永恒主旨：美国国家利益；体现两个基本功能：服务于国家安全战略，支援军事行动。前者为“国家情报”(National Intelligence)，后者为“联合情报”(Joint Intelligence)。质言之，美国的情报理论研究，聚焦一个主旨，体现两个功能，形成五大主题。

（三）基本特点

美国情报理论研究具有以下特点：

1. 功利但不急功近利

在经济、政治、军事等攸关国家利益的核心领域，美国秉持国家功利主义，相应地，其在这三大领域的力量均非常发达，举世无双。然而，美国人功利，却并非急功近利。他们不仅注视实践，也重视理论；不仅重视经验的总结，也重视理论的先导；不仅重视应用理论，也重视基础理论；不仅重视热点、迫切问题，也重视基础、疑难问题。这样的方式，保证了理论研究的持续性、系统性、积淀性。在国家安全和军事力量的支柱——情报领域，这一点表现得尤为典型。

比如有关情报定义这样的基础概念问题。2007 年以前，美军数版“情报”

系列联合出版物，虽然明晰规定了联合作战情报支援的计划与实施过程、各级各类情报组织的职责权限以及相应的战术、技术和程序等关于“情报组织”和“情报活动”的内容，但在“情报”内涵界定上，采用单纯指向其“知识（产品）”属性的概念，却一直遗留了下来。2007 年，美军颁布新版第 2-0 号联合出版物《联合情报》，对“情报”内涵进行了重新界定，将“情报”的内涵由“知识（产品）”扩展到了“活动”和“组织”，并特别说明，这一修改标志着美军在联合作战情报支援指导方面的一次重大飞跃。在 2013 年 10 月颁布的最新版第 2-0 号联合出版物《联合情报》中，美军沿用了 2007 年版所采用的“知识（产品）”“活动”“组织”三者兼赅的情报定义。这一对情报定义的“重大修正”，竟源自 60 多年前谢尔曼 · 肯特所著《战略情报：为美国世界政策服务》中“情报是知识、情报是组织、情报是活动”的著名论断。之后半个多世纪，围绕情报定义的内涵问题，美国情报理论研究界进行了长期论辩，从莫衷一是到在哲理认识层面达成共识。

2007 年的美军第 2-0 号联合出版物《联合情报》吸收了学术界长达 60 余年的研讨成果，采用了谢尔曼 · 肯特“知识”“活动”“组织”三者兼顾的情报概念，作为诠释联合作战情报支援的基础性、支撑性理念，为理解情报与作战指挥、作战行动之间的革命性变革，通过组织融合、程序同步、技术通联、产品共享，达成情报与指挥、作战的一体化，提供了“一以贯之”的哲理底蕴。唯其如此，美军的新版纲要性情报条令，也便随之有了更加言简意赅的精辟命名——“联合情报”（joint intelligence）。可见，这样的修订既是联合作战情报支援实践指导理念变革的需要，也是情报学术和理论研究长期积淀的反映，充分反映了作战指导在基本认识和理念层面对学术成果的吸收和融汇。

2. 理论与实践在发展中互伴互动、相渗相融

纵观二战后 60 余年，美国情报理论研究与情报实践的互动贯穿始终。20 世纪 50—60 年代，对二战的回顾、对中苏等社会主义阵营的遏制，70—80 年代，对越战的反思、对水门事件的叩问、情报控制机制的健全，90 年代以来，情报技术的突破、军事的划时代变革、世纪之交的安全威胁变化等等，无不伴有相应的情报实践运作过程，也无不伴有相应的理论探讨过程。

美国遭受“珍珠港事件”和“9·11事件”两次突袭，促发的美国情报界的两大事变：一个是战后现代情报体系的建立，一个是迄今为止对该体系最彻底的改革，也同时促成了美国情报学术研究的两大潮流：一个是以战略情报、情报分析、情报预警研究为主的学术讨论热潮，一个是对非对称袭击预警、情报融合共享、情报体制改革为主体的学术大讨论。前者形成了美国情报学术的重要奠基发展期，后者则导致了美国情报学术的重要变革转型期。

以美国最近这次情报改革为例。这次改革，发端肇始于冷战结束之初，至今已长达20余年。前10年雷声大雨点小，中经“9·11事件”震荡，掀起情报改革大潮——调查，问责，法规政令修订，机构体制变革，战略规划更新等等；改革的广度和深度，自1947年美国战后现代情报体系建立以来，前所未有。但是，我们不该忽略却常常忽略的是，与此一过程相伴随的，还有另一个关于情报改革的学术和理论探讨潮流，其规模之大、涉及之深、影响之远，亦前所未有。而这一情报理论和学术研究潮流，亦始于冷战终结，中经“9·11事件”激荡而波澜壮阔，至今余波未息；其过程与改革实践过程，恰成呼应，起承转合，如影随形。冷战终结20余年来，有大批情报专家学者投入情报改革问题研究，调研思考，著书立说。如亚瑟·S.哈尼克（Auther S. Hulnick）在《维修间谍机器——面向21世纪的美国情报准备》（*Fixing the Spy Machine: Preparing American Intelligence for the Twenty-First Century*）一书中，透视以中央情报局为主要架构的美国情报体系，并探讨修补之道；艾米·B.萨格特（Amy B. Zegart）在《设计的缺陷——中央情报局、参谋长联席会议及国家安全委员会的演变》（*Flawed by Design: The Evolution of the CIA, JCS, and NSC*）中，从新制度主义的视角，透视美国国家情报机构和国家安全机构的制度缺陷；在《失明的间谍——中央情报局、联邦调查局与“9·11事件”的根源》（*Spying Blind: The CIA, the FBI, and the Origins of 9/11*）中，从组织角度审视“9·11事件”，探究导致情报失误的原因；威廉·奥多姆（William Odom）在《维修情报——为了更安全的美国》（*Fixing Intelligence: For a More Secure America*）中，以曾任美国国家安全局局长的切身体会，叩问美国情报工作弊端，提出改革建议。其中的代表性理论家，如阿兰·古德曼（Allan Goodman）、布鲁斯·D. 伯尔考威茨（Bruce D. Berkowitz）、葛里高利·特勒沃顿、艾米·B. 萨格特，更留名情报学术史。这不仅因为他们的著作表现出了深刻的理论阐释力，还在于他们对改革实践的导引作用。他们对时代变迁的敏锐感知，对未来趋势的准确预见，对安全威胁变化的深刻分析，特别是对情报制度固有顽疾的透视，以及对症诊治所开列的治疗方案，成为美国情报改革构想设计的重要智慧资源。纵观这 20 余年的历史，可以发现，相关理论成果不断被适时转化为改革实践成果，吸纳融合，如盐入水。

至于情报研究者身兼理论家和情报工作者于一身，情报工作对理论成果的吸收转化，在美国就不仅是过程和结果性的，而是制度化的了。所以，概括起来，美国的情报理论研究与实践的密切呼应、契合，主要体现在三个方面：过程的伴随与相互呼应；研究者和实践者身份的兼任与相互转化（“旋转门”现象）；理论成果和实践内容的相互吸收与融化。正因如此，美国情报研究成果不断地被情报实践吸收消化，并引导、牵引情报实践的发展，不断促进情报能力的生成与转换：进入立法，进入决策，进入作战情报支援的指导理念，并转化为系统的教学内容和完备的课程体系，进入院校课堂，成为高级专门人才培养的重要支撑。质言之，在美国，情报理论研究已经成为促进国家安全能力和军事制胜能力转化生成的重要因素。

3. 具有跨学科研究的典型特征

这主要源于：一方面，情报研究与历史、公共管理、外交、经济、军事等诸多学科有密切关联，对这些学科的诸多课题有重要的阐释功能。如果情报视角缺失，会影响相关学科诸多课题研究的深入，甚至诸多重要论题会因缺失基础依据而难以得出客观的结论。比如，在国际关系史研究中，如果只关注相关国家外交政策、措施及对国际关系的作用和影响，而不研究当时各国相关情报工作，那便如同只看前台表演，不问幕后和台下的故事，而恰是这幕后和台下的故事，关联着前台如何表演的“所以然”。显然，情报研究的缺失，会影响对各国外交政策制定以及国际关系演变的解释力。唯其如此，历史、公共管理、外交、经济、军事等学科的专家纷纷采用情报研究视角，或解读新的情报解密文件，进行相关课题研究，得出了富有创意甚至是颠覆性的结论。多学科专家的参与自然会极大地拓展情报学术研究的知识视野，丰富情报学的研究方法。

另一方面，情报研究与诸多学科的密切关联，也使得这些学科对情报学术研究发挥了重要的阐释功能。20 世纪 40 年代末，情报分析家威廉·兰格（William Langer）和谢尔曼·肯特借鉴历史学、哲学的实证经验主义研究范式，开创“历史经验主义流派”。50 年代末期，兰德公司研究部门运用、改进“头脑风暴”“德尔菲”法等研究方法，影响了情报学术研究的面貌。60 年代，“科学行为主义”（Behavioralism）理论盛行，随之，定量分析方法被情报研究所借鉴运用，从方法论层面推进了情报理论研究的专业化进程；70 年代末期，小理查兹·休尔等借鉴认知心理学研究成果和方法，从认知机理的微观层面，探索避免陷入思维误区的情报分析途径。90 年代初，计算机网络技术的兴起，智能化、网络化的分析工具，革新了情报研究方法，拓展了情报研究空间。21 世纪以来，情报研究进入了技术、专业、理念全面融合的阶段，以“结构化”分析为代表的研究成果表现出先进的设计和应用思路，引发了情报研究方法的革新。可见，情报研究不断吸收相关学科成果和方法的过程，就是学科不断成熟繁荣的过程。

4. 成果最丰富、水平最高的是情报分析研究

从选题分化深化的程度、跨学科研究方法的融合运用、理论流派的众多和不断争鸣，名篇佳作的持续涌现等等各方面看，成果最丰富、水平最高，在美国的全部情报学术研究方向中，首推情报分析研究。

首先，从情报分析的意义而言，情报存在的前提在于国家或集团政治、军事等博弈所产生的感知需求，其本质在于接近和探求真相，以减少或消除不确定性。在整个情报工作流程中，情报分析是信息转化为情报的枢纽，是情报价值得以实现的关键。从其现代情报体制建立以来，美国对情报分析工作及其理论研究就非常重视，成果丰硕。即便如此，因情报分析对抗的尖锐性、尖端性，加之环境、对手、技术的变化，情报分析与现实需求之间的差距，不可能完全消除。在情报的所有功能中，“最易被外界所忽视、最不易被外界所理解的，就是情报分析或情报生产了，而却恰恰是整个情报活动的核心”。特别是“9 · 11 事件”的发生，再一次用血的代价提示：美国拥有绝对高技术优势，但在应对极端非对称攻击时，仍然存在脆弱点；也再一次证明：美国应对非对称性攻击，失败的关键不在力量而在预警，而预警的关键在情报分析。所以，新一轮的情报分析研究热潮再次涌来，还自然而然地衍生出很多既属于题中之义、又属于延伸性的研究命题，如分析判断失误研究、情报评估研究、预警研究、共享与分析空间研究等。

其次，从情报分析的对象而言，情报分析特别是战略情报分析，面对的分析对象纷纭复杂，而且充满了欺骗性与不确定性，要使用假设、证据、推理等基本研究要素，运用演绎、归纳、模型建构、互动推演等研究方法，去探知真相；其分析结果既要经过证明，也要经得起证伪。同时，分析者以面对“变化”为常态，其分析对象充满了迷惑、诡谲、变数，所以，分析者要尽可能地实现“设身处地”和“化己为彼”的情感、心理位移，即站在敌方立场和情景去体味其所思所想，否则，则可能陷入“镜像思维”“心理惯性”和“集团思维”等误区，使分析思路和结论与分析对象的真相渐行渐远，甚至南辕北辙。唯其如此，美国情报研究者尝试用各种理论和方法研究情报分析，从基本的历史分析方法、经验主义方法，到比较细致的逻辑学、法律证据学、数学、认知心理学成果和研究方法的吸纳引入，丰富多彩，蔚为壮观。

再次，从专家队伍的知识结构而言，情报分析专家和情报分析研究专家是最擅长著书立说的群体。总之，从研究意义（情报分析被重视程度）、研究空间，研究群体的知识结构而言，情报分析研究都具备充分发展的条件。

5. 最能体现美国政治制度本质的是情报控制研究

首先，美国情报控制理论的主要研究对象是“情报控制机制”，这是美国的三权分立在情报管理领域的反映。其次，研究情报控制，也典型地反映出美国政治的双重标准。比如，对情报失误的调查处理，需要启动运行情报控制机制；但同样是失误，“9 · 11”情报失误和关于伊拉克大规模杀伤性武器的情报失误，美国的处理方式，却很是耐人寻味。“9 · 11 事件”后，美国迅速启动了情报控制机制：媒体介入，大量报道；国会联合情报调查委员会、

“9·11”委员会轮番调查，举办听证会，约谈个人，调阅文件数量之大、涉及之深，均创纪录；2004年，《情报改革与防止恐怖主义法》颁布，美国开始对其国家情报体系进行空前彻底的改革。对伊拉克大规模杀伤性武器的情报失误，美国也启动运行了情报控制机制：媒体炒作，连篇累牍；参众两院的情报委员会举办听证会，个别约谈，调阅文件而外，也组成独立调查委员会。其程序几乎一如前者，但其过程和结果却非常微妙，调查始终处于两党政治和总统的左右之下，失误的真正原因——情报政治化，即政治意图引导情报偏离真相，却被遮掩，所谓“情报自身的问题”变为聚焦点。

情报服务政治，政治服务利益，从更高级的政治层面考虑，面对质疑，承认技术失误比主观故意，更符合美国的利益。情报，在战前提供假依据，战后充当遮羞布；情报政治化了，情报控制机制也政治化了。同样追究反思失误，结果是自己吃亏被打，还是自己打别人，美国人有两个标准。身在其中的美国情报控制研究专家，自难跳出其外。所以，当我们遍览美国的理论研究著述时，就会发现，美国人对情报的政治化，多有研究，而对情报控制的政治化，却难有触及，这中间深藏着美国的战略运筹。

6. 信息融合与共享是当前美国情报理论研究的重要内容

肇始于冷战终结，“9·11事件”后加速的美国情报改革，涉及广泛，影响深刻，过程曲折，头绪纷繁，但是其根本的改变是，对《国家安全法(1947)》进行了最彻底的一次修订，使长期以来情报难以达成有效协调的组织体制瓶颈，终于被突破，情报融合与共享，得到了革命性的推进。大力推进情报融合与共享，切中了美国情报界积重难返而又必须解决的症结，使美国的情报系统的功效，在因应后冷战时代国家安全面临的新威胁和在信息化战争时代打造核心战斗力两方面，均达到前所未有的水平。因为情报融合与共享，是达成对恐怖主义非对称攻击有效预警的关键环节，情报融合与共享，也是实现情报一体化并以此为基础达成一体化联合作战的重要途径。从这个意义上说，美国的情报改革基本指向为：一是“执盾抵御”，防范恐怖主义非对称攻击行动，恰当其时、恰当其地；二是“利剑出鞘”，达成情报与作战行动的一体化，“待机引导剑指何方”。与此相应，情报融合共享，会是当前乃至今后一段时间内美国情报学术的重要研究内容，并因之形成美国情报理论的主干；至于衍生分化为诸多专题课题，如制度机制研究、分析空间（共享为基础）研究、大数据与情报分析研究、相关性与预警研究、融合共享与作战支援、共享与保密（特别是在网络空间）研究等等，则犹如枝干脉络贯通，枝开叶散，花繁叶茂。

三、情报分析理论创新[1]

（一）大势所趋，形势所迫

情报分析有悠久的历史，但情报分析成为一门科学，则是第二次世界大战以后的事情。以威廉·兰格（William L. Langer）和谢尔曼·肯特（Sherman Kent）为代表的美国战略情报局分析家开创了情报分析的新模式，奠定了情报分析的理论基础。70 年来，情报分析理论取得了长足的进步。这种进步既是实践倒逼的结果，也是情报分析人员反思的结果。各种情报失误促使分析家们反思情报分析理论与实践存在的问题，其结果催生了情报分析理论的成熟，引领了情报分析领域的革命。可以说，分析领域的理论创新正是情报分析实践走向成熟的动力。

21 世纪是信息时代，全球化和信息化对情报工作产生了很大的影响。情报工作的环境发生巨大变化，全球化加深了国家间的相互依存，局部地区的危机很容易超越国界，个别国家的问题很容易演变成全球性问题，“蝴蝶效应”明显。全球化在一定程度上削弱了国家主权，跨国力量及次国家力量不断膨胀，各种国际组织、非政府组织和个人成为国际关系中的重要成员，安全主体呈现多样化。这些非国家行为体的活动导致了各种非传统问题，产生了各种各样的非传统安全威胁。传统安全威胁与非传统安全威胁相互交织，构成了全球化时代国家安全威胁的多样性，传统的情报分析面临很大的挑战。

[1] 高金虎：《试论信息时代的情报分析理论创新》，载《情报杂志》2018年第7期。摘编后收入本书。

美国中央情报局情报分局的卡门·麦地那（Carmen A. Medina）认为，传统的情报分析模式已经不能适应信息时代的情报分析环境，信息时代的情报分析应该超越传统军事分析和政治分析，加强对非传统安全威胁问题的分析，厘清信息时代各种非传统安全威胁的主要特征，构建起一张实用的“敌情征兆表”，建立起应对信息时代情报工作的新模式、新程序和新思维方法，防止发生情报失误。情报机构应发展创造型思维，确定各种非传统安全威胁的模式，重点应进行趋势分析，识别那些打破先例和趋势的突变性事件。罗杰·Z. 乔治（Roger Z. George）、詹姆斯·B. 布鲁斯（James B. Bruce）、伦道夫·H. 弗森（Randolph H. Pherson）、小理查兹·J. 霍耶尔（Richards J. Heuer Jr）等学者在该方面的一些理论研究成果和情报分析实践，为情报分析的理论创新提供了源泉。

我国的情报分析理论相对滞后，研究人员对新理论、新方法领悟不到位，情报分析的教学与培训还不能跟上时代发展和现实工作的需求。因此迫切需要进行理论创新，实现从“借鉴者”向“原创者”的跨越式发展。

（二）确立情报分析的中心地位

从本质上说，情报工作的目的是减少情况认识的不确定性，尽可能为决策和行动塑造一个透明的环境，将情报优势转化为决策优势和行动优势。在这一过程中，情报搜集与情报分析都发挥了重要作用。但相比较而言，情报分析的作用更为突出，情报分析是情报工作的中心环节。

1. 情报分析是现代情报工作价值所在

传统的情报观念认为，我们可以通过情报搜集了解对手的实力与意图，而且在历史上也确实存在这样的案例，有些情报手段（如谍报手段）渗透到对方的指挥机构，掌握了对手的核心机密。但这样的情况在现实生活中少之又少。更可能的情况是，情报搜集填补了一部分的信息空白，为情报分析提供了基础，但更多的信息空白仍然有待分析人员去填补。在消除战争迷雾时，情报分析的作用远比情报搜集突出。因此，从第二次世界大战开始，一种新的情报观就在西方主要大国流行，即情报分析是情报工作的中心环节，情报工作不仅是令人兴奋的夜晚行动，而且是人类知识和行为的一个有价值的领域，是现代政府及政治不可避免的需求。这样的情报观，充分肯定了情报分析在整个情报工作中的中心地位。

2. 信息价值的挖掘取决于情报分析

情报分析是信息加工的过程，在信息加工过程中，同样的情报信息在不同的分析人员眼中会有不同的价值。情报分析人员的判断受自身经验、教育背景、文化价值观、自身的角色需求、组织规则以及信息的具体细节等因素的影响，人们可以将这一处理过程形象地想象成透过需要调整焦距的透镜或风挡来观察外部世界，因此所见到的景象可能会扭曲变形。例如，为了得到最清晰的中国图景，分析人员不仅需要有关中国的信息，他们还需要清楚理解自己用以观察这些信息的“镜片”。这些镜片被称为思维模式、思维模型、偏见、分析性假定等。因此，分析人员能否正确解读情报现象，决定了情报搜集的价值。唯有建立恰当的思维模型，使用合适的情报分析方法，才能充分挖掘信息的价值，达到“实事求是”的理想境界。

3. 情报工作流程通过情报分析去驱动

传统观念认为，情报搜集是情报工作的起点，但实际上，我们搜集什么，用什么手段去搜集，都有赖于情报分析。我们需要通过情报分析去分析情报需求，解决搜集方向的问题；我们要通过情报分析去确定信息空白，去解决搜集内容的问题；我们要通过情报分析去制定情报搜集策略，以合理地配置情报搜集力量。正是情报分析驱动了整个情报工作流程。没有情报分析为主导的情报搜集是盲目的搜集，是无效或低效的搜集。

4. 情报分析是实现情报价值的核心环节

情报能否在决策中发现作用，实现所谓的情报价值，取决于情报分析的成果。情报分析是否正确，是否能为决策者消除战争迷雾，塑造透明的决策环境，恰当地分析对手的实力与意图，并扮演蓝军，把敌方的计划与我方的计划进行对比推演，从而确定己方最佳行动方案，这些功能都在情报分析这一环节实现。

如果我们同意情报分析是情报工作的中心环节，那就必须承认，“侦察情报”这一称谓明显是有问题的。这个词汇把“侦察”与“情报”并列，很明显存在逻辑问题。常识告诉我们，侦察仅是情报工作的一个部分，远非情报工作的全部内容。在情报搜集中，除了秘密侦察外，还有开源情报搜集，后者所占比例更大。“侦察情报”这一称谓本身说明，我们对情报工作的认识，我们对情报力量的配置，我们对情报资源的投入，都是有问题的。我们需要重新定义情报分析在整个情报工作中的地位。

（三）通过机遇分析塑造未来

传统情报理论认为，情报与决策是保障与被保障的关系，分析更多地处于支援地位，因此有“情报支援”“情报保障”和“情报服务”的说法。但我们的祖先孙子则有“先计而后战”“计利以听”的说法，在进行“庙算”时，决策者必须先“计利”，后“为势”，只有在分析结果有利于己的情况下，决策者才作出开战的决策，并通过“诡道”等各种手法，将之转化为“势”，以争取胜利。孙子指出：“胜兵先胜而后求战，败兵先战而后求胜。”所谓“先胜”，即战前就能预见胜利，胜券在握，不打无准备之战；所谓“先战”，即先打起来再说，摸着石头过河。“先胜”与“先战”，何者为先，何者为后，反映了决策者对情报作用的根本认识，也是高明的将领与鲁莽的指挥官之间的本质区别。

传统情报理论认为，为了保持情报的客观性和独立性，分析人员与决策者应当保持一定的距离。美国情报分析理论家杰克·戴维斯（Jack Davis）认为，情报分析不是纯粹的学术研究，分析人员提供的情报产品，必须为决策者和具体的行动人员量身定制，分析人员所领受的每一项分析任务，都是为决策者和决策过程提供支持的机会。因此，分析人员在进行情报分析时，必须考虑如下问题，即美国国家利益面临的机遇与威胁，美国的对手、盟国及其他各方的意图、目标、实力和弱点，美国对其他各方和相关问题产生影响的直接和间接原因，以及旨在实现美国既定政策目标的战术取舍。这种理论被称为“机遇分析”理论，其与孙子的“计利以听”有异曲同工之处。

机遇分析理论确立了情报在决策中的先导地位。这种观念在警界已经实现，20 世纪 90 年代，英国《警务与情报》研究报告正式提出“情报引导警务”这一概念，以解决警务决策和警力部署的科学化问题。竞争情报倡导 SWOT 分析法，分析人员要就双方的优势、劣势进行对比分析，发现我们可能被对手利用的潜在弱点，以及规避这些弱点的方法。对企业来说，如果仅仅告诉决策层面临的竞争形势，而不告诉其竞争策略，那是没有意义的。因此，机遇分析（或者说对策分析）应该成为情报分析的标准配置，没有对策分析的情报分析产品不是合格的情报产品，但在军事情报学研究领域，这种观念远没有成为现实。

（四）情报分析应该知彼知己

分析的目的是帮助政策制定者塑造未来，而不是预测未来，这就要求分析人员必须了解己方情况，并参与到计划制订中来。情报工作必须知彼知己，体现在如下几个方面：

首先，情报的预测性要求情报工作必须知彼知己。

情报工作的本质是从杂乱无章的情报现象中，发现各种情报现象之间的内部联系（相关性），洞察事物的本质，预测其可能的发展趋势。怎样才能做好评估与预测？怎样才能把情报分析人员与算命先生区分开来？这只有通过发现事物之间的内部联系才能做到。用毛泽东的话说，就是“指挥员使用一切可能的和必要的侦察手段，将侦察得来的敌方情况的各种材料加以去粗取精、去伪存真、由此及彼、由表及里的思索，然后将自己方面的情况加上去，研究双方的对比和相互的关系，因而构成判断”。这一过程，我们可以简单地概括为“实事求是”，即透过纷繁复杂的情报现象，洞察情报事件的本质，预测其进一步的发展趋势。

要使情报体现出预测性，仅关注彼方情况是不够的。从军事辩证法的角度看，知彼和知己是情况认识过程中的两个环节，两者互为依据。离开对己方情况的认识，我们对彼方情况的认识是不完整的。割裂彼方与己方情况之间的联系，不对敌我双方的情况进行对比分析，就不能认清客观事物发展的本质，预测事物发展的方向。我们常说不能过低估计敌人，过高估计自己，但实际上，两者之间是相互联系的。过低估计了敌人，也就是过高估计了自己，反之亦然。因此，孙子在讲“知”的时候，把“知彼”与“知己”联系在了一起，在“五事”和“七计”中，特别提出要就双方各方面的情况进行对比分析，以得出最终结论。

其次，预测敌方动向，评估敌方计划，离不开知彼知己。

为满足决策需求，情报机构需要提供敌方的情况，分析敌方的意图，预测敌方可能的行动方案，评估己方行动计划以及敌方可能作出的反应。美军《联合情报》明确指出：判定敌人的企图是情报工作面临的最大挑战，其中的原因是要从敌我双方不断互动的动态过程中得出结论，这就是克劳塞维茨所谓“相互作用的过程”。要判定这一相互作用过程的结果，情报军官就要了解己方计划未来要采取的行动，同时需要预测敌人发现己方行动的可能性，敌方会如何解读己方行动，以及敌人最可能作出的反应。为做到这一点，指挥官在制订联合作战行动计划的最初阶段就应让情报计划人员参与进来。

情报人员的一个重要职责，是参与兵棋推演，评判双方的行动方案。在推演中，情报分析人员扮演敌方的指挥官。己方的每个行动方案必须首先与敌方最可能的行动方案进行推演，然后与敌方最危险的行动方案进行推演。如果情报分析人员不了解己方的情况，那么其制订的蓝军方案必定是脱离实际的，是无效的，也不可能真正实现磨砺红军的目的。

（五）构建情报分析方法论

方法论是人们认识世界和改造世界的根本原则和根本方法，是人们用什么样的方式、方法来观察事物和处理问题。情报分析方法论则是关于情报分析中一般情报分析方法的理论学说，是对一般情报分析方法的概括和总结，它是一套完整的实践引导体系，是指导情报分析的理论基础，是我们在长期的情报分析实践中总结和摸索出来的，符合客观发展规律。

同科学哲学一样，情报分析的方法论经历了实证主义——证伪主义（包括认知心理学和批判性思维）这种转化。逻辑实证主义方法论强调：实证方法可以揭示现象之间的确切联系；科学从中立的观察开始，观察必须摒弃个人的主观好恶，做到不偏不倚；观察现象经过归纳可以上升到规律性和一般性结论，归纳法是“发现的科学”。准确性、精确性、确定性、可重复性等，是实证的基本内涵。

实证主义哲学对情报分析的影响很大。传统的情报分析以定性分析为主，情报工作与其说是一门科学，不如说更像一门艺术，只可意会，不可言传，如孙子所说“微乎微乎，至于无形；神乎神乎，至于无声”。这样的情报分析，不可能登上科学的殿堂。美国第一代情报分析家都是实证主义的信徒。他们相信情报分析不仅是一门技艺，更是一门科学。只要掌握基本信息，通过小心的假设、缜密的推理，就可以得出正确的结论。这样的情报思维深深影响了早期情报分析实践，促进了情报分析的科学化。

但是，情报分析毕竟不是一门纯粹的科学，情报分析的对象与科学研究的对象也存在差别，因此，用科学研究的方法去研究情报现象，是容易出错的。历次情报失误证明这种科学方法论对情报分析的不适用。以谢尔曼·肯特为代表的情报分析家也在反思这种科学方法论的局限。20 世纪 70 年代，风靡美国学界的证伪主义和认知心理学为情报分析提供了新的方法论基础。与实证主义相反，证伪主义认为不存在客观、中立的观察，理论来源于大胆的猜测，科学发现的逻辑从试错开始，对假说不能进行证实，而必须进行证伪。这样的方法论恰好可以说明情报分析的复杂性、对抗性、主观性，因而得到分析人员的推崇。证伪主义方法论和认知心理学的运用，大大增强了情报分析的科学性，假说演绎法成为一种重要的情报分析方法。

实证主义、行为主义和证伪主义都是西方的科学哲学，中国情报分析人员信奉的则是马克思主义。在本质上，在认识世界的问题上，马克思主义的方法与西方情报界的很多方法，具有强烈的一致性。把马克思主义与西方的情报分析方法有机地联系起来而不是对立起来，对改进我们的工作更有价值。

美国情报界认为，情报分析就是把片断的、看起来不相联系的材料联结起来，成为一条线或一个面。情报分析的根本目的，是发现事物之间的相关性，洞察事物内部的联系。这一观点与马克思主义“世界是普遍联系的”这一世界观完全一致。分析与综合是我们常用的情报研究方法，分析与综合应该统一。所以，确定情报分析的方法论基础，明确马克思主义方法论与西方科学哲学方法论的联系，形成全新的情报分析方法论，是情报理论研究人员的责任所在。

（六）拓展情报分析方法新领域

当我们说到情报分析方法时，总是会想到综合、分析、演绎、归纳，或者是更加具有定量特征的统计、层次分析等方法。这是我们在分析中经常涉及且运用的方法。但近年来，国内许多情报研究者已经从社会科学研究方法中借鉴、应用、改造了许多方法，使之具备了“情报分析方法”的特征。

众所周知，方法是可以习得的，但我们也必须认识到，在实践工作中，方法有时候不是可以选择的；而且不同的方法适用于不同的情景和任务，只有与任务相适应的分析方法，才是好方法。与此同时，我们更应当认识到，分析工作不是一个人完成的，更多时候，情报分析是团队的工作，情报产品是集体智慧的结果。因此，如果我们在情报分析方法的创新只停留在列举可能被用于分析过程的具体方法，那无疑限制了分析方法的发展，将方法等同于个人的技能。

分析方法的创新，应当从具体的方法创新，更多地向方法形成的思维机制、向具体方法运用的环境、向如何组织团队开展分析这个方向演进。换言之，我们的方法创新不应当只停留在“器”的层面，应当更多地向如何用器的层面拓展。

关于情报分析的思维牵引，结合情报分析方法论的构建，通过对我们的认知机制、我们的思维、分析方法形成和应用等问题的研究，发现它能够很好地解释我们心中长久以来存在的疑问，那就是：方法是完全可以被分析人员有意识操控的吗？方法确实可以“运用自如”吗？答案已经愈发明显：除非我们认识到自己的思维究竟如何，否则我们就会过于局限，甚至“迷恋”掌握多种（上百种）的方法，而忽视了作为运用方法的我们自己是如何能够通过批判性思维、创造性思维来分析问题的。

关于情报分析的团队方法，外国情报分析人员已经将竞争性团队分析从理论到实践进行了构建和检验，产生了更为全面的“结构化分析方法”。我们缺乏的，是基于团队的组织行为特征，特别是基于情报分析团队的组织行为特征，从分析团队构建、任务分配、资源运用方面来探索如何通过组织管理方法，将单个分析人员及他们运用或熟练掌握的具体分析方法转化为群体决策的优势的理论创新。这样的理论创新，需要的不仅是理论框架或者构想，而是需要通过对多种团队情报分析案例的观察，有时甚至是实验验证来推动。

（七）革新情报分析流程

分析流程即情报分析的组织管理方法，在面对一个分析主题时，它既包括单个分析人员的分析过程，更是指团队如何形成结论的过程，它要解决的是如何形成更好产品的问题。毛泽东所说的“去粗取精、去伪存真、由表及里、由此及彼”就是这个意思，只不过它更是一种高度概括的分析流程的原则。谢尔曼·肯特通过社会科学研究与自然科学研究的类比，形成了“具体问题形成、具体问题分析、资料搜集、资料评估、假设、上报”的六步情报工作流程，从而对分析流程作了理论上的规范。

这种分析流程的特点是：将资料作为先导；重视和强调分析过程的客观性；重视事实的归纳和历史经验的总结；让分析与决策、行动保持距离；等等。这样的流程让传统分析流程在面对新的分析议题和任务时显得力不从心。

分析流程是实现情报价值的过程，分析流程的理论创新应着重关注以下方面：

一是重新构建具有普遍意义的分析流程。在这方面，国外情报理论研究给了我们一些启示。西方情报界引进了自然科学、哲学和心理学的成果，提出了许多新主张，其中最重要的是打破传统的思维模式，发展批判性思维。在情报分析中进行批判性思维，就是将科学调查的过程和价值取向，应用到战略情报的特殊环境中去。这种思维方式建立在认知心理学的基础之上，是我们从事科学研究时必须具备的一种思维方式。

2005年，美国情报界开始使用结构化分析这一术语，即借鉴科学研究的基本理念，严格遵循科学研究的程序，使用科学研究的方法，建立观念驱动型情报分析模式，外化思维过程，严格证伪假设，通过竞争性分析以防止思维被某种主流观点所支配，通过替代性分析，以减轻情报失误后果。这种新的情报分析流程，基于概念驱动，更重视将决策和行动需求作为牵引，注重与情报用户的相互衔接，强调用较为科学的步骤来避免陷入思维定式的陷阱。它以目标（任务）为中心，主张情报用户与情报生产者平等参与情报分析；重建科学发现的逻辑，以证伪主义作为情报分析的方法论；强调构建思维模型，要求系统全面地考虑所有的假设；承认思维的主观性，主张保持开放结论，以避免情报失误。

二是研究面向专门领域和任务的分析流程。情报实践工作的快速发展、日益复杂已经对情报理论构成了巨大的挑战。在分析工作中，我们可以提出一个具有普遍意义的分析流程，但具体到一个分析主题并不一定要走完所有的流程，才能生产出高质量的情报产品。因此，情报分析理论必须打破“大一统”“适用和指导所有具体问题”这种传统观念，逐渐向两个层面发展。一是要提供一个理论范式，或者具有原则性的框架，它的作用是要给大家启迪；二是在要针对专门的领域和任务，在这样的框架下，形成具体的、针对性的理论指导。

这实际上也是辩证唯物主义和“具体问题具体分析”的体现。信息时代，情报工作的环境发生了巨大变化，出现了跨国公司、国际恐怖主义组织这样的非国家行为者，在传统的安全威胁之外，出现了恐怖主义、毒品走私、生态破坏等非传统安全威胁。在这种情况下，我们的情报分析就不能千篇一律，用同一个模型恐难应付，而应建立相应的、更为具体的分析流程。同样，在面对重大战略调整和作战环境变化这样的不同任务时，也会有不同的分析流程。

（八）变革情报训练模式

情报分析具有很强的实践性。情报分析的教学过程就是一个向学生传递分析方法、分析技巧，帮助学生认识情报分析的思维误区、养成正确情报思维的过程。这一过程的实现离不开实践，只有在大量的情报分析实践中，学生才能够逐步领会方法的要义、体会思维的精妙。因此，美国中央情报局经常举办情报失误研讨班，通过案例研讨，了解情报分析过程中的认知陷阱，提高情报分析人员的技能。

与外军相比，我国的情报分析教学存在很大的问题。经验丰富的分析人员本身没有时间对自己的经验进行理论总结，由于机制问题限制，理论研究人员得不到实践机会，由此造成课堂上的情报分析教学与实践中的情报分析严重脱节，教员坐而论道的现象比较突出。

解决这一问题的途径在于案例教学。案例教学重在创造仿真的情境，使学生能够充分感受到岗位任职所面临的实际问题，进入特定事件的具体角色，自主地分析案例，具有很强的实践性特征。案例教学也注重通过学生与学生、学生与老师之间的分析讨论，形成热烈的、互动的教学氛围，使学生能够充分表达自己的新观点和新见解，形成思维的相互沟通、相互启发和相互补充。

传统上，我们对案例教学的理解存在严重缺失。我们以为举例就是案例教学，我们不能理解案例对“真实”的要求。因为过去开发的情报分析案例大多是历史案例，其过程与结果几乎众所周知，如何跳出评价型案例的框框，开发出决策型案例，再现案例的真实性，让学员沉浸在当时的情报分析情境中，体会情报分析的复杂性，对教研人员构成很大的挑战。经过探索，我们开发出决策型案例，通过再现当时的复杂情境，让学生置身于其中，让其体会情报分析的复杂性、情况认识的不确定性，以及决策的艰巨性。

在开发决策型案例的基础上，我们还把结构化分析这一套全新的分析方法体系引进了案例教学。对每个案例，我们可以安排各种结构化分析方法，让学生反复训练。通过若干案例的教学，学生基本可以领会整个情报分析的流程，掌握一整套结构化分析方法，并知道在何时使用何种方法。

综上所述，信息时代的情报分析在分析环境、分析主题和分析对象方面都已经发生巨大变化，旧有的情报分析模式已经无法应对不断出现的新挑战。我们必须变革情报分析模式，使用新的情报分析方法，才能有效应对新的情报分析威胁。

四、孙子情报理论与思想

（一）孙子情报分析理论 [1]

孙子在其名著《孙子兵法》（以下简称《孙子》）中构建了系统而深刻的情报理论，情报分析理论是孙子情报理论的重要内容。考察《计篇》《形篇》和《用间篇》等重要篇章，不难发现，《孙子》从定性，到定量，再到定则，逐步完成了情报分析理论的维度建构。孙子的情报分析理论，以实力为中心，强调整体性，既有可操作性，也极具思辨色彩，不仅在中国古代情报史上树立了一座难以逾越的高峰，也向西方情报理论界展示了东方兵学的成就和特色。

1. 注重整体的定性分析

定性分析理论主要集中在《计篇》的“庙算”理论。所谓“计”，就是计算，也即“庙算”。所谓“庙算”，就是战略情报分析，是对敌情、我情进行认真的对比分析，并加以研究判断，决定战争是否能够发起。其中，“计”是关键因素，而且必须由统帅部门来完成，故“庙算”，实则是对战争问题加以定性。

考察《计篇》，“庙算”的基本内容可以概括为“五事七计”，构建了一个基本的情报分析程序，分为三个步骤：第一步是逐项分析，第二步是对比分析，第三步是综合评估。

首先是逐项分析，即“经之以五”，对决定战争胜负的基本要素，也即“五事”，进行逐项分析。“五事”分别为“道”“天”“地”“将”“法”，分别代表政治、天候、地理，将帅、体制等。这五个分析项之下，又列有着更具体的细目。比如“将”，要对将帅的智力、品格等诸多因素进行考察。他认为“凡此五者，将莫不闻，知之者胜，不知者不胜”（《孙子·计篇》），强调的是对这五大范畴的全面掌握。

其次是对比分析，即“七计”和“校之以计”（《孙子·计篇》），从七个方面对敌我双方情况进行分析和评估。比如“主孰有道”，要完成对两国政治

---

[1] 熊剑平：《孙子情报分析理论研究》，载《情报杂志》2019年第10期。摘编后收入本书。

层面的考察，比如君主贤明与否、治国能力及受民众拥护情况等，都要有所掌握。再如“天地孰得”，要认真考察双方所得天时地利情况，对自然环境和地理环境要有全面掌握。再如“兵众孰强”，要对双方武器装备完成对比。

最后是进行综合评估。孙子指出，综合评估的结果，无外乎这两种：其一为“得算多”，其二为“得算少”。经过逐项分析和对比分析之后，可以将双方各自所得筹码进行比较，从而推断战争的胜负。孙子说：“未战而庙算胜者，得算多也；未战而庙算不胜者，得算少也。”（《孙子·计篇》）从中可以看出，“庙算”实则是对敌我双方总体情况进行全面细致的比较分析，从各自“得算”情况来预判战争胜负。

从以上三个步骤可以看出，“庙算”最终目的是基于战略考量，依靠基本情报要素，对战争胜负进行预测，从而预见战争胜负。无论是“五事”，还是“七计”，都是依据这个逻辑而展开，从这个角度来看，“庙算”也是就战争问题而进行的定性分析。而且，“庙算”这种情报分析过程，由“五事七计”出发，鹄的是对战争双方的整体研究，注重冷静而且客观的分析方法，也强调了各个分析环节的连贯性与完整性，故而可与今天所说的定性分析法求得对应。孙子所言“庙算”，基本可与西方现代情报分析理论实现某种程度的对接。“庙算”作为定性分析之法，与西方现代情报分析理论对比，同样并不逊色。孙子由此出发，又设计出种种高妙战法，则更具卓识，震烁古今。

2. 纲举目张的可操作性设计

孙子的情报分析坚持利益原则，一切判断都需要考察是否对己方有利，就是“计利以听”的原则。孙子的情报分析理论，都是基于战争追逐利益这一实际需求出发，既体现出情报的先导作用，也增加了情报分析的可操作性。孙子的“庙算”理论由“五事”出发，逐层深入，在每个大类之下，又总结和设计了分析子目。

孙子“庙算”分析模式，其中隐含有类似“想定”的作业模式。“想定”是今日军事参谋业务术语，强调了研究战争的实战性，因而被视为军事指挥人才的基本培养模式之一。孙子论及战争规模，并将其定格为“兴师十万，出征千里”的规模。基于如此规模，孙子对影响战争胜负的种种因素都进行了讨论，比如财政支出——“百姓之费，公家之奉，日费千金”，军费开支——“内外之费，宾客之用”“日费千金”，装备物资的保障——“驰车千驷，革车千乘”“胶漆之材，车甲之奉”等，包括战争对国内生产与经济发展所产生的影响，孙子也进行了分析——“不得操事者，七十万家”。这些论述，既有当时的时代背景，也非常类似今天司令部门“想定”作业的设计模式，既是对战略情报所进行的综合评估，也是孙子基于实际操作可能所进行的探讨。孙子在设计战略情报分析基本模式之时，并非纸上谈兵，而是对情报分析的具体过程进行了操作层面的深入探究。

孙子不仅建立基本范畴，更订立了基本分析项，又不厌其烦地设定各种子目，从而纲举目张地在其情报分析理论中建立了较为系统而严密的分析体系。既具有理论意义，更具有可操作价值。通过这种分析模式，对情报分析必须考察的基本范畴、各类情报及分析诸元，有一个大体的了解。这些都是相对明确而且固定的，都是可以依据战争实际而获得。由孙子设计的层次分明的情报分析系统，可以大致建构一种基本的分析模型。这种模型至少在理论上具有一定的可行性。

孙子将情报分析划分为逐项分析、对比分析、综合评估这三个阶段，其实也设计了情报分析所应该遵守的一个基本分析流程。这不仅符合人类认识事物所应遵循的客观规律，也是情报分析在工作程序上的必然体现。这其中同样体现了可操作性一面。

在西方，情报分析理论在二战后获得飞速发展。西方情报研究学者借助自然科学与社会科学的研究成果和研究方法，已经先后提出两种代表性的情报分析流程。以谢尔曼·肯特为代表的第一代研究学者，将战略情报分析流程分割为七个阶段，孙子所设计的分析流程在总体上与其较为接近。白俄罗斯学者库兹涅佐夫的分析研究过程简化处理后可分为三个阶段，强调了“核实和修正”这一过程，虽然与孙子存有较大差异，但是他却绕不开因果关系的分析，无法回避诸要素的比较分析，也需对事件作追踪思考和对比研究。从这个角度来看，孙子的“庙算”与现代西方情报分析理论仍然能够求得部分暗合。

当然，西方现代情报分析理论虽说已取得日新月异的发展，但越来越强调情报分析的主观性，如果将孙子“庙算”理论与之对比，可以立即见出孙子的简明与质朴。孙子强调对每个分析项逐一加以分析和客观加以比较，坚决反对掺入个人主观因素，这与西方情报分析理论颇有相似之处。但孙子更加简洁明了，在展示质朴性的同时，也更显示出可操作性的特点。

3. 以实力为中心的定量分析

关于“庙算”，美国学者罗伯特·克拉克也曾研究《孙子》，并有所发现和借鉴，认为孙子已经为世人提供了一种古朴的力量分析方法，但罗伯特似乎对《孙子·形篇》的“称胜”理论有所忽视。与“庙算”相似，“称胜”理论更是一种力量分析方法，而且与罗伯特所研讨的定量分析的基本内容更加接近。

孙子的“先胜”理论格外重视军事实力营建。在《形篇》，孙子重点讨论如何发展经济实力，提升军事实力。由此出发，孙子提出一整套定量分析法，即“兵法：一曰度，二曰量，三曰数，四曰称，五曰胜。地生度，度生量，量生数，数生称，称生胜。故胜兵若以镒称铢，败兵若以铢称镒”。这段话被很多人简称为“称胜”理论。

孙子所谓“度”，是土地之广狭，“量”是物产之多少，“数”是人员之众寡，“称”是力量之对比。孙子根据国土面积的大小，逐级推导，直至推出战争胜负，这其实就是现代军事情报学所要重点关注的内容，也是定量分析的基本路径。“称胜”理论不仅论及国力和军力的培植问题，更是揭示决定战争胜负的各基本环节之间的逻辑关系。其中，“度”“量”“数”“称”等概念，也可以与现代军事术语中的基本国力、军事实力、军队战力等求得大致的对应。由“称胜”理论出发，孙子初步建立起古朴的定量分析方法，可视为情报学定量分析理论的萌芽。

无论是“庙算”，还是“称胜”，孙子的定量分析方法，关注的核心内容是军事实力，着眼点是能否在战场上击败对手，其目的性非常明显。而且，孙子的分析方法中也隐含着系统的动态分析法，“称胜”理论体现得尤为明显。这一点与西方现代情报分析理论重点关注力量的分析法，在原则和方法上都可保持一致。“庙算”理论，尤其是“称胜”理论中从“度”到“胜”的分析方法的建立，既考察常态因素，更关注变化因素，内容丰富且具体，逻辑严密且完整。

毫无疑问，孙子所建立的古朴的情报定量分析法，在情报史上具有非常重要的意义。考察我国古典情报分析理论，不难看出，军事家们对定量分析法谈得不多。孙子的理论，无疑是重要补充，也可对现代情报分析理论，乃至军事经济学的定量分析，都有一定的启示意义。战国时期名著《管子》中更为细致而具体的定量分析之法，实则也是由孙子发展而来。在《管子·八观》中，作者将战略情报搜集的具体内容归纳为“八观”，在完成侦察任务后要进行深入分析，也即完成是“计”“量”等工作。这无疑是非常标准的量化分析。这些内容其实是对孙子“称胜”理论和定量分析实现了继承和发展。

4. 分析方法和分析原则的制定

孙子对情报分析的方法和原则问题也有所提及，主要集中在《行军篇》和《用间篇》。

在《行军篇》中，孙子重点讨论的是“相敌之法”，罗列了 30 余种侦察敌情之法。这些“相敌之法”，基本属于战场侦察之法，侦察敌情之后，又快速地对其加以分析，从而为指挥员研判敌情、下定作战决心提供依据。

孙子的“相敌之法”非常繁杂，通过这些内容告诉人们基本的情报分析原则。这些“相敌之法”大多是基于战场经验的总结，甚至经过不少战争实践的检验。“相敌之法”中蕴含的是丰富哲理和情报分析的方法和原则，可以简单概括为：去粗取精，去伪存真，由此及彼，由表及里，其中贯穿的则是“透过现象看本质”的思想方法。依据这种方法，第一步需要大量开展具有针对性的侦察行动，第二步则是认真地展开分析和研究，把各种零散的情报信息串联起来，进行系统化的分析，找出其内部联系，进而抓住其中关键内容，甚至是找到其中带有规律性的内容，从中寻找事物的本质。

在此基础上，孙子在《用间篇》中进一步总结出“用间”和情报分析的原则：“不可取于鬼神，不可象于事，不可验于度，必取于人。”这完全可视为情报分析的基本原则。在《用间篇》，孙子再次提及“度”，提醒人们不能简单地依据这种逻辑关系进行机械推导，这无疑比《形篇》的“称胜理论”

又向前迈进了一步，体现了孙子的辩证精神。

上述论断，既反对形而上学，又反对经验主义，同时也强调发挥人的主观能动性，更与术数和神鬼思想坚决划清了界限，所以自古以来一直闪耀着智慧的光芒，至今仍具启示意义，仍可作为今天的情报搜集和情报分析的基本方法和原则。

（二）孙子反情报思想[1]

关于“反情报”，国内外学者有着多种界定。虽然侧重点各有不同，但主要观点仍较为一致，都强调了“防反”或“欺骗”，此外也有学者强调了积极的进攻性反情报。考察《孙子》的反情报思想，可以发现其与现代反情报理论的相通之处：不仅有拒止，也有情报侦察和欺骗，关于反间的论述，更可见其积极进攻的特点。从现代情报学的角度来看，情报与反情报不可分割，二者之间表面上看相互对立，实际上相辅相成。反情报始终是情报工作不可忽视的重要内容。也许正是基于这一认识，孙子在大量探讨和总结古典情报理论的同时，也对反情报进行了较为深入的研究。

1. 拒止：对保密的强调

所谓“拒止”，主要是指“防止敌对情报机构接触敏感信息”。与此同时，防止敌方的策反和渗透行为等，也被视为“拒止”。这些都是反情报的常见措施。孙子高度重视反情报，十三篇兵法从多个角度强调保密工作的重要性，在孙子看来，保密工作应贯穿军事情报活动的始终，情报工作也应被视为军事斗争中的最高机密而受到特别重视。

（1）高度重视军事行动展开之前的拒止措施

做好战争决策和战术设计中的保密工作，在《九地篇》体现得最为明显。该篇是探讨战略奔袭的名篇，集中总结了深入对方腹地的奔袭战法。就这一战法，孙子也对情报和反情报工作提出明确要求。他强调战略决战发起之前，必须要做到“夷关折符，无通其使；厉于廊庙之上，以诛其事”，意即在庙堂

[1] 熊剑平、梁舟：《孙子反情报思想研究》，载《情报杂志》2020年第2期。摘编后收入本书。

之上进行反复的推敲和计议，通过反复计算和商讨来决定战争行动各种具体步骤；封锁重要关口，废除已经颁发的通行凭证；不与敌方使节相互往来。《九地篇》这段话对战争行动发起之前的保密工作有非常明确的要求，都是出于拒止措施的需要，也是战争行为的本质要求。

作战行动无外乎进攻和防守两种基本样式。进攻战需要做好保密工作，防守亦然。一方进入防守状态，另一方必定会采取各种手段伺机窥探其军情机密，因此制定防守之术时，同样需要做好保密工作。孙子认为，真正懂得防守的将领，一定首先要把己方很好地隐藏起来，如同隐藏在深地之下："善守者，藏于九地之下"。(《孙子·形篇》) 只有做好有效的拒止措施，才能实现"自保而全胜"(《孙子·形篇》) 的作战目标。也就是说，善守必须要做到善藏，保住己方作战意图和防线部署等机密，是确保防线牢不可破和取得战争胜利的基础。

(2) 严控知密范围，不惜采用"愚兵"之术

军事行动事关国家和军队的生死存亡，必须严格管控军队的作战意图、兵力部署及作战计划等重要机密不泄露。现代条件下的处理方法是控制"知悉权"，对军事秘密实施分级管控。《孙子》所论愚兵之术，便是对控制"知悉权"的初步探索。

愚兵之术是孙子控制军事机密"知悉权"的举措，见于《九地篇》。孙子指出，"能愚士卒之耳目，使之无知；易其事，革其谋，使人无识；易其居，迂其途，使人不得虑"，又要求"焚舟破釜，若驱群羊，驱而往，驱而来，莫知所之"。这就是说，将帅在必要之时要学会蒙蔽士卒的耳目，不能让他们知晓军机要事。与此同时，还要善于临时变更作战部署，让人摸不着头脑。不仅如此，为做好保密工作，还要学会要经常改换驻地，善于迂回行军，令敌方无法揣测我方意图。这一系列愚兵之术，目的就在于使人"无识"和"不得虑"，防止被士卒有意无意泄露出去。

(3) 严惩泄密人员，旨在警示教育

对于泄密事件，孙子主张予以严惩，而且是当机立断，立即采取严厉的惩罚措施。在《孙子·用间篇》中，孙子认为，间谍行动尚未开展之前就出

现泄密情况，那就要将失泄密人员都定为死罪：“间事未发而先闻者，间与所告者皆死。”这句话道出了孙子惩治泄密人员的严厉态度，那就是严惩不贷。不仅要斩杀泄密的间谍，而且要斩杀所有知晓秘密的人员。在孙子看来，唯有如此才能尽量缩小知密范围，尽最大努力保护全局利益不受损害，同时还可以对将士起到警示作用。

孙子制定的这一惩罚措施，得到了历代不少注家的认同。今天的保密工作要求“有密必保、保密必慎、泄密必究”，同样强调惩处的作用。由此可知，对于军事秘密，从古至今的态度都是一贯的，对于泄密事件也都是持零容忍态度。制定合理而必要的惩罚措施，是保证各项反情报措施得到落实的重要保证。

2. 欺骗：“形人之术”的设计

孙子所设计的各种诡诈之术，尤其为夺取战争主动权而设计的“形人之术”，都以欺骗作为中心内容，而且多围绕情报活动而展开，与现代情报学的反情报概念相符合。孙子不仅强调“兵以诈立”，同时力主“兵者诡道”，这在战争史上具有划时代意义。

孙子在开篇便强调“兵者诡道”，认为战争全程充满了智力对抗。为夺取战争胜利，敌对双方必然会在各个层面施展欺骗之术。哪一方骗术更为高明，便拥有了更多胜机。不仅如此，为了防止敌方的欺骗与渗透等，还必须积极研究和采取各种反制措施，用更高明的欺骗手段去迷惑对手，麻痹敌军。孙子在《计篇》对此进行了较为系统的总结：“能而示之不能，用而示之不用，近而示之远，远而示之近，利而诱之，乱而取之，实而备之，强而避之，怒而挠之，卑而骄之，佚而劳之，亲而离之。攻其无备，出其不意。”这些内容或可统称“诡道之法”，意在打破常规，出奇制胜。孙子主张通过毫无定势的谋略欺骗，使用全方位和多层次的欺骗手段，令对手出现错误判断。在角力过程中，需要不断制造和释放假情报，使得对方难辨真假，产生思维错乱，直至陷入我方精心营造的陷阱之中，并在误导之下作出错误选择。这些诡道之法的核心原则为“攻其无备，出其不意”，终极目标则为战胜对手，主要依靠的则是情报欺骗。

"形人之术"主要见诸《虚实篇》，在目标与原则上都与上述"诡道之法"一脉相承。"形人而我无形"是《虚实篇》的主题，包含了两层意思：一方面是"形人"，即通过多种手法来探知敌人的虚实；另一方面则是"无形"，即巧妙地隐藏己方的战略意图，令对手无法摸清虚实。这两方面加在一起，才是一个完整的"形人之术"。"无形"一词指出了"形人之术"的最高追求，同时也为反情报工作设定了最高目标，无形，则深间不能窥，智者不能谋。"形兵"的最高境界为"无形"，是就保守军事机密而言。孙子认为，只有充分做好反情报工作，才能获得"因形而错胜"的机会，顺利完成战术机动，进而实现"应形于无穷"。

孙子还深刻论述了"备人"之术，既可视为防守之术，也可视为反情报，是就情报工作的防守之道而言。"备人之术"与"示形之术"两者结合，成为孙子的"攻守之道"。通过对"备人之术"的分析，提出了达到"我无形"的原则和方法，就是多做有针对性的布防，力戒不分主次和处处分兵。

3. 重视反间的运用

"五间俱起"是孙子在《用间篇》中提出的著名观点，主要就侦察和搜集敌情的展开方法而谈。孙子将间谍分为"因间""内间""反间""死间"和"生间"这五种，分别赋予不同的功用。重视"五间"，不仅是情报工作的重点内容，同时也与反情报密切相关。由于这些侦察措施的存在，孙子的反情报理论也明显带有积极进攻的一面。在这"五间"之中，"反间"尤为孙子所重，也尤其值得从反情报角度进行深入探究。双重间谍也是传递虚假信息的重要手段。孙子重视反间，不仅是看到其侦察敌情方面所起作用，更看重其对粉碎敌方情报活动方面所起到的不可替代之作用。

孙子重视用间，固是刺探敌情的考虑。就保护军事机密而言，仅依靠拒止措施尚不足以阻挡对方无孔不入的侦察和刺探活动。采取积极主动的措施，提早查明敌对势力的情报活动，便可以将敌方企图扼杀于摇篮之中，也可以对其采取必要的反制措施。

孙子重视"五间"，格外重视反间，"五间之事，主必知之，知之必在于反间，故反间不可不厚也"这句话，体现了孙子对于反间的重视。孙子指

出 :“必索敌人之间来间我者，因而利之，导而舍之，故反间可得而用之。”（《孙子 · 用间篇》）这其中共包含“索”“利”“导”和“舍”这四个步骤，缺一不可，而且环环相扣。考察孙子对于反间的运用，更可看出其用间思想的高明。

孙子重视用间，也重视反间。反间，不仅能够有效实现拒止，防止敌间渗透和窃取情报，同时还可以因势利导，及时搜集到敌方重要情报，对敌方的间谍活动有所掌握。越是敌方深信不疑的间谍，越需加大策反力度。一旦成功，更容易搜集敌方重要情报，也容易诱使对方掉入我方设计的陷阱之中。通过反间来传递假情报，更具迷惑性，更容易误导敌方。将侦察敌情与传递假情报结合在一起，也能收到事半功倍的奇效。由于这一反情报手段具有很强的实效性，直至今天依然得到广泛运用，各情报大国都高度重视双重间谍的使用。英国在二战期间利用“双十体系”对德开展一系列欺骗活动，古巴在冷战期间利用双重间谍误导美国情报工作的开展等，都是成功案例。

现代条件下的反情报工作受到空前重视，现代反情报理论研究也正日益引起关注。2500 多年前孙子的反情报思想已达到很高的高度，《孙子》已形成较为完整的反情报理论体系，与现代学者的研究不无契合之处，不仅基本完成了冷兵器时代反情报工作的总结，同时还具有超越时代的前瞻性，乃至于对当今情报工作仍有重要的启示作用。

五、中美情报转型与理论发展 [1]

（一）美国的情报新政与理论困境

1. 从反恐转向控制世界经济的美国情报新政

2017 年，特朗普上台伊始，在其发布的《美国国家安全战略》报告中，重点强调了“美国优先”政策在国家安全理念、区域战略、大国战略等方面

[1] 赵冰峰：《中美情报转型与理论变革》，载《情报杂志》2019年第11期。摘编后收入本书。

的全面部署，重新回归与中俄等大国的竞争，将中国定位为“战略竞争对手”，并强调网络与人工智能等技术在国家安全治理中的强大支撑作用。在2018年发布的《国家情报战略》中，首次将提升国家安全、经济实力和技术优势作为指导原则。而在团队任用上，特朗普重用对华强硬派人物华尔街银行投资家斯蒂芬·班农和经济学作家彼得·纳瓦罗，启动对华贸易战，全面推出以全球经济博弈为核心的新型的国家情报政策。这是美国在二战时期以军事手段对抗苏联，冷战时期以文化与政治手段对抗苏联之后，首次采用大规模的经济科技手段来对抗世界性大国——中国。

在任务层面，美国放弃以反恐怖为牵引的国家情报力量部署结构，把情报力量重点转向中、俄等国家，并大幅增加海外人力情报力量的部署。多种迹象显示，美国在国家安全治理和国家情报活动中，将大量使用以长臂管辖为核心的跨国执法手段，以汇率、关税、投资、贸易等为框架的经济操纵与外交谈判手段，以及围绕知识产权为基础的科技限制手段，从而在世界经济与科技创新体系中，重塑美国霸权结构。

2. 基于遏制战略的美国情报理论体系还处在理论困局当中

情报理论是观察国家情报转型的重要窗口和重点领域。美国情报学界的理论创新实质代表了美国情报界的转型方向，观察美国情报理论的创新状况就能够基本掌握美国情报界的未来运行规律。2018 年，美国情报学界曾组织了一次“发展中的情报理论”的大讨论，结果认为，西方的研究者局限在美英等主要的英语世界国家，多年来理论创新几乎停滞，情报问题局限在安全情报领域，情报定义缺乏统一，情报循环模型已经过时，要构建统一的情报理论体系几乎不可能。讨论也产生了不少新思想，比如建议强化情报学的本体论研究、提高情报界“讲故事”的能力、推进情报理论的东西方融合等。当前，特朗普政府实行了新的以控制世界经济为核心的情报政策，并将中国作为主要的战略对手，还增加了情报预算，那么这种新动能对推动美国情报学界从稳态发展中爆发提供了可能。

从结构上看，美国现代情报理论的主要目的在于解决如何对抗苏联势力的全球扩张，即基于冷战起始的遏制战略（1945—1953），在吸收苏联对外宣传和输出革命两个基本经验基础上，依托和平演变政策框架（1953—1991），逐步构建起了适合自身实力和需求的理论体系，从诞生起一直延续至今。其特点包括：①形成了以情报循环和情报流程为主体的国家情报运行体系标准和制度，包括情报流程、情报术语、情报制度规范等；②构建了丰富的情报分析方法论体系，从肯特的科学研究到结构化情报分析方法论集成，再到战略情报分析的“讲故事”，不断提高人机结合的效率，优化群体决策的科学性，提高情报分析的战略作用；③构建和实践了以隐蔽行动为主体的情报行动方法体系，从冷战时期的隐蔽行动到当代的情报活动，不断深化理论根基，衍生出战略传播、软实力、反恐怖等多元化的国家政策与实践模式；④强化了情报监督和制度建设研究，在限制秘密活动和强化公众宣传方面生产了大量成果；⑤特别重视情报技术的变革，围绕美军的一体化联合作战与网络智能作战等，形成了无与伦比的技术系统。而这些理论主要依托于庞大的美国情报基础设施，包括赢得二战和解体苏联的国家声誉、遍布全球的军事基地、监控全球的卫星系统、控制人类数据生产的数据库和操作系统、掌握人类交流信息的互联网管理体系、塑造人类意识形态的国际传媒体系、调控全球人力技术与资源的国际金融体系等。

但是，美国情报理论的创新也受到大量的制度因素、现实条件和现有理论结构的制约，主要包括：①情报界的议题是被动设置的，情报议题的管理和挖掘被政府决策层垄断，自主创新空间较小；②美国现有的情报理论体系中，各类情报工作方法包括情报搜集、分析与行动之间互相割裂，缺乏整体的结构性关联；③美国行动机构中央情报局的核心能力能否在控制全球经济和产业链中发挥其指挥和引导作用，取决于其组织变革特别是领导层变革的最终效果；④情报研究处于单向度状态，导致美国各大情报力量的部署和运筹与中俄等大国的国际冲突还不相适应；⑤由于情报议题的被动性、情报功能的割裂性和情报力量的错配性，美国各大机构的情报协同和联合作战能力有待提升，难以实现情报体系的集成；⑥由于美国在全球的塑造能力随着美国国力的下降在持续衰退，美国情报界和情报学界出现了巨大的战略迷茫和情报困境。因此，从这些制约因素看，美国情报理论的爆发（实质代表了美国情报机构的转型）并非一件易事。

（二）中国国家情报体系与情报理论转型

1. 国家安全活动等级的提高，加速中国国家情报体系的变革

由于美国将中国定义为战略对手，中美矛盾已经成为中国处理对外关系中的主要矛盾，中国国家安全活动被动地提高了活动等级，中国国家情报体系正迎来一场深刻的变革。

近年来，中国设立了国家安全委员会，颁布了《国家安全法》，制定并实施国家安全战略纲要，在重点领域建立了国家安全工作协调机制，全方位开展了国家安全治理工作。特别是2017年出台《国家情报法》，明确了国家安全机关、公安机关情报机构和军队情报机构为国家情报工作机构，强化了国家情报的保障机制。在理论上，提出了人类命运共同体的战略性主张，提出积极防御策略和塑造安全环境等创新理念。但是，中国国家情报力量的国际化尚未完成，国家情报体系的网络化尚在摸索当中，国家情报治理的一体化还在推进当中，国家安全与情报能力与国家经济实力不相匹配，中国国家情报体系的变革，还需要做大量艰苦的工作，特别是情报理论的破题必须加快速度。

2. 中国情报学派正从经验范式研究转向科学范式研究

2016年，“中国情报学派”概念的提出与崛起具有里程碑意义。几年来，中国情报学派越来越活跃，在学科体系、美国机构跟踪、分析理论、国际化、舆情、法制、技术、威胁情报、历史、思想、反恐、犯罪、军事等研究领域成果迭出。关于中国情报学理论、军事情报理论、面向国家安全与发展的现代情报学理论，逻辑体系与学科框架已趋于成熟。

但是，在理论深度上，中国情报学派在世界性的宏大叙事中，尚不能够独立地、系统地构建起情报概念体系来判断，中国情报学派整体上处于理论发展的“上升阶段”，接近于由反思到哲学的“惊人一跳”。在阐释中西方历史与思想、引进西方先进理论、构建中国现代新理论三个方面，已经走到了最后一步。而理论的构建还需要在破解重点现实问题的过程中逐步地生发起来，在完善学科体系和升级学科教育的同时，强化理论本身的建设。应用概念体系分析和研究现实问题，以此构建起比较完整的情报理论。

为应对美国情报新政策带来的冲击，中国情报学派需要将国家情报体系当作一种现实的力量来研究，研究它的发育和发展问题，包括情报体系国际化以及随之而来的地缘部署、工程建设、科学运筹、系统调控、冲突治理等。这些问题的研究超越了传统的、主要来自美国的以情报循环模型为核心的部门情报理论范畴，需要引入军事冲突理论、物理场理论、数学运筹学等，需要采用物理模型、数学模型、计算统计、实验模拟、可视化、系统工程、运筹优化、指挥控制等方法，把情报研究的“经验范式”升级为情报理论的“科学范式”。

3. 中国情报理论应走“先体系化、后科学化”道路

为了集中情报研究力量，特别是国家安全部门、公安情报部门、军队情报部门三大国家情报部门的力量，中国情报理论研究应该走“先体系化、后科学化”的道路，在构建统一的概念体系基础上，强化科学探索，发掘科学方法。体系化是科学化的基石，没有体系化，科学化会因无法概览实践全貌而无法推进；科学化是体系化的优化和提升，没有科学化，体系化只能停留于粗糙和过时的状态。

在情报理论的体系化方面，我们可以学习世界情报经典人物在创建情报理论体系中的方法和原理。比如，孙子开创了“间、计、谋”为框架的情报方法体系，毛泽东开创了调查、宣传和政治教育为核心的情报统战方法体系，谢尔曼·肯特开创了战略分析为核心的情报分析方法体系，艾伦·杜勒斯开创了隐蔽行动理论体系。这些方法论体系有的用于处理国家层面的问题，结构比较完整，方法比较协调；有的用于处理部门层面的问题，只具有局部意义。中国情报理论的体系化应在部门理论基础上，向前构建情报元理论，向后构建国家情报理论，在研究古今中外情报历史与思想基础上，重塑情报部门工作模型，构建以侦察、分析、设计、行动、组织、控制等一体化的逻辑模型，无论是安全、公安、军事、外宣、科技、经济、国际甚至微观市场经济等部门，都可以与情报元理论体系和国家情报理论相通达。

在情报理论的科学化方面，应引入新的概念与方法，以提升理论水平；应采用科学方法来认识情报活动与冲突规律，利用理性工具改造国家对情报力量的使用模式，在美国谢尔曼·肯特首创的情报分析科学化道路之后，继续开辟侦察、设计、行动、治理等领域的情报科学化进程，最终使情报体系成为可控的力量，使得情报活动成为必然的过程。

4. 将安全情报学升级为国家情报学

安全情报是国家情报的主导活动，是由国家安全机关组织实施的认知对抗活动，目的在于确保国家政权稳定。研究安全情报的理论有多种命名，在美国学术界被称为 Intelligence Studies，在中国情报学界则被命名为安全情报学、军事情报学、国家安全情报学等。作为一门专业研究国家安全治理特别是国际安全治理的学科，以往的安全情报学存在部门理论的缺陷，较多关注情报搜集、情报分析、情报行动、决策服务、情报技术、法制监督、学科教育等部门工作和部门治理领域，而较少关注国家情报力量的建设与发育、国家情报力量的全球部署与优化、国家情报力量塑造全球格局等国家情报工作的重点领域。2017 年《国家情报法》出台后，必须将传统的安全情报学升级为国家情报学，以此来适应国家安全的治理需要和国家情报工作的制度要求。

国家情报学是一门以国家情报活动为主要研究对象的学科，其研究内容或学科框架至少应包括国家情报与国际冲突的规律、国家情报与国家安全的互动关系、国家情报机构应该具有的职能与属性、国家情报力量的发育、国家情报体系的运筹、国际格局塑造、主要对象国家的情报运作规律，以及国家情报治理等。因此，国家情报学属于一般情报学的范畴，是安全情报学的升级。

5. 构建面向国家的情报功能模型

在国家情报学中，情报工作应该遵循情报功能模型，以替换传统的服务于部门协作的情报循环模型。情报功能模型的实质是面向国家的情报体系运行架构，具有几个主要属性：①内部组织一体化属性，即所有的国家情报部门都服从于统一的目的，资源将得到统一配置和部署，任务将获得协调一致；②目的属性，是直接围绕情报问题或情报对象本身的逻辑方法，它不需要通过内部分工与作业之后，在逻辑上还原出情报问题本身和重构情报对象；③内外联动属性，覆盖了情报体系的内部维度，也覆盖了情报体系的对象与对手维度，具有治理冲突的全局视野；④为情报体系进入全面的科学化治理阶段提供了基础框架，使得情报体系及它所要处理的内外部冲突都能够做到可控和可调节；⑤具有典型的国家情报属性。因此，情报功能模型将重构传统的情报体系，替代情报循环模型成为新的国家情报运行逻辑，并成为国家情报的主体逻辑。

综上，中国情报学界的战略使命就是密切关注世界动向，积极为国家提供战略方案，在完成自身理论变革的同时，推进国家情报转型，以保障中国国家安全的治理。目的不仅在于构建一套体系化的理论，更在于寻找和发现适合中国国家情报力量建设与发展的可行路径。依托独立自主、实事求是的精神，构建具有科学与理性的思想体系；应用科学运筹、网络一体的模式来构建国家情报力量，发挥中国政治、经济、文化、人力、军事等全方位的力量，与世界各国人民共同塑造国家安全环境，构建人类命运共同体。

六、美国情报研究进展[1]

我国情报学目前较多与国外 Library and Information Science 学科相对应，对国外情报学进展研究也多集中于图书情报领域，缺乏对 intelligence 视角下情报学进展的关注。

（一）数据来源

长期以来，美国高度重视情报工作，投入巨资打造了世界上最庞大的情报机构，并强调情报是治国不可或缺的知识，对维护和促进国家利益的意义重大。《情报研究》（*Studies in Intelligence*）杂志是 1955 年谢尔曼·肯特在中

[1] 胡雅萍、潘彬彬：《Intelligence 视角下的美国情报学研究进展——以*Studies in Intelligence* 解密文献为例》，载《情报杂志》2014年第1期。摘编后收入本书。

央情报局创办的，是情报领域资格最老的内部学术刊物，具有较大影响力和学术价值，其刊发的文献近年大多已经解密。

《情报研究》作为中央情报局机构内部出版物，传统数据中较少收录，仅中央情报局官方网站 http://www.cia.gov 提供数据，所以选用 Publish or Perish2.8 文献统计软件（以下简称“P&P”）来分析其文章效果较佳。

（二）经典文献研究

经典文献代表某一学科领域的知识基础，具有奠基性作用及较大影响力。用 P&P 软件获取 H 指数最高的十篇经典文献，如表 1.1 所示：

表1.1　经典文献统计表

被引	年均	作者	篇名	年份
56	1.12	S kent	Words of estimative probability	1964
20	0.40	S kent	The need for an Intelligence Literature	1955
16	0.73	J Davis	The Kent-Kendall Debate of 1949	1992
16	0.84	J Davis	A Policymaker’s Perspective on Intelligence Analysis	1995
14	0.33	J Zlotnick	Bayes’ theorem for intelligence analysis	1972
14	1.56	SC Mercado	Reexamining the distinction between open information and secrets	2005
14	0.74	L Johnson	The Aspin-Brown intelligence inquiry:Behind the closed doors of a blue ribbon commission	1995
13	1.63	PF Yeh	Using prediction markets to enhance US intelligence capabilities	2006
12	1.50	MS Goodman	Studying and Teaching About Intelligence:The Approach in the United Kingdom	2006
12	1.71	RZ George	Meeting 21st century transnational challenges: building a global intelligence paradigm	2007

表中引用次数最高的是谢尔曼·肯特于 1964 年发表的文章 Words of Estimative Probability。谢尔曼·肯特作为美国情报界最杰出的情报学者和分析专家，是美国现代情报学的缔造者之一，被誉为“战略情报之父”。他不仅是情报分析理论研究的奠基者，也是情报研究的实践者。在文中他重点探讨

了语言中不同词语所代表的评估可能性以及其对评估结果产生的影响，并首次将日常评估用语与百分数一一对应，为后期的研究奠定了重要基础。肯特认为在描述情报分析的评估术语不够准确时，研究者偏向同时使用定量的概率数据和表述主观判断的词汇，但使用不准确的评估术语会妨碍向用户传达正确的信息，为了解决这个问题，肯特构建了评估术语对照标准表（见表 1.2）。当后期学者探讨情报分析方法时，往往采用肯特的术语转换表以进行定量分析，较常见的是与贝叶斯方法进行结合使用。

表1.2　评估术语定量转化对照表

100% 肯定	
“可能”的中间区域	93%， give or take about 6% Almost certain
	75%， give or take about 12% Probable
	50%， give or take about 10% Chances about even
	30%， give or take about 10% Probably not
	7%， give or take about 5% Almost certainly not
0% Impossibility	

肯特的另一重要情报思想在另一篇文章 The need for an Intelligence Literature 中得到展示，即注重情报文献的整理评价，提倡建立“情报文献”（Intelligence Literature）制度，对经典情报分析著作进行创作和整理，形成理论的典籍，以促进情报理论的快速发展。

尽管肯特对美国情报学的发展做出重要贡献，但其理念也没有得到所有人的认同。其中最著名的就是 1949 年肯特与肯达尔（Kendall）就两种不同主流情报理论的辩论。肯特强调情报生产者与决策者关系融洽非常重要，认为需要经过共同有意识的努力才能建立，但现实工作中，肯特并没有主动去迎合决策者的需求；肯达尔倡导分析者要从政治决策者的角度分析问题，情报分析家应该抛开个人或者小团体利益，更加接近决策人。中央情报局资深情报分析专家杰克 · 戴维斯（Jack Davis）在 The Kent-Kendall Debate of 1949 一文中对这场辩论进行了探讨，并支持肯达尔提出的应该更多关注美国国内政治和社会科学的观点，认为中央情报局情报分析人员不应仅仅将目光限定在有序的方法论基础上进行经验判断，而应该广泛地关注各个层面的理论，特别是政治科学的理论。所以，情报分析理论研究将超越“历史经验主义学派”的理论基础。他在 A Policymaker’s Perspective on Intelligence Analysis 文中对情报分析与国家政策的问题也进行了探讨，认为健全情报与政策关系需从以下几方面考虑：①明确情报分析人员的重要性，因为 90% 的美国国家安全分析是由情报分析员完成的；②国家利益需求是决策制定过程首要考虑的目标；③关键问题的决策者承担着巨大的压力和管理压力，对海外事件的了解往往带有狭隘性，因而需要情报分析人员来协助完成工作；④情报专家需要对决策者进行需求分析，才能使决策者更加信服。因此，情报专家必须具备多方面的能力，不仅要成为专业性质问题专家，而且要为决策者提供能够维护其自我利益的专业分析支持。

除此之外，《情报研究》也有对情报分析方法的探讨，例如将贝叶斯方法引入情报分析领域。在政治情报分析中需要采用德尔菲法。此后也有很多专家将贝叶斯方法应用于埃及、叙利亚和以色列发生军事冲突的概率评估上，并对其进行了修正。

肯特的情报理论是美国情报研究的经典理论，很多思想在当时具有开创性意义，最早提出情报的知识属性，为后期情报理论的规范性奠定了夯实的基础。随着时代的发展，情报面临着新的挑战，学者们善用批判性思维对情报理论进行创新及更迭，情报理论思辨显得尤为重要，因而涌现了肯达尔等人对“历史经验主义学派”的再思考。

（三）研究内容

以中央情报局从 1995 年以来解密的文献数据为基础，剔除纯纪念性内容（如情报官员介绍、杂志创刊纪念等内容），总结归类为 6 大类，如表 1.3 所示。

表1.3　研究内容

研究类别	总计	内容
情报历史研究	115	情报历史人物及历史事件的述评
情报理论研究	90	情报的概念探讨、情报角色与任务、情报分析方法研究
经典文献研究	61	对情报经典书籍、文献、档案进行回顾点评，推荐具有较大影响力的文献，目的为情报人员推荐书目
情报组织研究	52	特定情报组织机构介绍以及情报机构变革
国外情报研究	35	由美国学者撰写，以研究别国情报工作、情报机构、情报人物为研究对象的文章
情报教育研究	7	探索情报教育改革与实践

“情报历史研究”共有115篇，是该杂志的研究重点。(本节将情报历史中涉及组织机构变革归为情报组织机构研究、情报案例中的失察研究归为理论研究）该部分仅包含两方面内容：历史人物与历史事件的述评。文献采用从历史观的角度述评著名事件及情报人员，涵盖范围包括战争史、军事史、间谍和特工的情报工作及经历。该类文章常采用案例方法分析经典情报事例。①历史人物的述评，有利于了解人物的情报工作生涯和情报思想。其中，“间谍”是该类出现较多的关键词，“间谍”属于人力情报的一种，在重大战役中发挥着重要作用，属于情报底层搜集的一种秘密手段，必须对情报工作非常熟悉和敏感，采用欺骗和迷惑对方的方式，利用各种手段进行秘密掩护，从而达到己方的目的。战时情报最大属性为对抗性与秘密性，及时性与准确性往往对战争胜利起到至关作用。②通过对情报历史事件的分析，清楚地梳理情报工作，总结情报成功或失败的原因，并从中吸取经验教训。此类出现较多的关键词为“二战”“冷战”“越南战争”“阿富汗战争”等。

“情报理论研究”一直是研究热点，且总体呈上升趋势，表明学术争鸣氛围较为浓厚。这类文献具有较强的理论分析基础，往往采用归纳总结、演绎推理的方法来研究情报问题，包括情报概念探讨、情报角色与任务，研究方法等。研究重点包括情报分析理论、公开源情报、战略情报、反情报、国家安全情报等。专家们分析了目前美国情报界正面临的一系列问题和挑战，从情报定义出发，根据其内容从不同角度进一步划分为众多的类别，反映出情报具有综合性和多面性。情报理论另一重要的议题，是对情报分析方法的研究，美国当前面临的最大问题不是如何搜集信息，而是如何从这些纷繁复杂、片段零散、噪音众多的海量信息中总结提炼出有价值的情报，即首要考虑是情报分析问题。因而，该类文章多采用批判性思维的方式，除了介绍贝叶斯分析法、交叉影响分析法、内容分析法等，还尝试将其他领域的方法应用于情报研究。

“经典文献研究”秉承了谢尔曼·肯特的情报思想，即对经典情报著作进行评析和推荐，重点对书籍、文献、档案进行回顾点评，以述评形式将当前情报研究的丰富成果推介给情报官员。大部分是对当前内容涵盖情报的各种媒体形式文献进行述评，其中包括俄语、韩语以及中文版本的文献。这些成果从不同层面、不同视角，对情报理论与实践进行探讨。以时间年代划分，分为历史情报与当代情报。以研究范围划分，包含了世界各国的研究成果述评。

“情报组织研究”是随着冷战结束后，情报界的改革逐渐成为研究焦点，并呈现逐年增长的趋势。此类文献是关于如何建设情报界、建立怎样的情报组织以确保美国不受外来威胁、美国情报界未来将如何发展和走向等问题。从讨论情报的定义、情报界是否需要改革、改革如何进行，到情报界的工业基础、反情报、隐蔽行动、联邦调查局改革、经济间谍，以及情报界形成依赖的国内外情报矛盾都有涉及。

“国外情报研究”关注他国的最新情报研究动态，总结得失，以解决本国的情报问题。包括介绍英国情报历史、情报资源以及分析方法和未来发展轨迹，研究英国情报研究的方法；研究中国情报发展，并介绍《中国情报历史词典》一书，述评中国情报历史，研究解放战争时期中国隐蔽战线的情报工作，研究分析李克农、潘汉年的情报生涯。通过“国外情报研究”可知美国情报界情报视角的转移，冷战时期，中央情报局重点搜集苏联的情报，研究文献多集中于苏联情报工作。冷战之后，世界局势发生了改变，中央情报局将战略重点瞄准了中国、古巴、朝鲜和俄罗斯。

“情报教育研究”文献数量不太多。因为情报人员综合素质的高低，直接影响到情报的搜集、传递、分析判断和利用。选择何种培养模式进行教育和培训，对情报人员的综合水平显得尤为重要。以实践为基础，加强对情报人员培养模式的选择与重塑，客观而现实地摆在各国情报机构面前。从探索本国情报教育培养模式到国外情报机构培养特工或间谍，均有涉及。

《情报研究》中涉及情报理论、学术、操作性及历史观点层面的内容，具有很强的现实指导意义。除了传统的军事领域，该杂志还侧重于情报的搜索、情报失察问题分析、情报研究方法、专业情报书籍推荐、情报史等内容，研究层面涉及领导决策、经济安全、能源安全、打击犯罪等国家安全层面。

（四）研究方法

《情报研究》对于情报理论与实践的研究主要集中于以下几种方法：

(1) 历史研究法。该类方法常与案例分析结合使用，即当研究者在探讨问题本质时，通常采用回溯历史的方式，通过对问题的来源以及演进历程的描述，让读者清楚地知道问题的本质，并启发总结出应该采取的措施。这类研究基于第一手的档案资源，如回忆录及影像资料。

(2) 比较研究法。常用方式是古今情报工作研究对比分析，国内与国外情报研究现状对比。如比较近 70 年 FBIS 和 BBC 在全球监控上的区别，FBIS 监视全球短波和其他输出媒体形式，并翻译成英文，形成了数以万计的历史档案。文中对这些报告进行分析，并在语言、话题、媒体等角度计量与 BBC 进行比较。

(3) 实证研究。通常采用实地访谈的形式，与情报官员、情报历史学家进行面对面访谈，总结情报工作的经验教训。这种方法能较为直接获得一手数据，具有真实性与可靠性等特点。

（4）逻辑推演法。是基于历史事件分析及内容分析的基础之上，对某一命题进行直接推理、间接推理及论证等，多见于理论研究一类文献。

（五）特点总结

《情报研究》撰文者多来自政府部门及情报组织、大学，不同的职业背景和专业知识使得文章展现出不同的风格特点及独到视角，体现了资深情报专家对情报理论发展、构建的判断，通过梳理这些文献，可得到如下发展趋势：

（1）研究内容方面，逐渐与国家战略相结合。情报研究更加贴近高层决策者，以满足国家安全需求为目标，朝与国家战略研究相结合方向发展，关注国家安全方面的重点重大问题，呈现出战略研究与情报研究综合化趋势，体现情报为决策者服务的智囊作用。

（2）研究视角从传统安全领域研究逐步转向非传统安全领域。随着冷战结束，国际格局的剧变导致美国所面临的安全威胁来源更加分散，在冷战压力下被掩盖的种种矛盾得以释放，与“传统安全”相对应，出现了“非传统安全”的概念。这对美国国家安全构成了新的威胁，也对情报机构提出了新的情报需求。更多的研究者开始探讨在新时期、信息时代背景下情报所面临的新挑战，从传统情报解谜模式过渡到整合情报新范式的研究，研究视角也扩展到经济商务安全情报、科技安全情报、反恐联合情报等内容。

（3）情报资料来源，从传统战时谍报秘密手段，转向公开源情报的搜集整理。在现代化媒体日益丰富的今天，情报的搜集不局限于对秘密行动的探究，更多注重对公开源情报的搜集利用。随着国际社会的不断公开化，采用更大的人力物力去获取秘密而轻视公开源情报（OSINT），将不利于情报组织的发展。通过报刊、书籍、文献网络等公开渠道获得情报信息，进行情报分析研究，被视为快速有效方式。

（4）情报研究方法趋向多元化，引入融合更多学科领域的分析方法。分析方法本身即具备多样性的特点，针对不同的情报项目常常需要有的放矢选择合适的方法，随着研究发展，学者们趋向于从其他学科领域中引入分析方法来丰富情报研究。

由此，美国情报学界在宏观层面服务于决策机构，关注影响国家安全的重要事件，提供最新最详备的情报分析；在微观层面，重视文献的价值，在探讨理论的同时注重情报分析方法的实际运用。

第二节
情报历史

一、一个情报强国的崛起之路[1]

在世界主要大国中，美国的情报工作历史最短，但经过200多年，尤其是近70年的发展，美国已经成为世界首屈一指的情报强国，其国家安全情报体制、国家安全情报实践为许多国家所模仿。

（一）满足战争需求是刺激军事情报工作发展的原动力

美国立国时间不长，但经历了多次战争。激烈的战争对情报工作提出了极高的要求，从而刺激了美国情报工作的发展。

1774年5月，北美13个殖民地的代表聚会费城，召集了第一届大陆会议。1775年4月18日夜，驻马萨诸塞波士顿城的英军司令盖奇（Thomas Gage）派兵围剿反英团体通信委员会的秘密军火库。北美独立战争全面爆发。

当时的美国是由13个殖民地组成的蕞尔小国，其武装力量主要由民兵组

[1] 高金虎：《一个情报强国的崛起路径——以美国为例》，载《情报杂志》2020年第1期。摘编后收入本书。

成；英国是殖民地遍布全球的日不落帝国，拥有发达的军备和强大的军队，在陆海军实力方面占有绝对的优势。英军在战场上步步紧逼，游击战成为北美军队的主要战略。这对情报工作提出了极高的要求。

当时的美国并没有建立常设性的情报机构，华盛顿通过各地名流了解英军的动向。这些名流把他们了解的情况，通过快件寄给华盛顿。随着独立战争的开展，华盛顿认识到专业情报机构的重要性。他任命塔尔梅奇（Benjamin Tallmadge）担任情报主任，统一负责大陆军的情报工作。华盛顿自身具有高超的情报工作经验，他重视谍报工作，建立了专业的谍报网络；也十分重视情报分析，认为有些零星材料表面上看起来没有意义，但通过与其他情报资料的对比分析，就可能形成一幅清晰的画面。他十分重视情报的时效性以及情报在传递过程中的误差，力主用文字情报代替口头情报；此外，他也重视反情报工作。1776 年 6 月至 1778 年 1 月间，美国成立了阴谋侦查委员会（Committee for Detecting and Defeating Conspiracies），负责情报搜集、逮捕英国间谍、调查可疑的英国同情者，拥有逮捕、审判、监禁、驱逐嫌疑犯的权力。在华盛顿的领导下，美国的谍报活动达到了很高的水准，远远超过了当时欧洲列强的水平。

华盛顿十分重视情报谋略，力图通过谋略改变美军的劣势。他故意使伪造的情报落入敌人手中，或当着间谍的面讨论作战计划，携带着假情报的信使故意被英军逮捕，在截获英军信使后，他偷偷在信使携带的文件中夹进假情报，然后把信使释放。他甚至通过伪装的手法构造虚假的军事设施，以迷惑英军。通过一系列的伪装措施，他成功地把只有 3000 人的大陆军夸大到 4 万之众，从而引导英军作出错误的判断。威廉·豪（William Howe）将军对这一情报坚信不疑，认为美军太强大了，因而不敢对大陆军发动进攻。出色的情报工作对弱小的大陆军取得独立战争的胜利立下了汗马功劳。独立战争期间，美国还通过宣传等政治性隐蔽行动手段，孤立英国，结纳外援，获取武器弹药，从而有力地支援了正面战场的战争。

1861 年爆发的内战对美国的情报工作是一大促进。围绕奴隶制度，政府、军队和民众分成截然对立的两派，形成了敌中有我、我中有敌的错综复杂的局面，为谍报活动的滋生提供了温床。由于南北方人口在外貌、口音上没有明显差异，南北方的边界没有封闭，无论是政府还是人民都缺乏保密意识，谍报活动变得十分容易。参与间谍活动的人数之多、谍报战之激烈，是美国历史上前所未有的。

相比较而言，战争前期南部的谍报工作较为出色，南方在华盛顿建立了一个渗透至联邦政府上层的谍报网络，南方的特工局以“医生交通线”为基础，沿着里士满、华盛顿、巴尔的摩、纽约，建立了一系列的安全屋、中间站，许多南方间谍借夜色掩护，乘着小船渡过波托马克河，潜入北方搜集情报。出色的情报工作使邦联军队屡屡取得胜利。

1862 年 12 月，南北两军会战，北军大败。1863 年初，宪兵司令马森纳·帕特里克（Marsena Rudolph Patrick）准将奉命负责情报与反情报工作。帕特里克从反情报入手，采取措施防止军队内部泄密，堵塞了南军获取北军情报的来源。1863 年 2 月 11 日，波托马克河军区组建了军事情报局（Bureau of Military Information），乔治·夏普（George H. Sharpe）担任情报局局长。军事情报局通过谍报侦察、部队侦察、骑兵侦察、通信观察、信号截取、公开资料和审讯难民、逃兵获取情报。夏普还对搜集来的情报进行分析、比较、整理，形成清晰的战场态势，从而使军事情报局成为一个从事多重职能的情报机构。1864 年 3 月，尤里西斯·格兰特（Ulysses S. Grant）被任命为联邦军队总司令，夏普被任命为总司令部情报官。北军的特工渗透了南方政府机构，邦联总统府中也有北方的特工。不掌握情报成为罗伯特·李在葛底斯堡战败的一个重要原因。在内战的最后一年，格兰特能够了解里士满所发生的一切。

美国内战大大推进了美国的情报工作，战争中的经验使美国人认识到了情报的价值，军队将领对情报的使用有了直观的经验。1917 年 4 月美国对德宣战。一度沉寂的美国陆军情报工作得到了转机。1917 年 5 月 3 日，陆军战争学院部设立军事情报科，以取代军事情报委员会，从而在设立常设性情报机构方面迈出重要一步。新的军事情报科规模很小，但责任重大。除了管理驻外陆军武官、为陆军制定情报政策和计划外，它还管理与控制军事谍报与反谍报工作。这使军事情报科不仅有了参谋部的职能，而且还具有某种行动功能。军事情报科一开始同英国与法国的情报机构保持了密切合作，也从它们那里接受了基本的情报观念。

情报科科长拉尔夫·范德曼（Ralph Henry Van Deman）从英国人那里学会把情报分成“积极情报”（Positive Intelligence）和“消极情报”（Negative Intelligence）两类。除了搜集军事情报外，陆军开始搜集政治、经济、社会甚至心理方面的情报。这使得军事情报科承担的职能与今日的中央情报局有些类似。1917 年 6 月，范德曼建立了陆军部第一支安全力量，随后在纽约设立了办事处，招募了一批警察和文职人员，稍加培训后开始从事反情报活动。这种努力后来扩大到远征军师一级单位。

1918 年初，军事情报科升格为军事情报处，成为新成立的行政部的下属单位。在范德曼的领导下，军事情报处开始了迅速的扩张。1918 年 8 月，陆军参谋长佩登·马奇（Peyton C. March）重组总参谋部，陆军情报部（MID）成为总参谋部下属四个主要机构之一，从而奠定了军事情报机构在总参谋部的地位。除了军事情报的搜集外，陆军还介入了反情报领域和密码破译。军事情报的范畴都延伸到政治、经济和社会领域，所谓情报活动则延伸到欺骗活动和宣传领域，情报谋略成为情报工作的重要内容。

在两次世界大战期间，美国奉行孤立主义政策，军事和情报工作受到忽视。然而，不断恶化的国际局势，使美国决策者认识到情报工作的价值。珍珠港事件的刺激，使一度停滞的美国军事情报工作得到迅速发展。1941 年 7 月 11 日，以多诺万为局长的情报协调局（COI）成立了。战火使初出茅庐的美国情报机构迅速走向成熟，战略情报局（OSS）等情报机构在战争中发挥了十分重要的作用。战争也使美国人认识到，情报是国家安全的第一道防线，国家的生存与发展离不开一个协调一致的中央情报机构。中央情报机构的观念开始萌芽。

1947 年，美国通过《国家安全法》，建立了中央情报局。此后，国防情报机构也相继成立。战后美国的国家安全情报体制就此形成。可以说，正是战争的需求使美国人一步步认识到情报工作的重要性，推动了情报工作向前发展。

（二）走向世界强国的战略需求是美国情报工作崛起的源动力

在影响一国情报工作的发展时，国家所处的安全环境，其对外战略取向，是影响情报工作的重要因素之一。对美国而言，走向世界强国的战略需求，为美国情报工作的发展提供了源源不断的动力支持，成为推动美国情报工作发展的源动力。

建国以后相当长的一段时间内，美国奉行的是孤立主义战略，这种战略使美国的战略视野固守在美洲。但是在内战结束后，美国资本主义获得了迅速发展，西进运动使美国边疆扩展到太平洋沿岸，垄断资本在本土的扩张已趋极限，扩张的矛头开始指向海外。但美国的军事机器却不尽如人意，军队大幅裁减，军舰陈旧不堪。1879 年至 1882 年，南美洲的智利与玻利维亚、秘鲁发生的“南美太平洋战争”把现代海军战术引进了西半球，美国人吃惊地发现，即便是智利这样的国家，其海军军舰的吨位也超过美国军舰。这种窘境促使美国开始建设一支现代化的海军。美国开始了重组海军的计划。

1882 年 3 月 23 日，海军部部长威廉·亨特（William H. Hunt）签署命令，决定成立海军情报部，以搜集可能对海军部有用的外国海军建设方面的情报。每只舰船的指挥官都必须指派一名情报官向海军情报部汇报停泊港口、防御工事和外国舰只的情况。实际上，海军情报部的工作远远超出外国海军军备方面的情报，它还介入了战略计划的制订。1897 年，海军情报部完成的“金伯尔计划”，得到了时任海军部助理部长的西奥多·罗斯福的高度评价。1889 年出任海军部部长的本杰明·特雷西（Benjamin Franklin Tracy）提出了“大海军”的口号。1901 年出任总统的西奥多·罗斯福要求海军情报部为他的海军战略提供依据。

海军情报部的成立也刺激陆军成立类似机构。1885 年 10 月，陆军部副官长 R. C. 德拉姆（Richard Coulter Drum）在地产部设立陆军情报部，其任务是搜集能够供陆军部和陆军使用的我军和外军的军事资料。随着美国的崛起，美国陆军的情报需求大大扩张。美国成为一个太平洋大国，评估日本的威胁自然成了情报部的职能，美国在远东的商业利益和在中国的军事存在，又需要美军关注中国的情况。1904 年至 1905 年的日俄战争期间，美军向交战双方派遣了观察员。

第二次世界大战后，美国成为一个世界大国。它再也不可能奉行孤立、保守的对外战略了。为了遏制苏联的扩张，美国建立了中央情报局，开始了隐蔽行动。根据《国家安全法》，中央情报局有五项职能，其中第五项“执行国家安全委员会指示的其他职能和义务”规定了中央情报局的隐蔽行动职能。杜鲁门发出一系列的指令来扩大中央情报局的职权，其中最重要的是国家安全委员会 NSC4-A 文件。这是美国政府制定的对苏联东欧采取隐蔽行动的第一份重要文件，它标志着美国在对苏联实施遏制战略的同时，也开始对苏联的所谓扩张活动实施反击。

1948 年 6 月 17 日召开的国家安全委员会第 13 次会议同意了《国家安全委员会关于特别项目办公室的指令》（NSC10/2 号文件），决定为了世界和平与美国国家安全利益，必须用隐蔽行动补充美国政府公开的对外活动。由此，中央情报局开始大肆扩张，成为美国政府干涉外国内政的隐蔽的第三只手。专事隐蔽行动的政策协调办公室建立后，规模迅速扩大。到 1952 年，其成员增加到 2812 人，编外人员 3142 名；海外工作站发展到 47 个，活动经费增至 8200 万。这一机构后来改组为中央情报局的计划分局（现行动分局）。

20 世纪 70 年代，国会丘奇委员会曾对中央情报局的隐蔽行动进行了调查，结果发现，自 1961 年以来，中央情报局共进行了 900 次重大的隐蔽行动，小型的隐蔽行动不计其数。20 世纪 70 年代中期，美国曾一度进行战略收缩，隐蔽行动也遭到压制。但是，随着苏联入侵阿富汗，里根政府决心通过隐蔽行动遏制苏联的扩张。1986 年 10 月 22 日，里根总统签署了《第 248 号国家安全决定指令》（NSDD248），文件对尼加拉瓜反政府力量给予了特别的关注。1987 年 2 月 27 日，里根又签署了一份关于中美洲的政策文件，即《第 264 号国家安全决定指令》（NSDD264），明确表示美国政府的政策是促进整个西半球的民主，决心看到“民主”在中美洲获胜。鉴于中美洲 5 个国家中已有 4 个变成“民主国家”，只有尼加拉瓜还是所谓“专制国家”，里根要求总统国家安全事务副助理主持的计划审查小组（Planning Review Group）在 3 月 10 日前开会审议美国对尼加拉瓜的目标，并将讨论结果报告总统国家安全事务助理；要求计划审查小组利用一切政治和外交措施，提出一个与尼加拉瓜民主抵抗力量一起努力在尼加拉瓜实现民主的政治战略；要求财政部长提出一个扩大和加紧对尼加拉瓜经济禁运的计划。

由上可见，美国情报工作的发展，一直与决策者对安全环境的认知和美国的对外战略取向，成正相关关系。正是扩张型对外战略对情报工作提出了极高的期望，也成为情报工作不断发展的动力。

（三）制度创新是推动情报工作发展的关键要素

第二次世界大战后，美国新建、改建了一批情报机构，建立了以中央情报主任为核心的现代情报体制。根据《国家安全法》的要求，中央情报主任应该对情报界的活动进行协调，使一盘散沙的美国情报界凝聚成整体。由此，美国在情报协调的道路上开始了制度探索。

中央情报主任这一职务始设于 1946 年 1 月，由杜鲁门总统设立。1946 年 7 月 8 日，国家情报管理委员会发布《国家情报管理委员会第五号指令》（National Intelligence Authority Directive 5），命令中央情报主任协调美国的全部对外情报活动，在国外执行所有的联邦间谍与反间谍活动，确保由国家情报管理委员会确定的总体政策和目标得到正确执行。1947 年《国家安全法》规定，中央情报主任是美国总统的首要情报顾问，也是美国情报界名义上的首长，负有管理美国情报界之责。

从行政职位上看，中央情报主任必须由总统提名，由国会批准。他不是法定的内阁成员，能否入阁进入决策圈全凭总统的喜好和中央情报主任个人的威望。从职属关系上看，中央情报局并不是行政部门中唯一的情报机构，国务院和国防部的情报机构是它强有力的竞争对手，它们的顶头上司国务卿和国防部长是内阁成员，是决策圈内的人物。如果按预算的多少和人员的多寡来衡量，美国情报界真正的主人应该是掌握了情报界 90% 以上人力和物力的国防部长，而不是法律规定的中央情报主任。

这样的制度设计影响了中央情报主任对美国情报界的管理。美国朝野一直在考虑变革这一机制，但囿于分权式的政治文化，这种设想一直没有实现。

"9·11 事件"，使美国人下决心变革这一机制。2004 年 12 月 7 日，小布什总统签署《情报改革与恐怖主义预防法》，设立国家情报总监职位，并组建国家情报总监办公室（ODNI）。

为了管理美国情报界，国家情报总监办公室设立了一系列实体机构，分别负责全国的反恐、情报评估、反情报、防止大规模杀伤性武器扩散事务和情报融合事务，从而整合了情报界的情报搜集、分析和反恐力量，努力实现信息共享，使情报界形成一个整体。

为保证国家情报工作的正常运转，确保国家情报资源得到恰当使用，美国情报界还专门设计了一系列跨部门、跨机构的国家级情报管理与协调机构，由国家情报总监或其副手担任这些协调机构的主席，以实现国家情报组织水平、垂直两个方向的高效合作与互通。此外，国家情报总监设立了一系列实体机构和任务主管，来协助他调控情报界的活动。这些协调型机构的存在使国家情报总监有了一定的行动能力。

美国情报界不仅在管理机制上创新，也在各种情报工作实践中进行创新。例如，《国家情报评估》作为美国情报界的拳头产品，要对中长期的战略问题进行评估，以反映情报界在这一问题上的共识。为此，美国成立了国家评估办公室，作为中央情报局的附设机构存在。1973 年，中央情报主任科尔比（William Colby）取消了国家评估办公室，设立了若干名国家情报官员，分别按其专长负责某一地区或某一领域问题的研究，以加快《国家情报评估》生产的速度，并把责任集中在负责的官员身上。此外，为了加强分析的适用性，更好地为决策服务，科尔比命令每个国家情报官员必须与他对口的政策制定人员联系。1979 年，中央情报主任斯坦兹菲尔德·特纳设立了国家情报委员会（National Intelligence Council），保留了国家情报官员制度，使这些官员成为中央情报主任在特定地区、特定领域的主要顾问，此外，还设立国家情报官员助理为国家情报官员分担压力，并协助《国家情报评估》的起草工作。这一机制历经改革，终于完善。

今天，国家情报委员会成为美国国家情报总监办公室的组成部分，其核心职能是：推动"模范"运用分析技巧和标准，包括替代分析、新的分析工具与技术、在情报界开展广泛合作；向高层决策者提供情报界协调形成的观点；代表情报界首脑准备各种会议材料；确定并雇用学术界和民营机构的非美国政府的专家，扩大情报界的知识面和视野。

此外，美国情报界在情报共享、信息安全等领域，也有一系列的创新举措。可以说，正是不断的制度创新，为美国情报界提供了不竭的动力，推动它走向成熟。

（四）技术创新是情报工作发展的基本支撑

科学技术水平对军事情报工作有巨大的推动作用。作为世界上科技最发达的国家，美国情报机构擅长利用技术创新，发展各种情报搜集与分析技术，提升情报能力，改进其情报工作水平。卓越的科技创新能力奠定了美国一流情报强国的地位。

1. 无线侦察技术的采用

技术创新首先体现在情报搜集能力的形成上。第二次世界大战后，根据侦察手段的技术特征，美国情报界组建了专业化的情报搜集手段，形成了“烟囱式”情报体制，大大提升了情报搜集的效率，从而提升了对态势的感知能力。无线电技术侦察是一种重要的侦察手段。第一次世界大战结束后，美国军事情报机构大裁撤，但无线电密码破译手段却保留了下来。陆军和国务院每年投资十万美元，资助亚德利（Herbert O. Yardley）的“黑屋”，破译各国的密码。在1922年的华盛顿会议上，亚德利破译了日本外交使团与东京外务省之间的联系电报，从而迫使日本承认在海军吨位上美国与英国享有同等权利，而日本只能保有美国海军总吨位的60%。在第二次世界大战即将爆发时，美国的陆海军信号情报人员合力攻关，破译了日本的外交电报“紫密”(Purple)，掌握了日本发动战争的意图。在第二次世界大战中，美国的信号情报人员破译了日本的海军密码，结果取得了中途岛战役的胜利。数量居于劣势的美军之所以能击败占有优势兵力的日军而使战场局面完全改观，正是因为战前掌握了日本的作战计划，因而得以集中有限的兵力。

战后，美国整合了信号情报力量，成立了国家安全局，并使该机构成为美国四大国家情报机构之一。它不仅破译外国的密码，研制密码为政府和军方所用，还是美国的网络战部队。国家安全局成为美国各大学培养的数学系博士最大的雇主。国家安全局所在的米德堡成为世界上超大型计算机、高级数学家和语言专家最集中的地方。

2. 监听技术的采用

在互联网时期，国家安全局的信号情报工作更为便利。通过一个代号为“上游”（UPSTREAM）的光缆窃听项目，国家安全局可以直接接入通信光缆，获取在美国境内通过光缆、网关交换机和数据网络传输的外国通信信息。在“9・11”袭击之前，国家安全局就已开展一项试验，对收到的通信记录或元数据执行某种名为“联系链环”（Contact Chaining）的行动，大大方便了对嫌疑人员的筛选与监控。在“9・11 事件”6 周年之后，国家安全局通过对外情报监视法庭，强迫微软、雅虎、谷歌、脸谱网、Paltalk、YouTube、Skype、美国在线等互联网巨头向它提供互联网元数据。可以说，对国家安全局而言，这个世界实际上没有什么秘密可言。

3. 空中侦察技术的采用

航空航天侦察是 20 世纪发展起来的一个情报手段，但早期的侦察机飞行速度慢，易受攻击，风险很大。冷战初期，苏联实行严密的防空政策，美国对苏联边境地区的航空侦察面临着越来越严峻的挑战。在情报需求大量增加而传统情报搜集手段又无法满足的情况下，发展新的情报搜集手段，研制高空侦察飞机，不受限制地飞行在苏联领空，就成为美国军界和科技界考虑的问题。发展空中侦察手段的迫切要求，推动了 U-2 飞机的研制。

照相器材是航空侦察的一个重要组成部分。1948 年，埃德温・兰德发明了快照相机，他的一步成像摄影法被称为摄影技术的一次革命。他把偏振原理用于军事器械的研制上，制造出了红外线滤光镜、轻量级测距仪、高射炮瞄准器等。在这些新技术加持基础上，经过反复的论证和实验，兰德终于试制出了可以装备在高空飞行的飞机上的快速照相机，为后来 U-2 侦察做出了重大的贡献。

1954 年 11 月 24 日，艾森豪威尔总统召集空军、国防部和中央情报局的高级官员开会，研究了间谍飞机研制的相关事宜，决定由空军和中央情报局两家提供3500万美元，主要由中央情报局负责组织研制，并取名为“阿夸托恩计划”。1956年，由中央情报局主导的U-2高空侦察机研制成功。在4年时间里，U-2对苏联进行了23次（不含被苏联击落的最后一次）侦察飞行，覆盖了苏联国土的15%，使美国获取了大量的情报，为美国应付冷战初期的紧张局势提供了良机。

4. 卫星技术的采用

U-2的飞行解决了对苏联能力的核实问题，但由于洲际导弹技术的加快发展，苏联的洲际导弹飞到美国只需30分钟时间，在这段时间内无论如何是无法采取反制措施的。此外，U-2的侦察飞行有着严格控制，它不可能一直高飞在天空。因此，发展一种实时或近实时的侦察工具，已经迫在眉睫。1955年3月16日，美国空军发布了《第80号综合计划要求》，要求发展图像情报卫星。1957年10月4日，苏联发射了第一颗人造地球卫星，这对美国公众及政府的刺激很大，艾森豪威尔命令空军加快WS–117L的研制工作。1958年2月，空军与中央情报局合作，共同实施一个代号为“科罗纳”（Corona）的卫星侦察项目。该项目被隐藏在公开的“发现者”计划之中，成为中央情报局最重要的项目。

从1959年1月21日，第一颗“科罗纳”卫星在范登堡空军基地发射，到1972年5月25日，“科罗纳”最后一次发射，期间总共发射了144次，其中有102次取得了成功，大多数卫星都携带了艾特克公司的全景相机，获得了大量的图像情报。这对于决策者和情报分析人员来说，无异于在一座漆黑的仓库里打开了一盏巨大的泛光灯。它使美国情报机构估计的苏联洲际导弹数目从数百枚下降到数十枚，从而确证导弹差距优势在美国一边。

5. 测绘技术的采用

20世纪50年代，随着航空和航天侦察技术的发展，美国情报机构拍摄了大量的影像资料。为了分析这些影像资料，中央情报局于1961年成立了国家图像译释中心（National Photographic Interpretation Center）。1972年，美国合并了陆军测绘司令部、海军海洋局海图生产与发行部、空军航图与情报中心、军事空运司令部的第1382大地测量中队、战略空军司令部第15侦察技术中队测绘队、美洲大地测量局及中美洲和南美洲的分支机构，以及陆军工程兵的工程测量学校等单位，组建了国防测绘局（Defense Mapping Agency），统一管理和规划美国的测绘工作。

6. 地理空间信息处理技术的采用

20世纪70年代出现的“地理信息系统”，是一种专门用于采集、存储、管理、分析和表达空间数据的信息系统，需要把原有的纸质地图制成电子地图，使人们通过计算机迅速查询到目标。在整个20世纪80年代，美国国防测绘局致力于地图的电子化。到20世纪90年代中期，国防测绘局已经创建了一个用于制作地图的新系统，这就是数字制作系统（Digital Production System）。

1996年10月1日，与图像有关的机构合并组成国家图像与测绘局，隶属于国防部，接受中央情报主任和国防部长的双重领导，其主要任务是为美国政府提供地理空间情报，为美军的战斗行动与非战争军事行动提供支持。2003年《国家图像与测绘局拱顶石概念》颁布，“地理空间情报”被纳入国家安全领域。2003年11月24日，布什总统签署《2004财年国防授权法案》，国家图像与测绘局更名为国家地理空间情报局（National Geospatial-Intelligence Agency），成为美国四大国家情报机构之一。它对自己的定位是“认知地球，指引道路”，美国政府称之为“地球之眼”。地理空间情报极大改变了决策的进程与方式。

7. 传感技术的采用

美国情报界另一个取得重大突破的技术侦察手段是测量与特征情报。所谓测量与特征情报，即通过对特定的技术传感器获得的数据进行定量和定性分析而获得的科学技术情报。测量与特征情报，综合运用了多种情报搜集手段，用于获取对象的声学特征、光电特征、磁特征、核特征、生物特征、化学特征和计量生物学特征。测量与特征情报通常被认为属于战略情报手段。它可以通过核情报监控一个国家的核试验情况。例如，冷战期间，美国用它来探测和辨别苏联的核爆炸，它也可以通过电子情报手段来了解一个国家的重要技术发展动向，防止其在获取技术突破后发动技术性突袭。它还可以监视外国的导弹试验，判断导弹的性能，从而为制定反制措施提供情报依据。

测量与特征情报也是战场监控的重要手段。它可以提供实时的态势感知和目标设定，以满足战术作战任务的需求。美国情报界认为，未来侦察目标的复杂程度将不断增加，它国运用拒止和欺骗的能力也将增强，所以，借助于这些测量与特征情报传感器，战争迷雾已经大为消减，战场环境趋于透明。测量与特征情报还可以用于遏制非传统安全威胁。

8. 生物识别技术的采用

数码指纹和声波纹在人员识别中已经使用多年，虹膜和视网膜扫描、手形以及键盘击键用力、面部识别、手指静脉识别等新的生物测量技术在识别隐藏的犯罪分子、恐怖分子方面已经显示出特定的优势。

技术创新使美国情报界形成了强大的情报搜集能力，也使美国情报界形成了自己的特色。如果说苏联（俄罗斯）情报机构以强大的人力情报能力扬名，那么，美国情报界就是凭借自己的技术搜集能力立万。

（五）反思性的情报文化是完善情报工作的理论源泉

在国际情报界，美国情报界只能算是一个后来者，其情报工作史短于英国、法国。从英国和法国这两个老牌的情报大国身上，美国情报界学到了很多，但今天，英法这两个老牌大国显然与美国不在同一个层面上，“青出于蓝而胜于蓝”是对美国情报界恰当的评价。

美国情报界之所以能实现“弯道超车”，一举超过其老师，不仅仅是因为美国的国力更强、科技更发达，还由于其不断进行反思的情报文化。正是这种自我批判的情报文化，推动美国情报界自我反思、自我总结、自我提升，从而使美国情报界在国际情报界“一骑绝尘”。

所谓情报文化，是一个国家或民族对情报工作的看法，它典型地表现在情报观和情报工作实践中。情报文化的底蕴和根基是其思想文化，每一个国家和民族的情报文化都带有其固有的民族文化的烙印。情报文化是民族文化在情报工作中的反映，也是情报实践在历史中的沉淀，对情报工作产生着深远的影响。

美国情报文化中最为显著的特点体现在其对于情报失误的态度上。一部美国情报史，几乎就是对其情报失误的声讨史。从珍珠港事件开始，关于各种情报失误案例的探讨不绝于耳，美国情报界自身的失误固然是鞭挞的对象，而有些貌似与美国情报界无关的案例，也被套到了美国情报界头上。“事后解剖”几乎成了美国情报界的传统。为了不重蹈覆辙，必须揭露过去的失误、问题和错误，从既往的失误中获得教益，可以提请人们注意到问题的存在。

这种反思式的情报文化，使美国情报界明晓情报失误发生的机理，开辟了改进情报工作的道路。美国国会对珍珠港事件的调查，使美国朝野认识到情报协调的必要性，在战后重组了国家安全机构，建立了中央情报局，其情报协调工作就此起步。同样，基于对“9・11”恐怖袭击的调查，美国朝野意识到，以中央情报主任为核心的情报协调机制存在先天不足，必须建立一个协调型的情报体制。由此，改组了第二次世界大战后建立的情报管理制度，废除了中央情报主任，而代之以国家情报总监，使情报界的一体化有了增强，一个紧密协调的情报界呼之欲出。

情报调查并不是简单地揭丑，而是反思情报失误的原因，探索改进情报工作的内部机理，从而实现情报能力的提升。反思，使美国情报界意识到情报协调的重要，意识到“烟囱式”情报搜集体制的必要，意识到情报分析是情报工作的中心环节，意识到情报与决策的和谐互动是情报发挥作用的前提条件，意识到对外情报工作与反情报工作必须一体运作。这些反思，成为美国情报界改进情报工作的理论依据。

（六）人才培养和科学研究为情报工作的发展提供了基本保障

情报工作有着悠久的历史，但是，对情报工作系统的理性思考，对情报人才的培养，都是20世纪的事情，尤其是第二次世界大战后的事情。情报理论的建构和情报人才的培养，为美国情报工作的发展提供了源源不竭的智力资源，实现了情报工作的学理化、科学化传承。

对情报工作的理性思考，源于《孙子兵法》，但在20世纪之前也止于《孙子兵法》。《孙子兵法》构成了情报思想史上的第一座高峰。近代西方学界对情报的研究以克劳塞维茨最为全面，但其论述远不及《孙子兵法》全面。因此，20 世纪以前的情报工作缺乏学理化升华和理论传承。

第二次世界大战期间，肯特（Sherman Kent）根据自己在战略情报局任职时取得的情报工作经验，已经对情报工作形成了系统、全面的认识，但在那个年代，情报得不到重视，情报至多就是一种普通的工作，不具备一种专业、学科或职业的特征。肯特认为，如果不对既有的情报工作进行理论总结，那么，已经建立起来的情报工作模式，已经取得的情报工作经验，已经使用的情报工作方法，将会与过去一样，随着时间的流逝而被遗忘，这是不利于情报工作发展的。因此，他认为情报学科已经成熟，所欠缺者，不过是一本有关情报的理论著作，以永久记录新的情报工作思想与情报工作经验。肯特提议建立情报研究中心，创办相应的学术刊物。1955 年 9 月，在他的倡导下，中央情报局成立了历史办公室，创立了《情报研究》这一情报学术刊物，美国的情报研究开始蓬勃发展。如今，美国的情报研究已经成为一门公开的学问，出版了一大批学术著作，涌现出一大批专家学者，情报研究成为社会科学研究的一个有机组成部分。发达的情报理论研究牵引着美国的情报工作实践，推动美国情报工作不断创新，亦成为美国情报改革的理论基础。

对情报工作的理论研究，使美国情报界关注到情报工作的核心问题，如情报失误的原因、情报分析的方法、战略欺骗与情报优势、情报与决策的关系，等等。这些核心问题也构成了情报研究的核心议题。对这些问题的回答，使美国情报界洞察了情报工作的内在规律。由此，美国情报界对情报分析形成了一致的认识：情报分析是主观的，要用科学的理念来改进传统的情报分析，而所谓科学的理念，并不是一套量化的情报分析方法，而是借用了科学研究的基本理念，从分解问题开始，形成一套假设性观点，再对这些假设性观点进行证伪，在整个分析过程中把自己的思维过程外化，同时关注到自身存在的思维局限，在得出结论前要挑战自己的观点以及占主流地位的观点。这套结构化分析方法是改进情报思维的利器，而如果没有坚实的理论研究，很难想象会产生这样的思维方法。

既然认识到情报工作是一门技艺，有自己特定的方法论和工作技巧，那么对情报人员进行训练就十分重要。对此，美国情报界有深刻的认识。在2004年的情报改革中，美国情报界将情报人才培养问题提升到战略高度来看待。2004年《情报改革与恐怖主义预防法》和历年的国家情报战略与反情报战略，都对情报教育进行了重点阐述，《情报界人力资源战略五年规划》更进一步明确了人力资源需求，统一了训练和评估标准，标志着美国情报人才培养方向开始为实现情报界一体化建设而转变。经过多年努力，美国已经建立了一个层次分明、功能完善的情报培训体系，设立了国家情报大学、中央情报局大学等专业培训机构，同时与学术界建立了密切的合作关系。这些学校既强调学生的实践能力，也重视分析技巧方面的训练。情报人才的专业培训为情报机构提供了大量经验丰富的情报人员，保证了美国情报机构的专业性。

纵观历史，从美国情报工作发展的历史脉络来看，战争需求、对外战略的转变为美国情报工作的发展提供了基本动力，而美国情报界在情报制度、情报技术、情报理论和情报文化领域的创新为情报工作的发展提供了基本的保证。开拓型的对外战略取向、决策者对情报工作的重视、情报工作的制度创新、情报技术的发展、反思性的情报文化塑造、合理的人才队伍培养，构成了一条情报强国的发展路径。

二、美国国家情报体系改革[1]

“9·11事件”的发生，促使美国全面启动了国家情报改革工作。这次改革，以调查为先导，以法律修订为基础，以国家情报工作的一体化为主旨，以突破组织体制瓶颈为重点，以战略、人才、技术为抓手，建立起了一个高度一体化的国家情报体系。

[1] 谢海星：《聚焦“一体化”的美国国家情报体系改革》，载《情报杂志》2019年第10期。摘编后收入本书。

（一）统一的国家情报管理机构

“9·11 事件”前，美国情报界的组织体系是“以机构为中心”的烟囱式布局，不同情报机构之间也缺乏必要的沟通联系。“9·11 事件”后，美国出台 2004 年《情报改革与恐怖主义预防法》，设立了一个管理整个国家情报体系的领导职位——国家情报总监，使原本较为分散的组织体系趋于集中统一，转向“以任务为中心”的集中管理式布局。

1. 组建多个国家情报中心

面对以恐怖主义为代表的跨国安全威胁，单靠“部门情报”根本无力招架。“9·11 事件”后，美国决策层决定打破部门情报之间的隔阂，将分散的情报力量聚合起来，形成一体化的国家情报工作。为此，2004 年《情报改革与恐怖主义预防法》授权国家情报总监针对特别重大的长期威胁，按地理区域、情报功能或其他标准建立不同的“国家情报中心”，以特定情报任务为中心，整合所有情报力量，亦可被视为是情报界的“联合作战司令部”。在实践过程中，国家情报中心主要负责制订情报行动计划，而其他情报机构则主要负责获取技术系统、训练人员，并执行该中心制订的计划。到目前为止，美国依据其所面临的最为紧迫的四大威胁（恐怖主义、大规模杀伤性武器扩散、间谍破坏活动、网络威胁）组建了四个国家情报中心（见表 1.4）。

表1.4　国家情报中心

名称	成立时间	职责
国家反恐中心	2005年6月	负责整个情报界范围内的反恐情报分析与共享，以及从战略层面制订反恐行动计划的工作。
国家反扩散中心	2005年12月	负责在情报界内协调反扩散战略计划，以发现情报界在反扩散领域存在的问题和寻求解决方案。
国家反情报与安全中心	2014年12月	负责推动情报界的反情报与安全防护工作形成一个密切协作的整体，以应对间谍、网络窃密等安全威胁。
网络威胁情报整合中心	2016年1月	负责集中分析和处理相关政府部门搜集的网络情报信息，以改变网络情报力量分散配置和使用的现状。

2. 设置多个国家情报主管

在国家情报中心的组建与运行过程中，相关部门情报机构并没有很好地配合，它们普遍不愿扮演支援性的或是力量提供者的角色。因此，经过反复的理论探讨和实践探索，2005 年，国家情报总监决定设置多个国家情报管理职位——“任务主管”，用以弥补国家情报中心的不足。

任务主管是国家情报总监就某个特定主题的主要顾问，负责审查与情报界重点目标相关的所有国家情报工作。任务主管分两种：一种是“负责具体专题”的任务主管；另一种是“负责特定国家”的任务主管。所有任务主管将为相关情报的搜集与分析制订战略计划、设立重点，并就资源分配问题向国家情报总监提出建议。这实际上建立起了一种“矩阵式管理模式”，即将不同机构开展的不同类型的情报工作统一会聚到决策者特别关心的特定专题上。

2010 年后，国家情报总监决定撤销“任务主管”的职位设置，同时增设多个“国家情报主管”。与“任务主管”相比，“国家情报主管”拥有更大的管理权限，其能够针对其所管辖的领域制定《统一情报战略》，以确保情报界在该领域能够高效开展情报工作。其具体任务：一是明确决策者的情报需求；二是评估情报界的搜集和分析等业务能力；三是寻找情报搜集和分析工作的不足之处，是否需要重新调整情报资源的具体配置。

国家情报主管主要依靠三名助手协调其管辖范围内情报界的搜集、分析、反情报等工作。其中，国家情报官负责情报界在特定领域的情报分析与生产工作；国家情报搜集官负责制订情报界在特定领域的情报搜集计划和管理情报搜集工作；国家反情报官负责制订情报界在特定领域的反情报计划和管理反情报工作。

（二）统一的国家情报战略体系

2004 年《情报改革与恐怖主义预防法》通过后，美国颁布了一系列国家级的情报战略文件，共同构成了一个完整的国家情报法规体系，有力地保障了国家情报体系的高效运行。

1. 定期出台国家级情报战略

首先，美国先后发布了多部《国家情报战略》和《国家反情报战略》。明确了情报界应重点完成的“工作任务目标”和“机构建设目标”；将多个独立的反情报机构组成的“松散联邦”转变成一个协调统一的组织体系，发挥反情报工作的整体合力以满足国家安全的需要。

其次，针对特定领域发布了专门的情报战略。其中，《美国情报界人力资本发展五年战略计划》（2006 年 6 月 22 日发布）旨在组建一支一体化的国家情报力量；《美国情报界信息共享战略》（2008 年 2 月 22 日发布）旨在推动情报信息的检索与分发范围的最大化，确保所有情报都能被找到、都能根据任务需求而使用；《情报界信息技术业界战略》（2011、2014 年两个版本）旨在改变传统的以机构为单位的信息技术模式，构建一个适用于整个情报界的通用信息技术基础架构。

2. 详细规划情报界指令体系

为落实《国家情报战略》及相关规定，为部门情报工作提供具体指导，国家情报总监重新设立了一套管理情报界的情报指令体系，并于 2006 年 4 月 25 日，发布了第 2006–100–1 号情报界政策备忘录《情报界政策流程》，详细阐述了新的情报界指令体系的基本构成。根据指令涉及的不同情报业务领域，情报界指令体系共分九个基本的大类，再根据情报指令的不同表现形式，将不同指令分为五种类型：一是情报界指令，它是国家情报总监对情报界实施政策指导的主要手段，也是国家情报政策中的最高级别的文件；二是情报界政策备忘录，它是国家情报总监在正式发布情报界指令前对情报界提供的临时政策指导，有时也用来发布对紧急事项的政策指导，也可反映一项新的政策或对现有政策的修订；三是情报界政策指导，它是特定情报界指令的补充性文件，意在为其附属的情报界指令提供详细的政策落实指导；四是情报界标准，它依据相关情报界指令和情报界政策指导制定，并与其保持一致，旨在为情报或与情报相关的产品、流程或活动提供操作程序、规则、条件、指南、特征或特别说明；五是国家情报总监行政函，它集中关注国家情报总监认定的可能影响到整个情报界的问题，主要用于传达国家情报总监的战略及政策意图或初步拟定的方案，也可被用于满足突发的或十分迫切的政策需求。

（三）统一的国家情报人才培养标准

为统一国家情报人才培养工作，2011 年，美国在原“国防情报学院”的基础上正式组建了新的“国家情报大学”。目前，国家情报大学拥有“战略情报学硕士学位”“情报学学士学位”“科技情报学硕士学位”以及特定领域的“情报研究资格证书”的授予权，不同情报机构的学员均可以根据需要参加相应学位或资格证书的课程学习。

1. 战略情报学硕士研究生教育

国家情报大学对战略情报学硕士研究生的能力素质要求包括：理解、分析和评估美国国家安全决策者所面临的全球安全环境；理解情报界在国家安全战略的制定和落实方面所扮演的角色和承担的责任；描述、应用和评估情报界的全部战略实力和局限；在识别、分析和评估国家安全威胁与机遇方面，具备批判性和创造性思考的能力；应用正确的领导和管理原则，以应对国家安全和情报工作面临的挑战；能够理解并展示出自己具备在一个联合和跨机构的环境中开展有效沟通和协同工作的能力。

为获得战略情报学硕士学位，研究生学员需选择 4 门核心课程（共 12 学分）、1 门必修课程（3 学分）、4 门论文写作课程（7 学分）、4 门专题研究类课程（12 学分）、3 门选修课程（9 学分），通过全部课程考试，并获得 43 个学分。

2. 科技情报学硕士研究生教育

国家情报大学对科技情报学硕士研究生的能力素质要求包括：在个人和组织机构层面理解国家情报职业的基本原则；分析科学所处的全球环境，以及这种环境对世界问题和事件的复杂性、变化性、相互依赖性的影响；塑造情报界的未来，并秉持一个科技情报专业人士应有的价值取向和道德准则；了解整个科技情报业界；通过了解全球科技环境中文化、社会、环境的适应性变化，分析创新性、适应性、基于威胁地使用技术手段的作用；对比分析不同的科技情报需求，并从中寻找到一个恰当的平衡点，例如当前行动与未来冲突，传统战争和非常规战争，时间性情报需求和内容性情报需求，战术问题和战略问题。

为获得科技情报学硕士学位，研究生学员需选择 4 门核心课程（共 12 学分）、1 门必修课程（3 学分）、4 门论文写作课程（7 学分）、7 门专题研究类课程（21 学分），通过全部课程考试，并获得 43 个学分。

3. 情报学本科教育

国家情报大学的情报学学士教育仅在本科第 4 年开展，对象是已完成 3 年其他专业本科学习、有志于从事国家情报工作的学生。国家情报大学对此类学员的能力素质要求包括：能够通过书面形式有效地表达自己的观点，具备独立学习的能力，能够使用多种技术工具，能够搜集和评价各种来源的信息，具备批判性、独立性和创造性思考的能力，能够应对复杂和模糊不明的挑战。

为获得情报学学士学位，学员需完成 9 门核心课程、7 门选修课程，通过全部课程考试，并获得 57 个学分。

4. 情报研究资格证书教育

国家情报大学会不定期地开设特定领域的“情报研究资格证书”课程，为那些不参加研究生学位教育的本科学员提供深入学习的机会，使他们能够在国家情报大学开展深入的、研究生层面的情报研究，进而掌握研究特定情报课题的能力。国家情报大学会不定期地开设不同类别的情报研究资格证书课程，特别注重培养学员的合作意识和习惯，引导学员在合作解决特定情报问题的过程中了解不同情报机构的工作方式，理解整个情报界在国家战略制定过程中扮演的角色和发挥的作用。

（四）统一的国家情报技术应用

美国情报界各机构很早就开始建立各自的信息系统，然而长期以来大部分信息系统之间互不兼容、互不联通。为了从技术上整合不同的情报网络，2011 年，国家情报总监办公室发布了一份《情报界信息技术业界战略 2012—2017》，决定建立一个“单一的、基于标准的、可互操作的、安全的、顽存的、包含所有安全域的、可完成任务目标并可充分提高整个业界效率和防护能力的信息技术业界架构”。目前，美国已经初步建成了一个覆盖各情报机构的统一的国家情报技术应用平台——情报界信息技术业界，该技术平台包含四个组成部分。

1. 情报界桌面

情报界桌面由国家地理空间情报局和国防情报局联合研发，是一种标准化的桌面软件，其中包含有统一的电子邮件系统、即时通信工具和音视频合作软件。统一的情报界桌面意味着不同部门的情报工作人员将拥有相同的应用软件工具，能够更加方便地进行视频聊天或发送电子邮件，甚至是在情报界目录中找到你想找的人。2013 年开始向整个情报界推广应用，截至 2015 年 12 月，情报界桌面已拥有 5.6 万多名用户，且还在不断增加。

2. 情报界云

情报界云由中央情报局和国家安全局联合研发，旨在为整个情报界设计出一个安全的云计算基础网络架构。中央情报局和国家安全局分别从两个技术层面去建设云计算网络：国家安全局着眼于为情报界提供“工作平台服务”，其中包括建设云存储数据库、网络服务器等；而中央情报局则提供“软件应用服务”，其中包括管理程序、电子邮件、协作型虚拟电脑桌面等。在初步运行阶段，情报界云不仅向新的情报界桌面用户提供服务，还向其他使用老系统的用户提供服务，即任何情报机构的工作人员只要能够登录机密级和秘密级且受控信息的网络就可能享受情报界云提供的服务。

3. 情报界应用程序市场

情报界应用程序市场主要由国家安全局负责研发，旨在为情报界提供统一的应用程序软件，以促进信息共享与合作。其包括两个组成部分：一是“主环境”，即允许各情报机构上传和下载应用程序的基础环境；二是“研发环境”，即情报界的软件研发人员交流软件研发代码的技术开发环境。2013 年，第一版情报界应用程序市场正式上线。当该应用程序市场最终在整个情报界范围内应用，情报人员在任何一家情报机构的任何一台电脑终端上都将能下载和使用同样的应用程序，这会为情报人员的跨部门合作提供极大便利。

4. 情报界网络需求与工程服务

情报界网络需求与工程服务主要由国家侦察办公室负责领导研发工作，旨在更好地连接本地和更广区域的信息网络，提升这些网络的工作效率。国家侦察办公室的主要工作是统一情报界信息技术业界与国防部的“联合信息环境”（Joint Information Environment）的相关标准，以确保两者能够实现技术上的兼容，更好地共享情报信息。

综上，“9·11 事件”后，严峻的恐怖主义威胁形势迫使美国决定彻底修订相关情报法律规范，全面改革国家情报工作体系。为使众多部门情报机构变得更加统一、更加协调、更加高效，美国在实践过程中通过设立情报界领导职位确保统一领导，通过调整情报战略体系确保号令一致，通过组建国家情报大学确保人才培养对接实践需求，通过全面整合信息技术确保无障碍通联，逐渐探索出了一条符合本国国情、卓有成效的国家情报体系化发展道路。

三、“五眼情报联盟”的兴起和演变[1]

“9·11 事件”后，曾经相当隐秘的“五眼情报联盟”（Five Eyes Network）逐渐走向台前。2013 年发生的“斯诺登事件”是重要的转折点，虽然事件所披露的信息给联盟带来了巨大的舆论压力，但同时各国趁此机会推动联盟走向前台，五眼（Five Eyes）开始出现在各国的战略与政策文件中。

（一）五眼情报联盟的历史沿革

1. 二战期间

“五眼情报联盟”（以下简称“五眼联盟”）源于英国和美国在二战期间的信号情报合作。1940 年 7 月 8 日，英国驻美大使菲利普·克尔（Philip Kerr）给美国总统去信，提议两国尽快启动秘密技术情报交换。随后，美国总统在

[1] 刘江韵、黄紫斐：《演变中的五眼情报联盟：历史与现状》，载《情报杂志》2019年第8期。摘编后收入本书。

几日后的内阁会议上同意了该项提议。

在合作初期，由于美国尚未正式参战且总体情报技术水平要优于英国，两国在执行层面的合作并不顺畅。美国正式宣战后，其与英国进行情报合作的现实需求大大增强。为了加强两国情报合作的稳定性，美英在 1943 年 6 月 10 日签订了首个信号情报合作协议——《英国政府密码学校和美国战争部关于特定“特殊情报”的协定》，明确了双方分享截获的加密信号情报、互设情报联络部门，以及两家各自负责监控的国家。

在二战期间的技术情报合作中，英美两国地位大体平等，而加拿大、澳大利亚和新西兰作为英国的自治领，仅起到辅助作用，在情报协议中没有独立地位。当时情报网络的主要对手是由德国、日本和意大利组成的轴心国集团。

2. 冷战期间

（1）冷战初期

冷战开启的标志性事情是 1946 年 3 月 5 日英国首相丘吉尔在美国发表“铁幕演说”。同日，英美签订了二战后最重要的情报合作协议——《英美通信情报协定》（简称“英美协定”，UKUSA）。该协定奠定了“五眼联盟”的基本框架，标志着该联盟的正式形成。

协议明确了英美情报合作的 12 个方面，核心内容包括情报分享的范围、双方的对接机构、情报分享的权限等。在情报分享范围方面，协议规定包括所有外国（除了美国、英联邦国家以及大英帝国以外）具有军事、政治或经济价值的信息，这意味着两国的情报工作不但针对敌人，也针对盟友和中立国。双方的对接机构被限定为伦敦信号情报委员会（London SIGINT Board）和美国国务院—陆军—海军通信情报委员会（STANCIB）。在情报分享的权限方面，美国负责审核对本国各军种和政府部门的分享，英国负责审核对大英帝国及自治领的分享，而对加拿大分享的情报只需获得英美中任意一方的批准即可，对其他第三方分享则需要英美两国共同审核。协议还明确了大英帝国自治领（加拿大、澳大利亚、新西兰等）在英美情报合作中的地位。

这一协定明确了“五眼联盟”建立初期的组织关系：美国已经启动了与

加拿大的双边情报协议谈判，而英国仍将澳大利亚和新西兰视作“势力范围”，五国初步形成了以美加为一方、英澳新为另一方的二元格局。随后，依照此基本格局，联盟内部的成员国相互签订了一系列的双边协议，形成了二元格局下的复合情报网络。

（2）冷战中后期

在《英美协定》之后，英美双方都没有寻求签订新的协议，而是选择在原有条款基础上通过添加“附件”（Appendix）的方式来应对外部安全威胁和成员国关系的变化。其中有两次重要的修订，一次在1955年，另一次在1961年。1955年的修订源于美国在1952年建立国家安全局，这使得协议的对接机构需作出相应调整。1961年的修订重点是进一步明确加拿大、澳大利亚和新西兰在联盟中的地位，规定只有加拿大、澳大利亚与新西兰有资格参与该情报网络；明确了墨尔本国防信号情报分站是由英、澳、新三国共同运作的非单一国家机构，组织上隶属澳大利亚国防部，但在技术层面由英国领导。

在冷战中后期，虽然英国极力维护自身在联盟内的地位，但殖民地独立浪潮冲击下的英国不断失去海外情报基地，其与美国的情报实力差距越来越大。随着加拿大《1982年宪法》和《1986年澳大利亚法令》的通过，加、澳都实现了与英国完全平等的主权国家关系，英国与自治领绑定的策略不再有效。新西兰与美国的情报关系则出现重大波折，1987年新西兰通过《新西兰无核区、裁军与军控法案》，禁止美军所有核动力舰艇以及携带核武器的装备停靠或者降落新西兰，此法案导致了两国中止防务与情报合作。

总的来说，美国在冷战中成为“五眼联盟”的核心，英国和加拿大位居其后，澳大利亚与新西兰成为第三梯队，“五眼联盟”演变为具有鲜明等级的情报网络。冷战期间，其情报网络的主要敌人一直是以苏联为核心的共产主义国家集团。

3.“9·11事件”至2009年

冷战结束后，联盟失去了最重要的对手，发展也较之前缓慢。直至2001年发生的“9·11事件”，为联盟发展带来新的动力——打击恐怖主义，美国发动的“反恐战争”重塑了联盟的组织关系。2001年，五个成员国均参与了阿富汗战争，美国与新西兰趁此机会实现了防务和情报合作关系的正常化。2003 年，美国发动伊拉克战争，“五眼情报同盟”中的英国和澳大利亚决定参战，但加拿大和新西兰拒绝再次出兵。作为回报，美国迅速提高与澳大利亚的情报合作水平；2005 年 11 月的澳美部长级会议再次强调两国的情报合作，两国情报关系自联盟成立以来第一次被提升至与英、加同等重要的位置。

“9・11 事件”发生以来，“五眼联盟”形成了继续以美国为中心，澳大利亚提升至与英国、加拿大同等地位，新西兰相对弱化的新结构。

（二）五眼联盟的合作机制与特点

从 2009 年开始，一方面，美国及其盟友认为通过“反恐战争”击溃了以“基地”组织为代表的跨国恐怖主义网络，西方再次遭受大规模恐怖袭击的危险大幅下降；另一方面，俄罗斯越发高调的军事与政治干预行动以及中国国力的迅速崛起，使得美国将中、俄视为“五眼联盟”的新对手。

1. 组织架构

“五眼联盟”的组织架构已经从最初的技术情报部门对接发展至由各国情报机构首长组成的委员会为协调机构，对接成员国政府内各领域情报部门的全方位合作。情报首长委员会的成员包括：美国国家情报总监（DNI）、英国联合情报委员会主席（CJIC）、加拿大国家安全与情报顾问（NSIA）、澳大利亚国家情报办公室总监（DGONI）和新西兰国家情报评估局总监（DIA）。五国情报首长组成的委员会负责协调各国情报合作、评估和规划行动计划，各成员享有法律上的平等地位。在执行层面，具体由成员国的 28 个情报机构负责对接。

2. 分工与任务

从地缘上来说，一般认为澳大利亚负责南亚和东亚，新西兰负责南太平洋和东南亚，英国负责欧洲和俄罗斯西部，美国负责加勒比、中国、俄罗斯、中东和非洲，加拿大负责北极地区（涵盖俄罗斯和中国北部区域）和南美洲。虽然今天的“五眼联盟”已经是覆盖所有情报类型的共同体，但实际上信号情报仍是占比最多、最受重视的类型，因此地缘上仍是按照各自信号情报的获取条件来划分的。

从领域上来说，包括海洋、太空、网络、反恐、外交、经济等，在这些领域的分工主要考虑各成员国的条件。例如，在海洋领域，五国通过在周边水域（澳大利亚面对印度洋、英国面对大西洋、美国兼顾太平洋与大西洋等）投放信号搜集设备来监控船只；在太空领域，美、加、英三国更多承担对外国卫星部署、弹道导弹测试和战略空军活动的监控活动；利用美国纽约、英国伦敦和加拿大蒙特利尔三大国际金融中心的便利性，对与伊朗和朝鲜等被制裁国家进行武器交易以及其他非法商业活动的情况实施监控；除此之外，五眼联盟还参与到外交与经济领域。

3. 协作机制

“9 · 11 事件”后，五国情报机构之间的沟通与协作较之前更为活跃。美国提出，情报分享原则需进行改革，从以往的“需要知道”变成“需要分享”，通过进一步对成员国开放情报权限，提高对碎片化信息的整合效率，以应对恐怖主义去中心化的新特点。

作为协调机构的五国情报首长会议每年至少会面一次。首长会议的内容是评估过去一年的合作情况，规划下一阶段的重点任务。除了首长会议，六个对接机构也有相应的协作机制。与首长会议相似，各对接机构的领导人也会举办年度评估与规划会议（如情报评估机构至少每年一次，国防情报部门至少每年两次）。

除了规划和执行机制，联盟还首度建立了监督机制。2017 年 10 月，为了回应公众对“五眼联盟”的活动不受监管、权力过大的担忧，五国成立内部监督机制——五眼情报监管和评估委员会（Five Eyes Intelligence Oversight and Review Council），由五国的情报监管部门组成，每年至少举行一次会面和每三个月一次的电话会议。

可以看出，“五眼联盟”需要披露的信息是有限的，所接受的监管也是非强制性的。即便如此，此委员会仍是“五眼联盟”迈向改革的重要一步。委员会成立后，联盟迅速从高度保密走向相对公开，越来越多地联合对特定安全议题施加政治影响力。

4. 从特殊情报网络向情报安全同盟的演化

2013 年“斯诺登事件”之前，“五眼联盟”除了发挥情报网络的作用，还同时具备一些安全同盟的特征。

本书对情报网络的定义是：为应对共同威胁而通过正式或非正式协定建立的多边情报共享机制。“五眼联盟”与传统情报网络的不同之处包括：一是通过协议形成较强的约束力，成员国间有明确的权利与义务；二是建立了高度的互信，成员间承诺不相互刺探情报；三是情报合作的级别高，不但相互通报情报信息，而且共享情报来源、搜集技术和分析方法。同时，“五眼同盟”也符合传统安全同盟的一些特征。“五眼联盟”的成员国各自负责不同的地区与领域，美英之间就各自的地位发生过激烈争吵，联盟的协定也历经过数十次修改。然而，此期间的“五眼联盟”与正式的安全同盟有一个重大区别，即其隐秘性。“五眼联盟”这一组织的存在曾是各成员国的最高机密，只有国家领导人与情报首长了解其运作方式。这种高度的隐秘性使其无法与一般的安全同盟一样，通过公开的战略文件、联合声明和军事调动等策略对敌人形成威慑。

2013 年“斯诺登事件”后，情况有了改变，“五眼联盟”从秘密走向公开，在继续发挥情报网络作用的同时，开始更积极地扮演安全同盟的角色。

（三）五眼联盟机制给成员国带来的影响

“五眼联盟”的合作给成员国带来的影响，既有积极的一面，同时也有消极的一面。一方面联盟不但给成员国提供了可靠的情报信息，还越来越多扮演安全同盟的角色，提高了成员国的影响力；另一方面随着网络情报技术的发展，联盟组织也给各国带来了新的安全风险。

1. 积极影响

一是全面提升情报能力。“五眼联盟”从建立之初就不限于情报信息分享，而是包括情报技术、验证手段、分析方法等的全方位合作，可以说，联盟是各国情报能力的“放大器”。

二是提供最可靠的情报。“五眼联盟”提供的情报被誉为可信度最高的情报信息。原因主要有两点：一是五个成员国代表了情报界的最高水平，是唯一的几乎能监控全球的情报网络组织；二是通过交叉验证实现了极高的可靠性，五国的情报评估机构在产品交付政府之前都会参与研判，是国家领导人最为重视和信赖的信息源。

三是发挥安全同盟的作用。“五眼联盟”越来越多呈现出安全同盟的特征。对于联盟中的相对小国（加、澳、新），可以通过与英美的盟友关系抵御风险。而且，联盟具有极高的稳定性，受各国议会政治以及领导人更替的影响很小。特别是在英国脱欧以及特朗普上台后，“五眼联盟”更是成为了维系五国之间安全合作的重要纽带。

2. 消极影响

一是情报泄密风险增高。由于五国情报分享机制的高度互信和开放性，导致一旦出现泄密事件，损失会远超过情报信息本身，包括情报来源、搜集技术、分析模型、通联方式等都可能被窃取，危及整个情报网络的安全。

二是美国利用情报霸权逼迫其他成员国跟随。由于“五眼联盟”内部权力的不平等性，联盟也会对成员国构成共同行动的压力，逼迫其作出不符合国家利益的决定。美国经常利用联盟内的优势地位，要求成员追随自身的行动。

三是导致与其他盟友合作的隔阂。“五眼联盟”的封闭性和排他性，增强了成员国与其他盟友之间的不信任感。“斯诺登事件”后，五眼国家与北约成员国之间的关系一度紧张。美国被爆出长期监控欧洲国家领导人。考虑到五眼联盟的情报共享规则，这等于宣告北约内部存在两个情报网络，一个是五眼联盟，另一个是其他国家。美国与欧洲的安全合作出现了裂痕，法国和德国政府对此非常不满，倡议北约建立自己独立的情报网络。

（四）借鉴与启示

1. 密切关注从情报网络向安全同盟演化的趋势

“五眼联盟”从情报网络向安全同盟演化反映了美国几项重要的战略调整。其一，减少安全同盟的负担，突出表现是特朗普对北约组织进行猛烈的批评，要求降低美国的经费分担比例，相对而言，“五眼”是规模更小、互信更强、美国更有话语权的安全组织，美国有意加强“五眼”在其多边同盟体系中的地位；其二，配合推动印太战略，现时美国在东南亚的盟友伙伴，泰国、新加坡、菲律宾实际上都是采取“对冲战略”以平衡中美影响力，南亚的印度也坚持很强的独立性，而“五眼”是美国唯一可以信赖且能覆盖整个印太地区的情报网络；其三，中美科技竞争的白热化，从奥巴马政府指责中国盗窃美国知识产权，到特朗普政府上发起对中国的全面挑战，而通过“五眼”特有的封闭性，美国可以用情报安全作为理由逼迫其盟友联合抵制中国产品与技术，而不需向公众和国会提供具体证据。

“五眼联盟”的特殊性，使其内部的互信与紧密程度超越世界上绝大部分双边和多边同盟。在应对上，可以从压缩其活动空间来考虑对策。

2. 建立国际反恐情报机制

“一带一路”沿线的中亚、南亚、东南亚、中东等地区，是恐怖主义、跨境毒品犯罪、贩卖人口等非传统安全问题的高发地。由于恐怖主义越来越显现的去中心化与扩散化的特点，实际上仅通过与相关国家共享“需要知道”的情报已经远远不能满足反恐的需要。另外，南亚和中亚部分国家的反恐能力、资源都十分有限，仅依靠其自身的情报搜集能力不能满足当前反恐形势的需要。借鉴“五眼联盟”的经验，可考虑在国际反恐情报机制上进行一些改革，建立更高共享权限与范围的统一反恐情报数据共享机制，从“需要知道”升级为“需要共享”，使得组织成员国可以实时获取各类原始的、零散的、不直接相关的情报信息；深化与可信赖的伙伴国家的情报技术合作，通过帮助提高当地的情报水平，增加对海外利益保护的情报支持。

四、日本走向情报大国的历程[1]

日本是近代情报大国，在日本发动的侵略战争中，情报机构发挥了十分

[1] 余贺麟、武文汇：《论日本走向情报大国之路》，载《情报杂志》2020年第1期。摘编后收入本书。

重要的作用。然而第二次世界大战的战败、日本和平宪法的颁布，一度使日本的情报工作受到限制。当代日本的情报工作源于冷战时期。冷战末期，伴随着由经济大国向政治大国的战略转型，日本开始改革其情报工作，着力解决情报机构间缺乏协调、情报工作管理水平低下、对外情报搜集能力不足等问题，从而迈开了建设情报大国之路。

（一）战后情报组织的解体与重建

二战结束后，日本被美国军事占领，其战前的情报组织随之瓦解。1945年9月22日，杜鲁门政府公布《日本投降后美国对日初步政策》，宣布将对日本进行非军事化及民主化改造。根据这一政策，占领期间的最高当局驻日盟军总司令部（以下简称“盟总”）一方面解散日本战前的情报组织，监禁其高级领导人及骨干成员；另一方面，驱逐政府中的军国主义分子及极端民族主义者。日本战前情报组织，包括各类民间情报团体如黑龙会等至此彻底解体。

随着冷战“铁幕”初降，美国对日本战前情报人员的政策由监禁驱逐转为吸收利用，这为日本重建情报机构奠定了基础。为获取苏联情报，盟总参谋部情报部（G2）以历史研究名义吸收原日军高层为其服务，其中包括原参谋本部次长河边虎四郎、情报部长有末精三及作战课长服部卓四郎等人，这些人此后成为内阁情报调查室建立的班底。同时，为遏制日本国内共产主义势力扩张，防止群众运动演化为反美浪潮，盟总逐步撤销原先对军国主义分子的公职禁令，以支持日本政府成立安全机构稳定社会秩序，弥补驻日美军赴朝作战形成的力量空白。1952年《旧金山和约》生效，日本重获国家主权，这为其重建情报机构彻底扫清了障碍。1954年自卫队与警察厅的成立，标志日本形成了新的情报体系：中央情报机构有内阁情报调查室；对外情报机构有外务省；安全情报机构有警察厅和公安调查厅；军事情报机构有陆、海、空自卫队各自的幕僚监部调查部。从这时起到20世纪80年代中期，日本情报机构以维护内部安全、服务经济振兴和巩固日美同盟为主要任务，其情报工作走向成熟。

（二）日本建设情报大国的背景

战后日本长期奉行“吉田路线”，重经济、轻军事，外交上追随美国，防卫上依靠美国。在这样的战略指导下，以保障国家安全和服务军事外交斗争为基本职能的情报机构就难有大的作为。然而，从 20 世纪 80 年代中期开始，在内外因素的共同作用下，日本开始走上建设情报大国之路。

1. 国家发展战略发生重大转变

20 世纪 70 年代后，随着经济持续高速增长，日本民族自信空前提高，大国意识不断滋长。1983 年，首相中曾根康弘鲜明提出“战后政治总决算”的口号，即以强大的经济力量为后盾，与美国分担安全责任，更多地参与决定世界政策，成为与其经济实力相当的政治大国。中曾根康弘建设政治大国的理念标志着日本国家发展战略的重大转变。日本要依靠自身力量维护国家安全，就必须洞察周边安全态势，掌握预警性情报。日本要更多地参与国际事务，就必须提高对外情报搜集能力，了解其他国家的真实情况和意图。日本建设政治大国的战略产生了旺盛的情报需求，倒逼情报机构提高工作效率和水平。因此，建设情报大国成为日本实现政治大国目标的必然举措。

2. 首相在政府决策体系中的作用增强

随着日本提出建设政治大国的目标，首相领导制定政策的必要性增加了，这就要求情报机构不但要提高情报搜集能力，同时要加强合作与协调，共同为首相决策服务。日本情报界的两个重要协调机制，联合情报会议与内阁情报会议，分别始于中曾根内阁和桥本内阁推行的行政改革。日本情报领域重大变革与强势首相的出现，具有密切相关性，反映出首相领导地位的提升对情报建设的推动作用。

3. 情报机构自身暴露出诸多问题

柏林墙拆除一年后，两德统一。日本驻东德大使馆不但没有预测到柏林墙倒塌，且在当时给国内的报告中称“东德政府基本稳定，没有大的变化”。1995 年 1 月，日本发生阪神大地震，由于缺乏统一的情报归口，内阁被各部门上报的信息“淹没”，导致指挥决策迟缓。同年 3 月，东京地铁发生毒气袭击事件，负责安全情报工作的警察厅与公安调查厅对奥姆真理教事前囤积武器、购买有毒物质的举动毫无察觉。1998 年朝鲜导弹飞越日本上空，日本政府事前没有得到任何预警情报。日本情报机构在一些重大事件中暴露出的诸多问题，促使日本持续改革其情报工作，提高情报能力。

（三）日本建设情报大国的举措

1. 建设协调型的情报管理体制

冷战时期，日本实行分散型的情报管理体制，各情报机构在所属省厅的领导下活动，相互之间缺乏正式的协调机制。这种体制的弊端在于各机构在情报搜集和分析上不能形成合力，容易引发情报失误。为提高情报界的整体实力，更好地服务首相官邸的决策需求，日本自 20 世纪 80 年代中期开始建设协调型的情报管理体制。

（1）建立跨部门协调机制

1985 年 7 月，中曾根内阁“临时行政改革审议会”决定在内阁官房下设立临时性的联合情报会议，以加强日本的情报搜集和分析能力。联合情报会议于 1986 年 7 月首次召开，由内阁官房副长官主持，内阁情报调查室、外务省情报调查局、防卫厅防卫局、警察厅警备局以及公安调查厅局长级官员参加。1996 年 12 月，桥本内阁在提出要树立“情报界”的思维方式，加强情报共享，将联合情报会议确立为内阁官房下的正式机构。到 1998 年 10 月，小渊内阁决定在联合情报会议之上新设内阁情报会议，由内阁官房长官主持，参会者升格为各情报机构所在省厅的副部长级官员。两级情报会议的设立是日本迈向协调型情报管理体制的重要标志，其组织结构所图 1.1 所示。

为了进一步使情报界作为一个整体服务于首相官邸，日本于 2008 年 2 月颁布《关于加强首相官邸情报能力的方针》，对两级情报会议进行改革。一是加强决策部门与情报部门的联系；二是扩大机构协调范围；三是赋予两级情报会议生产《情报评估》的任务。

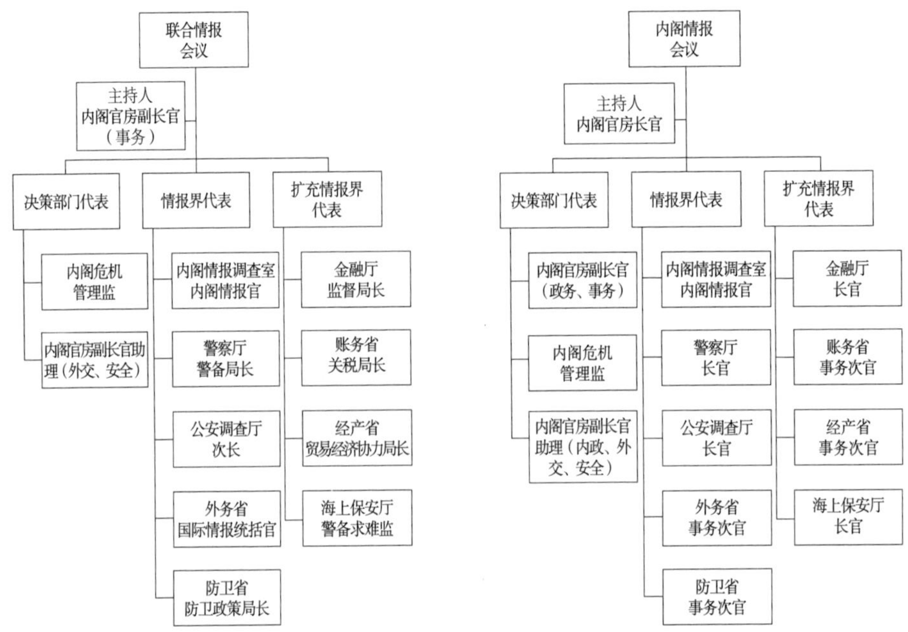

图1.1　两级情报会议组织结构

《情报评估》是一个国家级情报产品，日本情报界的协调很大程度上是围绕《情报评估》的生产展开的，其形成过程，见图 1.2 所示。通过改革情报会议，日本情报界形成了一个成熟且有约束力的协调机制，相比于过去靠情报机构领导人之间的私人关系进行协调前进了一大步。

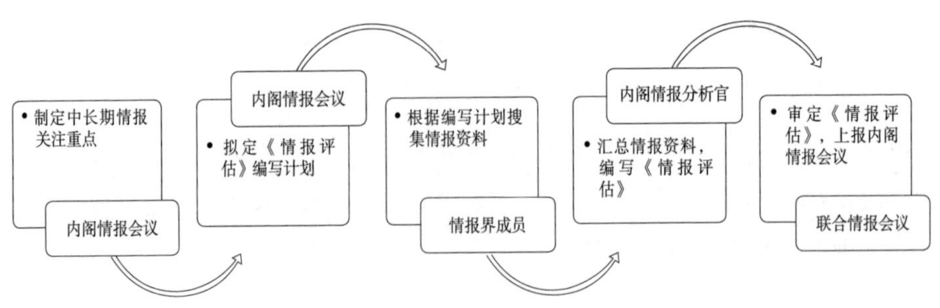

图1.2　《情报评估》生产流程

（2）提高中央情报机构的协调能力

内阁情报调查室（以下简称“内调”）成立于1952年，隶属内阁官房，在日本最初的设计中，其应作为一个中央情报组织，汇总各情报机构的情报，并居中协调各机构的活动。但内调相对其他情报机构既不享有更高的行政地位，也无业务领导权，实际上不具备协调能力，最终沦为依靠公开资料进行情报生产的机构。

20世纪90年代后，在一系列突发事件的推动下，内调新成立多个职能中心，其对情报界的协调能力显著提高。1996年设立的内阁情报汇集中心，由来自内调、警察厅、防卫厅等部门的人员24小时联合值班，随时向首相报告突发事件，内调因而成为紧急动向情报的总归口。1998年内调长官改称为“内阁情报官”，级别提升至事务次官级（副部长级），相内调的行政地位得以提升。日本决心自主发展侦察卫星后，为淡化卫星的军事色彩，将内调定为侦察卫星的主管单位，统一协调日本情报界对侦察卫星的使用。2007年内调设立反情报中心，负责协调各机构反情报工作，研究制定反情报工作方针，并为行政机构提供反情报咨询和培训。

2. 提高对外情报机构专业化水平

外务省是日本政府中搜集外国情报的主力，其情报工作的目的是为日本制定对外政策提供依据。外务省的情报主要来源于驻外使领馆和搜集整理公开资料，情报分析工作由各区域局和调查企划部承担。冷战期间，外务省对一系列重大事件的判断出现了失误，主要原因在于缺少专业的情报部门，获取的情报资料得不到综合分析。情报失误使外务省饱受批评，促使其对情报工作进行改革。

1984年7月，外务省在原调查企划部的基础上成立了情报调查局，并改进情报管理工作：一是建立24小时情报处理体制以应对外国突发事件；二是集中管理外务省的情报资料；三是对驻外使领馆的情报搜集活动进行必要指示。1993年，外务省剥离情报调查局的政策规划职能，将其改编为国际情报局，使之成为一个专业的情报部门。2004年，受外务省领事局成立影响，国际情报局被改编为国际情报统括官组织，下设4个国际情报官室。国际情报统括官组织继承了原国际情报局的管理职能，同时更加注重情报分析，可在编制外临时从民间招募专家进行特定领域的分析研究工作，提高了情报分析的专业性与灵活性。

3. 整合优化军事情报力量

日本战后的军事情报工作是在和平宪法的约束下和日美同盟的框架内发展起来的，其领导机关是防卫厅防卫局，主干力量是隶属自卫队幕僚监部调查部的调查队与资料队，以及陆上自卫队幕僚监部第二部别室（以下简称“别室”）。调查队的主要任务是反间谍、反策反和防泄密，编写日本的兵要地志。资料队负责搜集国内外公开来源情报。别室是信号情报机构，通过截获周边国家的军政通信获取情报。从 20 世纪 80 年代末起，防卫厅开始酝酿整合军事情报力量，于 1997 年正式成立情报本部，其组织结构如图 1.3 所示。

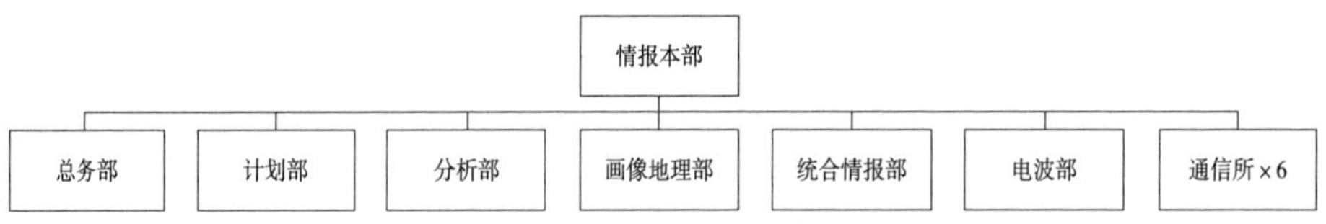

图1.3　情报本部组织结构

情报本部成为最大的军事情报机构。情报本部直属防卫大臣，业务领导机关是防卫省防卫政策局（原防卫厅防卫局）。从事具体情报业务的是分析部、统合情报部、画像地理部和电波部。分析部将情报本部通过公开资料、信号搜集、卫星图像和情报交换所获得的情报进行汇总与综合分析，提供情报产品；统合情报部负责军事动向情报的汇总和分发，承担着统合幕僚监部情报部的职能；画像地理部负责解析卫星拍摄的图片，提供地理空间情报；电波部负责信号情报的搜集和分析，近年来其搜集领域已由电磁空间拓展到了网络空间。

情报本部经过数年调整，自卫队的军种情报机构被整编为四支队伍，即陆上自卫队中央情报队、海上自卫队情报业务群、航空自卫队作战情报队和自卫队情报保全队（见图 1.4）。除负责反情报的情报保全队外，其余三家军种情报机构主要承担以下任务：一是搜集、处理和分发本军种战役战术情报；二是搜集战场电磁环境情报（中央情报队为地理测绘）；三是搜集和整理基本描述类情报。通过改革，日本充分整合了军事情报力量，情报本部负责战略情报，自卫队情报机构负责战场情报，情报工作效率大幅提高。

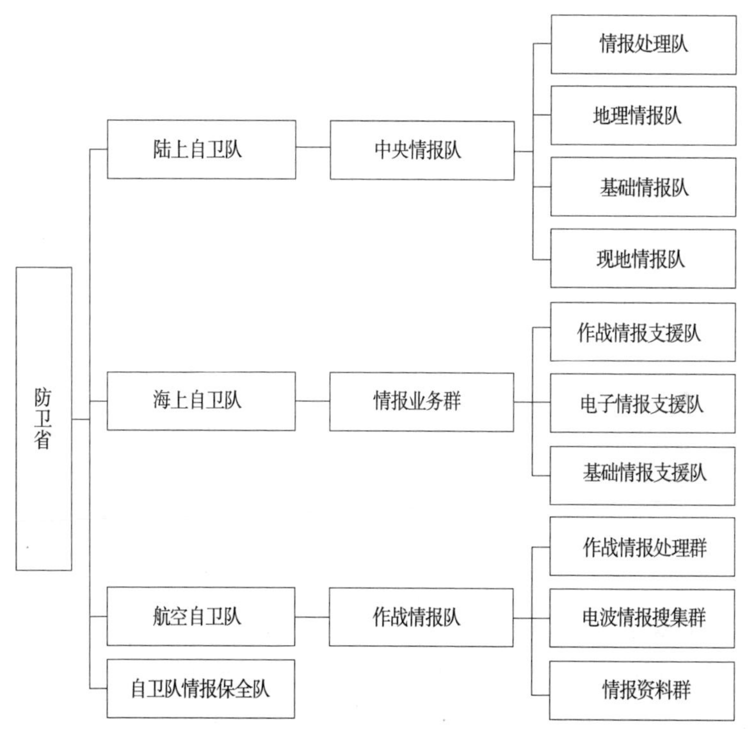

图1.4　自卫队情报机构组织结构

4. 加强情报搜集能力

情报搜集手段可以分为公开来源情报搜集、技术搜集和人力情报搜集三类。日本公开来源情报搜集能力很强；人力情报搜集倚重于使馆外交人员和民间调查人员，秘密人力情报工作发展滞后。在技术搜集领域，日本的信号情报能力表现不凡。进入 21 世纪后，日本积极发展新的技术搜集手段，改进人力情报工作，同时充分发挥了民间情报力量的作用。

建设自主侦察卫星体系是日本提高情报搜集能力的核心环节，以适合不便向海外派遣侦察力量的日本。防卫省从 20 世纪 80 年代开始从国外购买卫星图像用于情报分析。美国出于在安全上控制日本的考虑，强烈反对日本建设自主侦察卫星力量，日本也一度屈服。但是，1998 年 8 月 31 日朝鲜发射的“大浦洞 1 号”导弹（朝鲜称为“光明星 1 号”卫星）飞越日本列岛上空，日本事先未从美国获得相关情报，这极大坚定了日本自主建设侦察卫星体系的决心。日本自 2003 年起发射自主建造的“光学”和“雷达”系列成像卫星，至 2018 年共发射升空 12 颗，已形成保持 4 颗卫星在天工作的侦察体制。目前利用卫星进行情报搜集的机构有内阁卫星情报中心、情报本部画像地理部及国际情报统括官组织第一国际情报官室。侦察卫星的广泛运用标志着日本情报搜集能力显著提升，也是日本在安全领域迈向独立自主的重要一步。

人力情报搜集是日本情报搜集手段中相对较弱的部分，由于议题敏感，日本在这方面实行小步推进的策略。外务省内从事人力情报工作的是使馆官员，由于情报搜集只是其日常工作的一部分，因此存在效率低、专业性不强的弊端。外务省从 2005 年起开始向驻外使领馆派遣“情报担当官”，由国际情报统括官组织直接指挥，专职从事人力情报工作。防卫驻在官（相当于其他国家的“武官”）是防卫省最重要的人力情报来源，以往防卫驻在官向防卫省报告情报要通过外务省转达，情报的时效性和完整性得不到保证。

值得注意的是，防卫省于 2007 年在陆上自卫队中央情报队内设立了一支专门从事人力情报工作的现地情报队。现地情报队的成员会与日本维和部队一同被派往任务区，与当地人建立联系，获取与任务部队安全相关的情报。

在建设官方情报机构的同时，日本也充分利用了其民间的情报力量。日本官方除从智库、通讯社、信息服务公司等处购买公开来源情报外，还将情报搜集任务以“委托调查”的方式赋予民间调查机构执行。因此，尽管日本没有专门从事对外人力情报搜集的机构，但各类民间调查机构在一定程度上弥补了这一缺陷。有些民间机构与官方合作程度很深，收入大部分来自官方的委托合同，连管理层也多为政府退休人员，某种程度上可以看作是官方情报机构的外围组织。内阁情报调查室与世界政经调查会、外务省与中东调查会、经产省与日本贸易振兴机构均属于此类关系。

5. 调整安全情报工作重心

警察厅与公安调查厅是日本两大安全情报机构，两家机构在冷战时期的主要任务是维护日本的政治体制，防范间谍渗透。警察厅的情报工作主要是负责监视极端政治团体和工会、反间谍和反恐工作。公安调查厅成立之初以监视日共为主，后来范围扩大到其他左右翼组织、社会团体和在日本朝鲜人总联合会。

冷战结束后，国内外重大恐怖事件促使日本安全情报工作的重心向反恐转移。“9 · 11 事件”后，日本进一步加强了反恐情报工作。警察厅从 2004 年起向国外安全机构派驻联络员，以加强反恐情报交换。公安调查厅向 20 多个驻外使领馆派驻调查官，与驻在国情报机构进行情报合作。情报合作已成为日本反恐情报的重要来源。警察厅警备局在 2016 年成立“互联网开源情报中心”，重点从社交网络平台和网络论坛搜集涉恐信息，防范“独狼式”恐怖活动。日本自 1995 年后再未发生重大恐怖事件，从侧面说明其反恐情报工作是比较成功的。

（四）改革的成效与不足

通过 20 多年的建设，日本的情报能力与冷战时期相比取得了长足的进步。在情报管理方面，日本已经建立起了一个有限协调型的情报管理体制，情报界成员能在内阁两级情报会议的协调下就决策层关心的重大情报问题展开合作，形成集体的分析意见，发挥出了情报界的整体效能。从情报搜集能力看，日本通过建设独立自主的卫星侦察手段，情报搜集范围由周边向全球拓展，同时降低了对美国的情报依赖。在情报分析上，日本发扬了官民结合的传统，除利用民间研究机构进行“委托调查”外，还临机吸纳民间专家为情报机构服务，提高了分析工作的专业性。在国内安全领域，日本安全情报机构在东京地铁毒气袭击事件后成功转型，使日本本土在国际恐怖主义日趋严峻的形势下长期保持安全稳定。因此，就情报机构的协调机制、搜集能力和人员结构而言，日本已称得上是地区性的情报大国。但是，受特殊国情所限，日本的情报工作仍存在一些短板，整体实力与美、英等传统情报强国相比还有一定差距。

一是情报界的协调程度有待提高。日本的内阁情报调查室尚不具备管理其他情报机构活动的权力。当前日本情报界的协调主要围绕《情报评估》的生产展开，情报机构的人事、预算、日常活动和重大项目仍由其所在省厅主导。因此，当前日本情报管理体制尚属有限协调型，还未实现英美等国的协调型体制。

二是情报搜集能力仍有短板。受限于特殊的国情，日本的情报机构不能像美国中央情报局或国防情报局那样名正言顺地发展秘密人力情报力量，这是目前日本人力情报工作存在的主要缺陷。在技术搜集领域，日本的侦察卫星仅具备图像侦察能力，相比美国以图像、电子、导弹预警及核爆炸探测卫星构成的卫星侦察体系仍有较大差距。

三是反情报工作理念滞后。美国在“9・11 事件”后形成了战略反情报观，把利用外国的情报威胁作为反情报工作的重要组成部分，体现了反情报工作的进攻性。安倍第一次内阁在 2007 年出台《关于提高反情报能力的基本方针》，旨在从人事安全和秘密管理两个方面加强反情报工作。这一方针侧重于防间保密，没有体现反情报工作的进攻性。单纯依靠防御措施并不能有效保护己方的信息安全。

四是警察厅在情报系统中的话语权畸高。在日本的政治制度下，调往其他情报机构工作的警察官员最终仍将返回警察系统，警察厅在情报系统中拥有过大的话语权容易导致情报资源过分向国内安全情报工作倾斜，损害其他机构的积极性，不利于情报界的整体发展。

（五）建设情报强国的主要影响因素

日本建设情报大国的过程，既符合情报工作发展的一般规律，又体现出日本国家的鲜明特色。日本的政治制度、法律法规、情报文化和外部关系是影响日本成为情报强国的主要因素。

1. 行政体制对情报工作的影响

情报机构作为政府机构的一员，其运行机制深受政治体制影响。战后日本国家的各项行政权力分散于省厅，省厅可以自行招录公务员，独自决定内部的人事任免。在这样的政治制度下，隶属于省厅的情报机构自然处于各自为政的状态，形成部门主义，阻碍情报共享与情报活动协调。从 20 世纪 80 年代开始，日本通过一系列行政改革加强首相官邸的决策权，以服务决策为目的的情报管理体制改革也随之开始。

由于情报机构自身缺乏独立性，情报管理体制改革就需要政治家的强力推动，决策者对情报工作的认识决定了改革的方向。内阁两级情报会议的成立，就分别得益于中曾根康弘和桥本龙太郎推动的行政改革。自 2012 年以来，安倍内阁大力推动修改宪法，这将对日本对外情报工作的发展起到明显的“松绑”作用。

2. 和平宪法对情报工作的制约

法律是日本情报工作发展的主要制约因素之一。和平宪法禁止日本将武装力量派往海外，因此日本的对外情报搜集手段依赖公开来源情报和技术搜集，在秘密人力情报搜集上则举步艰难。1969 年日本国会通过《和平利用宇宙决议》，禁止将太空技术用于军事目的，这是日本自主侦察卫星起步晚，且限于图像领域的重要原因。当然，日本也在不断突破这些法律限制。2008 通过的《宇宙基本法》，为军事利用太空破除了法律障碍；2015 年又通过新安保法，解禁集体自卫权。随着法律限制的逐步宽松，日本在加速走向“正常国家”的大背景下，必将加大对周边国家的情报搜集力度，其对外情报工作的进一步扩张是可以预见的。

3. 厚重的情报文化成为情报工作发展的双刃剑

情报文化是影响情报工作的关键因素之一，历史上日本的情报实践塑造了日本的情报文化，潜移默化地影响现实情报工作。情报人员会自觉不自觉地从以往的情报活动中寻求经验，借鉴以往的工作模式。而过去的情报实践塑造情报人员的思维模式，进而影响当下的情报工作内容。日本从 19 世纪末 20 世纪初开始利用民间组织进行情报活动，为日本的侵略扩张服务。战后日本官方情报机构将大量情报任务委托给新闻社、研究所及企业，再度形成了官民结合的工作模式，确实弥补了日本情报工作的不足，凸显了情报文化的优越性。

日本在20世纪初成立秘密警察组织“特高课”，监视人民思想，镇压社会主义运动。战后日本虽然接受美国的“民主化”改造，解散了特高课，但其监视左翼政治团体与群众运动的职能仍为新的安全情报机构继承。警察厅与公安调查厅对政治团体，特别是左翼党派的监视依然存在。如果不对陈腐的情报传统进行革新，日本的情报强国之路不会一帆风顺。

4. 美国对日本情报工作的影响

美国是日本当代情报工作的奠基者、扶持者与合作者。战后日本能迅速重建情报体系，与美国放宽对日本战前情报人员的追究有直接关系。在日美同盟的框架下，美国为日本技术情报搜集手段的建设提供了直接帮助。日本的信号情报能力、预警侦察能力与战场态势感知能力就受益于各种美制技术装备。在情报共享上，日美之间的合作层次高、范围广、程度深。另外，美国情报工作中某些做法，也会对日本情报工作产生影响。

五、美国国防情报整合路径[1]

美国国防情报组织（Defense Intelligence Components）是指国防部内所有具有情报及情报相关功能的机构，包括国防情报局、国家地理空间情报局、国家侦察办公室、国家安全局，以及其他军事部门的现役和预备役情报单位。国防情报组织是组成国防情报界的基本单位，而其中的国防情报局既是国防情报组织中的一员，同时也是负责统筹协调其余国防情报组织相关活动的情报机构。

[1] 王铎威、张兵城：《美国国防情报局国防情报整合途径研究》，载《情报杂志》2018年第10期。摘编后收入本书。

国防情报整合是以促进国防情报界中的各个国防情报组织互通互联、协调合作和良性运作而实施的统筹管理活动。从冷战初期美军各个军种的恶性竞争、混乱无序，到阿富汗、伊拉克战争中美军各个军种协调合作、资源共享，国防情报整合扮演着极其重要的枢纽角色。

（一）国防情报整合的三种途径

1. 以组织机构建设奠定国防情报整合的核心基础

（1）组织机构的发展建设

围绕国防人力情报、国防技术情报、国防战略情报分析以及联合作战情报支援四个领域，国防情报局分别开展了相应的组织机构建设。这四个方面不仅是国防情报局目前下设的四个最主要的组织机构的分管领域，同时也代表了国防情报局目前对于国防情报整合的核心领域范围。

在国防人力情报领域。20 世纪 90 年代初，冷战的结束以及海湾战争促使美国国防部开始了大规模的体制改革。在这样的大背景下，美国国防经费与情报预算都面临大幅削减。美国国防部于 1992 年设立了国防人力情报局(DoD HUMINT Agency)，该机构又先后改革重组为国防反情报与人力情报中心、国防秘密情报局和国防情报局行动局，以解决效率低下且浪费严重的国防人力情报工作。国防人力情报局建立的重要意义在于，它以单一的领导实体取代了之前的多重、分散管理模式，由原先国防情报局和陆海空三军分别控制的国防人力情报力量合而为一，极大地减少了管理层级和数量，在情报资源大幅削减的背景下，有效提升了国防人力情报工作的效率，并增进了相互间的协调沟通能力。集中了国防部优势人力情报资源的国防人力情报局开始逐渐打破中央情报局在人力情报领域的“一家独大”，从长远来看，这对美国国家人力情报系统的发展和壮大不无裨益。

在国防技术情报领域。美国国家安全局和国家地理空间情报局分别负责国防信号情报和图像情报的统筹管理，除此之外的测量与特征情报，则主要由国防情报局负责。测量与特征情报在海湾战争中开始崭露头角，国防情报局为此创建了中央测量与特征情报办公室（Central MASINT Office)，该机构又先后合并重组为测量与特征情报和技术情报搜集局以及科学与技术局，负责统筹管理国防部以及国家层级的测量与特征情报工作，也是国防情报局下属单位中为数不多的同时负责国家层级情报整合的组织机构。中央测量与特征情报办公室从建立起就定位在“作战支援单位”，以服务美军联合作战和战场指挥官为首要任务。

在国防战略情报分析领域。国防情报局作为国防部下属的主要军事情报机构，对外军事情报分析一直是国防情报局的核心业务领域。情报分析局（Directorate for Analysis）的建立就是通过整合国防战略情报的分析，进一步加强对国家决策层的情报支援能力，也是国防情报局链接国防情报与国家情报的重要一步。情报分析局下属的导弹与空间情报中心（Missile and Space Intelligence Center）、国家医学情报中心（National Center for Medical Intelligence）和地下设施情报分析中心（Underground Facility Analysis Center）分别从三个具体的情报领域逐步实现了国防情报局在部分战略情报分析领域的整合工作。

在联合作战情报支援领域。国防情报局通过对国家联合行动与情报中心和联合参谋部情报部的建设，基本实现了联合作战框架下的国防情报整合。1990 年，首个国防部级联合情报中心正式成立，该机构的本质是以一个组织机构来成为集中国防情报界所有相关情报资源的平台，取各机构之优势来共同为战区联合作战提供更加优质的情报支援。联合情报中心成功地实现了国防情报界与战场情报支援的有效链接，将国防情报界的情报力量进行整合，通过联合情报中心这一“归口”提供给战场指挥官和作战人员，成为战场中“单一的国防部情报据点”。联合参谋部情报部是一个较为独特的组织机构，它既是国防情报局的重要组成机构，同时也是联合参谋部的下属单位。然而，正是联合参谋部情报部这种双重身份的特殊地位，给国防情报局在战场情报支援中整合国防情报提供了重要的平台。国防情报局可以借助联合参谋部情报部的独特地位，在联合作战的框架下实现对国防情报力量与资源的全方位整合、统筹与协调。

（2）组织机构建设的评价

首先，组织机构建设是国防情报局开展国防情报整合的核心基础。组织机构建立后就具备了在该领域推动情报整合的相关职能、权责和任务，使得该领域的国防情报整合能够围绕这一基本载体，将相关情报活动纳入一个有序的体制当中，有章可循、有规可依。其次，国防情报整合组织机构的存在使得在这一领域产生了一个“中央”性质的统筹协调机构，可以明确该情报领域各部门下属机构的地位作用、职能任务和相互关系，避免了重复建设、恶性竞争和资源浪费，并能够充分发挥各自的情报优势，提升国防情报在该领域的整体效能。再次，组织机构作为一个实体单位，一经建立便具有一定的稳定性，相应地，也使得围绕这一组织机构所建立起来的“整合系统”具备一定的持续性，并不会因为外部环境的变动而轻易改变。

国防情报整合组织机构的建设影响着国防情报整合的发展水平。如果国防情报整合组织机构的建设能够顺应国防情报整合需求的发展，那么就能够有效地聚合该情报领域所有相关情报组织的活动，起到力量“倍增器”与“赋能器”的作用。相反，如果机构的建设落后于国防情报整合需求或国防情报工作的发展需要，就无法发挥凝聚力量的应有作用，国防情报的生产能力以及服务情报用户的能力就将大打折扣。

国防情报整合的组织机构建设是提升国防情报能力的关键环节。在整个国防情报界中，针对某一领域的情报工作通常由众多情报组织同时负责，如何通过一种秩序将这些组织机构纳入一个统一的运作机制下，发挥整体效益是提升国防情报整体效益的重要一步。部分国防情报整合机构在统筹协调该领域情报活动的同时，会逐步集中该领域大部分的情报资源和技术，这种集中化不仅能够避免重复建设，显著提升这一领域情报的生产能力与效率，还能对有限的技术、人才和资金进行科学合理的配置，促进该情报领域的分析与生产向着“高、精、尖”的方向不断迈进，而这是情报资源分散化所难以实现的目标。

组织机构建设并不能决定国防情报整合的最终成效。在推进国防情报整合的进程中，人们往往将国防情报整合机构的建设等同于国防情报整合的发展。以联合情报中心为例，这一组织机构的建立、改革与发展能够从直观上告诉人们，在联合作战框架下国防情报整合上国防部、国防情报局乃至美国政府所进行的努力以及所取得的成果，但至于这一组织在实际运作中的效果，各个军种、各个国防情报机构和国家情报机构在这一组织机构的凝聚下如何开展更好的合作、面临哪些困难，以及这些来自不同部门机构的情报人员能否摒弃部门利益的本位思想，真正开诚布公地进行合作，这些内在的“软性”指标往往得不到足够的重视，而这些也是国防情报整合实际成效的重要内容。

2. 以机制建设提升国防情报整合的实际成效

（1）国防情报整合机制的发展建设

国防情报整合机制建设主要包括国防情报管理层级和国防情报业务领域两个方面。

在国防情报管理层级。军事情报委员会与国防情报局于1961年同年建立，国防情报局局长任委员会主席，各军种情报代表任委员会委员。该委员会建立的最初目的是作为国防情报局协调各军种情报活动的平台，然而在最初30年里并未发挥应有作用。冷战的结束和海湾战争的爆发需要国防情报局在国防情报整合中扮演更加强有力的角色，而军事情报委员会作为国防情报管理层级的重要平台成为了改革焦点。国防情报局扩大并提升了该委员会委员的数量和级别，通过与各军种、部门情报负责人的协调交流，“以点带面”来实现对整个国防情报组织的统筹协调，军事情报委员会开始从一个单纯的情报交流平台向一个决策平台进行转变。

在国防情报业务领域。“国防部情报生产计划”（以下简称“计划”）创立于冷战结束初期。“计划”是一个国防情报局主导的、国防情报组织广泛参与的“情报生产系统”，就是将国防情报组织的情报生产资源进行整合集中，在统一的协调下，共同完成国防情报生产任务的协作机制。在20世纪90年代初期，国防情报界中各个部门情报生产状况日趋混乱，彼此之间缺乏足够的沟通交流，资源与信息难以共享，并且存在大量的重复建设和资源浪费。1993年6月，国防情报局主导的“计划”正式建立，其主要成员包括国防情报局、各作战司令部的情报部门、各军种情报单位等国防部的主要情报组织，以及包括中央情报局、国务院的情报单位在内的政府情报组织。“计划”运作模式的本质是国防情报局以及其他国防情报组织基于“计划”建立“情报生产责任共享”，将“纵向”的情报任务下达模式转变为“横向”的情报任务共享模式，使“这些情报生产组织可以在没有其他上级行政干扰的情况下进行情报生产”，从而简化对情报生产的监管和行政干预，大幅提升国防情报的生产效率。

（2）国防情报整合机制建设的评价

组织机构建设虽然是国防情报整合的基础，但其所取得的实际成效也往往难以保证，而国防情报整合机制的着眼点正是作为“粘合剂”来弥补组织机构建设的这一不足。机制建设相较组织机构建设更加灵活，可以在无法建设常设性组织机构的领域或是通过改变组织机构运作的方式来实现对国防情报整合的推动。以军事情报委员会为例，该委员会自建立以来，不论是外部结构与角色定位，还是委员会内部的人员组成，虽然经历了一系列的调整，但都没有发生本质性的改变，真正给该委员会带来变化的是围绕这一组织机构所建立起来的整合机制，也就是其运作模式与机制的改变。国防情报局借助海湾战争中整合国防情报支援战场作战权力的提升，围绕军事情报委员会建立起一套国防情报最高领导层级的协调决策机制，有效弥补了国防情报局在国防情报组织管理层级统筹协调组织机构建设的缺失，极大地加强了国防情报局对整个国防情报界的统筹协调能力。

另一方面，整合机制作为一种“动态”举措，在具有较高的灵活性的同时，也相应地缺乏足够的稳定性。国防情报局局长这一职位抑或是国防情报局局长本人对军事情报委员会所能发挥的作用具有极大的影响。然而作为一个频繁更替的领导职位，历任国防情报局局长的能力、经历、兴趣以及意愿都不尽相同，这就必然导致在领导军事情报委员会的问题上，每任局长所发挥的作用都有所不同。同时，各个军种以及其他国防情报组织在多大程度上“支持”这一整合机制也具有一定的自主性和不确定性，军事情报委员会所能发挥的作用也就更加依赖于国防情报局局长本人的能力和在国防情报界的威望，这也就导致军事情报委员会在国防情报界“权威性”的不稳定性。

3. 以思想认知建设实现国防情报整合的根本发展

（1）国防情报局国防情报整合思想认知建设

思想，一般也称“观念”，其活动的结果，属于认知。国防情报整合思想认知建设与其他国防情报整合途径的最大区别是，它的着眼点是对于“人”，或者说是对“人的思想”的改造。国防情报整合的任何举措最终都要依靠“人”来完成，因此人们如何看待和认识国防情报整合这一问题具有极其重要的现实意义。国防情报整合思想认知建设主要包括国防情报学校的发展建设和联合情报条令的撰写两个方面。

国防情报学校的建设是国防情报局开展国防情报整合思想认知建设的典型代表。与国防情报局建立以前一样，国防情报相关业务人员和管理者都是由各个军种单独培养，其所接受的培训以及相关知识结构具有很深的军种色彩，并不能很好地适应以“国防情报”为视角的情报工作。为此，于1962年建立的国防情报学校（Defense Intelligence School，该机构于1983年、1993年、2006年和2011年先后更名重组为国防情报学院、联合军事情报学院、国家国防情报学院和国家情报大学）创办了大量有关国防情报管理的课程。从建立至今，国防情报学校培养出超过8万名情报人员及情报工作管理者，遍布美国国防和国家情报界的各个岗位。而这些经过国防情报学校系统培训的情报从业者对于国防情报局以及国防情报整合问题必然有着与以往不同的新的认知，而这种认知上的改变又会影响更多与他们共同工作的国防情报从业者，这对国防情报工作者逐步形成新的国防情报整合观具有重要作用。

《戈德华特—尼克尔斯国防部改组法》（Goldwater-Nichols Defense Reform Act）颁布后，国防情报局作为“作战支援机构”，大幅强化了为参联会提供战场情报支援以及相关情报准备的职能，其中很重要的一项是，应各军种以及联合作战的实际需要，国防情报局承担了联合情报条令主体的编写任务。

联合情报条令作为一个具有高度强制性、普及性和权威性的指导性文献，其承载着国防情报一体化的重要理念，并能够以一个有效的途径将这一理念传递给国防情报界的每一个从业者。各军种、各部门原先相对独立的情报工作及思维模式逐渐被统一化的新模式所取代，而在这一过程中，美军情报工作的每一位参与者都会逐渐形成对于国防情报整合理念的新的认知，而这对国防情报局开展后续以及更深层次的国防情报整合具有积极的推动作用。对于国防情报局来说，联合情报条令绝不仅仅是为美军提供一个联合作战情报支援的准则和依据，它对国防情报整合思维与观念的塑造，以及推动国防情报整合进程的发展都具有更加重大且深远的影响。

（2）国防情报整合思想认知建设的评价

国防情报整合思想认知的改变所带来的绝不仅仅是减轻国防情报整合的人为阻力，更重要的是，对于国防情报整合的积极态度能够激发从业者和管理者相关活动的主动性、创造性，能够作为一种内在的动力，有效提升其他国防情报整合途径，举措的出现、实施、落实和完善。国防情报整合作为一项涉及层级领域众多、内容复杂且参与者众多的活动，它的最终结果受到每一个情报从业者和管理者主观能动性的影响，这种影响既可以是积极的，也可以是消极的，主要取决于人们是否能够正确看待国防情报整合这一管理活动。如果人们以自我或者部门利益为中心，没有将国家利益、军队利益置于首位，那么人们对于推动国防情报整合这种需要部分牺牲自我利益的举措的意愿就必然十分有限，而如果国防情报界大多数从业者和管理者都不具备这种意愿，那么国防情报整合的最终成效也就十分有限。然而，对于人们思想认知的改造并不像组织机构一样能收到立竿见影的效果，这一过程通常较为漫长且缺乏硬性指标予以衡量，因此也往往难以受到国防情报管理者的重视和信赖，这导致的结果就是国防情报整合发展内在质量的欠缺和长远发展动力的不足。

综上，国防情报局国防情报整合在几十年的发展历程中，形成了以上三种主要途径。如果用一种比喻来形容，组织机构建设就好比是国防情报整合的“骨骼”，是基础、框架，机制建设就像是“血液”，它的动态流动使得骨骼能够更好地活动，从而发挥效能，而思想认知建设更像是国防情报整合的

“灵魂”，是国防情报整合实现根本性、长远性发展的内驱动。三者相辅相成，缺一不可，而它们之间也有着密不可分的逻辑联系，共同推动国防情报整合向前发展。

（二）国防情报整合的特点 [1]

国防情报整合是为满足国防政策制定或军事行动计划和实施的协调合作，而对国防情报组织及其情报活动进行的整治与调整。美国国防部于1961年建立了国防情报局（Defense Intelligence Agency），来改善国防情报业界（Defense Intelligence Enterprise）尤其是各个军种间日益凸显的协调不力与恶性竞争的状况。国防情报整合的实施主体（国防情报局）与国防情报整合的主要对象（国防情报组织）之间的利益分歧，以及其所带来的博弈斗争成为了国防情报局国防情报整合本质特征的基本出发点。

1.“权力”的配置是国防情报局国防情报整合的主线

从某种程度上讲，国防情报整合就是对权力的一种再分配，各国防情报组织将部分权力让渡到国防情报“中央”机构——国防情报局的协调之下，并最终达到一种权力的平衡。国防情报局对国防情报的整合并非传统意义上的纵向“管理”行为，而更多的是一种横向“协调”行为，而其中权力的配置不仅始终扮演着核心角色，也深刻影响着国防情报整合的发展走势。

（1）权力的基本结构

国防情报局作为整合、协调国防情报组织的核心机构，起着“桥梁”的横向“嫁接”作用。一方面，国防情报业界要不断提升情报生产能力和运作效率，就需要国防情报局进一步整合国防情报业界，协调相关的情报活动。另一方面，在国防情报局的统筹协调下，各国防情报组织又在本部门的直接管理和控制之下履行服务于本部门情报需求的特定任务。于是，“横向”与“纵向”双重的权力关系组成了国防情报业界的基本权力结构。然而这种权力关系并不是对等的。国防情报业界的纵向管理是国防情报组织的核心指挥链

[1] 王铎威：《组织理论视角下美国国防情报局国防情报整合特点研究》，载《情报杂志》2019年第5期。摘编后收入本书。

条，而国防情报局以协调为主的横向管理线条并不具备纵向指挥链条那样的“权威性”和“强制性”。为此，国防情报局不得不采取折中的方式来“迎合”纵向权力部门，这也就最终导致了国防情报整合的妥协性。因此，在纵向权力占主导地位的国防情报体系中，对国防情报局国防情报整合权力的加强便十分困难。

（2）“有限集权”与“相对分权”

所谓“有限集权”，是指国防情报局在宏观上负责国防情报的整体统筹、协调与规划，并对各国防情报组织的情报活动予以指导；所谓“相对分权”，是指国防情报的具体情报活动，包括各类非国防情报局管理的情报门类、手段以及服务于各个军种特殊情报需求的情报活动，由各个国防情报组织相对分散地实施。因此，国防情报局在国防情报整合中集权的程度就是国防情报整合权力配置的表现形式，权力越是向着国防情报局集中，则国防情报局在国防情报整合中所占据的权力配比就越高，国防情报整合的推进就越是相对顺利。

2. 核心是“冲突”的管控

国防情报整合的核心就是为了化解“冲突”，促进国防情报的协调合作。这里所谓的“冲突”主要包含两个方面：其一是国防情报组织之间尤其是各军种间的利益“冲突”；其二是国防情报局与国防情报组织间的利益“冲突”。

（1）国防情报整合“冲突”的根源

国防情报整合中“冲突”的根源也在于“冲突”双方的利益分歧。在二战及二战后相当一段时期内，国防情报组织间的竞争关系向着“恶意敌对”的方向不断发展，不仅对国防情报的生产造成了负面影响，同时也逐渐威胁到美国的国家安全。国防情报整合的目的并非是消除国防情报组织间的竞争关系，而是将这种竞争关系由“恶性”转向“良性”。因此，美国并无意将国防情报交由单一的情报组织进行控制，维持适度的竞争、避免情报工作的垄断是保证国防情报客观、准确以及高效的重要方式。

此外，“冲突”也源于国防情报局国防情报整合横向权力与各国防情报组织纵向权力间的抵触。国防情报局需要各部门、各军种让渡出部分权力，以实现国防情报组织间的协调与合作。与此同时，国防情报局也需要进一步集中国防情报资源，这又会进一步损害各国防情报组织的自身利益。因而这种横向与纵向权力的交叉最终导致了严重的利益分歧，进而衍生出国防情报整合实施主体与对象间的“冲突”。

（2）“冲突”的管控及其影响

从一定程度上讲，“冲突”的管控既是国防情报局国防情报整合的目的，也是国防情报整合的核心所在。国防情报组织间的冲突来源于利益分歧，而利益分歧则源自不同部门、组织作为独立个体的差异性，以及它们为谋求自身生存和发展所产生的利益诉求，而这一利益诉求往往具有排他性、互斥性。也就是说，为最大限度满足自身利益诉求的行为通常会“侵害”其他部门组织的利益诉求，并最终导致双方乃至多方的“利益冲突”。而国防情报局国防情报整合出现的目的就是协调、缓解国防情报业界内的“利益冲突”，而不是放任其不断恶化。只要部门间的利益分歧没有从根本上消失，国防情报中“冲突”的根源就仍然存在，国防情报整合就始终是一个持续的、动态的过程，而非一次或是几次有效的改革就能够“一劳永逸”的。

3. 国防情报的横向整合是主要形式

国防情报局最初的设计是作为国防部长领导的对国防情报业界具有纵向管理权力的“中央”情报机构，但由于国防情报局权力上的“先天不足”，在国防情报体系的利益割据重新固化后，以国防情报局为主体的国防情报整合已经难以实现纵向权力上的突破。同时，受制于各方利益的影响，国防部和国家决策层也无意真正赋予国防情报局对国防情报业界的纵向管理权力，因此，国防情报局需要建立一个以国防情报局既有横向权力为基础的国防情报整合新模式。

（1）横向整合的组织机构建设

国防情报横向整合模式的本质是建立一个以国防情报局为“桥梁”的横跨国防情报业界固有等级体系的新路径，以此打破各国防情报组织间的“烟囱”壁垒，实现国防情报业界内的互联互通、协调合作。

国家联合行动与情报中心是国防情报局国防情报横向整合组织机构建设的典型代表。国防情报局2007年颁布的《美国国防情报局战略计划(2007—2012)》中设定的目标之一就是通过国防联合情报行动中心实现国防情报业界的横向整合。国防联合行动与情报中心的基本架构是在各国防情报组织之间建立一个横向的链接机制，使得各部门的情报工作以该中心为核心进行汇总，在不改变和影响各部门纵向权力体系的基础上实现国防情报的横向整合。这一横向与纵向权力相融合的新体系，有效解决了国防情报整合过程中的权力配置冲突，为国防情报局推动国防情报整合的继续发展提供了新的道路。

（2）横向整合的机制建设

国防情报局国防情报横向整合的另一项重要内容就是建立以任务为导向的横向整合机制。以任务为导向的横向整合机制就是以任务为核心建立的横向权力系统，它与横向整合组织机构建设的相同之处在于都是以横向与纵向权力的融合为基础，在不过多影响各部门纵向等级体系的基础上，将各部门的情报活动有机结合，为实现某一目标而统一行动。

在2014年版《国家情报战略》中，任务管理的整合机制被列为情报界管理改革主要目标之一，并广泛应用到美国情报界以及国防情报业界的管理实践当中，能够有效解决情报管理当中纵向与横向权力的冲突问题。

4. 渐进性的改革是主要方式

“改革”是国防情报局推动国防情报整合发展的主要方式，而“渐进性”则是这类改革的基本形态。

国防情报局并不具备管理、整合国防情报业界的足够能力和统筹协调能力。这就需要通过不断地改革，从一个相对较低的起点逐渐修补和完善其国防情报的整合协调职能。外部环境在国防情报局建立后的几十年里仍处于不断地发展变化当中，因此国防情报也需要相应地进行调整，以适应外部环境的改变，从而满足国家与国防安全的发展需要。

从本质上讲，国防情报中的症结是国防情报局权力的缺失，但每次改革的结果往往是各利益相关方均能够接受的妥协方案，而在妥协中产生的方案也注定难以触及各方，尤其是军种的根本利益，因而改革的不彻底性、渐进性成为了必然。毕竟，一个严重损害各方利益的“根本性”改革往往难以推进，而一个既能够满足改革需要，又不过多侵害既得利益方利益的方案能更加利于接受并付诸实践，这也是国防情报局国防情报整合权力“先天不足”，而后天又始终难以加强的原因所在。

鉴于国防情报整合的复杂性，外部环境的刺激往往是推动国防情报整合出现重大改革的必要条件，而过于依靠外部环境刺激的特性，导致了国防情报整合发展进程的长期性和周期性。与历史事件相伴相随的发展特性，也导致国防情报整合步入一个相对漫长的发展周期，即在外部环境的刺激下，国防情报改革的举措往往得以出台并落实，反之则陷入相对平缓的“维持”阶段。因此，国防情报整合的发展是一个历时数十年的缓慢过程，在这个过程当中，国防情报整合是通过多频次、多途径的改革而逐步走向完善的。而这一进程直至今天也远非尽善尽美，仍存在着这样或那样的问题需要在未来继续通过渐进性的改革逐步修缮、改变。

六、美国国防情报分析力量的发展[1]

“9·11 事件”以来，美国各情报机构再次被推上风口浪尖，成为社会各界关注焦点，“9·11 事件”调查委员会的调查报告提出了 37 项情报改革建议。与此同时，美国国防情报业界也推动了相应的改革，美军提出了“分析驱动搜集行动”的理念，依托各级联合情报行动中心实施“作战环境联合情报准备”，由情报分析牵引情报搜集活动，以情报分析的结果和需求推动整个国防情报业界的情报支援活动。

[1] 任国军、孙园园、申华：《“9·11事件”以来美国国防情报分析力量发展评析》，载《情报杂志》2020年第5期。摘编后收入本书。

（一）美军对国防情报分析地位认识定位的变化

“9·11 事件”后，美军通过反思逐渐认识到，随着战场环境的瞬息变化，用于支援作战的信息急剧增加，情报搜集只是情报服务决策指挥的基础，只有分析才是情报服务决策流程中的核心。情报人员在前期情报活动的基础上，只有通过情报分析这一重要环节，将碎片化的信息拼接整合成情报全景，信息才可以有效地转化为情报，将搜集到的信息转化为情报并服务于计划、指挥和作战行动，才是情报分析在情报支援过程中应该发挥的作用。

美军认为，“数据”“信息”和“情报”代表了情报产品的加工程度，在整个情报流程的不同阶段具有不同的地位作用。原始数据本身效用有限；数据只有在经传感器搜集并加工成易于理解的形式之后，才能成为信息，其效用会随之增加；而信息本身是一个或一组可能对指挥官有用的事实；这种事实在与相关作战环境、敌方的其他已知信息关联起来并综合考虑后，才能形成一组可以被称为情报的新事实。情报分析是连接情报与指挥决策的重要纽带，只有将情报用户的需求作为整个情报支援活动的牵引、联合作战情报支援活动的实施才是有意义的。在此基础上，情报分析人员采取科学的分析方法，才能最终使各环节的情报活动达到密切配合的“一体化”，并最终实现情报与作战的一体化。

（二）美国国防情报分析力量发展策略

1. 颁布战略性指导文件，在战略层面提升对情报分析的重视程度

“9·11 事件”以来，美国情报界将提升情报分析能力作为情报改革的重要内容，明确实现情分析能力提升的路径、手段与方法；针对情报分析中存在的问题，连续推出一系列指导性的官方文件：《情报界人力资本五年战略规划》《整合与协作五百日计划》，第 200 号情报界指令《情报分析工作的管理、整合与监督》、第 203 号情报界指令《情报分析标准》，第 204 号情报界指令《国家情报优先框架的作用与职责》、第 205 号情报界指令《情报分析范围》、第 206 号情报界指令《对所分发情报分析产品的来源要求》《2009 年国家情报用户指南》，以及 2009、2014、2019 年版《国家情报战略》等。

美国国防情报局从 2004 年起先后颁布了多项“战略计划”，都结合该局自身定位，对情报分析的重要性进行了阐述，并提出加强措施。此外，还于 2008 年出台首份《国防情报战略》，提出针对各种类型威胁，培养一支创新性、成果显著的情报团队，推动情报搜集与分析方面的改革，提升全源情报分析能力，以提供全面、深入、及时的情报分析产品。这一系列文件的颁布，进一步统一了思想认识，在整个国防情报业界提升了对情报分析的重视程度。

2. 优化国防情报组织指挥机制，提升全源情报分析能力

“9·11 事件”后，国防部设置负责情报事务的副国防部长，并在 2020 年 1 月调整为负责情报与安全事务的副国防部长，作为国防情报业界的最高首长，专职统管包括全源情报分析在内的所有国防情报工作，负责对国防情报相关的政策、计划和项目进行规划和政策制定。从 2005 年 8 月开始，美军各作战司令部先后改组原来的联合情报中心（JIC），成立了作战司令部级的联合情报行动中心（JIOC）。2011 年 10 月，成立“国家联合作战与情报中心”（NJOIC），并形成了适应于平时和危机两种不同状态的情报支援模式。国家联合作战与情报中心整合了来自联合参谋部情报部、作战部和计划部的人员，下设一个全天候的预警中心，能够对危机和突发事件作出及时响应，在平时、危机以及战时为美国总统、国防部长、参联会主席、作战司令部司令、前方部队、各军种以及其他情报用户，提供国防情报态势感知、征候与预警以及危机管理情报支援。这些机构的设立，一方面加强了情报界内部在搜集、分析方面的整体协作水平；另一方面也提升了联合作战中情报与作战、计划部门间的协同，提高了情报直接对从战役开展到最高决策层的支援效率，缩减了中间环节。

3. 加大“全源”情报分析力量投入，建强人力资本

“9·11 事件”后，美军不断加大力量投入，拟建设一支高度专业、善于创新和适应力强的工作队伍。在战术层级，国防部不但增加了对情报搜集和分析专业人员数量的配备，还加强了对关键设备的投入，有效地提升了战术层级实施目标定位的能力，有效支援了美军反恐作战行动的开展。2009 年，美国空军情报系统增设了 2500 名情报分析岗位，涉及图像判读、数据处理、情报分析和敌情研究等专业。截至 2013 年，美国陆军已增加了超过 7000 个军事情报人员编制，并将其中 90% 的人员增强到战术情报搜集和分析岗位。同时，美国国防部还进一步完善了国防情报业界人力资本战略，加强人力资本的管理。

4. 引入先进的企业管理方法技巧，提升情报分析实力

一方面，国防情报局通过引入在商业领域非常成熟的“精益六西格玛”管理方法，加强对情报用户需求的关注，改善情报生产流程中不同环节的成本控制与效率提升，来增强机构核心任务能力，不断满足各类危机行动对国防情报的需求。在维持原有管理原则的基础上，对各个部门、组织的运行效率、组织结构进行全新的绩效评估，建立并完善关键的绩效考核体系，更加有效地对情报资源和人力资本进行迅速、全面的调配，加快部门之间的整合，提高工作效率。另一方面，在国防情报业界大力推动“任务式”管理模式，以取代以往以“情报流程”为主流的情报管理模式，使情报资源和人力的统筹、协调更加合理。以国家联合作战与情报中心和各作战司令部联合情报行动中心为媒介，全面实现国防情报业界的横向整合，改进对作战司令部的战区级作战支援。

此外，还不断强化团队协作理念，在情报搜集人员、情报搜集管理人员、情报分析人员以及情报用户之间建立起密切的协作关系，同时，主动向外寻求合作，提升对全球信息的感知能力，通过加强与其他政府部门的信息与情报共享，积极参与学术团体、私营部门以及国际伙伴之间的协作。

5. 打造情报分析协作空间，推动横向交流沟通

借助新技术革命，美军在不断提升情报搜集能力，缩短战场信息流转的时间跨度的同时，加强整个情报界的信息共享和协作，推动美国情报界的情报分析转型，推动情报分析不断走上了智能化、网络化的道路。2004 年以来，美国国家情报总监办公室在情报界大力推动“国家情报图书馆”（Library of National Intelligence, LNI）、“情报百科”（Intelpedia）、“情报视频”（iVideo）、“情报链接”（Intellink）和“分析空间”（Analytic-Space, A-space）等网络工具和平台的建设和应用。

与此同时，国防部还推动国防情报信息业界（DI2E）的建设，旨在通过安全统一的信息环境，使情报用户能够方便及时地进行跨域信息访问和共享，更好地实现国防部和国防情报业界的信息共享能力，致力于通过统一的标准来实现国防部情报信息系统和数据在横向和纵向上的无缝整合。

（三）美国国防情报分析力量存在的不足

1. 情报分析人员稳定性差，人才和知识储备不足

冷战结束之后很长一段时期，美国的国防预算大幅缩减，国防部只能依靠提高经费使用效率和精打细算来避免国防力量受到太大影响，情报机构的发展也不得不受大环境的制约，这也是美国历史上情报经费减少最为显著的时期。“9·11 事件”之后，整个情报界不得不大量招收新人，导致情报分析人才梯队配置很不合理，大量有经验的全源情报分析师疲于应对各种情报支援任务，只有少部分有经验的情报分析人员能够为新进的初级分析师开展培训，传授情报技能，根本没有机会针对具体领域来补充长期知识。在当前的地缘政治环境下，国防情报业界缺乏对特定领域进行深度分析的能力，情报产品的内容逐渐缺乏深入的研究和独到的见解，变成了“贴着秘密标签的 CNN 新闻”，无法对国防行动提供有效的长期性情报分析支援。

2. 国防情报分析界与各作战司令部的情报需求对接不够紧密

（1）现有的情报分析资源分配对于作战司令部的需求关注不够

随着全球反恐战争的持续，几乎所有的作战司令部优先关注服务于危机支援的情报。在情报分析任务的具体实施过程中，国防情报局首先需要严格依据国家情报优先任务框架（DIPF）来分配全源情报分析资源。但是，国家情报优先框架的关注范围是整个情报界，服务的首要对象是国家安全委员会和国家指挥当局，并不仅是作战司令部。因此作战司令部所需的大量非传统国防情报产品没有受到足够的关注，从而导致国防情报业界无法预留足够的资源来满足非传统情报产品的需求。

（2）非传统情报分析产品效费比低，国防情报业界资源投入不足

为了应对非传统威胁，美军作战部队对于危机作战环境的情报需求已经完全超越了传统的情报产品，有了更加细化和具体的要求，对于情报产品时限要求也进一步提高，因此不得不消耗大量的机构内分析力量和跨机构分析力量。同时，国防情报业界还不得不面临越来越多的此类情报需求，但是在缺乏有效的协调情况下，危机支援类的情报需求既无法完全确保进行优先处理，传统的军事战略能力分析也不能够很好地开展。

（3）各级作战部队申请国防情报业界情报资源程序过于繁琐

虽然在战区联合情报行动中心（JIOC）和联合特遣部队联合情报支援分队（JISE）内派驻了各国家级情报组织的代表，但是作战部队仍需要先获得战区及情报协调单位的批准，从而造成师一级作战目标申请情报产品的程序非常繁琐，而营一级申请情报产品则更是如此。机构之间协调的不顺畅，体制设置成了让战术级用户难以跨越的行政障碍。

3. 情报分析资源的分配没有进行科学有效的规划

（1）情报工作绩效评估标准不够科学

一些长期困扰国防情报业界的问题一直没有得到有效的缓解和纠治。在国防情报支援行动中，一直没有统一而明确的标准来评价和衡量情报产品的效能和作用。因此，美国情报界存在沉溺于现实情报生产，而对长期性研究的投入与关注不足的问题。情报部门往往以获得情报和信息素材的数量多寡、产出情报与信息素材的数量多寡、情报用户的采用量多少为指标，来作为绩效评估、确定优先情报任务和进行资源分配的重要依据。

（2）对长期性情报需求重视不够

各作战司令部下属的情报部门负责短期（最长持续6个月）的情报分析工作，主要负责对作战环境进行持续的动态评估，而用于制订作战计划的长期性情报产品则需要协调整个国防情报业界来提供。由于各级指挥机构内的情报分析人力、资源总量有限，国防情报分析项目中的优先项目和资源的分配不能随着各作战司令部关注重点变化而及时作出调整，导致情报产品无法满足时效性和准确性方面的要求。

4. **基础数据库的建设不够完善**

美军认为，完整的作战行动应该大致包括联合作战计划、执行和评估三个阶段。因此，为了不断提升情报支援活动与作战行动的协作程度，应针对作战行动的不同阶段分别设定不同的情报支援要点，提前进行相应的情报数据完善工作。然而，由于当前国防情报业界的关注重点是对危机响应作战行动的支援，因此那些与决策、计划相关的长期性情报分析工作所需的数据库维护工作没有得到足够的重视，对于搜集到的非传统军事情报数据资源的归类管理也不够到位。

5. **情报分析培训缺乏统一的筹划，缺乏针对性**

总体上，美国国防情报业界是很重视情报分析培训的。然而，美国情报界内所有的高级情报分析课程是由中央情报局大学（CIA University）与联合军事情报学院（Joint Military Intelligence College）进行统一授课，而基础类的通用情报分析培训项目则几乎都是由各情报机构分别实施的，导致不同情报机构的情报分析人员在围绕共同的任务开展协作时缺乏统一的“话语体系”和明确的工作规范。更重要的是，一直以来在国防情报业界都没有专门的部门来负责情报培训工作，也没有就全源情报分析、作战环境联合情报准备等方面的培训、认证和鉴定工作进行全面的统筹，更没有建立统一的标准，因此情报分析人才的培训工作一直处在低水平的状态。特别是，尽管美军认识到作战环境联合情报准备作为一种情报分析流程，对于整个联合作战行动的计划、实施至关重要，但是并没有得到足够的重视，缺乏整体的设计，可以说既没有业界标准，也没有联合标准。

（四）国防情报分析力量发展特点总结

“9·11 事件”以来，美国国防情报业界在整个情报界进行改革的大背景下，结合不断变化的任务需求，不断推动国防情报分析力量的调整改革，打通机构壁垒，推动机构间协作，加强情报与作战的协同，总体上满足了各个层级情报用户的多样化情报分析需求，为军事行动和非军事行动提供了及时、有效的全源性情报分析产品。

一是“9·11事件”发生后，面对新的安全环境和情报需求，情报界和国防情报业界及时跟进，针对情报分析工作先后颁布一列指导性官方文件，对情报分析工作的整体规划、力量整合、机构协作、资源共享、工作标准等问题作出规范并提出指导意见，为国防情报分析工作的效率提升和力量凝聚指明了路径，从而一定程度上为美国国防情报分析力量的发展奠定了厚实的政策基础。

二是面对新威胁和新要求，美国国防情报业界通过引入先进管理理念和方法，大力推广“精益管理”和“任务管理”，不断完善联合情报支援组织机制，一定程度上摆脱了冷战时期所形成的陈旧模式，通过提升人力和资源利用效率，灵活进行任务分配，变得更加灵活高效，使国防情报分析工作焕发了新的活力。

三是由于没有针对各情报用户的需求制定统一的标准来对情报分析产品的作用发挥进行评价，从而导致大量的美国国防情报分析力量忙于生产低水平的情报分析产品，而无暇顾及长期性、基础性的情报研究工作，一定程度上造成了大量的人力、物力的浪费。与此同时，由于冷战结束后美国国防情报业界的专业情报人员流失严重，以及情报分析人才培训指导方针“急功近利”，对于情报分析专家人才梯队的接续和长期发展关注不够，导致“9·11事件”发生后情报分析人才梯队已完全适应不了各种任务“纷至沓来”的需求，情报分析队伍整体水平低下，不能满足作战环境快速转换对高质量情报分析产品的需求，从而成为美国国防情报业界不得不长期纠治的问题。

四是由于对于情报资源如何配置没有一个科学而有效的标准，并且缺乏必要的灵活性，无法针对情报用户的新要求及时做出调整，从而导致美国国防情报业界往往陷入低效率的现实情报生产，而对于真正能够产生重大价值的长期性、基础性情报分析工作关注不够，配套的情报数据建设也不够到位，满足不了任务需求。

七、美国执法情报共享融合的改革发展[1]

（一）美国执法情报共享融合的改革

“9·11事件”是美国执法情报工作的转折点，“9·11”委员会报告认为信息共享问题是未能防止“9·11事件”的关键因素，改善各级政府部门的情报搜集与信息共享能力成为美国政府的优先事项。

1. 联邦各界情报共享融合改革举措

（1）情报界

2001年，美国通过《爱国者法案》，扩张情报机构的情报获取权。《2004年情报改革与恐怖主义预防法》全面推动国家情报体制改革，改革的中心思想是建立集中的统筹协调与管理机制，具体举措包括：设国家情报主任，作为美国情报界的首脑和国家安全事务首席情报顾问，监督和指导国家情报计划的实施；设国家情报主任办公室，统筹协调联邦情报力量；先后成立恐怖分子威胁整合中心、恐怖分子筛查中心和国家反恐中心，归口管理涉恐情报信息；设专门负责情报整合的国家情报办公室副主任，创建情报界执委会、跨界分析产品委员会、情报界信息共享执委会等协调议事机构推动共享与整合。

（2）国土安全界

《2002年国土安全法》授权成立国土安全部（DHS），负责推动联邦、州和地方政府机构以及私营机构之间共享信息，以提升侦测、发现、理解和评估恐怖主义威胁以及国土安全漏洞评估的能力。《2005年国土安全部信息共享备忘录》在信息分析与基础设置保护局的基础上建立情报与分析办公室，作为国土安全部首席情报官统筹协调国土安全情报工作。2006年，DHS成立国土安全情报委员会，作为顾问机构负责DHS情报工作的监督管理、统筹规划、政策制定、绩效评估、预算建议、处理敏感信息共享争议等。2007

[1] 谢晓专：《美国执法情报共享融合:发展轨迹、特点与关键成功因素》，载《情报杂志》2019年第2期。摘编后收入本书。

年 DHS 成立信息共享治理委员会。2008 年，《国土安全部信息共享战略》和 2013 年《国土安全部信息共享与防护战略》对国土安全信息共享作了全面规划和部署。

（3）执法界

2003 年，美国制定并发布《国家犯罪情报共享计划》，要求所有执法机构均应采纳该计划提出的情报主导警务最低标准，从职责使命、管理与监督、人员选拔、培训、安全、隐私权利保护、情报产品的开发与传递以及责任机制等 28 个方面提出了具体建议，为美国执法情报工作提供了改革蓝图。2004 年，犯罪情报协调委员会（CICC）成立，负责协调各级执法机构贯彻落实共享计划，组织和参与了大量执法情报政策标准的开发，为执法情报的规范化、标准化与制度化建设夯实了基础。联邦调查局（FBI）作为情报界主要成员以及重要的执法机构，认识到建立综合情报部门以协调活动、整合资源的重要性，积极推进情报体制改革。2004 年，司法部部长备忘录《进一步强化联邦调查局能力建设》要求建立情报处，2005 年，FBI 情报处（DI）正式成立。2014 年，FBI 进一步强化情报集中管理，将情报处、局情报委员会等多支力量整合成情报分部（IB）。此外，FBI 还创设了信息共享政策委员会、首席信息共享官等机构或职位为信息共享提供支持。

2. 州和地方融合中心建设

“9 · 11 事件”之前，州和地方执法情报工作缺乏全国范围的统筹规划，各级执法部门、国土安全部门依托内设情报机构以及行业内的情报协作“自给自足”。“9 · 11 事件”后，在各界呼吁推动共享的浪潮中，州和地方政府感受到蓬勃发展的国土安全工作所带来的压力，开始积极利用联邦资金建设属于本地的融合中心，以弥补国土安全、恐怖主义和执法信息共享方面的不足。2001 年美国诞生 2 个融合中心，2003 年出现第一波融合中心建设高潮，这批早期的融合中心是州和地方政府自发创建，各个融合中心就像一个个独立的“烟囱”，相互之间无法交换信息。

2005 年，融合中心建设出现第二波高潮，联邦政府开始认识到融合中心的战略价值，着手支持和统筹推动全国融合中心网络建设。国土安全咨询委员会（HSAC）建议“每个州都应建立一个全天候运行的‘全源’（all source）的和跨行业的‘信息中心’作为信息融合中心”。2006 年，《信息共享环境实施计划》明确要求将融合中心集成到国家信息共享框架中，建立全国性的融合中心集成网络。《2007 年“9·11”委员会建议实施法》以立法方式界定了融合中心的含义，确立了“国土安全部州、地区和区域融合中心计划”。《国家信息共享战略》将融合中心定位为“州、地方环境中接收和分享恐怖主义信息、国土安全信息以及与恐怖主义信息的中心节点（focus points）”，将其列为国家优先事项，并进一步明确了融合中心的职责任务以及联邦、州、地区政府建设融合中心的职责分工。随后一系列指南性文件陆续发布，为全国融合中心建设提供了统一的能力标准、技术框架和路线图。2014 年，《2014—2017 全国融合中心网络国家战略》出台，全面阐述了国家融合中心网络（NNFC）建设的愿景、使命、基本目标、主要任务与实现路径，明确了 37 项行动计划。国家融合中心网络的建设与发展弥补了州和地方情报能力的不足，为应对“所有犯罪、所有威胁、所有风险”建立了“跨行业、跨辖区、跨机构、跨领域”的信息共享与情报融合枢纽。

3. 国家“信息共享环境”建设

在情报界、国土安全界、执法领域改革的同时，联邦政府大力推进国家整体性的信息共享环境（简称 ISE）建设，为国土安全、情报、执法、国防、外交等 5 个领域提供更为广泛的情报支持。2004 年，美国第 13356 号总统行政令《加强反恐信息共享以保护美国人民》要求设计和使用信息系统时应把“机构间的反恐情报交换”作为优先考虑事项，并指示建立信息系统委员会以推动相关建议落实。IRTPA 将 ISE 建设纳入法律框架，要求“以符合国家安全以及隐私与公民自由权利保护等现行法律标准的方式共享涉恐信息”，设 ISE 项目主任（PM-ISE），负责 ISE 规划、监督管理与实施，为总统和 PM-ISE 提供支持。2006 年，研究制订了《信息共享环境实施计划》，为 ISE 建设提供了基本框架与行动步骤，该计划要求每个州都必须确定一个融合中心作为联邦 ISE 和州、地方、部落执法机构（SLTLE）之间信息共享的纽带。此后，围绕 ISE 建设，美国发布了总统备忘录、总统行政令以及《国家信息共享和安全战略》等系列政策标准，为全面推进国家安全信息共享环境建设提供了指引。

（二）美国执法情报共享融合发展特点

纵览美国执法情报共享融合历程，呈现以下主要特征：一是执法情报中心任务随着安全威胁因素的变化不断改变，早期以有组织犯罪、城市骚乱、毒品犯罪情报为中心，20 世纪 90 年代尤其“9·11 事件”后反恐成为首要任务，如今转向“所有威胁、所有犯罪”；二是随着现代化技术的发展不断变迁，从早期以协会为主要交流方式的 LEIU，到基于信息系统的 RISS，再到以联邦执法在线（LEO）为代表的互联互通的网络系统，充分体现了执法情报共享融合的技术依赖性；三是执法情报理念不断演变，从早期自发建立信息交换组织，到联邦政府自觉推动情报信息共享融合，再到以“情报主导”为指导思想推动跨层级、跨地区、跨行业、跨领域的“跨界”大融合，执法情报融合理念不断更新换代。具体说来，各阶段特征如下：

（1）20 世纪 50—60 年代

美国执法界开始认识到应对犯罪的主要问题是缺情报数据，联邦决策咨询机构开始敦促执法机构建立情报部门，呼吁联邦加大资金与技术支持力度，推动地方执法情报工作的发展。这一时期美国执法情报共享融合有以下突出的特点：一是执法情报任务侧重于应对社会骚乱和有组织犯罪问题；二是联邦层面没有出台指导各地情报共享融合的政策、指南或战略规划，各地执法机构基于自身需求自发开展情报信息交换与协作活动，LEIU 信息共交换机制是典型代表；三是 60 年代后执法情报共享问题开始进入政府决策议程，联邦开始自觉推动情报信息共享。

（2）20 世纪 70—80 年代

美国执法情报工作历经了“盛极而衰”的发展过程。70 年代初，执法情报工作蓬勃发展，以区域信息共享中心（简称 RISS）为代表的信息共享系统建设大大促进了各地执法情报工作，其特点与突破主要有：一是参与的广泛性，要求所有警察机构都建立情报能力；二是应对问题的多元化，任务重点扩展到为打击非法贩卖毒品、有组织犯罪、团伙犯罪、贩卖人口、恐怖活动等诸多领域；三是创建了 RISS 机制，并将与公众、私营机构进行信息共享纳入共享框架；四是重视情报文化的建设，要求培育“需要知道”和“有权知道”的情报文化。但是，随着执法情报信息搜集和共享能力不断增强，针对执法情报部门侵权的诉讼不断增多，美国开始制定规制犯罪情报工作、保护公民隐私的政策，许多执法机构开始削减情报投入，执法情报工作发展势头从高潮跌入低谷。

（3）20 世纪 90 年代

执法情报工作呈现出诸多新的特点。一是发源于英国的情报主导警务理念在美国萌芽，纽约市警察局强调数据驱动，以犯罪数据分析为中心，为提前预警、精确打击、科学决策与目标防范提供决策支持，为各地执法情报工作提供了成功样本。二是在工作重点与任务方面，除了应对传统的毒品犯罪、有组织犯罪、城市骚乱等犯罪现象之外，跨国犯罪、恐怖主义、大规模杀伤性武器等非传统安全威胁成为执法情报工作的重点领域。三是信息高速公路的快速发展为执法情报工作的信息化奠定了良好的基础，这一期间执法界开始大力开发各类信息系统平台，并推进系统之间的互联互通。

（4）“9·11 事件”之后

美国政府启动“二战”以来最重大的情报体制改革，执法与国土安全情报工作呈现诸多新特点：一是以反恐为优先任务推动情报工作跨层级、跨领域、跨行业、跨辖区的“跨界”共享融合。联邦层面致力于建立统一的国家信息共享环境（ISE），为情报、执法、国土安全、国防、外交事务五大领域提供情报支持；州和地区层面以融合中心建设为基石，建立面向“所有犯罪、所有威胁”的国家融合中心网络。二是建立集中的情报管理体制，所有改革举措均贯穿着同一个中心思想，即建立集中的管理体制以整合资源。三是更加重视州和地方政府在国家安全中的作用，将联邦、州、地方、部落和区域（FSLTT）以及私营部门视为利益相关方纳入国家信息共享框架，把地方融合中心作为横向、纵向信息共享的枢纽。

（三）美国执法情报共享融合成功的关键

美国推进执法情报共享融合的关键成功因素集中体现在：以“情报主导”为指导思想，以“共享融合”为逻辑主线，以情报机构重组、系统互联互通和情报分析能力建设为重点，以隐私权、知情权保障与互利互惠为基石争取广泛信任与支持，培育“信息管家”与“需要分享”的情报文化破除共享壁垒，通过灵活的机制建设与制度设计，推动跨层级、跨部门、跨辖区、跨行业的“跨界融合”，以应对“所有犯罪”和“所有威胁”。

1. 情报主导：执法情报工作发展变革的指导思想

20 世纪 90 年代初，情报主导警务（简称 ILP）理念开始兴起。美国纽约警察局实施以数据分析驱动科学决策、迅速行动和精准打击的“Compstat”警务模式，取得巨大成功，被认为是 ILP 模式的雏形。“9・11 事件”之后美国发布改革蓝图《国家犯罪情报共享计划》，明确要求所有执法机构均采纳情报主导警务最低标准。情报主导警务是一种管理理念、协作哲学、业务模式，作为一种管理理念，强调把情报工作置于基础性、先导性位置，将情报视为影响执法决策过程与战术行动的关键性乃至决定性因素；作为一种协作哲学，强调广泛汇集多源信息以理解工作环境；作为一种业务模式，强调综合运用各种手段广泛地收集违法犯罪与恐怖威胁相关信息，进行综合研判，准确把握威胁态势及其发展变化规律，全方位地指引决策，优化资源配置，精确打击防范，以有效控制威胁与风险。美国执法情报发展改革历程正是这种理念、哲学、模式的实践探索与应用过程。而这些实践反过来丰富了情报主导警务的思想内涵，进而重塑美国执法情报业界文化与生态，形成良性循环。

2. 共享融合：执法情报工作发展变革的逻辑主线

20 世纪 50 年代，美国建立执法情报联盟（LEIU），60 年代建立国家犯罪信息中心（NCIC），70 年代建立区域信息共享系统（RISS），90 年代建立以执法在线系统（LEO）为代表的各类信息系统与平台，都是“共享融合”理念的产物。“9・11 事件”后美国执法情报“共享融合”理念与实践发展到全新的高度，“共享融合”成为整个情报体制改革的初衷与内核：联邦层面，情报界、国土安全界、执法界各自积极推进本行业资源整合，建立更为集中的管理体制，并在此基础上大力建设跨界的信息共享环境（ISE）；地方层面，积极推动融合中心网络建设，将其纳入整个国家信息共享框架，构建起全国范围的“纵向、横向”共享的“超级信息共享系统”；同时，强化情报“分析”能力建设，促进信息向情报转化，建立“跨界（情报、执法、国土安全、国防、外交、私营机构）、跨行业 / 领域（刑事犯罪、消防、应急、医疗卫生、边防、反恐、大规模杀伤性武器、网络安全等）、跨层级（联邦、州、地方、部落等）、跨辖区”的以“接收、分析、收集、传递”为核心业务能力的“超级国家情报分析与服务系统”。概言之，“共享融合”是美国联邦和地方政府推动执法情报改革的逻辑主线。

3. 情报分析：情报融合进程中的核心能力

多元信息的共享汇集，是零散、残缺、低价值密度的原始数据，通过科学的分析研判，将原始数据转化为有价值的情报产品，及时传递给合适的用户，是情报融合的关键。美国认为，情报主导警务实际上是分析师驱动警务，因为情报是分析师的产品。基于这种认识，美国特别重视情报分析队伍培养和情报分析方法技术工具的研发，认为有效的情报分析是执法机构成功处置复杂犯罪的关键工具。鉴于此，《国家犯罪情报共享计划》要求开发情报分析标准，并为全国执法机构推荐分析工具与分析产品，确保情报及时、可靠、精准。此后，有关情报分析培训的一系列规范性文件陆续出台。

4. 体制调整：随势按需灵活调整的改革机制

官僚体制有其内在的惯性和惰性，美国执法情报工作发展变革过程充分体现了这一点，“9・11 事件”委员会报告针对情报体系改革提出的问题和建议，在过去 40 年的报告中都出现过，然而，直到“9・11 事件”之后才发生实质性的变化。“9・11 事件”之后，美国通过改革打破了这种“僵化”格局，紧跟威胁环境的变化及时、灵活进行体制机制的调整以有效应对威胁。管理体制方面，通过已有机构调整、新机构创设以及建立工作组、任务组等方式，灵活整合相关力量和资源，围绕特定任务、项目、计划，推进各项改革工作，反映出了美国情报共享融合工作“随势按需而变”的灵活特点。执法情报的中心任务方面，也因时而动，随势而变，过去“以反恐为中心”，现在转向应对“所有犯罪、所有威胁、所有风险”，过去强调行业内的信息共享融合，当前突破传统边界推行“跨界融合”等。

5. 顶层设计：自上而下的制度化发展路径

统一标准是共享、融合与协作的基本前提，制度化、规范化的工作机制是专业化、职业化发展的重要条件。美国执法情报界特别重视顶层规划和制度设计，犯罪情报协调委员会指出，只有所有机构，不管规模与司法管辖权力大小，通过制度化的协调与合作，才能有效和高效地开发和分享情报，从而建立更为安全的国度。“9·11 事件”之后，一系列法律法规、战略规划、指南标准等规范性文件不断诞生，并通过逐层细化、逐项分解的方式具化落实，通过成熟的评估机制、外部的监督机制以及最佳实践推广机制促进优化，最终实现“自上而下有规范、自下而上有活力、全国发展有方向、具体运行有指引（路径）”，规避了“一管就死，一放就乱”的悖论。

6. 权益保障：争取最广泛的信任与支持

美国在推动执法情报共享融合过程中非常重视三类权益的保障，为共享融合提供了强大的动因：一是公民隐私与自由权利保护，美国吸取之前执法情报部门遭受诉讼浪潮的教训，几乎所有有关情报工作的法律政策和标准规范，均会就隐私与公民自由权利保护提出要求或限制条款，并采取措施以保护公民隐私。二是保障知情权，《国家犯罪情报共享计划》明确要求提升政策透明度，在不影响安全与工作的前提下应向公众公开犯罪情报工作政策，以培育执法机构、决策者及其服务的社区之间的信任关系。三是合作伙伴之间的利益保障，维持信息共享融合与紧密协作关系的基石是“风险共担”和“利益共享”，仅仅依靠传统的法律授权、行政命令等难以激活利益相关方搜集与分享信息的热情和创造力，建立情报信息双向流转、地位对等、互惠互利机制，才能最大限度激发共享协作的意愿与积极性。

7. 文化转变：培育“信息管家”与“有责任提供”的共享文化

情报信息共享融合面临技术标准、安全保密、权利分割、利益壁垒、信任关系等诸多障碍。美国执法界致力于培育良性情报文化以缓解这些问题：

一是改变过去“原创者掌控”的“所有权”文化，培育“信息管家”文化，即情报部门并非情报信息的“所有权人”，而是“信息管家”，这种改变使情报信息作为“我的资源”变成了代管“大家的资源”，大大削减了共享的阻力；二是改变传统的“需要知道”的文化，培育“有责任提供”或“需要分享”的文化，变“索取”为主动“分享”，并将这种理念贯穿于情报人才招募、培训、考核等各环节；三是确立“共享是原则而不是例外”的共享文化，通过合理的定密机制以及信息获取许可方式，避免因过度保密阻碍共享，确保有权知道且有必要知道的人能够及时获取相关情报信息。

第三节
情报智库

一、美国防务智库对国防改革的影响[1]

从建立初期始，美国智库的研究领域和主要活动就与军事战略、国防改革和武装部队建设密切相关，长期以来形成了积极参与国防改革、支持改革和服务改革的历史传统。2015 年年初开始，美国智库就积极呼吁进行新一轮的国防改革，以解决美国国防部在组织结构、军事指挥体系和应对多种威胁模式等方面存在的问题和面临的挑战。

（一）防务智库参与国防改革的制度

1. 美国防务型智库的发展历程

美国是智库发展的源起和重镇。二战期间，美军组织专业研究人员参与对战略计划、军事部署和武器装备等的秘密研究工作，智库主要是指当时进行研究的保密室。二战后，美国智库的发展进入了快车道，一批专注于国

[1] 刘忠、张世昌：《智库在推动美国新一轮国防改革中的作用与启示》，载《情报杂志》2019年第12期。摘编后收入本书。

防和国际安全领域的智库纷纷出现，如 1948 年成立的兰德公司（RAND）、1962 年成立的战略和国际研究中心（CSIS）和 2007 年成立的新美国安全中心（CNAS）等。作为独立的社会组织，智库对美国的国防改革和军力调整等问题进行研究，号称“影子内阁”和“美国大脑”，与国会、国防部共同组成推动国防改革的“三驾马车”。

1986 年的“戈法”是二战后美国国防领域成效最大的一次改革，奠定了美军联合作战的制度基础和指挥架构。在这次大改革的过程中，战略与国际问题研究中心和传统基金会（Heritage Foundation）等智库机构积极参与，为改革取得最后的成果发挥了重要作用。1985 年 2 月，战略与国际问题研究中心发布建议对国防体制进行全面改革的报告，得到了 6 位前国防部长及许多前政府和国会高官的支持。

冷战后，美国智库对国防改革的参与和贡献有增无减，以《2017 财年国防授权法案》的出台为标志的美国新一轮国防改革，智库更是充当了倡导者和排头兵的作用。

2. 防务智库对国防改革的认识

1986 年的国防改革是二战后美国进行的规模最大，也是最为彻底的一次改革。但随着 30 年来在安全环境、军事战略、作战对象和理论技术等方面的发展变化，法案确定的美军指挥管理体制和组织架构也逐步暴露出很多的不足。2016 年是法案在国会获得通过 30 周年，以此为契机，美国智库针对法案的历史作用和时代局限性进行了系统的总结和反思。各主要智库一致认为，与 30 年前相比，今天美军面临的战略环境和作战任务发生了复杂而深刻的变化，超级大国间的大规模战争模式已经让位于大国军事竞争和非传统安全威胁，美军的任务也由遏制和击败苏联的威胁转变为应对大国军事竞争和打击全球恐怖主义，重点是解决一体化军事战略下跨地区、跨职能、跨领域的联合行动和全球范围内资源的优化整合问题。美军认为，20 世纪 80 年代的作战行动主要是着眼于陆海空三军的联合，30 年后的今天美国面临的是“2+2+1”的威胁模式：来自中俄的大国竞争，来自伊朗和朝鲜这两个地区核武国家的威胁和挑战，以及以 IS 为代表的全球恐怖主义威胁，这需要国防部各部门、机构和领域之间的更广泛联合和行动。从 2015 年起，美国主要智库开始就国防体制和组织机构存在的问题展开密集的讨论，与参众两院一起推动新一轮国防改革的启动工作。

（二）防务智库对国防改革中的推动

1. 在改革发起阶段大力呼吁推动

2015 年 4 月，新美国安全中心的 5 位专家以公开信的形式呼吁美国国防部和国会领导人解决“威胁美国军事力量健康和活力的国防预算越来越失衡的问题”。作为美国国防改革共识项目的一部分，这封公开信上有包括美国企业研究所（AEI）、战略与预算评估中心（CSBA）和战略与国际问题研究中心等 15 家智库和大学的 38 位专家的联合声明。此后，各主要智库通过举行专题论坛和发布研究报告的形式为改革谏言。2016 年 3 月，战略与国际问题研究中心组织了较大规模的论坛，超过 20 名前美国国防部和军队高官参与其中。专家们一致认为应该将美国网络司令部和太空司令部由配属地位升格为独立的职能司令部，网络和太空需要更多的关注。对于作战司令部的新建、合并和调整问题，专家们担心这会向美国的盟国发出错误的信号，即这意味着美国从这些地区撤出或收回某些安全承诺。在解决国防部的臃肿问题上，一些专家建议压缩管理层级，甚至有裁撤军种部的激进观点，最终国会决定各部门削减 25% 的员额，而没有削减具体的单位。2016 年 9 月 19 日，斯坦福大学胡佛研究所召开“美国的防务政策创新：国防部长的观点”研讨会，邀请时任国防部长卡特和前任国防部长佩里对如何利用技术优势保护国家发表看法，展开研讨。这些积极的意见建议，成为影响改革法案的主要内容。

2. 改革的焦点问题

一是是否将参联会主席纳入指挥链。由于当时美军将联合指挥重心置于作战司令部，造成跨地区、跨领域、跨职能进行兵力调动和资源调配上的困难。因此在本轮改革中，如何理顺高层指挥关系，特别是加强参联会主席的职权问题成为智库、国会和国防部三方争论的焦点。最终改革采纳了国防部的观点，明确维持高层指挥体制不变的前提下，通过加强参联会主席的职权和延长任职年限来加强其进行一体化组织指挥的能力。2016 年 4 月 5 日，卡特在美国战略与国际问题研究中心发表讲话，介绍美军主要通过三种途径来清晰界定参联会主席以及参联会、联合参谋部的角色和权限，以此强化参联会主席跨区域的协调权。国防部高级领导人到智库发表讲话，阐明观点，以此对智库的关切作出回应和解释，这也是美国的一种惯常做法。

二是是否改革地区作战司令部。智库提出分别将非洲和欧洲司令部、南方和北方司令部合并，目的是减少地区司令部数量和节省军事资源，以集中力量应对亚太等重点地区的威胁，同时提出为更好地打击中亚的恐怖主义组织，新增一个南亚地区司令部（包括印度次大陆和部分印度洋地区）和一个中亚地区司令部（包括中亚五国），将印度从太平洋司令部转归南亚地区司令部。参议院提出以联合跨机构组织取代地区司令部，负责外交政策、军事行动等地区性安全事务，以利于在对外行动的各个阶段整合运用外交、经济、作战、情报等各种力量手段。最终，《法案》没有采纳上述方案的主要考虑是：合并地区司令部虽可节约一定资源但会导致各司令部责任不明，难以有效应对非洲、拉美等非重点地区的突发事件；新设地区司令部需配备更多的人员和基础设施，将耗费大量资源，得不偿失；设立联合跨机构组织在过度集中权力的同时将弱化作战职能。最终，国防部决定通过整合联合参谋部、各联合作战司令部及其下属单位的后勤、情报和计划等职能，在削减冗余机构同时又不损害美军作战能力，进而提升美国国防部的工作效率。由此可见，改革在有关地区作战司令部调整问题上比较谨慎，对智库的建议在讨论论证后，并没有完全接受。

三是是否取消地区作战司令部下辖军种组成司令部。美国参议院建议用联合特遣部队取代军种组成司令部，并提出以一个地区司令部为试点，进行相关试验评估。主要考虑是简化指挥渠道，更加灵活地应对特定地区作战任务，缩短对地区危机的反应时间，同时避免军种组成司令部更多考虑军种利益、不利于联合作战的问题。此外，联合特遣部队可根据任务随时解散，能精简基础设施，节约更多资源。对此，智库方面也展开了深入研讨，对取消军种组成司令部的优点和局限性进行了讨论论证。最终，《2017 财年国防授权法案》提出，国防部须充分论证地区司令部仅下设联合特遣部队或任务编组部队的可行性及其职能定位，同时还要求国防部对当前地区司令部内部结构的有效性、合理性进行评估论证，并拿出未来改革的意见建议。

3. 参与改革深化阶段的论证评估

本轮国防改革经历了两个阶段，横跨奥巴马和特朗普两届政府：2015—2016 年是改革酝酿和制订计划阶段，以 2016 年底出台《2017 财年国防授权法案》为标志；2017 年以后主要是改革计划落实和进行深入调整阶段，由特朗普政府实行。特朗普上台后，对改革作了较大调整，特别是在探索太空部队独立成军方面动作很大，这成了改革的一个重大突破，也为各界普遍关注。特朗普认为美国在太空领域长期保持的技术和能力优势正受到技术创新、技术扩散和中俄在太空领域的“进攻性行动”等方面的挑战。基于对太空成为一个独立的新作战域的认识和重视，美国重建了国家太空委员会，加速整合和建设太空作战力量，多年来太空独立成军的呼声可望成为现实，但对于组成天军的可行性和前景需要谨慎论证，以科学组织、规避风险，这就需要智库提供专业的意见建议。2018 年 4 月，战略与国际问题研究中心发布研究报告《太空威胁评估 2018》，对美国太空系统面临的威胁进行了细致分析。2018 年 6 月，特朗普就在美国太空委员会会议上指示，国防部立即启动组建独立天军的必要程序，将其作为第 6 个军种，这也成为本轮国防改革的一个关键内容。

（三）防务智库的重要作用

1. 智库的参与有利于对改革计划进行充分、公开和科学的论证

美国历史上的国防改革有一个突出特点，就是在改革法案出台前鼓励讨论和观点辩论，允许不同意见和反对声音，从正反两个方面对改革方案进行评估、调整和优化。而一旦改革方案最终确定下来并以法案的形式生效后，各方都会坚决贯彻执行。智库在改革过程中很好地发挥了建言献策和方案论证的职能，这很大程度上得益于美国的“旋转门”制度，他使得许多推动改革的精英阶层，很多拥有在军方、政府、金融跨国公司和大学、智库等多个部门轮换任职的经历。智库成员既有资深的专家和研究员，又有前军政高官，这样，智库对国防建设的现状有实践认知，又对专业领域有深刻认知，其研究成果和提出的对策报告具有较强的科学性和针对性。

2. 智库作为独立第三方发挥监督和评估作用

国防改革是一个不断创新、探索和完善的过程，对于前沿技术领域的发展应用前景，对于大的改革措施，需要借助第三方的专业力量进行必要的研究论证。即使改革进入了深水区，对改革内容进行讨论和专业论证的大门也应该是开放的。以当前军事前沿技术领域的人工智能为例，其未来的发展趋势、军事领域的应用前景和可能带来的影响事关国家安全的重大利益问题，需要专业的研究评估。2017 年 7 月，贝尔弗科学和国际事务中心推出了研究报告《人工智能与国家安全》，全面分析了 AI 技术的发展进步及对美国军事和国家安全带来的机遇和挑战，并以核、航空航天、网络和生物技术这四个变革性技术的发展应用案例，寻找未来人工智能应用于军事和国家安全领域应汲取的经验教训，并提出了“维持美国技术领先优势、支持 AI 技术用于和平目的和管理灾难性风险”这三大目标以及 11 项具体建议。2018 年，CSIS 先后推出了《美国机器智能国家战略报告》和《人工智能和国家安全：人工智能生态系统的重要性》，对人工智能领域的发展及国防运用进行了深入探讨。在智库研究的基础上，2018 年上半年，美国国防部设立了“联合人工智能中心”，计划通过一系列“国家任务倡议”将人工智能转化为决策和影响力。

3. 智库与军方和政府部门有效衔接配合形成合力

本轮国防改革之所以能够顺利展开，与美国智库、国会和国防部的密切协作密不可分。为推进国防改革议程，在智库大力呼吁的同时，美国参众两院也积极参与，协力推进。参议院武装部队委员会举行了十余场系列听证会，仅 2015 年秋，美国参议院武装部队委员会举行的听证会就多达 13 场，52 位前国防专家和军事领导人受邀参加，对改革提出了广泛的意见建议。联合工作小组在进行调查研究和征询吸纳国会和智库方面意见的基础上完成了评估报告，2016 年 5 月该报告作为《2017 财年国防授权法》草案的一部分提交国会参众两院审议，经反复争论和修改后获得通过。

（四）几点思考

随着军事前沿技术的颠覆性发展和军事科学精细化、专业化趋势的加强，如何建强防务型智库，打造中国的“军事智力”体系，成为当前亟需解决的一项重大课题。美国防务型智库比较发达，在推动国防改革和军队建设中一直发挥着不可替代的作用，深入研究美国智库的一些有益经验和做法，特别是其在国防改革全过程中扮演的倡导者、参与者、监督者和评估者等多重角色，对于中国的防务型智库建设，对于当前正在进行的国防和军队改革，有重要的启示和借鉴意义。

1. 集中力量建设高端智库优先解决“智力不足”之急

人才和智力的竞争是大国竞争的根本，21 世纪的中国要实现伟大复兴的战略目标，更需要建立人才和智力的高山，以应对各种纷至沓来的难题、风险和挑战。衡量智库是否高端的一个重要标准是智库产品的质量和影响力，即智库的研究产品和对策报告能多大程度上影响决策，指导决策。当前以国防和军事为主要研究对象的防务型智库建设的首要任务就是破解“智力不足”、高端智库严重匮乏的严峻局面。在《2018 全球智库排行榜》中，全球聚焦国防和国家安全领域的智库共有 111 家上榜，美国共有 24 家入围。虽然这其中有国防和军事领域的智库主要由军事科学院和国防大学这样的军队系统内部智库担负，但与主要竞争对手美国相比，中国在国家安全战略和军事国防领域智库知名度不高、影响力不够的问题，更深层次上是中美两国智库对战略性、全局性问题的研究和预判方面的差距。虽然中国智库的数量在快速增长，但许多智库“智力”的作用和特征并不明显，工作大多停留在政策宣讲、组织活动和翻译介绍国外研究报告、理论文章和作战条令等水平。在当前智库建设政策利好的大背景下，优先集中力量建设几个能用、管用、急用的防务型高端智库，产生出一批重要、急迫、管用的研究成果，这既是贯彻党和国家的决策部署，解决当前“智力不足”难题的迫切需要，也是防范大力推进智库建设过程中出现撒胡椒面和做夹生饭现象的有力举措。

2. 通过释放活力来提升智库的能力

当前，以军事科学院为代表的中国军内智库正在进行力量整合和全面建设，但不容讳言，当前防务型智库被几层枷锁牢牢捆住，军内智库缺乏独立性，地方智库又搞不起来的两难局面。首先是军内智库接受的指令性任务和指定课题过多，且令出多门，研究方向、研究领域和研究内容缺乏自主权。研究方向和具体课题被上级领导机关和对口业务部门任务化、指定化，甚至沦为相关部门的“自留地”和“私家田”，造成智库疲于应付、资源分散，只能就具体现实问题提供对策建议，头疼医头脚疼医脚，违背了智库建设和运行的规律，也伤害了智库的积极性和专业性。其次是受保密制度和保密措施限制，地方智库信息渠道不畅，难以真正参与进来和发展起来。由于军事和国防领域的特殊性质，保密工作具有极端的重要性，但由于保密权限和保密等级缺乏严格的法治规范和执行机制，职能部门出于自身利益考虑将保密门槛抬得过高，结果是许多信息资料领导干部看得到，专业研究人员却接触不到。特别是地方的智库人员被隔离开来，掌握不了真实情况，没有了研究的基础。以军内智库为主导，军地深度合作、信息资源共享是未来防务型智库的发展方向，这就需要一方面科学划分密级，允许军内专业的研究人员和地方智库接触研究材料，另一方面接触方要签订保密协议，承担保密义务和责任，完善保密制度，在维护保密安全的前提下顺畅信息资源占有和开放合作的机制。

3. 建立和完善培养、保留和使用人才的制度措施

智库建设，人才是关键。防务型智库需要具有战略、军事、国际政治、前沿科技以及管理等多方面的学科背景，学科的专业性、综合性要求较高，专业人才短缺是一个普遍性问题。而随着科学技术和学科专业向深处、广处发展，军民融合的程度不断加强，各学科各专业间的交流融合也在发生急剧变化，打开大门搞研究，放开限制招人才早已成为潮流和趋势。在这方面，美国的“旋转门”制度保证了高级专业研究人员能够实现军、政、学、商等领域的跨界流动，丰富知识阅历，提高实践认知。与之相比，中国国防和军事领域研究的研究工作长期以来都是军队系统的科研机构在组织，研究的大

门关得过紧，研究的整体开放性不高，社会融入性不强。受军官退役制度的影响，一批从事军事和防务研究的军官离开部队后，由于社会上从事防务研究的智库少之又少，导致他们没有条件和渠道继续从事研究工作，造成了极大的人才资源浪费。如何从人事制度层面理顺关系，做到军队体制外的人才能招进来，体制内的人才能留得住、用得上，体制内外人员能够有效流动，也是需要重点解决的问题。

4. 智库研究方向要凝聚战略目标服务改革强军大局

美国主要智库的研究课题都是聚焦战略性、全局性的问题，对战略态势演变、国防改革和军队建设中存在的重大难题和具有争议性的问题持续跟踪研究，能够对形势变化做出事前研判，给决策层提供切合实际和有效管用的对策建议。而当前中国防务型智库建设还是以依托军方和政府机构的非独立、半独立单位为主，行政色彩浓厚、受体制束缚大，都比较偏重于对政府政策的解读和宣传，相对独立的、前瞻性、战略性的研究较少，能提出创建性、独立建议的也较少。中国防务型智库研究应紧紧围绕改革强军大局，要突出问题意识、大局意识和前瞻意识，体现责任担当，直面军事战略和国防改革的困境和不足，找准制约的因素和短板，集中精力对重大战略性问题、军事政策问题、历史发展脉络和规律进行客观研究，对形势变化和政策走向进行分析预测，为决策提供客观公正的指导、意见建议。在解决具体问题方面多投入，在发现问题和解决问题的过程中提高智库的能力和水平，体现智库的智慧和价值。

二、情报智库：美—中经济与安全评估委员会[1]

美国是全球拥有高水平智库最多的国家，除了大名鼎鼎的兰德公司之外，“美—中经济与安全评估委员会”（U.S.-China Economic and Security Review

[1]　陈峰：《情报与智库双重视角的美国中国经济与安全评估委员会解析》，载《情报杂志》2019年第10期。摘编后收入本书。

Commission，USCC）也是一家对美国政府决策具有重大影响的智库机构，对美国政府对华政策方面具有巨大影响力。

（一）USCC 概要

1.USCC 成立背景

美国政界在对华问题上长期存在对华友好和反华两种势力。1979 年中美建立外交关系以来，经贸关系成为促进两国发展的重要纽带。在反华势力主导下，美国制定了每年对中美经贸关系进行审查的制度，以决定是否给予中国贸易最惠国地位，反华势力也每年都有机会根据其主张向政府施压。1999 年，美国克林顿政府决定永久给予中国贸易最惠国地位，并同意中国加入世界贸易组织。美国国会中的反华势力认为，给予中国永久性贸易最惠国地位将会损害美国利益，且不要年审将使美国缺少审议对华贸易政策的专门机构。根据美国国会 2000 年 10 月 30 日生效的《国防授权法案》成立 USCC，作为替代对中美经贸关系进行年审的机制，USCC 归美国国会直接领导，由国会参议院直接管辖，委员会的日常管理由国会参议院安全办公室负责。根据其成立章程，该机构的职责定位是监视、调查、向国会报告美中双边贸易和经济关系对美国国家安全的影响，向国会提交年度报告，并向国会提出立法和行政建议。

2.USCC 的人员构成

根据章程，USCC 由 12 名委员组成，由国会参众两院的多数党和少数党领袖对等任命，任期两年，可以连选连任。除了 12 名委员外，USCC 还设有十多位职员。从 USCC 网站公布的委员履历可以发现，USCC 委员经历丰富，在国家安全事务、美中关系、政策制定方面具有研究专长，普遍有在国会、白宫、军队、智库、企业等机构供职的经历，与国会两院议长、各专业委员会领导等普遍具有密切关系，人脉关系强大。

3.USCC 的主要工作活动

一是向国会提交年度报告。USCC 产生重要影响的是其按照法律规定向国会提交的年度报告，年度报告一般分为秘密和公开两类报告，外界广泛知晓的都是其公开发布的年度报告，这些公开年度报告都可以在其官方网站下载阅读。USCC 在 2002 年向国会提交了首份年度报告。从 2004 年开始连续每年发布公开的年度报告。二是召开听证会。2002 年 1 月 17 日，USCC 召开了主题为“出口到中国的军用技术与军民两用技术的影响”的第一场听证会，此后 USCC 每年都会举行若干场听证会。三是通过多种信息渠道密切跟踪研究中国的相关情况。USCC 成立之初就确认要高水平完成职责就必须了解关于中国国情及其变化的真实信息，就必须确切了解中国对美国的真实看法和态度，依靠二手资料和间接渠道获得的信息是远远不够的。为了获得真实可靠、及时的一手信息，USCC 成立专门的跟踪研究中国小组，专门对中国舆情、官方媒体报道、重要网站、重大事件、重大活动、重要公开媒体和出版物等进行密切跟踪，系统进行信息收集、翻译和分析，以此研究中国的国情变化、大众舆论、中国各界对美国的态度及其变化、中国政府怎样向民众描述美国政府和两国关系、民众从官方宣传渠道得到了哪些信息、中国是否遵守世界贸易组织规定等。四是实地调研探访。USCC 为了获得真实可靠、及时的一手信息，定期组织实地调研探访活动，带着关切的问题到中国内地、香港等地实地调研探访，通过实地观察、调研、与各界人士交流，获得丰富的一手信息，形成判断。五是开展专题研究。围绕工作需要，结合个人专长和兴趣开展专题研究，形成研究成果。

4.USCC 的工作保障

USCC 是依据美国法律成立的，美国国会为 USCC 进行了多项授权，保障其机构可以稳定运行。这些保障和授权主要包括 :

第一，USCC 委员可以对影响美国国家安全和美中长期关系的各种因素进行广泛调查，并可接触保密材料，有权调阅国防部、中央情报局或其他联邦部门的机密资料。

第二，USCC 召开听证会可以根据需要召集相关人员到场，国会议员(包括两院议长)、联邦政府高级官员、军事、安全、产业界、学术界、劳工代表等各界人士都要对 USCC 的工作给予支持配合，没有不可抗拒理由或另有法律规定，如果 USCC 听证会需要，则必须全力支持配合工作。

第三，充足的经费保障。USCC 的运作经费来自国会拨款，其数额能够满足该委员会运行的要求。其成立之初的首笔经费高达 500 万美元，2003 年 USCC 又获得 180 万美元预算拨款，2006 年预算拨款为 300 万美元。

第四，具有固定职员编制的专家团队为 USCC 委员工作提供了有力支撑。USCC 机构构成人员中，固定编制的职员是服务于 USCC 委员的专职专家团队，这些职员都是安全与国际关系、政策研究等方面的资深专家，能为 USCC 委员提供工作支撑。

第五，USCC 为委员们提供了安心工作的条件。USCC 委员的薪酬也是法律保障的。此外，USCC 的日常事务由美国参议院安全办公室负责，使 USCC 委员不需要为日常的琐碎杂事分散精力，可以安心做最重要的工作。

5.USCC 的成果呈现

向国会提交年度报告是 USCC 最重要的工作成果呈现，此外，还包括以下类别：

（1）专题研究报告。USCC 每年都会围绕美国国会及社会各界关注度高的问题，或是根据自身判断能成为关注度高的问题，开展专题研究，形成专题研究报告。这些专题涉及的范围包括经济、贸易、技术、军事、安全等，范围广泛。代表性专题研究报告有“中国的生物科技发展”（2019 年 2 月 14 日发布）、“中国的先进武器系统”（2018 年 5 月 10 日发布）、“美国联邦信息通讯技术（ICT）供应链来自中国的风险报告”（2018 年 4 月 19 日发布）等。

（2）中美双边贸易公报（Trade Bulletin）。这是 USCC 连续跟踪监测中美双边经贸情况的研究成果，主要内容包括中美双边贸易进出口额、细分领域贸易额变化、贸易逆差等，每月发布一期。

（3）讲话和听证会记录。这是 USCC 在召开听众会过程的形成的工作记录，通过视频和文本文件形式呈现工作成果。

（4）其他研究素材。USCC 研究过程中收集使用或形成的研究素材。如在美国证券交易所上市的 156 家中国公司名单等。

（二）USCC的年度报告

1.USCC关注的主要问题

中美双边经贸关系发展对美国的安全造成的影响是USCC研究关注的核心问题，经济和贸易问题引发的安全问题一直是USCC关注研究的核心问题。USCC关注研究的问题已经从最初关注研究经贸问题向研究军事、国防、两岸关系等领域扩展。

2002年，USCC向国会提交了其成立以来的首份公开年度报告，该报告共10章310页，主要内容包括：中国的美国认知与战略思考；贸易与投资；中国与世贸组织；政治与民事自由；作为地区经济发展动力的中国增长；中国在美国资本市场的存在；支持恐怖活动国家与中国的关系及扩散；跨台湾海峡安全事务；国防预算与军事经济；技术转移与军事采购政策。

2005年之后，USCC年度报告内容既有固定的经贸关系，也有新的内容增加进来，包括中国高技术发展对美国的影响、中国对信息和媒体的控制、中国军事实力进展对美国及其盟友安全的影响等。每一个问题之下又包括若干细分问题，如经贸问题之下又包括中国的汇率、产业政策、对世界贸易组织规则的执行情况等。

2.USCC年度报告的政策建议

USCC每年发布年度报告之后，都会在中美两国，特别是在中国引起很大反响。之所以能够引起反响，主要与USCC年度报告的政策建议有关。2018年，USCC报告提出的26条政策建议，其中有两条代表性建议：第一，建议美国国会指示美国贸易代表办公室查明中国国有企业扭曲贸易的行为，并制定政策抵消这些行为的影响；第二，建议国会指示政府问责局（Government Accountability Office）对中美技术合作的合作倡议进行评估。评估内容包括美国研究人员和公司的知识产权是否得到充分保护；研究中国国有企业或军队是否从美国纳税人资助的研究中受益；调查参与美国政府主导的美中合作项目的任何美国公司、大学或实验室是否受到源自中国的网络渗透等。

（三）对中国高技术发展的关注

高技术是对国家安全产生重要影响的问题，自然会成为USCC重点关注研究的问题。

USCC 2002年的年度报告，第10章标题为“技术转移与军事采购政策”，将技术与军事采购放在一起，主要关注中国怎样通过获取技术提升军力。2004年的年度报告共三部分，第三部分为：技术和军事进展，涉及“中国的高技术发展与美中科技合作”“中国的军事现代化和台海两岸平衡”和“中国对信息和媒体的控制”。2005年的年度报告中有“中国的高技术发展及其对美国国防产业基础的含义”。2006年度报告中有“从一个具体案例看中国自动化产业带给美国制造业及国防产业基础的挑战”。2010年，从中国是否遵守世界贸易组织规定、中国对地区的影响等方面关注中国信息技术发展对美国构成的安全风险等。

2017年，USCC对中国高技术发展的重视程度骤然升高，从中国高技术对提升军力的影响、中国的信息技术发展对美国构成的安全风险骤然上升到中国关键核心技术对美国高技术优势地位威胁的程度。2017年度报告中的“中国的高技术发展”部分涉及“中国在高性能计算、机器人、生物技术领域追求全球统治地位”和“中国对先进武器的追求”，且大篇幅围绕中国在高性能计算、机器人、生物技术三个领域之下的人工智能、量子信息、高性能计算、生物技术、机器人技术、纳米技术、云计算等7个技术方向进行了全面而深入的研究。研究的视角和内容主要包括中国的产业政策、中美在这七项高技术领域的竞争态势对比、美国应该怎么办等。

2018年，USCC继续保持对中国高技术发展的重点关注和强烈担忧。在“中国的高技术发展”部分，主要关注中国在下一代无线连接技术5G、物联网两个重点技术领域的发展及其对美国的影响，并提出了两项针对性建议。

（四）UCSS的智库功能

从智库角度看，USCC尽管总让中国各界感到压力和不快，但从中国国内学者对USCC的研究评价可以看出，USCC作为美国国会的决策咨询机构，确实扮演了智库角色。从智库角度看，USCC 主要发挥了以下作用。

第一，根据机构定位和宗旨，为美国国会反华势力提供新思想、新话题。USCC 成立以来，已经成为依托美国国会的中美关系问题中央处理器，将美国发展中遇到的问题从中国身上找原因。研读 USCC 成立以来举办的历次听证会内容可以发现，USCC 一直通过举办各种主题的听证会，源源不断为美国反华势力提供新思想、新话题，为美国反华议员攻击中国提供方向和标靶。例如，当中国的华为公司收购美国的三叶公司（3LEAF）时，USCC 怀疑华为的这次收购有可能对美国的信息网络安全构成威胁，于是连续召开了三次听证会，认定华为的这次收购会对美国的信息网络安全构成威胁，随后向国会建议反对这次收购。USCC 的推波助澜，致使华为收购三叶公司最终失败。

第二，为美国国会反华议题提供研究依据和专业化建议。当美国国会确定了反华议题之后，USCC 会配合这些反华议题的宣传造势和形成政府决策提供研究依据。这些依据包括资料数据、专题研究报告、听证会证人证词等。USCC 发布的中美双边贸易月报、中美双边贸易专题研究报告、围绕高技术的专题研究报告、专题听证会证词等都可以作为反华议题的研究依据，并可根据不同议题提供量身定制的专业化建议。

第三，为美国国会和行政部门提供决策建议。USCC 在每年发布的年度报告中，都会向美国国会和行政部门提供若干政策建议。例如，2018 年度 USCC 报告就提出的 26 条决策建议，很多都被美国政府部门接受，转化为实际决策行动。

再如，美国对华技术出口管制是 USCC 重点关注的问题。2005 年度 USCC 年度报告建议美国商务部将技术出口管制的重点从产品转向最终用户和最终用途。美国商务部按照 USCC 的建议于 2006 年修改了技术出口管制政策法规，收紧对华高技术出口管制。

近年来，美国对中国战略高技术的打压步步升级，全球打压华为、减少中美敏感技术领域交往、调查中国的“千人计划”等等，诸多政策出台的背后都可以从 USCC 年度报告中找到相关的原始决策建议。

USCC 能够发挥重要作用的原因很多，从智库角度看主要有以下几个方面：第一，USCC 直接服务于国会，帮助国会对政府工作监督批评，具备发布不同声音的环境。第二，法律授权为 USCC 开展工作提供了保障。第三，将 USCC 嵌入式地纳入了美国政府决策机制，确保了 USCC 能将建议快速地、尽量不打折扣地转化成美国政府的决策。第四，USCC 具备良好的工作支持保障。具备良好的复合型知识结构和从业背景、与美国国会领导和议院有密切的人际关系交往、十多名专家组成的职员团队为其提供研究支持，有充足的研究经费，具有能够安心工作的条件保障等。

（五）USCC 的情报工作

1.USCC 开展工作的情报属性

从机构功能定位角度看，USCC 显然不是美国的军事与国家安全情报机构，但并不意味着 USCC 不开展情报工作。USCC 既是典型的智库机构，也为美国国家层次决策扮演“监视调查——耳目；发现议题——尖兵；提供立法、行政决策建议——参谋”的角色，其机构设置的宗旨是服务于美国的安全与发展需要，是地地道道的国家竞争情报研究与服务机构。

USCC 举行听证会、通过多种信息渠道密切跟踪研究中国的相关情况、实地调研中国的相关情况，都是地地道道的竞争情报搜集分析工作，也是高度倚重一手信息、强调信息真实、及时特性的信息搜集分析工作。对中国国情的跟踪研究文献资料、委员会成员个人的研究成果、听证会记录、美中贸易监视月报、专题研究报告、向国会提交年度报告构成了完整的竞争情报服务产品线。USCC 围绕中国高技术的工作，不同于一般企业层次、普通科研机构层次开展的技术竞争情报工作，而是属于典型的国家关键核心技术竞争情报工作范畴。

USCC 尽管没有开展竞争情报工作之“名”，却有竞争情报工作之“实”，而且深得竞争情报精髓，具有很高的专业水准。USCC 为用户提供的主要是情报服务、决策咨询服务、思想智慧服务，且决策咨询服务分量突出，思想智慧服务效果显著，从这方面也可以看出 USCC 的竞争情报工作层次很高。

2.USCC 开展高水平情报工作的原因

USCC 之所以能够开展高水平竞争情报工作，主要原因有以下几点：

一是 USCC 机构职责定位明确，对用户需求有精准把握。USCC 将中国认定为美国的竞争对手，只要是对竞争对手不利的就是工作的大方向和主旋律。设定了中国这个明确的竞争对手，聚焦美国中国双边经贸关系对美国国家安全和美国竞争优势构成的威胁开展跟踪和研究，并提出相应对策，将竞争情报定位于国家竞争情报层次，操作性强、工作量容易控制。另外，USCC 对自己的用户——美国国会反华势力的需求非常了解，知道用户们需要什么，为高水平开展竞争情报工作提供了保障。

二是法律授权为 USCC 高水平开展竞争情报工作提供了保障。USCC 机构通过多种信息渠道密切跟踪研究中国的相关情况、举行听证会、实地调研都是开展竞争情报工作的具体做法，更为重要的是，USCC 可以倚仗法律授权使用美国所用情报机构的相关成果，这更是其能够开展高水平竞争情报工作的重要保障。

三是 USCC 具有识别各种素材中的竞争情报含义、将竞争情报转化为决策建议的良好能力。从 USCC 委员的知识背景和从业经历可以发现，这些人几乎都是国际关系、安全、法律问题专家，谙熟美国政策制定流程，可以从发掘各种素材的竞争情报含义迅速转化为政策建议，并能快速推动使其成为政府的政策法规，体现了从发掘关键竞争情报课题到迅速转化为政府决策活动、实现竞争情报价值的良好能力。

综上所述，从情报与智库双重视角对 USCC 的解析可以发现，服务于面向竞争决策的智库与竞争情报存在密切关系，智库必然开展竞争情报工作，智库与竞争情报工作互为表里、互相依托、互动耦合，高水平智库的背后一定是高水平的竞争情报工作为其提供支撑。

USCC 尽管定位于聚焦经贸与安全问题的综合问题智库，同时也发挥了科技智库的作用。USCC 发挥科技智库作用的启示是，科技智库也未必仅仅关注科技问题，从经济、安全、大国博弈的战略视野开展科技战略问题研究，可能产生更高质量的智库服务产品。此外，高水平的竞争情报工作一定会起到事实上的智库作用，竞争情报上升到智库才能产生最大价值。这两点都是有志于建设科技智库的中国科技情报信息机构需要高度重视之处。

三、情报智库：情报与国家安全联盟[1]

在情报领域，美国是当今世界能力最强大、实践最丰富、理论最成熟的国家，而其数量不菲、作用独特的美国情报智库（本书指以情报及与情报相关的国家安全问题为主要领域的政策研究与决策咨询机构），也是美国情报强大、丰富、成熟的一个重要表现，这些组织与美国情报界、学术界及相关私营机构有着千丝万缕的联系，可以办成许多官方情报机构“需要做、想做但没能（精）力做、不便于做”的事情。

（一）联盟的发展历史

“情报与国家安全联盟”的前身是成立于20世纪70年代末的“安全事务支援协会”（Security Affairs Support Association, SASA），2005年11月改名。协会设立初期的工作几乎全部围绕国家安全局展开。其目标是全面提高公私合作的质量。但是，在设立之后的很长一段时间内，协会的组织结构不太健全、活动方式也较为有限，“没有对国家安全局或联邦层面的决策者进行过游说，也没有对更多的政府合同表示过支持”。

“9·11事件”从根本上重塑了安全事务支援协会的目标和任务。该协会认为，应顺应美国情报与国家安全工作的发展，将业务范围扩展到国家安全局之外，满足更广泛的（国家安全）业界需求，在更广泛的专业人员范围内讨论如何提升国家安全领域的公私关系。与之相适应，该协会董事会于2005年11月更名为“情报与国家安全联盟”（以下简称“联盟”），并将办公地点搬离国家安全局总部，迁至弗吉尼亚州阿林顿。

随着业务范围由以国家安全局为主的情报部门扩展到以情报为主的整个国家安全领域，“联盟”的使命任务也由原来的“加深参与或关心国家情报事业的政府、工业和学术人员之间的关系，增进他们的相互理解”，调整为“为情报与国家安全界公共、私营、学术部门的协作提供一个非党派论坛，

[1] 任国军：《美国情报智库分析——以“情报与国家安全联盟”为例》，载《情报杂志》2019年第8期。摘编后收入本书。

集政府内外各路专家之力，识别、开发、促进实用的、创造性的国家安全问题解决方案”，由加深关系、增进理解扩展为搭建平台、促进协作，并提供解决方案。

（二）联盟的基本情况

近年来，“联盟”按照新的职能定位进行了组织机构改革，健全了领导管理体制，增设了多个业务和研究部门；相关会员的类型和数量也有了较大扩展、增加。目前，联盟正朝着“成为最主要的非党派、非营利性论坛，促进公私伙伴关系，以推进情报与国家安全优先事项”的愿景目标迈进。

1. 领导管理体制

联盟已经建立起了以董事会、顾问委员会、管理层为主的较为完善的管理体制。联盟董事会由具有深厚情报背景的政府、私营和学术界人士共同组成，负责对联盟的业务运营和计划规划进行战略监管。顾问委员会（Advisory Committee）是2018年初在合并原顾问委员会（Board of Advisors）和执行委员会（Executive Committee）的基础上组建而成的，职能是就相关政策倡议、活动安排等为联盟领导人和高级经理们提供指导和建议。顾问委员会的成员全部来自该联盟的私营部门会员单位，且大多具有政府或行业高层任职经历和丰富的情报与国家安全事务经验，可以“确保联盟的各种项目获得情报界的共鸣，并为会员单位和情报界伙伴创造价值”。联盟的日常运营由以总裁为首的精干管理团队负责，团队成员包括首席运营官，分别负责政策、行政与管理事务的两位副总裁，以及公私伙伴关系高级专员、会议事务主管、政策与公共关系高级经理、数字营销经理、会员经理等。

2. 业务和研究部门

联盟设立了情报界特定研究领域的政策委员会（见表1.5），汇聚政府、行业和学术部门的智力资源，以撰写报告、组织活动、参加听证会等不同形式，影响政府决策。此外，针对一些突发性的情报与安全议题，联盟还会以临时性的（特别）工作组等形式加以应对。

表1.5 情报与国家安全联盟下设的政策委员会

名称	译名	基本职能
Acquisition Management Council	采办管理委员会	提高情报界有效、迅速、灵活地采购、监管高端服务合同的能力，改进服务采办流程，加强采办方面的公私协作
Cyber Council	网络委员会	融合行业、政府和学术专家的知识，为如何认识与应对网络领域所面临的国家安全挑战提供更权威、更有影响的观点，并形成创新性、创造性的网络安全挑战解决方案
Domestic Security Council	国内安全委员会	加深对国土安全情报及其作用、挑战等的认识；加强国土安全情报各相关部门及公众之间的沟通、理解与伙伴关系，并为之提供相关解决方案
Financial Threats Council	金融威胁委员会	就政府、金融服务部门及其他行业所面临的各种金融风险加强公私合作和信息共享，增强人们对美国及全球金融基础设施的信心；识别国家安全所面临之金融威胁的关键问题和挑战，塑造应对金融威胁的公共政策，开发相关政策、法律、情报、执法选项，鼓励私营部门与美国政府在相关领域进行紧密协作
Intelligence Champions Council（Professional Development and Mentorship）	情报冠军委员会（职业发展与指导）	鼓励、促进从事情报相关职业或对情报感兴趣的个人和组织之间开展对话，提高情报界及其行业伙伴、学术伙伴的能力；通过小组讨论、活动辅导等方式，便利情报与国家安全部门工作人员的非正式学习，帮助他们建立积极的关系网络，发现职业导师等
Security Policy Reform Council	安全政策改革委员会	成为安全问题方面的思想领袖，实现人员安全许可等安全政策（项目）设计与实施的范式转型
Technology and Innovation Council	技术与创新委员会	充当利用联盟各会员的知识、提出与应用创新性技术思想的“催化剂”；鼓励企业家、投资人、技术创新人员进入情报市场，促进技术研发与利用，以应对政府最紧迫的情报挑战

3. 会员网络

发展会员并通过庞大的会员网络将政府、行业、学术部门的人员汇聚起来，为政府提供来自外部来源的公正观点，为行业提供来自情报界领导机构的有影响的声音，是联盟发挥其“催化剂”和“平台”作用的重要途径。联盟的会员主要分为两大类：一类是团体会员，一类是个人会员；团体会员又可分为公司会员和学术会员两类。

联盟团体会员以与美国情报与安全部门存在各种业务关系的信息技术、计算机软硬件、管理咨询、武器装备等各类商业公司和学术机构为主，其中不乏波音、雷神、IBM、BAE 系统公司、通用动力公司、洛克希德·马丁公司等世界知名公司。按照交纳会费的多少，团体会员又可以分为总裁顶级会员以及铂金、金、银、铜等不同的级别，并根据不同的级别享受不同的会员权利。成为团体会员之后，会员单位的正式雇员和教职员工、学生亦可享受相应的权利。

个人会员的会费相对较低，数量在数百人左右，以美国政府、军方、私营公司、学术机构的退役（休）官员和工作人员为主。此外，美国政府的在职工作人员可以个人会员身份免费参与联盟及各委员会、（特别）工作组的相关工作。

4. 附属基金会

附属于联盟的情报与国家安全基金会（Intelligence and National Security Foundation, INSF）是一个非营利组织，以“教育公众”为主要目的，即通过组织活动、演讲、研讨会等增进公众对情报界的理解，推进关于重要情报与国家安全问题的讨论和研究，为情报与国家安全部门的（潜在）雇员提供职业发展建议和辅导等。基金理事会成员由联盟董事长、总裁、部分管理人员及会员单位的人员担任。

（三）联盟的主要特点

从目标定位、价值追求、治理体制、人才机制、功能发挥等方面来看，联盟完全具备“思想库”的绝大部分特征，是一家较为典型的情报智库。

1. 以政策性、实用性研究为主的目标定位

智库不同于一般的学术研究机构，其重点不是基础性、学院派的理论研

究，而是以对策性、实用性的研究成果服务并影响公共政策和决策。联盟为自己所设定的使命任务就是识别、开发、促进实用的、创造性的国家安全问题解决方案，其最为关注的优先事项则是如何应对情报与国家安全界所面临的政策挑战，为美国所面临的情报与国家安全问题提供创造性、创新性、及时性的解决方案。联盟在研究机构设置、研究领域选择等方面也都表现出了较强的应用性、针对性：现有的七个政策委员会所针对的都是美国情报与安全部门在现实工作中遇到棘手问题最多、实际挑战最大的领域，各委员会的主要任务也大多聚焦于在各自领域“塑造公共政策”“提出解决方案”“促进技术利用”“改进项目设计与实施”等实操性、应用性问题上。

2. 以独立、客观为标签的价值追求

以立场上的非党派、财务上的非营利确保研究过程和结果的客观性、独立性，被西方智库标榜为其生存发展的基石。但因为许多智库都与企业界、政界、大学、媒体等存在密切联系，其独立性、客观性往往难以得到完全保证。联盟功能只是为政府提供来自外部来源的公正观点；但实际上，无论是从资金来源、人员构成还是从业务运行来看，联盟所标榜的独立、客观、非营利更多只是停留在口头上。

从资金方面来看，联盟的创始公司包括多家在情报行业鼎鼎大名的品牌企业，每家公司除了初始投资外，还需交纳会费”；联盟附属“情报与国家安全基金会”的捐赠资金也大多来自其会员企业或与情报行业高度关联的其他公司。从人员构成来看，联盟董事会、顾问委员会、管理团队的人员也大多（曾）供职于会员企业、关联公司或美国政府情报与安全部门，与他们存在千丝万缕的利益纠葛。从业务运行来看，情报与国家安全联盟的有些活动是以赚钱为目的的投机行为，为其带来了可观的收益。正因为与相关企业、政府部门等存在如此紧密的联系，联盟的各种活动和研究成果将不可避免地受到它们尤其是私营情报与安全公司的影响，其公正性、独立性将大打折扣。

3. 以公司化、专业化为特色的治理体制

作为一种自筹资金、市场化运营的非政府组织，追求效率和效益是各类智库的必然选择，而这与现代企业存在高度的一致性，从而也就决定了现代公司治理体制在国外智库的广泛应用。这一体制主要有三个特点：一是以董事会（或理事会）为最高决策机构。董事会（或理事会）负责任命智库负责人、确定智库的发展框架和研究计划，筹集资金和拓展智库的影响力；二是由精干、扁平化的管理团队负责智库的日常运营，以总裁为首的管理团队人员精、层级少，分工明确、各司其职；三是以专业领域或研究主题设置研究部门，多以研究领域或研究主题（常称为'项目组'）为研究组织单元。研究的组织方式，有常设的研究部、研究中心，也有根据项目需求设立的课题组。

4. 以"旋转门"为特征的人才交流与使用机制

美国的政治体制和政党制度造就了"旋转门"这一美国政治和智库文化的重要特色。一方面，智库机构的研究和管理人员能够大量到政府部门任职，将研究成果渗透、应用到政策和决策之中；另一方面，卸任官员也可以回流到智库机构继续从事政策研究，不断提高智库研究的水平和质量，实现"智（学）—政"的良性循环、叠加发展。这种智库人员与政府官员可以在对方领域自由、顺畅进出的"旋转门"制度，是美国一流智库影响国内公共政策制定和社会思潮发展，引领世界政治经济走向的最重要的原因。

这种"智（学）—政"旋转门模式也贯穿于联盟设立、建设、发展过程始终，自设立时起，"安全事务支援协会"就一直受益于正在政府服务或已退休的情报界高级领导的广泛参与。董事会主席、副主席，总裁、副总裁等高层决策和管理人员，几乎全部都由美国政府情报机构的前高官担任。联盟的个人会员也有许多来自国家安全委员会、国家情报主任办公室、国家情报委员会、国务院、国防部、中央情报局、国土安全部、（司法部）烟酒枪炮及爆裂物管理局等部门的前政府官员。当然，联盟绝不仅仅是政府官员退休后的落脚地，更是他们转任更重要职位的"加油站"。联盟的多位董事和高级管理人员在卸下所担任的联盟职务之后，重返政府部门任职。

5. 以"三位一体"为主导的职能发挥和影响传播渠道

作为以政策研究为核心的"思想工厂"，"生产思想"是智库生存发展的第一要务。但仅仅生产思想还不够，"提出思想""教育公众""汇聚人才"是智库的三大基本职能，也是其发挥作用、施加影响的主要渠道；而这三个方面又是相互影响、相互促进的，统一于智库的各种研究实践及各项日常活动和运营中。

联盟通过撰写报告、发表论文、出版期刊和时事通讯等各种方式，宣传其政策主张；通过发展会员，邀请会员参加项目推介、课题研究、会议咨询等各种活动，传播其研究成果；通过开设官方网站，及时发布研究动态、更新活动信息、扩大受众范围；通过设立政策与公共关系高级经理、数字营销经理、会员经理等外联部门，便利与公众、会员和媒体的联络沟通；通过设立基金会，组织演讲、研讨会、见面会等各种活动，增进公众对情报界的理解；通过“旋转门”机制向政府情报机构输送人才，直接影响或参与政策制定。此外，联盟还为学术会员机构的学生提供实习岗位和就业指导、通过 Twitter 等社交媒体进行职业发展辅导，吸引更多的优秀人才投身情报行业；为情报机构的专业人员提供交流任职机会，加深情报界、行业部门与智库之间的相互了解与认知，经常召开新闻发布会，选派专家接受媒体访谈、参加国会立法听证等，就重大、热点情报与安全问题发表自己的政策见解，进而左右公众舆论和政府决策。

除上述常规性举措外，联盟还策划、推出了一系列影响较大、受众范围较广、特色较为鲜明的其他活动和项目，有效扩展了其影响传播渠道，提升了其“咨政”“启民”“孕才”的能力和水平。

（1）威廉·奥利弗·贝克奖（William Oliver Baker Award）年度颁奖晚宴

作为联盟举办的一项“最主要的活动”，该奖项主要授予那些“为美国情报与国家安全事业做出杰出贡献的个人”。近些年，该奖项已经成为由非政府部门颁发的最具声望的情报界服务奖项之一。1984 年以来，已有 30 多位美国政府、军方、国会情报机构及相关学术、私营部门的高级领导、行业翘楚荣获该奖项，其颁奖晚宴更是成为政商沟通、会员交流、政策吹风、学术演讲的一场盛会，每年都会吸引成百上千名各界人士参加。联盟还于 2010 年设立了系列“成就奖”(Achievement Award)，对情报行业的年轻专业人员及其导师进行褒奖。

（2）情报与国家安全峰会（Intelligence & National Security Summit）

该峰会是联盟与武装部队通信与电子协会（Armed Forces Communications and Electronics Association, AFCEA）于 2014 年开始共同主办的一个年度高端情报学术会议，是“美国政府及其私营、学术部门伙伴（就情报与国家安全问题）进行公开对话的最主要论坛（premier forum）”。在近几年的会议上，美国国家情报主任、情报界各成员机构的主要领导，国会、国土安全部、国防部、各军种情报工作负责人，重要情报承包商及盟国情报工作领导人等都会亲自与会，并发表主旨演讲、主持小组讨论等，与会人数经常超过 1000 人。

（3）领导人晚宴（Leadership Dinner）

联盟每年举行 2—3 次“领导人晚宴”，邀请美国各主要情报机构的负责人“就与其所在机构及更广泛的国家安全问题与挑战相关的重要问题进行讨论”，每次晚宴的受众人数一般都在 450 人以上。2018 年 3 月 8 日，联盟邀请美国国防情报局局长参加“领导人晚宴”，以“为领导人提供决策优势”为题发表演讲，并接受了相关访谈；8 月 9 日，联盟还将邀请美国网络司令部司令兼国家安全局局长参加“领导人晚宴”。

（4）创新者橱窗（Innovators' Showcase）

该活动是联盟与美国国家情报主任办公室于 2010 年开始共同举办的一个情报科技创新成果年度展览。在该展览上，经联盟技术与创新委员会筛选推荐的私营公司和学术机构将向由国家情报主任办公室遴选产生的专家委员会，展示、推介其创新型独立研发成果，以促进政府与外界组织在技术挑战与解决方案领域的对话。近几年，报名参加该展览的人数屡创新高，已经成为践行“提升公私伙伴关系”这一联盟核心任务的典型代表。2018 年 6 月，由于该展览的“创新性、有效性和广泛参与性”，联盟获得了美国协会经理人学会（American Society of Association Executives, ASAE）的专门表彰。

（5）快速辅导（Speed Mentoring）

该项目是联盟于每年春季面向有志于从事情报、国家安全、国土安全工作的在校大学生、研究生及意欲改行从事这些工作的中青年专业人员举行的一种职业发展辅导活动。活动中，联盟将邀请美国政府和军方主要情报机构及战略与国际研究中心（CSIS）、兰德、亚马逊（Amazon）、美国电话电报公司（AT&T）等相关学术、私营部门的高层领导和专家，与他们面对面分享职业经历、提供专业建议，并回答他们的问题。

总之，各种不同目的、不同领域情报智库的大量存在和积极活动，是美国情报工作的一个重要特色，也是拉动美国情报理论与实践发展的重要因素之一。经过几十年的发展，以联盟为代表的美国情报智库，形成了一系列颇具特色且行之有效的传统和特点，已经成为促进情报工作发展，加强情报与国家安全领域政府、私营、学术部门沟通合作的一支重要力量，在美国情报政策的制定中发挥着虽隐蔽但巨大的作用。

当前，中国特色新型智库建设已经全面启动，包括情报在内的防务、安全类智库的建设发展也已经驶入了“快车道”。我们防务、安全类智库尤其是情报智库的创新发展，还存在许多瓶颈性问题，甚至面临“有库无智”“库多智少”的窘境。认真研究、全面总结、客观评价美国情报智库建设发展的特点和经验，具有积极的启示和借鉴价值。

四、情报智库：IARPA 的管理机制及运行模式[1]

科学技术的不断进步和发展推动了情报获取、整理和分析等过程中的技术变革和创新，现代科技已深度融合于情报领域。情报的决策和服务功能更加依赖于科技的应用与融合。美国情报界通过不断推动情报科技的创新，以维持其对外和对内的超强情报能力。美国政府以国防高级研究计划局（Defense Advanced Research Projects Agency, DARPA）为蓝本，设立了一个情报科技创新机构——美国情报高级研究计划局（Intelligence Advanced Research Project Agency, IARPA）专门负责美国情报科技领域中基础性、前瞻

[1] 张家年、卓翔芝、谢阳群、李阳：《创新情报科技保障国家安全：IARPA 的研究机制与启示》，载《情报杂志》2016年第1期。摘编后收入本书。

性、高风险性、创新性、颠覆性的研发工作。

（一）DARPA 及其他 ARPAs 概述

美国国防部的国防高级研究计划局（DARPA）成立于 1958 年 2 月，是美国国防部重大科技攻关项目的组织、协调、管理机构和军用高技术预研工作的技术管理部门，主要负责高新技术的研究、开发和应用，所承担的科研项目，多为风险大而潜在军事价值也大的项目。DARPA 既为美国国防军事上先进武器系统的研发提供资助，同时也资助其他领域中一些基础性、前瞻性的研究工作（见图 1.5），而且通过卓越的管理工作，构建跨越从技术理念到现实应用之间的桥梁。

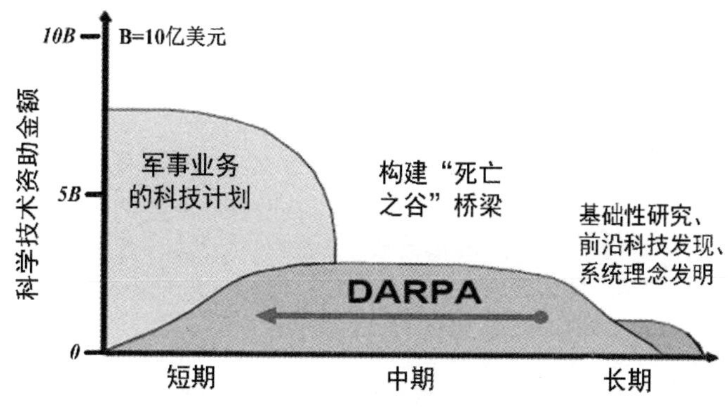

图1.5　DARPA在科学技术发展中的作用

DARPA 为美国积累了雄厚的国防科技资源储备，并且引领美国乃至世界军民高技术研发的潮流，甚至影响社会发展历史的进程。

“9・11 事件”之后，为了应对相关领域安全情报的需要，鉴于 DARPA 的成功运作和经验，美国政府按照其组织结构、运行流程、项目管理等机制为蓝本，先后复制了三个 ARPA 机构。除了美国情报高级研究计划局（IARPA）之外，另外两个分别是美国国土高级研究计划局（Homeland Security Advanced Research Project Agency, HSARPA）以及美国能源高级研究计划局（Advanced research projects agency-energy, ARPA-E），见表 1.6。

表1.6 美国三个重要的ARPAs的基本概况一览表

机构名	隶属机构	成立时间	主要目标	主要研究领域
HSARPA	国土安全部（DHS）	2002	① 推动技术的变革 ② 促进科技的开发、测试和评价 ③ 部署关键性的国土安全技术 ④ 加强技术原型的开发、以解决国土安全的脆弱性	恐怖主义；边界与海事安全；生化防御；网络安全；人因/行为科学；爆炸物；基础设施保护及灾难管理等
ARPA-E	能源部（DOE）	2009	①通过支持能源科学研究和技术开发，减少美国对外国能源的依赖 ② 提高美国经济的能源效率 ③ 降低能源对环境的影响 ④ 确保美国在能源技术开发中的领导地位，从而提升美国经济和能源安全。	新能源的产生、存储和使用等领域的崭新技术和方法
IARPA	国家情报总监（DNI）	2006	① 打破情报界机构界限 ② 抓住情报机构间空白的机会 ③ 提供商业模式不愿从事的创新机遇 ④ 生成具有革命性的能力，即令对手惊诧的科技能力	预判突袭（情报） 敏锐地分析 安全地运行 智能采集信息

DARPA 主要服务于美国国防军事安全需要，研究和开发也主要是服务于国防军事需求，并不负责情报界（Intelligence Community, IC）的情报科技研发，难以满足情报实践中的科技需求。尽管美国有一些情报机构拥有独特的情报技术，如美国联邦调查局、中央情报局、国家安全局、国家地理情报局等，但是，它们根据本机构情报技术需求资助一些短期的、针对性的研究和开发，并不愿意投资基础性和前瞻性的预研工作。

（二）IARPA 的管理机制

1.IARPA 的组织机构设计

从组织管理视角来看，IARPA 是一种扁平化组织结构，这种扁平化组织结构适合知识团队运作，并且能够提高管理效率，增加管理柔性，降低管理成本，调动项目成员积极性。这也符合 IARPA 围绕项目进行情报科技的研发而建立若干个短期的、虚拟团队的管理实践。其组织结构见图 1.6，IARPA 由国家情报总监（Director of National Intelligence, DNI）管辖，但其一般不直接干预 IARPA，具体运作与管理由 IAEPA 主任直接负责。情报高级研究计划局下辖 4 个子办公室，分别是：意外预判办公室（Office for Anticipating Surprise, OAS）、深入分析办公室（Incisive Analysis Office, IAO）、安保操作办室（Safe and Secure Operations, SSO）和智能收集办公室（the Office of Smart Collection, OSC），每个办公室配有相应的负责人以及若干项目管理人员，他们之间的联系主要是项目业务上的联系。

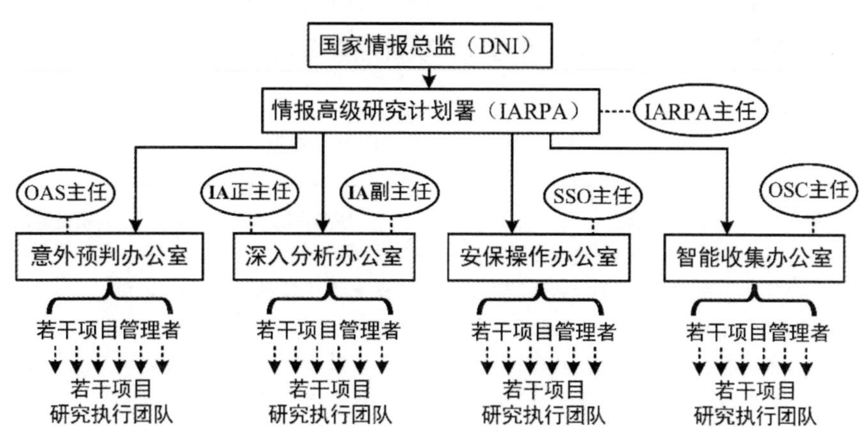

图1.6　IARPA组织的扁平化结构示意图

四个办公室分别是：①意外预判办公室（OAS），关注提前预警情报，不确定性的特征描述，以减少不确定性。办公室通过推动科学项目的实施，培养一种及时而又准确地发送预测与国家安全相关的突发事件范围的能力；②深入分析办公室（IA），聚焦于大量的、异构的、难以确证的和动态的数据（这就是大数据分析），对于分析师来说，可获得最佳洞察力，在已有的各种数据中继续寻求新的信息源，并在分析过程中研究和应用创新型技术；③安保操作办公室（SSO），在常怀有敌意的、日益相互依赖的和资源限制的环境中重视情报界所具有的自由和有效的操作能力，研究重点领域包括：信息保障、高级计算机技术和架构、量子信息科学和技术、威胁侦测与平息等；④智能收集办公室（OSC），重点在于改善从全源收集的数据价值。通过各种活动达到这个目标，如开发新的传感器和传送技术，更加精准的新信息收集技术，以及收集以前无法访问信息源的信息。另外，SC 办公室还追求对多源数据进行相联结的新机制以提高收集信息的质量、可靠性和实效性。

2.IARPA 的研发项目和研究成果

IARPA 对资助的研发项目，会在官网上发布。表 1.7 是根据网站内容整理的部分研发项目。IARPA 的年度预算和其他情报机构一样，属于机密，按照网站公布的项目进行推算，平均每个项目经费高达数百万美元以上。

表 1.7 IARPA 的部分研究项目概况（根据其网站内容整理）

项目名称	研究领域	研究目的	项目管理者
阿拉丁视频	图形、图像、视频、多媒体、计算机视觉、自然语言处理、图像处理、大数据、视频分析、机器学习和语言处理	项目寻求将最先进视频抽取技术、音频抽取技术、知识表征和搜索技术以一种革命性的方式结合在一起，以实现快速、准确、鲁棒和可扩展的技术，以支持对多媒体分析	Jill Crisman
综合应急评估	预测、人力判断、机器学习、逻辑和批判性思维	通过开发先进技术，抽取、权衡、与很多情报分析师判断相结合，提高对一系列突发事件情报预测的正确性，精度和及时性	Steven Rieber

（续表）

项目名称	研究领域	研究目的	项目管理者
巴别塔	语音识别技术、关键词搜索算法、噪音背景下的语音识别、稀缺资源语言、快速适应新语言和新环境、机器学习	目标是要构建一个迄今为止最大规模语言识别技术开发的方法。项目需要在如何对一个新语种进行快速建模，能够用最少量而且更嘈杂和更多样化的训练数据	Mary Harper
网络攻击自动的非常规感知环境	网络安全、网络突发事件预测、网络行为者的行为和文化理解、网络威胁情报、网络威胁建模、网络事件编码、动态网络事件侦测	寻求开发网络攻击行为的预测方法和侦测即将出现的网络现象，以帮助网络防卫者应对某网络攻击。开发和验证非常规的、多学科传感技术，能够预测网络攻击和执行现有的高级入侵侦测能力	Robert Rahmer
科技论述中的预见和理解	技术突现、文本分析，知识发现、大数据、社会网络分析、自然语言处理、预测、机器学习	目标提供新的分析工具帮助分析师在面对文本内容以指数增长的情况下，通过跨学科和多语言的手段保持对新兴技术的觉察。寻求利用在已经出版的科学、技术和专利文献中发现的信息，开发自动方法在系统的、持续的和综合的技术突现评估方法	Jason Matheny
隐喻	自然语言处理、认知科学、认知语言学、概念隐喻、隐喻、文化、从隐喻中文化洞察力自动显现	隐喻项目将开发利用隐喻来获得关于不同文化规范的洞察力	Catherine Cotell
开放源指标	大型的/包含错误的数据集、预测、公共健康、机器学习	开发持续的、自动的对公共可用数据分析方法，为了评估和侦测严重社会事件，如政治危机、人道主义危机、大规模暴力行为、暴乱、大规模迁徙、疾病爆发、经济不稳定性、资源短缺，以及对自然灾难的应急反应。执行者将能对真实世界事件发送评估预警基础	Jason Matheny
语言中的社会文化内容	自然语言处理、群体生态学、社会语言学、群体行为、社会群体、在线交互、社会角色	探究和开发新颖的设计、算法、方法、技巧和技术，来进一步发现一个群体中成员的社会目标，通过把这些目标和他们使用的语言相关联	Catherine Cotell

IARPA 项目成果既有公开的，也有保密的，因此，难以直接对 IARPA 项目的成果产出进行评估。在 WOS 数据库中，选择 IARPA 为资助单位进行搜索，截至 2015 年 7 月底，该收录 IARPA 项目资助的研究成果共有 860 篇（表 1.8 是学科 TOP10）。

表1.8　在WOS数据库中IARPA项目资助的研究成果简表（TOP10）

序号	成果所属学科	文章数	占比
1	Physics Multidisciplinary（物理学相关学科）	245	28.488 %
2	Optics（光学）	201	23.372 %
3	Physics Atomic Molecular Chemical（原子物理、分子化学）	152	17.674 %
4	Physics Applied（应用物理学）	108	12.558 %
5	Physics Condensed Matter（凝聚态物理）	94	10.930 %
6	Multidisciplinary Sciences（跨学科）	79	9.186 %
7	Engineering Electrical Electronic（电子电器工程学）	52	6.047 %
8	Computer Science Theory Methods（计算机理论方法）	38	4.419 %
9	Computer Science Artificial Intelligence（计算机科学人工智能）	37	4.302 %
10	Physics Mathematical（材料物理）	33	3.837 %

从表 1.8 可以看出，大都是属于基础性、学术性的成果，当然，IARPA 研究成果还包括一些具体形态的技术、方法和系统，如 IARPA 借助于 Sirius 项目，解决情报分析工作过程中偏见和失误的问题通过视频游戏来帮助分析师克服情报工作中的偏见；通过 C3 项目资助超导计算机的研发以提高计算机工作效率，从而帮助情报界应对大数据分析的需要；IARPA 的开放源指标（OSI）项目通过对社会媒体（如 Twitter）进行监控，进行预测，获取情报；IARPA 的 FUSE 项目资助的文本挖掘子项目对已有专利和文献的文本主体进行了 200 多万次的分析，发现了好几百个重要新兴领域的线索，进而寻找科技创新的机会，等等。

（三）IARPA 的运行模式 [1]

1.IARPA 的项目管理流程

首先，广泛征集外界建议，明确情报需求，初步确定研究方向。IARPA 是美国情报界中一个相对开放的机构，其官网上有现任项目经理的相关信息，社会研究者和科研团队可直接向项目经理提供相关领域情报科技发展的建议，这对 IARPA 瞄准情报科技发展的前沿具有重要意义。作为特定情报科技领域的专家，项目经理会结合外界建议形成对情报科技发展的初步想法。为推动这些想法发展成为具体的研究方向乃至具体项目，项目经理通常会举办一个为期一至两天的非正式的研讨会，参加者包括相应领域的研究者、科研团队以及情报界人士等，各方可不拘形式地就想法的各个方面展开讨论。此外，IARPA 还会参考情报界有关科技发展的官方文件，借此明确情报需求与现实能力间的差距，从而有力指导 IARPA 的研究方向。

在此基础上，IARPA 及其各个办公室每年都会发布一次公告（BAA），有效期大约一年，类似我国科技部门发布的“研发计划指南”，不涉及具体项目，核心内容是 IARPA 下属四个办公室在未来一年里将重点关注的研究方向（本文称为“研发公告”）。这是 IARPA 发布的最核心的官方文件，除此之外，还有一类是具体项目的公告，主要用来发布相关研发项目的具体信息，公开对外招标。研究者和科研团队可据此提出项目申请，项目经理会对提交者的研究情况进行初步筛选，确保其与 IARPA 职责和研究领域相一致。如果初选通过，申请者会结合项目经理的反馈情况提交一份项目提案，项目经理会对其内容进行研究和评估。对于通过的提案，IARPA 以“项目孵化”（Seedlings）的名义向其投入经费，实施期一般为 9—12 个月。

其次，评估和筛选项目提案，正式确立研究项目。研究者或科研团队根据研发公告而提出的项目提案，在经过一段时间的“项目孵化”后，形成正式的项目提案提交。项目经理会对项目提案的内容进行严格的评估和筛选，

[1]　李涵宇、李景龙：《美国情报高级研究计划局项目管理研究》，载《情报杂志》2018年第9期。摘编后收入本书。

对于通过的提案，项目经理会继续对其规模和持续时间进行评估，并将提案内容进行优化，有时会将若干相似提案整合起来，最终形成一个研究项目。

项目经理在拟定具体项目公告之前，如果对于其中某些想法或概念了解不够充分，会对外发布信息需求公告，以方便信息收集和项目规划。外部专家和研究团队对于信息需求公告的回应可能会影响到研发公告内容的拟定，并帮助其在研发公告发布后提交项目申请时占有优势。此外，IARPA 在研切公告正式发布之前还会举办一场名为“项目申请者日”（Proposers’ Day）的交流会，项目经理会以自己的视角来阐述研发公告内容，包括项目的总体规划、研究领域、研究目标、评价标准、合同规范以及各种注意事项等，使潜在的项目研究参与者能够做好充分准备。另一方面，外界与会者在交流会上所提出的问题也能帮助项目经理对相关内容进行澄清和改进。

而对于那些规模较小、持续时间不超过一年的非正式项目，则多以挑战赛（Prize Challenge）的形式开展。挑战赛与 IARPA 的正式项目并非完全割裂，而是相互联系的，大部分挑战赛的选题就是正式项目的研究分支。

再次，发布广泛机构公告，确定项目研究团队。对于正式研究项目，IARPA 通过发布具体项目公告来对外公开进行招标。项目经理会对项目进行概述，明确项目涉及的研究领域以及项目研究和开展的方式，划分项目阶段和各个重要节点，及各阶段需要交付的成果。此外，还包含相关法律信息等相关内容。

发布广泛机构公告之后，对于外界提交的项目申请，项目经理会在广泛机构公告中按照重要性依次递减的顺序列出评估与选择标准：一是整体的科学技术价值。项目须引入独特且创新性的方法、途径和概念；研究要领先于当今最高技术水平。二是工作计划的有效性。必须确保政府能够对项目中的关键技术和人员进行监督，还要保证项目关键人员拥有充分时间投入项目研究中。三是项目目标的贡献和相关性。项目申请书要明确说明项目的完成将如何促成美国在未来获取压倒性的情报优势。四是相关经验和专业知识。项目申请中需包含申请者的能力、相关经验、设备和技术等信息等。五是资源的现实性。项目运行过程中涉及的资源及其分配和使用，应与项目研究方法相一致。

最后，项目运行期间的分阶段的测试与评估，并对研究成果进行验收。IARPA 十分重视对项目的测评工作，将大约 1/4 的预算都用在了测试与评估上。项目正式运行之后，要严格按照规定的时间安排来完成阶段目标，并及时提交相应成果。在此期间，择优选择的测试评估团队对项目研究团队的工作效率进行评估，并按照阶段划分来对各阶段成果进行测试和验收。对于“高风险、高收益”型的中长期研究项目，IARPA 按照时间节点对其进行严格测试与评估，能够有效控制风险，提高项目运行质量和效率。效率太低，或者成果不达标，项目经理就有权决定终止经费投入以减少损失。

2.IARPA 项目管理的特点

IARPA 的项目管理采用外包机制，以专业的项目经理为管理主体，以研发公告为核心文件。依据严格标准遴选研究团队，采用规范的科研项目合制管理方式，主要有以下几个特点。

（1）扁平化的组织体制能够显著提高管理效率

IARPA 的组织结构非常精简，按“局领导—办公室—项目经理”三个层级设计，所有项目都采用外包机制，由外部专家团队承担。这种“小核心、大网络”的扁平化组织体制，既能有效避免官僚体制繁琐程序的羁绊，又能使其凭借有限资源集聚更多人才，便于长期支持具有超前性和巨大潜力的项目，具有非常高的管理效率。

（2）项目经理全程参与，全权负责

项目经理通常是情报前沿科技相关领域的专家，具有丰富的科研工作经验和突出的团队领导能力。这种专业化能力并不在于项目经理利用自己的专业知识和技能来亲自参与项目研究，以解决相应问题，而是通过将问题转化为具体项目，并吸引、选择最合适的研究团队开展项目运行。项目经理的任期不超过 5 年，相对稳定的任期既能较好地保证其规范地使用职权，也有利于保持情报高级研究计划局新鲜血液的更替。充分发挥高素质、具有情报与科技复合背景的项目经理的核心作用，是情报高级研究计划局项目管理模式的一个显著特点，也是该模式能够取得成功的一个关键所在。

（3）充分发挥军民融合优势，实现效益最大化

IARPA 以本国军事战略和情报界现实需求为导向，结合外界建议确定研究方向并制定出情报科技创新项目要求，然后遴选民口机构参与研发。在项目单位选择时，采用竞争机制，但在项目实施过程中，各团队间分工合作，共同完成目标。这种竞争与合作并行的项目管理机制，一方面能够充分调动起各参与团队的积极性，使其最大程度地挖掘自身的科研潜力，另一方面也有利于实现各方研究力量的优势互补，从而有效提高研究效率和质量，最终形成可持续的良性竞争模式。通过灵活多样的外包形式，IARPA 可以将自身在体制、预算、管理上的优势同外部研究力量的资源和能力巧妙结合，将军民融合的效益充分发挥出来。

（4）全程流程标准化、科学化、精细化

作为孕育前瞻性、颠覆性情报科技的孵化器，IARPA 对失败持宽容态度，但这并不意味着对失败的纵容，而是在合理控制风险的前提下大胆开展情报科技创新工作。在项目管理上严格遵循着标准化流程，特别是十分重视针对项目研究的测试和评估工作，依据严格的评估标准，进行严谨的测试和评估。对于中途终止或者最后失败的项目，需要以报告的形式总结经验教训，为以后的项目研究提供借鉴。严谨科学的风险评估和覆盖全程的风险控制，有效降低项目实际中的风险，对于提升高风险型中长期项目的成功率具有重要意义。

（四）IARPA 的经验借鉴

自成立以来，IARPA 不仅为美国情报界的实践活动提供了新的工具、方法和集成系统，也在很大程度上引领美国情报科技的未来发展方向，被誉为美国情报机构的“技术孵化器”。其成功的原因，从宏观上讲，很大程度上归功于其以官方主导来集中推动情报技术研发的情报科技研发组织与管理模式；而从具体来讲，则主要在于其紧贴项目实际、灵活多样的项目管理模式上。

目前，我国情报科技在基础性研究方面缺乏应有的认识和系统性的支持，主要问题一是在我国情报科技基础性研究和应用性开发之间也存在“死亡之谷”困境。既没有专门机构实施和组织情报科技的基础性研究，也没有专项

资金或项目支持情报科技的研发和创新。虽然有国家级科研项目以及大工程、大系统集成项目的攻关，如国家自然科学基金、863 计划、973 计划等，但主要关注的是自然科学领域的基础性研究，并没有关照到情报科技的基础研究体系。二是一些部委项目资助目标和方向比较单一，如公安部科技计划项目也都偏向于实战应用型的警务装备和系统开发，但在情报科技的基础性研究和创新上的支持显然不足，将会影响我国情报能力和工作绩效。而 IARPA 情报科技创新项目的目标、理念、资助方式、实施过程、管理模式等为我国情报科技的进步和创新提供了参照系。即借鉴 IARPA，推进我国基础性、应用性的情报科技研发体系的建立。

美国情报科技水平及其能力层次为全球之执牛耳者，其情报科技研究领域和研究方向也代表着情报科技发展的趋势和方向，它的情报科技的前沿研究可以借鉴之。首先，跟踪项目发布信息，在 IARPA 官网上发布的各种项目信息中访问到。可以通过跟踪 IARPA 项目发现其情报科技领域及研究方向。其次，跟踪项目研究进展。通过对项目申请人（团队）的研究成果（公开发表的论文）和相关新闻报道可了解其情报科技领域的研究进展或结果。研判 IARPA 项目对情报科技可能产生的影响，对情报处理流程中的效果、效率和及时性会产生什么样的积极作用等。最后，结合我国情报科技研究和发展的特点及实际，确定我国情报科技研究领域、优先发展方向以及相应项目计划等。

IARPA 的目标是通过寻求己方的科技创新应对敌方的“技术突袭”（Technology Surprise）和“技术预警”（Technology Warning），同时也给对方产生技术突袭的压力。IARPA 成功地继承了 DARPA 的跨域“死亡之谷”的创新机制，体现在创新思维、开放思维、竞合思维等方面，它对我国情报科技研究和发展具有现实的借鉴意义。首先，创新思维，IARPA 资助的项目专注于情报科技中的基础性、前沿性、高风险、高投入 / 高回报的研究，并不以具体实践应用为标准，给予科学家们研究最大化的自由度。其次，开放思维，项目的征集是开放式，既有专家确定的项目指南，也可以根据主题自由申请或提议设置新项目，且项目招标是开放的，项目申请主体也可以是国外科技工作者，项目评估也是开放、多方参与的。再次，竞合思维，一个项目并不一定是唯一的团队获得，可能多个团队同时获得，为了赢得后续合同和资金支持，他们之间有竞争。不同的项目也有合作的可能，以尽可能实现项目成果的最大化。

虽然我国还没有情报科技研究专门管理机构，且现有的科研项目资助体系并没有将情报科技研究纳入其中，情报科技研究依赖于其他科技项目资助体系来进行，或者通过通用科技成果的转移或转化为情报科技。但是 IARPA 在科技研究资助的管理机制还是值得借鉴的。第一，项目主题选择的先进性、前瞻性。我们在项目的遴选过程中，通过情报科技领域专家对情报实践一线需求的深刻理解，从而确定未来的、前瞻性的情报科技研究的主题，以保障所选项目的先进性、科学性、前瞻性。第二，项目设置的系统化、集群化。虽然我们没有专门机构或科技专项推动情报科技研究，但是可以在现有的国家级科研专项中系统性地设置与情报科技相关的基础性、前沿性的科研项目，其成果可为情报科技实用化奠定基础。集群化则是在重大专项中以某个项目为框架，涵盖多个子项目，涉及跨学科、跨领域、跨业界的合作，以实现可能的科技突破，如在“863”计划、“973”计划中进行相关议题的设置。第三，项目管理者的专业化、职业化。DARPA（包括 IARPA）的最主要成功因素是其独特的项目官员制。IARPA 具有一支开展项目管理的高素质的人才队伍，基本上是领域内专家，熟稔国内外专业前沿、发展趋势、需求现状等，并具有丰富的专业研究经验、敏锐的科技嗅觉和职业管理的精神，从而为项目的高质量、高效率的完成提供专业的保障。最后，管理方式的创新，在项目实施和管理过程中采用外包、众包的管理方式。

第二章
情报分析

第一节 分析思维

一、情报分析中的批判性思维[1]

从本质上说，情报分析是一个破除战争迷雾、洞察事物本质的过程，其基本职责是通过系统缜密的思维活动，破解对手的行为密码，洞察其真实意图，帮助决策者优化决策，从而达到发现威胁、维护和增进国家安全利益的目的。

受逻辑实证主义和行为主义方法论的影响，传统的情报分析模式使用演绎法、归纳法和类比法为分析工具，强调对观点的证实，忽视对观点的证伪；强调情报分析的科学性，忽视情报分析的艺术性；强调情报资料的客观性，忽视情报资料的模糊性、欺骗性和不完整性。当分析人员没有受过认知心理学的训练，不了解自己的思维过程，不了解思维过程中的认知偏见，从而导致情报失误频频发生。

20 世纪 70 年代以来，西方情报界引进了自然科学、哲学和心理学的成

[1] 高金虎：《试论批判性思维在情报分析中的应用》，载《情报杂志》2013年第9期。摘编后收入本书。

果，以打破传统的思维模式，重构情报分析的过程，避免情报失误。其中，最重要的是批判性思维的引入。这种系统性的思维方式，在思辨过程中能够及时评估失误，避免这些失误造成系统性风险，从而降低情报失误的概率。

（一）批判性思维的基本理念

关于批判性思维，虽然没有统一的定义，但其核心精神是批判、求真、开放和元认知。

1. 批判精神

批判精神是一种面对权威不盲从的精神，是一种对真理或真相执着追求的精神，对自己的思维能力进行审视的精神，也称科学精神、质疑精神。它的基本特征是：通过科学方法获得的知识可能存在错误，任何已有的科学结论未来都可能被推翻。

这种观念对情报分析至关重要。分析人员根据掌握的情报资料，得出一个初步结论。在这一过程中，分析人员既往的经验，自身的价值观，决策者对这一事件的认知，都会对他的判断产生影响。其中最重要的是来自决策者或权威人士的认知，它们往往被分析人员奉为圭臬，成为判断其他情报资料的指针。

例如，苏德战争前，斯大林的阴谋理论成为情报机构判断情报资料的指针，不符合斯大林判断的情报都是假情报。所有的情报均被情报部长戈里科夫分成“来源可靠”和“来源可疑”两大类。对那些与斯大林看法相左的情报，斯大林批上“存档”即予以退回，并不再传阅。同样的情景在第四次中东战争前也发生过。因为缺乏批判精神，得出错误判断，最终导致损失惨重。

主动思考是批判性思维的重要特征。一个有创造力的思维主体绝不能被动地接受来自环境的刺激，对别人的观点不加批判地“悉数照收”，而应当主动地运用自己的理智和知识去分析，有选择地接受外部刺激，从而使主体的感知觉本身成为理性思考的结果。主动思考不仅针对权威，也针对自身。分析人员对自己的判断也应持质疑态度，应该审视在自己提出的问题中有哪些是先入之见，支持自己判断的哪些是证据，哪些只是自己的推论，等等。

美国情报界倡导“结构化自我批判”（structured self-critique），以发现自身分析的薄弱环节。分析人员要从相反的观点出发，回答一系列问题：不确定性的情报来源、使用的分析程序、关键假设、证据诊断、异常证据、信息缺口、替代决策模型、文化知识的可用性，以及潜在欺骗的特征，从而重新评估其判断的整体置信度。

2. 探索真相

情报工作的目的是探究“山那边的情况”，即事实真相。在处理情报资料的时候，情报人员要能够自我质问：目前的态势有哪些异常情况？在表面的正常状态下，是否潜藏着某些不正常的暗流？目前掌握的情报资料，是否准确反映了态势？有没有情报空白？这种空白是如何产生的？是对手实施拒止措施的结果吗？我所看到的东西，是对手有意提供的吗？有没有可能发生“不可能发生的事情”？反复提出这些问题，分析人员就会不满足于对现状的了解，不满足于既有的情报资料。他会去追踪新的线索，质疑自己的判断，发现新的异常迹象。

3. 开放性思维

情报分析是一种主观的产物，任何判断都必须接受验证，包括资料的验证，同事的质疑。然而，认知心理学的研究显示：一旦一个人形成了某种判断，他就不容易改正。

批判性思维明确认识到认知偏见的存在，同时认为思维模式在认知过程中不可避免，但为了克服某种假设的先入为主，批判性思维要求分析人员从不同视角去批判性地考察，不预设前提，不偏听偏信，全面考虑各种可能性。根据这种思维方法，情报分析人员不仅要考虑最可能发生的事情，也要考虑那些实际发生的概率很小，但一旦发生后果极为严重的可能（即最坏情景），让各种观点形成竞争，避免某种观点先入为主，这正是克服情报失误的利器。

4. 元认知

批判性思维是一种自觉的、思辨目的明确的思维方式。对于一个思想者来说，他的思维活动有两个目标：一是提高思维质量，另一个是得出正确结论。元认知是对认知的认知，它包括两个部分，即元认知知识和元认知控制。

元认知知识即有关认知的知识，什么因素影响了人的认知活动的过程和结果，这些因素是如何起作用的，它们之间又是怎样相互作用的。元认知控制是对认知行动的管理与控制，思维主体在进行认知的全过程中，将自己正在进行的认识对象作为意识对象，不断对其进行积极、自觉的监控、控制和调节，使分析的过程一直处于反思和检查之中，从而保证思维的缜密性和思维产品的质量。

情报分析是情报资料变成情报产品的过程，这一过程中涉及大量的思维活动。受行为主义心理学的影响，传统的情报分析理念很少关注这一思维过程，仅认为认知是一个被动过程。人们对大部分思维活动毫无察觉，不了解知觉的局限、制约分析人员的心理因素等问题，几乎不关注思考问题的方式，不关注思维过程，不关注使用了哪些思维方法。

美国情报界在20世纪90年代提出了一种结构化分析技巧（Structured Analytic Techniques），以系统化、透明化的方式，将主观思考过程外在化、具体化，以使其能够被他人共享、改进和评判。每种方法都留有一条线索，其他分析人员和管理人员可以沿循这条线索，来察看某个分析判断的依据。分析人员在分析过程的每一个步骤都可以接触不一致的观点，确保分析人员的不同意见都可以被听到，并在分析过程的初期给予认真考虑。较之采用传统分析方式，此类技巧能够使分析人员的思考更加开放、更易于接受评估和评判。

（二）批判性思维的思维结构

为了提高思维的品质，批判性思维十分重视思维过程中所使用的思维结构。这种思维结构需要考虑思考的目的、需要解决的问题、已经掌握的材料、对材料的阐释及由此而来的推论，在阐释与作出推论过程中隐含的理念与做出的假设、意义与后果，以及其他可能存在的另类观点。通过这一套思维机制，分析人员可以确保思维的严谨，外化整个思维过程，考虑替代选择，避免判断失误。这套思维机制对情报分析意义重大。

思考的目的。通常情况下，情报用户向分析人员提出问题的初始指导原则几乎总是不完善的，且可能具有误导性，其结果既浪费了情报分析人员的资源，也不能满足情报需求。因此，分析人员首先需要详细了解用户所提出的问题，确定用户是谁，进行情报分析的原因，需要什么样的情报产品，何时提交分析结果，等等。在此基础上，他要结合自己对该问题的理解，使用自己的专业技能，对问题进行分解，使之成为可以解决的子问题，从而正确回答决策者提出的问题。这是结构性论证（structured argumentation）过程的第一步。

待解决的问题。批判性思维实质上是一个提问的过程，它通过提出不同的问题而逐渐产生主体自己的新观点。科学发现从问题开始，问题的形成是发现的前提，没有疑问也就没有发现。提问本身就是一种批判形式。许多情报失误，实际上可以归结为没有提出恰当的问题。批判性思维要求分析人员能够正确认识到需要解决的困难与问题，同时找到有效的解决途径。

评估情报资料。分析人员的重要工作内容就是找出各种情报资料之间的内在联系（相关性），恰当地评估情报资料，找出情报空白，制定恰当的搜集策略，从中得出推论。

评估情报资料需要评估情报来源，确定其自身有无接触此证据的渠道。评估情报资料时，需要特别注意专家的证言和统计数字。专家意见经常被当作分析数据进行判断的工具，但专家往往不能完全保持客观。类似的还有统计数据。

推论与阐释。即如何看待目前的情景，从现有的材料中可以引申出什么结论。中央情报局认为，分析人员应该为情报用户提供判断，帮助其领悟问题的实质，对情报素材作出评估，以确定其重要性、可靠性和准确性。因此，情报分析人员要解读情报资料，而不是简单地描述情报现象。他得出的结论，应该比情报材料所涉及的内容更为广泛，要能够由此及彼和由表及里，这都需要对材料进行推论和解释。

理念。认知心理学的研究表明，人类思维没有足够的能力去认知复杂的外部世界，这一局限使人类不得不使用一个经过简化处理的思维模式（Mindset）来认识客观世界。这种思维模式引导我们认识事物。思维模式构成了情报分析的出发点。例如，在古巴导弹危机中，引导谢尔曼·肯特作出苏联不可能把进攻性武器运进古巴的概念是：苏联的决策是理性的。在赎罪日战争前，以色列之所以认为阿拉伯国家不可能发动战争，其背后潜藏的理念是“战争是理性的，只有胜利的战争才能达到政治目的”。显然，这种概念并非都是公理。因此，在情报分析中，情报分析人员应该明确，在此问题的思考中，使用了什么样的理论、定义、法则、规则和模式。

假设。假设，也称为假说。科学假说是以科学事实为依据、以科学理论为前提，对所研究的问题作出一种猜测性的说明和尝试性的解答，包含着对事物的本质和规律的猜测，是现代科学研究中一种重要的理性思维形式，是科学认识过程中不可或缺的环节。但受主观因素影响，假设并不一定反映了客观事物的本质，因此需要验证。假设是情报分析的起点，而不是情报分析的结果。对它们的正确性我们要抱有高度的警惕。大量的情报失误正是因为分析人员把假设当成了事实。

含义与后果。在描述完基本事态后，我们需要对情况作出一个基本判断：这意味着什么？会发生什么事？这些事件一旦发生会有什么后果？这里面最重要的是最坏情况的分析。分析人员不仅要向决策者指出哪种可能性最可能发生，还必须指出哪种可能是最坏的情景，一旦发生会产生何种后果。

其他观点。情报分析是对情报现象的解读，不同的思维主体完全可以对同样的情报现象作出不同的解读。由于思维定式的影响，分析人员很难看到不同的图景，逐步获取的新信息会被轻易地纳入分析人员此前已经形成的印象之中。因此，分析人员应该挑战自己的假设，通过情景想定、逆向思维等多种方法，设想不同观点的存在。情报分析人员应该追问：在情报分析中存在先入之见吗？这些预设的立场有道理吗？对目前的局势，有没有不同的解读？

（三）批判性思维分析逻辑

20 世纪 70 年代以来，借鉴心理学和科学哲学的研究成果，结合批判性思维，美国和以色列学者对情报分析的逻辑进行了改进，提出了一套“非传统”的情报分析模式。

1. 构建“合理的”思维模式

情报分析实际上是一种模型建构，分析人员依据自己掌握的情况，对问题形成一个模型，然后向模型中填充证据，得出结论。这种模型实际上就是思维模式。

认知心理学认为，我们不可能避免思维模式，我们唯一能做的就是避免成为思维模式的俘虏，用一个“好”的思维模式来帮助自己进行分析。所谓“好”的思维模式，实际上就是考虑了各种可能性的思维模式。情报分析人员不仅要考虑到那些看上去可能发生、符合自己心理预期的假设，也要考虑到那些实际发生的概率很小，但只要有适当的条件和时机，依然可能发生的假设，让各种假设形成竞争，从而避免让某一种假设先入为主。

2. 引入多视角及换位思考模式

以富有想象力的方式，进行换位思考，准确重建对手的观点和推理过程，从异于自己的前提、假设和观点出发进行理性论证，以便真正地理解对手的行为，这是公正思维所必需的另外一种思维品质。

情报人员习惯于从自身的角度观察问题，在缺乏充分的情报资料，而又必须对自己不熟悉的局势作出判断时，情报分析人员常常通过类比的方法，假设自己处于类似位置，设想自己或本国政府可能采取的行动，以此预测外国政府的行为。这种做法被称为镜像思维。这种简单的类比方法使情报分析屡屡失误。珍珠港事件前美国对日本的评估、赎罪日战争前以色列对阿拉伯国家的评估、印度核试验前美国对印度的评估，都是镜像思维的典型表现。镜像思维的依据是：人是理性动物，思维模式大同小异，因此可以以己类人。但实际上，不同的文化氛围中人的思维方式是不一样的。如果一味地以己方的价值观作为判断的参照系，观察对方的行为取向，判断失误就很难避免。因此，应该有意识地从不同的角度来观察问题。

美国中央情报局分析家小理查兹·霍耶尔指出：为了能够从外国领导人的角度出发去审视其所面对的各种可能，情报分析人员必须准确理解其价值观和设想，乃至误判和误解。没有这样深入的认识，对于外国领导人当前以及未来的决策所作出的解释和预测就难免沦为没有充分证据支持的臆测。外国领导人的行为看起来常常是不理智或“不符合其最高利益”的。这样的结论常常意味着我们的分析人员将自己的价值观和概念框框强加于外国领导人和社会之上，而没有真正理解他们眼中的情境逻辑。

对付这种镜像思维的方式是“红队分析”（Red Team）。红队分析法的产品取决于队伍的素质和经验、所采用的方法和工具，以及他们所作出的努力。只有真正了解对手的历史与文化，了解对手的思维过程和思维方法，才能真正站到对手的立场上进行思考，其得出的结论才是有价值的。

3. 避免仓促作出结论

认知心理学认为，知觉形成得很快，但并不容易改变。一旦我们对某一物体、某一事件有了知觉，我们就对其性质形成了某种看法，我们就形成了某种认知，即便以后知觉对象发生了变化，我们也总是以同样的方式看待它。

这种情景特别在情报分析中十分普遍。情报分析人员通常是在迹象十分模糊的初始阶段开始接触情况。随着收到的信息不断增多，情况逐渐明朗，但是，最初的认知影响了他们对客观情况的认识。一条与其最初判断不一致的信息，不会令其改变看法，许多零散情报中的累积信息也不会被当作一个完整的信息来研究。另外，情报分析人员面临很大的时间压力，在新事态出现后，决策者就要求分析人员对事态进行解释，而此时的分析人员，未必掌握了权威的资料。在这种情况下，他们只能根据自己的先入之见来进行判断。

认知心理学认为，既然最初的判断很难改变，如果对一件事的认知没有完成，新信息正不断涌现，在这种情况下，情报人员应明确区分提出观点阶段与评估阶段，尽量延缓作出结论。只有在所有的可能性都考虑到以后，我们才开始评估假设与证据。这与传统的情报分析实践是不一致的。

4. 考察证据的诊断价值

情报资料是我们据以分析判断的基础。通常情况下我们把所有的资料都看成证据，但实际上并非如此，有些资料与我们的分析主题明确相关，有些则没有关系；有些来源很可靠，有些则没有多少可信性。美国学者舒姆对证据进行了分类：能够证实事件的证据是肯定性证据（Positive Evidence），能够证伪事件的证据是“否定性证据”（Negative Evidence），与事件相关但表达信息不明的是“模棱两可性证据”（Equivocation Evidence）。“模棱两可性证据”

同时支持不同的假设，这样的证据表面上有用，实际上无用，它不具有诊断价值（Diagnostic Value）。因此，在列举出假设以后，应该把支持它与反对它的证据对应起来，要抛弃那些没有诊断价值的证据。

5. 验证假说时强调证伪

传统的情报分析模式强调证实，但证实不能排除错误的假设，而且容易受到欺骗的影响。认知心理学构建的“科学发现”逻辑倚重证伪法。波普尔认为，知识增长模式以“试错法”为基本方法，通过各种尝试，排除错误的可能性，逐步接近正确理论。提出假设，证伪假设……如此循环下去，就可以排除谬误，逼近真理。

6. 强调元认知，重视分析过程

传统的情报分析模式以认知结果作为检测情报分析成败的标准，往往忽视认知过程。这种分析模式使分析人员不能认识到自己在情报分析时存在的偏见，也使其他人员无法对其分析进行检验，最后只得以“可能性最大”“最可能被接受”“最合理”的假设作为自己的判断。

批判性思维强调认知过程，明确要求分析人员不仅要关注判断和结论本身，还要严格遵循分析程序，提供清晰的逻辑思路，以方便自己和其他人检验。例如，美国情报界倡导的支点分析法和竞争性假设分析法，都要求列举自己的分析过程，逐步验证证据与假设的支持程度，既方便自己验证，更方便他人质疑。

7. 通过竞争性分析，克服先入之见的影响

情报分析人员被某种主流观点所主导，看不到任何与其判断相反的迹象，听不进任何与其判断相反的意见。这一倾向，被战略欺骗计划者充分运用，这是导致失误的主要原因之一。因此，挑战自己头脑中的思维模式，力争从多个视角分析情况，就成了克服情报失误的主要武器。

竞争性分析有许多机制化的做法，即成立专门的机构来挑战既有的假设。竞争性假设综合了“魔鬼代言人法”、红队法、支点分析法、证伪法等多种方法，容易发现情报分析过程中的思维陷阱，是克服先入之主等思维陷阱的有力武器。

8. 通过替代方案分析，减轻情报失误的后果

引发情报失误的原因多种多样。从本质上说，情报分析涉及对手的战略意图，对手的“拒止与欺骗”增加了情报分析的难度，增大了情报失误的概率，绝对避免情报失误几无可能，而情报失误一旦发生，又会造成严重后果。基于此，美国情报界和学术界认为，拓宽情报分析的结论范围，列出一系列“可替代的”结论，比强求无法肯定的结论更能反映事实真相，对政策制定更有实际意义。借助于认知心理学和科学哲学的研究成果，美国情报分析界提出了“替代方案分析”(现改名为结构化分析)。情报人员在分析时要考虑各种可能性，给出每种可能性发生的相对概率，同时构思出替代情景想定（Alternative Scenarios)，帮助决策者拓展思维，考虑结论的可替代性，避免情报失误。用逆推的方法，为可能导致该状态的各种事件描述出一条合理的路径。它是将注意力集中在支点上（也就是关键性的因素)，而不是最终结果上。所以，美国中央情报局主张培养情报分析人员的想象能力和创造能力，在对复杂问题进行意义创建时，应该随心所畅想。

二、情报分析中的非逻辑方法 [1]

（一）非逻辑方法的客观存在

情报分析作为人类一项高级的思维活动，既是一门精准的科学，也是一门灵活的艺术。科学性注定了情报分析高度依赖于分析人员的逻辑推理能力，逻辑方法自然也就成为了情报分析的主流方法。基于此，围绕该方法的研究催生了一系列较为成熟且极具可操作性的情报分析方法。同时，情报分析的艺术性则注定了还需要充分发挥非逻辑方法超强的创造力，在情报素材匮乏、情况完全不确定的条件下更是如此。该方法与情报分析人员与生俱来的能力息息相关，且具有极强的独特性与不可复制性，即便情报分析人员能够认识到该方法的不可替代性，但由于它无法像逻辑方法那样给出一套严密的分析推理过程、必须遵守的规则以及相对固定的模式，所以对该方法的研究仍处

[1] 梁陶：《论情报分析中的非逻辑方法》，载《情报杂志》2016年第1期。摘编后收入本书。

于起步阶段。

（二）非逻辑方法的表现形式

非逻辑方法是指在强烈的感觉刺激和外在启示的激励下，充分利用人脑潜意识和下意识认识能力，借助直觉和灵感等各种具体的思维方法，以突发性的形式，对已存在的事实进行不同方向、不同程度的再创造，进而获得新颖、独特、有价值的新观念、新知识、新方法等成果的思维方式。主要有三种表现形式。

1. 直觉

直觉是由于思维的高度活动而形成的对客观事物的一种比较迅速的直接的综合判断。这种判断由于在长期沉思之后突然出现，因而成为一种直觉的闪现或顿悟。在情报分析过程中，极具敏感性与洞察力的情报分析人员在面对纷繁复杂的情报素材时，更容易借助直觉这一非逻辑方法，瞬间对所要分析的问题形成直观感受，产生忽然贯通的顿悟式理解，催生尚无逻辑依据的假设，而这些假设往往具有较强的独特性。

1932 年 2 月 7 日，美国海军进行了一场军事演习，模拟了驻扎珍珠港的太平洋联合舰队遭受空袭的情景。几年后，曾经见证过此次演习的美国将军比利・米切尔（Billy Mitchell）回忆：多年来，罗斯福总统都认为远东地区是不可能发生战争的，而且日本对美国发动攻击是不可能的。而事实上，夏威夷是很脆弱的，它对日本大范围开放，并且云集着日本的间谍。切尔将军却根据直觉作出假设“夏威夷会在一个晴朗安静的周末早晨遭受日本袭击”。该假设的建立既没有充分的情报素材作为依据，也没有严密的逻辑推理，其仅仅只是米切尔根据个人的直觉作出的整体把握和直接判断，然而这一假设却与后来发生的事实是那么的吻合。

2. 灵感

灵感是科学创造过程中，达到高潮阶段时出现的一种突发性思维状态。它是在知识和经验积累基础上进行的一种非逻辑思维，具有“长期积累，偶尔得之”的精妙。在情报分析的过程中，情报分析人员对问题的反复思考，会使大脑进入高度活跃状态。此时，若是受到某种偶然因素的刺激或启发，就有可能在大脑中闪现出一个意象、一个概念、一种新颖的思路或建立起某种新的联系，从而使百思不得其解的问题瞬间顿悟。

3. 想象

人们在实践活动中反映客观事物，不仅能够感知当时直接作用于主体感觉器官的事物，而且能够在已有的知识经验基础上，在头脑中创造出没有直接感知过的事物形象，这种非逻辑方法就是想象。一名合格的情报分析人员与一名杰出的情报分析专家，两者最为重要的区别之一就在于想象力是否丰富。情报分析中所有可能的结果都不是给定的，情报分析人员需要借助想象这一非逻辑方法，将各种情报素材与自己大脑中储存的信息自由组合，通过想象细节来预测问题可能发展的方向，重现其发展的过程以及各种可能的结果。

美国情报分析专家詹姆斯·布鲁斯（James Bruce）通过考察美国历史上（1941 年—2002 年）8 个著名的情报失误案例，发现均涉及情报分析人员想象力不足这一原因。所有在情报分析中的“没想到”，都可以归结为是情报分析过程中想象力的缺失，从而导致无法建立高影响、低可能的假设。

（三）非逻辑方法的优势

情报分析作为一项复杂的创造性活动，虽然其大部分问题是通过严谨的逻辑方法来研究解决的，但在某些特定的时机和环境中，尤其是当情报分析人员无法按照一条凝固不变的逻辑通道去完成分析任务时，就需要借助非逻辑方法——无可比拟的创造力，去建立和检验假设以得出结论，从而有效推进整个情报分析的进程。

首先，有利于快速缩短分析的过程。因非逻辑方法没有固定的规则需要遵循，所以具有很高的自由度与发散性。情报分析人员在一定因素的刺激下，凭借很少的情报素材就能直接“跳过”逻辑推理环节，有效缩短了分析的过程，提高分析的效率。同时，这种一步式的快速跳跃，也让绝大多数情报分析人员自己都很难复述是如何借助非逻辑方法得出结论的。最后过程如何，也只能归结于瞬间的灵光一闪。

其次，有利于全面考虑各种假设。情报分析对象具有极强的主观能动性，且在各种强大的压力面前也很有可能作出非理性的决策，而情报分析人员又无法拥有全面完整的情报素材，这些高不确定性和复杂性有时会造成逻辑推理链条的断裂。此时，借助非逻辑方法，情报分析人员可能会在某些因素的刺激下，依靠对问题的直观感受产生尚无逻辑推理根据的相关假设，接通短路的逻辑思维，促成思维质的飞越。

最后，有利于创造性地得出结论。非逻辑方法凭借其自身的独特性，会有意无意打破逻辑规则的束缚，不再拘泥于固定的规范化的逻辑推理路径。它会立足于情报分析对象的复杂性与高不确定性，以敏锐、灵活、发散的思维触角，将一些看似不可能，但在现实中却有可能发生的情况加以考虑，从而能够另辟蹊径，在很大程度上弥补逻辑方法因线性推进、程式化推理而可能产生的局限，最终帮助情报分析人员突破思维定式，创造性地得出结论。

（四）非逻辑方法的触发条件

非逻辑方法的应用十分复杂，且极具个性化。不过，其并不是凭空产生的，只要具备一定的触发条件，就极有可能激活。

首先，需要以丰富的知识储备和实践经验为基础。情报分析人员要想建立富有创造性的假设，就必须具有广博的知识、丰富的实践经验，接受过最专业的训练。这样，在进行情报分析时才更容易根据已掌握的情况触发非逻辑方法的运用，对问题产生新的甚至是与众不同的认识。虽然非逻辑方法的运用和天赋存在一定的关系，但主要还是源于后天知识与经验的积累。积累的过程其实就是情报分析人员不断形成“潜知”的过程，而这些“潜知”又很难被察觉，只有当遇到特定事件的刺激后，它们才有可能被“激活”。

其次，需要以执着的探索精神与长期的专注思考为牵引。探索精神作为一种心理力量，能够让情报分析人员产生坚定的信念与强大的动力。这种内心积极的情绪会使他们的大脑始终处于高度兴奋的状态，更容易将注意力、知识和经验以及情报素材整合起来，产生激发非逻辑方法运用的强劲动力。同时，也必须意识到，虽然非逻辑方法在建立假设过程中更多的是表现为一种灵感的瞬间释放，但这突破性进展的背后却需要付出艰辛的努力。瞬间的灵感青睐于有准备的头脑，来源于长时间的逻辑思考。情报分析人员只有在显意识中按照逻辑规则与方法多角度进行分析，才能让潜意识中的非线性思维高速运动。显意识与潜意识两者间的相互融合、相互作用，能够极大地打破不同思维结构的限制。一旦时机成熟，就能有效触发非逻辑方法的生成，从而弥补逻辑方法的不足。

最后，需要以宽松的环境和放松的心情为契机。心理学研究发现，当一个人的思想处于宁静，神经系统处于放松时，他的创造性机制在没有外界干扰的情况下，反而工作得非常出色，灵感常常在此时不约而至，也最易启用非逻辑方法。很多科学家的重大发现都是在诸如做梦、散步或聊天等非正常的工作状态中产生的，如阿基米德就在洗澡的时候突然想到溢出浴缸的水与浸入水中的他的身体的关系，从而破解了“王冠之谜”，发现了浮力定律。情报分析亦是如此。情报分析人员在完全放松的情况下最具创造性思维，也最容易为非逻辑方法的运用敞开大门、释放空间，但这却又是在长时间紧张工作、艰苦探索之后的放松。

三、情报分析中的群体思维[1]

群体思维被是指高凝聚力的群体讨论某项决策任务时，在尚未全面评估各种可能方案，找到最佳解决措施之前，为了有效地维护群体结构的和谐稳定，忽视问题解决这一基本目标，使得整个群体对和谐人际关系之追求超出完成群体任务之需要的一种群体决策偏差现象。群体思维有其独特的形成条件与症状表征，其非常容易导致集体决策的失误，使得群体决策较之个体决策的优越性丧失。以集体讨论为代表的群体决策是一种很普遍的决策形式，在侦查情报分析中，尤其是重大要案的案情分析研判中，集体研讨式的情报分析模式，具备

[1] 刘杰：《侦查情报分析中的群体思维偏差及其修正》，载《情报杂志》2016年第11期。摘编后收入本书。

了产生群体思维的基本形式要件，如不对其中可能存在的群体思维加以识别、防范，将可能导致侦查错误，贻误侦查时机，甚至导致刑事错案。

（一）群体思维属性分析

群体思维的概念最先由贾尼斯（Janis）于20世纪70年代初提出，他认为群体思维是指人们深深地卷入一个有凝聚力的群体所表现出的一种思维模式，即群体成员对一致性的渴望超出了客观现实地评判其他可行方案的追求。换言之，群体对一致性的追求致使其无法准确、客观地评判和选择其他替代性的决策判断和行动方案，致使群体产生决策偏差，有时候甚至导致灾难性的后果。

贾尼斯从群体凝聚力、群体结构以及群体环境来描述群体思维的形成条件。指出导致群体思维产生的群体组织通常具有较高的凝聚力；从群体结构来看，此类群体往往与外界隔绝，不接触外部的观点，具有权威的领导，缺乏规范的决策方法和程序，群体成员之间同质性较高；从决策的环境和氛围来看，群体成员具有较低的自尊感，感受到高度压力或外部威胁。从群体思维的症状来看，主要包括，群体认为全体的观念无懈可击，倾向于忽略不一致的意见，而且合理化、强化自己的立场，对异议者持有刻板印象、群体成员不表达自己的疑虑或不同意见、易产生全数通过的错觉，等等。群体思维形成条件及其症状等所图2.1所示。

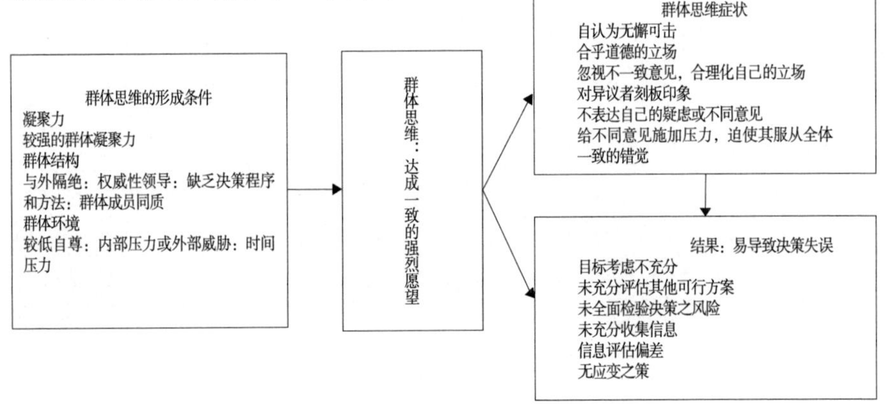

图2.1　群体思维模型

群体思维既可以作为群体决策的一种“过程损失”(process loss)，因为这一非理性的决策程序必然会影响决策结论的可靠性，同时还可以作为群体决策的分析工具与衡量标准，通过它可以检验、预防、避免具有相关前置条件的群体组织在决策中出现群体思维偏差，降低可能因此而带来的不良影响。

群体思维概念提出至今近半个世纪，从其提出之始便迅速引起不同专业学者的关注，被广泛运用于心理学、经济学、政治学和传播学等诸多学科领域。国外对群体思维的研究主要沿着重大历史案例研习，以及实验研究两条路径展开。从研究的总体情况来看，群体思维理论虽未得到完全确证，但是该理论的提出仍然给予了研究人员以极大的启发式的贡献，激发了人们对群体决策的研究兴趣。

(二) 侦查情报分析中的群体思维偏差及样态

1. 群体思维偏差

群体思维在侦查情报分析之中具有存在的土壤与条件，这与侦查机构组织形式、决策规则、侦查人员的思维模式与行为方式以及侦查所处的环境具有密切关系。其一，侦查机关通常采用集体研判的方式进行案情分析。从犯罪学角度而言，某一类犯罪通常呈现出一定的时间性规律和地域性规律，对犯罪的打击也通常遵循此规律以强化打击的效果。如某一时期某一类案件频发，社会危害性凸显，公安机关即组建专门的力量，成立专案组实施执法工作。临时组建的专案组即具有“群体”的特征，案情讨论分析也以“群体”的方式展开。从犯罪的特点而言，犯罪是一项“系统性工程”，对犯罪的打击与追诉同样需要各种专业性的力量共同参与，合成作战。其二，侦查机关的侦查人员具有相当的同质性，接受相同的职业培训、具有相同知识背景、思维方式与价值取向。侦查人员进行的业务技能培训、半军事化的管理，强化了其组织意识和纪律意识，打击犯罪与保障人权成为其共同的价值追求。其三，职业特点使得他们与外界隔绝。由于犯罪隐秘性和嫌疑人的反侦查意识提高，公安机关所采取的侦查措施通常也具有一定的秘密性。其四，面临的职业环境与社会职责使得他们经常面临着各种内外压力。这既有制度性的刚性压力，也有行政领导的权威服从压力，同时还有对社会公众“交代”的现实压力，以及由于公安业务界限模糊所致的任务压力。诸多客观与主观压力构成了侦查群体的压力源。这些因素共同构成了在情报分析过程中的群体思维诱因，也为相关偏差的产生创造了条件。

2. 群体思维的偏差样态

（1）信息搜寻不全

侦查情报分析以犯罪及相关信息的搜集为前提和基础，信息搜集数量与质量影响着情报分析的质量。情报分析中，全面性原则为信息搜集的重要原则之一。然而群体思维影响下，侦查人员关于犯罪信息的搜集并不充分，这主要是因为：其一，侦查人员的动机不再是“全面搜集有罪无罪的证据”，还原案件事实情况，而是追求“一致性”——侦查群体关于某一具体犯罪一致性的看法、意见——无论该意见准确与否；其二，侦查组织从任务导向转变为关系导向，从打击犯罪以维护外部秩序转变为追求一致以培养内部关系；其三，侦查群体的凝聚力强化了上述“关系维护与任务处理”的失调程度。在诸如此类的内外部因素共同作用下，使得侦查人员对犯罪及相关信息搜寻之动力不足，信息搜寻也不够充分全面。

（2）信息搜寻片面

信息搜寻片面是指侦查人员带有倾向性、选择性、指向性地搜集犯罪信息。群体思维影响下的侦查决策具有“从众从快”的特点，对一致性的追求本质上是一种从众行为，而从快则是依据少量的信息即作出判断和决策。从信息搜集的角度而言就是偏颇性地搜集信息。侦查人员在打击犯罪的价值追求下，对某一案件开展证据调查之前，即形成了一定的预判，且多是有罪的预判，在有罪预判理念指导下开展侦查工作，容易导致两种信息选择偏差，即证实偏差和选择性信息呈现偏差。前者的是指侦查人员以“有罪”为出发点，在证据搜集过程中选择支撑“有罪”的假设、预断或观念而忽视否定性证据（无罪或罪轻证据）的信息选择偏差；后者的经典表述为“我们不是先看见再定义，而是先定义再看见”，即侦查人员倾向于选择性地感知和搜集所期望和愿意看到的证据材料。

（3）信息评估偏差

信息评估偏差主要是指侦查人员对所搜集的犯罪及相关信息鉴别和解读过程中发生的偏差。突出地表现在将无罪的证据解读为有罪的证据。对信息（证据）的解读以此确认证据的证据资格与证据能力，解读的过程虽然具有一定的主观性，然而主观性的解读也应当以客观性为基础，否则容易导致信息评估偏差。

（4）风险评估偏差

强烈的自信以及无懈可击的错觉，使得侦查群体忽视了对所选侦查方案的风险评估，忽视潜在的风险隐患。一旦侦查方案选定错误，侦查群体即容易陷入被动应付状态，致使损失扩大。由于职责、任务以及所面对犯罪对象的特殊性，侦查情报分析失误的风险隐患在于：进入侦查环节的绝大多数案件都是刑事犯罪案件，社会危害性大，容易造成公众恐慌；暴力犯罪案件往往对人身安全甚至生命构成重大威胁，若情报分析失误，可能贻误战机，使得嫌疑人逃脱，受害人及其家属心理失衡，造成诸多不安全因素。

（5）替代方案匮乏

群体思维突出地表现在对一致性的强烈渴望，在达成一致性的决策过程中，独立情报分析人员往往囿于群体的压力而对质疑或相左的意见保持沉默，其他成员也易于对异议者持有负面的刻板印象，如将异议者看作邪恶或愚昧的代表等，通过对异议者施加压力以迫使其服从。缺乏深入讨论以及看似无懈可击的一致决策使得侦查群体自信心膨胀，不屑于或疏于讨论其他的情报分析思路，寻求替代解决方案。替代解决方案的匮乏一方面使得决策风险提升，另一方面也增加了侦查群体后期应对的侦查成本，使得整个群体更易陷入被动状态。

（三）侦查情报分析中群体思维偏差的修正

侦查群体所具有的半军事化属性，是其有别于一般群体组织的最显著特质。相对而言，整个群体的凝聚力可能更强，分析侦查情报以及实施侦查措施的保密程度更高，与外界的公开接触和往来更少，对领导权威的服从性更严厉。而由于性质与职责任务的特殊性，使得其经常面临着内外兼具的高度压力与威胁，侦查工作也时常处于高度的紧张状态。所以对于这一特殊群体在情报分析中所产生的群体思维偏差进行修正，也应当结合其特质有针对性地进行。

第一，强化侦查群体对群体思维现象的认知，了解侦查情报分析过程中群体思维产生的原因、表征及其可能的后果。群体思维本质上是由群体特质及所处的外部环境所导致的思维认知偏差，故对群体思维的防范也应当首先从思维认识层面展开。具体而言，可以将此类偏差的防范纳入入职教育以及此后的业务技能培训之中，通过实际的案例讲授群体思维偏差，指导侦查群体进行模拟实战演练，以此不断强化对群体思维的防范与认知意识与能力。

第二，制定切实可行的决策程序。群体思维偏差产生的前提条件之一即是决策程序的非条理化，随意性较强。在侦查情报分析过程中，程序正义的要求可能较结果正义要求更高，根本上而言，这也是保障犯罪嫌疑人基本人权之必需。对此可以适当借鉴审判程序之模式，使得程序正义以“看得见”的方式得以实现。而针对备选方案缺乏的弊端，清晰条理的程序也使得侦查群体双方产生了角色分化，保障了至少有两套分析方案的存在。

第三，调整案件研判模式，创新议事制度。将主要的侦查情报文本化，先交由情报研判小组成员分析研判，要求每位成员匿名得出结论，此后再集体研判，在此过程中先由少数持不同意见者发表意见，提出主张，供集体讨论，以此确保少数意见优先得到考虑，即使少数意见未能成为最终“一致性”决策的参考依据，也能避免群体思维偏差中“不对其他选择方案重新评估”的弊端。而如果分别评析过程后，群体成员的意见一致，则应当根据案情的复杂程度和重要程度考虑是否进行集体研判，如有必要，可在集体研判前指定某一位思维较为活跃，表述能力较强的成员充当反对者角色，反对者可积极促成群体的讨论，引导激发其他成员参与案情分析并提出自己的意见。在整个讨论过程前后，为避免因领导权威服从偏差所导致的群体思维，领导者应开宗明义，鼓励成员进行批判性思考，提出不同的建议，且在发言顺序安排上，领导者可适当居后。

第四，引入辅助决策人员，淡化群体意识。在侦查群体中，群体思维的产生以群体凝聚力为显著的前提性条件，侦查群体的特殊性在于其凝聚力通常强于其他群体组织。为有效地降低群体凝聚力对群体思维的影响，可以引入辅助决策人员。从基本能力素质来看，辅助人员需具备一定的批判性意识，较强的逻辑分析能力和言说能力。从整个刑事司法系统中职责分工来看，辅助人员以检察机关的工作人员为宜，一方面，检察机关具有部分案件侦查的本职工作，对侦查活动及其规律具有相当程度的了解，另一方面检察机关为我国的法律监督机关，履行监督职能，自然也包括对公安机关的监督。所以将检察人员作为侦查情报分析过程中的辅助决策人员具有法理上的自洽性，也具有实际上的操作性。以辅助决策的身份介入侦查情报分析主要为了避免侦查工作中群体思维的产生，其重心应服务于提升侦查质量。

第五，提高侦查群体情报分析的技术含量，探索群体决策支持系统（GDSS）在群体案情研判中的运用。GDSS 是一种交互式的计算机系统，通过融合通信技术、计算机技术以及决策技术来支持群体决议中非结构性问题的简化和解决。该系统主要是以局域网的形式支持多人参加会议，且在该过程中能够自动、实时收集、记录各参与成员的意见，其主要特征在于交流的匿名性、并行性以及自动化。该系统在侦查情报分析中运用的价值主要在于，其一，匿名性能够在很大程度上消除群体思维中的凝聚力效应、由领导权威所导致的权威服从偏差以及规范情报分析的方法和程序，使之按照既定的系统程序推进决策；其二，交流的并行性与实时性能够有效地节约情报分析时间，缓解作为群体思维产生前提条件之一的时间压力，符合侦查活动的及时原则；其三，非合作型 GDSS 系统的采用，可以有效地诱发和刺激群体成员之间的竞争与观点碰撞，最大程度地避免群体思维中不加论辩的一致性和统一性。

四、辛西娅·葛拉博的预警情报思想 [1]

突然性是战争的永恒主题。第二次世界大战时期发生的珍珠港事件、“巴

[1] 李静：《辛西娅·葛拉博的预警情报思想》，载《情报杂志》2019年第9期。摘编后收入本书。

巴罗萨”行动，充分显示了突然袭击在弥补实力差距、夺取战争初期战略主动权方面的作用，所以，战后各国在设计国家安全情报体制时，均将预警作为情报机构最基本的职能。

美国情报界十分关注战略预警问题。第二次世界大战后，美国一方面组建了专门的预警情报机构，发展包括谍报侦察、U-2 航空侦察等预警手段，同时也关注对预警情报的理论探讨。信号与噪音比率、情报分析失误、信息共享障碍、战略欺骗等影响预警情报工作的主要因素成为美国情报界的研究主题，其研究结论推动美国的情报理论研究不断走向深入。

辛西娅·葛拉博是美国预警情报领域资深专家，第二次世界大战期间加入美国情报机构，从事预警情报工作近 40 年，曾获得国防情报局“杰出文职人员服役勋章”、中央情报局“谢尔曼·肯特情报文献杰出贡献奖”和“国家情报终身成就奖”等荣誉。1972 年，美国国防情报局内部出版了辛西娅·葛拉博撰写的《战略预警手册》一书。在冷战结束后，其最终版本于 2015 年完全解密，而辛西娅·葛拉博本人也在该书问世前去世（2014 年）。因此，该书成为葛拉博的绝唱，成为我们了解其预警情报思想的主要来源。

（一）预警情报基本内涵

1. 预警分类及特征

无论是美国军方，还是情报界和学术界，都将预警划分为战略预警和战术预警两类。虽然各方对战略预警和战术预警的认识存在一定分歧，但普遍认为，战略预警是（通过情报或作战渠道获取的）有关当下敌人的进攻可能迫在眉睫的某种提示性信息，战术预警则是有关敌人已开始敌对行动的警告。辛西娅·葛拉博认为，战术预警是指挥官从前线或雷达或其他传感设备获得的警报，这种警报表明敌人的攻击部队已经向着我方的目标移动。战术预警不是情报系统的职能（至少不是国家级情报系统的职能），而是作战这一较低层次的职责所在。而战略预警是对对手动用武力的可能性的分析判断。因此，战略预警具有前瞻性，是在威胁开始之前就发出警告，以提醒决策者重新评估并调整戒备状态，从而减少其对美国利益的损害；战术预警是反应性的，是对威胁的即时通报，主要服务于作战和应急处置需要，主要依据雷达或其他各类传感器进行探测。

辛西娅·葛拉博认为，战略预警是对攻击发生的可能性的预测，而非对即将发生的进攻时间的预测。预警情报中最难以掌控的就是预测进攻时间。最具有识别性的征候往往在战争发起前数周或数月就开始进行了，一旦准备好，对手就可在其认为适宜的时间发动进攻；而且判定对手是否已经准备好了极具困难；对手是否认为自己已经准备好了同样也难以判断，其可能因为各种主客观原因改变进攻时间，就如希特勒入侵苏联一样；一旦预测出现失误，“狼来了”效应将严重影响预警情报的威信，进而影响其作出判断。

2. 预警情报和动向情报

征候与预警情报和动向情报虽然紧密相关，但两者在内容、目的、涉及情况范围、运用程度上均有区别。

首先，动向情报和征候与预警情报的关注点各有侧重。动向情报分析人员每天要处理海量的资料，关注每天的事态进展，很少有时间和精力关注过往的情报信息，更不太可能根据新情况去重新评估过往信息。征候与预警情报人员却认识到，绝大多数危机的爆发都有很深的根源，对手在发起行动之前会有大量的准备工作，而在真正的敌对行动发起前几周或数日，出现的敌情征候反而比早些时候要少些。对这种情况，动向情报人员会认为威胁正在减少，而预警情报人员则会在综合分析的基础上做出相反判断。

其次，动向情报和征候与预警情报涉及的内容不同。动向情报分析人员的主要工作，是生产高质量的动向情报，而非撰写预警分析报告。动向情报分析人员，往往会在报告中忽略许多已有的或潜在的征候情报，原因可能是：其情报要素不全，与其他情报矛盾，有的情况已经报过，不具备时效性，等等。预警情报的分析则完全不同。预警情报分析人员需要跟踪最新的信息，但其预警判断并非仅仅基于对当前情况的认真分析，还需要回顾几周或几个月甚至数年来的相关信息，详细了解对手的行动目标、政策原则和行为习惯、组织结构等情况，才能作出正确的预警分析判断。因此，预警情报是建立在扎实的基本情况基础之上，同时又对事态的发展进行了全面跟踪，从而对威胁发生的可能性进行判断。

当然，动向情报与预警情报之间也存在着紧密的联系。预警情报必须要对情况发展进行长期跟踪，才能厘清事态发展轨迹，通过历史分析、对比分析、联系分析等形成结论。因此，动向情况所提供的快速及时的新情况，是预警情报工作中需要不断吸纳和分析的。在预警情报所面对的危机中，既有长期积累、从量变积累逐步发展到质变爆发的危机样式，也有因突发事件而爆发的危机样式，预警情报和动向情报工作很有可能在目的、内容等方面都完全一致，实质上就是同一种样式的情报工作。

3. 预警情报与搜集工作

辛西娅·葛拉博指出，如果情报搜集工作能以理想状态运行，对对手的行动准备了如指掌，对其决策过程洞若观火，那么搜集就是预警了。但事实上，对手会通过拒止与欺骗活动，隐匿其真实意图，因此，预警能力确然极其依赖情报搜集能力，但仅靠搜集工作显然无法提供明确的预警结论。因此，要做好预警工作，必须依赖预警情报分析。苏联入侵捷克斯洛伐克这一案例就说明了这一点。

辛西娅·葛拉博指出，情报搜集的质量严重影响着预警情报的生产，可靠的情报来源、现场观察和第一手情报、大量具体的细节及情报搜集的及时性能帮助情报分析人员生产出最佳预警情报。因此，情报分析人员和搜集人员应紧密沟通、联系，最好能让分析人员和搜集人员有机会见面交流，并在机构间建立情报搜集需求协调机制，且要让情报搜集人员意识到，其所要搜集的情报至关重要并被迫切需要。当遇到潜在危机时，需要对情报来源做更多具体、详细的甄别评估工作，并将这类评估报告与其提供的情报一同分发。

4. 判断对方意图与能力

了解对方的实力，探究对方的意图，是情报工作的两大主题。对预警情报工作而言，客观准确地评估对手能力情况，是准确分析判断对手意图的先决条件。但情报部门不仅要弄清对手能做什么，而且要弄清他们打算做什么。这正是预警情报工作的基本功能。

传统情报机构擅长了解对手的实力。由于对手的拒止与欺骗，在预警情报工作中，情报机构最常犯的错误是低估对手的能力。另外，情报机构仅仅关注那些可见的、可量化的实力，而忽视那些无法精确评估的、非物质的实力，如军队士气、训练水平、领导能力等，这些在评估对手能力时也至关重要。

通常认为，与判断对方实力相比，对方的意图更难判断。辛西娅·葛拉博不否认对意图做出准确判断的不容易，但如果从事件的可能性、以往先例、国家目标、可能的选择等角度考虑，判断对手的意图就更简单些。与人类行为相关的任何行动在发生之前都是无法完全确定的，即使国家行为体已经下定决心，也可能会临时改变决策。但我们依然可以判断某些活动可能发生。我之一方是比较确实的，敌之一方很不确实，但也有征兆可寻，有端倪可察，有前后线索可供思索。

当然，对预警而言，抛开对能力的评估而去评估意图是危险的。分析人员应该用准确的语言向不了解情况的人们阐述对手的军事能力、优势、后勤、军事活动异常等，从而让决策者意识到对手确实有能力开展军事行动。辛西娅·葛拉博指出，意图与能力是相互作用的一对问题。通常，可以依据能力大小对意图作出合理的判断；而如果没有动武的意图，国家行为体一般不会进行大规模扩军。

5. 预警情报的影响因素

辛西娅·葛拉博关注战略欺骗对预警的影响，她认为影响战略预警的因素之一是欺骗的存在，也包括我们的先入之见造成的自欺。最好的欺骗是释放出一系列可以有多种解读的信号并做好保密工作。欺骗模式包括对意图、时间、地点、实力等的欺骗，欺骗措施包括安全保密、政治欺骗、积极军事行动及对其进行的似是而非的解释、假情报等。情报分析中另一个需要避免的错误倾向，是分析人员先入为主的分析。有些征候十分明显，但由于其与分析人员的心里预期存在较大差距，因此，分析人员对异常的征候视而不见，拒绝承认甚至不进行报告。

辛西娅·葛拉博指出，惯性思维导致分析人员容易犯错。分析人员的心理障碍是影响其作出正确预警判断的重要因素，他们的惯性思维还停留在和平时期的轨道上，无法对新出现的异常情况作出反应。在战争时期，对手在特定地域集结兵力，分析人员会认为敌对行动即将开始；但如果战争还没有爆发，分析人员则很难从现象推导出结论。

影响战略预警的另一因素是情报判断和上报过程中常见的错误。情报判断和上报过程中常见的错误包括未充分审视证据、对重要证据理解力不足、过分关注动向情报、偏见、没有形成清晰判断、不愿相信危机的发生、不愿发出警报、害怕犯错等。导致这些错误的主要原因有舆论的影响、危机导致的焦虑和情报系统自身的警戒状态、决策者对情报的态度等。

（二）预警情报工作的路径

1. 制定预警指标表

辛西娅·葛拉博指出，预警指标表应重点关注军事、政治、经济、民防征候。军事征候包括部队调动、动员和后勤保障等。提出用预警情报分析的方法来分析战斗序列，即不必过分关注战斗序列的细节，重要的是我方是否意识到了对手正在进行大规模调动，是否意识到了对手行为的危险性。预警情报分析人员应该掌握对象国的法律法规条令等知识，这些知识在关键时刻能帮助其意识到对手已经开始战争动员了。后勤是具有决定性的军事征候之一，是战争动员不可或缺的一部分，后勤动员会对普通民众的生活，比如交通运输、医疗等造成影响，捕捉到这种影响，很可能就察觉到了对手非同寻常行动的确证。后勤物资的大规模调动、库存物资锐减、为保障后勤体系安全而采取的措施等都是预警情报的晴雨表。当然，在进行预警情报分析时，关注的军事征候还应该包括军事领导层的活动、警戒和战备等级的变化、演习与战斗部署的改变、进攻和防御准备及一些特殊征候。

政治征候通常具有模糊性和主观性，因此政治感知力对预警而言颇为重要。为了能敏锐感知到冲突发生的可能性，需要情报分析人员掌握对手的优先事项与行为习惯，了解其在特殊情况下可能会进行的活动，摒弃先入之见，客观地站在对手的立场上来进行情报分析。外交活动及政策也是政治征候的指标之一。一国的宣传对预警而言具有重大价值。对方的宣传折射出他的关切，多数宣传是真实的，因为其不能持续对国民进行虚假宣传。在考虑政治征候时也要重视通过第三方发出的预警。在一场精心策划的行动中，政治征候可以从零一直到政治勒索、最后通牒或公然宣战等。当由于条件变化、误判而引起冲突或导致冲突升级时，即使对方还未作出决策，我们也能很好地判断出冲突的各种可能性。但在判断冲突能否避免、如果不能避免最终将于何时爆发等问题时，复杂程度大大增加。需要认识到，最有力和最彻底的防御准备或许会由准备发动攻击的国家行为体作出。

需要关注的经济指标主要包括国家预算和国防分配、经济生产的转换、物资囤积和战略储备、交通运输、食品和农业、向战时经济转换的经济控制措施等。同时，辛西娅·葛拉博认为一个国家对待民防的态度，反映了其对自身面临威胁的评估。对手的非正常安保措施、反情报或者间谍行动等，也将使我们清楚他的关切点，这也蕴含着巨大的预警信息。

2. 进行征候分析

对预警指标表中的征候进行分析时，要清醒地认识到，许多正在发生的事情我们并不清楚掌握，预警情报分析人员要本能地去怀疑对手是否要突袭我们，当然这并不是要危言耸听，而是要求预警情报分析人员尽可能多地掌握相关信息，迅速作出客观的判断。具体的分析方法包括推断、归纳、演绎、像对手一样思考、考虑各种假设、接受新的证据等。像对手一样思考就需要重构对手的决策过程，预警情报中复杂而又艰难的是重构对手的决策过程。辛西娅·葛拉博通过对古巴导弹危机和苏联入侵捷克斯洛伐克事件中苏联的决策过程进行重构，试图告诫预警情报分析人员行动总是紧随决策的，只有将一系列征候按照首次出现的时间顺序归纳整理起来，分析人员才可能推测出它们之间的联系，并判断出它们背后隐藏着同一个决策，进而来分析决策的时间和内容。在此过程中，重要的是弄清对手意图，其是否正在作出关键决策，还要判定一旦此种决策失败，对手还有哪些备用选项。

3. 形成判断并上报

预警情报最有价值的就是判断，这需要根据需求提供可行动性证据，勇于上报令人不快的判断，并能保留个人不同意见。预警情报是对对手行动发生的可能性的判断，也就是对概率的评估。概率评估具有一系列的优势，也有其自身的复杂性和局限性。辛西娅·葛拉博认为可用贝叶斯定理和德尔菲法，并要关注小概率高影响事件，重要的是系统审慎解读证据、全面交流对证据的认识、清楚认识到分歧差异所在。在撰写预警情报时，要避免将判断淹没在罗列的大量事实中，即使是已经上报过的判断，也要不时上报，以免判断结论被遗忘，并需要上报那些暂时还未得出确切结论的情况。情报分析人员应认识到自身知识的欠缺，避免使用模棱两可的词语，或者可能表达错误意思的词语，避免弃置与其假设相反的证据，向前回溯进行深度征候分析。

4. 预警情报工作的组织管理

辛西娅·葛拉博认为需设立独立征候办公室，其职能的实现依赖顶层设计者的支持，独立征候办公室能使决策者听到独立的预警情报的声音。同时，管理层要及早发现有一定预警情报工作能力的情报分析人员，以备参加预警情报工作。此外，关于预警情报人员的素养辛西娅·葛拉博也进行了详细的阐述。管理层还应保证预警情报分析人员有一定的信息知情权，通过轮岗等方式开阔预警情报人员的视野，这样才能使他们更好地进行预警情报工作。

（三）预警情报工作的中美差异

1. 战略预警的内涵认知

对战略预警的认知，中美情报界传统看法上存在极大差异。辛西娅·葛拉博认为战略预警是对对手动用武力的可能性的分析判断，该看法得到美国军方和学界的认可。她认为战略预警是在威胁性行动发生前向决策者发出的警告性信息，以提醒决策者重新调拨资源，震慑、避开或者减少对国家利益的损害，其内容是对对手发动威胁性行动的可能性进行预判，而不是对即将发起的攻击的预判；其方法是长期进行全源情报分析，预测对手的意图；其目的是帮助决策者合理地分配黄油和大炮以最大化的维护国家利益；在具有大规模毁伤性武器和恐怖主义的世界里，战略预警的时间可追溯到数年甚至数十年之前；是否成功地实施战略预警取决于国家是否处在一个适度的戒备状态上，而不是国家是否成功地避免了突然袭击。

我国学术界倾向于战略预警是对对方来袭战略武器的探测。这种关于战略预警的认识，更接近美国学界对战术预警的理解，偏重作战意义，是前线指挥官可以直接得到或者通过雷达等探测器所掌握的有关敌人来袭的情报，其内容主要是对对手地地战略导弹、潜地战略导弹、战略轰炸机等战略突袭武器的探测和预报，即对对手已经发动的战略袭击的预报，重点在于尽早查明对手战略突袭武器的技术参数；其方法主要是依赖现代先进的探测和通信技术手段，包括雷达、预警机等；其目的在于为决策者提供即将到来的战略突袭的相关信息，为战略武器、战略集团的展开赢得必要的时间并创造有利条件；其预警时间较短，为对手的战略武器启动并对我造成袭击之前；其成功的标准是及时查明对手战略武器袭击的动向并迅速准确地传递情报和号令。以辛西娅·葛拉博为代表的美国学界对战略预警情报的理解强烈冲击着我们的思维，中美传统观念中对战略预警理解的差异，也逐渐唤起了国内情报界的关注。

2. 情报搜集与分析的认知

辛西娅·葛拉博强调，战略预警是对威胁的可能性的判断，它不是通过搜集可以直接得到的。因此，战略预警的关键不在情报搜集，而在情报分析。信息时代，对手无法隐藏实力，却可能隐藏意图，因此战略预警更要关注对意图的分析，战略预警情报工作中的关键环节是从表面看起来无关的事件和报告中发现关联或可能的关联。在当今世界，这些联系不是线性的，而是多态的、矢量性的——指向未来的箭头，要判断对手的意图，我们需要在掌握历史基线的基础上熟悉这些箭头。这对我们准确预警情报工作也具有重要的启迪意义。由于我们过于强调预警的作战意义，因此，在预警力量的配置上，我们一直把雷达等探测装备放在力量建设的重要位置，而相比较而言，情报在预警工作中的重要地位没有受到重视，情报工作是最高统帅部的战略哨兵仅仅停留在口头上。“预警情报”或“情报预警”的观念没有落在实处，相反，“预警探测”或“侦察预警”却成了关键词汇。这都表明我们在预警情报工作认识上存在差距。诚如辛西娅·葛拉博所说，如果情报搜集系统能够获得对手发动袭击的证据，那么这样的预警工作当然比较容易，但这样的理想状况，几乎不可能出现。在应对非国家行为者发动的恐怖袭击、大规模杀伤性武器扩散事件时，这样的理想状况就更不容易实现了。因此，要履行情报机构的预警功能，情报机构必须把预警情报分析放在最重要的地位。

毫无疑问，辛西娅·葛拉博的预警情报思想中充斥着强烈的冷战思维。她写作《战略预警情报》的时候，美国的情报研究刚刚兴起，罗伯塔·沃尔斯泰特刚刚完成对珍珠港事件的预警失误研究，而巴顿·惠利对“巴巴罗萨”行动的研究还没有开始，认知心理学还没有引起学界的重视，计算机辅助刚刚露出端倪。但是，辛西娅·葛拉博凭着丰富的预警情报经验，敏锐地意识到对手的拒止与欺骗对情报分析人员的影响，认识到情报分析人员在分析对手意图时可能陷入的思维误区，认识到计算机在分析征候指标、判断对方意图时存在的局限性，其思想的敏锐性和前瞻性，令人叹服。

五、战略欺骗中的认知干预[1]

战略欺骗是一种情报谋略，是关于情报的谋划和策略，情报是战略欺骗的依附体，没有情报就没有完美的欺骗，更没有识破欺骗的可能。情报工作本质上是敌对双方的认知对抗，一方要想方设法地获取另一方情报，而另一方则要千方百计地隐真示假，战略欺骗作为双方对峙中的不确定因素，是战斗力的倍增器，可以使欺骗者增加实力，但同时也是情报分析中的不确定因子，是引起情报分析失误的重要原因。

战略欺骗是在特定情境下尤其是战争环境中采取的非常手段。战略欺骗通过示假隐真的手段，制造战争迷雾，干预对手的认知，引导其作出错误的判断，进而作出与其不利而与我有利的决策和行动，本质上具有典型的认知干预特征。相较而言，情报学虽然引入了认知心理学的概念，并在应用层面探讨了如何通过必要的手段和方式对相关人员的认知施加影响、进行干预或干扰，以实施战略欺骗，实现某种既定目标，但尚未明确提出认知干预。而认知心理学领域已经有了比较完整的认知干预理论并广泛应用，把认知干预

[1] 许畅、高金虎：《认知干预：战略欺骗的新视角》，载《情报杂志》2019年第7期。摘编后收入本书。

理论引进到战略欺骗里来，有助于进一步开展战略欺骗和战略反欺骗研究。

（一）战略欺骗的认知范式

国内外学术界对于战略欺骗的理解各有千秋，但都认为战略欺骗应通过释放欺骗信息，传递虚假图像，误导对方的情报机构和决策者，从而导致其作出符合己方战略需求的决策。战略欺骗分广义和狭义，狭义的战略欺骗主要指军事战略上的欺骗。从心理学维度看，战略欺骗的本质是一种干预对方决策心理的手段。

1. 战略欺骗的认知理论

认知理论以人的认知过程为研究对象来探讨人的行为产生和塑造，认为造成人类情绪困扰的来源并非事件或刺激本身，而是人体的认知历程如何解释和看待刺激或事件。广义的认知心理学包括结构主义心理学和心理主义学派、信息加工心理学，狭义的认知心理学就是信息加工心理学，即把人的认知过程和计算机的信息加工过程进行类比，把人看作信息加工的装置或通道。

信息加工的范式把认知看作是信息加工的过程，因此一个人的心理活动和心理状态决定于其内在的认知而非外在的信息，个体心理问题的根源来自其头脑中的不合理的认识观念，认知干预就是通过纠正人们错误或歪曲的认识，改变人们对自己、对他人和对事物的原有的看法与态度，促使其产生情感及行为变化的一系列心理干预措施。认知干预的目的在于协助个体找出其僵化、偏颇、悲观的思考方式，提供多样的、较为切合逻辑的思考方式来处理自己的经验，由想法改变情绪，进而消除情绪的困扰。总体而言，认知干预是通过干预手段或措施以达到改变认知的一种方法或技术，具有很强的应用性。

随着认知理论和认知科学的发展，认知干预也广泛应用于各行各业中，其中认知干预在情报作战中的运用就涉及战略欺骗。从内容上看，战略欺骗可能单独发生在军事、经济、政治、外交等各个领域，也可能是交叉性的“总体谋略”，以应用于国际关系的处理、心理作战方法、军事欺骗等以解决国际冲突、获得有利战局等。在国际关系的一些问题领域，如国际危机、和平与冲突解决、谈判以及联盟政治等题域中，认知心理学的理论与方法得到广泛运用。认知心理学的应用主要集中于外交决策分析领域，其中，认知因素既是自变量，又是因变量。而在外交决策分析领域，由于所处位置不同，各个行为者的认知和利益也不同，因而采取的认知干预的手段也不同。

2. 战略欺骗与心理战的关系

认知科学的发展开拓了情报学研究的新范式，战略欺骗和心理战都得到了重新界定，心理战是摧毁对方的心理防线，欺骗是改变对方的认知，二者既有联系又有区别。从认知科学的视角来看，战略欺骗和心理战都是信息作战的核心能力和主要方法，是对受众的认知域进行影响，进而使其对局势的分析判断发生错误，提高情报失误的可能性。心理战是指向外国受众传播选定的信息和症候，以影响其情感、动机、客观推理能力，并最终影响外国政府、组织、群体和个体的行为的有计划的作战行动，其目的是诱使外国采取有利于心理战发起方实现目标的态度和行为。心理战效应的主要过程包括引起注意、产生印象、逐步理解、动摇意志、增进情感和付诸行动六个方面，六个过程相互联系，共同构成心理战完整的效应过程，其实质就是认知和认知干预的过程。也有学者前瞻性地提到，大力抢占“认知空间”是信息化条件下心理战发展的新趋势，也是信息时代心理战平战一体化趋势的必然要求，可以通过先发制人、吸引注意、保持适度差距促进同化和内化等策略实施认知操纵。

但是，战略欺骗不是心理战，这种差异主要体现在二者的受众不同。战略欺骗是对个体的认知干预过程，是能逆转整体局势的间接路线，其主要对象是对方的决策者和情报机构，心理战则通常针对群体，如敌方官兵和民众，是对群体或组织的认知操纵和影响，进行心理威慑，进而达到“不战而屈人之兵”的目标。不过，战略欺骗的单个目标，可能也是心理战群体目标的一部分。军事欺骗的实施，需要分析所处的形势及任务的特点，加之敌方决策者（欺骗对象）亦有丰富的作战经验或反欺骗意识，因此往往要和心理战配合作战，形成一致主题，营造心理氛围（从众心理），进而影响决策者的态度和认知，才能起到预期的威慑和诱导作用。

（二）战略欺骗的本质是认知干预

从认知干预的视角来看，战略欺骗通过隐真示假的手段对敌方的认知进行刺激和干扰，顺应其先入之见，影响其认知系统，促使其形成有偏差的认知或错误的决策，本质上属于认知干预，最终目的是实现敌方的自我欺骗。

1. 战略欺骗的手段是隐真示假

战略欺骗通过对受骗者释放假情报，对受骗者的认知进行刺激和干扰，使其作出错误的判断，或者让其迷惑，以隐藏己方的真实实力或真实意图，关键是隐真示假。隐真就是隐藏自己的真实意图，示假就是故意制造一种假象。巴顿·惠利认为，制造假象的措施有三种，即模仿、无中生有和设置假目标。模仿就是用一种事物模仿另一种事物，复制其多个方面，形成一个复制品，以此来展示虚假的事物。无中生有就是直接创造一个虚假的事物。设置假目标是通过呈现另外一个事实来展示虚假事物。

在实际实践中，战略欺骗行动的内容就是为了说服受骗者接受一个假象而隐真示假，过程中必须向其隐藏代表真相的情报，释放干扰情报或错误情报。隐真和示假相辅相成，脱离隐真的示假是不存在的，没有隐真的示假是不合理的，示假是为了隐真，隐真离不开示假。

一方面，示假的根本目的是隐真。释放假信号、制造假象等的存在归根结底是为了干扰对方决策者的思维和判断，从而隐蔽真实情报。例如，为确保诺曼底登陆成功，1943 年 12 月，盟军启动了对应的欺骗措施——“杰伊”，后改称“卫士”计划，其核心目的就是使德国统帅部相信诺曼底登陆只是一场佯攻，使其只能通过虚虚实实、真真假假、颠来倒去的零星情报进行分析、推理，从而得出错误结论。如与苏联情报机关联手制造进攻挪威、瑞典的假象，在英格兰东南部地区虚构了番号为美国第一集团军群的部队等，最终德军最高统帅部作战部长约德尔和西线情报处处长罗恩纳都认为盟军的真正主攻将在加莱，作出了符合盟军预期的判断和决策，从而将德军的注意力从真正的意图转移到虚假意图上。

另一方面，隐真离不开示假。在隐蔽真相的同时，还必须通过示假的方式，展示虚假的、误导的甚至是真实但经过剪裁的“真相”，来吸引、转移欺骗对象的注意力，影响其情报人员、战略决策者的分析判断。如，1940 年 12 月，英国进攻位于西部沙漠的意大利第十军，其间英国有意让意大利知道英军的移动和部署情况，并让报告内容与第十军对情况的判断趋于一致，顺应其忙于战备、加快行军的心理，最终成功地促使意大利相信英军的部署只是为了防御而取得了战略欺骗的成功。

2. 战略欺骗的本质是认知干预

美国学者巴顿·惠利（Barton Whaley）把欺骗作为一种错误的认知类型和心理现象，认为“所有的欺骗都是在受骗人（动物）大脑中发生的，并且仅仅在‘旁观者的眼中’产生”，发展出一整套欺骗理论。在欺骗理论中，欺骗的任务（目标）就是在事实面前制造假象，欺骗行动由伪装（dissimulation）和模拟（simulation）两部分组成，其中伪装就是掩盖真实的情况，模拟就是要制造假象，即隐真和示假。欺骗的过程包括确定战略目的、欺骗目标的反应、欺骗目标的认知、决定隐真的内容、类型、方法、行动、渠道和效果等十个步骤。高金虎认为，欺骗行动本身就是为促成敌方错误认知的一个心理干预的过程，战略欺骗的根本目的是让对方决策者作出符合我方战略利益的预期决策。

战略欺骗中的认知干预本质上是改变认知的一种方法或技术手段，具有很强的应用性和操作性，但由于其适用领域的特殊性、实施对象的多元性等，其既定目标已不是单一的从恶性循环到良性循环的发展过程，而是超出了心理学的认知干预范畴，衍生出了新的特性。

3. 战略欺骗的目标是实现自我欺骗

战略欺骗通过认知干预的手段影响欺骗对象的认知系统，让欺骗对象形成错误认知，进而影响整体态势。战略欺骗之所以能对欺骗对象产生影响，最主要的原因在于其迎合了欺骗对象的先入之见，让欺骗对象实现自我欺骗。

自我欺骗是认知干预实施的基本前提。巴顿·惠利（Barton Whaley）指出，从认知类型来看，认知可以分为错误认知和精确认知，欺骗和自我欺骗都属于错误认知，其中欺骗为他人故意诱导所致，自我欺骗为自我诱导所致。因此，认知干预的实施需以欺骗对象的自我认知为基础，基于其认知模式和特点为其谋划并设计出一系列符合其认知倾向和认知风格的情报信息，使其认同、接受并坚信所呈现的情景和事物，最终达到诱骗的目的。

认知干预能够更好地实现自我欺骗。战略欺骗实际上就是通过认知干预方法充分迎合欺骗对象的主观判断和认知风格，让欺骗对象忽略有价值信号，无法及时修正判断，影响战略决策，处于自我欺骗的状态中而不自知。随着现代侦察手段的日新月异，要在对立局面中取得优势实属不易，要成功地实施欺骗则更有难度，从情报机构的人员组成来看，欺骗信息要成功为欺骗对象所感知，到达干预决策的阶段至少需要通过信号监听者、情报分析人员、中层管理人员，其后才是决策者进行整合评估。而认知干预手段模拟欺骗对象的认知程序，通过影响个体的心理活动形成误导性的知觉体系，强化欺骗过程中的人误因素，达到分散对手的注意，消耗对手的资源，影响对手的认知，误导对手的决策，延滞对手的行为等目的，能够更精准地实现自我欺骗。

自我欺骗是最有效的欺骗手段。首先，欺骗是发生在人的大脑中的一种心理现象，只有作用于人的大脑才能发挥作用，实施欺骗就是通过外界各种干预手段和媒介对欺骗对象的大脑产生刺激、影响认知，如果欺骗信息无法被欺骗对象所感知和认同，无论施骗者的手段方式多么高明，欺骗都是无效的，因此，欺骗必须转化为自我欺骗方有其功效。其次，最有效的欺骗是设法使欺骗对象坚信而非改变，即自我欺骗。按照人的认知习惯，和其身倾向性认知一致性越高的情报越容易被认可，一致性相对较低的情报则容易被忽略或曲解。欺骗情报或信息一旦被感知，欺骗者的任务就是强化欺骗对象的倾向性认知，尽可能减少或消除与这种倾向性认知不一致的蛛丝马迹，让欺骗对象陷入自我欺骗。

（三）从认知干预看战略欺骗的实施过程

战略欺骗本质上是改变认知的一种方法，把认知过程看作信息加工的过程，那么实施战略欺骗的过程就是改变信息加工的过程。一般而言，人的信息加工的过程包括人类的感知觉、注意、记忆、想象、思维、语言等心理活动，通过影响或操纵个体心理活动可以改变其解释周围世界的模式，进而形成错觉、认知偏差、思维固化等，导致情报失误，获得有利局势。

1. 战略欺骗的认知干预流程

战略欺骗的实施过程可以简化为三个阶段：筹谋阶段、实施阶段、反馈阶段，从认知心理学的角度来看，也可分为信息提取阶段、认知干预阶段、反馈和修正阶段（见图 2.2）。

信息提取阶段（筹谋阶段）的核心是情报，主要是指在战略欺骗实施前的准备工作，包括了解当前国际大局势、大环境是否有利于实施战略欺骗，分析和评估欺骗任务的可行性和风险性，利用情报、技术等手段获悉对方的心理倾向、思维方式、行为习惯等。

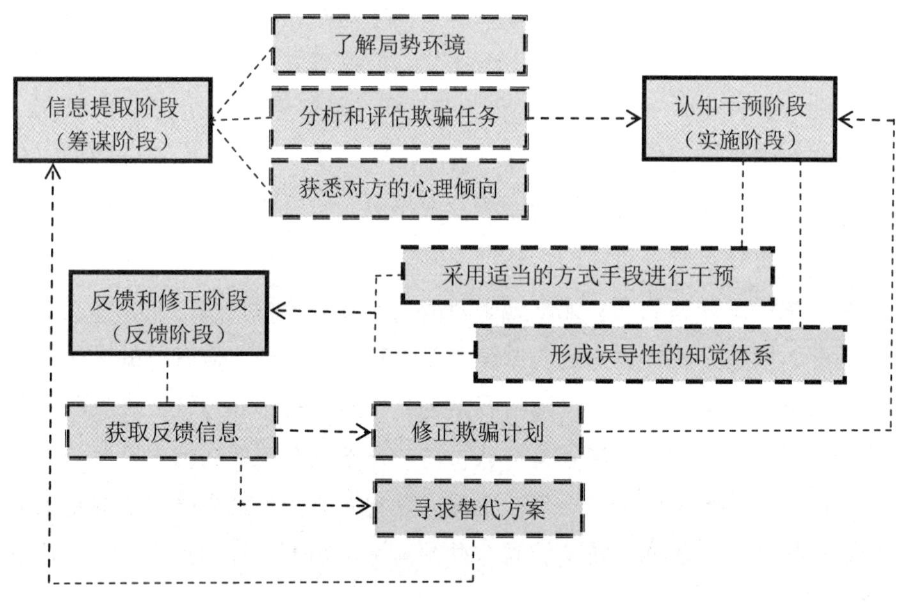

图2.2　战略欺骗的实施过程

认知干预阶段（实施阶段）的核心是干预，是指在充分筹谋的基础上，通过知觉控制、吸引注意、心理暗示、“构造”现实、顺应心理、隐真示假等干预方式和手段，对敌方已经形成的且有利于己方的错觉、认知偏见和思维模式等进行适当强化和干扰，依据对方的心理倾向构建具备误导性的知觉体系。

反馈和修正阶段（反馈阶段）主要指向欺骗实施的结果，并对欺骗措施进行调整。战略欺骗的筹划是一个反复的过程，要求随时对情报的获得、干预的手段等前期阶段进行不断的反馈，了解对手对欺骗措施的反应，根据反馈的情报确定欺骗的效果，不断调试和修正干预方式，在可控范围内重新开展认知干预，重新调试欺骗计划，在不可控范围内做好替代方案，替代方案的产生同样遵循信息收集——实施干预——结果反馈的循环流程，以增强欺骗成功的概率，从而实现欺骗目标，让欺骗对象形成错误决策并最终影响局势。

2. 战略欺骗中常见的认知干预方法

在实施战略欺骗的流程中，认知干预阶段（实施阶段）是影响态势的关键环节。从个体信息加工的流程来看，战略欺骗就是强化欺骗对象在信息加工过程中的人误，其过程包括外部刺激——认知干预——认知系统——干预结果四个环节，即情报、信息等外部刺激通过认知干预的手段进入个体的认知系统，形成误导性的知觉体系，让欺骗对象形成错误决策，达到欺骗目标（见图 2.3)。

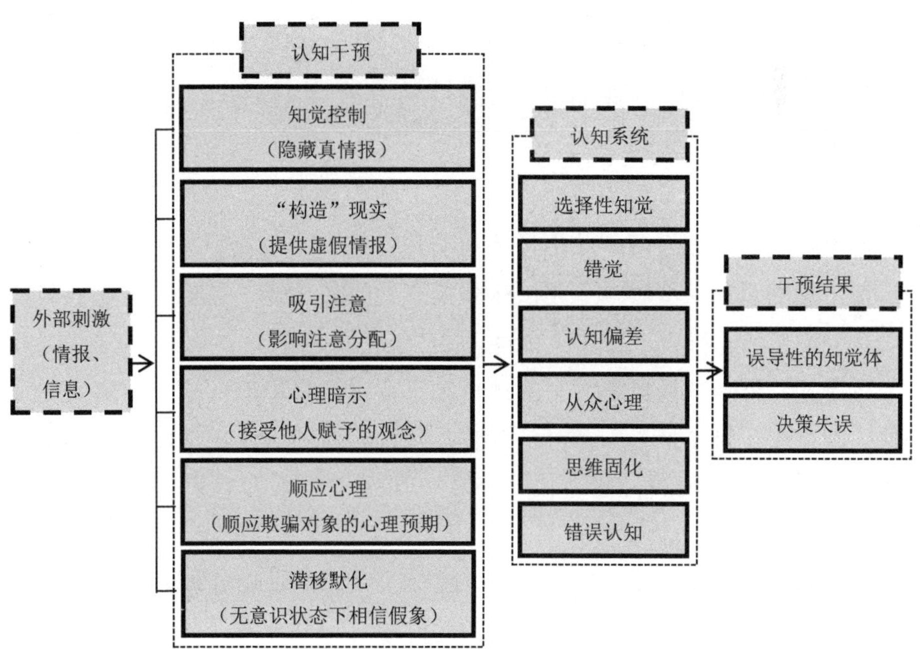

图2.3 战略欺骗的认知干预流程

认知干预的方法可以包括知觉控制、“构造”现实、吸引注意、心理暗示、顺应心理、潜移默化等。其中，知觉控制是指控制欺骗对象对当前局势的感知觉，不让敌方获取真实的情报信息；“构造”现实是指通过模拟情景等途径，主动为欺骗对象提供错误或片面的情报信息，二者通过直接或间接的方式让敌方形成选择性知觉或产生错觉；吸引注意也可叫作转移注意，由于人们的注意阙限和注意分配的通道容量有限，无法同时处理所有的感觉线索，吸引注意可以使敌方个体陷入信息瓶颈而不自知，从而导致认知偏差；心理暗示是让人接受外界或他人赋予的情绪、观念、愿望等，在战略欺骗中往往需要心理战的配合，一旦心理战实现了对群体的认知干预，个体往往由于从众心理被同化而改变认知；顺应心理就是顺应欺骗对象的心理预期，认知主体心中固有的倾向越强烈，其曲解和误读的概率就越大。因此，成功的欺骗是顺应欺骗对象的心理，投其所好，因势利导，制造符合其心理倾向的假象，强化其错误认知，固化其错误的思维；潜移默化是因为欺骗行动是一个过程，关键要为欺骗对象所感知，为了改变或影响敌方的认知，有时需要多种干预方式共同推进，有时可能需要提前几个月开始筹备，有时需要把准备好的欺骗事实切割后一块块呈现以增加可信度，让敌方在无意识（前意识）状态下相信假象，形成错误的认知。

综上，虽然认知干预为战略欺骗提供了新的视角，但并非不同制度、文化、价值观之下国家之间的政治经济活动和交往中产生的所有冲突都可以纳入认知干预的范畴，战略欺骗是战争残酷性的必然选择，是特定情境下采取的非常手段和特定行为，有其特殊的适应环境和局限性。

从认知心理学的角度来看，战略欺骗是通过信息提取、认知干预、反馈和修正等流程，基于欺骗对象的认知特点选择干预的方法和手段，最终实现欺骗对象的自我欺骗的过程，其中情报是核心，干预是关键，反馈是保障，让对手进行自我欺骗是目标。

从认知干预的视角阐释战略欺骗，能够更清晰地看到欺骗在战争中的地位和作用，也为反欺骗提供了可靠依据。欺骗是实现战略性目标的一种高收益辅助性手段，虽不能改变对立双方的本质态势，但往往可以出奇制胜。充分了解人类的认知过程和战略欺骗的本质，有助于提高决策者和情报人员对欺骗的警觉性，提升其反欺骗意识和识别欺骗的能力。

六、情报场理论及其应用[1]

情报场是主要用于描述和重构情报活动的过程与模型，即通过物理模型和数学工具解释和分析情报活动的本质规律。

（一）情报场的数理结构与表达

情报场是情报主客体之间的认知对抗活动构成的场分布形态，即主客体的情报力量对情报中介进行操作所形成的时空结构。情报场可根据情报主体的活动态势，分为防御场和进攻场。防御场是主体对情报中介作出被动性防御的力量形态，其活动态势是向内的，活动的重点在于隐蔽、屏蔽情报中介的外泄；防御场可根据情报中介的种类进一步细分为信息场、知识场、意识形态场（或舆论场）、新闻场等。进攻场是主体对情报中介作出主动性释放的力量形态，其活动态势是向外的，活动的重点在于让情报中介发挥引导、威慑、欺骗、离间等影响客体认知的作用；由于主体主动对外释放的情报中介，都具有明确的可被理解的含义，借用美国学者罗伯特·杰维斯关于国际关系中的信号问题研究成果，进攻场亦可称作为信号场；因此，进攻场（或信号场）可根据情报力量的社会属性进一步细分为政治信号场、外交信号场、军事信号场、公安信号场、经济信号场、科技信号场等。情报场亦可根据情报主体所处的时空位置，分为主场和客场两种。情报主场是情报主体处于防守态势的场域，主场中的客体往往是不在场的，即客体出于保护需要做了隐蔽，主体往往难以直接掌握客体的活动轨迹，无法直接实施力量打击。情报客场是情报主体处于进攻态势的场域，客场中的客体出于屏蔽目的，同样也是不

[1]　赵冰峰：《情报场理论及其在反间谍工作中假扮行为治理的应用》，载《情报杂志》2018年第6期。摘编后收入本书。

在场的，主体往往难以直接获取客体的信息、意志等情报中介内容。

情报场可以通过等值线方法进行结构描述。等值线是个物理概念，是指由统计指标值相同的空间要素点连接而成的线状分布形态，可用于计算和分析具有一定规则的空间形态特征。情报场的等值线根据描述要素的属性可划分为情报中介等值线和情报力量等值线两大类，前者主要表述信息、知识、决策、意识形态、舆论、符号等情报认知中介的扩散程度或屏蔽程度，后者主要表述保密、保卫、侦察、分析、设计、行动、指挥、后勤等情报组织中介和情报物质中介联合组成的情报力量投射程度或防御程度（如图 2.4 所示）。一般地，情报中介等值线与情报力量等值线是平行分布的，这样才能实现情报力量进攻与防御效用的最大化，比如，主体的敏感信息高密度区域，应是保密力量和保卫力量的高密度区；同样，主体的高价值信号扩散区域，应是传播力量高密集分布区域。情报场的等值线也可以根据描述和分析的需要设立专题类型，比如情报冲突等值线可用于描述和分析情报主客体之间冲突形势的空间分布特征，冲突等值线在空间的分布结构可用于描述和分析主客体之间的力量强弱对比、冲突决策优化、未来发展态势预测等；如果冲突等值线密集分布于主场空间中，则说明主体处于空间被压缩状态，反之则说明主体处于压缩对手空间的状态。

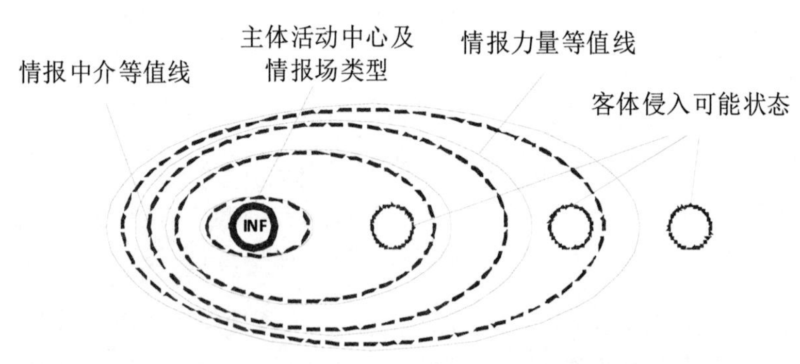

图2.4　情报场的等值线描述方法

情报场可在物理构造的基础上，做进一步的数学分析，从而可以深度刻画情报活动规律。笔者曾构造的情报函数F（t，O，R，C，I）实质是个多元函数，即F（x，y）或F（x，y，z），其中，x是主体变量，y是客体变量，z是环境变量。情报函数还可进一步分解为情报侦察函数S（x，y）、情报分析函数A（x，y）、情报设计函数D（x，y）和情报行动函数AC（x，y）等。情报场是以信息、知识、意识形态等为对抗中介的活动场域，情报场的运动可以通过这些中介的运动来加以刻画。

以信息中介为例，客体存在两种信息释放模式，一种是自由模式，即客体的信息自行释放或不做信息屏蔽；另一种是屏蔽模式，即客体的信息被设定了防御体系，不能通过自然渠道被外界感知；那么，在逻辑上，这两种信息运动可以刻画为图2.5所示的结构。其中，y为情报的客体，A_y为客体的信息释放速率，S为客体的信息场边界；$divA_y$是客体内部信息场单元的散度，即单位场空间释放的信息量，当$divA_y=0$时，表明客体内部的信息安全纪律严明，没有任何单元对外释放信息，呈现密不透风的状态；S_0是客体的侦察场边界，在S_0内，客体对信息进行了屏蔽，客体的自由信息散度为0，主体必须通过侦察（或侦查）手段才能获得客体在该区域内的信息。

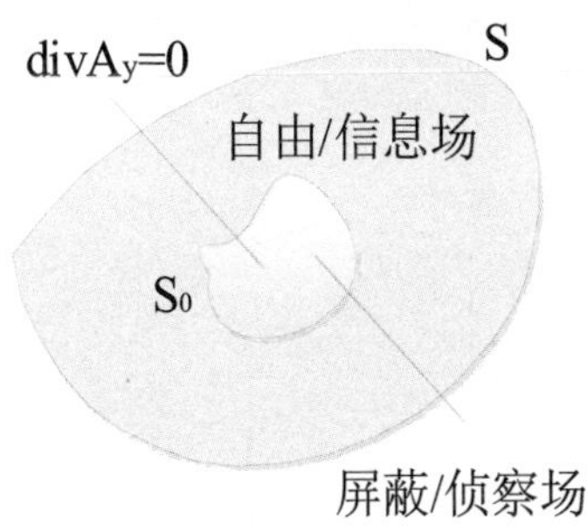

图2.5　情报场中的信息中介运动状态

（二）情报场的缺陷与治理

在现实世界中，情报服务的对象一般不是情报机构或保密机构本身，而是国家机要部门、敏感部门、重要部门，或重要的社会组织、企业和个体等。受到情报边界性（或情报力量有限性）和管理能力局限性等的制约，主场的情报力量无法做到全域投射或足够密度的投射，我们构建的情报场总是存在一定程度的缺陷，即在某些区域内，情报中介的散度不受控制或出现失控状态，导致该区域的情报中介通量值出现异常，从而为情报客体留下了可能的活动空间，导致客体的侦察效能升高，侦察在场率增大。

情报场缺陷在空间上将呈现为洞、线、斑等各种形状。这些缺陷可根据情报力量部署状态至少可划分出防御盲区和防御破碎区两大种类；盲区是情报主体未部署防御力量的信息扩散区域或其他情报中介扩散区域，情报客体可以处于完全在场状态，即不做任何隐蔽措施的状态下，客体可通过一般调查手段即可获得主体的中介内容；破碎区是情报主体的防御力量失序或失效的信息扩散区域或其他情报中介扩散区域，情报客体可以借机进入安全缝隙，获得较高的侦察收益。

情报场缺陷的治理实质是反情报工作的内部治理（反之则为主体利用客体的情报场缺陷开展情报侦察活动），即在一般逻辑闭环中，划分为场控制、场监测、缺陷发现、缺陷修复（或场重构）等几个前后相继的步骤，如图 2.6 所示。

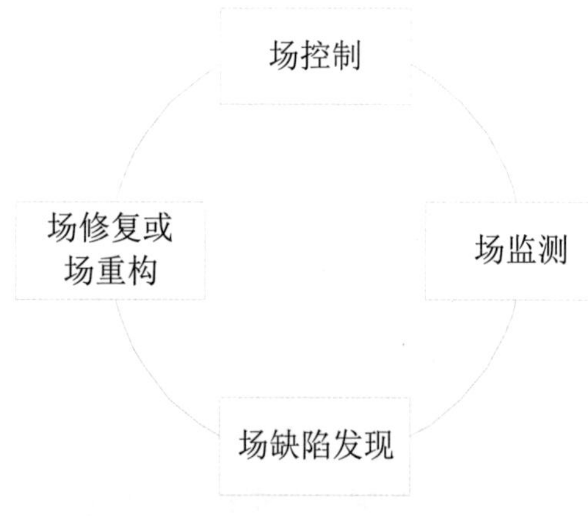

图2.6　情报场缺陷的治理模型

场控制类似于公安业务中的阵地控制，即对情报中介分布区域进行情报力量的规划、部署、调整等操作。场控制是情报场治理或管理的先决条件，为情报体系的整体管控奠定物质基础。场控制的核心在于过程核查和事后审查。过程核查即是建立保密体系、密码体系、安保体系、意识形态管制体系以及其他反情报体系等，不断强化情报组织防御对象的业务过程核查质量；事后审查是指通过审查工作发现防御对象的安全问题，并及时校正和改进。比如中国《国家安全法》就明确规定了中央机关和地方政府主要负责各自领域和各自行政区内的国家安全事务，即主要执行国家安全体系中的过程核查工作；而国家安全机关、公安机关和军事机关主要行使侦查、拘留、预审和逮捕等职权，即除国家情报工作外，主要执行国家安全体系中的事后审查工作。因此，各类国家安全机构的日常工作应围绕其防御对象的过程核查和事后审查两个环节，分工协作，在总体上降低情报客体的入侵风险，确保整个国家情报场的稳固和安全。

情报场缺陷治理中的场监测是指针对场控制的实施效果，采用技术、组织和物质等手段，依照扫描式、抽查式、随机式、观察式、模拟、演习等方法，发挥感知、预警与评估等管理功能，发现情报场控制中的异常问题。情报场的缺陷发现是指针对场监测发现的异常问题，展开系统调查、人物调查、关系调查等，从而确立缺陷的属性、范围和结构，通过研究和谋划以制定应对策略和行动方案。情报场的修复是指在问题治理方案基础上进行局部修复；如果缺陷程度较高，无法通过修复来维持情报场的整体运行，则必须进行体系化的场重构，即结构性地调整情报与安全力量的部署状态。

（三）情报假扮的现象与本质

随着我国实施新的《反间谍法》以及 2017 年颁布《反间谍法实施细则》，反间谍工作日趋成为国家情报工作的重中之重。间谍治理是个异常复杂的体系性工程，应该抓住"情报假扮"这个牛鼻子。假扮行为属于情报欺骗范畴，类似于《孙子兵法》中"诡"与"间"的综合使用，是间谍活动的主要行为方式；中国共产党情报历史中的"隐蔽工作"，也主要地采用了"假扮"的方式；2015 年高金虎教授出版的《战略欺骗》，深入研究了安全与军事情报领域的拒止、示假等欺骗行为。而西方情报学界已对历史上的"欺骗"行为作了全方位梳理，并在理论上作了尝试性研究。但古今中外的这些研究都没有直观地解释间谍行为或欺骗行为的发生机理，未对假扮行为进行独立解剖。"假扮”是“欺骗”得以实现的普遍样式，如侦察学中的“伪装”、营销学中的“客户假扮”等；假扮也是欺骗的关键手段，二者的逻辑关系类似于马克思《资本论》中“资本”与“经济”的关系。因此，有必要对情报假扮进行独立剖析，从而抓住欺骗活动中最核心的单元，在根本上破除各类间谍实施“欺骗”活动造成的国家安全危害。

情报假扮在欺骗活动或间谍活动中是普遍存在的，但不同的社会领域表现出差异化的特征。比如，在企业竞争的微观经济领域，神秘顾客、试探性合作伙伴、虚拟投资人等都是借助看似合理的市场运作方式进行欺骗活动；在国家金融、对外贸易、跨国投资等宏观经济领域，庞氏骗局中的“知名”企业家，产业做空的新闻媒体，诱导政策制定和市场走向的财经智库和专家政要等，皆是利用国家机器实施欺骗；在公共安全领域，恐怖分子、黄赌毒从业者以及其他违法犯罪者，往往通过伪装成“合理”的社会身份潜入现场作案；在军事与防务领域，武装人员的“平民化”、武器运输的“非军事化”等，利用了非冲突性社会身份进行运作；在安全与外交领域，安全力量的“外交化”、安全智库的“学术化”、安全技术的“市场化”、安全行动的“民间化”、安全经费的“基金化”等等，都是常规手段。情报假扮的本质在于，借助情报活动的组织中介行为来实现欺骗目的。如果将情报中介进行列表划分，如表 2.1 所示，假扮是组织中介实施情报欺骗策略的行为表现，在技术层面表现为化装、假装等具体特征。

表2.1　欺骗策略在情报中介中的分类及“情报假扮”的含义

欺骗策略	行为层面	技术表现
认知中介	虚假传播	谎言、谣言等
组织中介	假扮	化装、假装等
物质中介	示假	伪装等

（四）情报场对情报假扮的解释

情报假扮之所以能够实现，内在机理或核心要点在于情报主体或客体能够寻找并进入对方的情报场缺陷区域，也即情报主体的情报场缺陷是情报客体开展情报假扮活动的根本原因，如图 2.7 所示。其中的 X 表示情报主体；a 表示情报主体 X 的信息密度等值线（或情报价值等值线），越接近 X 的活动中心，a 的值越高（这也意味着情报客体 Y 的潜在活动收益越高）；b 表示情报主体 X 的防御强度等值线（或叫反情报强度等值线），越接近 X 的活动中心，b 的值越高（即情报客体 Y 的潜在活动风险越高）；INF 是情报主体的核心保密区，即情报主体活动的物理中心，同时也标示了该领域属于信息场类型；M1 是情报主体的防御盲区；M2 是情报主体的防御破碎区；Y1 和 Y2 是分别进入 M1 区域和 M2 区域实施情报假扮活动的两个情报客体身份，该身份可能表现为个体、企业、社会组织或国家机构等。

一般地，情报主体 X 出于信息与决策的保密需要，b 与 a 是平行部署甚至重叠部署的，唯有如此才能获得最大的情报防御收益，即在主体防御体系部署非常完善的区域内，情报客体 Y 不可能实施假扮活动；但在防御盲区 M1 内，a 值保持不变，但 b 值为 0，即主体的信息内容处于一定程度的失泄状态，情报客体 Y 开展假扮活动的潜在收益巨大；同时，在防御破碎区 M2 内，a 值保持不变，但 b 值失序而不规则，即主体的防御体系失效，为情报客体 Y 开展假扮活动提供了一定的缝隙性的收益空间。另外，在整个情报场中，情报缺陷 M1 和 M2 越靠近主体 X 的活动中心，情报客体 Y 实施假扮行为的风险收益会越大，因此，Y 将倾向于首要选择更接近 X 的缺陷区域开展行动。

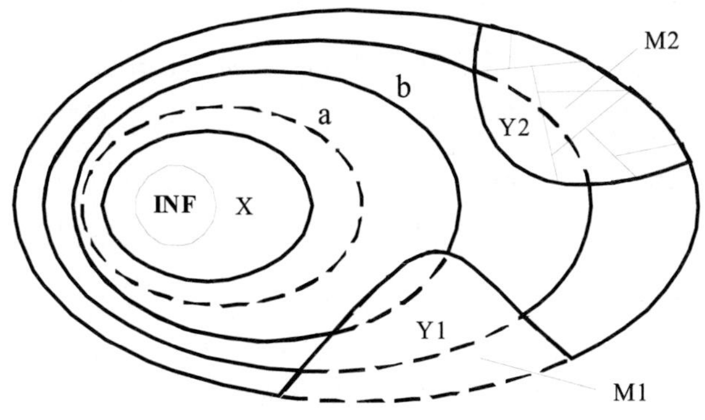

图2.7　情报场缺陷与情报假扮

（五）情报假扮的治理

情报场缺陷是必然现象，情报假扮行为亦必然存在。情报场的治理除缺陷治理以外，关键是对假扮行为开展反情报工作，实行重点“打假”，防止情报客体成功利用组织手段实施各类欺骗。我们可以借助情报认知对抗模型和情报场缺陷治理模型，构造一个如图 2.8 所示的情报场缺陷与假扮治理的反情报工作双轮模型。

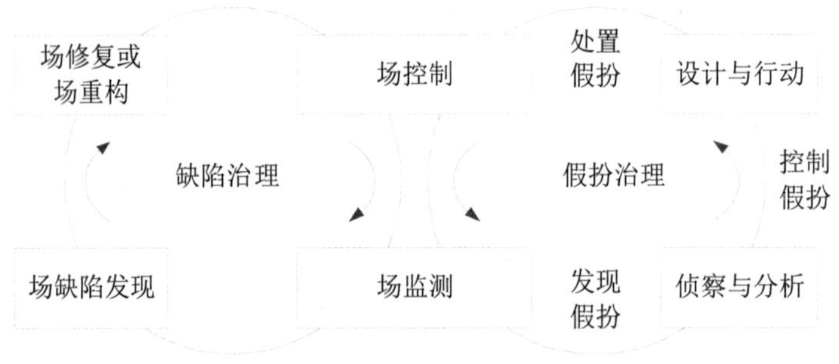

图2.8　反情报工作双轮模型

假扮治理的首要关键还是强化场控制和场监测，这是假扮治理的充要条件，只有强壮和稳固的情报场才能在根本上消除情报假扮行为的发生；当然，假扮的治理也在另一个侧面会促进情报场自身的控制能力，它们构成一个正向循环的互激关系。假扮的治理从场监测开始，如果发现情报假扮问题，则启动侦察（或侦查）与分析工作，精准识别并控制假扮活动，通过设计和行动工作，最终实现处置假扮活动的目的。不同领域的假扮问题需要不同的情报力量进行治理，处于问题阶段的假扮行为可能是苗头型、危机型甚至是冲突型的，不同类型的假扮问题需要不同的情报侦察和行动来应对和处置。但尽管假扮行为千变万化、广泛存在，其治理逻辑却是一样的。

第二节
分析方法

一、情报分析中的结构化分析[1]

情报分析是情报工作的核心环节，情报分析的准确度对科学决策有重大影响，但囿于思维模型、情报搜集能力、“噪音”的干扰、信息共享障碍、敌方战略欺骗、分析方法的缺陷等因素，情报失误频频发生。在这些因素中，思维问题具有根本性意义，思维模型的局限将直接导致认知偏见的出现。所以，探讨克服认知偏见影响的应对路径就成为提升情报分析科学化水平、避免情报失误的一个极其重要的选择，而结构化分析技巧提供了研究参照，具有开创性意义。

（一）认知偏见的发生机理

情报分析是分析主体的认知活动。认知是对作用于人的感觉器官的外界

[1] 马晓娟、陈烨、董庆安：《结构化分析技巧——克服情报分析中认知偏见的逻辑》，载《情报杂志》2018年第7期。摘编后收入本书。

事物进行信息加工的过程。由于人类知觉、记忆等心理能力的局限，认知主体对信息的解读和处理不是从“心灵白板”开始，而必须通过一个经过简化处理的心理模式（思维模型）。心理模式（思维模型）形成于认知主体长期的认知实践，带有认知主体鲜明的主观认识特征，由此必然带来认知主体无意识的对信息的选择性和目的性处理。具体到情报分析工作中，即面对同样的情境、同样的问题、同样的信息，不同的分析人员可能会作出迥异的解读，认知偏见由此产生。

同时，这些影响信息解读方式的主观因素又是分析主体内化的、稳固的存在，它们必然会对认知主体心理模式（思维模型）的发展产生持续影响，该心理模式（思维模型）因此表现出强烈的稳固性，即使出现新的信息，也很难改变思维主体的既有认知。在情报分析实践中，认知偏见恰恰就是这样一种固化存在的状态，由此导致的情报失误也屡见不鲜。

认知偏见的这种发生机理为改进情报分析、避免认知偏见对信息处理过程和方式的影响提供了全新的视角，结构化分析技巧也就依此逻辑产生。

（二）结构化分析的理论内核

“结构化分析技巧”（structured analytic techniques）是一套以系统化、透明化的方式将主观思考过程外化，以便其能够被他人共享、改进和轻松评判的方法机制，是由上百种方法（工具）构成的方法群。每种方法在使用后都留有一条线索，其他分析人员和管理人员可以沿循这条线索查看分析判断的依据，并进而表示认同或者提出不同的见解和认知。它的主要意义在于提供了一种克服认知偏见的方法路径，而不是代替逻辑推理本身。

1. 方法缘起

结构化分析技巧首先源于理查德·J·霍耶尔（Richard J.Heuer Jr）对于认知心理学在情报分析领域应用的研究。霍耶尔据此而作的《情报分析心理学》（*Psychology of Intelligence Analysis*）一书系统阐述了人类的认知局限及其对情报分析的影响，并对改进情报分析的路径提出了新的解决模式。杰克·戴维斯（Jack Davis）继承并发扬了霍耶尔的研究思想，在实践中提出了

“替代分析”理念，并在20世纪80年代，率先开始了“替代分析”的教学和写作工作。所谓“替代分析”，即评估替代的解释或假设，以更好地理解他国的文化，站在他国的角度，而不是靠镜像思维来对事件进行分析。从结构化分析方法群的发展历程看，该方法群形成和构建的初衷是为克服思维局限提供一系列方法指南。

2. 方法理念与构成

（1）以证伪主义为方法论基础

证伪主义是卡尔·波普尔（Karl Popper）整个哲学思想的重要基石，它形成于对逻辑实证主义的批判。逻辑实证主义认为，科学从中立的观察开始，观察必须摒弃个人的主观好恶，做到不偏不倚；观察现象经过归纳可以上升到规律和一般性结论，归纳法是“发现的科学”，通过对每个所观察到的现象的证实可以奠定并丰富一般性、规律性结论的基础。

波普尔的证伪主义则从多个方面对实证主义进行了批判。波普尔认为，主体对事物的观察并不是完全中立的，而是充满了主观性，所谓客观的观察、科学的归纳，实际上都是一种理想状态。同时，任何一种科学理论都不过是某种猜想或假设，其中必然潜藏着错误，即使它能够暂时逃脱经验的检验（即能暂时被证实），但总有一天，这种潜藏着的错误会暴露出来，从而遭到经验的“反驳”或“证伪”。科学就是在这样一个不断地提出猜想、发现错误进而遭到否证、再提出新的猜想的循环往复过程中向前发展的。

依据证伪主义理念，在情报分析过程中，分析人员首先应根据掌握的情报资料，对某一问题形成若干可能性判断（假设），进而分析人员再对此些判断进行证伪而非证实。这不仅因为经验事实无法穷尽，随着新的“经验”的出现，已被证实的事物将有可能被证伪，更因为情报分析领域情况的复杂性。情报分析人员面对的信息是有益的信号、无用的噪音和欺骗性信息的混合体。欺骗性信息会将分析人员引入错误的方向，得出错误的结论。如果用证实的方法来验证这一结论，必然会落入欺骗的陷阱，且欺骗效果还将因认知的固有特点而得到加强。

结构化分析技巧正是从证伪主义理念对情报分析的影响出发、将其作为方法论基础，全面进行了方法群设计。结构化分析技巧强调其逻辑起点是认知偏见的存在，初衷是克服认知偏见的影响。进而，在具体的方法层面，它首先强调了假设的生成，具体如“象限假设法”“多种假设生成法”等，它们均提供了生成多种假设的操作路径，指引分析人员从各种角度去生成假设，防止落入某种偏见的陷阱而遗漏重要的假设。对已形成的假设，结构化分析技巧强调对其进行证伪性验证而非证实。不仅如此，证伪主义对结构化分析技巧的方法论意义更体现在批判精神上。证伪主义的一个重要立论前提是科学是可批判的，科学就是不断发现问题、批判质疑既有结论进而清除错误并不断逼近真理的过程。结构化分析技巧正是一种批判的方法，它将批判性思维作为其理论主线，参照批判性思维的结构，设计了其方法群构成，从而更加全面、完整地反映了它的证伪主义方法论基础。

（2）以批判性思维的结构为理论架构

批判性思维（Critical Thinking）是对思维展开的思维。美国哲学协会（APA）将批判性思维定义为一种有目的、对产生知识的过程、理论、方法、背景、证据和评价知识的标准等正确与否作出自我调节性判断的思维过程。

批判性思维有一定的批判路径与思维结构。彼得·法乔恩（Peter Facione）在其《批判性思维》一书中指出，批判从澄清观点开始，也即首先需明确要解决的主要问题是什么、观点是什么，然后评价论断、评价论证、评价演绎推理和归纳推理（即思维逻辑），同时还要进行自我监控。结构化分析技巧方法群的设计正体现了批判性思维所主张的批判的流程和思维的结构。该方法群包括以下几个部分：

①分解。这主要是针对“问题”而言，也即为了帮助分析人员更好地理解所要研究的“问题”，将其按一定规则拆分成不同的组成部分。进而分析人员不仅可以通过对构成该问题的各个部分的研究，实现对该“问题”内涵的理解，还可以由此发现各个部分间的相互关系，有助于对该“问题”理解的深化。

②观点生成。明确了“问题”之后，情报分析人员会围绕该问题，根据有限的情报资料，构建某种思维模型，初步形成观点。为了避免认知偏见，结构化分析技巧提供了批判认识该初步观点的方法步骤，如“结构化头脑风

暴”“星爆法”“交叉影响矩阵法”“形态分析法”“象限处理法”等。

③假设生成与测试。从广义上来讲，“假设”也是“观点生成”的一部分，所以，“观点生成”的诸多方法也可用于生成假设。如果从批判性思维角度来讲，“生成假设”即是形成论断的过程。只是这些假设（论断）需要检验。这样的方法设计也正是对应了批判性思维中的评价论断环节。

④关键假定检查。“关键假定检查”是参照了批判性思维中的“评价论证”环节。论证是指提供理由支持一个论断的过程，用图示表示为：论证 = 理由 + 论断。也即，论断（假设）的做出是以某种“假定的理由”为前提、为依据的。在结构化分析方法中，这个“理由”被称为“假定”，它是假设（论断）形成的前提。假定正确与否，直接关系到假设的谬误，进行假定检查也就成为必然。

⑤质疑分析。批判性思维的主旨在于质疑，结构化分析技巧更是将质疑视为灵魂，提出了一系列质疑分析方法，贯穿情报分析全流程。这些方法可分为自我批判、批判他人和他人批判三类。这些方法可应用于情报分析流程的任一阶段，既可对“观点”“假设”以及它们的形成逻辑进行批判质疑，又可对支撑该“观点”和“假设”的证据进行考证分析，还可对该“观点”和“假设”的验证过程保持审视态度。它们的共同目标是扩大列入可认真考虑的可能解释或评估的范围，对既定的思维模式或分析共识进行质疑。

（三）结构化分析技巧的操作路径

结构化分析技巧是一套以证伪主义为方法论基础、以批判性思维的结构为理论架构的方法群，其核心目的是克服认知偏见的影响，提高情报分析的可靠性。其实现路径，主要有以下三个方面。

1. 以多元化假设对抗个体认知偏见

情报分析实际上是一种试错过程。分析人员不断地提出各种假设，新涌现的证据不断证伪已有的各种假设，通过不断的试错，分析人员逐步接近了事物的本质。而任何假设的形成都与情报分析人员固有的思维模型有密切关系。所谓思维模型，就是分析人员面对某些情报资料时，他所持有的立场、观点与解读资料的方法。思维模型是一种概念框架，体现的是情报分析人员对某一类问题的固有认知。在这种分析模式中，思维模型的正确性直接决定着分析的准确性。而由于情报分析人员知识背景和经验经历的不同，思维框架自然会有异，认知偏见也就顺理成章地出现了。为对抗此类认知偏见的影响，结构化分析技巧的思路是提出多种假设，并为此设计提供了诸多操作性方法，如“简单假设法”“多种假设生成程序法”“象限假设法”等。以特定的方法框架与步骤引导分析人员开拓性和创造性地思考广泛的可能性，最终提出一组多元化、对抗性的假设，随后再用已有的相关信息和未来可能拥有的新数据资料来全面审视和测试这些假设，从而确保重要的假设没有被忽视，避免在分析一开始即落入先入之见的陷阱并用证实的方式持续巩固之。

2. 秉持替代分析理念，转换分析视角

替代分析的出发点仍然是基于对思维模型在分析过程中作用的考虑。既定思维模型一旦形成，分析人员容易忽略渐变的重要性，从而在量变到质变的过程中忽略新信息的重要含义，固守某一主流观点或传统结论，造成情报失误。因此，分析人员有必要对自己在整个分析过程中的思维模型以及依此思维模型形成的结论进行替代思考，考虑事态发展存在的其他可能性，其核心内涵是要求分析人员跳出原有思维的束缚，转变分析视角。对此，结构化分析技巧提出了“事前分析”“关于后果的可能性分析”和“替代情景想定”等三大类方法，它们的共同特征是指明了该如何从不同的角度重述提问、任务或问题，使研究人员以不同的方式看待情况，得出不同的观点。

“事前分析法”（Premortem Analysis）是进行“事前分析”的一种典型的结构化分析技巧。它要求团队成员假想已作出的结论是错误的，“强迫”团队成员从之前的假设、假定和关键证据中转移开视线，从其他角度重新进行思考，从而达到转换分析视角、打破原有思维模型、寻找替代结论的目的。

“关于后果的可能性分析”的结构化方法有许多，它的目的是从那些与当前判断不一致、但一旦发生将会对政策与资源产生重大影响的信息入手，假定它们实际上可能会发生，并由此给出可能的替代解释。

“替代情景想定”是以情节的形式对未来目标进行描述，每个情景想定代表未来某一段时期清晰的、能够自圆其说的图景，它为事态的发展提供了一种或多种的可能性假设。“论点合理性”“替代前景分析法”等都是能够进行“替代情景想定”的结构化分析技巧，两者只是在具体操作中有差异。这两种方法都有助于生成多个替代推论，从而最大程度避免了单一分析方向和论断造成失误的可能性。

纵观这些方法路径，它们的共同特点是分析人员可以借此方法的推动，在“强迫性”转换视角的过程中，找出原有思维模式下被忽视的指标性信息、证据等，并对这些指标重新进行思考和观察以得出替代结论。

3．可视化情报分析过程，检验认知偏见的形成逻辑

认知偏见的形成与个体思维模型有直接的关系。为减少认知偏见的影响，既需要关注思维模型构建逻辑本身，也需要可视化思维模型构建过程，为观察思维模型构建逻辑提供条件。结构化分析技巧提供了许多这样的方法工具。这些方法虽各自适用于情报分析流程的不同阶段，但可视化是它们的共同特点。无论是内在的方法理念还是外在的方法步骤，都集中体现了可视化的设计初衷。其目的就是以可视化的方式让认知偏见的形成路径、内在逻辑能为其他人所见，从而为分析认知偏见产生的原因并提出解决思路提供可能。下面以“关键假定检查法”（Key Assumptions Check）为例进行说明。

“关键假定检查法”有两个关键性步骤，一是需要召集一个小团体，团体成员与几名“局外人”一同对问题进行分析。通过一场头脑风暴，与会者写下几个假定并列于白板之上。“将所有假定列于白板之上”目的是实现可视化。接着，“关键假定检查法”第二个步骤开始。即，通过回答以下问题，对每个假定进行批判检查：为什么我确信该假定是正确的？在什么情况下该假定可能是不正确的？这是可视化的继续，也是认知偏见检查的继续。通过这个步骤，每个人都可以看到并审视自身及团队其他成员对每个“关键假定”的分析逻辑，从而明晰可能的认知偏见产生的原因、发生的路径。这样的检查过程是具体而有说服力的，它克服了传统情报分析模式的弊端——以认知结果为主，忽视认知过程，分析个体也缺乏审视自身认知偏见的自觉和有效途径。结构化分析技巧恰恰对此给予了科学观照，为检查认知偏见提供了前提和清晰的路径。

（四）结构化分析技巧的优势与局限

1. 提升了情报分析的科学化水平

实证主义曾经为人文社会科学的科学化提出了一条基本路径，即可量化、可重复。第一代情报分析家将实证主义方法应用于情报分析中，情报分析在科学化道路上迈开了重要一步。但在情报分析实践中，它也暴露出一系列问题。人们意识到，情报分析的主题与一般自然现象和社会现象不同，它涉及对手之间的认知对抗，它所处理的信息真假混杂，对手的意图难以精确判定，同时认知主体的偏见又时刻影响着分析结果的准确性。

结构化分析技巧恰恰从认知主体而非单纯的方法改进出发，为提升情报分析的科学化水平提供了全新的思考方向。它以认知心理学对情报分析的影响为认识基础，以认识和改造情报分析人员的心理过程为出发点，针对如何克服认知偏见对情报分析的影响进行了分析方法的设计和开发。这些方法或直面思维的主观性，倡导从多重角度提出问题和假设；或注重思维的外化，方便自己与他人检验，实现了分析过程的可重复性和可验证性；或注重证伪方法的使用，通过证伪剔除错误的假设；或注意换位思考，强调在提供情报分析结论时要考虑替代选择，而非强调答案的唯一性。显然，这样的方法设计体现了对认知主体无法避免的思维局限的关照，而非单纯的方法改进，是提升情报分析科学化水平的独特路径。

不仅如此，结构化分析还对构成认知偏见的思维模型问题进行了初步探索。从理论上来讲，认知偏见问题无法彻底解决。因为认知偏见的产生与人的思维模型有直接关系，而思维模型又是分析过程中必不可少的思维策略。但这也为从根本上克服认知偏见的影响提供了思路——从解决思维模型的构建入手，即面对某个问题时，该如何科学、恰当构建出有普遍适用意义的思维模型。结构化分析技巧确实在诸多方法，如“情景分析法”“假设生成法”“决策矩阵法”等运用了思维模型的有关原理，也初步展示了针对某些特定问题的思维模型。这种模型方法的使用，克服了传统情报分析中专注于逻辑方法的使用，提升了情报分析的科学化水平，为提升情报分析的准确性、克服情报失误提供了一条现实解决途径。

2. 结构化分析技巧的局限性

应该看到，结构化分析技巧有其局限性。它着力解决情报分析的科学性问题，尝试运用模型分析，但本质上，结构化分析技巧还是属于定性分析方法，它未能解决关于构成思维模型的具体要素以及与此密切相关的要素指标赋值问题。例如，在象限假设生成方法中，变换不同的关键要素，很明显可以得出不同的结论，而关键要素的确定依然有赖于人的主观介入。同时，为实现分析的科学化，打破定性分析的模糊性，以清晰的路径和有说服力的指标说明思维模型各构成要素之间的相关关系，有必要对这些要素进行科学的量化赋值。但是，在量化赋值中有一个问题是难以克服的，即量化赋值的标准和科学性问题。情报分析的特殊性在于它的核心指向是人（或国家行为体）的意图，是事物的性质、走向和趋势。意图、走向这些要素本身无法量化。情报分析人员必须对构成这些事物的因子进行细分，进而量化。但是，任何量化指标的抽取和划分都无法避免主观意识的作用，存在产生认知偏见的可能。同时，测量指标也存在无限性。对于一种社会现象的测量指标是无法穷尽的，不同的研究者可以制定出不同的指标。而且，这些指标本身也具有一定的抽象性和模糊性。对于此类问题，结构化分析技巧也未给出根本性解决思路。所以，结构化分析方法与一般意义上的“科学”方法是有差异的，这影响了它对认知偏见的解释力，但也恰恰为分析方法的未来发展提供了探索方向。

二、情报分析中的证据证明[1]

（一）相关研究背景

在英美法系国家，证据可采性是证据法的核心问题。在早期英美证据理

[1] 张伟伟、阎宏瑞、王万：《情报分析中证据证明问题研究——〈情报分析证据与推理〉评介》，载《情报杂志》2016年第8期。摘编后收入本书。

论中（19 世纪中叶到 20 世纪中叶），证据理论研究集中于探讨证据的“可采性”问题，而将证明机理视为经验和常识问题。20 世纪 60 代以后，英美证据法学开始有了新的分化，在证据可采性、证明责任、证据规则等研究内容之外，关于证据的证明力规则和证明技术问题的研究逐渐受到关注。

“新证据学”最早出现于 1986 年理查德·莱姆伯特的《新证据学：对证明过程的分析》一文。60 年代以来，证据学领域发生了很大变化，证据理论正在从一个关注规则解说的领域转变为一个关注证明过程的领域。“新证据学”与传统证据理论最大的区别在于，它不是以证据可采性规则，而是以证明过程为研究对象。

舒姆在 1987 年出版两卷著作《情报分析证据与推理》（*Evidence and Inference for the Intelligence Analyst*），将多学科领域的证据推理融为一体，并认为证据和推理是以不完全信息为基础获得结论和作出决定的任何学科和实践活动所共同关心的问题，威格莫尔的基本结构可适用于任何以证据群为基础进行推理的领域。近年来，舒姆致力于证据科学的完善，对各领域共通的证据与推理问题展开融贯性探索，他的成果属于“新证据学”的一部分。

另外，舒姆提出了“实体无涉”的证据推断问题，认为他所描述的有关证据推理的基本原则和方法，是可以用于任何背景和学科的，是种与内容无关的通用知识，可以用于法律体系、医疗诊断、自然科学，也可以用于情报分析。在《情报分析证据与推理》一书中，舒姆将法学中的证据证明方法应用到情报分析领域，引用大量情报分析相关案例，详细介绍了证据推理在情报分析中的具体应用，为情报分析人员开拓思路、科学推理提供了帮助。虽然舒姆成书的目的在于将证据推理方法引入情报分析领域，指导、训练分析人员更好地利用证据进行推理，但是具体的推理方法却贯彻了作者“实体无涉”的基本理念。关于情报分析的案例只是为了反映应用背景，而不是为了重构证明方法，因此在设计上比实际工作中简单许多。

（二）证据分类

虽然《情报分析证据与推理》一书使得舒姆成为第一个系统地运用证据

推理研究情报分析问题的理论家，但书中，情报分析仅仅作为证据推理的应用背景，并非作者着墨重点，该书主要目标在于研究证据推理在实践中的应用问题。相对自然科学，“情报分析”的研究背景使得搜集的证据更加趋于多样性和不确定性。另外，由于欺骗和反情报的存在，证据源的可靠性受到严重质疑。为了应对“情报分析”应用带来的证据复杂性问题，舒姆的证据推理理论就是以对证据的分类开始的，证据的分类是整个舒姆理论的基础。

《证据推理在情报分析中的应用》一书中，舒姆将证据分为 6 类，但在该书第 12 章又将其划分为了 12 类。可见，舒姆在证据分类上存在疑虑，主要原因有以下两点：一是证据间的微妙差异本来就不明显，导致一些类别可以略去或并入其他类别；二是在这些书中，证据的推理才是探讨的核心主题，证据分类只是为了更加方便的研究推理。因此，推理方法的整合和调整导致证据分类随之变化。

尽管分类结果不同，分类方法却大致相同。舒姆选择两个维度进行分类，一是证据源与证据使用者之间的关系；二是证据与假设之间的关系。前者反映了证据源本身的属性差异，具有客观性和静态性，《证据推理在情报分析中的应用》将其分为有形证据和无形证据；后者反映了证据在推理中功能的差异，具有主观性和动态性，该书将其分为直接证据、环境证据和附属证据。证据类别不同，其证明力的评估方法会产生变化。比如，对于无形证据来说，证据证明力评估较有形证据更强调关注证据源的可信性。

（三）证据证明力评估

证据的证明力规则和证明技术问题是新证据学研究和关注的重点，证明力本质上是证据本身所固有的属性，是指证据事实对待证事实有无证明作用和证明程度，即能否证明待证事实以及在多大程度上证明待证事实。证明力本质上是证据本身所固有的属性，是客观存在的。而证明力的大小是由而证据与假设是否关联及关联程度决定的，因此，证明力评估离不开假设，并且是动态变化的。

舒姆在其书中认为，“关于证据证明力一个相对没有争议的论断是它具有类似矢量的属性”。因此，直接采用“证据证明力”的提法，可突出其矢量特性。

虽然新证据学从概率统计的视角描述证据的证明力，但得出的观点并不统一，原因在于研究者对“概率和推理”的理解并不相同。比如：主张与赞成在证据证明中运用贝叶斯方法的观点被称为贝叶斯狂热主义，否定和质疑贝叶斯方法的被称为是“贝叶斯怀疑主义”；倾向于用数学方法进行盖然性判断的称之为帕斯卡主义，倾向于运用客观标准进行盖然性判断的，叫作培根主义。这些理论对于证明力的概率表示认知不同，证明思路迥异，理论系统很难融合，因此舒姆将其作为独立的三个理论系统分别介绍。

1. 证明力方向探讨

舒姆认为，“证据具有一种类似向量的属性——证明力”。虽然证明力具备矢量的性质，但证明力并非“物理学”意义上的力，而是一种抽象出来的表征证据与假设作用关系的“抽象力”，因此，证明力方向并非像物理学中“力”那样可以利用数学方法刻画，如果用“证据 E 的证明力偏离假设 H 10 度”去描述证明力方向，既晦涩难懂，又显得奇怪蹩脚。舒姆采取的方式是，直接将证据证明力指向某一假设，而用证明力的大小描述证明力与假设实际偏离程度的作用，证明力越小，则说明证明力的实际方向与假设偏离越大，反之亦然。

按照上述做法，单项证据的证明力可以指向多个假设，这是被贝叶斯概率理论认可的，但研究者对此存在争议。其中，谢弗证据理论认为证据对某些假设的证明力是不存在的，对于这些假设来说，证据不支持也不反驳，只是没有“表达意见”；而科恩的归纳概率理论将证据证明力理解为证据的数量，对证明力方向没有探讨。

推理过程中，证据往往组合使用。组合中，证据证明力的方向可能并不一致。根据组合中证据证明力方向的关系，可以对组合进行分类。当证据在证明中指向同一假设时，如果证据能够互相支撑，强化证明力，则称之为补强型证据（Corroborative Evidence）；如果证据来源于不同的且相对独立的事件，关系稀疏，则称之为收敛性证据（Convergent Evidence）；如果证据在内容上或者理解上重复，则称之为冗余证据（Redundant Evidence）。当证据在证明中指向不同假设时，如果证据间自相矛盾，指向互斥假设，则称之为矛盾型证据（Contradictory Evidence）；如果证据发生冲突，指向不同假设，并且这些假设间有一定的兼容性，即有可能同时发生，则将这样的证据称之为冲突型证据（Conflicting Evidence）。组合证据证明力方向无法用单项证据的方向去描述，此时，需要考虑其整体证明力方向与假设间的关系。

2. 证明力大小评估

在实际推理过程中，对证据证明力大小的评估往往涵盖了对其与假设关系的探讨，证明力的大小可以变相的揭示其与假设的“偏离”程度。因此，对证据证明力大小的评估是证据证明的关键问题。舒姆在书中介绍了贝叶斯概率理论、归纳概率理论和谢弗系统三种评估系统。

（1）贝叶斯概率理论

贝叶斯概率理论的核心是贝叶斯定理，本质是通过学习新知识，修正主观认识到的先验概率，形成一种后验概率认知。其数学意义在于提示我们应当考虑新证据的出现对先验概率的影响，这种影响通常用似然比描述。设假设集合为 $[H, H^C]$，证据为 E，则依然比 L 可表示为 $L=P(E|H)/P(E|H^C)$。L 与 1 差距越大，则说明新证据对先验概率的影响越大；L 越逼近 1，则说明证据的价值越小。情报分析中，当出现与假设相关的新证据时，分析者应当及时更新对假设发生概率的认知。

三种评估系统中，舒姆对贝叶斯概率理论进行重点介绍，使用频率最高，体现了舒姆对其在证明力评估中效用的认可。尽管如此，舒姆也同样意识到了贝叶斯法则在处理情报问题时的局限性——无法反映证据全面性对证明力的影响。舒姆认为，在具体的实践中，仍然需要其他方法提供有效补充。

（2）归纳概率理论

归纳概率理论由乔纳森·科恩构建。在科恩看来，证据的全面性是影响证据证明的主要因素。科恩的证明思路在于对假设进行证伪，通过搜集足够的证据来构造“证据测试”，逐条用证据来对所有假设进行判断，将与证据冲突的假设逐一排除，最终保留的假设即为“证据测试”的获胜者。在证明过程中，科恩将证据的证明力等同于证据的数量（Amount），支持假设的证据越多，该假设的归纳概率越高。

舒姆在描述中强调，科恩的证明思路并非是通过“枚举计数”来进行归纳推理（Induction by Enumeration），而是通过“证伪排除”的方法达成目标(Induction by Elimination)。实际上，由于证据的不确定性，分析者很难通过某些“看似可靠”的证据来证明假设正确，而较容易发现与证据不一致的假设，因此，对假设“证实”比“证伪”更加困难。科恩的概率系统更像是个“排错系统”(Eliminative System)，而非是“计数系统”。

舒姆对科恩概率系统的评价相对客观，一方面，他认可归纳概率在应用实践（比如医疗诊断）中的显著成就，另一方面，他认为“证据测试”具有很强的局限性，即使设计周密的测试也可能在“证伪”中出现错误，并且，归纳概率对证据源的可靠性、事件的重要性以及事件的稀有性等影响证明力的变量回避讨论，在解决复杂问题时可行性和可靠性欠佳。在书中探讨组合证据的证明问题时，舒姆并未选择科恩的归纳概率理论。

（3）谢弗系统

同科恩的归纳概率理论系统一样，谢弗系统也是为了解决传统概率系统（贝叶斯概率系统）中隐含的问题。科恩着眼于解决证据的全面性问题，而谢弗致力于解决概率系统中“无知”和“反驳”的区分问题。

舒姆认为，谢弗理论和概率系统的基本区别在于关于无知的处理。谢弗系统不要求对无知假设或者反驳假设赋予概率值，而是认为证据对此假设“未表达意见”。而对于证据“信任”的假设，谢弗用“信度”来描述证据对假设的信任程度，即用“支持度”(Support）来描述证据的证明力。

谢弗理论没有讨论证据源可信度的相关问题，也没有讨论证据的分类问题，只是对基于新证据的“支持度修正”问题进行了精确讲究的描述（Elegant Representation)。到目前为止，系统还未被应用到多类型证据的证明问题中。因此，舒姆认为，与其说谢弗理论是个证据理论，不如说它是一个信念理论。

（四）复杂情况下的证据证明力评估

舒姆给出的一个基本假定：未受重视或未被发现的证据也可能对证据证

明产生影响。这种设定与墨菲定理如出一辙，透露出作者严谨认真的治学品德以及追求深刻的著书风格。在这个假定的驱动下，舒姆特别注重知识点的完整性，尤其重视对“细微处”（Subtle）的研究分析。

舒姆不满足于对简单证据力证明问题的描述，在证据分类的基础上，用大量的篇幅探讨不同类型证据及不同类型组合证据的证明力评估问题。在此用“复杂情况”来限定证明环境，区别于简单的单项证据证明问题。

在情报分析中，一些情报源会故意释放出虚假的证据以混淆视听，因此遇到冲突证据和矛盾证据是正常的。在评估时，贝叶斯概率理论和谢弗理论同样适用。两个系统的差别在于解决冲突矛盾的方式不同，前者允许证据对所有假设分配支持度或证明力，而后者却不允许这样做。

对于补强型证据和收敛型证据，需要关注证据源的独立性和可靠性。舒姆通过计算发现，低水平的可靠性对证明力强的证据，比对证明力弱的证据具有更大削弱。舒姆强调：“我们在对证据间互相增强内在价值感到兴奋之前，应该好好考虑证据源的可靠性问题。”

对于二手证据，尤其是传言（hearsay），在传播过程中可信度受到严重削弱。在这些证据面前，往往得不到关于可信度的变量信息，因而无法对其证明力进行评估。

情报工作的现实情况要比上述的“复杂”情况更为复杂，用量化的方法进行证明力评估是件不可能完成的任务。舒姆提供的案例只是为了传授方法思路，而非可告知现实解决方案。在一定意义上，与复杂的数学证明过程相比，舒姆对过程中“细微处”的分析更加耐人寻味。

（五）综合评价

舒姆将法学中的证据学理论引入情报分析领域，充实情报分析理论的同时，也为情报分析人员认识、处理情报素材以及完善逻辑推理提供了指导和帮助。但是，如同所有的情报分析理论一样，舒姆的情报分析思想同样存在一定的局限性。在将证据证明方法融入情报分析领域时，难免存在不尽完善之处。

首先，舒姆对证据的分类过于抽象，不符合情报工作的实际情况。在情报分析中，所获得的情报素材可能涵盖军事、经济、政治等多个领域。而舒姆在分类时依然遵从法学中的证据分类方法，并未结合情报领域的具体情况。

其次，舒姆提出了情报素材的证明力评估方法，但在例证时往往简化分析情景，将复杂的情报分析问题分解成若干小规模的逻辑推理问题。现实情况下，分析人员掌握的证据可能数量繁多、类型多样，又面临新证据出现以及情报欺骗的风险。利用舒姆提出的证据评估方法需要大量的计算，影响推理的时效性。并且，证明力评估过程中会涉及主观概率的问题，导致不同的分析人员使用相同情报素材和相同概率模型，仍然会得出不同的结论。对于这些问题，舒姆并未提出可行的意见。

三、预警情报中的机会分析[1]

战略预警是对一切危及国家安全行为的预先警告。它是维护国家安全与国家利益的重要保障，是国家防御力量建设的重要组成部分。历史上，由于预警失效导致国家蒙受重大损失的案例比比皆是。究其原因，一方面是情报失误所致，情报生产者未能及时察觉来袭信号，未向决策者发出威胁警报；另一方面则归咎于决策失误，决策层对分析人员提交的预警情报持质疑态度，未能采取有效的防御行动。后者提醒我们关注决策层“反应”的重要性，这是预警情报优势转化为行动优势的关键环节。因此，预警分析必须采用更加贴近决策需要的分析模式，以取得决策层的认可和采纳。“机会分析”理论提供了一条可行路径。

（一）战略预警的影响因素

情报的最高价值体现在为国家安全利益提供决策依据。对于战略预警而言，保障决策者作出正确的防御决策，使国家利益免受损害，是预警情报的价值所在，也是预警分析人员的责任所系。由于涉及国家安全资源的重新部

[1] 陈晨：《“机会分析”理论在战略预警分析中的应用分析》，载《情报杂志》2015年第9期。摘编后收入本书。

署和规划，决策层在对待预警情报时持更加审慎的态度，而分析人员的“结构性劣势”进一步加剧了预警失效的风险。预警情报要发挥功效，必须具备比一般情报产品更强的决策驱动力。

1. 战略预警成效取决于决策的反应

战略预警有广义狭义概念之分。狭义概念将战略预警应用限定在军事领域，强调应对以战略打击武器为载体的战略威胁。随着威胁载体和形式趋于多样，战略预警的内涵不断丰富和拓展，其释义也更加宽泛，如“对一切可能危及国家安全和对国家利益构成战略性威胁行为的早期发展、跟踪、分析研判并及时发出警报采取的措施”。美国情报界对于战略预警的释义更具开放性，不仅体现了应用领域横向拓展的特点，而且从纵向维度将战略预警视作一项连续的行为过程予以考察。美国中情局专家杰克·戴维斯认为战略预警是“对威胁国家安全利益的行为在特征及程度上重大变化的分析性认知，以及通过与决策层有效沟通，促使重新评估本国应对威胁的战备状况（的行为过程）”。这一释义强调了战略预警作为“警报加反应”结合体的内涵特性，超越了传统释义仅关注警报发布过程的局限，将警报接受者（决策层）的反应视作战略预警的必备要素。

决策层的认可和采纳是维系预警情报价值的“生命线”。一项完整且成功的战略预警包括两个行为体：“警告方”和“被警告方”，一般流程为警告方发布警报——被警告方接收警报——被警告方认可警报—被警告方采取行动。换言之，即使警告方发布了及时准确的警报，以下任一情况仍将导致预警失败：①警报未被接收；②警报被接收但不被认可；③警报被认可但决策层不愿据此采取行动。只有当警报被认可和采纳，即决策层据此制定了防御措施，重新规划和部署了防御资源，方可宣告预警工作流程完结。

2. 决策层对预警情报的审慎态度

“9·11 事件”独立调查委员会报告指出，美国情报界早前就已经发出“基地”组织可能发动恐怖袭击的警告，也确有部分政府官员通过情报和其他资源得知并确信了这一警报。然而，决策层却未据此采取有效防御措施，避免灾难发生。这说明，预警失误不能完全归咎于情报生产环节，用户不相信警报或是不愿意对警报作出反应也是重要原因。其中，决策成本是重要因素。无论预警决策是防御性还是进攻性，都涉及国家安全资源的统筹、部署和调动，不仅需要投入大量的人力、财力和物力，而且一旦因防范一个未发生的威胁而忽视了另外一个成为现实的威胁，领导者的政治声誉和职业前景都将受到损害。因此，决策层对于预警情报的态度极为审慎，如警报缺乏足够说服力，其绝不情愿付出高昂的政治和经济成本，牺牲特殊利益去应对一场不确定的危机。

3. 预警情报分析人员的劣势地位

信息一般由三类构成，可知且已知的“事实”、可知但未知的“秘密”和不可知且未知的“谜团”。情报分析的本质是基于可靠“事实”，依靠历史经验、逻辑推理等对“秘密”和“谜团”的探究过程，构建一个完全透明的态势图景。“事实”在情报分析环境中占据比重越大，“秘密”和“谜团”等未知因素导致的情报不确定性就越小，分析人员对于情报产品的主观投入就越小。反之类推。就战略预警而言，分析人员基于对战略威胁影响国家安全的程度、发生概率和己方反应时机等因素的综合评估生产预警情报，并选择警报发布时机。当上述因素多以“事实”形式呈现，预警分析就越客观，决策者对于警告的信任度越高。然而战略预警的特性决定分析人员为预留充足的反应时间，往往需在事实尚不明晰的情况下作出主观判断，这不可避免导致失误发生。如警报不足，无法引起决策者重视，会错过防御最佳时机；而频繁发出警报又可能产生“狼来了”效应。预警情报分析人员总是处于这样的“结构性劣势”地位。此外，战略预警存在“时滞”缺陷。当己方的预警分析以产品形式到达决策者手中的时候，敌方的行动意图、时间和方式很可能已经发生了改变。更极端的情况是，敌方正是基于己方的防御行动而推迟或取消了进攻计划。而一旦威胁未以预料的形式发生，决策者就会认为分析人员的预警评估是错误的，进而降低对该渠道情报产品的信任度。

（二）“机会分析”理论的适用性

“机会分析”理论产生于美国情报分析理论向“以政治为导向”的转型时期。早在20世纪80年代中期，时任国家安全委员会情报规划办公室主管的肯尼斯·格拉芬雷德便初步阐述了“机会分析”理论的观点。之后，多位研究者对基本内容进行了完善，逐渐形成了更清晰的理论表述，并被官方接受为指导情报分析工作的新理念。

1. 强调情报分析塑造未来的能力

“机会分析”理论的基本出发点是修正传统理论主张的分析人员应该与决策者保持距离的保守做法，更注重情报的政策相关性，鼓励分析人员系统掌握国家安全政策的制定过程，并采取各种渠道与决策者沟通，了解决策者的真正需求。更重要的是，该理论认为，情报分析的最终目的不是帮助决策者预测未来，而是主动塑造未来。主要帮助决策者识别以下因素：①通过外交、军事、经济、公共外交和隐蔽行动等手段推动美国利益的“机会”；②外国领导人、政党的“弱点”；③美国可施加影响的“因素”；④美国行动的可能“后果”。可见，“机会分析”理论的侧重点，不在于分析当前形势和提供预测评估，而是跟踪对国家利益有重要影响的“机会”，及时提醒决策者能够在什么时间、什么地点、以什么方式采取行动，增进国家利益。这契合了预警分析对于决策者“反应”的关注。在“机会分析”理论框架下，预警分析不仅要评估形势，还要向决策者提供有关敌威胁的薄弱环节、己方有利因素以及己方下步行动可能达成效果等信息。如针对敌方战争行为的预警评估，不仅要提供战争概率、敌方战争准备、敌我力量对比等态势评估和预测，还要向决策者提供有关敌方发动战争阻力因素（国内政治派别反对、战争动员不足）、对己方有利条件（盟国态度、国际干预机制）以及己方防御行动的可能效果（会加速战争发生还是打消敌方进攻决心）。通过多角度驱动决策者采取行动。

2. 主张情报分析的细化，降低预警决策难度

“机会分析”理论主张将情报分析纳入政府决策过程，主张分析人员站在决策者的立场提出行动方案，并对方案进行优劣势评估。针对决策者由于预警情报“不确定性”产生的决策迟疑，主张从两方面进行消解：一是提升专业分析技巧，将笼统的情报需求分解为政策制定所需考虑的具体问题。与一般情报产品仅提供基本论断相比，“机会分析”更清晰地回应了决策者对事件驱动因素、发生方式及影响的多重关注，更好地满足了决策需要，增强了情报实用性。二是针对可选择的行动措施，评估“这样做的机会和风险”以及“这样做的可行性”，以帮助决策者作出决定。在处理复杂敏感议题时，分析人员应以列表形式告诉决策者，实施某项政策存在的有利和不利条件，以及实施政策的积极和消极影响等。分析人员可在预警评估中建立以“敌情征候表”为框架的威胁评估模型，向决策者明确应关注的“优先事项”，通过跟踪征候的动态变化，对战略威胁发生的概率、方式和时间作出评估。这就使决策者对于威胁的感知更直观，可有效消除其疑虑心理，增强决策信心，提高决策效率。

3. 分析人员需全程保障决策，扭转劣势地位

曾任中央情报局情报处主管的道格拉斯·麦克伊钦以一个非常著名的比喻来解释“机会分析”理论框架下，分析人员在政策制定过程中的地位和角色。其将情报活动比喻成足球比赛，那么决策者就是教练，分析人员则担任“球探”的角色。“球探”的任务不是预告比赛的最终比分，而是评估对手的强项和弱项，这样教练就能制订一份能够获胜的比赛计划。然后球探需手持高倍望远镜坐在观众席上，随时报告教练所能利用的具体薄弱环节。有别于其他情报分析模式的是，“球探”的第二阶段任务，即在制订比赛计划后，仍全程参与教练的指挥行动，跟踪、观测赛事进展，协助教练应对各种可能情况和制定备选方案。这就有效应对了情报活动的动态博弈性。就战略预警工作而言，预警分析不仅影响己方的防御准备，同样也影响着敌方的行动决策。敌方时刻注意着己方的防御准备情况，并很可能据此调整突袭方式和时机，更有可能因此取消突袭行动。因此，在向决策者提供一份基于“敌情征候表”的预警分析后，分析人员需继续跟踪威胁征候的动态演变，敏锐察觉威胁来袭时机和形式的变化，保障决策者作出应对计划的必要调整。分析人员通过全程参与决策进程，使预警分析实现了与事态进展和决策需要的同步，有效扭转了分析人员在判断敌实力和意图方面的结构性劣势，不仅避免了因事态发展偏离初始分析导致的决策者信任缺失，也可及时识别敌方的欺骗性征候，避免突袭发生。

（三）“机会分析”理论的应用案例

1962 年“古巴导弹危机”是二战后美国面临的一次重大战略威胁。从 10

月 15 日中情局根据 U-2 侦察飞机拍摄的图片确认苏联正在古巴部署中程弹道导弹的事实，至 10 月 28 日赫鲁晓夫发布广播讲话为止，“古巴导弹危机”经历了关键的 13 天。这期间既是美苏两国战略实力和决心的综合博弈，更是双方情报搜集和分析能力的实战较量。美国中央情报局的分析工作因在危机前期的严重失误而饱受指责，然而其后期分析中“机会分析”理论的应用，仍可圈可点。

1. 紧密契合决策层战略关注重点，提供及时连续的情报分析保障

从中情局向国家安全委员会等机构提交的多份分析报告内容看，中情局深谙国家决策过程，对决策层的战略关注了然于心，始终围绕决策需求进行分析议题选择和跟踪，有效保障了决策效率和质量，为美在双方博弈中逐步占据上风发挥了重要作用。其分析主要围绕以下方面：一是导弹基地建设和武器部署等动向情报。涵盖基地建设进展和规模、古巴核能储备和核弹头装载能力、导弹基地保障设施等。二是核武打击能力评估。根据部署导弹的性能和射程情况，评估处于打击范围之内的美国目标。三是苏联战略意图评估。认为苏联战略意图主要有三方面：提升古巴战略威慑能力、提升对美战略打击能力以及显示对拉美国家的战略保护能力，以遏制美对拉美的渗透。四是提出应对方案选择。大致包括对古巴发布警告、军事干预和实施海上封锁三个方案。

值得注意的是，中情局不仅基于事态发展对方案进行可行性评估，及时修正政策优劣评判，而且将方案建议细化至后果预测和后续应对层面，极大降低了决策难度。上述几个方面正是美国决策层进行危机处理时的重要依据和需纳入考虑的关键因素。可以说，中情局的分析紧贴决策层战略关注，以“超前思维”和“事无巨细”的保障力度关照到了决策过程的每一个环节，从覆盖面、时效性和前瞻性等多方面契合了决策需求，深刻体现了“机会分析”理论所强调的政策相关性和“塑造未来”的能力。

2. 评估行动方案的“机会”和“风险”，为政策层决策行为提供参考

中央情报局先后提交两份《国家情报评估报告》（以下简称《评估（一）》和《评估（二）》），提出了美国应对危机的三种行动方案，并分别进行评估。针对发布警告的方案，两份评估均认为实际效果甚微。如美直接向赫鲁晓夫摊牌，告知对苏联在古巴部署进攻性导弹行为的掌握，施压其撤出导弹，苏联不但不会停止部署行动，还可能以此为谈判筹码，要求与美国一样享有在海外建立军事基地的权利。更为严重的是，警告将提高苏联警觉，降低美国采取任何军事反击行动的突袭效果。针对实施封锁的方案，两份评估均认为封锁行动将引发卡斯特罗政权不计后果的反抗，且不会导致其政权垮台。但对于苏联的反应，两份评估在详略程度上有明显区别。相较《评估（一）》中简略表述为“苏联不会谋求冲突升级，将通过在其他地区施压的方式冲破封锁线”，《评估（二）》详细阐述了苏联采取在柏林施压等政治手段冲破封锁的可能措施，并设想了苏联使用武力的情况。针对军事入侵古巴的方案，两份评估均否认了苏联参战可能，认为苏联并未和古巴签订条约，也未承认在古巴建立导弹基地，因此不会在古巴战场卷入与美国的直接军事对抗。但苏联可能会在古巴以外地区采取报复行动，最有可能的是柏林。《评估（二）》显然对军事行动后果估计更为严重，认为苏联会将美国军事入侵古巴视作对既得利益的严重挑战，将采取一系列反制行动，不排除升级为全面战争的可能。

值得注意的是，中情局在评估报告的结论部分偏离了“机会分析”理论强调的分析人员不应表露政策偏好的观点，主张采取第三种方案，对古巴实施全面的军事入侵，以彻底摧毁苏联部署的进攻性武器，并达到搞垮卡斯特罗政权的目的。虽然美国决策层一度倾向于该方案，但随着局势变化以及两国领导人的克制，最终还是选择了以非战争方式解决此次危机。

3. 密切跟踪危机征候变化，提醒决策者调整行动方案

在危机不同阶段，中情局敏锐察觉事态变化，及时增补和修订前期评估结论，辅助决策者调整行动方案。首先是关于苏联动机的判断。中情局在10月19日提交的《评估（一）》中指出“苏联将在古巴部署进攻性导弹作为同美国讨价还价的筹码，以换取美国在其他地方让步”。而在第二日得到关于导弹部署规模和打击能力的确切情报后，《评估（二）》修改了论断，认为“苏联在古巴部署导弹目的是提升战略打击能力，使其在与美国的战略较量中占据优势地位”，因此“苏联不可能仅将导弹视作使美国在其他地方让步的筹码”。两者对于苏联战略决心的判断存在本质区别，必然促使决策层作出防御决心和防御计划的调整。另外，在实行海上封锁的两周内，中情局连续跟踪监视苏联船只动向和古巴导弹基地建设状况，为美国采取进一步行动提供关键性依据。其间，中情局的情报评估提及两点重要动向：一是25日驶向古巴的一些苏联船只出现调转航向情况，显示赫鲁晓夫有退缩心理；二是古巴的导弹发射场建设工作依然在进行中，必须采取进一步措施以阻止导弹基地的建设工作，并消除这批导弹。正是基于上述分析，肯尼迪放弃了实施空中打击和升级封锁的行动方案，加速了政治谈判进程。

四、公安情报预警中的地平线扫描[1]

（一）地平线扫描与公安情报预警流程

1. 地平线扫描过程

地平线扫描（Horizon Scanning）是一种全面扫描潜在威胁和机会，并对未来进行预测的方法，是利用人类注意力或机器感知和采集分析系统，对特定地平线，按一定流程全谱地系统地感知获取信息、存储分析处理信息、描绘出这些领域/技术/对象/环境的实际样貌的情报作业，其利用科学资源和专家资源对弱信号进行发现、识别、分析和预测。地平线扫描过程可以分为确定问题范围、搜集信息、捕捉信号、观察趋势、构建意义等几个阶段（如图2.9）。

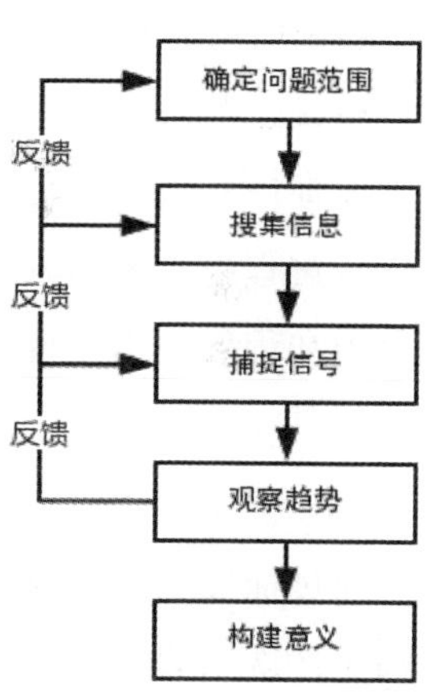

图2.9　地平线扫描过程

（1）确定问题范围

确定问题范围是地平线扫描的起点。通过确定问题范围，参与者将理解地平线扫描将要解决的问题，并了解如何使用获得的信息。通常使用的方法两种：一是访谈法，通过对相关专家或利益相关者的一对一提问，以确定问

[1]　司谨源：《基于地平线扫描的公安情报预警模式构建》，载《情报杂志》2020年第1期。摘编后收入本书。

题、发现重要驱动力和不确定领域；二是问题树法，将关键问题分解为相互排斥且完全详尽的子问题，以确定回答关键问题所需的全部信息。确定问题范围往往是一个多次迭代的过程，需要通过实践环节的多次反馈以达成可接受的问题范围清晰度。

（2）搜集信息

通过在已确定问题范围内开展全谱性、持续性的信息搜集，尽可能掌握问题范围内信息全貌。信息搜集方法主要有文献检索和科学评议、组织专家研讨会和构建开放论坛等。这一阶段参与者的关注点应不仅置于既有认知领域内，还应关注既有认知领域边缘处的信息。可利用假设方法、批判性思维方法等，以尽可能实现信息搜集的全谱性。

（3）捕捉信号

当前阶段掌握的信息全貌必然会包含真实或虚假的、直接和间接的、清楚和模糊的等各类信号，其中大部分是“噪声”，而目标弱信号隐藏在其中。因此捕捉信号就要透过“噪声”捕捉对目标问题具有重要意义的弱信号。捕捉信号过程中，参与者需要及时对搜集信息阶段进行反馈，以调整信息搜集的范围和程度；当发现所捕捉信号并非有效信号时，还需要反馈至确定问题范围阶段以调整方向，循环反复从而获得理想结果。

（4）观察趋势

通过捕捉信号，我们获得了对目标问题具有重要意义的关键弱信号。未经加工的弱信号，仅能带给我们关于目标问题的模糊印象。为实现对目标问题实际样貌的刻画，还需要对弱信号进行趋势分析，研究其历史沿革以识别未来方向，把握其内在脉络、识别和理解驱动因素，为下一阶段意义构建做好铺垫。在趋势分析过程中，如果发现对信号的解读缺少重要信息或需要最新信息，应及时向搜集信息阶段和捕捉信号阶段参与者进行反馈，以增加相关信号和获取更多信息。

（5）构建意义

地平线扫描的最终目的是获得目标问题的实际样貌，本质上是基于弱信号对未来进行的预测。构建意义通常有两种方法：一是情景假定法，考虑一系列可能的未来状态，然后探究每个状态的可能结果；二是系统地图法，说明影响中心议题的所有因素之间的关系，判断其带来积极影响还是消极影响。

2. 公安情报预警流程

公安情报预警，指的是在警情发生之前对其进行预测报警。公安情报流程可以分为情报规划、情报搜集、情报研判和情报传递等几个阶段。公安预警流程包括明确警义、监测警情、识别警兆和发布警报等几个阶段。公安预警流程是公安情报预警过程的主干，其最终阶段“发布警报”亦是公安情报预警过程的终点；公安情报流程则是辅助流程，为预警提供情报保障，二者密切联系共同构成“明确警义和情报规划、监测警情和情报搜集、识别警兆和情报研判、发布警报和情报传递”的公安情报预警过程，如图2.10（图中实线表示流程内信息流动方向，虚线表示流程间信息流动方向）。

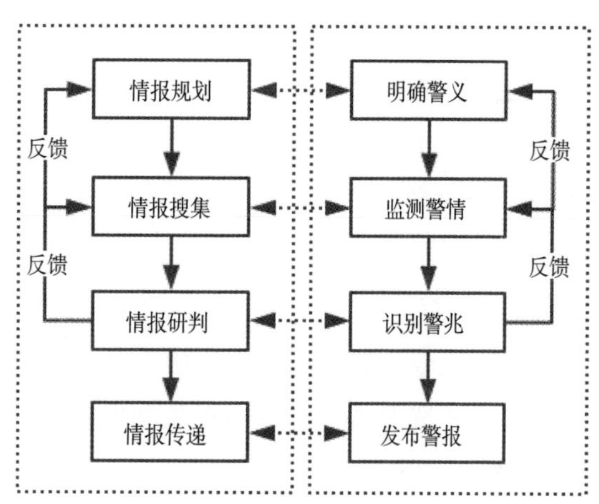

图2.10 公安情报预警过程

（1）明确警义和情报规划

明确警义，即明确预警目标，分析工作对象驱动因素，构建公安情报预警指标体系，设置相应警界并划分警区。根据指标体系，公安情报人员开展情报规划，即制定情报工作计划和方案，明确情报搜集的范围、内容和方法，制定时间表。这一阶段工作是公安情报预警的“纲领”，后续各项工作都在此基础上展开；同时随着后续工作的开展，反馈回来的信息将指导“纲领”进行优化调整。

（2）监测警情和情报搜集

监测警情，即观测公安情报预警指标体系指标值的变化，判断其是否达到预设警区。对指标值的观测是建立在大量相关情报的基础上：情报人员依据情报规划开展情报搜集，对所得信息进行初步过滤、整理、存储后获得原始情报，再由预警人员通过定性或定量的方法对原始情报加以分析，进而获得指标值。

（3）识别警兆和情报研判

警兆即警情出现的先兆，当指标值达到预设警区后即代表警兆出现。根据警兆对应警情的严重程度，以及指标值所处警区与警界的距离，预警人员对警兆加以识别，判断警兆的严重程度。情报研判是识别警兆的基础，结合情报人员对原始情报的分析研判结果，预警人员确定警兆类型、原因和发展趋势，进而综合分析警兆的严重程度。

（4）发布警报和情报传递

发布警报是公安情报预警过程的终点，根据警兆的严重程度确定预警等级。预警等级的划分标准尚未统一，但依据当前学界研究进展以及工作实际，可以把警级从弱到强依次分为四级四色：Ⅳ级蓝色—Ⅲ级黄色—Ⅱ级橙色—Ⅰ级红色。发布警报需要选择合适的发布对象和发布方式，发布过程需要情报传递加以辅助，以实现预警的目的。

（二）基于地平线扫描的公安情报预警模式

1. 构成要素

基于地平线扫描的公安情报预警模式是在公安情报工作提供的情报支持基础上，利用地平线扫描的方法，捕捉公安工作范围内未被发现或未引起广泛关注的“弱信号”，预测信号发展趋势、进行意义构建、描绘实际样貌，监测警情并识别警兆，进而实现预警的目的。由此可见，基于地平线扫描的公安情报预警模式中，公安情报过程、地平线扫描过程和公安预警过程是模式的核心部分。模式整体与外界发生情报信息交流，模式内部核心流程之间存在情报信息交换，三个核心流程相互配合实现预警目的。此外，还包括情报环境、人员和信息等构成要素，要素与核心流程之间相互影响、相互作用，构成了一个开放、动态的自组织系统，呈现出相对完整的信息生态。

（1）情报环境

根据与预警模式的关系，情报环境可以分为内部情报环境和外部情报环境；内部情报环境包括公安文化、公安工作机制、公安技术等，外部情报环境要素包括国家政策法规、行业标准、市场等。情报环境是预警的工作背景，对预警过程的每个阶段都产生影响，是模式重要的构成要素。

（2）人员

人是预警模式运行的实施者，预警模式的顺畅运行至少需要地平线扫描人员、公安情报人员和公安预警人员共同参与。此外，人员的个体差异性和主观能动性对预警过程产生不可忽视的影响，因此对人员的个体素质提出较高的要求。

（3）信息

信息是预警的基础，也是预警模式中分布最广、流动性最强的因素。它经过加工处理后形成情报，服务预警过程。按照来源的不同，可将信息分为外源性信息和内源性信息。

2. 构建与运行

（1）模式构建

基于地平线扫描的公安情报预警模式主要由公安情报流程、地平线扫描流程和公安预警流程三个核心流程组成（见图 2.11）。其中，公安情报流程在内外部信息源的支持下产出情报产品，为地平线扫描流程和公安预警流程提供情报支持，地平线扫描流程对公安情报流程进行反馈，地平线扫描的结果为公安预警流程提供支持；公安预警流程利用公安情报流程和地平线扫描流程提供的支持开展预警活动，所得预警产品向用户进行发布，同时对公安情报流程和地平线扫描流程进行反馈。除此之外，内外部情报环境作为模式运行的背景对模式运行的各个流程产生影响，人员参与模式运行，内外部信息源向模式运行提供信息支持。

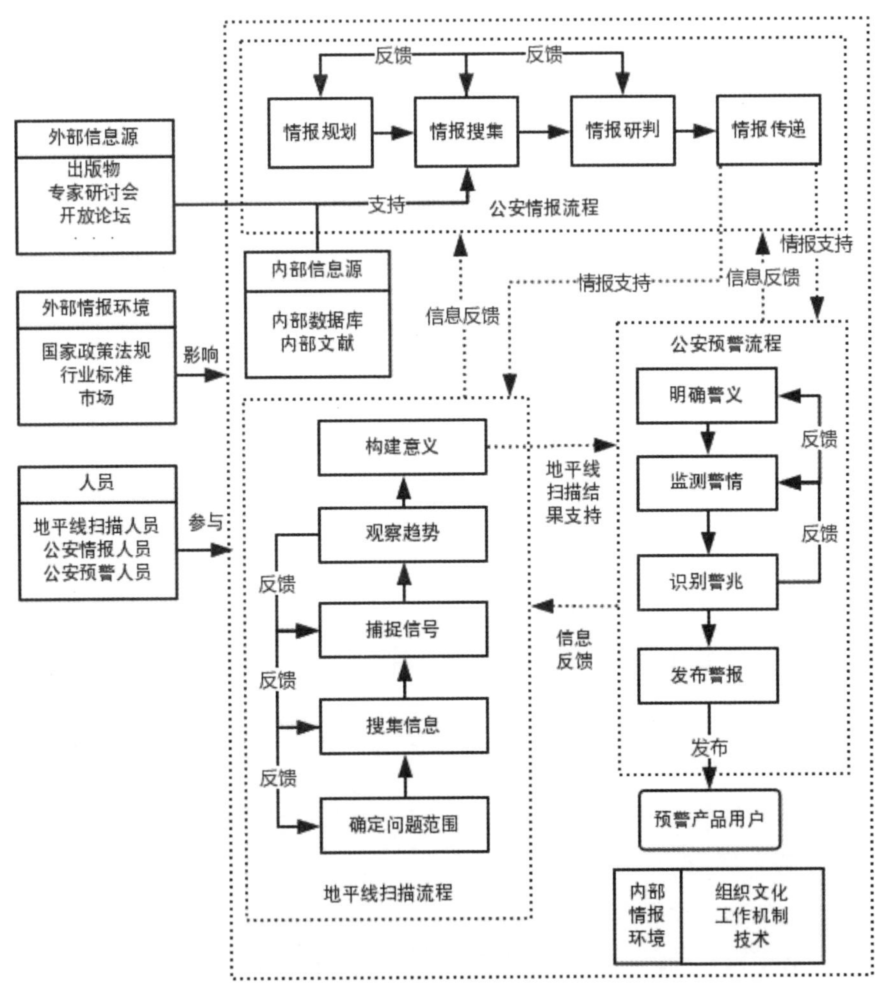

图2.11　基于地平线扫描的公安情报预警模式

模式运行过程中，首先由公安预警人员基于公安情报产品和地平线扫描结果构建预警指标体系，设置警界并划分警区。然后公安情报人员依据预警指标体系，从内外部信息源中搜集有关信息，对所得信息进行整理研判后产生公安情报，并向公安预警人员和地平线扫描人员传递，以提供情报支持；地平线扫描人员结合预警指标体系确定问题范围，并根据已确定的问题范围，从所得公安情报中捕捉关键“弱信号”，观察趋势并进行意义构建，所得结果传递给公安预警人员。公安预警人员依据公安情报产品和地平线扫描结果，对预警指标体系内指标值的变化进行观测，判断其是否达到预设警区。当指标值达到预设警区后，公安预警人员综合公安情报产品和地平线扫描结果对警兆进行识别，判断警兆严重程度，并确定预警等级。最后通过公安情报传递，公安预警人员向用户发布警报。基于地平线扫描的公安情报预警模式工作流程如图 2.12 所示。

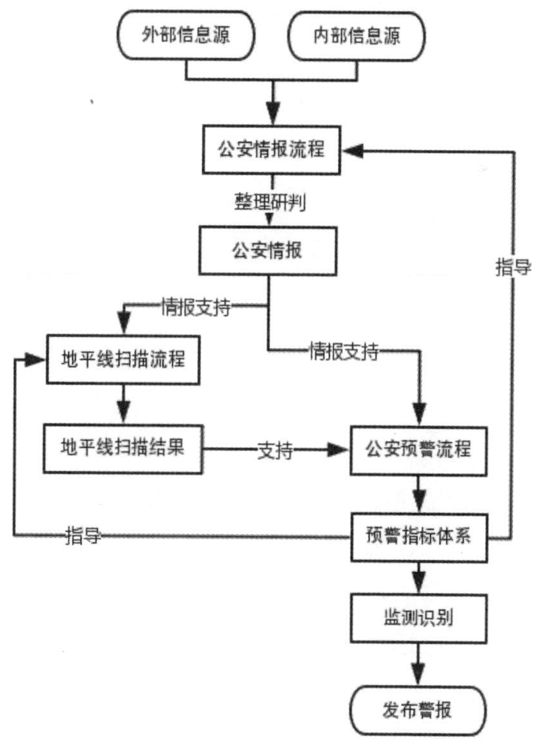

图2.12　基于地平线扫描的公安情报预警模式工作流程

（2）运行要求

首先，模式实施应坚持长期性与循环性原则。基于地平线扫描的公安情报预警不同于治安预警、犯罪预警等目标明确、效果明显的预警工作，其预警目标是隐蔽模糊的弱信号，预警效益不能在短期内呈现。虽然有些扫描活动是由对新出现威胁的直接关注所推动的，但因为它的目标是在未来事态发展真正进入议程之前，为决策者提供早期迹象，所以扫描的时间范围通常是指中期或长期。此外，模式的运行是一个循环过程，只有通过不断地循环迭代，才能更加趋近于准确的预警结果。

其次，模式运行强调专业性与全谱性结合。地平线扫描作为模式运行的核心流程，其问题范围是结合公安预警指标体系确定的，而公安预警指标体系是根据对公安工作对象的研究结果进行建立，因此地平线扫描具有相应的公安专业性。其强调在已确定问题范围内开展全谱性的信息搜集，以尽可能掌握问题范围的信息全貌，发现目标弱信号。

最后，模式运行突出人员素质的重要性。人是模式运行过程中唯一起创新作用的因素，人员的工作能力对模式运行的效果产生重要影响。尤其是模式中三个核心流程的参与人员，其对信号的发现与识别能力、对信息的搜集与分析能力和对情报的研判能力等都决定着预警的成败。此外，个体思想意识与工作实践之间的辩证关系，同样决定着各流程能否相互配合、共同作用，以实现预警目的。

3. 应用条件

基于地平线扫描的公安情报预警模式的顺畅运行需要满足一定的应用条件。

首先，是丰富的专家资源。基于地平线扫描的公安情报预警模式关注弱信号，其情报来源脱离了历史轨迹和数据积累的束缚，侧重于文献和数据库检索、专家研讨和开放论坛等。模式运行不需要大量的数据支撑，而更强调利用科学资源和专家资源。因此，模式应用的重要条件就是拥有丰富的专家资源。所需的专家资源既包括地平线扫描、公安情报和公安预警的专家，也包括其他专业领域专家、社会智库等，在不同专业、不同领域的思想交汇中发现存在于当前认知边缘的弱信号。

其次，是基于战略目标预警。模式关注的是当下并未被发现或未引起广泛关注，但可能隐藏着对公安工作甚至是国家战略产生颠覆性影响的弱信号。虽然扫描活动有时是由新出现的直接威胁所驱动，但更多的是基于战略目标的预警。应用基于地平线扫描的公安情报预警模式，要保持战略思维，对模式运行的战略性有清晰的认识。预警的根本目的是保障公安机关以及国家战略的安全。通过发现、识别相关领域内的弱信号，捕捉可能威胁公安工作与国家利益的问题萌芽，形成预警产品，进而辅助公安战略决策和国家战略制定。

最后，是完善的运行保障机制。模式内各流程相互配合、相互作用，各要素参与、影响、支持模式运行，核心流程与构成要素共同形成了一个结构紧密的动态过程，任何一个环节出现故障都会导致模式整体运行的滞缓。因此，需要完善的运行保障机制，满足模式运行过程中平台、系统、资源等方面的需求。如搭建以公安情报、地平线扫描和公安预警三个部门为主，同时融合其他业务部门的工作平台，将地平线扫描功能融入公安情报预警功能模块，实现情报、资源的实时共享，提高预警效率。此外，对模式运行过程中产生的信息资源、人力资源等需求，应设置一定的优先级予以满足。如通过公安情报流程获得的情报产品，应优先传递给地平线扫描人员和公安预警人员，以保证预警的时效性。

五、国家情报产品的特征及形成条件 [1]

2017 年 8 月，特朗普签署备忘录，指示美国贸易代表可以依据《1974 年贸易法》第 301 条，就中国技术转让、知识产权和创新的相关法规、政策和实践是否对美国“不合理”“不公平”或对美国“造成不利影响或损害”开

[1]　陈峰、张薇：《从“美国301 调查”看国家竞争情报产品的特征及形成条件》，载《情报杂志》2018年第6期。摘编后收入本书。

展调查，并于 2018 年 3 月 22 日正式发布了调查结果，也就是被广泛关注的“2018 年美国对华 301 调查报告”（以下简称《301 调查报告》）。从竞争情报专业角度视角分析，《301 调查报告》是一份典型的国家竞争情报产品。

（一）《301 调查报告》内容框架设计

《301 调查报告》全文包括正文 6 章以及 5 个附录。第一章为概述，涉及 301 条款的核心要点、调查背景以及对中国的技术驱动的扼要介绍。第二章至第五章分别从 4 个具体方面围绕调查目的进行阐述。第六章为中国的其他法规、政策和实践。该报告以调查求证中国技术转让、知识产权和创新的相关法规、政策和实践是否对美国“不合理”“不公平”或对美国“造成不利影响或顺害”这一核心问题为主线，重点围绕 4 个支撑性分支问题（分别对应报告第二章至第五章）以及相关的支撑性分支问题（对应报告第六章）进行阐述，形成基本判断，进而提出决策建议供总统决策参考。

（二）国家竞争情报产品的特点

根据竞争情报的要义，对《301 调查报告》进行研读，可以归纳出典型的国家竞争情报产品具有的主要特点。

1. 是求解国家竞争情报问题的产物和结果

每个国家在发展过程中都会遇到多种多样的问题，但并非所有的问题都是竞争情报问题，只有求解典型的国家竞争情报问题的信息行为才是典型的国家竞争情报行为，相应信息行为形成的成果才是典型的国家竞争情报产品。一般而言，关系一个国家经济、科技等的国际竞争力，影响到一个国家整体安全的问题，一定是典型的国家竞争情报问题。美国对华开展的 301 调查，要求解的正是这类典型的国家竞争情报问题，相应形成的《301 调查报告》自然也就是一种典型的国家竞争情报产品。

2. 服务对象通常是代表国家利益、掌管国家事务的政府部门

围绕求解竞争情报问题的需要、针对特定的竞争情报用户群体、按照用户特定的竞争情报需求开展竞争情报工作，形成并提供相应的竞争情报产品，是各领域竞争情报工作的共同特点。国家竞争情报的用户主要是掌管国家经济、科技等国际竞争属性突出的政府部门的决策者。针对国家竞争情报用户的需要开展竞争情报工作形成的产品是国家竞争情报产品最典型的特征，这是与一般意义上的研究产品的明显不同之处。另一方面，国家竞争情报是超越某一个体企业、特定技术、特定产业的竞争情报工作，是一个国家参与国际竞争的竞争情报工作，其着眼于维护国家利益、保障国家在经济、科技等方面的整体安全和国际竞争力，掌握战略竞争优势，与企业竞争情报、技术竞争情报、产业竞争情报的工作目标和覆盖范围有明显的区别。但由于不同组织利益的一致性，国家竞争情报又是以企业竞争情报、技术竞争情报、产业竞争情报为基础形成的竞争情报产品。例如，“301 调查”就是在特朗普总统指示下开展的，形成的调查报告的主要用户就是特朗普总统本人。此外，该报告涉及了中美企业之间的竞争、中美战略高技术产业之间的竞争，与之有关的企业竞争情报产品、技术竞争情报产品、产业竞争情报产品都作为形成这一国家竞争情报产品的原料和基础素材。

3. 国家竞争情报产品具有明确的竞争情报含义和可执行性

明确的情报含义和可执行性，是情报产品区别于信息产品的根本判据。由于国家事务决策所涉及的信息范围广、目标分散、诉求多样，影响决策的因素非常庞杂。在信息过载冗余的工作环境下，具有明确的情报含义，就是既要告知用户“发生了什么”，又要说明“对我意味着什么”，就成为国家竞争情报产品的标志性特点。此外，国家竞争情报用户往往都是位高权重的国家高层官员，在告知“发生了什么？对我意味着什么？”基础上，还要提出“我该怎么办？”的行动方案，这也是国家竞争情报产品的又一个典型特征。例如，美国 301 调查，面对海量信息，紧紧围绕求证中国技术转让、知识产权和创新的相关法规、政策和实践是否对美国“不合理”“不公平”或对美国“造成不利影响或损害”这一核心竞争情报问题进行，形成的研究报告既明确回答了要求证的核心竞争情报问题，也提出了明确的对策建议。

4. 国家竞争情报产品具有明确的政治立场

维护国家的国际竞争优势、保护国家利益、保障国家经济、科技安全是国家竞争情报工作的目标和逻辑起点。国家竞争情报是应对国家之间国际竞争的产物，国家之间竞争的方式、强度、结果等往往取决于国家之间的政治关系，服务于国家之间政治关系的需要，国家竞争情报产品一般都具有明确的政治立场，这是国家竞争情报产品区别于企业竞争情报产品、技术竞争情报产品、产业竞争情报产品的显著特点。例如，特朗普就任美国总统以来，明确将中国认定为战略竞争对手，对中国经济科技进行打压就成为美国对华政策基调，《301 调查报告》正是这种政治立场指导下形成的国家竞争情报产品。

5. 国家竞争情报行为过程和产品具有“名实分离”的典型特征

国家竞争情报行为过程和产品中竞争情报“名”与“实”分离的现象尤其突显。美国对华 301 调查的过程显然是地地道道的国家竞争情报行为，所形成的 301 调查报告也自然是国家竞争情报产品，但通常不会直接宣称这是国家竞争情报行为和国家竞争情报产品。类似美国对华 301 调查行为等。现实中，人们对与自己有关的“情报”行为本能地警惕和防范，打着其他名号行情报活动之实的现象普遍存在。竞争情报活动作为人类情报活动的一个分支，自然也沿袭此类做法。此外，作为国家竞争情报产品的生产需要的支撑条件比企业竞争情报产品、技术竞争情报产品、产业竞争情报产品都要高得多，一般意义上的所谓竞争情报专业人员，在现有的工作支撑条件下，难以提供出这类国家竞争情报产品。

（三）国家竞争情报产品的信息搜集与分析方法

在国家竞争情报产品形成过程中如何进行信息搜集以及分析处理方法，是竞争情报研究的核心问题。由于国家竞争情报产品的多样性，不同产品信息搜集与分析方法也有所不同。因为《301 调查报告》所具有的高端性和典型性，以此为样例，管中窥豹，归纳提炼出国家竞争情报活动中信息搜集与分析的基本方法。

1. 国家竞争情报产品的信息搜集途径方法

美国把情报划分为四种类型：军事情报、安全情报、执法情报和竞争情报/商业情报。在遵守法律和道德规范基础上开展工作，是竞争情报区别于其他三类情报的基本判据。国家竞争情报产品的信息搜集是在这样一个前提下完成的，这是讨论国家竞争情报产品形成过程中信息收集方法的预设条件。《301 调查报告》的信息搜集途径主要包括：

（1）通过公开文献资料搜集信息

通过公开文献资料收集需要的信息，是形成国家竞争情报产品的基本方法。这些公开文献资料包括官方文件、产业经济方面的研究报告、统计数据、行业社团调查报告、智库研究报告、学者学术研究论文等，也包括政府高层领导讲话、重点企业资料等。301 调查所收集的中国官方文件包括《国家中长期科学和技术发展规划纲要（2006—2020 年）》《国务院关于印发〈中国制造 2025〉的通知》《外商投资产业指导目录》《技术进出口管理条例》《国务院关于加快培育和发展战略性新兴产业的决定》《关于进一步鼓励软件和集成电路产业发展的若干政策的通知》《中华人民共和国反垄断法》《中华人民共和国标准化法》和人才引进措施方面的政策法规等；同时还收集各类智库机构的相关研究报告。

301 调查从公开信息渠道搜集了汉能、清华紫光、海航集团、万达集团等多家中国企业的信息，内容涉及企业介绍、业务动态、公司章程、年报、企业声明、领导讲话等。

（2）动员利益相关者提供信息

301 调查启动后，美国商务部发布联邦公报，广泛动员利益相关者提供信息。这些利益相关者既包括机构也包括个人，有关机构和个人可以通过联邦政府电子决策门户网站来提交信息材料，也可以与指定的专人进行联系，通过非在线形式提交。既可以提交信息材料，也可以要求参加听证会，确保自己的信息材料被受理。这些利益相关者包括企业、行业协会、商会、基金会、研究机构、行业专家、独立学者、律师、具体产业的从业者等。

（3）通过召开听证会采集信息

美国商务部牵头成立了联邦政府部级委员会，通过召开听证会听取参会人员反映的信息和意见。听证过程中可以进行盘问和辩论，争取采集到真实信息和意见。听证会既允许美国本土人士参加，也允许中国有关人士申请参加。

（4）通过技术手段搜集信息

由于这次 301 调查包括求证中国是否“未经授权侵入美国商业计算机系统、窃取网络知识产权和敏感商业信息”的内容，故其调查过程必然要使用一些非常规的技术手段来搜集相关信息并举证。

2. 国家竞争情报产品的信息分析方法

《301 调查报告》形成过程中主要使用的思维分析方法可细分为以下几类：

第一类，文献资料分析。对官方文件和研究报告的分析主要采用此类方法。对文本内容的分析，以定性分析为主；对企业年报等的数据分析，会采用一些定量分析方法。

第二类，重点人物言辞分析。在情报研究人员无法直接与目标人群——高层领导对话时，尤其适用此方法。

第三类，案例分析。《301 调查报告》中的案例分析主要是求证中国企业海外收购是否对美国利益造成了损害。

第四类，逻辑推理。在很多情况下，即使获得的信息难以作为高可信度的判断依据，竞争情报人员也要通过逻辑推理的主观推断给出判断，这在国家竞争情报产品形成过程中并不鲜见。《301 调查报告》的报告作者直言不讳指出，其报告中有些结论是通过逻辑推理进行的主观推断而得出的判断。

（四）形成国家竞争情报产品所需要的支撑条件

形成一份国家竞争情报产品，不仅对情报人员的能力水平有较高的要求，而且更为重要的影响因素是需要有力的外部支撑条件，这是形成有分量、高水平的国家竞争情报产品的关键。《301 调查报告》的支撑条件可归纳为如下几点：

第一，调查分析人员具有贴近目标用户并与目标用户沟通交流的便利条件。与企业竞争情报、技术竞争情报、产业竞争情报相比，完成国家竞争情报产品需要更高的支撑条件。如前所述，国家竞争情报产品是求解国家竞争情报问题的产物，而国家竞争情报问题都是危及国家安全与发展的全局性的、战略性的重大问题，其涉及的广度、深度、难度和复杂程度远远超越具体产品、技术、企业、产业层次的竞争问题。只有与需求者直接沟通交流，才能正确理解、准确把握、精准识别目标用户的真实意图和需求，这是形成国家竞争情报产品的基本支撑条件。例如，《301 调查报告》就是由美国贸易代表罗伯特·莱特希泽亲手操盘组织完成的，“美国贸易代表”这一职位是对美国总统负责，可以直接与总统对话的高级别政府官员，这是其能完成提供 301 调查报告这样的国家竞争情报产品的先决条件。

第二，国家竞争情报产品提供者具有动员集成相关竞争情报资源的职权条件。国家竞争情报产品的高端性、综合性、复杂性，决定了形成国家竞争情报产品需要进行广泛的竞争情报资源动员，需要调度多家相关单位和人员参与协助。这就需要赋予牵头者具有动员集成相关竞争情报资源的职权和便利的工作条件，使其具有强大的人脉关系，才能保证各利益相关者的积极参与和配合协助，也才能有效集成各类情报资源，凝聚群体智慧，最终实现用户的目标要求。例如，美对华 301 调查就是由美国贸易代表直接操盘来组织实施完成的，美国贸易代表的职权身份决定了其可以在美国进行广泛的情报资源动员和集成。

第三，国家竞争情报产品的形成需要企业竞争情报、技术竞争情报、产业竞争情报为根基。正如前文所述，国家竞争情报是在企业竞争情报、技术竞争情报、产业竞争情报的基础上形成的，没有相应的企业竞争情报、技术竞争、产业竞争情报支撑，国家竞争情报就成了空中楼阁。以《301 调查报告》为例，美国超导公司、美国钢铁公司、SolarWorld 公司是提供企业竞争情报支持的典型，半导体行业协会（SIA）、电机及设备制造商协会（MEMA）、信息技术与创新基金会（ITIF）是提供技术竞争情报和产业竞争情报的典型。企业、行业协会、专家学者、律师等开展的企业竞争情报、技术竞争情报、产业竞争情报相关工作，是形成《301 调查报告》的重要基础条件。

六、科技安全中的情报预测[1]

科技安全是将科学技术作为一个完整的系统，通过系统与国际环境的开放式作用以及系统内部的协调运行，避免来自内部和外部的威胁，从而来维护国家的安全和利益。维护科技安全的情报工作核心是洞察与发现当前先进的技术、评估本国的科技发展水平以及利用反情报思维防止关键技术成果泄密。那么，保障科技安全，就需提高预见力（foresight）和洞察力（insight），这正是情报的预测功能。预测是情报工作的价值和生命所在，只有对科技发展动向进行预测并迅速结合本国科技发展情况做出相应的战略调整，才能做到“知己知彼”，有针对性地进行“赶超”，确保在国际竞争中的优势。

（一）情报预测的功能

“凡事预则立，不预则废”。预测是人类根据事物发展的客观规律，在观察和分析事物发展的历史与现状基础上，进行推论和判断未来趋势的一种行为，是科学决策的前提。其中对于高新科技的预测活动是预测科学中的重要内容。情报来源于数据、信息，是经过人脑智慧分析处理后的产物，是在浩繁的、毫无依据的数据信息中寻找联系，发掘隐性关联的智慧结晶。情报预测属于一种智慧型服务，包括对外界环境的预测与自身发展的预测。按照时间划分通常分为近期、中期和长期。情报预测不是一种无根据的空想，是在结合国内外最新资料以及进行必要的实地调查基础上，运用科学的研究方法，在比较、分析、推理、判断、归纳演绎等逻辑思维过程以及数学运算的基础上进行预见和后果预期，为科学技术生产、国民经济发展提供具有方向性的对策建议。情报预测主要包含五个要素：预测人员（主体）、材料（预测依

[1] 胡雅萍、刘千里、潘彬彬：《维护科技安全的情报预测研究》，载《情报杂志》2014年第9期。摘编后收入本书。

据）、手段（预测方法）、未知前景（预测对象）、预先推断（预测结果）。情报预测的服务范围涉及各个不同行业，承担经济情报、商业情报、科技情报、政治情报、军事情报等预测服务，并呈现出不同的表现形式。

维护科技安全的情报预测活动，是以科技发展为预测对象，研究科技的发展方向、途径和趋势，科技研究的重点学科、关键领域的发展前景、可能产生新兴科学技术的领域，确定科技的发展目标、规划和发展战略以及科技政策发展趋势的研究。通过研究国外最新技术动态，准确定位与发现国外的高新技术，便于及时定位本国的科技现状和国际先进技术水平的发展。需要及时跟踪和监控出现的新技术、新材料、新工艺、新设备，并及时分析这些新技术的生命周期、生产成本及竞争趋势的影响，否则就会忽略一些关键性技术，造成本国在国际竞争格局中陷于被动。因而，维护科技安全的情报预测功能主要体现在以下两方面：

1. 进行关键核心技术识别

情报预测关注与我国科技发展密切相关的国外新兴技术发展现状的同时，还关注影响我国科技安全的核心科技成果，如军事科技成果。通过研究未来战争所需的军事技术，对军备力量进行全面综合分析和预测，来确定未来需要发展的军事技术以及引进何种科技成果来丰富我军装备力量，为决策提供翔实的依据。1984 年，中国国防科技信息中心承担了“新的技术革命对军事的影响和 2000 年军事技术预测”的课题案例，完成了《2000 年军事技术预测》报告，其中阐述了重要军事技术的现状和发展趋势，新军事技术及物化武器装备对未来战争的影响。研究视角不局限于技术本身分析，还结合了政治、经济、人口等多方面内容，扩展到从空间、时间等层面维度进行分析，报告不是简单介绍新武器系统的速度、射程、威力、机动性和精度，而是从军事学说、战略、政治，经济等更高层面进行分析。情报在国防科技和武器装备中的预测跟踪不容忽视，充分体现了情报维护国家安全的“耳目”作用。

2. 发现全球最新科技前沿及动态

高新技术的预测和评估，目的是评估市场关键技术的发展趋势，跟踪浮动的技术变化，把握行业技术的结构的基本状况，分析现有以及潜在的竞争对手的技术能力和技术方向，保持和发展本国的科技竞争优势。通过及时发现当前或者潜在的技术机会，对迅速变化的技术发展作出灵敏反映。如日本在第八次技术预见中，将文献计量学与定标比超结合起来，用雷达图直接展示了本国科技实力与竞争对手或科学技术领域内领袖的差别，准确把握了本国与国际的科技动态；德国 2001 年启动的“Future 计划”，通过对专家学者进行隐性知识的挖掘，利用德尔斐法、头脑风暴法等形式进行交流，加大外部专家参与预测研究的力度，开展“虚拟探讨会”，“听”取各方建议，进行技术前瞻和跟踪研究，从而把握当前科技动态。这些都充分体现了情报作为“参谋”为科学决策提供支持辅助的作用。

（二）情报预测的手段

维护科技安全情报预测通常有监测、分析、制定对策等环节，其中监测环节直接关系到预测质量。需要在影响安全事件发生前利用相应方法监测到征兆，并进行合理分析解读，从而才能为制定有效的预案和决策提供依据。通过文献研究，发现目前研究多集中于采用单一的视角进行预测，如关注某一技术自身发展的影响因素。或对单一预测方法进行应用介绍，如技术预测和技术预见。缺少采用全源情报的视角进行整合。然而，当面向科技安全时，只有整合散落在各处的信号指标，才能“拼凑”出影响安全的整体情境。因此，在梳理情报预测在维护国家科技安全过程中的作用和常用预测方法的基础上，提出三个方面的具体措施。

1. 建立全源化的监测视角

全源情报（All-source Intelligence）是指包括各类信息源的情报产品、情报机构和情报活动，源于军事情报，后被广泛应用于竞争情报的搜集与分析。其理念是倡导情报搜集活动需要关注所有信息来源，包括人力情报源、图像情报源、技术情报、信号情报及公开情报源，是一种多渠道情报源的整合。由于科技发展涉及的主体与客体面非常广，科技活动所释放的信号也是多渠道、多元化的，因而需要引入全源化的视角，构建多角度的指标体系进行搜集，才能保证初始数据材料的全面性，为后期情报人员的分析预测奠定基础。

以往情报人员采用模拟分析工具对未来科技发展的各种不确定性进行解释，这种方式会花费较多的时间和精力。当前采用监测的手段进行资料搜集，以系统的方式来观察技术变革的预期以及影响。情报监测是以科技为研究对象，对科技发展过程进行整理、描述和解释的一项活动。从科技发展自身、科技研发相关主体、专家人员以及由技术变化而引入的竞争者等维度出发，结合技术监测对象中的特定技术领域监测、科技文献专利监测等维度，从检测对象、目的、检测内容、方法手段与源等方面，构建全源化视角下的情报监测框架，如表 2.2 所示。

表2.2 科技情报监测框架

监测对象	目的	监测内容	方法手段	情报源
科技发展宏观环境	通过跟踪对比各国科技发展战略，推断未来科技发展态势	国际国内科技战略与规划 具体内容 实施举措 未来发展定位	扫描 跟踪 对比分析 联想	科技报告、规划、关键技术选择报告
科技自身发展	通过技术发展周期所释放的信号，推断技术发展的阶段，以及新技术产生的周期	特定技术研发周期 科技发展周期 衍生技术发展 研发进度 科技产品	专利分析 实地调研 文献计量 德尔菲法 反求工程	结构化文献资料、数据库、专业网站 成果交流会 展销会 专家研讨会
组织机构	通过机构研发实力及动向，判断科技成果研发周期	主要研发机构 对手研发机构 相关产业机构 合作第三方机构	文献计量 知识图谱 实地调研	文献专利数据库 机构名录 专业网站
人员	观察科技人员的科技活动，间接了解其研究热点和动态，判断潜在趋势	相关合作人员 专业特长 研究兴趣 科研行动	人力情报 知识图谱	社会化媒体 文献资料

当面临科技安全问题时，科技主体往往处于“一对一”或“一对多”的竞争态势。面对众多的科技竞争对手及潜在危机，从单一学科和专业技术的角度开展预测分析工作往往容易忽略影响技术发展安全的其他影响因素，会造成预测准确性的影响。因此，需要拓展视角，除了对技术发展本身监测，也要针对科技发展涉及的环境与组织成员。引入全源情报的视角，才能更加全面地识别和搜集情报。

2. 重视情报源的深度挖掘和持续跟踪

积累工作是情报预测工作的基础，直接关系到情报预测的质量和准确性。没有长时间、大量不间断的、科学的和系统完整的积累和对国外科学技术发展线索、数据、资料和图片的长期跟踪和挖掘，就很难做到对某一科学技术领域的全面了解。

对各种新技术的预测是以解释技术发展趋势为基础，寻找未来的生长点，进而预见和把握未来。技术发展通常按照一定模式进行。最著名的是福斯特（Foster）于 1986 年提出的技术 S 曲线，他认为技术的提升率取决于投入技术的程度，其投入与产出的关系演进关系成 S 型曲线。技术发展初始较为缓慢，后期快速发展，当达到上限时，回报率则非常小，包括三个阶段：婴儿期（Infancy）、快速发展期（Eapid Improvement）以及成熟期（Maturity）。另一重要理论是指技术的发展并不是单一存在的，而是由其他子技术辅助共生发展而推动的。如计算机系统，不仅需要了解计算机本身技术的发展，同时需要监控支持计算机的辅助功能，如处理器技术的发展、软件技术、甚至是半导体技术，如图 2.13、图 2.14 所示。

因而，不论是单个技术的发展还是与子技术的交互发展，过程中都会散落和释放出大量不同强度的信号，通过对这些信号进行搜集解读，可以判断技术发展的不同阶段以及推测出科技发展的周期。由于科技发展的不同阶段对外造成的科技威慑程度也是不同的，所以及时了解他国技术发展的态势和阶段，对制定我国科技发展策略有重要帮助。因此，需要关注技术发展不同阶段向外扩散的信号。

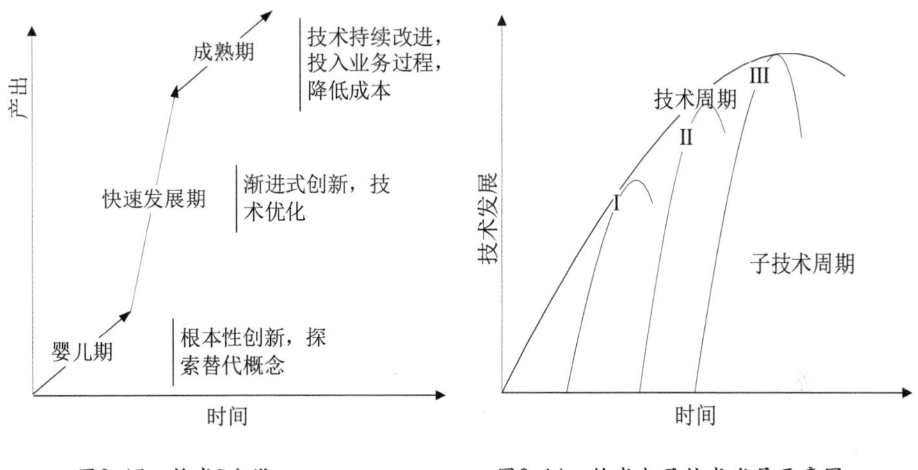

图2.13　技术S曲线　　　　图2.14　技术与子技术发展示意图

根据技术发展S曲线将各个时期对应的信号源进行归纳，搜集手段主要是：①婴儿期：此时的科技研发处于萌芽阶段，释放的信号常出现在专家讨论中及个别研发人员的脑海中，通常以灰色文献或零次文献的形式存在，获取不易。此时，需要利用文献研究、人力情报的方式，关注重要研发人员的活动、言论。同时，根据政府所颁布的科技政策和重点资助的项目进行推断，关注新兴科技企业的建立，以此推断某项技术的发展，因而在技术的诞生期，需要广泛搜集各类与技术相关的潜在信息和微弱信号。②快速发展期：随着技术的发展和科技活动的开展，其他与科技相关的信号开始出现，情报源包括科技论文、专利报告、关键技术报告等公开出版的科研动态文献材料、新闻媒体报道等视听材料、科技交流会等人际材料，对于这些明显信号，可以采用文献计量、数据挖掘、知识发现、科学知识图谱等方法进行深度分析，结合数据分析软件，挖掘最新科技研究热点和前沿，用来识别技术创新者、技术合作模式以及预测新兴研究领域。③成熟期：当科技逐渐走向成熟时，需要关注竞争对手活动，如监控行业专利申请和所获奖励数量（代表了某行业科学成果转化的能力）。接近开发周期结束时，新科技产品的公告以及实际技术产品的销售情况则是需要监测的强烈信号。以上是单个技术各阶段的信号指标，与此同时，还要搜集相关子技术或支撑技术各阶段发展所释放的信号，扩展情报搜集和跟踪的广度。

当拥有了完善的指标体系以及相应的情报源，需要制订指标扫描计划，才能有效把握新技术发展动态，监测通常是一个持续动态过程，需要不间断地对已知数据扫描、深度挖掘和分析，如图 2.15 所示：

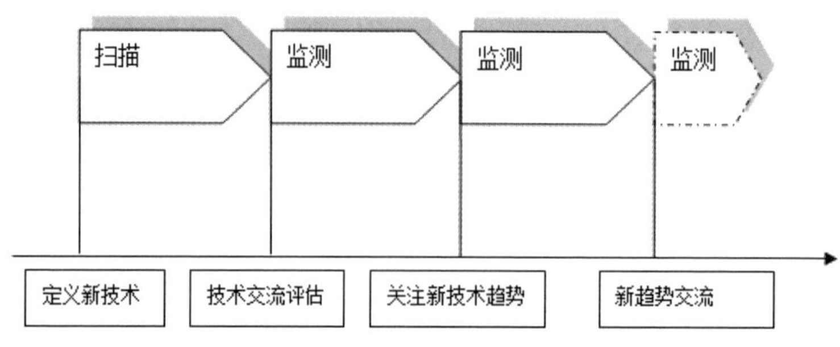

图2.15 技术监测过程

扫描阶段针对已知数据进行分析，定义新技术，并根据释放的信号抽取监测指标。由于科学技术发展的不平衡性，有些国家或地区会处于某项技术的领先地位，因而针对这些技术领先国家需要重点跟踪，对已评估确定的新技术领域进行不间断的、经常性的情报素材积累，并坚持不懈地监测，才能发现新的技术动态。在每阶段的监测过程中，需要对搜集到的信号指标进行交流评估，并根据不同的前沿趋势不断调整搜索策略，再对新趋势进行分析讨论，逐步更迭。同时，在这个过程中，需要对技术专家的隐性知识进行深度挖掘，通过专家会议（Panel-Based）等形式推进研究分析的不断深化，加大外部专家参与预测研究的力度，通过深入研究（Research-Based）进行跟踪，并组织专家进行论证评分，从而提高预测研究的质量。

3. 构建情报预测工作流程

除了在全源情报预测的视角下对源进行深度挖掘和跟踪，还需要构建完善的情报预测服务流程。准确的情报预测不是单一的活动，而是由计划、调查、分析、反馈等活动共同协调构成的，准确的预测离不开事前的精细计划、监测中对信号源的准确把握和获取，分析评估中情报人员的智慧推理以及不断反馈与调整，因而这四个步骤相辅相成，缺一不可。如图 2.16 所示：

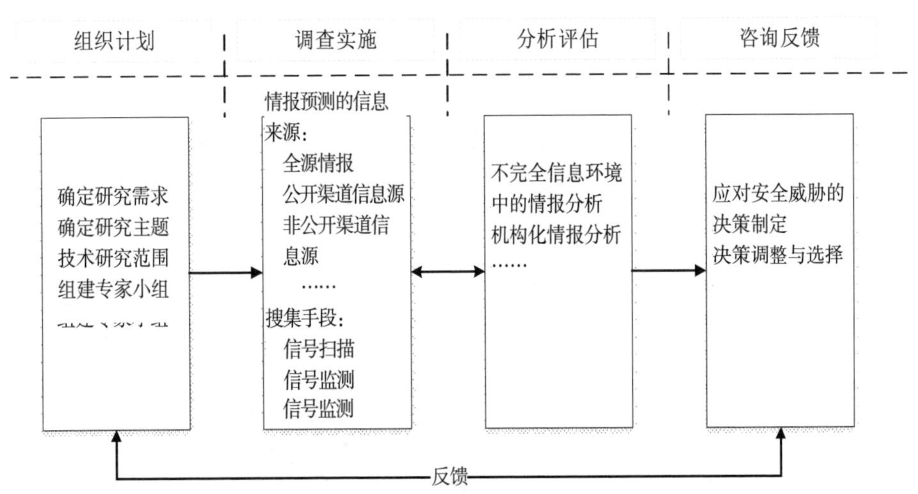

图2.16 情报预测流程

①组织计划阶段：该阶段首先需要确定研究需求和主题，利用专家小组对技术领域分析，进行初步的情报预测课题文献调研，包括内容分析、地域分析、时域分析。进一步确定研究预测对象的内容和概况，所涉及的学科知识领域，并确定检索途径和制定预测计划。②调查实施阶段：此阶段根据步骤 1 所制定的技术清单进行评估，通过现场勘查、访问、座谈、函调、样品研究等方式，既包含对技术人员的采访也包括对实物现场的考察，从而搜集书面、口头、录音、相片等多种形式的信息，对技术产品进行全面的分析，利用全源情报理论，形成初始的监测指标体系，开始对信号进行监测和搜集工作。该阶段工作是一个持续深入过程，其产生的信号将交由分析人员进行评估。③分析评估阶段：是产生情报的核心阶段，也是融汇智慧的过程。通常需要进行两个阶段的评估。扫描阶段评估潜在应用领域的新技术，决定哪些领域的技术应该被监控。监测阶段评估主要对技术清单中的产品进行鉴别和筛选，精炼价值较高的关键技术，对监测过程中采用何种标准、方法手段

进行评估。步骤 3 与步骤 2 不断进行交互，以获取分析所需的充足资料。④咨询反馈阶段：预测性课题是对技术发展的未来趋势或未知状况所作的概略判断，因而涉及因素很多，往往取决于多方面的条件和影响，单靠情报研究人员通过定量的方式难以保证全面性，因而，需要请相关领域专家根据自身的知识和经验对技术以及未来发展情况作出判断分析，根据实际情况不断调整应对策略，从而制定相应的科技战略和决策，为科技发展提供安全保障。该过程需要与计划目标进行不断比对，以确定是否满足需求。若没有达到既定目标，则继续进行情报预测流程。

综上，情报预测在维护国家科技安全中的作用不可或缺，一方面需要及时追踪科技发展动向，对新兴技术以及技术相关方面的数据资料进行深度分析，及时预测最新科技前沿，评估本国科技态势，为科技决策提供支持帮助，发挥情报主动"攻"的特性，加强对情报源的深度挖掘和持续跟踪，完善严谨的工作流程，构建科技情报监测框架以及情报预测工作流程。同时，还需要运用反情报思维，加强对最新科技成果的保密，体现情报"防"的特性。

七、美国犯罪情报预测分析技术[1]

随着智能手机以及"可佩带"计算设备的出现，人们的行为、位置，甚至身体生理数据等每一点变化都成为可被记录和分析的数据，一个大规模生产、分享和应用数据的时代为警方进行犯罪情报预测分析提供了发展空间。

（一）方法体系

根据 2013 年美国兰德公司撰写的《预测警务——犯罪预测在执法机构业务运作中的作用》研究报告，美国犯罪情报预测分析分为四大类：预测犯罪的方法、预测罪犯的方法、预测犯罪者身份的方法和预测犯罪受害人的方

[1] 吕雪梅：《美国犯罪情报预测分析技术的特点》，载《情报杂志》2016年第7期。摘编后收入本书。

法。这四类预测方法可以分为两个层级：传统犯罪情报分析方法、基于大数据的犯罪预测分析方法。传统犯罪情报分析方法是指适用于低度适中的数据需求和复杂度的犯罪分析方法，是低成本的，特别是面对低度适中的数据量时也可以工作得相当好。相比之下，基于大数据的犯罪情报预测分析需要利用复杂的分析系统，适用于大数据集的分析方法。涉及的数据量达到了如果不使用计算机程序或类似资源，已经远远超出了分析员可回忆的程度，这些逻辑分析方法和支持的数据库系统，适合匹配具有开展大数据集分析的机构。

1. 预测犯罪的方法

预测犯罪的方法主要用于预测一个犯罪风险增加的地点和时间。预测的结果是犯罪风险而不是具体的犯罪本身。表 2.3 总结了与预测犯罪相关的预测分析方法。相应的预测分析的技术层级，从统计学的回归分析一直延伸到数学挖掘的模型。其中一些方法也试图识别驱动犯罪风险的因素。

表2.3　预测犯罪的方法

拟解决的问题	传统犯罪分析	预测分析
识别风险增加的区域；使用历史犯罪数据	犯罪制图（热点识别）	先进的热点识别模型；风险地域分析
使用一系列附加的数据（报警记录、经济学数据等）	在电子表格中创建的基本回归模型	回归、分类和聚类模型
核算来自最近犯罪的风险	围绕最近的犯罪核算在一个区域迅速增加的风险	邻近重复建模
确定什么区域将最有可能处于犯罪风险	通过时间/日期（或特殊事件）绘制一个给定的区域的犯罪频数图形	时空分析模型
识别犯罪增加风险的地理特征	发现具有最高犯罪案件频数的位置并绘制推断	风险地域分析

2．预测罪犯的方法

预测罪犯的方法主要用于识别将来有犯罪风险的个人。表 2.4 总结了识别将来具有高犯罪风险个人的方法。传统的方法通常是通过合计风险因素的数量，并建立一个综合风险评分的诊断技术。而预测分析方法则使用回归和分类模型，结合存在的风险因素和一个人将要犯罪的百分比机会，这一机会应该是每一个风险因素的权重。其他还包括识别最有可能在不久的将来实施暴力攻击犯罪团伙（特别是帮派）的方法。因此，这些方法也可用于评估一个人可能成为受害人的风险。

表2.4　预测罪犯的方法

拟解决的问题	传统犯罪分析	预测分析
发现犯罪团伙间发生暴力的高风险	打入帮派的人工审查/犯罪情报记录	邻近重复模型
识别可能成为罪犯的个体： 处于最高累犯风险的缓刑犯和假释犯； 具有最高伤害和死亡风险的家庭暴力案例； 将来实施犯罪行为最高风险的心理健康病人	总结已知风险因素的临床工具	使用风险因素的回归和分类模型

3．预测犯罪者身份的方法

预测犯罪者的方法主要用于识别已知的特定犯罪事件最有可能的犯罪嫌疑人。这些方法是使用来自犯罪现场可利用的信息，通过认定或淘汰的过程来连接犯罪嫌疑人，习惯称之为“犯罪心理画像”。在传统犯罪情报分析方法中，侦查员和分析员主要利用简单的数据库查询（通常是姓名、犯罪记录和已知的嫌疑人的其他信息）通过人工追踪这些连接。基于大数据的犯罪情报预测分析则是自动化这些连接，通过非常大的数据集匹配有效的“线索”，识别出先前没有被识别的犯罪嫌疑人。

表2.5 预测犯罪者身份的方法

拟解决的问题	传统犯罪分析	预测分析
使用受害的犯罪历史数据或其他部分数据（车牌号等）	人工审查犯罪情报报告并刻画推论	计算机辅助查询和情报与其他数据库分析
系列犯罪串并（最有可能由同一个犯罪者实施的犯罪等）	犯罪链接（使用列表将已知系列犯罪属性与其他犯罪比较	执行犯罪链接的统计模型
寻找一个犯罪者最有可能的归属点（落脚点）	定位邻近犯罪并在一个系列中的区域	地理画像工具（统计推断最有可能的点）
使用围绕犯罪现场的传感信息发现嫌疑人（GPS，读取车牌号）	人工索要和审查传感数据	计算机辅助查询和传感数据库分析

4. 预测犯罪受害人的方法

预测犯罪受害人的方法主要用于识别可能的犯罪受害群体，或在某些情况下最容易成为犯罪受害人的个人，这些方法与预测罪犯、犯罪高风险位置和高风险时间的方法类似。表 2.6 总结了识别可能成为犯罪受害者的群体或个体的方法，这些方法既可以用于预测哪里和什么时间犯罪将要发生，也可以用于预测谁最有可能实施犯罪。预测犯罪受害人需要识别处在风险中的群体或个人。

表2.6 预测犯罪受害人的方法

拟解决的问题	传统犯罪分析	预测分析
识别容易遭受各类暴力犯罪侵害的群体	犯罪制图 （识别犯罪类型热点）	识别犯罪类型热点的先进的模型；风险地域分析
识别直接受风险位置影响的人	人工绘图或制图，最频繁的犯罪地点，识别最有可能在这些位置的人	生成犯罪位置和识别工作者和其他频繁出入这些位置的人的先进的犯罪制图工具。

（续表）

识别处于犯罪风险位置的人（或从事高风险犯罪行为的人）	已知的从事重复犯罪活动的个体的犯罪记录的人工审查	使用本地或其他犯罪数据库识别重复的犯罪者的先进的数据挖掘技术
识别处于家庭暴力风险的人	人工审查家庭骚乱事件；包括处于依据这些事件定义的风险的人	计算机辅助多个数据库查询以识别家庭和其他骚乱包括本地居民在其他辖区时

（二）技术体系

依据处理的犯罪数据的复杂程度不同，美国犯罪情报预测分析技术分为四个层级：①经典统计技术。这一类别包括标准统计过程，如许多形式的统计回归、时间序列分析、季节效应调整等。②简单方法。不需要太多复杂的计算或大的数据集，通常根据列表和相关指标作出判断。③复杂应用。包括创新方法或需要复杂计算工具处理大数据量集的方法。许多比较新的数据挖掘方法和一些临近重复方法归于这一层级。④定制方法。即专门为警方开展犯罪分析定制的分析技术。前三种方法往往都是适用于各行各业的通用方法，定制方法就是面向警务工作的特点和业务需求，可以满足警务特殊需要的技术方法。美国犯罪情报预测分析主要包括热点分析、回归方法、数据挖掘技术、邻近重复方法、时空分析和风险地域分析 6 个分析技术类别。表 2.7 是美国兰德公司《预测警务》报告中所列的犯罪情报预测分析技术的概览表：

表2.7 美国犯罪情报预测分析技术一览表

分析类别	预测分析技术	分类			
		经典	简单	复杂	定制
热点分析	网格地图	*			*
	覆盖椭圆	*			
	核密度	*			
	启发探索				

（续表）

回归方法	线性	*	*		
	逐步回归	*		*	
	曲线			*	*
	前导指标	*			*
数据挖掘	聚类	*		*	
	分类	*		*	
邻近重复	自激励点进程			*	
	ProMap			*	
	启发式探索		*		
时空分析	热度图	*	*		
	加性模型			*	
	季节效应	*			
风险地域分析	地理空间预测分析			*	*
	风险地域模型		*		*

1. 热点分析技术

热点分析方法是基于历史数据预测犯罪风险增加的区域。热点方法利用犯罪不是均匀分布的事实，识别具有犯罪最高量和最高率的区域。主要的热点分析技术包括：网格地图、覆盖椭圆、核密度估测等。可以说，没有最好的热点分析技术，只有最适合的热点分析技术，关键是看用于什么层级和什么地方。

2. 回归方法

回归适合于一个被预测的变量（一般称为因变量）和独立的“解释”变量（一般称为自变量）之间的数学关系。与热点地图相比，回归不仅基于过去的犯罪数据，而且也包括一个宽泛的数据范围来表达将来的犯罪风险。主要包括线性回归和回归曲线方法。

3. 数据挖掘

数据挖掘是一个自动或半自动化地从大量数据中发现有效的、有意义的、潜在有用的、易于理解的数据模式的复杂过程。数据挖掘不是完全自动化的工具，从数据到结论的过程是一种非常复杂的人机互动比较和选择的过程，其复杂性取决于三个方面：一是对犯罪问题开发性解决方案的选择；二是适用于具体数据的技术和方法的选择；三是对结果稳定性的检验。与犯罪分析相关的数据挖掘技术主要有三个家族：回归、聚类和分类。

4. 邻近重复方法

近邻重复方法基于这样一个假设，即一些将来的犯罪发生的时间和地点将非常接近目前的犯罪时间和地点，也就是说，最近看起来具有较高犯罪水平的区域的附近，将在不远的将来也会出现较高的犯罪水平。很多研究支持这一假设。例如：窃贼重复攻击邻近目标群集，因为局部的缺陷对于罪犯是非常熟悉的；帮派很可能在一个帮派竞争的领地推波助澜地实施报复性暴力活动，等等。

5. 时空分析

时空分析研究的是随着时间的变化，犯罪和环境之间关系的变化。进行犯罪时空分析最简单的方法可能是热度图。热度图的准备包括针对已发生犯罪的“天中的小时”和“周中的天”简单地创建新变量。使用数据透视表功能显示了通过小时和周中的每天的犯罪数量，然后按照格式化特征为每一个单元着色，使用不同强度的颜色来表示不同日期、时间和条件的犯罪频数，就形成一个犯罪热度图。

6. 风险地域分析

风险地域分析首先识别出犯罪风险的地理特征，而后通过比较给定的位置与风险特征位置的接近性，作出犯罪风险的预测。风险地域模型是基于一个区域的地理特征，描绘它的犯罪风险的分类方法。主要包括风险地域建模和风险地域分析的统计方法。

（三）特点评析

美国犯罪情报预测分析技术充分融合了大数据时代科技发展的成果，使之与传统犯罪情报分析有了质的区别，呈现出以下几个显著特点：

1. 技术路线是“数据统计 + 数据挖掘 + 犯罪制图”

传统犯罪情报分析方法主要依靠分析人员的专业经验、直觉和逻辑推理来分析事物的来龙去脉，美国犯罪情报预测分析的技术是数据统计、数据挖掘和应用犯罪制图技术开展的犯罪时空分析，通过这些技术让数据“发声”，使得现代犯罪情报分析经常会有超出常规的“惊奇发现”。但这并不是说分析人员的专业经验不再重要，相反，现代犯罪情报分析对犯罪分析人员的专业经验要求更高，因为这些经验是他们合理选择各类技术开展大数据分析的基础。

2. 核心是预测犯罪趋势

传统犯罪情报分析侧重于分析事件的性质和法定构成，而美国犯罪情报预测分析侧重于分析犯罪动态，识别犯罪模式，预测犯罪趋势，从而为科学部署警力提供更为精确的指导。需要注意的是，美国犯罪情报预测分析方法并不是预测哪里和什么时间下一次犯罪将要发生，而是说，它们预测一个犯罪将与一个特定时间和地点相关的相对风险水平。

3. 解读重点是犯罪要素的关联关系

美国犯罪情报预测分析技术，会因为环境和目标的不同而有所不同。这些分析技术重点解读的是犯罪要素之间的关联关系，关联关系是因果关系的条件，但不是因果关系的全部。因果关系包括关联性、理论原理、时间序列和未被证实的假设四个条件。只有满足了这四个条件，才是一个完整并有意义的因果关系。因此，通过统计分析显示出的相关关系，还应该进行显著性检验，以排除小概率事件的影响。

4. 主角是专业的犯罪分析师

传统犯罪情报分析往往是有着深厚专业知识的侦查人员，凭借丰富的实战经验开展犯罪情报分析，为侦破案件提供指导。而美国犯罪情报预测分析的主体是掌握了数据统计、数据挖掘和犯罪制图技术的专业犯罪分析师，年轻的、富有创造力的、掌握了数据统计、数据挖掘和犯罪制图技术的年轻一辈，更容易脱颖而出，犯罪情报分析师的专业化、职业化也成为一个必然的趋势。

在大数据时代，将成熟的大数据分析技术应用于犯罪情报分析领域，利用大数据开展犯罪分析，识别犯罪模式，把警力在最佳的时机投放到最佳的位置，追求实现最大的警务效能。最高层面的智慧警务，就是所有的犯罪都在预测之中，终止犯罪在犯罪未发生之前。这是一种理想，但不是空想。

第三节
情报失误

一、情报失误中的文化因素[1]

（一）情报认知与社会文化

情报失误是永恒的情报研究主题。情报界对情报失误的研究从最初的情报系统本身转到对情报接受者和使用者的研究，经历了从情报外部认知到情报分析人员自身认知的变化。从情报认知的视角来看，情报失误，既可以是因为客观认知对象的虚假属性而引发，也可能因分析人员主观认知偏差而导致。在现实环境中，通常出现的情况是“A”式欺骗和“M”式欺骗的“隐真示假”，最终使得真假信息混合在一起，导致对方难以辨明认知对象的真实属性，从而造成对方的情报失误。

情报分析的过程本质上是一个信息加工与处理的过程，是分析人员对客体信息进行认知和理解的过程，同时也是一个解码和编码的过程。因此，在这个过程中，个人的认知能力在无形中决定了情报分析产品的质量。然而，

[1] 蒋飞、郭继荣：《跨文化视角下美国情报失误实证研究》，载《情报杂志》2015年第9期。摘编后收入本书。

情报分析人员使用的概念和意义绝非单纯个体的，而是共同文化的产物，是一种社会建构下的意义解构和信息解码。文化作为影响主体的重要环境因素，它影响着用户的情报认知活动。情报在某种程度上可以说是一种文化现象，既具有普遍文化的共性，也具有多元文化的差异。

情报分析的主客体从来都不仅仅是个体行为，而是以个体为代表的群体行为，反映着群体的认知与心理。无论是代表群体的个体，还是作出决策的群体，都是某一社会文化环境下的产物，反映特定的社会文化价值。情报分析是发生在不同社会文化背景下的，即一个社会群体的人对另一个社会群体的信息 / 行为进行分析，因此，情报认知也具有文化属性（图 2.17），情报分析具有跨文化交际的特征，只是这个跨文化交际发生在特定的背景下，即两个社会群体（国家）处于对抗的状态下。

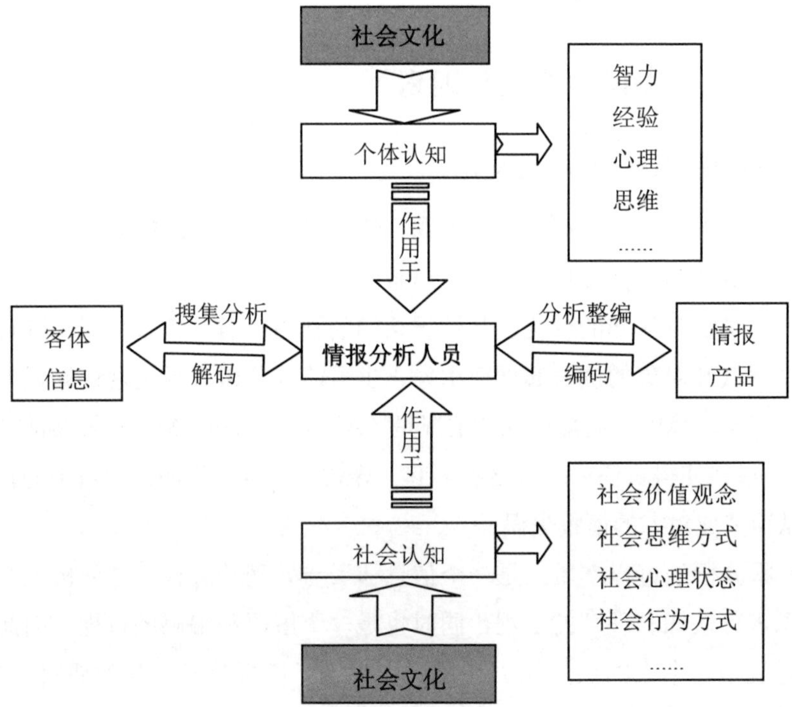

图2.17 社会文化与情报认知

然而，社会维度的缺失恰恰是情报学认知观的一个重大缺陷。国外学术界却早已认识到，从跨文化角度提升情报分析人员的情报感知能力是极其重要的。而纵观情报分析史，因社会文化认知所带来的情报分析失误不乏其例，如科伊战争中因高、低情境文化差异导致情报信息误解等。随着美军在阿富汗和伊拉克战场所遭遇的“文化困境”，美军提出了“文化情报”的概念，并将其纳入联合作战情报支援流程，向战场指挥官提供后方信息支援。决策层和学术界越来越意识到，“文化噪音”对情报分析质量的影响以及“文化情商”的重要性。

（二）朝鲜战争中美国情报失误的文化因素

不同的国家与民族，因其特定的历史、文化沿革与地理条件和生存发展环境等的影响，在安全与战略等涉及生死存亡的重大问题上，会有很不相同的反应与行为模式。从历史上看，二战后美国制定的对日政策在很大程度上受益于文化人类学家露丝·本尼迪克特所著的《菊与刀》。该书是作者奉美国政府之命，为分析、研究日本社会及其民族性所做的调查分析报告，是一个作为文化问题的战争军事问题报告，旨在指导美国如何管制战败后的日本。历史事实证明，美国政府战后对日本的政策和日本相应的反应与本书的分析基本一致。

然而，与日本同属东方文化的中国，却在朝鲜战争中让美国尝到了“文化苦果”。这场战争是美国开国以来第一次战而无胜之。在这场战争中，美国决策层及情报机构在情报价值实现过程中所犯的认知错误，充分暴露了中美两种不同社会文化背景下情报信息编码与解码（认知）的差异。通过对《美国对华情报解密档案》进行分析，发现美国决策层以及中情局情报评估人员，在这场战争中的情报评估与决策上，存在着几个因跨文化障碍而导致的情报失误。

1. 不同文化价值观念的影响

文化决定了人们的行为标准，不同的价值观念会导致不同的行为方式。当情报分析人员在对外界信息进行判断时，必然依赖文化所提供的判断标准，即价值观念。中美两种不同文化价值观念在朝鲜战争中曾经一度给美国决策层和情报机构带来情报认知的障碍，主要体现在个人主义与集体主义价值观以及社会认同感上的文化区别。

（1）个人主义与集体主义价值观的对立

心理学家认为价值观念具有四个心理功能：概括、判断、分辨以及文化功能。荷兰学者霍夫斯塔德（Geert Hofstede）认为有四种价值观念可以分辨不同文化公民的行为差异，其中一项便是个人主义与集体主义（Individualism-Collecti-Vism）价值观取向。个人主义和集体主义的客观指标，主要反映在行为的中心是个人还是团体。集体主义文化强调组织（国家或社会阵营）是活动的中心和行为的焦点，强调团体的参与程度和合作精神。因此，决策时更多地考虑对集体的影响，而不是对个体（或单个国家）的影响。而与之相反，个体主义文化价值观念下的人在对事物或行为作判断时考虑的是其对个体（单一个人或某一政党、国家）的影响。

在朝鲜战争中，美国上至国家决策层，下至中情局和战区司令部，对中国参战意图及能力的评估都受到了这种个人主义价值观的影响。从美国统治阶层的社会认知角度来看，中国出兵朝鲜将是对自身利益的巨大伤害，理由有二：其一，建国伊始的中共面临复杂而严重的国内问题，参战将会使政府的统治能力受到削弱，中国根本不具备现代战争的工业基础。其二，从军事角度看，中国政府统一台湾的最佳有利时机是1950年9月中旬之前的一段时间。对台突袭的成功将会极大地增加中国在远东地区的军事地位，从而破坏美国遏制共产主义扩张的意图。因此，中国政府绝不会放弃这一绝佳时期而去帮助一个“外人”（朝鲜）。

然而中国决策层却是从集体主义价值观出发，考虑的并非执政党的“个人”利益，而是从国际社会的角度考虑社会主义阵营的“集体”利益，即共产主义的国际地位与势力。美国在战略层面的情报评估中严重低估了中国领导层“舍小家，为大家”的集体主义价值观对其行为的决定作用。

（2）社会认同感问题带来的困扰

强烈的社会认同感所产生的一个心理效应便是对外团体成员的刻板成

见。在朝鲜战争中，美国决策层和中情局情报分析人员对属于外团体成员的中国有着一种刻板成见，即中国现有的国力及军力都决定了“中国不会出兵朝鲜”。根据中情局的评估，美国决策层十分怀疑中国是否具有与美军作战的军事实力，他们普遍认为中国在军事上不具备单独进行干涉的能力，因为中国缺少现代战争所必须具备的工业基础。而美军拥有强大的空中力量，甚至核打击能力。这些力量与能力已经在二战中展现了其强大的作用。中情局对中国参战能力的详细评估处于一种僵化的状态，其基本的逻辑推理是一种典型的教条化逻辑推理，从社会文化层面来看，就是对认知对象的刻板成见。

此外，美国情报机构和远东司令部决策层还存在对中国军事战略战术的刻板成见，即军事教条主义逻辑。在中情局看来，中国人民解放军过去的战斗经历表明，他们的作战方式无非就是“打了就跑”的游击战术，没有遭遇“现代化正规军”的经历，且中国空军完全无法为作战军队提供空中掩护。这些因素都限制了它向朝鲜大规模派遣军队的能力。

这些刻板成见对美国的情报认知产生了极其负面的影响，使其无法对信息作出客观的解码与编码，从而导致情报评估的失误。

2. 不同文化思维方式的影响

广义上来讲，思维指人们处理信息的过程。思维尽管具有跨文化的一致性，如基本的感知过程、归类的思维过程、归因方式以及记忆的心理过程等都是不受文化差异影响的，但现实生活中思维的文化差异还是显而易见的，并且对不同文化中的人处理信息的过程有着深刻的影响。从文化对归类判断的影响来看，中西方文化对归类判断有不同的倾向性，东方文化倾向于综合的判断，关注两个概念之间的相关联系，西方文化倾向于从属判断，关注两个判断之间的逻辑隶属性。

从归类判断来看，美国在朝鲜战争中的情报失误主要体现在对中国、苏联、朝鲜三者之间的关系判断上。朝鲜战争爆发时，美国决策层的第一个反应就是认为朝鲜发生的事件是以苏联为首的社会主义阵营向“自由世界”的挑战。依据苏联在国际上的所作所为，美国决策层采用分析思维作出的判断是苏联在朝鲜问题上将实行“不干涉政策”。而中国是否出兵朝鲜完全取决于苏联的全球战略，因为苏联作为社会主义头号大国，是中国的“老大哥”。美国决策层的这种逻辑推理就是典型的西方式“从属判断”。

作为倾向于综合判断的东方国家，中国却更关注社会主义阵营内部的相互联系以及中国为社会主义阵营承担的国际责任和义务。中国政府展现了一种综合判断的大国思维。这是一种典型的东方式思维。美国以逻辑分析判断的西方式思维来判断东方式的综合判断，自然会落入“以己度人”的思维误区。

3. 不同文化沟通风格对的影响

著名社会学家爱德华·霍尔认为，跨文化沟通中有一种非言语的语言障碍，差异最大的便是高情境文化与低情境文化的沟通差异。高情境文化中意义的传递在很大程度上是间接的，需要信息接收者对信息的背景和内容有所了解。而低情境文化中的人对所接收到的信息会作表面较浅地理解。美国是典型的低情境文化国家，强调直接的评论和详细的解读，强调表达的内容而不是表达的方式。而中国文化是典型的高情境文化，信息传递的形式往往暗含着更能体现意图的深层次内容。

在朝鲜战争中，处于低情境文化中的美国，对高情境文化的中国所发出的信号作了错误的解读。当美国和联合国军向“三八线”以北推进时，中国政府不断通过各种途径向美国人传递严厉的警告信息，外交照会、新闻发布会和公开的部队调动均被用来作为信号传递的手段。但美国决策层和军队领导人仍然从低情境文化的角度对这些信号加以处理，既没有认真地考虑这些信号传递的背景和时机，也没有理解这些信号想要表达的真实内容，判定这些信号是中国政府有目的的恐吓，最终被中国的介入弄得措手不及。

（三）对跨文化背景下的情报分析

美军从近年来伊拉克和阿富汗战场的作战行动中进一步深刻地体会到，作战人员和情报人员的文化感知能力已经成为新型作战环境下的“战斗力倍增器”，并在新版《联合情报》中强调社会文化分析在作战环境联合情报准备流程中的重要性。

在迷雾蒙蒙的情报世界，情报分析人员面临的是不确定的理性和非理性对手，所作出的分析与判断同样可能是理性的或非理性的。非理性的判断容易让人陷入先入之见的智力失灵状态，而理性的思考也同样容易使情报分析人员落入以己度人、镜像思维的认知误区。但情报分析人员应关注到，敌我双方的这种理性与非理性都是被置于特定的社会文化之中，打上了深深的社会文化烙印。对手所作出的每一行为（无论是否具有欺骗性）都不过是“文化冰山”的一角，情报分析人员的职责就是深入到“文化冰山”之下，以文化“主位”视角对信息/信号进行解码，深入理解对方社会文化环境下的价值观念、思维与行为方式。因此，情报分析人员必须着力提高自身的文化感知能力，即“文化情商”。这将有效地帮助情报分析人员跨越社会文化所带来的情报认知障碍，以减少因社会文化认知所带来的情报分析失误。

二、情报失误中的组织因素[1]

古巴导弹危机是冷战时期美苏之间最激烈的一次直接对抗，它由苏联在古巴部署导弹、美国则坚持要求撤除导弹而引发。美国情报部门在古巴导弹危机中扮演了非常活跃的角色，其情报工作贯穿整个事件始末，然而，学术界对于美国情报部门在这次危机中的评价却莫衷一是。

（一）古巴导弹危机中美国情报工作的基本评价

1962 年春夏之交，美国中央情报局发现苏联向古巴密集输送大量物资，并通过各种渠道源源不断地收到相关信息，中情局对这一情况进行了密集的侦察和分析，先后发布了四份《国家情报评估》(National Intelligence Estimate)，密切跟进古巴局势的发展。特别是在 1962 年 9 月 19 日发布的题为《古巴的军事建设》的 SNIE 85-3-62 中，美国情报界排除了苏联领导人在

[1] 张力：《美国在古巴导弹危机中的情报失误——从组织理论视角对〈国家情报评估〉的分析》，载《情报杂志》2017年第8期。摘编后收入本书。

古巴部署中程弹道导弹的可能性，认为这种部署带来的风险“与目前苏联的做法和我们目前所估计的苏联政策不相容”。实际上，苏联自 1962 年夏天就已启动“安纳德尔计划”，秘密地向古巴运输并部署中程导弹等战略武器。10 月 15 日，美国情报部门通过 U-2 侦察机拍摄的照片确认了这一军事行动，并于 16 日将这一情况报告给了肯尼迪（John F. Kennedy）总统，引发了古巴导弹危机的公开化。危机爆发期间，美国几乎所有重要的国家机构和职能部门都参与了情报评估活动，针对古巴局势的发展、苏联在古巴的行动、意图，提交出台了一系列的情况报告、情报评估、备忘录等。10 月 28 日，苏联宣布将从古巴撤出导弹，危机最终以和平的方式得以解决。

对于美国情报界在此次危机中的表现，相当一部分学者和情报工作者认为是成功的、出色的。最主要的贡献是美国情报部门在苏联导弹投入运作前对其进行了有效的鉴别，这使得肯尼迪政府在迫使苏联撤除导弹时掌握了主动权。另外一种观点认为，美国情报评估部门在古巴导弹危机中的确出现了失误，但是他们已经做到了极致。但是持否定观点的则认为，美国情报界在导弹危机中出现了重大失误，其表现与危机的最终化解不能混为一谈。导弹危机从结果上看美国占据了主动地位，然而，事件的圆满解决并不等同于情报预警的成功。很显然，美国情报部门在苏联部署到古巴的导弹投入运行前发现了它们，但同样清楚的是，在此之前他们完全没有预见到苏联会在古巴部署导弹，甚至基本否定了这一可能性。

对于美国情报界在古巴导弹危机的表现应当以两分法来看待。一方面，U-2 飞机高空侦察获取的古巴导弹基地情报是美国情报部门在图像情报工作中的重大突破。中情局局长、中央情报主任麦科恩事后评论说，在 1961 至 1962 年的两年间，中情局收到了数千份有关在古巴目击到了导弹的报告，但是几乎都是假的，因为导弹是在 1962 年 9 月才运抵古巴的。事后回想起来甚至在 1962 年 9 月至 10 月间收到的 1000 多条情报中，也只有 8 条可以被视为战略导弹部署的有效指标。由于担心 U-2 可能被击落以及古巴的气象条件恶劣，尽管美国觉察到了苏联在古巴极为异常的军事建设，但 9 月 5 日至 10 月 14 日之间，却没有使用 U-2 对古巴进行空中侦察。在麦科恩的一再坚持下，

10 月 14 日天气转好后，美国派遣了一架 U-2 飞机对古巴的可疑地区拍摄照片，发现了苏联在古巴建设的导弹基地。事后，美国情报界充分认识到了情报图像的巨大价值，更加广泛地开发和利用空中侦察能力和卫星图片。在古巴导弹危机中，美国情报界借助图像情报的获取和研判，将各种渠道汇集而来的信息碎片拼接成了确实可信的情报，部分程度上洗刷了猪湾事件给情报部门带来的耻辱。

另一方面，危机爆发之前的国家情报评估严重偏离了事实，这一问题产生的主要根源在于情报评估的生产过程。不可否认，1962 年 9 月 19 日的 SNIE 85-3-62 称苏联不太可能在古巴部署核导弹，尽管这一结论是错误的，但却是基于所有可用证据作出的合理评估。在 1962 年 10 月 15 日之前，美国并没有发现古巴有战略导弹的确凿证据，相关的一切猜想都只能停留在待验证的怀疑阶段。但同样不可否认的是，在此之前，所有的《国家情报评估》都没有针对这一种可能性敲响警钟，也没有详细说明除了大规模部队外，还有什么因素可能改变对赫鲁晓夫意图的评估，更没有敦促政策制定者认真考虑苏联在古巴的战略收益。

情报预警中有一则重要信条：优秀的预警分析不会弱化异常，而是直接指向异常。虽然不是所有的异常都导致危机，但所有的危机都是由异常组成的。古巴导弹危机可以看作是一个异常导致危机的教科书式案例。从 1962 年的春天起，苏联向古巴航运的物资在数量和体积上发生了极为异常的变化。这其中肯定发生了什么不同寻常的事情，对此美国情报部门是知道的。不过，《国家情报评估》依然坚持认为这属于正常范围，1962 年 10 月之前的 4 份评估明显对这些方面都很自信，通过证据和推理建议政策制定者不必担心苏联会在古巴建设进攻性基地。这些情报评估没有帮助肯尼迪政府对苏联在古巴的战略意图有所戒备，反而使苏联的导弹部署显得更突然、猛烈、严重。

通过对 4 份相关《国家情报评估》的研究，可以发现造成这次情报工作出现失误的关键因素。

（二）古巴导弹危机爆发前《国家情报评估》的主要内容

狭义上所说的古巴导弹危机，是指从1962年10月16日美国政府获悉苏联在古巴部署了中程弹道导弹开始，直至28日苏联发表公开声明称将从古巴撤除这些导弹为止的13天中，美苏两个超级大国的直接对峙。但是，从广义上看，自从1962年夏天苏联开始秘密向古巴大规模输送武器装备，古巴导弹危机就已经悄悄启动了。根据目前已经解密的文档，1962年1月至苏联在古巴的战略导弹基地最终被发现的10月间，中央情报局先后发布了4份《国家情报评估》。

《国家情报评估》是供国家决策者使用的情报产品，汇集了遍布美国政府各部门的专业情报人员的判断，是代表美国情报界最正规和最高水平的战略分析产品，是关乎国家利益的战略级评估，由美国情报界共同协作生产，强调对未来的判断。总体来说，美国国家情报评估，从动态上说就是负责国家情报评估的部门对国家情报进行分析研究，并对关系美国安全的重要国家和重大事件的未来发展趋势作出描述、得出结论的组织过程；从表现形态上看，国家情报评估的产品就是《国家情报评估》以及《国家情报评估特刊》；从作用功能上看，国家情报评估始终服务于美国国家安全和利益，为其国家安全政策的制定提供坚实的依据。

危机爆发前的4份评估显示出了美国情报部门对一个敌对国政权如此接近美国海岸线极为担心，但明显忽视了来自古巴或其背后苏联军事威胁的风险。

第一份评估发布于1962年1月17日，对未来20年内泛加勒比地区对美国的威胁进行了评估。它的结论是“在未来一段时间内苏联在该地区建立基地是不可能的”，因为“在苏联人看来，该地区的军事和心理价值还不足以使其犯险”。这份评估表明，至少几年内赫鲁晓夫不愿冒险建立一个古巴基地。当然，该评估随后指出，对苏联的基地判断“可能无法保证在整个评估时期中都有效”。

第二份评估发布于1962年3月21日。这份评估的时间跨度和范围有所收缩，分析了在未来的一年内，古巴的局势和卡斯特罗政权与苏联集团以及拉丁美洲各共和国的关系。同样，该评估认为苏联捍卫古巴或建立古巴进攻性军事能力的可能性很低。该评估指出，尽管卡斯特罗在积极努力地获取安全保障，但是苏联集团会“避免任何有关捍卫古巴的明确军事承诺”。

第三份评估发布于 1962 年 8 月 1 日。在几个星期前，有情报显示苏联在古巴进行大规模的军事建设。虽然该评估确信在古巴有苏联集团的“军事顾问和教官”以及“苏联提供的武器装备”，但再一次指出苏联“不会在任何紧急情况下做出保护和捍卫古巴政权任何正式的承诺”。该评估进一步指出，“我们认为，苏联集团不太可能帮助古巴拥有独立承担重要军事行动的能力……至少在本评估时期内，苏联阵营将不太可能在古巴设立任何种类的作战部队”。

第四份评估也是危机爆发前最关键的一份，发布于 1962 年 9 月 19 日。此时，情况已经发生了巨大变化：自 7 月中旬起，一连串的技术情报和人力情报的报告开始显示古巴正在进行一场大规模的军事建设。评估指出，7 月中旬和 9 月初之间，约 70 艘苏联船只向古巴运送了武器和建筑设备。这一数字比 1962 年的整个上半年的总数还要多三到四倍。事实上，肯尼迪总统对新情报非常关注，他于 9 月 4 日和 9 月 13 日发表了明确的公开警告：如果苏联在古巴部署进攻性武器，“将引发最严重的问题”，这是一个可以被理解为暗示潜在的核对抗的警告。

然而，这份关键的情报评估仍然得出结论认为，“苏联的政策在本质上没有变化”。这是《国家情报评估》在九个月内第 4 次声称苏联在古巴的军事活动不过是意在维持政治胜利而已。该评估着重关注苏联政权在西半球带来的政治威胁，对苏联部署重要进攻型基地的可能性进行了考量，但最终认为并不可行：“苏联在古巴领土上建立用于对抗美国的核打击力量与我们现在估计的苏联政策不符。”该评估相当详尽地解释了这一判断，指出苏联之前从来没有在境外，哪怕在其卫星国部署此类武器，这种导弹会给指挥和控制带来很大的问题，这些导弹需要“相当大量的苏联人”，而且苏联将“几乎肯定”知道这样的举动将引发“美国危险的反应”。

（三）从组织理论视角解释国家情报评估的失误

通过回顾古巴导弹危机之前的四份《国家情报评估》，可以发现其中有两个关键问题亟待解决：一是为什么评估错失了所有指向苏联真实意图的信号；二是为什么苏联在古巴军事建设的异常发展没有引起评估结论的变化。

第一个问题是有关情报评估中信噪比的问题。自珍珠港事件之后，信噪比一直都是每次情报反思的重要内容。情报预警需要分析人员从充满“噪音”或是不相关的、混乱的，乃至就是错误的情报背景中剥离“信号”，找出对手未来行动的线索。这些信号虽然在事后是显而易见的，然而要在危机发生之前检测出来完全是另一回事。之前，中情局先后收到过来自特工和古巴难民的3500份人力情报报告，这些报告声称在古巴岛内发现了苏联导弹。而根据总统的外国情报顾问委员会后来的鉴定，这些报告中仅有35份被证明属于苏联部署导弹的信号，事后也有分析认为，其中只有8份报告可以被认为是在古巴部署进攻性导弹的有效指标。这样来看，当时的信噪比是较低的。信噪比是预警问题中的一部分，但并非最重要的部分。我们忙于统计这些数据，却很少检验决定信号是被发现或还是被遗漏、是被放大还是被忽略的组织结构和流程；过于专注数据和个体认知，错过了对组织功能的关注。

回顾一下古巴导弹危机时期美国情报部门的职能分工，可以发现情报部门的结构分割导致各种的信号的消散和孤立，无法对信号集中和放大。1962年，中央情报局创建只有15年，仅是在名称上是“中央的”。中情局从当时已有的国家情报部门、司法情报部门、军方情报部门基础上蹒跚起步，而这些部门都千方百计地保护自己的使命、预算和权力。事实上，中央情报局也控制不了国防情报局、国家安全局或任何军事情报部门的情报预算或行动，这些部门都是向国防部长报告。

处理有关古巴形势的情报评估需要六七个不同部门合作完成，它们任务不同、专业不同、动机不同、安全检查水平不同、获取信息渠道不同、对发现的解释不同。而中情局的这种组织结构，意味着在没有总统的情况下，不可能有一个指定的负责人召集各方开会。国防情报局拍摄到了从苏联出发的苏联船只上甲板货物的照片。海军的空中侦察发现了船只进出古巴。中情局可以调遣古巴的特工人员。美国国务院处理外交公文。国家安全局截获的通信包括苏联船只的动向，它们在古巴的无线电传输以及其他信号情报。在这种情况下，官僚主义的管辖范围和标准操作程序最终在情报机构内部和跨情报部门间制造了妨碍信号汇集的隐形软肋。结构碎片可能会导致即使找到了信号也可能会被错过。因此，当时国家情报评估的生产实际上难以得到美国情报界各个部门的有力协作。可以说，问题的关键不是在于信号的精确数量，而是在于组织缺陷，这种缺陷导致了每个信号在发现之后，随即最终迷失在官僚体制中。

第二个问题是关于情报评估一致性的问题。如果说在 1962 年夏季，苏联在古巴军事建设的迹象尚不够明显，那么在 8 月和 9 月中情局源源不断地收到情报，很多迹象明确显示苏联向古巴运送武器和人员的规模空前，为什么 SNIE 85-3-62 对苏联意图评估仍持之前的观点？

回顾这份评估，它明确指出了自 1962 年 8 月 1 日发布的 SNIE 85-2-62 后，古巴的局势发生了变化。该评估将任务定义为评估“古巴近期军事建设以及该地区额外军事能力未来可能动向的战略和政治意义”。评估对军事建设的确切性质极为关注，认为苏联自 7 月以来开始加快进度强化古巴防御空袭和大规模海上入侵的能力。值得注意的是，在这份评估中鲜有评估性提示，如“我们判断”“我们估计”或“有可能”等。相反，该评估陈述了三个态势发展作为事实：向古巴批量交付的物资与在古巴岛西部的 12 个萨姆 -2 地空导弹阵地有关；新运输的货物还包括坦克、自行火炮、其他陆军装备和 8 艘科马级导弹快艇，这些武器将用于加强古巴防卫；苏联派往古巴军事人员的数量大幅增加。虽然该份评估也指出“通过在古巴部署苏制中程弹道导弹或者建立苏联潜艇基地，苏联能够获得可观的军事优势”，但它认为“无论哪种部署都违背了苏联一向的行事风格，不符合我们对当前苏联政策的估计”。

实际上，组织压力也强力推动了这 4 份有关古巴的评估保持一种一致性和连贯性。这些报告并不是一个人、一个视角的产品，甚至不是一个机构的产品。它们是需要跨机构协调并达成共识的集体报告。长期以来，无法改变的组织结构使整个评估机器向一致性发展。因为一致性是给定的，对非一致性就需要解释、证实和捍卫。更改之前的评估结论需要有新的见解，对新旧事实进行对比，罗列出哪些情况已发生变化及其原因。相应地，这意味着要克服强大的官僚作风，说服每个参与评估的情报机构同意推翻或修改之前所说、所估、所写或所认可的结论。总而言之，组织动力自然而然使一致性占上风。

此外，政治上的考虑也强化了组织因素对情报评估一致性的作用。任何修改现有判断的新评估都会被当作之前评估是错误的证据。例如，2007 年，国家情报委员根据新证据得出结论，认为德黑兰可能早在 2003 年已经冻结其核武器计划，这实际上反转了之前关于伊朗正在发展一种有力的核武器研制计划的评估。事实后来证明这是一次成功的情报评估，但政治家们对此更深刻的印象却是早先的情报评估出现了失误。古巴导弹危机时期，美国国内政治气氛有过之而不及。当时冷战风险空前，不久前的猪湾事件已给肯尼迪制造了一场灾难性的失败。此时距国会中期选举仅有几周之遥，古巴问题的压力是巨大的。在这种环境下，一份将苏联军事建设解读为警示前兆的《国家情报评估》几乎肯定会被视为是对之前评估的控诉，也是对总统本人及其幕僚的无情驳斥，因为他们早先曾公开保证苏联建设在本质上是防御性的。在评估过程此类考虑可能不会在台前，但很难想象它们没有在幕后起作用。就特定时刻或特定话题，一致性是一种安全、谨慎的做法，而非一致性无论是对情报机构还是总统都包含相当大的风险。

综上，古巴导弹危机中的情报评估失误使国家情报评估的声誉受到严重损害，导致国家情报评估制度逐渐失去独立性，在一定程度上被排斥在国家战略决策之外。同时，这一事件也给美国情报界带来了深刻的教训，使其逐渐意识到了国家情报评估在生产组织上的缺陷和弊病。为加强国家情报评估的协调性和权威性，美国在 70 年代建立了新的国家情报官制度。这一制度将国家情报评估的责任按照功能和区域加以划分，明确了各个情报官的评估职责，规范了情报评估的制作过程，以试图减少像古巴导弹危机中这种重大情报评估失误发生的概率。可以说，在美国国家评估制度从国家评估办公室演变为国家情报官的组织变革中，古巴导弹危机的评估失误是重要促成因素之一。

三、决策失误与情报失察[1]

情报失察是情报学研究的重要课题。学者们对情报失察的研究多结合伴有“危机”“失败”的历史事件展开，继而通过对其中经验教训的总结，发现导致情报失察的关键因素，进一步探究失察的规律。该种研究思路具有一定的合理性，但也可能存在“路径依赖”，出现了决策失误归因研究中“情报失察”泛化现象，似乎任何危机事件都可以以“情报失察”解释之，使得情报失察研究失之必要的公允和严谨。

（一）决策视域下的情报研究

情报与决策的关系研究沿着两个基本的维度展开，即基础理论的深入和实践应用的拓展，而且相较于早期重点关注基础理论，当前有向应用性研究拓展的趋势。就基础理论研究而言，情报具有辅助决策的基本功能，这一点早以为情报学者所论证。从应用性研究角度而言，学者们重点关注了突发事件、应急管理等对情报的需求。

情报与决策的关系既是情报理论研究的重点，同时也是决策实践的需求点和关注点。尽管两者之间关系密切，但情报的本质在于辅助决策，决策的准确与否，离不开情报的支撑。但是，其否定命题并非必然成立，决策失误可能（并非必然）由情报失察所致。

（二）决策失误并非皆因“情报失察”

在特定的历史事件中，学者们从情报失察的角度来概括决策失误的原因

[1] 陈德、刘杰：《决策失误归因中“情报失察”泛化现象检视》，载《情报杂志》2019年第9期。摘编后收入本书。

应当说具有相当的合理性，但是不能由此而人为扩大情报失察的适用范围。

1987 年 5 月 28 日，一位 19 岁的德国青年驾驶着一架单引擎的小飞机穿过了 400 英里的苏联防空系统，降落在莫斯科红场。后根据彼时苏联防空部队将领的讨论决策过程录音内容分析，可以明显看出此次防空部队将领们关于飞行物的定性错误（决策失误）与情报失察之间没有必然联系。具体而言，在当 VR 少将陈述“飞行员坚持他的说法”（即飞行员看到的是一架飞机出现在本国某个空域）时，NG 少将便“理性地”提醒其注意，“如果是一架飞机，上面会给我们找无穷的麻烦”。当 VR 将军指出另有一位在指挥中心（不在现场）的将军在考虑如何做的时候，NG 将军认为在场的将领们没有先考虑的必要，“因为飞行员首先向他报告的”，而此后，当在场的将领仍然拿不定主意，又不得不作出决定时，AG 将军提醒大家，列宁格勒方面已经决定了天空中飞行的是一群鸟。并在其他人表示怀疑时，提出“应当与列宁格勒保持一致，以示团结”，在这样的情形下，YB 中将给出了结论，认为这是一群鹅。于是 AG 少将应和，这时现场将领认定——是一群鹅。

分析整个决策过程，初始情报的来源准确无误，而且飞行员坚持其所看到的是“一架飞机飞入本国领域，而非鸟类”。但现场将领们讨论研究后一致认为是一群鹅。其中“起作用”的并非“情报失察”而是决策系统内部的失误：一是时间压力下的决策失误。二是责任规避，使得诸如 NG 少将等决策者尽可能“依规办事”，为了避免将承担责任的可能性降到最低而向制度、规则、程序等逃逸。三是权威维护与团结一致。因为列宁格勒方面已有决定，对之进行认可，是团结的需要；而且当 YB 中将给出结论后，便一致同意此结论。就此案例来看，情报供给本身并没有差错，而是决策者的“理性行为选择”导致了最后的决策失误。

（三）“情报失察”泛化的原因分析

关于“情报失察”泛化的原因，笔者以为研究人员的思维模式和决策评估中的结果偏差两个角度具有一定的解释力。前者揭示了研究人员思考、分析问题的路径，后者从心理学视野出发，指出了决策评估中普遍存在的一种评估偏差现象，即结果偏差。

1. 思维模式

情报失察与决策失误密不可分，情报失察的研究通常在决策失误的语境下展开，一般都是结合历史上或现实中存在的重大案例、突发性事件等。基本的研究思路是“事件（提出问题，情报供给不足等）——原因（分析问题，诸如情报体制、情报文化、情报主体等因素）——建议（解决问题）”。该种研究思路呈现出一定的“模式”，即研究者从情报学视角出发，将突发事件中决策失误的原因往往归结于情报或情报工作的不利，并用“情报失察”予以概括之，进而提出情报学视野下的完善建议。这就形成了研究人员中广泛存在的一种研究思路，一种分析模式，成为一种“无意识的假设”“一种概念透镜或概念模式”。这种概念模式是一种“理性行为体模式”，其核心概念包括目的和目标、方案、结果、选择。在这种模式“指导”之下，情报学研究者实际上无意识之中形成了这样一种假设，即将某个决策主体（可能是个人、组织或是国家）类比为个人有目的的行动，一旦找到了该决策主体的“目的和目标”，该主体的大部分行为都可以被较好地解释。

2. 结果偏差

从一些研究者的思路可以发现，情报失察的前提预设，即决策失误，通过对某一事件的失败推导出其中决策之失误，进而推出情报失察之存在。其合理性在于逆向思维指导下对原因的追根溯源，但也可能导致“结果偏差”（outcome bias）的产生。

部分情报学研究者在分析决策失败事件（决策结果）时，可能会想当然地认为是由于决策者决策失误（决策质量不高）之故，进而将情报失误归因于情报失察。此种思路的问题在于，一方面决策结果可能具有随机性；另一方面，决策过程及其结果发生具有情境性。如果缺乏对决策时间和背景等信息的挖掘和关切，转而依托丰富的想象力和不甚严密的逻辑推理来检验决策的质量优劣，则不能对决策失败这一结果进行客观归因，从而导致决策失误归因中情报失察泛化现象产生。

如果说“思维模式”是对“决策失误—情报失察”关系的过程分析，那么“结果偏差”即是对“决策失误—情报失察”关系的结果判断。过程分析揭示了研究人员的分析思路，是对其心理机制的阐释和显现。结果判断是其对决策质量的事后反思，可能天然地带有“想当然”的倾向。所以研究人员实际充当了分析者和评估者双重角色。分析者角色使之尽可能做到理性，讲究逻辑；评估者角色使之占据了一定“高位”，忽视了可能存在的情境性和细节特性。

（四）情报失察与决策失误的关系研究

基于对情报失察泛化现象的反思，笔者认为情报失察与决策失误之间并非因果关系，只能说两者之间具有一定的相关关系，决策系统本身具有失误的可能性。这是因为：

其一，决策中的目标替代可能导致情报供给的价值失真。在实际运转过程中，很多组织常常背离原定目标甚至追求与原定目标相悖的目标。此现象在科层制组织运行中十分常见。决策以及决策的执行是一个动态的过程，情报供给从理想状态而言也应是动态的匹配过程，然而组织目标的替代，导致情报的价值折扣与失真，情报的搜集、分析与传递速度难以满足决策目标更替的需要，从时间上存在着信息不对称的可能，导致决策的情报需求与情报供给存在供需不足和错位的矛盾。情报人员难以“全面、准确、及时”地向决策者提供情报，无法满足决策者对情报的动态需求。

其二，执行本身也是一种决策，供给的情报可能会出现效应递减。政策的制定、决策命令的下达以及决策执行之间可能是一种松散连接、分离偏差甚至相互对立的关系。决策执行过程实际上始终伴随着执行者对决策的理解、解释，甚至根据自己的利益和意愿来有意“曲解”决策的本意。决策目标的传递注定是一个易被执行者分解、曲解甚至是消解的过程，传递过程越是漫长，传递者越多，越是如此。满足初始决策需求的情报供给效用之发挥可能是短暂的，但对于执行过程中的“决策者”而言并无多大意义。当一个决策目标转化为具体任务、行动目标时，每一个执行者（决策者）都可能在一定空间范围内改变决策的目标指向，使得情报具有阶段性意义。

其三，情报辅助决策，决策得以顺利执行是一种理想状态，因为决策本身是一种“政治”行为。因为实际的，特别是重大事件中的决策是多种力量相互碰撞博弈的结果。图 2.18 代表“情报—决策—执行”的理想模式，图 2.19 代表“情报—决策—执行”的实际图景。

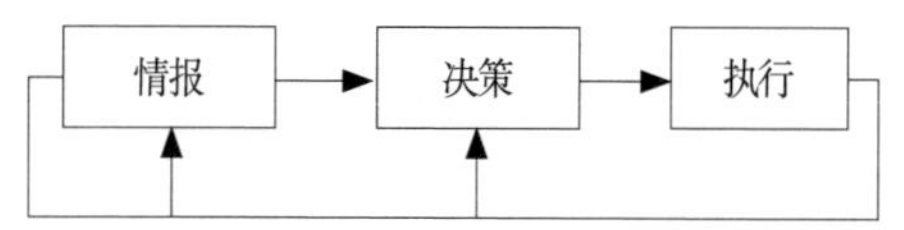

图2.18 “情报—决策—执行”的理想模式

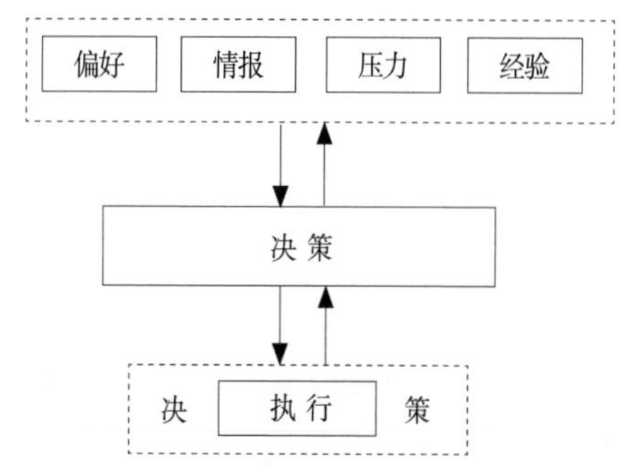

图2.19 “情报—决策—执行”的实际图景

理想状态下，情报、决策、执行应当形成一体化联动，情报流贯穿于决策和执行过程始终，后两者将行动的信息及时反馈至情报搜集和分析端口，三者之间是动态协调，“支持与反哺”之关系。但从实际图景来看，决策过程中始终存在着黑暗、错综复杂的区域。不同层面的决策主体具有不同的决策特征。就一个组织而言，政治冲突、规章制度、学习过程都会影响到组织决策。国家层面的决策则是“政治的合成物”，如美国国家安全方面的决策者就包括各类长官、幕僚、事务官员、临时参与者。所有这些决策影响主体如同以一个个同心圆围绕决策展开。所以情报仅仅是影响决策的一个因素，而偏好、压力、经验等等都是不同的影响因子。

（五）可能的归因分析路径

决策失误的归因不能仅局限于情报失察，分析研究两者间关系时，宜遵循更为开阔的分析思路。

一是结合决策产生的三种模式，探究不同模式下情报的地位与作用。格雷厄姆·艾莉森等人提出了三种决策模式观，即模式Ⅰ（理性行为体范式）、模式Ⅱ（组织行为范式）、模式Ⅲ（政府政治范式），从三种不同的视角探索了决策的本质。例如在模式Ⅰ下，将决策主体统一拟人化，分析其理性目的及其基础上的行为选择，以此来反观此过程中的情报需求、情报价值等；不同于模式Ⅰ，模式Ⅱ强调决策主体的行为选择并非基于理性算计，而是组织体根据组织标准运作程序，在确定好的程式基础上，依据组织常规作出。不同的决策程序决定了其对情报需求的差异，反之，情报的不同地位也体现了其对决策影响程度的差异。

二是合理利用概念透镜，确立相互竞争的分析思路。概念，如“情报失察”，像透镜一样为情报学者分析纷繁复杂的现象清理了一片相对独立的自留地，但也不可避免地限制了对其他方面的观察和理解。因而，一方面我们承认通过概念简化认识事物的方式是必需的，另一方面，为了避免遗漏和忽视，确立几个相互竞争的概念框架也是必需的。对决策失误进行归因，不能仅局限于情报失察，为避免分析思路的单一，应从决策系统内部、情报—决策—执行系统之间的关系、情报在不同决策模式下的地位与作用等不同的角度来探究情报对决策的不同影响。

三是科学设置情报分析以及决策评价体系。情报收集、分析，输出情报产品，据此形成决策，决策执行，决策执行结果，等等，是一条完整而漫长的过程链条。如果决策失败，进行归因分析时，不宜跨越式地直接从“结果”到“分析”，而应充分考虑上述过程的阶段性、多样性和复杂性。所以应该科学设置情报分析以及决策评价体系，包括评价主体的选择、评价程序的设置、评价指标的确立、评价程序的建立、评价类型的划分、评价责任的确定，等等。在评价主体的选择上，宜选择既具有一定情报工作经验，同时也具有一定决策权限或者熟谙主要决策领导决策思维的人员，以此确保情报系统与决策系统之间的沟通交流。

情报失察是决策失误的重要影响因素，但在反思决策失误时，应当尽可能避免“情报失察”的泛化和滥用，否则既可能导致责任归属的错位，也会因为原因寻求的方向性错误而影响问题的解决和经验教训的习得。在情报失察与决策失误之间，没有必然的因果关系，二者可能具有一定的相关关系，所以在分析决策失误案例时，应当尽可能秉承学术严谨性，避免将“情报失察”适用扩大化。

四、美国对俄在叙军事行动的情报失误[1]

2015 年 9 月 30 日，俄罗斯空军开始对叙利亚“伊斯兰国”极端势力以及叙反政府武装实施空袭，此举震惊了国际社会。美国情报机构对俄军的战前准备工作应该进行了全程跟踪，但却没能对俄军一系列军事行动征兆的战略意图，尤其是对“伊斯兰国”势力实施大规模空袭作出正确的判断，从而未能促使政府及时制定出应对方针和策略，招致国会对情报机构的失误进行调查和听证。

（一）出现情报失误的客观原因

美国对俄在叙军事行动的情报失误是指美国未能及时确定俄罗斯是否对“伊斯兰国”实施大规模空袭，何时开展空袭以及俄军介入叙利亚冲突的方式和行动的规模，对俄军是否空袭美国支持的叙利亚反对派武装估计不足，没能充分评估叙利亚对俄罗斯的战略意义，没有完全弄清俄军事介入叙利亚的战略意图等。客观原因主要集中在以下两点：

1. 俄罗斯战略上运筹帷幄，军事上瞒天过海，外交上隐真示假

俄罗斯在此次重大军事行动之前，制订了详细的作战计划，统筹运用政

[1] 班文涛：《美国对俄在叙军事行动的情报失误原因及结果分析》，载《情报杂志》2020年第4期。摘编后收入本书。

治、军事和外交手段。首先，在政治上，俄充分利用国际社会对“伊斯兰国”恐怖势力的畏惧心理，在国际上高举反恐大旗，占领道义制高点，赢得了中东主要国家和国际社会的支持；在国内广泛宣传恐怖势力对俄国家安全的威胁，让深受恐怖活动之害的俄罗斯民众支持政府的反恐政策，为军事行动埋下伏笔。其次，在军事上，俄军隐蔽、快速扩建驻叙物资技术保障基地，新建赫梅伊米姆空军基地，利用客机为掩护，将战机秘密部署至叙利亚；实施“叙利亚快车”行动，动用军用和民用商船向叙运送大量火箭炮、弹药、燃料、食品等物资；与伊拉克、伊朗和叙利亚建立“情报协作中心”，共享反恐情报；以举行大规模军演为掩护，混淆视听，频繁调动部队，秘密进驻叙利亚。同时，俄军方不断表态，否认俄战略意图，散布不干预叙局势。再次，在外交上，美国对俄军 2015 年 8 月份以来加强在叙军事部署多次提出过疑问，但俄罗斯和叙利亚政府的公开表态一直是示伪存真。俄罗斯和叙利亚官方亦不断出面否认，俄罗斯总统普京在接受美国媒体采访时公开表明，俄未计划卷入叙军事行动。连空袭前一天的 9 月 29 日，与奥巴马在联合国的会谈中，普京也未透露出要出兵叙利亚的任何意图。

2. 美国决策层的态度影响情报机构搜集重点

美国情报机构一直把中东和阿富汗、巴基斯坦地区的反恐战争作为情报搜集重点，派出了大量情报人员执行反恐任务，俄罗斯方向的情报搜集工作一直面临人力和资源不足的问题，而俄罗斯方向美国情报机构更多关注的是俄罗斯对乌克兰危机的上层决策，这样就导致叙利亚问题未得到足够重视。

情报机构是为国家领导人和特定阶层服务的，情报机构本身也是依靠需求牵引的。无论是在乌克兰还是在叙利亚，奥巴马总统都不愿与俄罗斯直接交锋，因此对俄罗斯在叙利亚的军事行动关注度不够，也没有下达情报搜集需求，所以情报机构只能提供动态性情况，而没有分析性报告。如果奥巴马总统十分重视，要求情报机构提供研究报告和对策建议，或者情报机构领导人根据自己的判断主动上报相关分析报告，则情况有可能不同。

（二）出现情报失误的主观原因

美国情报机构拥有一批高水平的情报分析专家，之所以未能及时将情报传递给用户，主要还是内部机制和分析能力方面存在缺陷。

1. 公开媒体推测准确，情报机构未加重视

俄罗斯及西方国家媒体对俄军加强在叙利亚的军事力量部署一直都在跟踪报道，并且作出种种猜测，包括俄空军可能要对“伊斯兰国”组织实施突袭等重要行动。

路透社、德国《明镜》周刊、英国广播公司（BBC）、美国智库战略预测公司（Stratfor）、俄罗斯卫星通讯社，以及美国“飞行家”网站等，都有涉及这方面的消息报道。然而，美国政府和情报机构对新闻媒体和私人预测公司的判断持谨慎态度，既没有排斥也没有采信，只是通报具体动向性情报，没有提供战略分析情报。

2. 动向性情报掌握全面，战略分析能力不足

总体而言，美国情报机构对叙利亚的动态性情报掌握比较全面，密切关注并向政策制定者报告俄罗斯在拉塔基亚主要空军基地大幅扩建基础设施以及向叙利亚部署重型装备（包括战斗机）的举动。情报失误的部分原因在于美国情报机构对普京及其智库所思所想的分析能力有限，情报人员的分析评估一直关注于俄罗斯打算何时启动在叙境内的军事行动。事实上，直到在俄罗斯发动第一次空袭不久后的白宫简报会上，奥巴马新闻秘书厄内斯特（Josh Earnest）仍然未能就俄罗斯的战略给出“明确的结论”。美国军事专家最初认为，俄罗斯的军事集结可能更多的是为了军事“快速演习”或临时武力展示，而不是在为持续大规模打击阿萨德的敌人做准备。美国情报机构及政府内部对俄军在叙利亚的军事部署看法存在分歧。一部分人认为，俄军不可能在这么短的时间内完成军事部署并实施大规模空袭行动；另一部分人相信俄军只是虚张声势，展示自己在地中海和叙利亚的军事存在，并非真的要对“伊斯兰国”实施打击；还有一部分人认为俄军至少不会对西方国家支持的叙反政府武装予以打击。正因为如此，美国情报机构在对上通报时十分谨慎，只通报已发生的情况，不去预测可能发生的情况，担心判断失误。

3. 精准化预测能力不足，情报通报渠道不畅

美国是情报理论的先驱和情报搜集的先行者，形成了一整套情报分析和情报预测理论方法，被公认为全世界最强的情报机构。但由于不同情报部门所采用的手段不同，所掌握的情报各异，得出的结论也就不尽相同。其中一些专家一定能够对通过各种侦察手段所获取的材料进行认真的分析和比较，得出正确的判断，并提出自己的研究报告，而另一部分则可能提出不同的意见，因而在情报机构之间对情况的判断就产生了分歧。美情报机构也多次举行情报会商，对俄军在叙意图进行研判，但没有完全判断准确。

一般来讲，情报分析成果需要层层上报、层层审核，在领导看来，各种判断都有道理，难以把握，但权衡利弊，还是谨慎处理更好。没有将分析报告及时送到决策者手中，这实际上应该就是指因层层把关、层层审核甚至不敢上报造成的。由于奥巴马拒绝与俄罗斯合作打击在叙利亚的“伊斯兰国”极端势力，因而普京在联合国与奥巴马的会谈中，也并未透露出任何出兵叙利亚的意图，使得美国的情报机构对普京的动机更加琢磨不透，不敢轻易下结论。

（三）情报失误导致的最终结果

从客观上讲，美国及其盟国情报机构通过各种侦察手段对俄军在地中海和叙利亚的活动掌握得十分清楚，也都及时向总统及相关部门进行了通报，但仍然受到国会的批评和调查，主要理由是情报机构未能提前掌握俄军战略意图。

1. 国会调查取证，说明情报机构问题严重

路透社 2015 年 10 月 8 日独家报道，题为《国会将调查美国情报机构在俄罗斯问题上可能出现的失误》。报道指出，美国国会消息人士及其他官员透露，美国国会一些高级议员已经开始着手调查在俄罗斯军事介入叙利亚一事上美国可能存在的情报失误，担心美国情报机构未能及时掌握俄罗斯军事活动的范围和意图。在俄罗斯通过空袭直接介入叙利亚内战一周后，美国参议院情报委员会和众议院情报委员会意欲查清其情报机构对一些重要警示信号忽视或错估的程度。经过初步审查，国会调查人员认为“有关这方面的信息没有迅速通过渠道传递给”决策者。因而，美国参议院和众议院情报委员会希望调查清楚美国的情报部门在何种程度上忽视或低估了关键信息和征兆。尽管调查结果未对外公布，但反映出美情报机构确实存在失误。

2. 高层决策迟缓，错失政治军事应对良机

假设美国情报机构提前得出俄罗斯将在叙利亚采取大规模军事行动的判断并且上报给总统，那么，奥巴马政府的对策，有可能是：第一，如果美国提前得知俄罗斯、伊朗、伊拉克和叙利亚建立了四国情报协作中心，美国完全可以向伊拉克政府施压，阻止伊政府参与中心运行，并且不允许其在巴格达建立中心。后来伊拉克领导人表态有可能请求俄罗斯空袭伊北部的“伊斯兰国”势力，但在美国的反对下，此事不了了之，说明如果美国提前获知，完全有能力阻止伊拉克参与情报中心工作。第二，尽管美国政府 2015 年 9 月初已经要求伊拉克政府不要允许俄飞机过境，但伊政府最终没有同意。如果美国向伊政府施加更大的压力，完全可以迫使伊拉克政府禁止俄飞机尤其是远程轰炸机和战略轰炸机过境，此前在美国的压力下，保加利亚政府已决定禁止俄飞机飞过本国领空，这也从一个侧面反映美国政府对俄罗斯意图的不确定性。第三，如果美国提前得知俄罗斯将从里海向叙利亚北部发射巡航导弹，同样可以迫使伊拉克政府禁止俄导弹飞越其领空。

也有怀疑美国是不是有意让俄罗斯陷入叙利亚的泥潭。从结果看，答案是否定的，否则美国没有必要在俄军空袭前不断向俄罗斯发出警告，要求俄罗斯不要介入叙利亚冲突。美国没有能力也没有办法让俄罗斯陷入叙利亚的泥潭，这一切完全是俄罗斯主动谋划的，是摆脱乌克兰危机影响并突破其困境战略中的一步棋。所谓美国有意让俄罗斯陷入叙利亚泥潭的说法只不过是美国政府摆脱指责的一种托词而已。

五、朝鲜战争初期美国的情报失误 [1]

长期以来，学术界对朝鲜战争进行了多角度的研究，积累了大量的研究成果，其中战争爆发与扩大的原因是重点之一。在情报学领域，对战争初期美国的情报失误问题进行了较充分的探讨，相关研究成果可分为三类，一是对美国在仁川登陆、越过三八线和发起第二次战役这三个不同阶段，在判断中国是否会出兵、朝鲜境内志愿军兵力等问题上的情报误判，以及由此造成的决策失误等进行历史梳理。

（一）战争初期多因素的情报误判

1. 一系列的情报误判导致战争升级

朝鲜半岛是二战后美苏势力范围在亚洲的缓冲区，却在 1950 年爆发了一场影响历史进程的大规模局部战争。首先是源于二战后美苏彼此间的战略误判。日本投降后，美国将朝鲜半岛的北纬 38 度线作为临时分界线，接受该线以南日军的投降，随后苏联默认了该线的存在，由此“三八线”成为美苏的临时驻军分界线。之后苏联军队和美军先后撤军，这加剧了半岛的不稳定。朝鲜的金日成和韩国的李承晚都是强烈的民族主义者，都企图通过战争手段实现国家统一。1949 年 10 月新中国成立后，朝鲜半岛的战略形势又关乎新中国政权的北部安全，进一步加剧了地缘政治的复杂性。

这一时期，美国对外战略正处于由孤立主义向全球主义的转变阶段。与欧洲相比，朝鲜半岛并不是美国的战略重点，如何定位朝鲜和中国台湾这些太平洋地区在美国全球战略中的地位，美国并没有形成一个统一的政策。1950 年 1 月 12 日，美国国务卿艾奇逊在华盛顿的全国记者俱乐部发表演讲，被看作是加剧朝鲜半岛紧张局势的一个诱因。艾奇逊特别强调了保卫日本的

---

[1] 刘忠、彭红梅：《从知觉的选择性看朝鲜战争初期美国的情报误判》，载《情报杂志》2020年第5期。摘编后收入本书。

重要性，却没有将朝鲜和中国台湾等“太平洋其他地区”置于美国的“环形防御线”之内，指出如果这些地区受到武力攻击的话，可以让联合国采取行动。后来的分析表明，艾奇逊的声明或许是在隐晦地向积极备战的李承晚传递信号，以避免因其军事盲动而使美国卷入，但却给斯大林和金日成造成误判，即讲话表明美国不会轻易介入朝鲜半岛的军事冲突。由此，金日成进一步坚定了采取大胆行动的决心，斯大林也转为允许甚至帮助朝鲜进攻韩国。1950 年 6 月 25 日战争爆发后，美国在决定军事介入的同时，将从菲律宾撤回的第七舰队部署到台湾海峡，阻断了新中国的全国解放进程，此举无异于对新中国宣战。9 月 15 日仁川登陆后，美国又错误地判断中国不会出兵，由此越过三八线向中朝边境地区推进，最后中国志愿军入朝作战，一系列的情报误判使得战争不断升级。

2. 对战争背后大国因素的误判

当开战的消息传到美国后，华盛顿要员们的第一反应就是朝鲜的武装行动受莫斯科的直接领导，斯大林是整个行动的幕后主使，金日成不过是他在朝鲜的代理人而已。在陆续接收到各种混乱消息和说法各异的情报后，美国决策层对苏联的政策与行为作了多种可能性分析，进一步认定朝鲜半岛的军事行动很可能是苏联在全球其他重点战略方向采取行动的序幕和幌子，下一步的行动可能发生在欧洲或中东，也有可能是配合新中国解放台湾。

仁川登陆后，中央情报局对中国是否出兵朝鲜的评估，仍完全置于苏联全球战略的框架之下，认为中国缺乏海空军，无法与美军的机械化装备和空中火力相对抗，国内正处于政权巩固和经济恢复的阶段，因此不会介入朝鲜战争。由此，美国得出两点结论，一是苏联领导和支持了朝鲜的军事进攻行动，需要给予强硬回击；二是中苏不会直接介入战争，苏联害怕全面战争的风险，而中国要听命于苏联，这成为美国军事介入的理论依据。实际上，战争的爆发是朝鲜南北两个政权致力于武力实现国家统一的行动结果，是半岛内战，苏联和中国在背后所起的作用远没有美国的决策层所认为的那样大。不断披露的史料表明，苏联在金日成积极准备发动战争的过程中，与其说是总策划者，不如说是一个不坚定的支持者。

3. 对中国是否出兵的误判

1950 年 6 月 25 日朝鲜战争爆发后，朝鲜人民军迅速南下，韩国军队一触即溃。7 月初，美军地面部队在釜山登陆，开始与朝鲜人民军作战。9 月 15 日美军组织仁川登陆后，战局出现逆转，朝鲜人民军面临被分割围歼之势。随着美国释放出打过三八线的信号。10 月 3 日凌晨，周恩来在韩国军队越过三八线后紧急召见印度驻华大使潘尼迦，表明一旦美军越过三八线，中国将采取行动。这些明确无误的信号传到美国后，被认为是中共的宣传攻势和虚张声势。10 月 7 日，美军越过三八线向朝鲜北部进攻。10 月 8 日，毛泽东正式命令组建中国人民志愿军，并通知金日成中国将出兵援助朝鲜。10 月下旬，志愿军分批次秘密跨过鸭绿江，并在 27 日发动第一阶段攻势，31 日对美第八集团军发动大规模攻击，至此中美两军全面交火。

4. 战场情报失灵

战场情报信息没有得到应有的重视，也是最终出现重大情报误判的原因之一。如在战争爆发前几周，美中央情报局派遣了一批韩国特工越境潜伏侦察，发现朝鲜人民军的一些精锐部队已调动到前线，对主要运输通道上的道路和桥梁进行加固，并悄悄撤离当地平民。这些重要预警情报上报后，并未引起重视。到了 10 月 18 日，美国空军侦察机报告称在中国丹东附近的机场上发现 75—100 架飞机。10 月 25 日开始，韩国军队和美军陆续报告与中国军队遭遇，并不断有中国俘虏承认志愿军已入朝。但当第八集团军情报官将这些情报上报后，却被上级轻率地否定了。即使在确知有中国军队在朝鲜作战后，东京司令部情报处仍认为志愿军的兵力规模很小，参战意愿不强，也没有什么战斗力可言，也没能正确研判出志愿军的规模、部署和行动信息。最终，美军落入志愿军设下的伏击陷阱，在志愿军前两个阶段的攻势行动中付出了惨重代价。

（二）知觉选择性导致的情报误判

认知心理学自 20 世纪五六十年代兴起以来，很快成为西方心理学的一个主要流派，探讨认知过程中的知觉问题是其核心内容之一。随着认知心理学的拓展和各学科间的交融，其理论开始被引用到国际政治、决策学和情报学等相关学科。比较有代表性的是，1976 年罗伯特·杰维斯出版的《国际政治中的知觉与错误知觉》一书，将知觉作为研究变量引入国际关系领域，产生了广泛的影响和认同。近年来，在情报分析中引入心理学和国际政治等学科理论的趋势下，情报分析中的知觉影响因素逐渐得到了重视。

根据认知心理学理论，知觉是对接触和接收的信息进行分析和判断的过程，由此形成对客观情势的整体认识和一般感受，得出相应结论和作出反应。相应地，知觉的选择性是指在情报分析过程中，分析者受个人主观偏见、知觉定势和历史经验等方面影响，依据个人偏好进行信息筛选和取舍，从而产生知觉偏差或知觉错误。朝鲜战争初期，美国的情报工作受大国对抗、意识形态、种族主义和历史经验等多重因素影响，具有知觉定势、认知陷阱和自我解释等多种行为特征，体现出鲜明的知觉选择性。

1. 大国对抗的知觉定势

根据知觉选择性的理论解释，一种常见的错误知觉是，认为行为体的行为具有高度的计划性和目的性，行为体所做出的行动背后一定是深思熟虑的结果。二战后，美国决策层一直是以全球范围内的美苏争夺为出发点来考虑国际问题，因此对一些局部突发事件准备不足，分析的思路框架存在很大的局限，朝鲜战争就是一个突出案例。美国认为美苏的争夺重点在欧洲，在爆发新世界大战的危险和核武器的威慑作用下，苏联不敢轻举妄动。中国作为社会主义阵营的一员，其行为要听命于苏联，缺乏自主行动的能力与空间。正是抱着这种知觉定势，美国情报部门对于战争爆发前的一些情报预警没有引起足够的重视。仁川登陆后，军方和情报部门以中国不会出兵为预设前提，对相反的情报信息进行自我解释和消化，在知觉定势的作用下越走越远。如在中情局为杜鲁门准备威克岛会议的情况简报中，潘尼迦转达的信息是情况研究的一部分，但得出的结论是“尽管有周恩来的声明、中国军队向‘满洲’的运动、宣传上的疾言厉色以及发生的边境侵犯事件，但没有令人信服的迹象表明中共的确打算全面干预朝鲜”。威克岛会谈中，当杜鲁门提出中国和苏联出兵的可能性这个关键性问题时，麦克阿瑟不假思索地回答："可能性非常小。如果他们在头一两个月进行干涉的话，那将是决定性的，可惜他们错过了这一时机。现在用不着再担心他们参战，我们也不必再对他们毕恭毕敬了。"特别是在整个10月份，远东司令部情报处不断收到中国东北军队调动的零散情报，但威洛比拒绝承认中国正在积极部署军队进入朝鲜，认为"本地的情报机构并没有权力作出这种决定。它将取决于克里姆林宫是否做好了高度准备，动用正在'满洲'待命的中国军队打这场战争"。先入为主思维下大国对抗的知觉定势，使得情报分析排除了事态发展的多种可能性。正如芝加哥大学历史系教授布鲁斯·卡明斯所总结的，"情报机关并不缺乏信息，问题出在假设和预想层面：莫斯科不会介入，因为它害怕爆发全球大战；北京也不会介入，因为它听命于苏联"。

2. 意识形态和种族歧视构筑的认知陷阱

冷战初期，意识形态的敌视与防范心理，往往使美国情报分析人员视共产主义政权为洪水猛兽，进而产生了认知偏差。同时，在"白人至上"的种族优越感支配下，美国人又常常对亚洲人充满歧视，产生傲慢自大的心理，这与意识形态相结合，使得情报部门很容易坠入自我认知的陷阱，进而在分析研判中掺杂大量的个人好恶和主观想象。远东司令部指挥官和情报分析人员普遍认为，亚洲人身材矮小，工业和技术落后，是"劣等民族"，根本抵挡不住美国军队的先进技术和强大火力。其中，威洛比和参谋长阿尔蒙德是典型代表。威洛比号称"小纳粹"，是一个极端仇视共产主义的种族主义者，阿尔蒙德经常将中国人称作"洗衣工"，在他眼里中国军人和国内的亚洲洗衣工没什么区别。在长津湖战斗中，改任第10军军长的阿尔蒙德之所以不顾一切地催促军队贸然前进，原因之一就是他从未把中国人当作真正的对手。这种认知陷阱由麦克阿瑟自上而下传染，集体意识下的认知又加重了决策层和分析人员的偏见，使得麦克阿瑟不仅误判了中国人的对策，更没有意识到中国军人的强大，美国因此在朝鲜战争初期付出了惨重代价。尤其是，当时美国国内正值麦卡锡主义泛滥的时期，政党政治和整个社会都弥漫着对共产主义的仇视情绪，大的政治环境又限制了外界的情报监督和纠错纠偏能力。

3. 历史经验主义下的认知偏见

用历史经验做简单的类比和推理，从而导致认知陷阱和认知偏见的发生，是情报分析中知觉的选择性起作用的又一具体表现。战争初期，美国迅速定下武力应对的决心，也是与二战的沉痛记忆有直接联系的。在战略决策层，无论杜鲁门和艾奇逊，还是国防部长马歇尔等人，都对二战记忆深刻，不自觉地将战争的爆发与二战时西方的绥靖政策联系在一起。在他们的潜意识中，如果袖手旁观纵容苏联的侵略，将引起整个亚洲的连锁反应，二战的历史也将重演。正是基于这种认知心理，美国决策层认为历史的悲剧不能重演，需要对朝鲜半岛进行迅速和果断的干预，以对苏联作出强硬回应。美国决策层对战略形势的分析研判是基于对历史的简单对比，而不是对事态发展的深刻分析，他们没有搞清楚，“三八线”是美国人为划出的南北分界线，朝鲜战争的性质属于半岛内战，历史经验的教条化和对斯大林的苏联邪恶化，使战略分析和决策在一开始就偏离了正轨。

（三）避免知觉选择性对情报分析的影响

人受知觉的选择性影响往往是不自觉和不自主的，自身的无意识是一个明显特征。在情报分析和战略决策的过程中，如何认识认知错误和认知偏差的存在和影响，如何避免其将情报分析和研判引向歧途，这既需要理论上的探讨，更需要从历史中寻找借鉴。从知觉的选择性角度分析朝鲜战争初期美国的情报失误，可以得出以下几点启示和思考。

1. 保持情报部门的独立思考能力，是克服认知偏差的前提

对历史上重大情报失误进行统计分析会发现，情报部门缺乏独立思考的意识和能力，不能形成和坚持自己的见解和结论，是一个普遍现象。导致的结果是其认知受领导人意志和权力部门所左右，脱离了对客观实际的真实反映，进而产生分析研判上的失误和错误。朝鲜战争初期，美国情报部门独立性的缺乏，主要体现在远东司令部的情报处。当时麦克阿瑟已经 70 岁，变得日益固执、虚荣和飞扬跋扈。东京司令部被打造成海外独立王国，威洛比成了麦克阿瑟的个人情报机器，麦克阿瑟的一意孤行与威洛比的谄媚行为，极大地伤害了情报的客观性，虚假的情报又更加坚定了麦克阿瑟继续北上的决心。直到美军遭遇第一阶段战场大溃败后，中央情报局进入战场，情报工作才得到了整体上的改观。由此可见，情报部门受政治因素和领导人喜恶的影响之大、危害之深。情报部门不唯心、不唯上，只尊重和依据客观事实的理性判断和独立思考能力，是克服知觉的选择性、防止分析研判出现重大失误的基础性前提。

2. 破解从结论到证据反向推理的认知陷阱，保持开放性思维

造成重大情报失误的往往不是搜集失误，而是分析失误。以对中国是否出兵的情报研判为例，从中央情报局、远东司令部情报处直至战术情报单位，他们都站在美苏对抗和中国国内诸多困难的前提下，先入为主地预设了一个中国不会出兵的结论，然后找出一大堆证据来证明这个预设结论，反向推理由此产生。在中央情报局 10 月 12 日的分析报告中，对中国组建东北边防军、中朝边境大规模的兵力调动、军政领导人的政治声明这些显示中国出兵迹象的情报，选择忽视和过滤。这种先入为主、预设结论的情报分析方式，从战略情报层面影响到了战场战术情报层面。由此，战略情报评估的结论影响了战术情报分析，战术情报分析又反过来对错误的战略情报评估提供印证。这也告诫后来者，要尊重情报工作规律，避免受知觉的选择性和政治性的先决影响，保持思维的开放性和分析结论的多种可能性通道，避免认识上的盲目和盲从。

3. 打破知觉定势的束缚，需要增强对各种“噪音”和干扰的辨别能力

战时或重大政治军事事件中，通常会充斥正反两方面的大量情报信息，彼此矛盾和干扰，形成“噪音”。在这种情况下，如果情报部门没有很强的辨别能力和抗干扰能力，往往会莫衷一是，最后不自觉地顺从于知觉定势，按照自己的主观偏好进行选择和得出结论。朝鲜战争初期，美国决策和情报部门产生了严重误判，辨识能力和抗“噪音”干扰能力的缺失是一个重要原因。战争前后，美国情报体制正处于初创期。根据《1947 年国家安全法》成立的中央情报局，成为美国军事情报的统一领导机构。但成立时间短，力量不足，其情报活动又被威洛比排挤出日本和朝鲜的范围。因缺少一线情报资料的支撑和对事态进展的掌握，其情报产品只能是建立在大国对抗、意识形态冲突和历史经验等认知框架下，过于关注全球宏观问题而忽视特定形势的具体分析。缺少战略情报的积累和对形势发展的深刻体察，情报部门被淹没在不断增加、彼此矛盾的各种来源信息当中，无力对各种来源的情报进行多角度辨别和综合研判，无法对虚假信息、欺骗和“噪音”作出有效判断和回应，在一定程度上为知觉定势起作用预留了空间。

第四节
情报评估

一、战略情报评估[1]

随着科学技术的发展，人类社会步入全球化与信息化时代，世界前所未有地紧密联系在一起，国际社会相互依存日益加深，互动日益频繁，伴随而来的安全问题急剧增加。国家作为国际社会的主要行为体，安全问题受到更多国内外因素、传统或非传统因素的影响，如何在复杂多变的国际形势中维护国家生存与发展、制定实现国家利益目标的战略，是决策者的重大课题，也是情报研究的主要内容。按照情报的适用范围与内容，关乎国家整体安全形势与战略规划的研究属于战略情报层次。由于战略情报的意义、目标与用途具有特殊性，研究战略情报的过程必须十分审慎，这一过程中的关键环节即是“战略情报评估”。

（一）战略情报评估的源起

情报为决策服务的性质，使情报成品具有严肃性与实用性，决定了情报

[1] 陈樱：《论战略情报评估》，载《情报杂志》2015年第9期。摘编后收入本书。

成品的出台需要一个科学研究的过程，这一过程属于情报分析。情报评估是情报分析的一部分，战略情报评估是战略情报分析的一部分。从“战略情报评估”的历史发展看，这一概念是伴随着“战略”与“情报”内涵的发展，在不断变化发展的军事斗争中应运而生，其评估范围也从最初的军事领域扩大到整个国家安全层面。

“战略”一词本是军事术语，即战争韬略。“情报”同样首先产生于时间性和决策性较强的军事领域，1915 年出版的《辞源》指出，“军中集种种报告，并预见其机兆，以推定敌情如何，而报于上官者”为情报。人类最初的情报活动就是围绕战争展开的。观察人类战争史不难发现，工业革命到来之前，作战兵器自动化、智能化水平不高，作战领域仅限于水、陆和低空范围，国家在战争中的实力与作战人员数量及个人身体素质相关。这一时期的情报活动手段原始、方法简单，除孙子提倡的“五间”，通常只能在视距范围之内获取情报信息，战场即时动态信息往往就是决定战争胜负的关键因素，决策过程多为最高指挥员的个人智力活动，对情报一般采取辨别真伪、即获即用的态度。

随着人类历史的发展，战争形态不断发生变化。人们总结发现，国家在战争中的整体实力不但与军事力量相关，该国的政治、经济、科技、文化，以及人口、自然资源等，所能提供的力量支也将对战争结局产生重大影响。于是“战略”作为军事领域的专有概念开始拓宽，“大战略”概念随之出现，战略的内容从纯军事领域发展到其他领域，其发展、运用和协调力量资源的活动也逐渐成为一门科学与艺术。“战略”内涵的变化，使为战争服务的“情报”内涵也发生了变化。“大战略”打破了平战之分，制定战略的情报需求从战时扩大到平时，从纯军事领域扩大到其他与国家生存发展相关的非军事领域，涉及范围更广、内容更多，战略情报的概念随之出现，其内容发展为有关国家安全、国家利益和军事斗争全局所需的情报。

与此同时，现代意义的“战略情报评估”也应运而生。随着战争规模的扩大和武器装备性能的提升，过去那种对情报采取即获即用的做法显然不能适应战争态势的发展。指挥员的行动必须在军事斗争全局部署之下，根据战争全局的发展形势，确定行动方案。与己方的审慎一样，敌方指挥员的行动也要建立在对战争全局的分析之上，判断与预测敌方行动就成为情报分析的中心环节。经历了多次战争的厮杀，各国决策者认识到，分析评估潜在对手的战争意向、战争能力及战争行动方案，无论是战时还是平时，都十分重要。战略情报评估就是在这样的历史环境中应运而生，并成为情报分析的中心环节。

（二）战略情报评估的内涵特征

作为情报专业术语，“情报评估”（Intelligence Estimate），是指通过书面或口头的形式，对与某一具体情势或条件相关的可用情报进行估计，以确定敌方或对手可能采取的行动方式以及概率。

“情报评估”可以被视为基于证据和逻辑，对相关事物的当前情况进行分析、判断，对未来情况及其可能性进行预判的一种认知过程。“战略情报评估”就是指基于证据和逻辑，对与国家安全、国家利益和军事斗争全局有关的当前情况进行分析、判断，对其未来情况及其可能性进行预判的一种认知过程。

1. 战略情报评估的思维特点

人的认知过程与大脑的思维运用相关，战略情报评估这一认知过程的思维特点可以总结为：注重批判思维、博弈思维和比较思维；这种思维特点又进一步反映了战略情报评估的本质特征，即对抗性、全局性和前瞻性。

批判思维是指对证据材料的批判和对“思考的思考”。批判的思维方法是分析人员个体或群体主动采取的不断挑战当前分析结论，持续反思分析过程与方法的思辨理念、原则和方法的总和。一是甄别欺骗性信息。在情报研究中，对手常常阻挠、误导对方掌握己方情况，并且有目的地散布虚假信息，因此，分析人员应当对“假情报”时刻保持警惕，注重对已获取的证据材料进行批判，去伪存真。二是保持对“思考的思考”进行批判，即指情报分析人员根据证据材料搭建情报分析框架的过程。对“思考的思考”进行批判，包括反思情报分析中提出的假设，情报分析的逻辑推理或模型构建过程，以及使用的具体方法等。人的理性思维是有限的，加上客观条件的影响，情报分析人员容易形成“思维定式”，忽略新出现的证据，或者忽视新方法。

如果说批判思维是所有研究都需具备的品质，那么注重博弈思维与比较思维则是战略情报评估独有的。博弈思维主要表现为对敌我双方互动结果的预期作出判断。情报分析与分析对象之间通常充满争斗，尤其在军事活动领域，充满着冲突、对抗和竞争，各方目标与利益的实现通常建立在对方失败的基础上，为此，双方必须充分考虑对方的行动方案，选择最有利于实现己方目标与利益的方案。情报分析人员评估对方情报的同时，情报分析对象也千方百计地获取和分析己方情报，双方都把对方的可能方案纳入分析范围，这种对敌我双方行动方案循环多次评估的情况就是情报评估中的博弈行为，这一客观现实要求情报分析人员化己为彼，对敌我双方互动结果做出充分预期。

比较思维主要体现在将“知彼”与“知己”相结合。情报为决策提供依据的目标是辅助决策作出正确判断、制订获胜方案。了解对手的真实情况是获胜的第一步，同样重要的是“知己”。只有比较分析己方实力与敌方实力，清楚双方的能力、弱点，才能扬长避短，给出有针对性的对策建议。

2. 战略情报评估的本质特征

第一，对抗性。战略的最终目的是通过行动改变历史的演进趋势，使事态向有利于己方的方向演变。战略情报评估的最终目标是通过对对手当前及未来行动的分析、判断和预测，在比较双方能力、弱点的基础上，向决策者提供己方战略中相对可行的措施，这一评估过程显然具有对抗性。

第二，全局性。战略情报评估针对的是对手的战略内容，而战略的本质特征之一即是全局性，即为实现国家利益目标，决策者需要同步、综合、协调地使用和发展该国的一系列力量，从全局的高度观察问题。对情报分析人员而言，要解构对手的战略，也应当着眼全局，才能为本国的战略制定提供参考依据。

第三，前瞻性。战略情报评估最重要的部分是分析和预测敌方的目标、意图、能力（包括当前的能力与战备能力）、行动方案、未来发展趋势以及其主要弱点或突破点，在比较分析己方相关情况的基础上，提出有针对性的对策建议。因此，前瞻性就成为战略情报评估必须具有的一种特质。

（三）国家安全问题的战略情报评估视角

在科学研究中，即使研究对象相同，基于不同的研究性质与研究目标，观察问题的角度是不同的，其具体内容、思路、方法都不同。战略情报研究的是关乎国家安全、国家利益与军事斗争全局的问题，有其特定的服务对象（国家最高决策层），其根本目的（被决策者采用）和主要目标（通过对对方当前及变化趋势的分析、判断和预测，研拟己方应对策略，获取某种相对优势，进而改变对手可能的行动方案）具有极强的针对性，因此，战略情报评估必定是从国家现实利益的角度、解决问题的角度，以及评估对象的战略评估视角观察问题。

1. 从国家现实利益的角度观察问题

同一对象，研究目的不同，视角也不同。战略的对抗性特点突出了战略情报研究的目的性，这意味着战略情报评估的视角必然带有某种价值偏好，是从本国国家安全、国家利益与军事斗争全局的角度出发。例如，有关美国次贷危机的问题，国际金融研究“美国次贷危机产生的原因，对美国以及国际金融市场的影响，对美国经济与世界经济的影响”；战略情报研究“美国次贷危机对美国政治与美国外交的影响”，其落脚点是“这些影响与本国国家安全之间的关联”，即“何时、以何种方式对国家安全产生何种影响”。有关极端暴恐活动的问题，宗教研究“暴恐分子如何利用伊斯兰教等宗教教义煽动普通民众参与、协助暴恐活动”；战略情报则研究“恐怖分子何时、何地实施恐怖活动，将给国家安全带来什么样的危害，以及如何防范和应对”。

2. 从解决问题的角度观察问题

同一内容，研究目标不同，视角不同。这一不同主要体现在战略情报研究与国际关系研究相重叠的部分。在国家安全问题研究中，战略情报研究与国际关系研究同样涉及国家之间以及国家与国际社会之间的互动。

战略情报研究的最终目标是被决策者采用，作为制定战略的依据。制定战略首先要了解国家的安全形势：是否面临威胁，威胁来自何方，哪些是国家可配置的资源，如何运用这些资源解决问题。战略情报必然研究对手的意图、目标、能力与弱点，以及对策建议，其研究成果目的性很强，也具有一定的功利性，“是什么”与“为什么”和“怎么办”之间通常是承接关系，即在回答“是什么”的基础上，必然要回答“为什么”“怎么样”。从而，解决问题的视角观察问题成为战略情报评估的内在要求。例如，有关美国核政策的问题，美国核政策的意图、目标、内容、特点是两类研究的研究内容，国际关系研究可以只关注其中的一部分，但战略情报评估必定要关注政策制定的动因，美国的核进攻与防御能力及其弱点，其中针对中国的内容，以及中国的应对。

3. 从评估对象的战略评估视角观察问题

前文提到，情报分析人员评估对方情报的同时，情报分析对象也千方百计的获取和分析己方情报，因此，从评估对象如何开展战略情报评估的视角观察问题，是战略情报评估的重要内容，即解构对方的评估依据，结合对方意图、目标、能力，预判其可能的行动方案。例如，有关美国核政策的问题，战略情报研究应当包含美国评估当前核安全形势的依据，及其制定核政策的依据等。

综上，面对日益复杂的国家安全形势，战略情报“攸关国家存亡”，对决策部门至关重要，加强战略情报研究是大势所趋。战略情报评估的视角着眼国家现实安全利益，注重解决问题，从评估对象的战略评估视角观察问题并研拟对策，这一过程针对性极强、高度务实。从为国家决策者提供战略制定参考、解决问题、谋取优势的角度而言，战略情报评估的视角理应成为国家安全问题研究中的优先选项。

二、国家情报评估[1]

美国的国家情报评估体系成形于冷战期间，这既是美国情报工作发展的

[1] 张力：《冷战时期美国对古巴的国家情报评估述评》，载《情报杂志》2020年第1期。摘编后收入本书。

历史必然，也是冷战催生的时代产物。它的建立有效地整合了情报界的各类情报资源，扩大了美国战略级情报的分析、生产和消费能力，提升了情报界的作用和地位，为保障美国战略决策提供了坚实的情报基础。

国家情报评估涉及的问题包括区域性和功能性两方面的范畴，因此，国家情报评估研究的对象非常广泛，几乎涵盖了世界上对美国具有战略意义的所有国家和地区。无论是从政治、经济还是安全的角度来看，一个国家的周边地区都是该国维护主权利益和发挥国际影响的首要依托。因此，美国的周边国家和地区，自然而然地成为了国家情报评估的一个重要评估对象。

古巴就是其一。首先，古巴比邻美国。古巴位于加勒比海西北部，与美国隔海相望，距离佛罗里达州最南端的基韦斯特直线距离仅为 145 公里，距离佛罗里达半岛也只有 217 公里。其次，古巴对美国具有巨大的政治利益与商业利益。美国的开国领袖约翰・亚当斯曾说：从美国国家利益角度出发，古巴具有任何其他外国领土所不能比拟的重要性。再次，古巴革命后建立的政治制度和秉承的意识形态与美国截然不同。古巴是西半球唯一的社会主义国家，尤其是该国的社会主义制度建立于冷战时期，这令美国更加不能等闲视之。因此，古巴必然是美国国家情报评估重点关注的周边国家之一。

（一）评估的阶段划分

冷战时期，美国国家情报评估系列中有大量产品都涉及古巴。例如，在拉丁美洲或非洲等第三世界国家革命形势的预测中，通常都会提及古巴的作用和影响。又如，在苏联或中国等社会主义国家外交政策的评估中，必然会论述这些国家与古巴的关系及其发展趋势。不过，这些产品都不是以古巴为直接的或核心的评估对象。因此，为了清晰地梳理美国对古巴国家情报评估工作的历史脉络，以及准确地评判国家情报评估在古巴问题上的水准和价值，本节仅分析以古巴为直接评估对象的《国家情报评估》，即以国家情报评估编号规则中代表古巴的区域代码 85 的系列产品为主，以评估拉美地区的 80 系列中少部分以古巴为重点对象的产品为辅。因为尚未搜集到 1984 年之后有关古巴的国家情报评估产品，因此统计数据到该年为止。根据目前已经解密的

《国家情报评估》，与古巴相关的情报产品数量来看，美国对古巴的国家情报评估活动，可以划分为三个时期。

1．沉寂时期（1950 年—1956 年）

沉寂时期指的是国家情报评估制度建立后至卡斯特罗领导的武装起义爆发前的这段时间。当时，古巴一直牢固地处于亲美的巴蒂斯塔政府掌控之中，局势可谓波澜不惊，与加勒比地区其他国家的情况无大的差别。因此，在这一时期，国家情报评估并没有对古巴予以特别的关注，仅是在以加勒比地区为整体评估对象的 NIE 80-54、NIE 80/90-55 两份报告中，分国别地谈到古巴，着墨不多，但基本勾勒出了当时古巴内政外交的大致情况。从这一时期的国家情报评估可以看出，尽管巴蒂斯塔与美国政府保持了良好的关系，但是国家情报评估还是客观地认为该政权并不受古巴人的欢迎。同时，鉴于共产党在古巴庞大的势力，国家情报评估还将古巴看作加勒比地区最大的“红色隐患”。

2．活跃时期（1957 年—1965 年）

活跃时期对应的是美国对新兴的卡斯特罗政权的外交政策酝酿、实践和成熟时期。1956 年底，卡斯特罗领导的武装力量以马埃斯特腊山区为根据地，开展了广泛的游击活动，并逐渐引发古巴国内形势发生了剧烈变化。鉴于此，国家情报评估开始重视对古巴形势的分析，尤其是从 1958 年起，开始将古巴列为独立的评估对象，以“85”作为其区域代码。这标志着国家情报评估对古巴问题的研究进入了一个新的高度。1959 年，菲德尔·卡斯特罗领导的新政府接管古巴，美国的对古政策走到了一个历史拐点。如何认识和对待这一新兴政权成为了困扰美国政策制定者们的难题，在这种情况下，情报界进一步加大了对古巴进行国家情报评估活动的力度。

这一时期，国家情报评估对古巴的产品数量大幅增长的同时，对古巴的重视程度也经历了一个逐步加深的过程。卡斯特罗上台前，中央情报局情报处里连一个古巴问题的专家也没有，1959 年初才匆忙新添了两名专家。在猪湾事件之前，中央情报局仍照搬“危地马拉胜利”的经验筹划行动方案的同时，国家情报评估甚至没有认真地分析过古巴的军事安全力量。在其时盛行的“重行动、轻分析”的指导思想下，中央情报局似乎自上而下都形成了一个共识，卡斯特罗领导的革命武装力量根本不堪一击。1960年12月，美大西洋舰队司令丹尼森将军曾向中央情报局提出一张单子，列举有关古巴军队的90个具体问题和关于其国内反对力量的29个具体问题，而最终得到的答复还不满一打。中央情报局对古巴情报评估工作的片面性可见一斑。猪湾事件之后，中央情报局才开始意识到古巴问题的复杂性和严重性，对古巴的国家情报评估工作才趋于细化和深化。

尤其是在古巴导弹危机期间，不仅是情报界，美国几乎所有重要的国家机构和职能部门都参与了情报分析工作，针对古巴局势的发展，提交出台了包括《国家情报评估》在内的一系列情况报告、情报评估、备忘录等。美国针对古巴局势开展的国家情报评估工作不仅对其处理导弹危机本身产生了直接影响，而且对美国的外交政策也产生了深远的影响。在导弹危机之后，美国情报界着手认真总结国家情报评估的成败得失，尤其是围绕危机爆发前的几份国家情报评估产品的误判展开了一系列的调查、辩论和反思，为后来国家情报评估制度的改革作出了铺垫。

总的来看，这一时期，国家情报评估着重从多个角度对古巴革命政权的生存能力进行了评估，其评估主要依据四个指标：政权的社会支持基础、领导核心的稳定程度、经济治理的效率成本和古巴的军事实力。此外，一个国家的生存与发展除了自身的实力以外，与其他国家关系的好与坏，往往也具有重要的影响。卡斯特罗领导的古巴革命政权是西半球唯一的社会主义国家。因此，对于该政权拓展对外关系的动态，国家情报评估最为关注的有两个方向：一是卡斯特罗政权与其他拉美国家关系的发展趋势；二是以苏联为首的社会主义国家与古巴关系的进展情况。

3．稳定时期（1966年—1991年）

1966年之后，美国对古巴的国家情报评估工作再次进入了一个新的阶段。首先，评估对象的情况逐步趋于平定，古巴的内政外交形势相比导弹危机前后的大起大落，自60年代中期之后没有再出现剧烈的变化。其次，美国对古巴的政策已经成熟，遏制政策经过了时间的检验已经相对稳定，决策需求因而不再那么迫切。最后，在之前的活跃时期对古巴评估工作中所积累的经验、提炼的要点和形成的思路对这一时期的评估工作起到了较大的帮助和带动作用。综上所述，对古巴的国家情报评估无论是从生产的数量还是频率来看，都进入了一个相对稳定的时期。

目前搜集到的冷战时期国家情报评估对古巴的最后一份产品发布于 1984 年，而 80 年代中后期仍是一个未知的空间。其可能性不外乎两种：一是在此期间国家情报评估没有相关的产品；二是确实存在相关产品，但处于尚未解密状态。从此前国家情报评估分析古巴的规律来看，后一种可能远高于前一种。历数这一时期国家情报评估对古巴的产品，主题集中在卡斯特罗政府的执政前景、古美关系、古拉关系和古苏关系几个主要方面。前三个方面的评估都离不开古苏同盟关系的视阈，最后一方面更是直接息息相关。而 80 年代中后期，苏联处于戈尔巴乔夫时代，在政治经济改革的浪潮下，苏联的国内国际形势都在发生快速的变化。在这种情况下，作为西半球唯一一个与苏联休戚与共的社会主义国家古巴会受到何种影响，美国对古巴的政策是否需要作出重大调整，这些应该都是国家情报评估关注的问题。所以，80 年代中后期，美国国家情报评估对古巴作出评估的可能性是极大的，只是目前外界无从得知。

（二）评估的基本思路

根据美国国家情报评估对古巴的关注重点和深入程度，评估活动具体可以划分为三个层次。

首先是认识的初始，其核心问题是对革命政权性质进行判定。卡斯特罗领导的武装起义夺取政权后，古巴自 1898 年美西战争之后第一次以革命的形式完成了政权的更替，在此之前，古巴政权的交接或是通过选举，或是通过军事政变完成的。美国政治决策层迫切地需要知道古巴将何去何从。为此，国家情报评估的首要任务就是对古巴革命政权尽快形成一个有效的认知。可以看出，国家情报评估将这一认知的内涵任务设定为判定新政权的性质。

当国家情报评估对卡斯特罗政权有了“反美”和“共产主义”的明确定

性结论之后，认识活动需要进一步扩展，因而进入第二层次。为了配合美国对古巴的敌对外交政策，国家情报评估对革命政权的各方面情况进行了广泛的评估，从内政外交举措，到社会民计民生，再到军事安全实力，无一不有具体的统计和分析。如果不是古巴导弹危机的爆发，国家情报评估对卡斯特罗政权的认识或许在相当一段时间内会集中在政权生存能力的评估上。而导弹危机促使国家情报评估对古苏关系的地位有了新的认识，将其摆在了对卡斯特罗政权认识的首要地位，成为对该政权其他问题认识的基础和背景。这是美国对古巴遏制政策的情报依据，同时也标志着国家情报评估对古巴革命政权认识的成熟。可见，国家情报评估对古巴革命政权的研究思路紧密围绕美国对古巴外交决策的需求，充分体现了情报分析活动的循序性。

这三个层次对应的是国家情报评估对古巴革命政权认识的三个阶段。必须指出，各阶段之间的过渡是软着陆式，也就是说，它们之间的界限是相对而模糊的。尽管我们可以指出其中一些关键性的评估产品或标志性的重大事件，但是却难以用某个非常具体而明确的时间点对其加以划分。这是因为，我们虽然可以将每个阶段中的情报评估工作划分为搜集问题线索、理解并分析信息、确定问题要素、作出分析判断、评价与修正评估等诸多环节，但无法将整个认识活动归纳为一个简单的线性过程，前一个认识阶段的结论或许正是后一个阶段的起点，每个阶段相互之间是有重叠和交集的。

还要指出的是，每个阶段都有其重点评估的问题，但这并不意味着是该阶段唯一的或是专有的主题。举例来说，国家情报评估自 1959 年就开始对古苏关系进行分析，但是在古巴导弹危机之前，一直是将其作为卡斯特罗政权外交关系的一个方面。又比如说，国家情报评估始终都在关注卡斯特罗政权的执政和生存能力，不同的是，导弹危机之前主要从古巴的内部环境进行分析，而危机之后侧重在古苏同盟的背景下进行判断。每个阶段的主题是指该阶段国家情报评估对古巴革命政权最为关注的核心问题。

通过梳理国家情报评估对古巴革命政权的评估思路，可以发现，评估的重点在于判定左右古巴革命政权的决定性因素是什么，而这也恰恰是评估的难点所在。

国家情报评估早先认为民族主义对卡斯特罗政权具有重大意义。民族主义是民族意识的最高体现，是民族成员对本民族怀有的高度责任感。历史上的古巴不乏深厚的民族主义情结，两次独立战争便是突出的例证。革命之前的古巴处于资本主义制度，同时混杂封建的农业结构的大庄园制。这种制度具有依附性资本主义的特点和倾向，不但需要工业大国向其提供必要的投资和技术，而且反过来成为该地区出口商品的主要市场。这种制度滋养了极少数的上流阶层，而广大的古巴群众并无法从中收益，他们处于被剥削的贫穷状态。因此，战后古巴国内的民族主义情绪高涨，尤其是在中下层社会，要求改变现状的呼声日益强烈。正是处于这个原因，古巴的民族主义比远离美国的世界其他地区更加突出地反对美国。还是处于同样的原因，古巴革命胜利后，卡斯特罗发动的社会改革主要是采取反对外国经济控制的形式。

随着古苏关系的发展，国家情报评估发现，共产主义的意识形态对古巴革命政权的影响日益突出。虽然卡斯特罗的外交政策是向社会主义阵营的“一边倒”，但是国家情报评估在看待共产主义与卡斯特罗政权关系的问题上，并没有武断地作出结论，而是表现出了高度的谨慎。通过卡斯特罗与古巴共产党的关系如何、古巴是否会接受国际共产主义运动的统治或控制、社会主义阵营如何看待古巴等多个角度的反复考察，国家情报评估认为卡斯特罗与共产党的关系，无论是古巴共产党还是苏联共产党，都“十分模糊”。最主要的原因是国家情报评估认为卡斯特罗接受共产主义意识形态的动机有待商榷，卡斯特罗政权是在面临生死存亡的时刻才宣布加入社会主义阵营的，也就是说，这其中利己需求或许高过信仰出发。因此，尽管利益认同及相互依赖将卡斯特罗与共产党绑定在一起，但他们之间依旧存在摩擦。这个摩擦是否会大到破坏古苏之间的合作关系取决于卡斯特罗的性情和他对于自己利益的理解以及共产党与他相处时的灵活性。

总之，民族主义与共产主义这两个因素相互交织、彼此影响，的确很难判断究竟哪一个在起主导作用。不过，当国家情报评估将二者辩证地结合在一起的时候，形势就豁然开朗了：古巴革命政权奉行的指导思想是“恰恰舞共产主义”，即具有古巴特色的共产主义。具体而言，就是根据国际形势的变化，制定有利于古巴革命政权存在和发展的内政外交政策。一方面，古巴积极地向苏联靠拢，寻求莫斯科提供的政治、经济乃至军事援助，以抵御来自美国的强大威胁。另一方面，古巴主动地援助他国的左翼力量，精心组织革命输出活动，以此作为最好的防卫手段。国家情报评估在厘清了这条线索之后，对卡斯特罗政权的评估思路就清晰通畅了。

（三）评估的逻辑依据

综观而言，国家情报评估在对古巴革命政权的认识过程中，始终遵循三条逻辑依据。

首先，是结合古巴的近现代历史遭遇作出的基本推理。在卡斯特罗政权建立之前，古巴还没有获得过真正意义上的独立。关于“古巴”这一国名的起源有许多种说法，但几乎每种说法在一个问题上的看法都是一致的：哥伦布是将这个加勒比海岛称为“古巴”的第一人。也就是说，古巴自被称为“古巴”起，就是西班牙的殖民地。在西班牙殖民统治时期，古巴人民掀起过多次争取独立和解放的斗争。1898 年，在古巴独立战争即将取得最后胜利的时刻，美国以援助古巴为名进行干涉，与西班牙开战。战争结束后，古巴获得了名义上的独立，实际上却长期被美国所控制，社会两极分化现象极其严重。对这样一个长期处于被殖民、受压迫的民族而言，卡斯特罗倡导的自由与民生恰好符合古巴人民希望从悲惨历史经历中解脱出来的心理。因此，国家情报评估认为，通过艰苦的革命斗争建立起来的卡斯特罗政权会与以往的古巴政府有所不同，会对国家主权和民族尊严高度敏感，会不惜一切代价地捍卫之。国家情报评估对古巴革命政权的戒心由此而来。

其次，是基于冷战思维作出的逻辑判断。冷战思维将地球一分两半，一边是美国为首的资本主义阵营，一边是苏联领衔的社会主义阵营。美国和苏联这两个超级大国都在试图使走上独立自主的国家接受自己的价值观，加入自己的集团，对属于己方阵营的国家千方百计地实施援助，对属于对立阵营的国家不惜代价地进行遏制。在这种对抗式思维之下，国家情报评估对古巴革命政权的定位是非此即彼，不会存在中间地带。

最后，是注重从地缘政治因素角度进行的分析。必须看到，地理邻近这个不可改变的自然属性使拉丁美洲对美国在冷战时代所谓的共产主义威胁面前更显重要。古巴与美国、苏联两个超级大国关系的此消彼长对美国来说，意味着苏联的影响开始进入美国的势力范围，战后美国决策者担心的国际共产主义渗透西半球即将由可能性变成现实性。这意味着国家情报评估必然对古巴革命政权高度重视。

总之，国家情报评估在分析古巴革命政权时，注重历史的继承与发展的变化，善于从卡斯特罗政权的行为特征来判断古巴的发展趋势，在大多数情况下，作出的判断是理性的、客观的，体现了国家情报评估在情报分析方面的敏感性和准确性。

（四）总体特征和政策影响

回顾冷战时期美国国家情报评估对古巴的认知过程，其评估思路一直处于摸索和调整之中。1959 年前后，国家情报评估虽将卡斯特罗领导的革命活动定义为非共产主义性质，但同时也认识到，不能简单地使用以往的眼光和经验来看待新生的革命政权。多份评估报告均提到了“七·二六运动”与古巴共产党之间缠绕不清的复杂关系，这是卡斯特罗政权明显有别于古巴以往的历任政府的突出表现。

随后的事态发展表明，古巴最终步入了社会主义国家的行列，但国家情报评估并没有将分析苏联或中国等其他社会主义国家的模式移植到对古巴的评估中，美国情报界更倾向于将其视为一个具有古巴特色的威权政体。这样的考虑不是没有道理，虽然与其他社会主义国家一样，古巴革命政权也强调共产主义的意识形态，政党控制军队，中央指令经济，但是古巴国内对卡斯特罗存在一种狂热的个人崇拜，且卡斯特罗在国内国际事务上的特立独行都使古巴在社会主义国家中显得有些“异类”。基于此，国家情报评估对古巴革命政权的评估逐渐形成了“卡斯特罗模式”的雏形，也就是说，具备了属于古巴本国的时代特征与主题。同时，古苏关系在美国外交决策的思维模式中始终是美国对古巴敌对政策制定的起因之一，在这个问题的评估上，国家情报评估将其放在了对卡斯特罗政权评估的一个重要位置，但并非位居首要。古巴导弹危机令国家情报评估对古苏关系有了更深刻的认识，并将古苏关系的评估摆在了对古巴评估的首要位置。国家情报评估对古巴研究范式的建立使其在总体方向和主要结论上都更加贴近实际。

正是基于这一范式下所获得的认识，美国逐步意识到，如何处理与古巴的关系实际上就是如何处理与苏联的关系，对古政策要服从对苏政策的需要。苏联利益的重点，以及苏联当时对拉丁美洲革命运动的主攻目标和活动，倒不一定在于扩大苏联的控制，或建立彻底的共产党政权，而是培植对美国的敌对情绪，培植拉丁美洲社会中那些与美国有联系，或赞成走传统民主道路的人们的敌对情绪。因此，问题的关键不再是如何尽快颠覆卡斯特罗政权，而是如何有效控制该政权的地区影响，避免“第二个古巴”的出现。因此，美国最终于 20 世纪 60 年代中期对古巴形成了较为成熟的遏制政策。遏制是战后美国贯穿始终的策略思想和一脉相承的基本国策，对 20 世纪后半叶的世界政治格局产生了重大影响。遏制政策主张美国加强自己的力量，加强与西欧国家的关系，以军事包围、经济封锁、政治颠覆特别是局部武装干涉和持续不断的政治冷战来遏制苏联以及其他社会主义国家的发展。该政策奠定了美国对古巴政策的基调，在此后的冷战岁月中一直为美国历届政府所延续。

| 国家安全情报研究丛书 |

国家安全情报研究

（下册）

张薇 | 主编

金城出版社
GOLD WALL PRESS
· 北京 ·

目录

上 册

第一章　情报基础

第一节　情报理论……002

一、情报的定义……002

二、美国情报理论研究……009

三、情报分析理论创新……022

四、孙子情报理论与思想……033

五、中美情报转型与理论发展……042

六、美国情报研究进展……048

第二节　情报历史……057

一、一个情报强国的崛起之路……057

二、美国国家情报体系改革……072

三、“五眼情报联盟”的兴起和演变……079

四、日本走向情报大国的历程……086

五、美国国防情报整合路径……098

六、美国国防情报分析力量的发展……110

七、美国执法情报共享融合的改革发展 …………………… 118

第三节 情报智库 …………………… 127
一、美国防务智库对国防改革的影响 …………………… 127
二、情报智库：美—中经济与安全评估委员会 …………………… 135
三、情报智库：情报与国家安全联盟 …………………… 144
四、情报智库：IARPA的管理机制及运行模式 …………………… 152

第二章 情报分析

第一节 分析思维 …………………… 166
一、情报分析中的批判性思维 …………………… 166
二、情报分析中的非逻辑方法 …………………… 175
三、情报分析中的群体思维 …………………… 179
四、辛西娅·葛拉博的预警情报思想 …………………… 185
五、战略欺骗中的认知干预 …………………… 194
六、情报场理论及其应用 …………………… 203

第二节 分析方法 …………………… 211
一、情报分析中的结构化分析 …………………… 211
二、情报分析中的证据证明 …………………… 219
三、预警情报中的机会分析 …………………… 226
四、公安情报预警中的地平线扫描 …………………… 233
五、国家情报产品的特征及形成条件 …………………… 241
六、科技安全中的情报预测 …………………… 248
七、美国犯罪情报预测分析技术 …………………… 256

第三节 情报失误 …………………… 265
一、情报失误中的文化因素 …………………… 265

二、情报失误中的组织因素……271
三、决策失误与情报失察……279
四、美国对俄在叙军事行动的情报失误……285
五、朝鲜战争初期美国的情报失误……290

第四节 情报评估……298
一、战略情报评估……298
二、国家情报评估……303

下册

第三章 情报活动

第一节 情报决策……314
一、战略情报与国家安全决策……314
二、美国对外政策中的情报功能……321
三、情报工作的“政治化”问题……329
四、美国的情报政治化特性……340
五、法国情报决策的政治化……348

第二节 情报实践……359
一、国家安全情报工作……359
二、英国警务情报工作改革……369
三、以色列军民融合的情报工作……377
四、军事情报工作的智能化……383
五、美国情报分析网络共享系统……391
六、国家安全情报与战略抗逆力的融合……397

七、非常规作战中的文化情报……405

第三节 反情报……414
一、美国国家反情报管理……414
二、网络间谍的国际法规制……422
三、网络间谍的防控策略……430
四、美国网络威胁情报应用……437

第四章 情报管理

第一节 情报战略……452
一、国家情报战略概述……452
二、国家情报体系构建……456
三、中国情报界的战略选择……464
四、美国国家情报战略体系……472

第二节 情报体制……478
一、美国情报管理体制……478
二、美国国家情报管理机制……485
三、俄联邦情报管理体制……489
四、英国秘密情报转向诉讼证据……495
五、韩国情报体制及工作特点……504

第三节 情报立法……512
一、国家安全情报法律体系构建……512
二、美国国家情报立法及对外情报立法……517
三、俄罗斯联邦情报法制建设……525
四、俄罗斯对军事技术情报的法律规制……530

第四节　情报监督……536
一、英美情报监督体系……536
二、美国总审计署的情报监督……548

第五节　情报监控……556
一、国外情报监听立法比较……556
二、美国涉外情报监控法……564
三、欧盟对情报部门元数据监控管理……570
四、德国通信战略性监控制度……576

第五章　情报教育

第一节　情报学科……584
一、情报的本源内涵和情报学学科边界……584
二、中国情报学的研究内容……595
三、中国情报学学科重构……600
四、面向安全与发展的情报学学科基础……611
五、军事情报学与中国情报学学科融合……619
六、中国公安情报学的演进和范式……628
七、公安情报学的研究对象……643

第二节　情报教学……651
一、情报专业特色教育……651
二、美国高校情报教育……659
三、美国情报专业课程设计……669
四、美国情报分析教学培训……682
五、美国执法情报分析师的认证和培训……690

第三章

情报活动

第一节
情报决策

一、战略情报与国家安全决策[1]

进入21世纪以来，美国情报机构进行了自1947年中央情报局成立以来最大规模的一次情报改革，采取了许多积极举措。但这些改革措施只是针对目前存在问题的应对策略，缺少前瞻性，没有涉及更深层次的问题。由于缺乏深层次的理论研究，美国情报界在近些年的改革中还是出现了不少情报失误。如何处理战略情报与国家安全决策的关系，再次成为美国情报界精英们不得不面对的棘手难题。

（一）情报专家的不同观点

一般认为，如果有一个好的情报搜集系统和一个好的情报分析系统，并且能够及时向决策者提供正确的分析结果，就一定能够产生好的国家安全决策。但现实并非想象般简单。就如何处理战略情报与国家安全决策的关系问

[1] 胡荟：《战后美国情报界关于战略情报与国家安全决策关系的争鸣》，载《情报杂志》2015年第7期。摘编后收入本书。

题，在美国曾有一次著名的辩论。1949 年，“美国战略情报之父”谢尔曼·肯特出版了《战略情报：为美国世界政策服务》一书。在这本美国情报界最具影响力的著作中，肯特提出了战略情报与国家安全决策关系问题。他认为，情报部门与情报用户之间是否建立了适当的关系是情报工作最重要的环节。而这一关系是（双方）不断自觉努力的结果，一旦这种努力松懈，它就会随之消失。情报生产者和用户之间的关系非常微妙。虽然情报务必紧贴决策、计划和作战，以便起到最大限度的指导作用，但绝不能太近，以免丧失了判断的客观性和完整性。在这种两难选择上，肯特最终还是选择了维护情报的客观性和完整性。

在肯特著作出版后不久，威尔摩尔·肯达尔就对肯特的观点提出了质疑。他在《情报的功能》一文中对战略情报与国家安全决策的关系提出了不同看法。他认为情报的功能是找到美国能够施加影响的地方而直接帮助决策领袖达成他的外交政策目标；强调情报必须积极参与到国家安全决策中去，成为国家安全决策的必要成分。

他们两人对战略情报与国家安全决策关系的分歧点在于二者之间的适度性问题：若为了维持相关性，则要求情报和决策紧密结合；若为了维持客观性，又要求情报和决策保持距离。因此，究竟应重视相关性还是重视客观性，成为美国情报界争论的焦点。

（二）以谢尔曼·肯特为代表的传统派

在面对战略情报与国家安全决策关系上的两难选择时，一些早期的学者认为“情报必须和决策之间保持距离，这样才能获得对事物的客观判断，从而避免为了满足决策者的主观需要或政治偏见而歪曲事实”。持有这些观点的学者和专家都被划归为传统派。其核心人物除了谢尔曼·肯特外，还包括“中央情报局之父”威廉·杜诺万和国家评估委员会（Board of National Estimates）首任主席威廉·兰格。

1. 传统派的理论产生及地位分析

首先是历史因素。1941 年 12 月的珍珠港事件震惊了美国。在对这一事件的反思中，许多情报理论家都发现这样一个现象：国家安全决策者们凭着自己的直觉判断，认为日本人将会保持理性，不会向美国进攻，至少不会在谈判破裂前进攻。这使得他们在听取情报报告时，选择性地挑选符合自己观点的报告，而且情报分析人员也被暗示生产支持决策者观点的情报。在这种氛围下，情报报告无法客观反映事实，最终导致了悲剧。因此，学者和专家们强烈要求拉开情报机构与决策层的距离以提高效率，避免类似失误。在这一背景下，传统派理论的出笼水到渠成。

其次是现实因素。除了对历史的反思，传统派理论的产生还归因于 1947 年《国家安全法》。二战结束后，威廉・杜诺万领导的战略情报局也于 1945 年被解散。由于当时并不存在统管情报的中央机构，所以政府各部门都是各自负责自己的情报事务。这种分崩离析、内耗严重的情况强烈地刺激了曾在二战中做出过杰出贡献的情报专家们。他们开始著书立说，或者向政府进言献策，呼吁各情报单位应从政府各个部门中剥离出来，成为独立自治的实体。他们的想法在 1947 年终于部分变成了现实。依据《国家安全法》，美国中央情报局正式挂牌成立。而这种开设独立情报机构的做法最终也反过来推动了传统派理论观点的成形和发展。事实证明，中央情报局在早期开展工作时正是严格地遵循传统派理论。

最后是个人因素。威廉・杜诺万、威廉・兰格和谢尔曼・肯特是传统派理论成形的关键人物。杜诺万曾在第二次世界大战时领导美国的战略情报局，为二战的胜利做出了突出贡献。所以当他支持传统派的观点时，传统派无疑获得了一笔巨大的精神财富。除杜诺万外，曾主管中央情报局情报分析工作的著名情报分析家威廉・兰格以及兰格的继任者谢尔曼・肯特也都拥有巨大的声望。当他们把感性层面的实践经验提炼深化为理性层次的理论观点时，其追随者自然将其奉为圭臬。在这三位美国情报界巨人的带领下，传统派理论在二战后较长一段时间内一直在美国情报界占据着统治地位。

2. 传统派理论的主要特点

首先是强调情报的绝对客观性和完整性。传统派理论的最大特点就在于高度重视情报的客观性和完整性。传统派认为，如果情报机构过于贴近情报用户，那么情报用户很可能把情报机构按照需要调配到各自对口的行政部门。如此一来，不仅情报机构将偏离其根本任务，而且情报产品也将无法保证客观公正。按照传统派的理解，只有情报生产者与决策者之间完全分离，才能保证情报的客观性。这正如沃尔特·李普曼认为的，要想得到公正客观的分析，唯一的体制保证就是把调查人员与执行人员尽可能地完全分开。

其次是被动接受决策者的指导。情报之所以存在，是为了满足决策者的情报需求。因此，决策者对情报生产者的指导也是情报生产者得以正常工作的必要条件。但是在面对如何获取决策者的指导时，传统派理论却没有任何积极的建议与方案。等到由于过分疏远决策者而无法得到必要的指导和反馈时，传统派人士显得手足无措。由于害怕越过情报与决策之间的红线，传统派在情报工作上总是处于被动地位。这也是该派理论的最大不足之处。

（三）以罗伯特·盖茨为代表的激进派

在美国情报界有一批人更加认同肯达尔的观点。这派人大多数也都是情报专家，他们的想法在 20 世纪 50 年代前后逐渐成形，并于 80 年代抵达影响力的顶点。该流派也被人们称为激进派。

1. 激进派的理论产生及地位分析

从现实因素看，由于美国中央情报局前期的指导思想遵循传统派理论，所以它在处理战略情报与国家安全决策关系上始终保持谨慎和克制。但是，自 20 世纪 50 年代开始，由于过分拘泥于这一教条，导致中央情报局生产的情报产品逐渐失去了决策者的信赖和关注。这一危险现象引起了一部分情报专家的警觉。这时他们开始转变思路，不再对传统派理论盲目崇拜，转而对二者关系问题进行了重新认识，最后导致了激进派理论的发展壮大。

从个人因素看，如果说传统派理论由产生到占据统治地位是一蹴而就的话，那么激进派的上台则是逐渐发展，按部就班。在长达近 30 年的发展过程中，除了该理论的鼻祖肯达尔值得称道外，另一个做出了突出贡献的激进派人士是中央情报局前局长及日后担任美国国防部部长的罗伯特·盖茨。盖茨自 1982 年担任中央情报局情报处处长后就开始进行大刀阔斧的改革。他在就职演说中，就批评情报机构生产的情报相关性不足、不及时或关注性不强，情报分析人员不能对外界的问讯作出有效的回答，等等。随后，他提出了一些增强情报相关性的措施。由于环境的变化和美国人心态的转变，盖茨的做法赢得了美国情报界大部分人士的支持，并占据了主导地位。这是二战后两派理论产生以来，激进派首次压倒了传统派，获得了统治地位。

2. 激进派理论的主要特点

首先是强调情报积极参与决策。与传统派相比，激进派更加强调保持情报的相关性。激进派认为情报天然就应该积极参与国家安全决策，成为决策过程的一部分。美国“20 世纪基金会特别工作组”曾直言不讳地支持激进派理论，认为情报与决策之间的交流需要更加富有成效，其目的是让政府和军内的高级官员能在需要的时候随时获得各种信息和分析报告。简言之，情报更好地融入决策过程是必要的。由此可以看出，情报积极参与决策，正是激进派理论的核心所在。

其次是优化了与决策者的关系。遵循传统派理论使得情报生产者和决策者之间存在着一条巨大的鸿沟，双方之间的关系变得异常冷漠。情报生产者只顾生产学术气十足的客观情报，而决策者对这些毫无价值的情报产品越来越不重视。与此相反，激进派理论却没有这样的烦恼。美国对外关系委员会的项目主任里查德·哈斯曾认为，情报工作者们不应生产文学作品，而应该生产结果。为了生产结果，就必须更加贴近决策者。由于激进派理论强调贴近决策者，所以情报生产者和决策者之间的关系就不容易形成冷漠的对峙。相反，决策者将把情报生产者看成是同一个战壕里的战友，这种“老友关系网”是激进派理论的一项重要成就。情报工作者不再被认为是“局外人”，而被看成是“自家人”。他们提供的情报也更容易被决策者接受。与传统派理论所倡导的二者之间的分离相比，这在处理与决策者关系上显得更胜一筹。

最后，容易引发情报机构间的恶性竞争。在美国，情报并非由单一机构生产。由于激进派理论强调积极参与决策，这容易导致各情报机构为了争夺决策者的青睐而互相攻讦。例如，中央情报局和国防情报局就曾为国外隐蔽行动的归属权大打出手，关于无人机的建设和控制问题也曾相互争夺。这种“买方市场”所带来的恶劣影响曾造成不少情报失误。另外，恶性竞争也会进一步加深情报机构间业已存在的裂痕。各个情报机构为了自身的利益常常隐瞒一些所掌握的情况，彼此之间尔虞我诈司空见惯。这些并不利于国家机器的正常运转。因此，从总体上看，激进派在处理各情报机构之间的关系上不如传统派得心应手。

（四）以杰克·戴维斯为代表的折中派

20 世纪 90 年代，以激进派为主流的美国情报界也遭遇了一系列的挫折。在这些挫折面前，大多数新生代的情报专家们既不满意传统派的保持距离以维持客观性的做法，又对激进派的贴近决策以维持相关性的做法充满怀疑。这种谨慎的态度，令他们提出了一种“折中”的做法，在维持相关性的基础上，再去积极追求情报的客观性与完整性。

1. 折中派理论产生的原因

一是对传统派理论部分观点的反思。从 20 世纪 90 年代开始，在美国情报界的情报分析战线上担当主力的是二战后加入的一批年轻专家，情报生产工作进入了新老交替的时期。这些新生代的研究者鲜有声名显赫的学术权威，但是他们来自更加广泛的学科领域，并从基层部门成长起来。他们在接受职业教育和实践历练的过程中，一方面接受了老一辈专家在理论方面的言传身教；另一方面亲身体验了现实工作的复杂与困惑，对理论研究渐渐形成了自己的独到见解。

二是情报“政治化”现象引发的争议。尽管传统派理论强调分析人员要和决策者保持适当距离，但是在冷战时期意识形态对抗可以主导一切的时代背景下，情报工作始终担负了巨大的政策压力。原本合理的情报需求在执行过程中却产生了诸多问题。最终不管是为了更好地服务于美国政府的全球政策，还是为了更好地博取决策者的信任，总之从结果上看，情报生产以决策为导向的趋势与日俱增，这就是所谓的情报“政治化”现象。面对决策者的操控，新生代的情报生产者们选择走中间路线，他们在理论和实践领域均保持中立，既认同对传统派理论的缺陷进行改良，也不赞成激进派采取的矫枉过正的做法，而消弭争议的理论也在中间派的研究者心中悄悄酝酿。

2. 折中派理论的主要特点

一是提倡“机会分析”理论。在时代的呼唤下，中央情报局著名情报分析家杰克·戴维斯提出了“机会分析”理论。该理论的基本出发点是修正传统派理论主张的情报生产者应该与决策者保持距离的保守做法，认为情报生产者在职业道德规范方面依然保持中立，但是在具体操作层面要主动作为，帮助用户更好地思考各种可能情况和备选对策。通过增进情报生产者对决策过程及特点的了解，积极改善生产者与用户的关系。但是，改善关系的办法又与罗伯特·盖茨在其改革中所实际采取的主动迎合决策的激进做法有明显区别。首先，这种理论鼓励分析专家更加系统地掌握美国国家安全政策如何形成的专业知识；认为分析人员应当熟悉美国安全决策的流程和他们所服务的重要决策者。其次，情报生产者还要采取适当办法与决策者进行沟通，比如通过公开或内部渠道了解用户的真正需求。再次，情报生产者应该努力帮助用户澄清可以利用的机会和当前（潜在）政策可能存在的弱点，而且要把这种支持落在实处，并提供可行性评估。

二是在情报工作的不同环节选择不同的侧重点。美国情报界使用情报周期和情报流程这样的模型描述情报生产工作。他们认为情报工作大体是由计划与指导、搜集、处理与加工、分析与生产、分发与整合以及评估与反馈这六个环节组成。在这六个不同的环节对于情报相关性和客观性有不同的要求。计划与指导以及评估与反馈这两个环节是与决策者直接接触的环节，此时情报必须更加重视相关性。如果情报工作在出发点就没有朝向正确的目标，那么接下来的各个环节只会偏离情报用户的需求越来越远。而在搜集、处理与加工、分析与生产以及分发与整合这四个环节上，则应该以情报的客观性为优先，这时相关性将退居次席。因为如果在情报工作的这四个环节不以客观性为优先，则情报生产很可能被施加决策者的主观偏见和臆断，其结果必然是灾难性的情报失误。

二、美国对外政策中的情报功能 [1]

（一）情报作用的有限性

外交决策中的一个关键要素就是利用从国外情报搜集和国内反情报中获取的情报资料。世界各主要大国都充分认识到情报在对外政策中的重要作用，并建立了相应的情报体制，其中以美国最为典型。

然而，情报对美国对外政策制定和执行的影响却是非常有限的。这种有限性主要体现在三个方面：其一，情报缺位，即情报机构并没有形成确切完整的情报，无法为对外政策提供情报支撑；其二，情报忽视，即情报机构完成了正确的情报评估报告，也可能无法说服决策者采取行动，从而无法对外交政策产生重要影响；其三，情报机构可能会产生错误的情报评估，对外交政策的制定和执行造成消极影响。情报和情报分析有其固有缺陷，但很多时候，情报在美国对外政策中作用有限的主要原因并不在于情报和情报人员本身，而是由美国情报体制、情报机构的自主性、情报工作政治化和决策者认知等多方面因素共同造成的。

（二）竞争性与情报缺位

政治体制是影响一国情报体制的关键因素。美国政治体制的一个主要特点是“分权制衡”，国会、总统与联邦法院分别行使宪法所赋予的立法、行政和司法权力，地位平等且相互制衡。与这一政体相适应，“分权制衡”理念也体现在美国情报体制中。无论是战争时期还是和平时期，国家情报往往具有不同的形式，并由众多的联邦机构来完成。这些情报机构各有其活动范围和行动方式，并且彼此竞争。这种竞争性的情报体制虽然可以避免“一言堂”，使决策者听到不同的声音，但也会造成沟通不畅，无法勾勒出一副完整的情报图画，从而出现对外政策中的情报缺位现象。

---

[1] 李明月：《美国对外政策中的情报因素分析》，载《情报杂志》2020年第1期。摘编后收入本书。

1. 竞争性的情报体制

第二次世界大战使美国认识到情报工作的重要性，开始探索成立一个中央情报机构。《1947 年国家安全法》为美国现代情报体系作出了具体安排。该法案授权成立了中央情报局，作为国家安全委员会的下属机构。中央情报局长同时兼任中央情报主任，是情报界的总协调人，也是国家安全委员会的情报顾问。正是该法案的安排和设计，造成了美国情报体制的竞争性。

第一，虽然设立了中央情报局，但并未对政府部门的情报机构进行合并，而是维持了各机构独立的情报能力。中央情报局并非行政部门中唯一的情报机构，最初并无情报搜集和分析职能，只能依赖其他部门情报机构提供的情报资料。然而，无论是国务院，还是新成立的国防部，都不愿意将自己的情报职能，包括人员、经费和情报，交给新成立的中央情报局。为了维持机构的生存，中央情报局也开展了情报搜集和分析，并向决策者提供情报成品，从而与国务院、国防部等其他部门情报机构之间形成了竞争关系。

第二，对中央情报主任的权限语焉不详。《1947 年国家安全法》虽然明确规定中央情报主任对国家情报的生产负有主要责任，但并没有赋予其在情报分析中的垄断性权力，各部门情报机构也在生产国家情报时拥有发言权，它们可以对《国家情报评估》提出不同意见。再加上中央情报主任由中央情报局局长兼任，容易造成自我认知错位，即更关注中央情报局在与其他情报机构竞争中的优势地位，而非站在全局的立场上对整个情报界进行协调。

第三，将对内情报和对外情报在管辖和职责上进行明确区分，规定新成立的中央情报局仅负责对外情报。虽然中央情报局是美国情报界的核心，但却徒有“中央情报机构”之名，不能对情报界的其他机构进行控制。《1947 年国家安全法》实际上鼓励情报机构之间开展竞争，鼓励它们提供不同的情报信息，以避免重大失误。然而，各个情报机构为了本部门的利益，坚持己见，刻意压制其他情报机构的情报分析成果，导致情报机构之间沟通不畅，影响情报共享，使得美国在对外政策决策中无法获得完整的情报。

情报机构的主要作用就是获取情报，有了情报决策部门就可以提前进行危机预警并作出有利决策。一个由众多情报机构组成的竞争性情报体制固然有其优势，即不会出现某一个情报机构垄断甚至产生独裁风险，但也有“山头林立”、协调困难、机构重叠、效率低下等诸多弊端，而这正是美国对外政策制定中出现情报缺位现象的主要原因。

2．“9·11事件”与情报缺位

“9·11恐怖主义袭击事件”引发了人们的思考：一个拥有庞大情报机构的超级大国为何未能事先就恐怖袭击做出情报预警？其中的原因是多方面的，但竞争性情报体制造成的情报缺位是不可忽视的重要因素。“9·11事件”的最终调查报告并未将预警失败归结为没有得到任何情报，而是归结于美国情报体制的弱点和缺陷，主要是各个情报机构行动不统一，相互间缺乏交流和协调，从而不能得出一份综合的有关恐怖主义威胁的评估报告。

“9·11事件”后调查表明，“基地”组织早已把美国作为袭击目标，美国情报界各成员单位事先都或多或少获取了有关恐怖袭击的情报资料，但由于美国各情报单位之间严格划分知情范围，互不通气，导致无法归纳出完整的有价值的情报。为了吸取“9·11事件”中情报缺位的教训，加强组织领导和情报共享，美国进行了一系列情报体制改革措施。2004年的《情报改革与防恐法案》对美国情报组织架构进行了一次大规模的改革和重组，在分散的几大情报系统基础上设立了国家情报总监一职，取代了中央情报主任，作为情报界的总协调人和国家安全委员会的情报顾问。国家情报总监不再由中央情报局长兼任，且拥有经费管理权、人事任免权、情报作战权等行使职权所必备的一切权力。目前，美国情报体系的构建采取了“16+1”的模式，即由美国政府下辖的16个情报机构和1个国家情报总监办公室组成。在国家情报总监的领导下，各机构共同工作，分享各自的情报进行分析和综合，提高情报的及时性与准确性。

不同的情报机构代表着不同的价值观，它们内部的分歧、相对有限的资源和狭隘的考虑，造成它们之间的相互封锁、缺乏协调，无法为决策者提供综合有效的信息。美国情报体制的改革是为了建设真正一体化的情报界，试图通过这种战略性的整改，在未来服务外交决策方面更上一个台阶。然而，由于美国分权制衡的政治传统，看似力度较大的改革和重组并没有改变美国情报体制的根本架构，也不能可能改变其分散和竞争的根本特性。美国既希望国家情报总监有足够的权威对情报界进行协调，以提高情报机构的工作效率，但又不愿强迫情报界的其他成员置于国家情报总监的“统治”之下。可以预见，未来美国的对外政策中仍旧无法避免情报缺位现象。

（三）自主性与情报忽视

与情报缺位现象相反的是，很多时候情报机构已经获取了相对准确的资料和信息，但这些情报并没有促成某种政策，这便是情报忽视现象。因此，真正的问题并不在于情报界未能识别威胁，而是其无法说服决策者采取行动。尽管引起情报被忽视的原因很多，但最重要的因素可能是情报界与决策层之间存在着一道鸿沟。

1. 情报机构的自主性

情报机构的自主性是由情报在对外政策中的角色决定的。情报机构不应是政策目标的设计者、政策的起草者、计划的制订者、行动的执行者，而是它们的辅助者。通俗地说，情报机构就是服务者。否则，情报机构就会丧失独立性、完整性和客观性，而无法提供客观有效的情报。所以应该保证情报机构拥有行政上和实质上的独立性。

首先，为了保证情报的中立性和客观性，美国的情报机构和情报人员享有形式上的自主性。虽然美国情报部门的高级官员由总统任命，但其仍能保持相当程度的自主性。他们在搜集和分析情报的过程中会考虑到决策者的偏好，但也会有自身的判断和意识形态，来决定哪些主题可以得到其有限的搜集和分析资源。

其次，美国的情报机构和人员往往不参与核心的决策过程。对美国对外政策制定最有影响的是由总统、副总统、国务卿、国防部长等组成的国家安全委员会。中央情报局长的主要职责就是对涉及国家安全的情报活动向国家安全委员会提出建议，并非核心决策者。尽管情报机构的情报专家也有可能出席对外政策执行者的会议，但他们通常并不参与最后的决策，只提供情报方面的专业知识，撰写背景文件、提供政策建议。

情报机构的自主性更能保持情报评估的客观性和中立性，但也很容易导致情报被忽视。这是因为情报始终要服务于开展行动的实际事务。履行这项职能需要情报人员得到部门单位给予的大量指导及合作。若情报机构的自主性过高，会导致情报生产者和情报用户（决策层）的距离太远。一方面，情报机构对行动计划和实施情况一无所知，根本不了解决策人员的实际需求，也就无法生产出符合要求的情报。另一方面，情报人员对决策过程无法形成深刻的认识，即使情报人员有意考虑决策者的需求，也往往聚焦于最高决策者，而忽略了中层决策人员。中层决策人员的工作重心是处理日常事务，往往需要立即作出判断，若情报机构提供的情报产品缺乏实用性和可操作性，不能满足实际工作的需要，就容易被忽视。

2. 决策者的自主性

情报机构可以选择搜集什么样的情报，决策者也可以选择是否使用情报。实践表明，当政策与情报分析相悖时，政策制定者大多并没有改变其政策，而是拒绝或忽视情报分析。即使是贴近决策需求作出正确的情报分析和评估，是否利用这些分析和评估的选择权也在于决策者。因此，美国对外政策中情报被忽视的现象还取决于决策者的自主性。

其一，鉴于决策者本身的认知、人脉和经验，并不会自然而然地尊重情报机构的工作成果。不同的总统对情报工作有着不同的态度，对情报工作的影响也不尽相同。有过战争考验或从事过情报工作的总统更能认识到情报的价值，对情报的态度主要是肯定的。其他无情报工作经验的总统对情报的看法基本是消极的。

其二，在信息大爆炸时代，决策者有很多途径可以获得各种替代性情报，而不必拘泥于中央情报局等某一情报机构提供的情报。一方面，由于现代情报机构迅速扩张，决策者可以就任何一个问题获得大量情报评估，不同的情报机构可能提供的是不同的建议，于是决策者可以有选择地挑选有利于自己政策的情报。另一方面，信息技术革命和大众传媒的发展也使得信息不再被情报机构所垄断。智库、学者和大众传媒所从事的工作在很大程度上与情报机构是相似的。也就是说，决策者有自己的信息渠道，其可以通过包括朋友、互联网、政府其他联络人、学术或商业机构等非情报渠道获取信息。决策者也是具有专业知识的分析者，其能接触到情报分析人员阅览的原始情报，并可能会据此得出与情报分析者截然不同的结论。因此，决策者没有必要一定要采用情报机构的研究结果。

3. 情报忽视

情报机构在情报搜集和分析方面的自主性可能会导致其判断和观点与决策者的认知相冲突。当情报机构提供的情报分析与决策者的认知不相符时，决策者有时会刻意忽视，甚至是完全拒绝接受这种情报。这正是决策者在使用情报时自主性的体现。

情报被忽视是个严重的问题，因为这样一来，情报机构在外交决策过程中就显得多余。情报机构要保持自主性，就不能过于贴近情报用户，以保证情报的公正性和客观性。但如此一来，就无法从决策者那里得到必要的指导和反馈，生产的情报产品毫无价值，决策者对情报就越来越不重视。但若情报机构积极参与到决策过程中，会很容易丧失其自主性。决策者很可能会把情报机构按照需要调配到各自对口的行政部门，这样情报产品就无法保证其公正性和客观性。各个情报部门之间也可能为了获得决策者的青睐而发生恶性竞争，即相互之间隐瞒各自所获得的情报，又会造成情报缺位，形成恶性循环。

（四）政治化与情报评估错误

情报在美国对外政策中作用有限和不确定的重要原因还在于错误的情报评估。情报工作的核心是情报评估。情报评估是建立在众多不确定因素基础之上的。由于情报分析人员自身无法逾越的主观局限，他们只能根据搜集到的信息对事物的发展趋势进行大致的描述，在这个过程中出现情报评估错误是不可避免的。如果预测得正确，成就属决策者，而如果其预言失败，则要承担责任。除了情报自身固有的缺陷外，情报评估错误也可能是决策者操纵情报工作的结果。

1. 情报工作的政治化

情报分析和评估本质上是一个心理认知过程。任何一个决策者在处理问题时，都有自己的喜爱和偏好。他们除了要考虑情报的真实性和客观性外，还要考虑诸如他们自己的政治利益和政治目标，包括他们眼中的国家利益、国内政治因素以及行动的风险性等。有时决策者会试图操纵情报工作以反映其政策偏好，而情报分析人员也会迫于某些政治压力作出特定的结论，这就是情报工作的政治化。

既然可以选择忽略情报，为什么决策者会试图强迫情报机构修改结论呢？从国内政治的视角来看，领导人需要情报人员来为政策造势。由于情报机构独特的权威性与专业性，以及其标榜的独立性与客观性，当核心政策遭遇重大威胁时，决策者会大力动用情报人员来争取公众支持。如果决策者的主张遭到国内反对，他们会强迫情报人员与既定政策达成共识。这样一来，决策者就可以展现出其政策获得了国家安全机构的一致认可，从而证明其合理性。也就是说，当国内政治压力足够大时，决策者可能会操纵情报评估结果。

当情报工作政治化时，情报不再为政策提供客观有效的信息，而只是对现有政策的补充和重复，这实际上颠倒了正常的政策制定过程。情报人员的工作应是从搜集信息，客观地分析信息，校准目标和手段，直至提出结论，协助制定政策。然而，政治化的情报评估实际上是对已经作出的决策进行事后分析。在这种情况下，情报实际上对政策制定的影响是极其微小的，只是为业已成型的政策造势。政策的失败却终将归咎于情报的失败。当然，情报工作的政治化现象也不能完全归咎于决策者，因为情报机构和情报人员也可能为了谋求私利，如个人利益、职业发展或组织利益，而适应政策路线或修改情报。

2. 情报评估错误

情报可以为决策提供支持，决策者也在很大程度上影响着情报的分析与研判。根据认知相符理论，当情报与决策者自身的认知发生冲突时，决策者往往会更信赖自身对环境的判断。当面临较大的国内压力时，他们会强迫情报机构修改其结论。在政治化现象中，决策者的错误认知，或者说扭曲的政策与情报关系，会直接导致情报评估的错误。美国对外政策中，因政治化现象导致情报评估错误的典型案例是伊拉克战争。

无论情报评估准确与否，决策者在政策制定时是否采用相关的情报评估结果有很大的自由。当情报评估与决策者认知不符时，决策者可能会忽略情报，也可能会施压迫使情报机构修改其情报评估结果。从国内政治来看，若国内政治环境宽松包容，政府得以随意采纳或者忽略情报评估而不必担心引发什么后果，但在坚决实施一项争议性政策，又遭遇巨大的民众反对时，就会造成对情报评估的操纵。

（五）综合评判

情报人员最关心的是他们的研究结果能否在决策中发挥作用。然而，美国对外政策实践中的几次重大事件都表明，情报对于对外政策的作用是不确定和有限的。美国情报体制中的竞争性、情报机构和决策者的自主性、情报工作政治化等导致了对外政策制定过程中的情报缺位、情报忽视和情报评估错误，使得情报并不能如预期般地在美国对外政策中发挥重要的积极作用。

现代美国总统大都能够充分认识到情报工作的价值，在决策中会考虑情报机构的意见。因为决策者需要情报机构提供信息、消除疑虑，减少决策过程中的不确定因素。但是，如果情报分析提供了一种新的阐释和评估，那么决策者就必须决定是否通过这一新的阐释和评估来修正自身的分析，或者是迫使情报机构修改其评估结果来支撑决策者的认知。总统的决策风格和对情报的认知，也会直接影响到情报界的运转，以及情报在对外政策中的作用。

现任美国总统特朗普既无军旅经历，也无情报工作经历，甚至在竞选总统之前未曾担任过公共职务，其对情报的认知基本是消极的。另外，特朗普面临的是一个相对平和的国际环境，周边安全环境较好，不存在直接威胁，其也很难产生迫切的情报需求，情报工作可能会被搁置在一边。从特朗普对情报的认知来看，其决策过程中很有可能会忽略情报，情报在其对外政策中的作用仍将非常有限。倘若特朗普执意要推行的对外政策受到国会或民众的强烈反对，面临较大的国内压力时，其极有可能会施加压力迫使情报机构为期政策造势，推动情报的政治化。

“情报周期”包括相互联系、相互制约的五个阶段：指导、搜集、分析处理、分发和反馈，其中任何一个环节出现问题都会导致情报工作的失败。可以说，情报生产者、情报分析者和情报用户对于情报工作的失误都应负有责任。但情报缺位、情报忽视和情报评估错误等导致情报在美国对外政策中作用有限的现象并非情报人员和决策者刻意为之，而是多种因素共同作用的结果。现代安全问题错综复杂，要想成功驾驭这些事务就必须依赖准确可靠的情报。美国各界对情报缺位、情报忽视和情报评估错误等现象十分关注，并试图建立理想的情报与政策关系。美国情报界多次改革情报体制，学术界积极进行理论论证，情报人员和政策制定者在实践中也打造了一些成功案例。然而，这些努力是否能从根本上改变情报在美国外交政策中作用有限的事实，还有待实践的检验。

三、情报工作的"政治化"问题[1]

"情报政治化"（Politicization of Intelligence）一词源于西方情报理论，是情报工作和情报学（Intelligence Studies）中的一个术语。从此术语的词汇结构看，它反映的是情报与政治的关联状态，是西方政治和学术语境下的内涵表达。而从内涵看，则反映出情报工作与决策者间的非理性或非科学性关系状态。这种现象广泛存在于几乎所有国家的情报工作之中并受到理性学者和从业者诟病，给情报工作的科学发展和精准决策带来严重负面影响。因此，非常有必要研究抑制或缓解这一现象的方法路径，从而找到解决或弱化这一问题现象的钥匙。

（一）概念内涵

"情报政治化"的概念提出和问题研究有70年左右，我国则是近些年才开始关注这一问题，由于这一问题的复杂性甚至还有些敏感性，尤其是西方语境与中国语境的差异，对其认知所形成的核心观点并非一致，甚至存在着不小争议，以致迄今尚无一个能被普遍接受的定义。

[1]　刘强：《情报工作"政治化"：权力失衡和利益驱使的困境与出路——传统安全理念下国家安全与战略情报的视角》，载《情报杂志》2019年第12期。摘编后收入本书。

1. 问题的提出与认知

较早涉及这一问题的通常被认为是美国情报问题专家且有着“美国战略情报之父”之誉的谢尔曼·肯特，他认为情报组织与政策部门关系太过紧密，就不可避免地会屈从某种压力，导致歪曲自己的成果，丧失了情报部门应有的客观性和完整性。他将问题症结归咎于情报部门与雇佣部门间因存在的经济利益关系，从而导致情报部门不得不屈从其而在情报结论上主动迎合。从谢尔曼的观点中不难发现，他对于这个问题的研究是初步且不全面的，只是单向地从情报生产者主动迎合决策者的视角，且只是因经济利益驱动，未涉及决策者因自身利益而主动迫使情报生产者提供符合其意愿的情报产品一面。同时，谢尔曼也未对这一现象给出一个恰当的称谓，更未给出明确的定义。但是，谢尔曼无疑发现并提出了一个重要问题，并迈出了具有里程碑意义的一步。

继谢尔曼之后，一些西方学者和一些从事过情报工作的前官员，开始从情报与决策的视角关注并探讨这一问题。尽管他们的认识并不一致且结论各异，但对这一问题的认识却日趋丰富深刻，并基于情报与政治关系，认识到这是情报工作与决策者间形成的不正常工作关系现象，尤其是从情报工作的公正客观和功能视角出发，最终对这种现象赋予了一个概念名称——情报政治化。

2. “情报政治化”的内涵与定义

从来源看，“情报政治化”一词是舶来品，是英文 Politicization of Intelligence 的译名。无论是从语言学本身还是从情报学（Intelligence Studies）原理而言，它更应被称之为：情报工作“政治化”。

就语意而言，“情报政治化”为复合词，是由“情报”（intelligence）和“政治”（politics）的派生词“政治化”（politicization）组合而成。其反映的是“情报”与“政治”关系，是情报工作的一种状态或现象。即便在英语语境中，也主要涉及“情报组织”的“情报活动”层面。就学理而言，情报是需求者所需客观存在的有价值信息，尽管其客观存在，但需要通过具体的工作将具有原始状态的情报——原始情报——搜集到后，通过科学的思维与方法进行研判、分析，最终将其升华而形成情报产品（成果）方能使用，也就是说，情报产品是情报工作的产物。

情报与情报工作的终极功能与价值，体现为作为决策者的决策依据辅助决策。因此，搜集情报、分析情报和生产情报产品并将其提供给决策者使用也就成为情报工作的核心使命。从国家安全与战略情报的视角看，国家安全与政治密不可分，一切有关国家安全的决策又都需要情报工作进行保障，决策者是政治代表者和执行者，从而决定了情报和情报工作与政治有着天然联系，均具有政治属性。故而，情报工作显然是情报行为在政治领域的一种体现，其生产的情报产品被运用于政治领域，同样具有天然的政治属性。

然而，情报产品具有政治属性与情报产品的“政治化”仍有着本质内涵区别，即：不是单纯的政治因素在情报工作中的反映和在情报产品中的体现，而是一种非正常理念和思维引导下导致的情报工作被异化了的“政治正确”行政或业务行为，即生产情报产品过程中，情报部门与决策者互动时，人为产生的一种非理性和非客观的异质做法所导致的情报产品生产异常。因此，有别于西方政治和语境，“情报政治化”的中文表述则称之为“情报工作政治化”或“情报工作‘政治化’”更为贴切。其定义应为：情报组织与决策者因权力结构失衡和各自非理性利益诉求导致的情报产品背离客观公正的情报工作所谓政治正确现象，表现为决策者向情报组织施加压力要求情报组织按照其特殊意愿提供并不符合客观实际的情报产品，或情报组织主动揣摩决策者心理后为其生产和提供虽有悖客观公正却符合决策者需求的情报产品。

当然，鉴于“情报政治化”一词已普遍使用，继续沿用虽无伤大雅，但厘清和知晓其内涵机理，依据中国的政治和文化制度背景，将这一现象以符合中国语境的“情报工作‘政治化’”加以表达和使用，显然更加有利于人们理解这一词汇。

（二）现象特征

鉴于情报与政治、情报工作与决策行为的关系，导致情报工作与政治集团的关系自古有天然联系。尽管情报工作总体而言源于军事或战争，但鉴于战争是政治的延续这一朴素理念，情报与政治、情报工作与政治统治（治理）就自然有着密不可分的联系。

现实中，情报工作与政治行为的关系则复杂得多。因为，以传统安全理念下的国家安全与战略情报视角看，情报工作一直有两个主要关注方向：一是关注战争胜负，二是关注政权存亡。赢得战争主要是对外，而稳固政权则主要对内，故古今中外的情报工作也均一直在这两条线上开展。而无论是对外和对内，情报工作作为保障或支援决策者决策的具体行为，必须服从服务于决策者，这既是两者供需关系所决定的，更是两者权力关系所决定的。

1. 情报产品的指令性内容特质

以国家作为行为主体而言，情报组织是统治者或最高决策者为维护国家或政治集团利益需求而建立的，既属于决策者和政治集团的一部分，也隶属于决策者和政治集团，而这种隶属关系就产生了天然的权力失衡。这种天然的权力失衡，不仅决定了情报组织不仅经济来源依附于决策者或政治集团，行政上更要服从决策者和政治集团，政治属性上也必然打上决策者和政治集团的烙印。也就是说，隶属于国家和政治集团的情报组织或个人，必须按决策者提出的指令性要求提供情报产品供其决策参考。

但是，从情报工作的视角看，情报的功能属性决定了其必须是客观真实的，即最能够反映事物本质的。然而，问题的关键在于，由于情报组织与决策者和政治集团存在的权力不平衡和利益关系，以及决策者对情报工作本质规律缺乏深入了解和特殊利益驱动导致的需求“特殊”，导致我们常常会看到有情报组织或个人提供的情报产品严重违背客观真实的情况出现。

其中最为典型的就是，美国曾一再宣称伊拉克存在着大规模杀伤性武器，并以此为由发动了伊拉克战争。而战争开始后则并未找到伊拉克存在大规模杀伤性武器的任何踪迹。难道是伊拉克有意实施情报欺骗诱导了美国情报界？还是美国情报界集体工作无能导致的失误？显然两者都是否定的。事实证明，是当时的美国决策者和政治集团为了颠覆萨达姆政权，需要一个可以被世界接受的正当开战理由，而作为这种理由的关键支撑，就是证明伊拉克存在大规模杀伤性武器的情报。由于美国情报组织必须服从决策者和政治集团的指令，或者说难以摆脱决策者或统治集团的意志，因而只能依据具体指令或至少是某种暗示，被迫扭曲事实地向决策者提供伊拉克确实存在大规模杀伤性武器的情报产品。

由此可见，正是由于情报组织与决策者间的权力失衡关系，使得情报组织必须服从于决策者意志，按其指令提供情报。但是，情报组织提供不具备客观性的违背事实情报产品，其做法却违背了情报工作的应有属性，盲目服从指令而人为扭曲情报产品的客观真实性的现象，确实存在于现实之中。反映出情报产品具有行政主导性规律特征。

2. 情报产品的按需性内容特质

就决策者和政治集团与情报组织的事务关系而言，是情报需求者与情报提供者的供求关系。由于决策者和政治集团是情报的需求者且居于统治地位，而情报组织则是情报提供者并居于服从地位，由此构成了一个权力失衡状态下的供需关系“市场”，即权力处于绝对弱势一方——情报组织，必须为权力处于绝对强势一方——决策者和政治集团提供更好的服务，才能保证和维持这个供应链的存续。

依据适者生存的基本原理，作为依附于决策者和政治集团的情报组织，若想更好地生存发展，就必须揣摩决策者和政治集团的服务需求，投其所好地主动提供令决策者和政治集团“赏心悦目”“称心如意”的情报产品，以此博得青睐而获得更好的生存与发展条件和机会。尤其是当情报组织发现自己提供的情报产品不断遭到决策者的厌恶甚至痛斥时，就会不得不主动修正自己的方向而乖巧地按照其意愿提供令其满意的情报产品。

事实上，由于决策者与情报组织的权力关系结构和供求关系属性，致使这种情报工作“政治化”现象有其自身规律，具有一定的不可逆性甚至“合理性”。因为，权力释放出的能量所形成的利害关系和服从原则，“买方市场”所构成的供求关系特质，决定了决策者处于优势主导地位而可“随心所欲”，而情报组织则只能依据情况不同，或奉命唯谨或投其所好地提供情报产品，从而形成了情报工作的一个违背情报工作基本原理的特殊现象，且具有一定的不可逆性。尽管很多人为这现象存在的合理性辩护，但从学理上说，它仍就难以逃脱情报工作异质化的根本属性。

（三）病灶本质

就情报工作“政治化”形成的结构机理看，如果将其作为一种现象考察，具有三个基本层次，即：表层是情报组织与决策者关系的从属性所形成的权力结构与制衡关系，使得情报组织被迫放弃公正客观立场生产并提供情报产品的异质行为，直接体现为决策者运用权力优势对情报组织施加有形或无形影响或压力，迫使其提供与自身意愿相一致却有悖客观公正的情报。而深层则是情报组织在与决策者互动过程中，因个人或部门利益驱使，为迎合决策者“口味”而主动偏离应有公正客观地生产并提供情报产品的异质行为，直接体现为情报组织或情报首脑主动放弃公正客观，尽可能使情报产品的结论与决策者的意愿趋于一致，甚至形成一种情报文化现象。其中间一层体现为情报与政治、权力与利益的关系或联系，即具有政治色彩的情报工作，在权力结构失衡情况下，情报组织（包括情报首脑）和决策者因各自利益驱使而使情报产品结论打上了不正常的“政治正确”色彩，是公权力非正常作用下的情报产品被“政治化”。

1. 违背情报工作基本原理和规律的异质行为

情报工作与决策行为之间存在着天然政治属性。以现代国家作为行为主体，所谓政治，就狭义而言，其最简单的概念就是通常由政党组成并掌控的政府治理国家之道，其驱动力是权力主导下的利益诉求及实践。就广义而言，是各权力载体为利益诉求博弈而形成的社会现象。也就是说，现代人类的社会生活无不打上政治烙印。情报工作的出现，同样是因利益集团在对权力追求和维护利益时需要情报支撑和保障的结果，使得情报工作与政治集团或最高权力载体有着密不可分的联系，最终致使情报工作具有天然的政治属性。

因此，所谓的情报工作“政治化”，不过是这种政治性通过人为追求的所谓“政治正确”而导致的一种特殊形态和特殊性质呈现，即无论作为权力的拥有者——决策者，还是作为权力的服从者——情报组织，都会在某个特定时刻或明或暗地以政治之名，需要看到符合自己立场的情报产品。正是由于决策者位于权力之巅，是政治的制定者和实施者，其要求具有理所当然的“政治正确”性。而情报组织位于权力的下端，若不服从依据权力优势而代表政治的决策者所发出的旨意，就自然具有“政治不正确”性。这就极易造成情报组织为与决策者达成“政治正确”的一致性，不得不按照决策者的意图提供其“满意”的情报产品。若这种情况发生在遵循情报工作原理和规律的框架下，本属正常，也是理所应当。问题的关键在于，若是这种令决策者“满意”的情报产品偏离客观公正，是为决策者的特殊需求而进行“私人订制”的被“政治化”了的情报产品，则属于情报工作的异质现象。

归根到底，情报工作“政治化”是情报工作的政治属性通过情报产品这一载体呈现出的违背情报工作原理和规律的非正常行为。

2. 情报工作的扭曲与脱轨

客观而言，由于决策者与情报组织存在的隶属关系，权力结构规定了情报组织必须服从服务于决策者，因此，决策者与情报组织间以权力为基础、以政治为属性、以情报产品为载体的互动关系，只要按照情报工作客观规律生产和使用公正客观的情报产品，本属正常而无可厚非。但是，在同样的原理之下，出现违背情报工作原理与规律的情报工作行为，则属不正常，就是情报工作“政治化”。

因为，鉴于情报的最重要特性之一是客观真实性，情报工作的根本要求也是生产客观公正且逼近事实真相的情报产品。而之所以出现不正常的被称之为情报工作“政治化”现象，根本问题出在决策者利用权力结构中的优势地位影响情报组织，要求其提供的情报产品具有明显违背客观真实的主观设定，即由于决策者与情报组织间存在的权力结构失衡，致使彼此互动过程中客观生成的权力效应，对情报工作的客观公正产生负面影响。另一种情形则是，由于情报组织在权力结构中处于劣势地位，只能服从或屈从权力而向决策者提供其所需的“特殊”情报产品，而这种情报产品又是有意歪曲真实但却符合决策者意愿。也就是说，情报组织歪曲情报产品的客观公正性并非完全出于职业水准的低下，而是舍弃了已知晓的情报产品客观公正，在揣摩决策者意愿过程中“对标找差”地有意修正情报产品结论，以符合决策的要求，从而获得决策者的首肯和赏识，实现自身利益最大化。

如果说，迫于来自决策者主动施加的压力而有意遮蔽或扭曲情报产品的客观公正性，是情报组织惧怕权力和屈从权力的违心之举，从情报组织与决策间的权力结构属性视角尚能理解。但若是情报组织为谋求自身利益而迎合决策者的“特殊”需求，规律性机制化和常态化地向决策者主动提供歪曲客观公正性的情报产品，则不仅属于严重违背作为一种专业领域的职业道德，更是对国家安全的不负责任。

以上两种情况，即在权力效应和利益驱动下的情报工作“政治化”问题，无论从哪个角度看，尽管情报组织和决策者双方在“政治正确”上形成了一致，却对情报工作基本原理和规律产生了严重冲击，其结果是情报工作因权力冲击和利益诱惑而扭曲与脱轨。其危害之大，无可估量。尤其是情报组织受利益驱使，主动放弃客观公正的态度而向决策者提供扭曲事实的情报，且久而久之形成一种情报文化而大行其道，无论是和平时期还是战争时期，均对国家安全贻害无穷，战时尤甚。

当然，我们在探讨情报工作“政治化”时，还必须考虑另外一种情况，即除了决策者出于某种特殊目的考虑而有意要求情报组织提供有违客观公正的情报产品以外，也可能因决策者的思维方式作祟，如陷入先入为主的思维定势，并以长官意志对某一问题形成成见而不再能听进哪怕是符合事实真相的意见，因而否决一切与自己成见相悖的情报产品结论，此种情况应当排除在情报工作“政治化”的范畴之外。

3. 缺乏对情报工作敬畏之心

情报工作既是一种职业也是一门学问。作为一门职业，经过千百年丰富的实践逐渐形成了其自身的原理与规律。作为一门学问，在情报工作实践发展中逐步理论化基础上完成的基础理论与应用理论，同样有其自身原理与规律。对原理与规律的敬畏与遵循，是职业精神的体现。更何况情报工作关系到国家的生存与发展大计。

从一些情报工作发达国家的历史考察中可以发现：情报工作的成败是国家兴衰的关键因素；情报组织不仅可以维护国家生存发展，还可成为国家的创立者；情报工作专业化是确保国家生存发展的关键；情报工作失误是国家生存发展的最大威胁。决策者对情报工作的认知程度，不仅反映在对情报工作的基本原理、规律和功能作用是否了解，并落实到对情报组织的态度上，也反映在是否敬畏情报组织所从事的工作并是否对其过多干涉甚至操控上。

历史实践一再证明，决策者对情报组织提供的情报产品缺乏应有的重视，最终导致决策失误，由此会给国安全带来灾难性后果。无论是斯大林还是小布什，都犯过类似的问题。从根本上说是对情报工作缺乏敬畏之心，对其科学性和严肃性缺乏起码的负责任态度；是决策者与情报组织各自利益自设下的违背情报工作基本原理和规律的异常行为，是私利驱使下缺乏职业道德精神和对情报工作缺乏起码敬畏而扭曲情报产品客观公正的主观故意。

所谓情报工作“政治化”，即其根源生成于利益驱动，其症结在于权力失衡，之所以被冠以“政治化”的称谓，主要基于情报工作与政治关系。因此，究其核心实质，不过是情报工作的政治属性因个人或部门利益驱使并通过权力的作用力，将原本正常的情报工作挤压变形，最终使情报产品脱离了公正客观，即具有政治属性的情报工作产品——情报——因权力结构失衡和各自利益追求导致的情报工作产生了扭曲和异变，其表面是权力不对等问题，根源则是决策者的公权力滥用和情报部门屈从权力以及利益超越公理的追求利益最大化所导致的非理性行为。

就本质而言，之所以会出现“情报政治化”现象，是因为情报组织的决策者之间的“二元结构”状态下，权力失衡和利益驱动导致的结果。这种现象虽以政治的面貌体现，但其实质则是情报工作中蕴含着组织和个人超越公理的利益化。因此，从内涵实质而言，这种现象与其说是情报工作“政治化”，莫不如说是情报工作“利益化”更能道破其内涵实质。

（四）路径选择

依据前文所述，基于普遍原理，削弱和遏制方法与路径选择主要有以下四种。

1. 坚持科学精神，遵循情报规律，对情报工作建立起敬畏之心

情报工作作为维护国家安全和提高国家生存发展质量的一个重要事业，必须得到应有发展。作为从业人员，只有对其建立起必要的敬畏之心，将其作为一种科学对待，才能在不断探索其原理和规律同时，遵循其原理与规律进行工作。

对情报组织而言，必须深知，情报产品的客观公正与否，直接影响到决策质量，关系到国家安危。情报组织只有坚持向决策者提供客观公正的情报产品，才能发挥应有的功能作用；决策者只有使用客观公正的情报产品，才能最大限度地确保决策正确。尽管由于情报工作的复杂性和艰巨性，其从业人员会面临各类压力，其中包括因权力结构失衡而承受来自决策者“特殊”情报需求的巨大政治压力。但是，只要以敬畏之心和科学精神为前提，就会尽最大努力去想办法如何规避、化解，至少弱化来自决策者的行政压力，坚持生产客观公正的情报产品，并提供给决策者。退一万步而言，情报组织在情报工作中要做到具备敬畏之心和科学精神，面对来自决策者的行政压力，至少要做到坚持不提供有意歪曲事实真相的情报产品。换言之，情报组织可以不提供情报产品，即可以说尚未找到事实真相，但不可编造所谓的事实真相而提供有意歪曲事实的情报产品。

对决策者而言，必须深知，自己肩负着维护国家安全的重任，通过加强对情报工作的认知，意识到情报工作不仅是一项工作，也是一门科学，是维护国家安全的重要手段，并由此以严肃的态度对待情报工作，建立起对情报工作的敬畏之心。只有这样，才不会滥用权力操控情报工作，而是给其以极大的自由空间和支持，确保情报组织肌体健康地按照情报工作原理与规律发展，为维护国家安全发挥应有作用。

2. 克服利己主义，尊崇国家利益，树立情报工作的正义精神

从情报工作“政治化”的病灶本质看，因追逐个人和部门利益导致利己主义产生的毒素，是侵蚀情报工作正常运行的一大关键。若要消除这种因素的负面影响，就必须树立起国家利益至上理念，要行国家利益之实，而不是将其作为幌子，因利己主义而利用情报工作。情报组织同样只有坚持以维护国家安全为己任的职业精神，遇事以国家利益为重，以追求正义为基本法则，就会减少或降低因个人和部门利益萌生的利己主义影响。

当然，要做到这点并非易事。因为，从维护国家安全的视角，决策者作为处理国家安全事务的高层，理论上自然会以国家利益为重作出有利于国家安全的决策。但是，为了维护集团利益，尤其是在竞选制国家需要考虑到竞选获胜等因素，它就不可避免地萌生出高于国家利益的利己主义，从而会操控情报组织为其既定的政策策略提供支持。而情报组织则会为求生存发展，尤其是情报组织的主要领导为博得决策者的青睐而获得自身升迁或其他利益，或主动迎合，或违心顺从决策者的非正常意愿和利益诉求，提供符合决策者意愿的情报产品，并不觉得是在损害国家利益。

因此，要做到克服利己主义而以维护国家利益为重，除了当事人的主观自觉，还应建立相对独立的监督调查机构，规范情报组织的工作行为。同时，只要情报组织树立情报工作的正义精神，就至少可以做到不仅向决策者提供其所需要的情报产品，还提供决策者应该需要的情报产品。这样，至少可从单方面削弱情报工作“政治化”的效应，从而总体降低情报工作“政治化”的负面影响。

3. 改善权力结构，减轻政治压力，避免决策者权力的过度干扰

决策者与情报组织间的权力结构失衡，导致在利益追求上决策者有着天然的优势，从而形成领导与被领导的关系。在具体实践中，决策者的权力优势会传导至情报工作，一些情报组织（尤其是其首脑）极易因部门或个人利益而畏惧权力，导致情报组织形成“媚上”的工作作风而出现情报工作“政治化”现象。这是情报工作与决策关系所决定的。但是，如果适度改变或调整这种权力结构关系，使得情报组织处于某种相对独立的状态，其受到的权力压力就会减小。从专业的角度看，适度对情报组织放权，并不会改变情报组织为决策服务的根本功能属性，只是减少情报组织对来自决策者的心理压力，从而更加专注于生产符合客观实际的情报产品，更好地服务于决策。当然，如何管理权力相对自由的情报组织，使其忠实地履行服务决策使命也是一个重要问题。

若要给情报组织适度放权并减少压力，就必须从法律制度上对两者关系上予以规定。给予情报组织更多的独立地位和权力，同时规定决策者对情报组织的领导职责和干预权限和程度。当然，要做到这点，不仅有赖于决策者具备开放包容的工作思维和作风，还需要其对情报工作的基本规律、功能等有着深刻认识、理解和敬畏，拥有高度的法制精神和博大的人文情怀以及一切以国家利益为上的爱国主义境界。

4. 建构良性互动，使决策者认清违规代价高昂

情报组织与决策者是一对简单而又复杂的关系体。从情报工作在国家安全中的角色和作用的角度看，情报工作的地位独特，可以依法开展工作。只要情报组织坚持以国家利益至上的原则，本着科学态度和敬业精神，依据法律规定行事，通过与决策者的良好沟通，使得决策者认识到情报既具有强大的打击力，也具有强大的毁灭力。要使得决策者明确感知到，情报工作“政治化”虽可导致其决策获取暂时利益，但无助于长远利益追求，甚至导致灾难性后果，从而对情报工作产生敬畏心理，以此达到彼此间的权力平衡和利益趋同。

只要情报组织以国家利益为重，以科学的精神和严谨的工作态度，生产出证据确凿、推理缜密的情报产品，并通过良好的沟通与决策者构建良好的工作机制，决策者除了对情报组织给予方针、政策和发展方向上的指导以及协调各情报组织间的关系之外，不会干涉情报组织的正常工作，同时也会积极采纳情报组织的产品结论。因此，情报组织与决策者之间如何构建起良好的沟通渠道，并以智慧的沟通技巧与决策者进行沟通，就成为处理情报组织与决策者关系的关键，也是避免和减少情报工作“政治化”的关键。

总之，情报组织与决策者都应以国家安全利益为第一准则，遏制不正当利益的发酵，对情报工作建立敬畏之心，按照情报工作原则和规律办事，以使情报工作在正确的轨道上行驶。同时，也要适当调整和改善权力结构，以使决策者减少对情报组织的过度操控和干扰，使情报组织减轻政治压力，并通过两者间的良好互动，最终使情报组织发挥最大效能，为决策者提供深、新、快的客观公正精准的情报，最大限度地维护国家安全。

四、美国的情报政治化特性 [1]

情报政治化是情报学研究领域的一个重要议题，主要探讨情报与决策之间的关系。历史上由于情报政治化而产生的情报失误不胜枚举。美国学术界对情报政治化的研究源于 20 世纪 40 年代末，经过半个多世纪的讨论，并没有形成对情报政治化的统一认识。对情报政治化态度的差异源于不同的情报

[1] 许畅、季婷：《美国情报政治化特性分析》，载《情报杂志》2020年第3期。摘编后收入本书。

价值观，是对情报政治化本质属性的主观反映。

（一）情报政治化研究历程

美国学术界关于情报政治化的研究始于肯特（Sherman Kent）与肯达尔（Willmooe Kendall）关于情报与决策关系的辩论，经历了近70年的发展，对情报和决策的关系产生了大量研究成果，从主流学术观点的变化来看，大致可以分为保持距离、矫枉过正和稳定争鸣三个阶段（见表3.1）。

表3.1 情报政治化理论研究的三个阶段

阶段名称	代表人物	主要观点
保持距离阶段（1949—1973）	肯特	情报与决策之间应保持距离，以保证情报的客观性。
	肯达尔	情报机构应通过为决策提供及时的情报产品，积极介入决策过程，达到尽可能影响决策的目的。
矫枉过正阶段（1973—1992）	罗伯特·盖茨	情报应该紧贴决策，情报政治化是一种必然存在的客观现象。
	迈克尔·汉德尔	情报与用户不能太近而失去客观性，也不能太远而失去价值性。
稳定争鸣阶段（1992至今）	杰克·戴维斯	想要改善情报与决策的紧张关系，只能由处于弱势的情报主动而为，而不能依赖决策者采取措施。
	麦克尔·特纳	情报政治化是造成情报分析失误环节的重要原因。它使得情报人员在分析过程中带有偏见，以迎合决策者的偏好。
	乔治·艾伦	基于职业前景的个人利益需求，情报人员产生了情报政治化动机，主动或被迫向决策提供所需情报。
	理查德·贝茨	情报政治化是一种合理现象，是情报与决策双方为满足特定利益的必然选择。
	斯蒂芬·范·埃弗拉	情报机构和决策层的自我评估本身带有偏见，这是导致情报政治化的主要原因。

1. 保持距离阶段（1949年—1973年）

1949年，肯特在《战略情报：为美国世界政策服务》一书中，主张情报与决策之间应保持距离，以保证情报的客观性。肯达尔在《情报的职能》中却进行了全面反驳，指出情报机构应通过决策提供及时的情报产品，积极介入决策过程，达到尽可能影响决策的目的。20世纪60年代，由于猪湾事件的影响，情报界对情报政治化可能带来的情报失误心存忌惮，加上肯特长期担任中央情报局国家评估办公室主任一职，其思想在美国情报界占据主流。这一阶段，虽然不乏情报政治化的事实，但学术界对情报政治化问题并未过多关注。

2. 矫枉过正阶段（1973年—1992年）

越南战争后期，特别是1973年威廉·科尔比（William Colby）掌舵中央情报局之后，情报便开始积极介入决策过程。1979年，情报分析家罗伯特·盖茨（Robert Gates）回到中央情报局情报分局任领导岗位。盖茨在情报与决策关系上也持激进态度，主张情报应主动介入决策过程，这种实践对情报政治化的研究产生了更大影响。学术界开始质疑肯特的观点，鼓励情报干预决策，甚至肯定情报政治化现象。这一时期，学术界对情报与决策关系的研究显得十分激进。情报政治化被视为一种客观现象，主流学术界鼓励情报干涉决策过程，甚至积极推动情报政治化。但仍有学者依然坚持肯特的观点，对这种矫枉过正的现象提出了批评。

3. 稳定争鸣阶段（1992年至今）

1992年，情报分析专家杰克·戴维斯（Jack Davis）发表了《1949年肯特和肯达尔辩论》一文，正式确定了情报界对情报与决策关系认识的基调，提出了机遇分析理论，认为情报人员应该站在决策者的角度思考问题，向决策提供直接支援的行动分析。2003年，美国入侵伊拉克之后，广大学者开始探讨造成情报政治化的原因甚至形成机理，拓展了情报政治化研究的深度和广度。

（二）情报分析的妥协性：情报迎合决策

情报政治化往往是情报与决策不良关系的反应，缘于情报与决策之间潜在的对抗性，表现为情报客观性与决策有效性之间的矛盾。情报工作需要全面的关联材料、客观的问题分析、冷静的推理判断，这都需要投入大量时间、精力甚至物力。决策者所需要的问题往往紧迫而仓促，需要在短时间内得出答案，特别是新上任的决策者在面临长期困扰政局的问题时，难免会为获得政治资本而向情报机构施压，这使得情报与决策之间的矛盾日趋明显。而情报从属决策的职能定位，奠定了情报难逃决策操控的弱势地位。情报的妥协性，使情报机构在情报分析过程中选择性认知，以达到迎合决策预期的目的。主要表现为以下几种情景。

一是罔顾事实。情报分析人员不基于客观的证据、严谨的分析流程和分析标准，就给出决策所需的情报评估。比如，发动伊拉克战争，推翻萨达姆政权，是美国的既定国策，为了给战争贴上正义的标签，美国决策者需要情报界提供萨达姆政权发展大规模杀伤性武器的证据。伊拉克进口高强度铝管这一行为被美国情报机构关注，并得出了该高强度铝管是用于提炼浓缩铀的重要工具组件，于是情报机构认为："萨达姆虽没有足够材料来制造核武器，但已经具有获取这些材料的意图。"尽管铝管根本不适合用于铀浓缩，但为了满足决策诉求，情报机构将高强度铝管与铀浓缩技术强制关联，忽视了相关技术要求，给出了决策者期望的结论。

二是曲意逢迎。对于同一现象或同一证据的解释有多种，但有时情报机构会选择站在支持决策意图的角度来解释情报。就伊拉克与"基地"组织关系这一关键问题上，美国中情局得出的情报评估模棱两可。由于中情局在伊拉克缺乏内线，判断伊拉克与"基地"组织之间的关系明显缺乏有效证据支撑。一开始，中情局确实态度谨慎，认为目前尚缺有效证据表明伊拉克与"基地"组织勾联；但后来，中情局的态度发生明显变化，承认伊拉克与"基地"组织有关系，但对关系的了解程度还需要进一步的证据支撑。转而向迎合对伊实施军事行动的决策意图上来。

三是捏造证据。即揣测决策意图，虚构子虚乌有证据以迎合决策者。2002 年 10 月，美国《国家情报评估》中明确指出伊拉克一直在试验并拥有大规模杀伤性武器。该评估认为伊拉克已经拥有 100—500 吨的生化武器成品。然而，情报部门在这次评估中，根本就没有弄清哪些是民用化工厂，哪些是军用生化武器研制厂，更加不确定当时军事基地使用的是非常规武器还是常规武器。为支撑决策层对伊发动军事行动的意图，情报机构不惜捏造证据，以牺牲情报的客观性和情报人员职业操守，来达到满足政策诉求的目的。

（三）情报机构的反制性：情报掣肘决策

情报与决策之间，既相互对抗又相辅相成。情报需要决策指导，决策也需要情报支撑。当情报出于机构或个人利益向决策提供不实情报，或向公众泄密时，不仅会误导决策，还会置决策于被动，起到掣肘决策的作用。

首先，不客观情报掣肘决策。即情报为满足某种利益，向决策提供不实信息，促使决策失误，甚至有损政府公信力。如冷战初期，美国中央情报局希望获得更多的预算科目，以增加中央情报局的财政投入，意图在与国防部下属情报机构的竞争中占据优势。所以，中央情报局夸大苏联的武器威胁，极力促成 U-2 侦察机项目，并积极开展对苏边境侦察。1960 年，一架执勤的 U-2 侦察机被苏击落，苏联活捉了飞行员并获得了机载设备。但中央情报局却向美国政府保证，飞机被炸毁，飞行员也已身亡，苏联找不出任何证据。这后来导致美国政府颜面尽失，对苏外交也陷于被动。

其次，泄密掣肘决策。情报工作的特性使得情报机构在信息掌握上具有独特的威信，当情报人员通过公开情报评估或泄密来实现个人诉求时，往往会将决策推入舆论的风口浪尖，而情报机构本身也难免卷入政治风波之中。所以，当情报人员为满足自身诉求，而采用极端方式来反抗决策压力，利用情报来削弱政策时，也会造成情报政治化。

2013 年，斯诺登揭露的“棱镜计划”泄密事件，便是典型的情报政治化现象。斯诺登的行为无疑对美国政府带来了极大被动，多项政策受到全民关注甚至被迫叫停，也将情报部门卷入到社会舆论的政治风口之中。从斯诺登事件可以看出，如果情报人员的个人诉求超越了政治利益，科学理性超越了决策压力，则极有可能引起强烈反弹，如果没有采取恰当措施，可能会出现情报牵制决策的效果。

（四）决策过程的逆转性：决策操控情报

决策操控情报的手段往往可分为直接操控与间接操控两种。直接操控主要体现在决策直接向情报施压，而间接操控主要体现在决策暗示情报需求、设置情报竞争对手、改变情报分析过程等方面。

1．直接操控

在2002年12月21日的白宫简报会上，决策层便为获得情报界的支持而向其施压，对伊拉克出兵的决策，布什质疑中情局的情报能否得到国内民众认同。中央情报局局长特尼特（George John Tenet）迫于形势压力，向布什承诺，将解密一部分情报使得政府有关伊拉克的声明更具说明力。后来，特尼特承认，其实在2002年12月以前，布什总统已萌生出兵伊拉克的意图。这表明，在美国出兵干涉伊拉克事件中，并不是错误的情报导致了极端的决策行为，而是决策者的意图有选择性地操纵了情报。

2．间接操控

直接操控情报的案例并不常见，因为这对于决策层十分危险，稍有不慎便会成为政治污点。为降低政治成本，通过其他间接手段暗示情报机构，也能实现情报操控。

一是暗示情报需求。通过不断提出相同的情报需求，暗示决策者未得到满意答案。这有点类似钓鱼，反复投出相同的饵料以钓出不同的鱼。有些情报人员可能会揣测决策者意图，主动提交满足其诉求的情报；有些情报人员会迫于需求压力，被动提出令决策者满意的评估。有些情报人员迫于压力不得不提出与事实不符的推测，甚至将某些推测当成情报评估的证据从而得出令决策满意的定性结论。二是频繁视察情报机构。表明决策对情报十分重视的同时，暗示决策者对情报评估不够满意。2002年6月，美国副总统切尼开始定期视察中央情报局总部。表达决策层对伊拉克问题的关切，意欲对伊拉克威胁进行热处理。虽然决策层没有明显强迫情报机构支持其观点，但通过暗示的手段清晰地向情报机构传达了决策者的观点和意图。三是改变情报分析的过程。罗伯特·盖茨在中情局任职期间，就以情报评估的方法不科学、过程不严谨为由，大肆修改下级上报的情报产品或者以复审为由驳回；相比于情报评估的形成过程，盖茨对情报评估的内容更感兴趣，他乐于接纳鹰派的观点，使情报人员在分析过程中更加慎重，目的在于修正情报评估、凝练情报共识，以迎合决策。四是设置竞争对手。美国总统福特在任期间，美苏政策由温和转向强硬的过程中，总统的外国情报顾问委员会（President's Foreign Intelligence Advisory Board）认为，情报界内部的官僚作风和思维封闭导致其认识僵化，提议情报机构之间引入竞争机制。1976 年，福特设立与情报机构竞争的 B 队，独立展开对苏联的情报评估工作，并对情报机构撰写的《国家情报评估》进行抨击，迫使情报机构接受强硬政策。

3. 直接操控与间接操控相结合

间接操控需要较多时间成本和较低政治成本，而直接操控需要较高政治成本和较少时间成本，决策者往往根据事情的轻重缓急来决定采取何种操控措施。当时间允许、情况轻缓时，决策者往往采用成本较低的间接操纵，反之，当事态险急时，决策者也不会放弃风险较高的直接操纵。

（五）政治利益的工具性：情报卷入政治斗争

在美国的政治生态下，决策者所推行的政策不仅受民意监督、国会限制，还会有政敌攻击。当政策未达到预期目标或有偏差时，公众舆论就可能引起政治危机；当国会对政策有异议时，就可能通过控制政府资源以削弱政策，或通过设置法律障碍迟滞推行；政策推行过程中留下的瑕疵，也可能被政敌掌握而成为关键时机攻击现行政策的有力武器。

1. 利用情报提高政策的合理性

通过政策与情报评估的一致性来证明合理性。情报机构可以综合各类信息形成情报产品为决策服务，决策者则借此向外宣称决策过程是基于可靠的情报支撑，以证明和提高政策的合理性与说服力。在某些情况下，决策者还可以利用情报的秘密性进行辩护，宣称得到了情报支撑，但情报的来源及内容却由于保密而无法周知。决策者可以不通过任何数据或研究就能直接发布支持自己政策的情报评估，从而将政治成本转嫁至情报的权威性。特别是面对争议性政策时，情报往往成为天平倾斜的最后一块砝码，或者是支撑决策的压舱石。

2. 利用情报推行民意支持成本较高的政策

决策者发布的政策要为民意负责，当政策计划有误或将造成不良影响时，决策需要寻求甚至逼迫情报机构发布支持政策的评估，以降低政治成本，使政策分享情报的公信力。相比于提高政策的法律合理性，用情报影响民意显得更加简单。

公众往往依靠某一细节或情报片断的推断就能重拾对决策者的信任。如，决策者与情报官看上去关系密切，有助于减轻公众对于政策的疑虑。在美国入侵伊拉克前夕，国务卿鲍威尔（Colin Luther Powell）向联合国发表伊拉克拥有大规模杀伤性武器的演说时，共 20 多次提到情报，并解密了有关的视频和影像，时任中央情报局局长特尼特就端坐于鲍威尔身后，默认了这些消息得到了中央情报局的证实，加强了鲍威尔发言的可信度。

3．利用情报成为政策失败的挡箭牌和替罪羊

从决策程序来看，情报应成为决策的先导，但在实际过程中不仅存在逆决策过程的情报政治化现象，还存在情报为政策失败买单的另一种情报政治化现象，将政策失败归咎于情报的错误引导。决策者通过间接操纵情报，使情报成为政策失利的挡箭牌，有效地向情报机构转嫁了连任中的政治风险。

在伊拉克战争前，美国情报界受到白宫压力，提交了符合政策需求的情报评估，直接支持了美国对伊的军事干涉行动。但战争结束后，美国并未找到任何大规模杀伤性武器痕迹。世界舆论开始质疑美国发动战争的动机，布什政府饱受国内外民众谴责，国内政治环境受到严重影响。此时，白宫却指责决策的失误是由于错误的情报，直接将决策的失误归咎于情报界。这表明，情报屈于决策压力，以牺牲情报客观性而迎合决策需求的做法，只会在表面上带来情报与决策的融洽关系，在短期内使情报获得决策的肯定，一旦需要有人为政策失误买单时，情报就难辞其咎。

4．利用情报成为政治斗争的增强剂

利用情报成为政治斗争的增强剂，是情报卷入政治的一种极端方式。2002 年 7 月，美国共和党和民主党在出兵伊拉克问题上有明显分歧。两党争论的焦点在于情报的准确性。共和党认为，他们目前所做出的对伊决定都是基于准确的情报。而民主党则认为，目前情报界内部对伊的评估并没有达成共识，情报的真实性也尚待考证。毫无疑问，两党都在利用情报为自身立场做斗争。但作为执政党的共和党明显对情报界更具约束力并开始对情报界施压，要求其消弥内部杂音，同时提出有利于白宫对伊政策的情报评估。中央情报局局长特尼特被迫将原本需要6个月才能完成的《国家情报评估》缩短至3个星期，在内容上夸大了伊拉克对美国的威胁，并得出了主战结论。

（六）结语

美国情报政治化虽然源于情报与决策之间的关系研究，但情报政治化的现象并不只表现为情报迎合决策、决策操控情报两方面，还表现在情报掣肘决策、情报卷入政治斗争等方面。美国出现情报政治化的主要原因在于情报人员与决策者之间需求的差异，即情报人员对情报客观性的需求与决策者对政治有效性需求之间的矛盾。

由于情报相对于决策的弱势地位，这种矛盾可以衍化为决策操控情报、情报向决策妥协甚至情报批评决策等现象。因此，可以从情报人员的动机和思维着手防控情报政治化。一是评估情报人员的思维过程，将情报人员的思维外化的过程可以避免情报人员的自我审查，客观衡量其逻辑性和合理性，评估其是否具有情报政治化的动机；二是运用结构化方法进行去政治化，运用批判性思维和结构化分析方法，形成应对情报政治化的具体策略，对每一个分析环节展开去政治化评估，从而达到在分析过程中去政治化的目的，解构情报政治化过程；三是构建客观的情报分析文化，形成保密意识和国家安全意识，提高分析人员的客观性和诚信，降低情报政治化的影响。

五、法国情报决策的政治化[1]

无论是支撑决策还是引领决策，情报工作的政治属性都不可避免。因此，情报工作天然具有政治属性。情报政治化是为了政治利益而操控情报工作的现象，它可以表现为情报与决策关系的过于亲昵，决策者为了政治利益而操

[1] 武洋、高金虎：《试论法国情报政治化问题》，载《情报杂志》2019年第10期。摘编后收入本书。

控情报产品，情报机构出于政治压力或某种利益诉求，牺牲情报的客观性以迎合决策需求。这两种政治化现象，在美国这样的两党体制或多党体制国家较为明显。在野党会质疑情报机构为了迎合决策需求而歪曲了情报，或质疑政府利用其优势地位，迫使情报机构提供了某种情报以支持其政策诉求，从而引起激烈的政策辩论。这种辩论毫无疑问让情报机构卷入了政治斗争，尽管这是一种较温和的政治斗争。但在非议会民主制国家，在野党与执政党通常存在尖锐的利益冲突，激烈的政治斗争在所难免，情报机构不可避免地卷入了国内的政治斗争，从而出现政治化的极端形式：动用情报机构，对付政治反对派。这种情报政治化现象，在苏联体制国家中非常普遍。

在西方国家中法国是个“另类”，其政治体制实行的是“半总统制”，既非代议制，又区别于总统制。冷战时期，法国虽然属于西方阵营，但表现得特立独行，不唯美国马首是瞻，反而积极与苏联、中国发展关系。这种独特性在情报工作中也有所反映。英美等议会体制国家的情报政治化通常仅体现在情报与决策关系上，而法国却存在三种情报政治化的形式，情报政治化问题也给法国的情报工作带来了深远的负面影响，成为影响法国成为情报强国的痼疾。

（一）法国情报政治化的表现

纵观法国的情报史，情报政治化问题始终存在，主要表现为三种形式。

1. 情报机构沦为政治斗争的工具

法国的情报工作历史悠久，但其主要目标不是为了应对外部安全威胁，而是防范内部颠覆。这从一开始就为法国的情报工作种下了政治化的基因。17 世纪初，路易十三的宰相黎塞留（Cardinal Richelieu）建立了法国历史上第一个情报机构黑屋，通过截取法国贵族间的通信来监控贵族的活动。法国大革命时期，革命派与保王派，以及各革命派之间的斗争异常激烈。拿破仑当政时期，一直利用情报机构监视政敌，打击异己，将情报机构作为其进行政治斗争的工具。邮政局在各大城市设立了书信检查室。警务部将全国划分为若干个警务区，派驻警察专员和警务特派员，对全国进行分区控制，上至各级官吏，下至一般平民均受到秘密警察的监视。

二战之后的法国派系林立，激烈的党派斗争蔓延到了情报机构内部。国外情报暨反间谍局局长帕西（Passy）是一个忠实的戴高乐派。1946 年戴高乐下野后，帕西受到政治对手的排挤，也被迫辞职。社会党人里比埃尔（Henri Ribière）接任局长，局里的戴高乐派都被安排去干一些次要的工作。情报机构的职责是为国家决策部门提供决策依据，但是法国的情报机构却沦为国内政治斗争的工具，这就很难做到以国家利益和情报工作本职为中心，难以保持客观中立，其情报职能就大打折扣。

2. 情报机构迫于压力，有意迎合决策者

情报是决策的先导，为发挥情报的引领功能，情报机构应保持相对的独立性。然而，决策者常利用地位上的优势，暗示甚至强迫情报机构按照自己的决策意愿提供情报，那么情报机构就很难保持客观。这种情况在法国情报史上比较普遍。

在拿破仑入侵俄国前，前驻俄国大使科兰古（Armand de Caulaincourt）的反对意见，让拿破仑恼羞成怒。拿破仑的刚愎自用使周围无人再对发动战争提出不同意见。印度支那战争前，法国情报机构曾发出警告，认为作战毫无胜算。但戴高乐坚持认为，伟大的法兰西不容分裂，出兵印度支那不是殖民战争而是抵抗运动。戴高乐绕过情报机构总部，直接要求驻印度支那的情报站向其提供情报。此后，法国情报机构转而寻找能够支持戴高乐政策的情报评估，其结果是法国从此深陷殖民战争的泥潭，耗费大量资源，还遭到国际舆论的谴责。此外，情报人员不仅需要承受来自最高领导人的压力，有时还会遭受部门领导的压力。

3. 情报机构为满足自身利益需求，故意歪曲情报

1894 年的“德雷福斯事件”是法国现代史上最大的政治丑闻。情报机构将自己狭隘的利益与维护国家不受外敌侵害的使命混为一谈，这导致政府，尤其是左翼政府，与情报机构陷入一种不稳定的暧昧关系之中——政府既要依靠情报机构，又对其不够信任。这就给法国情报政治化问题的持续发酵造成了深远影响，法国情报机构开始将忠诚和服从置于独立思考和对真相的追求之上。

受“德雷福斯事件”的影响，法国情报机构难以获得决策层的信任，情报机构地位低下，经费紧张。为了博得决策者的青睐，提高自己的地位和经费，法国情报机构不惜夸大甚至捏造情报内容，来满足自己的利益需求。这使得法国在二战中自食苦果。情报是决策的依据，法国这种情报政治化现象无疑助长了战前的绥靖政策。

（二）情报政治化对法国情报工作的影响

根深蒂固的情报政治化问题给法国情报工作带来了诸多负面影响。

1. 情报评估屡屡失误

情报政治化会严重损害情报的客观性，因而是导致情报失误的重要原因。法国情报史上的几次重大情报评估失误，背后都存在情报政治化的因素。

拿破仑对法国和国际局势的错误估计，导致其盲目自大，法国的总体实力与拿破仑的扩张目标过于悬殊，但迫于压力，法国情报机构没有提出反对意见，法兰西第一帝国也迅速走向崩溃。

第二次世界大战之前，法国情报机构为满足自身利益需求，故意夸大德国的军事力量，为绥靖政策提供了注脚。法国情报机构认为，德国在空军力量上与法国相比占绝对优势，法国根本无法保护捷克斯洛伐克，也不足以抗击德国空军对法国领土的轰炸。这种高估德国空军并低估自身防控能力的情报评估，严重影响了法国政府在慕尼黑危机上的态度。此外，法国情报机构对德军主攻方向的误判，也存在情报政治化的原因。

2. 内外情报工作严重失衡

对一个国家而言，对外情报工作和对内情报工作均不可或缺，都对维护国家安全发挥重要作用。但现实中，不同的情报文化在内外情报工作上有不同的侧重。法国情报工作建立之初，其目的就是防止内部颠覆与叛乱。受情报政治化的影响，对内维护稳定一直是法国情报工作的重点，对内情报机构拥有重要地位，始终占据大部分情报资源和经费。拿破仑时期，对外情报机构仅为战争提供情报保障功能，国家的大部分情报经费都投向了警务部。冷战时期，为了防止苏联和东欧国家的渗透，法国几乎将所有情报资源都投入到反情报工作上。普通情报局在社会监视方面更胜一筹。普通情报局的情报力量分布在法国社会的各个角落，以公开方式掌握社会动态，对可疑人物、组织、活动进行调查，并建立各类情报档案，在法国全境构建了完善的社会监视网络。

法国的对内情报工作重点放在对外国人、少数民族、宗教团体、殖民地以及反对派领袖的监控方面。专门检查反对派以及外国人邮件的“黑屋”在法国有着悠久的历史，法国对内情报机构的监听范围之广令人震惊，上至共和国总统，下至平民百姓，无一能免。原则上，监听活动必须由情报机构提出申请，经总理批准后方可进行，但实际上这种监听活动几乎不受限制。直到 1991 年，法国才立法对基于国家安全目的的监听活动进行授权和监督。当前，欧洲面临的恐怖主义威胁急剧上升，法国的穆斯林人口增长迅速，给情报机构对内监控提供了继续存在的理由。2015 年《新情报法》给予情报机构更大的权限：在无特定监控对象的情况下，科技和电信公司可应情报部门要求，安装所谓的“黑盒子”，帮助情报部门过滤梳理互联网流量，以发现恐怖活动迹象。

3. 情报现代化进程受到阻碍

法国的情报文化素有重人力轻技术，重搜集轻分析，重军事轻文职的倾向，而情报政治化则强化了这种倾向，情报工作现代化进程屡受阻碍。

法国情报史上人力情报发挥了重要作用，二战后浓厚的“抵抗运动”情结，让法国情报界尤其偏爱隐蔽行动，但技术情报和情报分析却不受重视。法国情报界认为真正的情报隐藏在对方的保险柜里，国外情报暨反间谍局第七处也以撬保险柜、拆外交邮袋闻名于世。这种认识严重阻碍了信息技术在法国情报工作中的广泛应用，整个法国情报界没有一个系统的技术情报总部，所有的技术情报工作都是分摊到各情报机构进行。这种模式分散了技术情报力量，监听本国的通话不成问题，但对外国的安防系统取得关键性技术突破则比较困难。不过，由于情报政治化的影响，法国情报机构在技术上仅仅满足于通信和网络监控等手段。

现代西方情报界普遍将政策专家、高校教授、智库公司等纳入情报工作队伍，文职人员越来越成为情报工作的主力军。而军人在法国情报机构，尤其是对外情报机构一直占主导地位。在情报人员的“非军事化”方面，法国情报机构远远落后于其他西方情报机构。

4. 协调型情报体制难以建立

一个科学的情报管理体制既要具有一定的集中度，又要确保不同的声音能够表达。法国情报界长期以来是分散型情报体制。情报机构各自为战，碎片化倾向非常明显。

表面上看，法国情报机构各有分工、各司其职，但由于情报政治化的影响，各情报机构围绕“是谁的人”“听谁的话”“为谁服务”“走什么路线”等问题斗争激烈。由于各情报机构间相互猜疑、争斗，法国的协调型情报体制始终未能建立。1962 年，法国曾成立部际情报委员会（CIR），试图进行情报协调体制的改革，但效果并不理想。1974 年，部际情报委员会被取消，改由总理的办公厅主任牵头召开一种非正式的情报工作协调会议。情报政治化，导致法国始终无法建立协调型情报体制，各情报机构本位主义严重，造成了严重的资源浪费和恶性竞争。

5. 情报监督机制形同虚设

情报工作的性质决定其需要保密，但对情报工作的监督也必不可少，否则情报机构就会为所欲为。但受情报政治化的影响，法国的情报监督机制长期以来形同虚设。情报机构仅仅受到上级行政部门的监督，国外情报暨反间谍局起初受总理领导，后来在行政上隶属于国防部，但实际上则直接听命于总统，因此连行政监督都难以做到。

法国议会对情报工作的监督几乎为零。1985 年的“彩虹勇士”事件，让人们发现，法国情报机构居然不受议会监督。有反对派议员提出，应当对情报工作进行监督，但法国议会的表现却非常消极。一旦议会对情报活动进行监督，行政当局就难以将情报机构作为自己权力角逐的工具。另外，法国议会中还有法国共产党，法国情报部门和其他政党一致认为，绝不能让共产党接触到机密情报。除此之外，法国对情报工作的司法监督也同样是形同虚设。

（三）法国情报政治化的内在原因

法国情报政治化问题形成时间之久、造成影响之深，在西方国家中十分罕见。导致法国情报政治化的内在原因也复杂多样，主要有以下几点。

首先是动荡的政治局势。法国政局经常出现动荡，政权更迭频仍。自法国大革命以来，法国先后经过第一共和国、第一帝国、波旁复辟王朝、奥尔良王朝、第二共和国、第二帝国、第三共和国、维希法国、第四共和国、第五共和国，而这些政权的更替大多是通过政变和革命达成的。

除了政变和革命，法国的社会政治运动也此起彼伏。1968 年的“五月风暴”是法国二战后最大规模的社会政治运动。2018 年 11 月爆发的“黄背心”运动，至今仍未彻底平息。持续动荡的政治局势，使执政者认为主要的安全威胁来自内部，维护政权稳定的国内安全工作遂成为情报机构的首要职能。在这种情况下，情报工作的目的很容易发生异化——情报工作维护的是统治者的执政地位而非国家利益——情报机构也就沦为了国内政治斗争的工具。

其次是复杂的党派斗争。与美国等两党轮流执政的西方国家不同，法国国内没有哪个政党能够独自取得领导地位。获得民意支持较高的政党往往需要与其他政党组成政治联盟来取得执政地位。这种制度模式下的党派斗争更为复杂激烈。

法国的政党政治诞生于法国大革命之后，法兰西第三共和国成立后，形成了以议会为中心的权力体系，政党通过党派联盟控制议会。一旦联盟破裂，政府就会解体。法兰西第五共和国成立后，虽然政党的影响力受到了总统权力的制约，但总统不可避免地具有政党背景，代表政党利益，法国的党派斗争并未得到缓解。

复杂的党派斗争使法国情报机构不可避免地卷入其中。情报机构领导人的任免与党派斗争息息相关。戴高乐主政时期，戴高乐派就会长期把持情报机构要职。密特朗上台后则重用社会党人。几乎每换一届政府，情报机构就要重新洗牌一次。这种严重的不稳定和政治生命的阶段性特征使法国情报机构领导人将主要精力放在了权力斗争之上。

再次是畸形的情报与决策关系。受法国国内政治环境的影响，法国的国家安全决策流程始终存在重大问题。法兰西第五共和国成立前，由于复杂的党派斗争，国家安全决策过程迟缓，每一项决策都会遭到各种反对，而反对者们常常是为了反对而反对。第五共和国成立后，虽然法国实行了“半总统制”，但赋予总统的权力过大，总统有权任命总理、组建政府、解散国民议会。在国家安全领域，总统拥有绝对的主导权，内阁只是总统的咨询和执行机构。总理只有创议权，内阁其他成员也只是在总统决定召开内阁会议时才有权参与决策，在特殊紧急情况下总统可以绕开这一程序，自行作出决策。这种高度集中的国家安全决策流程，导致了法国畸形的情报与决策关系。

根据法兰西第五共和国宪法的规定，总统和总理都拥有情报工作的领导权。但由于总统在国家安全领域的绝对主导，总理只能充当辅助性成员。而且，法国总理的更换较为频繁，平均任职年限仅两年左右，有些总理甚至还没有来得及了解情报工作，就已经下台了。在这种情况下，法国的情报大权就集中于总统一身。当总统从善如流，乐于听取不同观点时，情报工作尚能有效、合理地开展；而一旦总统独断专行，不愿接受不同意见时，情报工作就只是总统个人意志的延伸。事实上，最高权力的拥有者往往很难接受不同的意见。这种畸形的情报与决策关系，使法国情报界缺乏长期稳定的情报战略。因此，法国的情报工作者不惜牺牲情报的真实客观性，来迎合决策者，以证明自己的“忠诚”，博得权力的青睐。

最后是情报文化的影响。情报文化是指一个国家或民族的思想文化与情报工作相结合，而逐渐形成的一种文化特性。长期以来，法国无论是决策高层还是普通民众都认为情报工作是肮脏的、见不得人的勾当。法国的情报工作者也在践行着这种情报文化。法国情报界对秘密人力情报有一种近乎偏执的热衷。法国普通民众对情报工作的印象，主要来自历史上臭名昭著的丑闻和媒体炒作的“内幕”。这些丑闻事件和媒体的大肆炒作，使法国民众对情报工作充满怀疑甚至恐惧。而决策者们一方面将情报工作视为自己权力角逐的利器，另一方面也对情报工作心存戒备。

这种消极的情报文化使法国情报机构地位低下，处于边缘化的状态。这种状况很容易导致情报机构为提升自身地位，故意歪曲甚至捏造情报来博取关注。

（四）克服情报政治化的举措

法国意识到情报政治化带来的巨大危害，采取了许多改革举措，试图克服情报政治化问题。

1. 精简整合对内情报机构

法国过于关注对内情报工作，对内情报机构繁多，主要有领土监护局、普通情报局和国防安全与保卫局。其中，国防安全与保卫局主要负责军队内部的安全与反情报工作，而领土监护局和普通情报局在职能上则高度重叠，存在严重的恶性竞争和资源浪费，而且丑闻频出。

为了改变这种局面，以及平衡内外情报工作，2008 年法国精简整合了对内情报机构，将普通情报局的部分职能同领土监护局合并，成立国内中央情报局，统一领导对内情报工作。2014 年，国内中央情报局进一步改组为国内安全总局。

然而，改革的效果却不尽如人意。普通情报局是法国的重要情报机构之一，尤其擅长以公开的方式掌握社会动态，在法国全境建立了完善的社会监视网络。但是，改革的设计者却完全依据秘密与公开的标准来界定情报工作，将以公开手段搜集安全情报的普通信息局排除在情报界之外，将普通情报局一分为三。现代情报工作早已不将秘密与公开作为情报工作的划分依据，法国却还犯如此低级的错误。不属于情报界的普通信息局所能掌握的资源大幅减少，人力、物力、财力也严重不足，基本丧失了强大的社会监视能力。而领土监护局虽然吸收了部分普通情报局的人员，但由于工作传统和组织模式上的差异，也没能继承普通情报局的社会监视能力。

2. 建立协调型情报体制

2008 年，在萨科齐总统的强力推动下，法国成立国家情报委员会，突破了以总理为中心的情报协调形式，建立以总统为核心的协调体制。国家情报委员会作为情报界的协调机构，由总统直接领导。设立国家情报协调官负责具体的情报协调工作。法国情报协调体制的改革，突破了原来制约情报协调体制发挥作用的关键因素，协调型情报体制终于确立下来。

然而，情报协调总统化也引起了一些争议。法国总统对情报工作的领导权原本就相对集中，由此导致了畸形的情报与决策关系，而这次改革使总理在情报领域被边缘化，总统对情报工作的控制进一步增强。国家情报协调官的职权也面临挑战，因为国家情报协调官归总统府秘书长管辖，协调官与秘书长的职责划分并不明确，情报机构仍然可以绕过国家情报协调官直接向总统府秘书长报告情况。这样，国家情报协调官面临被架空的窘境。

3. 完善情报监督机制

情报机构的肆意监听一直是法国情报界的一个痼疾。1991 年 7 月，法国通过立法，成立国家安全截听监督委员会，完善了针对情报机构监听的监督机制。2013 年 12 月，法国颁布《军事规划法》，议会的情报监督职权得到明确承认。一旦情报机构被证实违法，议会将启动宪法规定的机制对政府进行问责。法国议会也就实现了真正意义上的情报监督。

法国的情报监督机制改革，有助于提升法国情报机构的形象和情报机构的健康长远发展。但是受法国情报文化的影响，出于保密考虑，法国议会不能对正在进行的情报活动进行监督，而只能事后监督。这种有别于英美情报界的议会情报监督模式还有待实践的检验。

4. 塑造积极的情报文化

消极的情报文化是导致法国情报政治化的重要因素之一。冷战后，法国开始意识到这种情报文化的危害，开始塑造一种新的积极的情报文化。一是法国的决策者开始认同并关注情报工作。二是法国情报机构也在积极寻求同外界的接触，以增强自己的公开性。情报机构开始鼓励学者与情报工作者进行接触，并为其学术研究提供资源。三是积极地引导，使法国社会也开始认同情报工作。这种趋势在流行文化上也有所体现。2008 年上映的电影《秘密防御》展现了法国情报机构与恐怖组织的较量，情报机构终于以维护国家安全的正面形象出现在文艺作品中。2015 年开播的电视剧《传奇办公室》则正面反映了法国对外安全总局的情报工作；该剧在法国颇受好评，屡获大奖，2016 年成为法国在境外创收最高的电视剧。流行文化虽不能真实地反映情报工作，但可以看出社会民众对情报工作的态度。

第二节
情报实践

一、国家安全情报工作[1]

中国的情报研究一直存在两大范式，即以信息管理为研究对象的传统的图书情报研究范式，以及以军事情报、公安情报为研究对象的情报研究（Intelligence Study）范式。在《情报杂志》和“华山情报论坛”的倡导下，中国的情报学界一直在倡导军事情报学、公安情报学、竞争情报学与图书情报学、科技情报学的整合，希望在军事情报学和公安情报学、竞争情报学与图书情报学之间能够找到共同点，希望中国的情报研究学者能够关注国家安全问题，关注情报工作在维护国家安全方面的作用。

教育部提出要设立国家安全学一级学科，为中国的情报研究提供了新的契机。情报工作是大国重器，是国家安全的第一道防线，是最高统帅部的战略哨兵。没有一流的情报工作，就没有一流的国家安全工作。因此，在国家安全学一级学科的框架内，建立中国的国家安全情报学，以真正的国家安全

[1] 高金虎：《论国家安全情报工作——兼论国家安全情报学的研究对象》，载《情报杂志》2019年第1期。摘编后收入本书。

情报工作为研究对象，完善中国的国家安全情报理论，提升中国的国家安全情报实践水平，就成了一个现实选择。

（一）国家安全工作和国家安全情报工作

研究对象是一门学科的逻辑起点。讨论国家安全情报学，首先需要界定国家安全工作和国家安全情报工作，区分国家安全工作与一般的政府行政工作，区分国家安全情报工作与一般的军事情报工作和公安情报工作，明确国家安全工作和国家安全情报工作独特的研究对象。

1. 国家安全工作的内涵演变

国家安全工作的内涵有一个发展过程。总体国家安全观提出的 11 类安全，意味着可能威胁国家安全的 11 种因素。这些因素有些天然与国家安全工作相关，有些是随着时代的发展，被逐步纳入国家安全工作范畴。

“国家安全”这个词有特定含义，“国家安全”最早指的是免于外国间谍的渗透。1993 通过的《中华人民共和国国家安全法》规定了国家安全机关履行的职责，特别是反间谍工作方面的职责，这里的“国家安全”显然指的是外国的间谍渗透。这个情景不是中国所独有，其他国家也是如此。如英国安全局（Security Services，也称军情五局）就是英国的反间谍机构，苏联的克格勃全名是“国家安全委员会”，苏联体系国家均建立了类似的国家安全部。美国联邦调查局是美国的反间谍机构，它所处理的国家安全问题最早就是外国间谍的渗透问题。随着国际恐怖主义、大规模杀伤性武器扩散等非传统安全威胁的兴起，恐怖主义调查和大规模杀伤性武器扩散调查才纳入联邦调查局的调查范围，这些调查统称为国家安全调查，以区别于一般的刑事犯罪调查。

各类国家安全威胁的程度并不一致。外敌入侵与间谍渗透始终是影响国家安全的重要因素，冷战结束后美国把反恐当作其国家安全战略的重点问题，凸显了恐怖主义对美国国家安全的威胁，但在白宫发布的 2017 年《国家安全战略报告》中，恐怖主义威胁已被置于末尾。这种在排序上的改变，显示出特朗普政府对恐怖主义威胁的新认知，即反恐战争已经不再是美国的当务之急，而成为国际社会共同应对的“新常态”。进入 21 世纪，经济安全、文化安全、生态安全、核安全等逐渐成为国家安全的重要议题。但无论如何，以反情报、反恐、防扩散、防颠覆破坏和暗杀活动为核心的传统安全情报工作，还是国家安全工作的核心所在。

2. 国家安全工作与一般行政工作的区别

落实总体国家安全观需要多个部门共同努力，但这并不意味着这些机构都是国家安全机构，也不意味着它们从事的工作都是国家安全工作。国家安全工作处理的是最严峻的国家安全威胁，攸关国家的生死存亡，具有战略性、全局性、紧迫性、对抗性等特点，在所有国家安全问题管理中居于最高地位，它与一般政府行政工作与军事工作存在本质区别。

全局性。有些安全威胁严重危害国家安全，如外敌入侵、间谍渗透、恐怖主义、敌对势力的颠覆、破坏和暗杀活动、外交危机、网络入侵。这些威胁一旦出现，将对整个国家安全产生全局性的危险。发生在某地的生态恶化(太湖蓝藻，某地的艾滋病高发)、突发的生态事件（如天津港爆炸事件)，虽然也具有强烈的破坏性，但显然不会严重到威胁国家安全，因此不构成国家安全问题，处理这种危机的工作不属于国家安全工作。

战略性。通常我们用战略级、战役性或战术级来区分问题的等级。在各种各样的战略中，国家战略、国家安全战略显然是最顶层的战略文件，这些战略文件阐述国家安全环境，存在的国家安全问题，解决国家安全问题的手段和选择，而国防战略、军事战略、外交战略解决的是各领域关注的问题，其层级逊于前者，应以前者为指针，不能逾越。各种企业发展战略当然也是战略，但与前两层战略显然不在同一层面。国家安全工作处理的是最严峻的国家安全威胁，因此在所有国家安全问题管理中居于最高地位。例如，战和大计，决定国家是否面临战争危机，是不是应该进入战争状态，这关系到国家的生存与发展，无疑属于战略问题。

对抗性。国家安全工作也具有巨大的风险性和激烈的对抗性。国家安全工作、国家安全决策直接关系到国家安危、民族兴亡、战争胜负和利益得失，敌对双方需要围绕国家利益斗智斗勇。国家安全工作也具有高度的时效性，敌对双方在同一时空条件下进行激烈对抗，情况瞬息万变，战机稍纵即逝，因此，国家安全决策和国家安全行动都强调危机的预防与处置，强调事态的紧迫性，而一般的政府行政事务和军事训练则没有这一特点。《中华人民共和国国家安全法》设专节规定危机的预警和处置事务，证明危机处置和预警是国家安全工作的核心内容。根据这一原则，我们可以对同一部门负责的国家安全事务与一般的行政事务进行切割。例如，海关是依据本国（或地区）的法律、行政法规行使进出口监督管理职权的国家行政机关，其职能包括监管、征税、查私和编制海关统计。这是其日常事务。但如果海关在日常运行中，发现有外国间谍入境，它应该立即采取行动，并通知国家安全机关处置。

国家安全部门与行政部门的职能定位非常清楚。《中华人民共和国国家安全法》第五条规定，中央国家安全领导机构负责国家安全工作的决策和议事协调，研究制定、指导实施国家安全战略和有关重大方针政策，统筹协调国家安全重大事项和重要工作，推动国家安全法治建设。第六条规定，国家制定并不断完善国家安全战略，全面评估国际、国内安全形势，明确国家安全战略的指导方针、中长期目标、重点领域的国家安全政策、工作任务和措施。从这两条规定来看，国家安全委员会的职能也是国家安全决策、国家安全工作的统筹与协调，而不是具体政策的执行。所以，定位国家安全工作应注意国家安全委员会与一般行政机构的不同分工。例如，决定中美关系正常化是国家安全事务，需要总统和国家安全委员会决策，而中美关系的大门打开后，涉及建立外交关系这样的操作性事务，那是美国国务院的职能，两者同样不能代替。所以，国家安全工作与国防部、外交部、公安部等行政机构的日常工作存在交集，但不是包容的关系，相互之间不能代替。考虑到国家安全工作大量分散在各个政府部门，在下一轮机构改革中，可以切割这些机构承担的国家安全工作与日常行政工作，组建专门的国家安全部门，履行国家安全职能，最后形成一体化的国家安全业界。可喜的是，在新一轮机构改革中，这样的思路已经得到体现。

3. 国家安全情报工作与军事情报工作、公安情报工作的区别

2017 年通过的《中华人民共和国国家情报法》（以下简称《国家情报法》）没有定义国家情报工作，但规定国家安全机关和公安机关情报机构、军队情报机构是国家情报工作机构，显然将国家情报工作等同于这三大机构的工作。这种认识没有考虑国家安全情报工作的特殊性。从《国家情报法》总则的第二条可以看出，国家情报工作以影响国家安全的因素为研究对象，以保障国家安全决策为目的，以全局性和战略性国家安全议题为内容，其重要性非一般的军事情报工作和公安情报工作可比。军事情报工作则以影响军事决策与军事行动的因素为研究对象，以保障军事决策和军事行动为目的，以军事议题为研究内容。它们在内容、层次上存在明显区别。从层次上说，军事情报工作中既有战略情报工作内容，也有战术性情报工作内容。美国情报界合理界定了国家情报机构与军种情报机构之间的界限。中央情报局、国家安全局、国家侦察办公室、国家地理空间情报局构成了美国的国家情报机构，而国防情报局则主要承担了军事情报工作职能，是战场情报保障的首要责任单位，各军种情报机构则主要承担本军种的战役战术情报保障任务，其层级关系、职能分工非常清楚。从内容上说，军事情报工作虽然也会涉及对象国的政治、军事、外交等方面的内容，但侧重于军事方面的内容，如对手的编制体制，战斗序列，武器装备，军事理论。这与国家情报工作存在差异。公安情报工作和其他类型的情报工作存在同样的现象。

区别国家安全情报工作与军事情报工作和公安情报工作，避免以后两者代替国家安全情报工作，至关重要。国家安全机关、公安情报机构、军事情报机构的工作不能涵盖国家安全情报工作的全部内容。例如，我们说情报是国家安全的第一道防线，军事情报机构把预警问题作为最重要的问题来研究。但是，对国家安全构成威胁的，不仅有战争威胁，也包括恐怖袭击、大规模杀伤性武器扩散、重大的经济危机、生态危机等非传统安全威胁，对这些威胁的预警已经超出了军事情报机构的职能（尽管某些国家的军事情报机构确实在承担这样的职能）。某个重要的友好国家突然改变其对外政策取向，而与我们的对手缔结盟约，这样的外交事件的预警也不是军事情报机构的职能，而应该是国家情报机构或国家安全机构的职能。因此，军事情报工作不能代替国家安全情报工作。同理，公安情报工作、反恐情报工作也不能代替国家安全情报工作。

综上所述，国家安全工作与军事工作、公安工作之间不是替代关系，不是包容关系，而是交叉关系。每门工作都有自己的特异性，不能相互取代。

（二）国家安全情报工作的核心功能

所谓情报的功能，也即情报的作用。情报工作非常复杂，既涉及不同的情报要素（情报搜集与分析、反情报与隐蔽行动）、情报的组织与管理，也涉及情报工作的流程。其核心功能主要包括以下几项：

1. 优化决策

在诸多国家安全实践中，国家安全情报工作是国家安全工作的核心。分析国家安全环境，理解国家安全威胁，明确国家安全目标，确定国家安全任务，制定国家安全决策，执行国家安全行动，离不开国家安全情报机构的支持。《国家安全法》第四章“国家安全制度”设定了“一般规定”“情报信息”“风险预防、评估和预警”“危机管控”五项内容，其中三项属于情报工作（“风险预防、评估和预警”“情报信息”“危机管控”），“审查监管”涉及到国家安全供应链的安全，属于安全与反情报工作。这体现了情报工作在国家安全工作中的重要地位。

国家安全情报机构在国家安全决策中发挥着核心作用。美国国家安全委员会是政府中最重要的一个部门，是情报与政策的支点，情报要在它的决策工作中起中心作用。国家安全委员会是美国决策的中心，而中央情报局《国家情报评估》则成了这个中心的高级智囊。

国家安全情报工作贯穿于整个国家安全决策与行动中。国家安全情报机构主要承担如下任务，即明晰国家安全环境，消除情况认识的不确实性；了解国家安全态势，评估影响国家安全利益的因素（威胁与机遇）；监控国家安全动向，发现影响国家安全和利益的威胁与机遇；评估战略方案，确定对手可能作出的反应。

2. 战略预警

情报机构最基本的职能，是就面临的国家安全威胁，提出早期预警，帮助决策者制定预案，以应对可能出现的危机。从第二次世界大战开始，突然袭击事件频频发生，因此，预警成为决策者最关心的问题。珍珠港事件使美国人意识到情报是国家安全的第一道防线，在设计情报体制的时候，美国决策者把预警问题放在最重要的位置。

《国家安全法》第四章“国家安全制度”设定了五项内容，除“一般规定”之外，剩下的四项均属情报工作（“风险预防、评估和预警”“情报信息”“危机管控”），而“风险预防、评估和预警”规定：国家制定完善应对各领域国家安全风险预案。国家建立国家安全风险评估机制，定期开展各领域国家安全风险调查评估。国家健全国家安全风险监测预警制度，根据国家安全风险程度，及时发布相应风险预警。这些规定，凸显了国家安全预警在整个国家安全工作中的重要地位。

要实现预警功能，情报机构需要了解潜在对手的战略意图，对方的潜力，对方的准备情况，双方面临的国际环境和战略态势。这种工作被称为预警情报工作，其方法主要是整编预警指标，编制对手的战斗序列，监控对手的动向，研判对手的意图，及时向决策者发出警告，方便其采取适当的应对措施，以避免突然袭击。

随着非传统安全威胁的出现，总体国家安全观的形成，对国家安全的威胁，已经不仅仅是战争、恐怖袭击，大规模杀伤性武器扩散、金融危机、生态危机、核泄漏……都可能形成威胁国家安全，对这些威胁的预警，应由专业情报机构来承担。《国家情报法》虽然强调“国家情报工作坚持总体国家安全观”，但仅把国家安全机关和公安机关情报机构、军队情报机构称为国家情报工作机构，显然忽略了其他非传统国家安全威胁。应对这些非传统的国家安全威胁，显然不应是国家安全机构的主要职能。如果考虑到《国家情报法》所提出的国家情报工作应以维护国家统一和领土完整、人民福祉、经济社会可持续发展和国家其他重大利益为目标，那么，以经济社会持续发展为研究方向的各级科技情报机构也应该进行转型，成为国家情报机构的有机组成部分。因此，建议整合分散在各政府部门中的情报工作，建立专业化的情报机构，提升其专业水准，形成一体化的国家安全情报业界。

3. 安全与反情报工作

现代情报理论将整个情报活动分成两个部分，即以获取对方实力与意图为目标的进攻型的对外情报工作，以及阻止对方获取我方实力与意图、以防御为特征的安全工作与反情报工作。

情报机构是国家机器的一部分，维护国家安全是情报机构的根本职能。情报工作的这一职能，无论古今，无论中外，概莫能外。早期的对外情报工作缺乏连续性，但维护政权稳定，保卫君王安全，却是萌芽时期情报机构的重要职能之一。中国在汉武帝时始置“司隶校尉”，作为监督京师和京城周边地方的秘密监察官。后汉时曹操设立了规模更为庞大的“校事”“典校”及其附属机构。唐代宦官李辅国设置“察事厅子”数十人，侦查官员活动。明时朱元璋设置锦衣卫，其最高长官为指挥使。1565 年，伊凡四世建立了近卫军以对付挑战皇权的封建领主，秘密警察成为沙皇维护皇权的手段之一。在现代社会，以维护国内安全为使命的反情报工作依然是一国情报工作的主要职能之一，在苏联时代，以国内安全为主要职能的克格勃，其地位与实力远远超过以对外情报为主要职能的格鲁乌。通过出色的反情报工作，苏联情报机构挫败了国内外敌对分子的渗透，瘫痪了敌对情报机构的情报行动，维护了国家安全。因此，安全情报工作维系一国安全，这种说法并不为过。

安全工作包括信息安全、人事安全和物理安全等内容，这些安全措施有时不被认为是一种反情报措施，而被称为机要工作或安全工作、保卫工作。美国国家情报总监办公室直接将安全与反情报工作列为其下属国家反情报执行官办公室的职能，说明安全工作与反情报工作之间的密切联系已经得到国家安全业界的认同。

反情报工作不局限于传统的反间谍工作。侦察敌方的间谍渗透，挫败敌方的谍报活动，操控、利用敌方的谍报行动，传递虚假信息，实施战略欺骗，是国家安全情报工作的重要内容。孙子特别重视反情报工作，反间是“五间”之一种，且是“五间”的钥匙。第二次世界大战期间，英国安全机构就营造了一个欺骗德军的双十体系（XX System）。苏联国家安全机构更加重视渗透对手的情报机构。所以，真正的反情报工作，是最有力的安全保卫工作。它是国家安全情报体系的一个有机组成部分，是极具进攻性的情报手段，是威力极大的情报手段，而绝非消极、在国家安全事务中无足轻重的。

“9·11 事件”后，美国的反情报工作进行了整体转型。美国意识到反情报工作对于维护国家安全不可或缺，反情报不仅可以使美国的情报机构免受敌对情报机构的渗透，还可以使情报机构对敌方情报机构的情报行为具有敏锐的洞察力，从而削弱外国的情报能力。2004 年《情报改革与恐怖主义预防法》(Intelligence Reform and Terrorism Prevention Act）重新定义了“国家情报”的定义，将对外情报、国土安全情报与军事情报并列为国家情报的三大内容。从 2005 年开始，美国颁布了多部反情报战略，阐述美国面临的安全威胁。2009 年的《国家情报战略》规定，美国情报界必须在美国政府范围内，开展一致、全面和协调的工作，利用攻击性和防御性的反情报措施，确认、欺骗、利用、破坏这些威胁，同时又将反情报工作延伸到网络领域，保护关键基础设施的安全。

反情报的战略意义体现在以下几个方面：保证国家情报系统、武装力量、科技和经济力量的安全；为国家政策及决策提供支持；为军事行动提供支持。

（三）国家安全情报学的学科体系

学科体系有两个含义，其一是指某一学科的内在逻辑结构及其理论框架，其二是指某学科的范围和各个分支学科构成的一个有机联系的整体。学科体系是对所属各学科按其内在联系加以归类，以符合逻辑的排列形式表述出来，它具有规范性、稳定性、系统性和开放性的特点，是一个稳定的开放系统。

国家安全情报学的学科体系取决于国家安全情报学的研究对象。国家安全情报学以国家安全情报工作为研究对象，其宗旨是总结国家安全情报工作，形成对国家安全情报工作的规律性认识，升华为国家安全情报理论，揭示国家安全情报工作规律，阐明国家安全情报工作的理论与方法，进而指导国家安全情报工作实践。因此，国家安全情报学的学科体系应该包括四方面的内容，即理论、实践、历史、思想。国家安全情报理论，国家安全情报工作，国家安全情报史，国家安全情报思想，构成国家安全情报学基本的研究框架。

国家安全情报史是国家安全情报学科的基础，主要研究国家安全情报工作的起源、发生、发展规律，解释人类历史上的国家安全情报活动，总结国家安全情报工作的经验教训，揭示国家安全情报工作在应对各种危机、维护各类国家安全方面所发挥的重要作用，指导国家安全情报工作实践。

国家安全情报思想是人类认识国家安全情报工作、总结国家安全情报工作的经验与教训而形成的智慧结晶，是人类认识国家安全情报工作、总结国家安全情报工作发展规律的理论学说。国家安全情报思想源于国家安全情报实践，高于国家安全情报实践，最终可以指导国家安全情报实践，推动国家安全情报工作的发展，促进国家安全情报实践的飞跃。它是国家安全情报史研究的深入。情报思想经过长期的积淀后可以固化为国家安全理论。

国家安全情报基础理论是国家安全情报研究的奠基性工程，是其他国家安全情报命题的研究起点和立论前提，在整个国家安全情报理论的构建过程中，国家安全情报基础理论的渗透性、辐射性最强，是情报研究的重要内容之一。它包含国家安全情报的定义，国家安全情报的类别，国家安全情报工作的流程，国家安全情报工作的作用，国家安全情报工作在决策中发挥的作用等。所有不宜纳入国家安全情报工作流程的内容，如国家安全情报力量建设（如国家安全情报管理体制、国家安全情报人才的培养）等，均可纳入国家安全情报理论的研究领域。

国家安全情报应用理论，主要依据国家安全情报工作流程和国家安全情报工作要素，研究国家安全情报工作各个环节、各个要素的工作，如国家安全情报资源、国家安全情报分析、危机预警、国家安全情报在危机处置中的作用、反情报工作的开展、情报谋略的使用等。

总之，国家安全学一级学科的设立为中国情报研究事业的开展提供了一个新的契机。由于国家安全情报工作在国家安全事务中的核心作用，在国家安全学学科设置中，国家安全情报学必将赢得一席之地。国家安全情报学以国家安全情报工作为研究对象。了解国家安全工作与军事情报工作、公安情报工作之间的区别与联系，避免出现以国家安全情报工作代替军事情报工作和公安情报工作的现象，合理界定国家安全情报学与军事情报学和公安情报学等相关学科之间的学术边界，对推进国家安全情报学的研究至关重要。

二、英国警务情报工作改革[1]

1829年英国《大都市及附近警察改进法》（An Act for Improving the Police in and near Metropolis）获得通过，现代职业警察体制就此形成。在20世纪末全球化和网络化的背景下，恐怖主义袭击、有组织暴力犯罪和网络犯罪日益猖獗，常规警务模式的局限和警力资源的紧张成为警务工作发展的内部羁绊，《1996年警察法》宣布成立全国刑事情报局（National Criminal Intelligence Service），由此英国警方以情报改革带动了警务工作革新的浪潮，推广了情报主导警务理论，推行了国家情报模型，逐步完成了警务情报的转型。

（一）改革历史

随着警务工作的发展和社会安全形势的变化，情报工作从最开始的情报服务侦查工作，逐步发展为情报主导警务，情报工作更多地用来预测和震慑犯罪。从发展上看，英国警务情报分作可以分三个阶段。

1. 探索期（1829年—1995年）

情报工作随着警务工作而诞生，主要进行案件的反应性调查，获取分析与案件相关信息；这一时期情报工作以警务工作的导向为方向，情报侦查工作附属于警务工作。

1829年设立了苏格兰场（Scotland Yard），即伦敦警察厅，负责大伦敦地区的社会稳定和安全。1878年，苏格兰场成立了刑事调查部，由便衣刑警搜集情报，协助侦查，形成了警务情报工作的雏形。1967年英国引入单位警察制度，建立了现代情报体系所依托的本地情报系统。20世纪80年代英国犯罪率急剧上升，英国首席警官协会（Association of Chief Police Officers）发布

---

[1] 洪磊：《21世纪初英国警务情报工作改革研究》，载《情报杂志》2019年第11期。摘编后收入本书。

了《以调研为辅助：有效解决犯罪问题》报告认为，应该充分利用情报对付惯犯，提出了三个核心观点：一是警务职责机构缺乏整合；二是警方未能充分利用情报资源；三是警方需要重点关注罪犯而不仅仅关注犯罪事件。这段时期的主要警务模式是社区警务和问题导向型警务，情报主要起辅助办案和调查的作用，但是随着社会发展和技术的进步，情报在警务工作中的重要性逐渐提升。

2. 变革期（1996 年—2000 年）

这一期间英国警方尤其是政府高层和警方高管对情报的重要性更加认可，在《情报服务法》和《调查权力法规》中确定警务情报的地位，形成了成熟的情报主导型警务理论，并根据理论和英国社会现状塑造国家情报模型。信息革命的爆发使警务机构有了较大的组织变动，为更好地利用信息技术，获得更强的信息检索和分析服务能力，警务机构被重新配置，这些变化激发了和警务需求联系紧密的情报主导警务的诞生。

1996 年，政府为了加强打击犯罪的力量，颁布了《警察法》，其中的主要内容就是建立了刑事情报局（NCIS），NCIS 是专门处理情报的警察组织，负责查找、分析犯罪情报，将情报与各个警局共享，并且协助各个警局做好情报搜集和分析工作，逐步实现了全国警务情报工作的标准化。

情报主导警务理论和国家情报模型的确定，是英国警务情报改革工作的里程碑性事件。情报不仅是警务工作的耳目、尖兵和参谋，更是警务决策工作的引领，有效提高了社会的稳定和安全。

3. 成熟期（2001 年至今）

进入 21 世纪后，随着恐怖主义和有组织犯罪日益增长，英国警方投入了更多的资源用于情报的搜集和分析，并将情报主导警务的理念融入警务模式，在准确、及时的情报基础上，通过预测罪犯情况，产生震慑效果，将犯罪扼杀在摇篮中。情报工作不但产生了情报主导警务这一新型警务模式，也给传统警务理念带来了改变。

随着时代的发展，英国警务工作发生了很大的转变。社区警务模式的失败，警察服务和可用资源之间的差距越来越大，信息技术的持续发展和恐怖袭击使得警察服务转向以情报为主导，以数据为导向的风险缓解和警务决策方法。英国警方已经从被动响应者转变为安全环境的主动风险管理者，情报主导警务也从办案的分析工具演变为警务模型，最后演变为成熟的警务理论被广泛认可。情报主导警务使情报成为组织规划和决策的关键，将战略性、前瞻性、针对性的犯罪控制方法嵌入到警务监管中，增强警务实践的合理性，提高了警务效率。

（二）主要改革举措

随着社会发展、科技进步和安全需求，英国警务情报工作发生了重大改革，推广情报主导警务理论，完善了情报体制，推行国家情报模型。

1. 情报主导警务理论的推广

英国警方通过推广情报主导警务理论来加强资源的有效部署，通过搜集、分析和生产情报产品，使有限的警务资源发挥最大的功效，提高控制犯罪的效率，使情报主导警务理论成为英国警方乃至全球警务组织的核心指导思想。情报主导警务并没有重新定义警察的角色，而是帮助警察更聪明地应用他们的权威和能力。

作为改革的思想纲领，情报主导警务理论从情报的重要性、组织结构和警务目标三个方面重塑警务情报工作。准确及时的情报是警务行动成功的关键。需要警务指挥官和前线警员认识到情报的重要性，结合搜集情报、分析情报、情报流通和情报对决策的指向四个方面加强情报工作的质量。情报主导警务也是警察组织和犯罪行为互动模式的改变。以往的警务目标仅仅回应个别犯罪，被动地提供案件需要的线索和证据，而在情报主导警务理论下，警务目标在于利用情报提前感知风险，震慑罪犯从而避免案件发生。

2. 国家情报实践模型的推行

情报主导警务理论促使了国家情报模型的形成，国家情报模型是情报主导警务理论在英国的警务实践和落地模型，提供了一个跨越多种犯罪形式的情报工作框架。2000 年，国家情报模型由国家刑事局首次在英格兰和威尔士试点推广，这是英国政府的第一个国家警务计划，由国家高级领导层推动，围绕特定警务范式推行，实现从中心化到标准化的建设目标。在信息技术和情报程序落实到位的基础下，国家情报模型可以主动处理犯罪，识别罪犯模式，进行警务资源分配，制订战略计划。

国家情报模型整体设计在三个层次上实施，形成金字塔形的情报流，即地方一级、跨区域二级和国家三级。一级关注本地的犯罪和治安问题，由当地警局进行管理。第二级涉及有组织犯罪和区域治安问题，需要区域警局一级联合管理。第三级涉及反恐问题，需要国家共同治理。

英国警局中，情报产品的信息来源广泛，可以通过主动侦查、人力监控、闭路电视系统、自动数字识别系统、线人、指挥和控制系统、犯罪记录、刑事调查、政府罚款记录、交通执法记录、枪支许可记录、巡逻记录、网络搜索和邻里监视等途径获得，这些信息被充分汇集、加工和分析，形成相关情报。情报产品为警局决策人员提供战略指导，调整警务资源分配，帮助制定警务政策，完善管理风险的战术决策。

在国家情报模型下，情报由分析人员记录和解析，评估信息来源的可靠性和情报的性质，告知情报应传播的方式，最后进行风险评估。英国警察局中最重要的情报产物是战略情报评估，从犯罪环境解析和犯罪趋势预测等宏观方面确定警务活动，以减少犯罪，改善社会安全治理的战略重点，在情报主导的警务中发挥重要作用。

3. 情报体制的完善

英国警务情报体制经历了从无到有、从有到精的过程。体制改革历程中带有鲜明的法律引领体制和应势而变的特点。

首先是法律引领体制。1829 年《大都市及附近警察改进法》通过后，英国职业警察体制形成。早期的警务情报体制比较模糊，和刑侦、治安等警种杂糅在一起，并且和西方社会奉行的“自由”宣言相违背，大众并不接受警务情报工作。《1996 年警察法》颁布后，英国警察组织共同合作，搜集、分析和传播犯罪情报。2015 年《英国反恐和安全法》中要求，警务情报部门需要和政府、教育部门和司法部门等共享反恐情报。警察具有强烈的政治属性，政府利用法律进行警察体制调节，渐渐建立完善的情报体系。

其次是应势而变的体制。英国警方有着执法和情报的双重职责，工作对象和工作目标决定了他需要根据社会安全形势而进行相应的体制改革。在英国历史发展进程中，有组织犯罪和恐怖事件是对警察最大的考验，为更好地解决相应的问题，警务情报体制进行了应势而变的改革。进入 21 世纪后，苏格兰场的情报局以新出现的犯罪形式和严重的犯罪影响为主要情报对象，设立暴力及毒品情报小组、金融犯罪情报小组和科学情报小组，有的放矢地对有组织犯罪进行深入情报搜集和分析。除了内部机制改革外，英国警局还和政府部门以及其他国家的警察部门建立了情报互通机制。英国政府设立了联合恐怖主义分析中心，成员由三大情报机构、国防情报局以及外交部、警察局等部门组成，主要职责是对国际恐怖主义情报进行分析，评估威胁等级，深度分析恐怖主义的趋势和袭击可能性，发出威胁预警。

第三是情报体制与传统警务体制的结合。情报体制与传统警务体制的结合可以帮助警务情报系统乃至整个警务系统更加完善。情报体制可以推动传统警务体制中资源的部署，情报产品可以更有效地将传统警务资源引导至产生最大犯罪控制的地方。模式的融合可以促使警务人员职责和类别的转变，也为英国警务改革打下坚实的组织和人员基础。

社区警务是英国警务工作历史上著名的改革运动之一，为改善警察和少数民族社区关系而设立。将社区警务体制和情报体制进行融合，可以完善警务工作流程和目标。多来源的信息可以增加警察部门对社会治安风险的了解，增多民众参与警务工作的机会，增强社区的安全信心。

（三）取得的成效

作为全球警务情报工作的鼻祖，英国警方在提升传统警务工作效率、缓解非传统安全威胁和情报主导警务理论传播三个方面取得了巨大的成效。

1. 情报工作提升了传统警务工作效率

虽然情报工作的成效很难衡量，但是在降低发案和提高警方活动的投入产出率两方面，英国情报工作做出了卓有成效的贡献。

情报工作可以有效降低发案率，尤其是对那些由惯犯实施的重复犯罪，情报工作的作用更加明显。英国警局的财政支出一直被民众所关注，情报工作可以降低警务工作的成本，提高投入产出回报率。除了预警工作，情报工作也帮助侦查工作节省了大量开支。英国审计委员会宣称，英国的警务情报监控部门在两年的时间内，投入了 3.6 万英镑，侦破案件 530 多起，挽回的经济损失达 50 万英镑，是经济实用的打击犯罪利器。

2. 情报工作缓解了非传统安全威胁

情报工作通过情报搜集和分析，及时发现非传统安全威胁，将其扼杀在初始阶段，避免更大的影响。首先，英国警方通过扩大情报搜集范围来发现非传统安全威胁。警方通过对网络社交媒体的情报巡查，审查了在线政治活动。警方通过技术手段发现在这些平台上的非法政治集会，及时通过解散群组或者删除帖子等方式，减小非法政治传播的影响力。其次，警方通过情报分析工作处理非传统安全事件，避免形成更严重的群体聚集事件。非传统安全事件传播途径新，技术手段新，具有较强的隐秘性，通过情报工作抽丝剥茧，可以快速侦破案件。最后，警方通过情报监控维护非传统安全环境。警方利用金融情报主动联系疑似网络欺诈受害者，采取积极主动的方法对网上欺诈行为进行监督，减少在线欺诈受害者的损失，改善警方经济调查和行动的能力。

3. 情报工作助力了国际警务的发展

英国警务情报改革不但改变了国内的警务生态，而且对国际警务的发展产生了重大影响。鉴于情报主导警务自上而下传递的性质，政府可以将一些国家建设目标纳入到公共安全任务中，比如控制恐怖主义袭击。许多国家政府都看中英国情报主导警务的这一特性，将情报主导警务与本国国情结合，创造出一种不仅解决地方安全问题，而且可以与中央政府的重要目标密切配合的警务机制。

英国警务情报主导警务改革引领了全球警务情报改革的风潮，使全球警察在面对更加复杂的安全形势下不仅仅是被动防御，而是主动感知和预防。情报主导警务的概念在全球各种发展中都是相似的，这些概念在实践中的实施情况因情报质量不同，情报分析人员数量和教育程度不同，信息组织和警察组织等具体情况而各不相同，但是总体效果都很好。

（四）存在的问题

英国警务情报改革工作并不是一帆风顺，也存在着一些理论和实践问题，主要表现在两个方面：

首先是警务情报认识的障碍。情报主导警务是一个新的情报工作理念，它与传统的情报与行动的认识存在较大差别。对于情报科学性的讨论主要集中在警局内部，部分警员认为犯罪和社会秩序问题过于复杂，无法以纯粹的理性和科学方式加以分析，通过犯罪数据所架构的社会安全环境偏向于悲观主义，以罪犯为重点的情报分析过分强调问题的严重性，而寻找未来问题的情报预测又过分强调有害事件的发生可能性。

其次是警务情报实践的障碍。在情报警务实践中，存在组织结构和情报分析人员素质两大障碍。在英国，许多机构都是警察部门，它们都在情报系统中传播和利用情报。多机构之间搜集、处理和传播犯罪情报存在着流程问题，由于每个机构都是在各自信息流上运作，因此存在多个情报流，这样警察系统间情报传播就可能出现偏差。情报搜集和分析人员的素质也是情报主导警务成功与否的关键性因素。

英国的警务情报改革非常艰难，但是通过解决一个又一个的问题，英国的警务改革才能一直走在世界警务情报工作的前列，引领世界警务情报的发展。以情报主导警务为代表的警务情报改革，合理调整警局组织，分配警务资源，专注于生成和分析犯罪情境和惯犯情报，帮助高层作出更明智的战略决策，更重要的是，它改善了警局情报搜集、分析的能力，减少了犯罪和民众对犯罪的恐惧感，增加了公众对警方的信心。

（五）未来展望

1. 融合多学科研究，提升情报工作的科学性

情报学是一门交叉学科，情报学需要融合多种学科的成果。英国警务情报研究多以质性研究为主，立足于警察学、社会学和政治学，借用其他学科理论构建情报体系，发掘警务情报的规律。随着大数据时代的到来，一方面，英国警务情报研究引入了传播学、心理学等社会学科研究成果，完善情报理论体系；另一方面在数据密集型科研范式的引导下，英国警务情报研究中加大了自然科学的比重，运用数学、统计学和计算机科学等学科研究成果，结合传统情报分析方法和数据挖掘技术，提高情报分析的准确度。随着大数据、云计算、移动互联网、物联网等信息技术的发展，数据分析、人工智能等自然科学也会得到更多重视。

2. 重塑传统情报手段，推动情报方法改革

英国警务情报工作为了维护传统安全和非传统安全，不但延伸传统情报手段解决老问题，而且创造崭新情报手段解决新问题。崭新的情报手段注重运用技术，尤其在非传统安全方面发挥巨大作用。未来社会安全形势变化多端，情报手段需要互相融合，发掘传统情报手段的潜力，以技术为先导，创新情报手段，预防风险，维护国家安全和公共安全。

3. 依据国家安全需求，创新情报工作实践

情报工作面向国家安全，为了保障国家和平与稳定，英国警务情报实践根据国家安全需求，与时俱进，改变情报组织来面对恐怖袭击、网络威胁等安全问题。未来全球化发展会滋生许多国家安全问题，罪犯通过经济、政治、军事、文化等多种途径对国家的安全与发展构成威胁，英国警务情报工作以组织革新带动行动创新，根据国家安全需求转变工作重点，作为守护安全的排头兵缓解国家复杂严峻的安全形势。

维持社会稳定、保卫国家安全，既是情报机构的使命，也是警务部门的职责，而且情报和警务工作同根同源，两者从诞生开始就联系紧密，之后一直互相影响、互相促进。情报主导警务理论和国家情报模型是英国警方对警务情报改革做出的优秀答卷，在全球安全形势风云变化之时，英国警方以资源管理为中心，提高对犯罪分子的关注度，使用以情报为核心的决策体制，加强情报共享，重点关注恐怖主义和有组织犯罪，管理犯罪分子，治理重点地区治安，减少犯罪机会，提高了公众的安全感和满意度。

英国警务情报改革的经验具有重要的参考价值和借鉴意义。大数据技术、人工智能为公安工作带来了新的机遇，使得情报自动化处理成为可能，从而打破信息壁垒，共享情报信息，根据国家安全和警务战略优先级确定情报产品的需求，向高层指挥官通报安全态势预测，确保信息纵向和横向流动顺畅；建立情报管理问责制，确保合理分配资源，实施情报主导和警务优先的机制，并评估情报工作结果以便调整情报工作方案，完善情报研判预警机制，顺应时代发展大势，保障国家安全和稳定。

三、以色列军民融合的情报工作[1]

军事情报工作中的军民融合是指，在军事情报工作领域由军民双方集中各方先进资源和优势力量，共同组织实施，协调一致完成多样化军事情报保障任务，其目的是实现情报效能最大化。纵观世界情报强国，无一例外都十分重视军事情报工作领域的军民融合，而以色列是其中的一个典型。

以色列现国土面积仅为2.78万平方公里，其地形很不利于防守，且十分容易受到其他国家的进攻，周边的安全环境极其恶劣。但是，以色列又是中东地区首屈一指的军事与经济强国。以色列是传统情报强国，自1948年建国以来，以色列在军事情报工作领域就一直坚持军民融合，通过相互协调军民双方情报发展力量，进行资源集中、优势互补，大大增强了情报工作的效能，推动了国防高技术产业和国民经济快速发展。

（一）军为民用：军事情报部门支撑国防科技工业发展

1948年5月建国时，以色列只有为数不多的几家从事轻武器制造的小工厂，到了50年代末期，以色列也只能生产部分轻武器，改装部分装备。由于以色列面临着十分恶劣的地理位置和周边环境，使其不得不走武器装备国产化的道路，建立一个相对独立稳定的国防科技工业市场体系。经过不懈努力，到了20世纪70年代，以色列一跃成为了具备武器自主研发和生产能力的军事强国，其军工企业的发展让世界为之震撼，这与其实行军为民用的情报支

[1] 濮方圆：《以色列军事情报工作军民融合基本路径研究》，载《情报杂志》2017年第2期。摘编后收入本书。

援战略是分不开的，军事情报部门在该领域发挥了重要作用。

1. 私营化举措，使军事科技情报资源为地方所用

以色列通过发挥军事情报部门的先天优势，致力于推动国防高科技产业和国民经济的快速发展。21 世纪以来，以色列政府作出了一项重大决策，就是持续实施部分国有军工企业私营化改革。2004 年，以色列军事工业公司开始向私营国防企业出售部分业务部门，2014 年 4 月正式启动私有化进程，除保留相关国家安全业务部门外，其余全部出售给地方私营企业。这充分发挥和利用了军事情报部门所掌握的国防科技情报的资源优势，不仅使这些军工企业掌握的军事情报技术直接为地方公司企业建设发展服务，弥补了国内企业创新能力的不足，而且通过情报人员“由军到民”岗位的转化，合理配置了情报人才和资源，促进了国防工业的发展，使以色列具备了较强的情报技术转化能力和改革创新能力，涌现出以色列航宇工业公司、以色列军事工业系统公司、拉法尔武器发展局等世界知名的大型军民两用企业。此外，该举措带动了一大批相关民生企业的快速发展，促进了国民经济的飞跃，使国内企业成为国际市场竞争的主体。

2. 为本土国防企业高速发展提供先进的情报支援

以色列十分重视国防科技建设，其科技和经济的快速发展是通过发展国防科技工业实现的，因此，科技情报占有十分重要的地位。以色列国防部“科学事务联络局”是以色列军事情报部门所设的科技情报机关，它是以色列专门搜集发达国家（特别是美国和西欧国家）的高科技情报（特别是最新武器资料）的组织。科学事务联络局将那些与军工生产有关的公司和那些有能力接触到与军工生产关的技术的政府高级官员作为主要的物色目标。不过，科学事务联络局所获取的这些情报并不完全是出于自身安全的考虑，很大程度上，这些情报被卖给了很多以色列国内的本土企业（尤其是航天、化工、电子等领域的国有企业），帮助这些企业迅速吸收来自发达国家的先进技术，从而制造出了很多先进而畅销的产品，进而获得十分可观的经济效益。

以色列航空工业公司就是科学事务联络局情报活动的最大受益者之一。以色列意识到电子情报战将在未来战争中发挥重要的作用，1973 年以色列情报机构帮助以色列企业与美国企业建立紧密的技术共享和利益共同关系，帮助以色列企业研制电子情报获取系统。1978 年，以色列在美、以、埃领导人关于中东和平谈判互信大增的情况下，在纽约设立了“护卫公司”，接近美国高科技公司，利用间谍窃取了刚问世不久的 E-3 预警机的技术情报，同样手法还获得了苏联和英国等预警机的技术情报。而以色列航空工业公司则利用这些技术情报为以色列国防军及海外客户开发出了费尔康预警机雷达系统；此外，科学事务联络局提供的军事科技情报还直接或间接帮助其研发出了“幼狮”战斗机、“苍鹭”无人机、“迦伯列”反舰导弹、“铁穹”反火箭拦截系统等闻名世界的武器装备，使其成为以色列国防科技工业的代表企业。

3. 为本土企业对外贸易顺利进行扫清障碍

由于恶劣的地缘政治环境，长期以来，以周边阿拉伯国家一直采取种种方法干扰阻碍以对外贸易，破坏其正常的进出口活动。为保障国内企业经济效益不受影响，以色列“情报先生”罗文·希洛在担任摩萨德局长期间建立了专门的经济情报处，主要针对阿拉伯国家为阻碍以色列对外贸易往来而进行的活动进行侦察，将这些情报分享给国内的公司企业，并在关键时刻发挥作用，帮助他们扫清贸易往来中的种种障碍和不利因素，使其顺利渡过难关。

（二）民为军用：民众、企业、组织支持军事情报部门发展

虽然以色列经济在中东地区首屈一指，但是以色列毕竟人口少、国土面积很小，经济总量有限，长期以来的高额军费支出比例让政府不堪重负（其中情报部门的支出在整个军费支出中占有很高的比例），为此，以色列政府采取了多种措施加以保障；另外，长期以来以色列民众对本国情报活动给予很大理解和支持，以色列情报部门得以高效稳定运转。

1. 民众为军事情报活动提供坚定的精神和行动支持

与大多数西方国家不同，以色列民众对于情报活动的认识很特别。对于一般的以色列公民来说，本国的军事情报机构和情报活动是极为保密的，但是他们对这些机构和他们的秘密活动又是绝对理解和支持的。以色列人长期生活在战乱之中，但是他们在夜晚总能安稳入睡，因为他们确信

自己不仅仅受到了一支强大军队的保护，更有世界范围内非常优秀的情报安全机关的保护。

以色列民众普遍认为情报机构的一切行动都是必要的，关系到整个国家的利益，个人的隐私、人权与这些相比都是微不足道的。不仅如此，在大多数的发达国家情报机关在情报人员的招募方面都不顺利的情况下，以色列情报机构却能获得本国的民众坚定的精神支持。在以色列民众的普遍的意识中，只有最优秀的人才才有资格被选入本国的军事情报机构，这是一种很高的荣誉，越是优秀的人才，到本国的军事情报机构工作的意愿就越强烈。而事实上，那些曾经在国家情报机构工作过的人，很多都拥有光明的政治前途，甚至其中的一些人当上了以色列的总统、总理等。以色列民众不仅在精神上，而且在行动上同样为军事情报机构的情报活动提供坚定的支持。以色列非常重视教育和引导民众参与反恐斗争，民众对恐怖活动的警惕性很强，普遍都具备一定的应对突发事件的能力。同时，民众积极配合政府反恐措施的意识很强，并主动为相关反恐机构提供有价值的情报。这些举动不仅促进了以色列情报机构的顺利运转，还帮助其节约了大量的时间、人力和物力，提高了情报保障工作的效率。

2. 地方企业为军事情报部门提供强大的物质支持

1967 年，法国总统戴高乐突然宣布对以色列实行全面的武器禁运（此前法国一直是以色列高技术武器的主要来源），与此同时，其他西方国家也开始限制对以色列的武器装备出口，以色列的国外高技术来源突然开始枯竭。为了改变这种情况，以色列科学事务联络局进行了大改组：在加速发展其国内国防工业生产的同时，将更多的精力投入到技术和经济间谍的活动中去。而这些活动产生的巨额经费则由从这些情报活动的成果中获得了更大收益的企业负担。以色列陆军工业公司以及航空工业高技术公司拉斐尔都定期向科学事务联络局的情报活动提供资金上的援助。

此外，这些企业还自觉地让自己的公司扮演了科学事务联络局进行情报活动的伪装的角色。由于这些企业的负责人大部分都有当过军官的经历，使得这些情报的交流工作变得非常简单便捷。这些企业在海外大力支持科学事务联络局的特工人员进行活动，不仅为他们提供资金方面的支持，还为他们创造特定的有利于执行任务的社会头衔。

3. 民间智库为国家安全及情报决策提供有力的智力支持

以色列最早的智库成立于1959年，20世纪中后期智库数量不断增加，到20世纪末21世纪初智库建设得到了长足发展。近年来，以色列智库更是在国家安全和情报决策方面扮演了十分重要的角色。

以色列智库的研究范围比较广泛，但相当数量的智库致力于对国家安全及情报决策方面的研究（主要包括中东局势和地区冲突研究）。这类智库多数选择与大学或学术机构合作，以利用其强大的学术背景和科研能力，如国家安全研究所（与特拉维夫大学合作）、全球国际事务研究中心（与劳德政府学院合作）、国际反恐怖主义研究所（与跨学科研究中心合作）、摩西·达扬中东非洲研究中心（与特拉维夫大学合作）等；也有些属于独立智库，例如以色列—巴勒斯坦创新地区倡议机构等。为了保持政治独立性和观点的客观性，以色列的智库很少接受政府的财政支持，其主要资金来源是基金会的资助、书籍出版所得收人、社会捐赠、企业或个人的慈善捐款等。不过，这些智库发表的情报产品却能够为军队的安全情报部门提供有力的智力支持，这样就在很大程度上减轻了以军队的经济和精力上的负担。

近年来，以色列智库在安全、情报领域发挥的作用越来越明显，以色列军事情报部门越来越重视本国智库发表的各种研究成果。以色列国家安全研究所自1983年起开始发表《中东军事平衡》年度报告。这是有关中东地区战略发展和军力变化最具权威性的指南报告，该报告列举了中东各国军事实力的最新数据，并作了分析，包括国防预算、武器采办、设施维护、军力部署、大规模杀伤性武器清单、国外援助等。该报告每年都会引起政府、军方媒体的密切关注，并被广泛引用，成为评估中东军事力量分配的必读材料。

（三）军民深度融合，建立情报工作一体化机制

以色列军事情报部门在完成本职情报任务的前提下，将搜集的国防科技、经济情报转为民用，为本国企业提供技术支持和安全保障，同时，鼓励本国企

业利用这些情报成果来开发生产民品，从而实现了“军为民用”；本国企业利用这些情报进行武器装备的革新升级，扩大情报成果的利用，着力打造能军能民的大型公司企业，在完成经济生产任务的前提下，为军事情报部门提供物质、技术等支持，反哺军事情报部门，从而实现了“民为军用”。这样，军民双方采取“战时为作战，平时为出口”的方针，深度融合，互信互通，在情报工作领域形成了一个有机的一体化体系，共同应对多样化情报保障任务。

近年来，中东地区冲突不断、情况日趋复杂，以色列越来越意识到构建卫星侦察系统的重要性。由于以色列经济能力有限，如果完全由国家政府投资建立军事卫星系统，经济代价会很大，而且势必会引起阿拉伯邻国的警惕与不安。所以，以色列在努力发展军用侦察卫星的同时，大力发展商用卫星，启动了高分辨率商业遥感卫星情报支援计划。通过进行该计划，引入军用侦察卫星的技术开发民用卫星系统，同时采用商业运作模式，既可以满足军方情报方面的需求，又可以充分利用这些卫星资源，获取较高的经济回报。

1988 年 9 月，以色列第一颗国产“地平线 -1 号”侦察卫星（OFEQ-1）成功发射。2000 年 12 月 5 日，以色列国际图像公司（GSI）与美国核心技术公司联合开发出了第一颗“爱神”（EROS）系列民用观测卫星（EROS-A1），成功地将其第一颗高分辨率商业遥感卫星——地球遥感观测系统（EROS-A1）发射到太阳同步轨道，该卫星是全球首颗轻型、高分辨率商业遥感卫星(250Kg)，其分辨率为 1.8m，一跃利用成为了国际卫星图像行业的领头羊。同时，以色列军事情报部门对小型高分辨率民用遥感卫星很感兴趣，他们试图利用这些卫星为军方服务。通过不断努力，军用“地平线”系列与民用“爱神”系列侦察卫星共同构成了以色列天基情报监控体系基础，发挥了重要的情报保障作用。

以色列作为传统情报强国，在探索军事情报工作军民融合方面起步较早，融合的深度和广度也较高。以色列政府明白，无论是“军为民用”还是“民为军用”，其原则都在于国家利益的抉择，其目的都是为了更好地推动本国国防和经济建设的共同发展。长期以来，以色列坚持情报立国的政策方针，结合世界形势和本国国情，逐步探索出了一条符合本国国情的军民融合的军事情报工作之路。

四、军事情报工作的智能化[1]

近年来，以人工智能为代表的智能技术的革命性突破在众多领域带来颠覆性变革，并逐渐向军事领域渗透。人类战争在人工智能等前沿科技的催化下，正从信息化迈向智能化新时代。同时，军事情报工作也呈现智能化的发展趋势，其中美国的军事情报工作智能化走在世界前列。

（一）军事情报工作智能化特征

智能化是指事物在网络、大数据、物联网和人工智能等技术的支持下，所具有的能动地满足人的各种需求的属性。军事情报工作智能化是一个动态过程，指军事情报装备向军事情报理论智能化、军事情报体制智能化及军事情报人员智能化的演进过程。具体而言，军事情报工作智能化突出表现在无人化、自主化、协同化、智慧化四个方面。

1. 无人化

军事情报工作无人化，即在情报工作的某些环节中大幅减少人类参与，依靠机器代替人力，实现“减员增效”的目的，这集中表现在军事情报搜集处理中。对于军事情报工作而言，无人化是实现军事情报工作的途径而非最终目的。在人工智能的三个层次计算智能、感知智能和认知智能中，由于计算机的快速计算和记忆存储能力已远超人类，计算智能在多个领域的应用表现已远超人类心理阈值，且发展已较为成熟；认知智能强调“能理解、会思考”，现有认知智能技术仍未成熟，还无法使机器具备匹敌人类的理解能力，发展任重道远；而感知智能，如计算机视觉技术、语音识别技术等，是当前人工智能在军事情报领域应用相对较多的领域，而感知智能在改善军事情报

[1] 王天尧、吴素彬：《迈向智能化的美国军事情报工作发展研究》，载《情报杂志》2020年第3期。摘编后收入本书。

工作中的最突出作用就是实现无人化。

世界主要国家正加快探索实现军事情报工作无人化的方式方法。以色列军队已启用基于人工智能的面部识别系统，以简化巴勒斯坦工人经过边境进入以色列境内工作的安检程序，并在全国范围内实时共享采集到的视频图像。日本新版《防卫计划大纲》明确提出灵活运用人工智能等先进技术、引进无人化装备、发展人工智能武器，其中包括研发能在海中自动航行并搜集情报的大型无人潜水器等。

2. 自主化

军事情报工作自主化，即机器通过自身的“智能”，主动发现、预测和评估战场态势，对相关数据进行初步分析，从而为情报工作者的人工分析提供重要参考，是军事情报工作智能化所追求的重要目标。以美军相关项目为例，2018 年 3 月，美国国防高级研究计划局战略技术办公室提出了“指南针”（COMPASS）计划，其目标就是凭借人工智能（特别是机器学习）技术，通过建模和评估的方法，主动、有针对性地刺激环境，并自发衡量对手对刺激的反应以识别对手意图，减少对手行动的不确定性，从而为战区级指挥官提供强大的决策支持，以应对介于和平与战争之间的“灰色地带”威胁。机器的自主发现、预测和评估能力成为该计划运行的核心能力。提高情报工作的自主化水平是美军迈向情报工作智能化的重要一步，将使美军更快、更准确地“知彼”，提高应对充满不确定性与风险的复杂环境的能力，在与对手的情报博弈中赢得主动。

3. 协同化

协同化是自主化之上的进阶阶段，“智能主体”在自主分析的基础上能够实现与人类的互动和交流，从而达到人机协同的目标。人工智能的快速发展使机器在诸如数据计算、信息处理和耐力等方面的能力远超人类，在计算机视觉和语言处理等领域的表现远超人类心理阈值。同时，人类的抽象思维、常识系统和情感、道德、直觉等在较长时间内很难被机器所取代。因此，人机协同必然成为军事情报工作的重要发展方向，使“智能主体”更好地配合人类、实现人与机器智能的最优匹配，从而协同完成如挖掘更精准的情报需求、提供更加定制化的决策支持等任务，成为军事情报工作追求的重要目标。

4. 智慧化

“智慧”是对事物能迅速、灵活、正确地理解和解决的能力，一般指从感觉到记忆再到思维的过程。对于军事情报工作而言，智慧化的“智能主体”不仅要具备自主和协同能力，还要具备与人脑类似的“思维”能力，即解释其“思维”过程的能力。

由于当前机器学习技术的局限和有效解释技术的缺乏，机器难以向人类解释其具体想法和行动，造成人类在理解机器行为、辨别人工智能系统背后逻辑方面存在非常大的难度，因此“可解释、可理解”已成为人工智能研究的主攻方向。美国防高级研究计划局（DARPA）目前正在启动多个项目，以提高人工智能技术水平，将军事情报工作向智慧化推进。尽管这些项目还无法真正使机器具有独立的意识、思想、情感，并理解人类行为，但已显示出世界主要国家将智慧化作为军事情报工作前沿创新方向的趋势。

（二）军事情报工作智能化发展路径

军事智能化建设是一个庞大复杂的系统工程，需要理论支撑、技术突破、体制保障和人才队伍等诸多因素共同作用。由于目前军事情报工作智能化的相关理论尚未成熟，美国主要通过优化顶层设计为其军事情报工作提供方向指导。同时，从技术支撑、体制变革和人才建设等方面加快推动军事情报工作智能化发展。

1. 优化顶层设计，形成智能化发展导向

军事情报工作智能化是一项复杂的系统工程，涉及诸多问题要素，需要从顶层设计上建立方向性的指导以集中优势资源。

美国的相关情报战略中越来越重视建立军事情报工作的智能化导向。首先，是在 2019 年《国家情报战略》中所列举的美国国家情报战略的七个任务中把军事情报摆在突出位置；其次，美国国家情报总监办公室于 2019 年 1 月发布《AIM 倡议：利用机器的情报增强战略》，认为“AAA”技术（人工智能 Artificial Intelligence、过程自动化 Process Automation 和情报人员增强 IC officer Augmentation）是情报界未来任务成功和提高效率的关键。该战略体现了美国情报界追求前沿科技创新，通过智能技术提高情报界任务能力的工作方向，将有力推动其军事情报工作向智能化发展，形成“推动军事情报工作智能化—加速美国军事智能化—形成非对称优势—维护美国国家安全”的内在逻辑。

2. 关注前沿科技，树立强大技术支撑

军事情报工作智能化需要人工智能技术的支撑，大力发展先进人工智能技术也成为美国重点关注和投资的领域。美国军事情报智能化主要应用以下人工智能技术：

（1）计算机视觉。研究怎样让计算机具备识别能力的一种高新技术，目的是利用摄像机和电脑代替人的眼睛以及大脑，使机器具备感知智能，主要包括数字图像处理技术和神经网络模型训练等。通过计算机视觉技术的运用，彻底变革了传统单纯依靠人力的目标搜寻方式，成为军事情报搜集的“力量倍增器”。

（2）人机交互。指人与系统之间使用某种对话语言完成信息交换，其技术领域通常包含自然语言处理、语义分析和理解、语音识别、多媒体技术和虚拟现实技术等。人机交互技术在美国军事情报工作智能化发展的应用，主要体现在多项美军指挥控制系统和情报辅助分析系统项目中。如 DARPA 于 2007 年启动的“深绿”项目、美陆军于 2016 年启动的“指挥官虚拟参谋”项目等。人机交互技术的运用使计算机系统成为情报工作人员的强大助手，减轻了情报分析者的脑力负担，大幅提高了军事情报工作效率。

（3）机器学习。是人工智能的主要实现方法之一，可以理解为从一类从数据中自动分析获得规律，并利用规律对未知数据进行预测的算法。美国正寻求通过神经学和计算机科学专家通力合作，试开展大脑运作机制的逆向工程研究，从而创造新的机器学习算法，使其能够实现类似大脑的性能，在设计复杂信息处理解决方案达到“类似人类的熟练程度”。

3. 变革情报体制，提供有力体制保障

没有顺畅、高效的情报体制，军事情报工作智能化的实现就会成为“镜中月”。为实现军事情报工作智能化，美国进行了较大规模的情报工作体制调整，主要呈现以下特征。

一是情报业界一体化。“9 · 11 事件”使美国情报界加快以一体化为目标的情报改革。改革的关键环节主要包括：成立国家情报总监办公室作为情报界最高“首脑”；打造从“基于责任而提供”的情报界新文化以替代“基于需要而知道”的旧文化，实现情报界的文化一体化；成立以任务而非职能为中心的国家级情报中心，包括国家反恐中心、国家反扩散中心、国家秘密行动部和公开来源中心，打破“烟囱式”的情报工作模式。情报一体化改革很大程度上改变了各情报机构和部门间互相独立、分割的局面，促进了各机构间协作与共享，这为军事情报智能化过程中技术的共享流动扫除了体制障碍。

二是情报信息融合化。美国在吸取“9 · 11 事件”教训的过程中，逐步设立并扩展起覆盖全国的情报融合中心网络，形成了通过信息共享环境（ISE）连接的“联邦政府（国土安全局及其他政府机构）—州级政府—地方机构”三层树状结构。实现了相同和不同层级间、不同类别间的情报双向甚至多向互通，从而实现多源情报融合，打破情报界的条块化分割的工作状态。需要说明的是，“融合”不仅仅是多源情报的汇集与共享，还包括将情报或信息转化成可用知识的含义。

三是情报分析计算化。主要特点就是“用数据说话”、注重分析的客观性以及机器可处理。中情局的改革举措将为其情报分析工作建立“数据为先”的导向，扩展智能化计算方法与分析技术的应用，推动情报分析计算化，增强情报分析的客观性与准确性。

四是情报工作“云端化”。亚马逊网络服务部门利用基于云端的人工智能技术为美国情报界打造了“网络入云”项目。通过创造“大数据融合环境”，使中情局、国家安全局等各情报单位将网络搬上云端，利用云计算和云服务实现广泛获取信息、快速整合数据、实时对比分析的目标，从而更快速地为战地指挥人员和决策部门提供可行方案。“情报云”有力推进了军事情报工作融入整个美国情报界，为军事情报工作智能化发展提供了重要的制度基础。

4. 转变教育理念，大力推动人才建设

美国主要通过两种途径为其军事情报工作智能化培养人才这一最具活力的因素：一是培养高水平的技术人才，特别是人工智能专才，为其军事情报工作智能化储备人才；二是培养能够胜任大数据和人工智能时代军事情报工作新要求的高素质情报工作人员。

加强员工技能培训：《2018 国防部人工智能战略摘要》重点关注“培养领先的人工智能人才队伍”，提出为国防部员工提供全面培训，使员工能够跟紧人工智能发展步伐，适应“未来的新角色”；完善人工智能教育。《2019 财年国防授权法案》“将先进技术纳入职业军事教育”章节中特别指出，职业军事教育项目在培养军事领导人和为其提供决策概念框架方面发挥着关键作用。

美国情报界采取了多种措施提高其军事情报人员的综合素质。首先是提高情报人员的科技素养。美国国家情报大学于 2010 年 11 月新设立了科技情报学校，其目标就是为国防部各部门、情报界各单位、军兵种作战指挥单元的人员提供最专业、最优质的科技情报教育训练，提升“知晓科技变革及其对国家安全和情报的影响的能力”。其次是注重外语人才的培养。中情局于 2002 年 3 月建立了中央情报局大学，其重要课程内容之一就是强化情报人员的针对性外语培训。同时，中情局依托马里兰大学优质的师资力量建立了高级语言学习中心，并通过制定额外津贴制度等奖励措施提升情报人员的外语培新积极性。最后是培养多元化的情报人才。大力支持和鼓励学员与教员参加各类军事演练，使其在实践中积累第一手的情报经验，锻炼第一岗位能力。

（三）借鉴与启示

1. 以前沿视野抓好顶层设计

智能化作为未来军事情报工作发展方向，必须首先从战略高度加强设计引领。2017 年 7 月，《国务院关于印发新一代人工智能发展规划的通知》将人工智能发展上升至国家战略层面。然而与美国相比，我国仍缺乏人工智能用于军事领域、特别是军事情报工作中的指导性文件，这将严重制约我军事情报工作智能化的全局统筹。为此，应调动国家优势力量，充分研究人工智能

在军事情报工作中的应用范畴与方法，把握人工智能未来发展趋势，积极探索制定人工智能军事战略与人工智能情报战略，为人工智能如何更好应用于军事情报工作提供鲜明战略导向。主动作为，提前谋划，以前沿视野统筹规划军事情报工作智能化的具体实践。

2. 以创新创造占据技术主导

谁牵住了科技创新这个“牛鼻子”，谁就能在军事情报工作智能化中占领先机、赢得主动。打牢技术基础、加强技术的军事转化是推动我国军事情报工作智能化的重要基点。

一是要加强自主研发，突破关键技术瓶颈。尽管当前人工智能技术取得了过去几十年未曾有过的突破，但仍属于弱人工智能阶段，存在诸多技术难题。为此，应加强前沿布局，加快自主研发，突破数据集基础、计算平台与芯片和类脑智能算法等方面的技术瓶颈，勇闯人工智能科技前沿的“无人区”，敢为人先。二是学科深度融合，占领前沿技术阵地。人工智能是一门融合性很强的交叉学科，必须加强不同学科的融合，取得前沿技术创新成果。三是加快技术转化，军事应用落地落实。在注重基础研究的同时，加快应用成果转化，特别是要加快军民融合步伐，加速军地技术转让与协作，紧密结合军事情报工作需求，促进技术落地。

3. 以体制变革集中优势资源

军事情报工作智能化需要国家、军事部门和情报单位的共同努力，人工智能的军事化应用也需要各层级机构集中资源、通力合作。总体来看，我国在人工智能相关机构建设上正持续发力，但仍有很大发展空间。在人工智能的军事化应用，特别是在军事情报工作中的应用方面，仍缺乏相关管理与协调机构。同时，我国的情报体制也亟待改革，以满足军事情报工作智能化的发展要求。

对此，首先应加强机构建设以集中优势资源。建立总领地方与军队人工智能应用的统筹机构。设立专门军事机构，整合人工智能相关资源，高效应用到军事情报工作中，提高工作效率，促进战斗力生成。其次，应推动我国军事情报工作体制的全面改革。一是加快推进军事情报工作体制一体化建设。

整合全国情报力量，促进情报界各领域、各部门的融合，形成一体联动的情报工作体系，促进优势资源在体系内各层级间的共享，破除技术流动的体制障碍；二是推动我国情报体制的扁平化发展，发挥基层情报单位的创新性、自主性和灵活性，不断挖掘军事情报工作智能化发展新需求；三是推进我国军事情报工作数字化和云端化。建立各层级军事情报工作数字化和云端化的专门机构，加快数据融合与情报共享。

4. 以优质教育激发人才活力

无论是人工智能产业的竞争还是军事斗争准备的竞争，归根结底都是人才的竞争。我国面临的人才短缺现象不容乐观，人才短缺将极大限制我军事情报工作智能化进程。

我国已在人工智能人才培养上做出积极努力，2017 年新组建的国防科技大学瞄准未来智能化战争需求组建了智能科学学院，大力推动了军事智能领域的人才培养。军事科学院国防科技创新研究院在调整组建后，加大了青年高端人才引进力度，其重点引进的人才对象就包括人工智能人才。但必须看到，我国人工智能专业设置仍未成体系，师资力量依旧薄弱，人才培养质量有待考察，特别是人工智能军事人才培养上存在较大缺口，情报领域的人工智能人才亟待补充。对此，有如下建议：

一是转变思维，学科融合培养。培育智能时代的高质量军事情报人才，必须走跨学科融合之路。在军事情报人才的培养上，必须打破条块分割、彼此孤立的学科体系，摒弃将情报工作单纯看作是技术工作的传统思维，避免片面培养军事情报人才的单方面能力。

二是扩大规模，加强人才储备。军事院校要扩大规模，培养掌握人工智能理论、技术和应用实践的情报人才，加强高端人才储备。要争取从全国综合性大学、重点院校中积极引进优质人才充实军事情报研究队伍，形成军事情报人才多元化构成局面，避免军事情报人才培养的“近亲繁殖”现象。

三是军民融合，合力培育人才。未来的军事情报工作需要大量高智人才支撑，需要军队和地方院校、企业充分发挥各自优势，联合培养胜任未来情报工作的高素质人才。除军地院校合作外，还应加强军队与企业的合作交流，借鉴美军“算法战跨职能小组”与硅谷高端人才合作的路子，探索创新符合我国、我军发展要求的军事情报人才培育方法。

四是广开渠道，大力引进人才。加强情报机构与行政机构的沟通，借鉴美国“旋转门”式的人才交流机制，推动情报与决策的融合，形成“智（学）—政”的良性循环、叠加发展。其次要加强政策倾斜，建立情报工作特别奖励制度吸引国内外人才，将确实有能力的人才吸纳进军事情报工作体系内，大力推进军事情报人才制度“供给侧改革”。

五是科技育人，人工智能赋能。人工智能时代带来新一轮工业革命的同时也启动了一场深刻教育革命。可以充分发挥人工智能在教育中的影响，探索军事情报人才培养的新途径、新载体、新模式。开发军事情报人才培养的自适应学习模式，提高人才培养的个性化和交互性。

五、美国情报分析网络共享系统[1]

（一）网络共享系统的建立

为了赢得“冷战”胜利，美国建立了庞大的情报机构，然而随着苏联的解体，美国政府相应的缩减了情报机构规模。国际局势的发展变化使美国面临的危险有了新的变化，从而影响了情报的需求。但是这时的美国情报机构却处于各自为战的状态，缺乏统一的指导协调，因此逐渐变得“被动满足需要”。由于利益的问题，情报共享渠道堵塞不通，机构之间的协作没有得到支持和鼓励。“9·11事件”之后，美国情报部门首当其冲，备受国内舆论压力。美国情报界为此进行了深刻的反思。

为更好应对当前形势和未来面临的挑战，美国政府着手全面改革情报机构。2004年，美国以《情报改革和防恐怖法案》明确了改革的方向，通过设立负责全面协调美国所有情报机构的国家情报总监（DNI）一职，加速推进

[1] 王坤：《基于网络共享的美国情报分析系统研究》，载《情报杂志》2015年第1期。摘编后收入本书。

各项改革，致力于重构美国情报体系。2006 年 12 月，美国国家情报副总监将情报共享作为此后两年战略目标；2007 年 12 月，布什继之签署《国家信息共享战略——提升相关恐怖主义的信息共享的成功与挑战》；美国国家情报总监办公室于 2008 年 4 月 4 日发布《美国情报界信息共享战略》，将情报共享确立为美国情报界的长期发展目标。

伴随美国情报部门的改革，美国情报界大胆运用新技术来促进共享，强调交互性，创建了以共享网络为基础的情报分析系统。它们分别是仿效维基百科建立的情报百科（intellipedia），情报内联网（intelink）上开设的博客网站，以及基于电子图书馆技术的国家情报图书馆。随后美国国家情报总监办公室（ODNI）开发的分析空间（A-Space）项目极大地综合之前的经验，使网络共享运用更加完善。美国情报界此举的目的就是使从事情报分析的专家可以在统一的网络平台上共享数据，实现统一的查询和检索。

（二）网络共享在美国情报分析系统中的应用

中央情报局前副局长威廉·斯图特曼（William Studeman）曾指出将互联网技术运用到情报工作中，是一项非常杰出且极富远见的战略。而将互联网世界盛行的虚拟空间技术与情报分析实践工作方式相结合，必将极大地促进知识共享与合作，甚至彻底改变情报工作的传统模式。为了实现情报界内所有同行之间自由的交流和合作，将当前互联网中所实现的知识共享和有效交流的技术应用于情报分析系统中，以便让美国情报界的情报分析专家可以查询和使用全美 16 个情报机构的绝大部分情报素材和资源，发表情报分析相关主题的文章，阅读、推荐、评论、修改他人发表的观点和资料，以网络为纽带紧密联系形成共同分析社群，在实际中保持沟通的目的，美国情报界进行了实践的探索。自美国情报界从 2004 年之后开始大力推进情报改革和分析转型以来，“情报百科”“国家情报图书馆（Library of National Intelligence ）”和“分析空间（A-space）”等网络工具和技术平台，已经逐渐为美国情报界分析专家所接纳和认同。

为了鼓励情报共享与合作，2006 年 4 月美国国家情报总监的下属机构在弗吉尼亚州向情报界发布了情报百科，处理其间谍网在全世界各地搜集的各类情报信息。情报百科是一个内部网络工具，具有充分共享、完全透明、快速高效的特点。情报百科分别在绝密级（JWICS）、秘密级（SIPRNET）和敏感级（Intelink-U）三个区块上运行，面向美国情报界的16家情报机构、军队组织、外交部门和其他国家安全相关组织开放。

国家情报图书馆是美国国家情报总监办公室开发的一项用于创建所有情报界发布的情报知识库的项目。中央情报局为这个项目的管理机构“国家情报图书馆”提供的电子卡片目录包含了情报界任何一份情报分析产品的摘要信息，这个电子卡片信息本身密级相对较低，仅为秘密级别，以确保分析专家能够发现和了解整个情报界生产出来的一切产品，而不论其内容本身的密级有多高。

A-Space是美国国家情报总监办公室开发的一个项目，它为所有情报界分析家提供了一个共同协作的工作空间，可以连接现有的工作站并且提供巨大的跨机构数据库，具备搜索机密原始材料的能力，是基于网络的电子邮件和可信任的人工情报协作工具。A-Space也可以帮助分析者与情报界中的伙伴交流和合作。A-Space鼓励分析者把他们的工作以允许别人对研究进展查看和评论的方式分享到空间中。别人的评论可以促进臆断和假设中模棱两可观点的鉴别，集聚评论信息和不同观点，增强来源的可信度。

（三）网络共享情报分析系统的现状分析

本着增强协作共享，提高情报分析质量的目的，美国情报界投入使用的情报分析网络平台功能上不断完善并正式被用于实际的情报分析。实际使用过程中虽然遇到了些问题，但是美国情报界并没有放弃这种方法的新尝试，并且不断改进继续研究。

1. 现阶段系统的主要特点

（1）整合情报信息，统一管理情报数据库

美国情报界的三大数据网络分别是“全球情报通讯系统”（Joint

Worldwide Intelligence Communications System, JWICS）、“秘密因特网路由器网络”（Secret Internet Protocol Router Network, SIPRNET）和“非密链接网络”（Unclassified-link），每个数据网络包含的信息量都是千亿比特级别的，把这些数据网络中存储和传递的情报信息整合到一个系统中是网络共享平台的主要功能。情报数据库中包含了无数的信息和情报资料，使用网络共享平台对情报数据库进行整合，可以增强各个孤立数据库之间的联系，使情报资料和产品在一个网络中，随时需要随时调取，解决了信息共享不足的问题。

（2）改进合作形式，增强情报分析专家的协作能力

网络共享平台的运用改变了情报分析专家情报合作的形式。每个情报分析人员都有一部分只有他们自己掌握的知识或是情报信息，一般情况下是通过一些共享设备或是 Word 文件进行保存，“情报百科”鼓励分析人员将这些东西放在网上，使每个人都可以从中受益；且允许并且鼓励用户浏览、创建和更改任何一个条目。所有的用户都是平等的个体。A-Space 为情报界内的分析专家提供了共同协作的工作网络环境，节约了时间和成本，而且不受体制的制约。

（3）构建社交网络，形成全美分析专家情报社交新模式

网络共享技术在情报系统中的运用体现在通过设置情报专家黄页（联系方式和专业领域），为优秀者提供多部门轮训机会，鼓励组建各类虚拟团队等方式尽最大可能为情报人员的协作牵线搭桥。把分析专家的个人信息记录并编目到系统中，使每个人即是使用者又是参与者，在这个网络中找人和被找都变得十分便捷。把情报社区中的人际网络逐渐复制到系统中，形成与真实情报社会相似的人际关系网络，不断壮大与发展分析专家的情报社会网络。增强协作是美国情报改革理念的灵魂，是情报改革实践的重中之重，网络共享作为情报改革的手段之一，自然也就必须服务于这个灵魂。

2. 运行中存在的主问题

（1）协作共享造成保密困难

在美国情报界大力开发网络共享平台以促进资源共享的同时，不可忽略

的是信息保密问题。从表面上看，共享和保密是一对矛盾体，但实质上是相辅相成、相互促进的。共享是为了大家交流讨论问题的便捷性和思想碰撞的有效性，保密则是在更高层次上排除障碍，以确保特定对象对信息资源的有效共享和安全防范。但是如何在两者之间找到一个平衡点是当前面临的一大问题。美国国家情报部的 A-Space 所面临的安全挑战令人瞠目。这一定程度上归咎于它选择了一个基于 Web 的社会性网络，而非一个需要通过 16 道不同的安全关卡，跨越 16 个不同防火墙的桌面客户端。然而，即便如此，那些保持在浏览器甚至安全情报内部网内的敏感数据，也必然会引起高度"关注"。

（2）分析者参与的积极性不高

另一个问题就是情报界内部人士的参与热情不高。具体分析主要有以下几种原因。首先，网络的安全机制需要完善，为了安全保密的需要，查看某个情报信息的时候需要相应的权限，而要获得这个权限需要各级审批，阻碍了大家参与的积极性。其次，很多人是因为上级的要求而在网络中注册的，不是自发主动地对共享的渴望。例如，美国国防情报局在 A-Space 中就有一半的注册用户从来没有参与过讨论或上传资料。大部分人只是登录查看，对上传资料不感兴趣，同时也怕自己的行为会触犯规定，造成泄密的可能，还有部门之间的顾忌也是一个原因。最后，情报界对这项技术的未来仍然持怀疑态度。

（3）系统中情报生产流程不完善

一项完整的情报产品的生产是按照收集、分析和分发的过程来进行的，这就需要在此类系统中进行情报生产也需要严格遵守这个流程。但是现在的问题在于决策者过于看重结果，而忽略了情报分析的过程。此类系统把情报分析放在首位的观念是正确的，但还是忽略了情报收集的步骤。这就使得此类系统上不能满足使用者，下不能兼顾收集者，缺少上下联系的功能，必将影响功能的实现和效能的发挥，而且有可能阻碍这项技术的继续运用。

（四）美国的经验和启示

美国情报界在情报系统中运用网络共享技术的举措引起了一定的反响，

但同时也暴露出种种问题。一个系统是由软件和硬件配合在一起构成的，在选择软硬件时需要考虑花费、功能、扩展性、可用性和协调性等方面。除此之外，因为构建的系统需要满足对军事情报的分析，其安全保密和数据结构也是需要着重考虑。在建设情报分析系统方面应该注意以下几点。

1. 操作使用的简便性

建设的系统应该具有使用简便、容易上手的特点，就像现在真正流行的社交网络一样，只要会使用电脑就能很快地掌握。系统具有亲和力，能够激发大家使用的兴趣，不断地共享自己的知识，同时也能够结识更多的同道中人。系统还应该提供文字、图像和视频等多媒体资源，方便分析人员使用，同时在界面上增加人性化和个性化，带来操作使用的升级。

2. 安全保密的规范制度

引入最安全的保密手段，把系统建成一个既方便大家协助交流的平台，又能防止泄密事件发生的安全系统。可以通过控制权限和使用各种安全认证证书的方式，对用户身份进行认证，对内部数据进行加密保护，确保符合权限的人得到相应权限的数据，控制重要数据的安全性。制定各种安全保密制度，严格审批接入系统人员的具体身份信息以及工作范围，在制度上确保万无一失。

3. 高效有序的管理

高效的管理就是建立一整套管理制度，对系统的组织结构进行调查和分析，划分内部结构及分析相互关系。在建设情报分析系统时，需要有相应的管理体制和规章制度，通过官方政策、指导和监督来创造标准化和统一化。主要通过以下措施来提高管理：制定政策框架以提高情报社区内部和外部伙伴的信息共享；在不影响共享的前提下对情报加密，同时要满足便于获取情报资料来进行情报分析；使信息共享政策制度化以确保政策的顺利执行；保障信息共享者的个人权利。一个组织没有好的管理就很难发挥其最大的效益，建设的情报分析系统是一个虚拟的分析社区，这个社区需要监管和领导才能有助于信息共享的推进。组织内部和机构内部人员的主动性也需要管理来推动，从而保证任务和指导标准的一致性。

4. 完善的共享交流支持

系统解决的最大问题就是改变原来分散孤立的情报分析结构，使各情报分析主体之间可以相互共享和交流知识，促进思想的融合，打破影响情报分析的障碍。系统应具备两方面的能力：共享的能力，运用科技手段把个人的想法思想以及研究成果共享给他人，在共享中也接受他人的共享，从而丰富知识；交流的能力，通过系统交流，不需顾及个人的身份以及资历，还应做到即时简洁的交流。

5. 合理的数据结构和综合平台

数据的存储方式决定数据调用的简繁程度，从不同系统之间调用数据也需要数据的结构能够相互适合，这就对系统的数据结构提出了要求，建立合理的数据组织结构对于系统的健康持续发展有重要的意义。建设的系统平台是综合了多种应用的一个大平台，设计的系统应该能够满足这些平台的综合运用，为网络共享提供良好的支持，以便于综合各种功能为情报分析服务。

6. 规范的接口标准和良好的可拓展性

要做到不同部门之间可以相互共享和交流，就需要在系统建设初期规范接口标准，避免日后因为接口和规范不同而造成很大的改动和不必要的资源浪费。规范接口标准的目的是要明确具体使用的技术标准以及网络传输的接口类型，避免盲目性和无序性。系统在保证以上需求时，还应该考虑以后的发展，预留出接口和软件开发的空间，以应对系统的再建设和应用范围的扩大。

六、国家安全情报与战略抗逆力的融合[1]

随着云技术、大数据技术、物联网技术、移动互联技术和人工智能的发展和应用普及，ICT 技术已经融入世界各国政治、经济、科技、军事、社会

[1] 张家年：《国家安全保障视角下安全情报与战略抗逆力融合研究》，载《情报杂志》2018年第2期。摘编后收入本书。

等各个领域，成为各行各业的运维环境——“操作系统”。而正是由于这些ICT 技术与互联网的互联互通、开放性，也给一个国家相关领域带来安全上的隐患。2010 年 6 月伊朗核设施遭到的名为“震网”病毒的攻击，使得伊朗核能研发进程迟滞数年。对伊朗核设施遭病毒攻击事件的分析，有助于汲取教训和获得启示。

（一）伊朗核问题及遭病毒攻击事件

伊朗核问题的演变分为三阶段：第一阶段是 20 世纪 50 年代冷战期间，伊朗在美、法等国的支持下，开始核能研发。70 年代末，伊朗伊斯兰革命胜利后，西方国家便终止所有与伊朗核项目合作。第二阶段是 20 世纪 80 年代，伊朗核设施在两伊战争期间遭到严重破坏。战后西方国家又拒绝继续合作，伊朗转而寻求苏联的支持，并同时秘密进行核项目研究。第三阶段是 2003 年伊朗纳坦兹核设施被美国卫星发现后，伊朗核问题便进入“谈判—制裁”的拉锯式博弈阶段。其间，2010 年 6 月，伊朗核设施遭受“震网”病毒的攻击。

“震网”是一种蠕虫病毒，其复杂程度远超一般电脑黑客的能力。2010 年 6 月首次被检测出来，“震网”病毒以专门破坏特定的工控设备为目标，是第一个专门定向攻击关键基础（能源）设施的“蠕虫”病毒，如核电站、水坝、国家电网等。2010 年 6 月伊朗纳坦兹核设施遭到了“震网”病毒的攻击，据估算，伊朗核项目实施时间被迟滞了 2 年。

（二）“震网”攻击事件的原因分析

“震网”病毒定向攻击核设施的案例对国家安全保障敲响了警钟。特别是在互联、互通的网络时代，反映出科技安全、网络与信息安全、关键基础设施安全、核与能源安全等交织在一起，应从系统性和多维视角重视国家安全保障中的问题。

1. 科技安全情报、网络与信息安全情报的缺失

伊朗共有 16 个情报机构，但是，数量众多的伊朗情报机构也并未及时发现“震网”病毒并发布威胁情报，说明伊朗情报机构在科技安全情报、网络与信息安全情报、核安全情报、关键基础设施保护情报等方面工作上出现了情报差错（Intelligence Errors），这些差错的耦合结果，产生了情报失察（Intelligence Failure），最终导致“震网”病毒大规模地攻击其核设施，迟滞了其核项目进程。

（1）科技安全情报工作的缺失

一个国家的高科技项目、设施、专家等往往是敌对国重点关注和侦察的对象，也是攻击的重点。国家科技安全情报组织——国家科技机构以及相关情报机构，其工作就是向科学技术研发活动和体系提供安全保障的决策，目标是通过情报预警使国家科技系统提前预防与准备，而不受威胁与侵害。伊朗科技安全情报出现差错的原因可能是：情报工作者中缺乏熟悉核技术的情报专家；缺少熟悉网络与信息安全领域的情报人才；对核项目进程中关键设备和环节缺乏了解；对外部潜在敌对国破坏核研发手段的判断和预警不足；科技安全领域中的反情报工作不足。

（2）网络与信息安全情报的缺失

尽管伊朗核设施与外部互联网络在物理上是隔离的，但是，软硬件系统漏洞失察或失防、介质性传染、硬件芯片上的植入等各种途径仍是防不胜防。在分析了3000多个蠕虫样本后，赛门铁克证实：在2009到2010年期间，震网病毒通过5个机构进行传播与扩散。但是，伊朗的网络与信息安全情报机构，并没有能够对2008年11月至2009年6月间各类杀毒软件或相关报告所提及的“震网”病毒早期版本进行持续性的跟踪、检测、监视和发出预警，丧失了预防该病毒的机遇。

正因为“震网”病毒的开发是集计算机科技、网络安全技术、工业自动化系统技术、核科技各领域知识体系于一身，已经超出单一情报科技所能发现并预警的能力，从而定向、定位攻击伊朗核设施。而伊朗情报机构又在国家安全情报工作的相应进程中均出现了情报差错，正是因为这些差错的叠加重合，并进一步导致情报失察，使得伊朗核设施遭受袭击。

2. 战略抗逆力的能力不足

除了情报失察外，伊朗在核项目发展上也存在战略抗逆力能力不足的问题。所谓战略抗逆力，即具有战略性的抗逆力，在宏观视角下，是指系统或主体所具有的一种筹备性和适应性的能力，在系统或主体的安全面临灾难、危险、危机等中断性逆境时将被“激活”，以迅捷地通过抵御、吸收、恢复并反思以保持系统的安全和连续性，甚至赢得发展机遇的能力体系。显然，战略抗逆力是国家安全保障基础性能力之一。

（1）科技抗逆力

国家科技的发展，尤其是核心科技层面上，往往会受到敌对势力的干扰和破坏。因此，在科技发展和应用中应对所面临不确定性的威胁、危机和危险，通过前期的准备、预防、预警等措施以防止在科技发展上被突袭。在中断性事件发生时，便激活抗逆力以抵御、吸收等以推动科技走上正常甚至是创新发展的轨道上来，这就是科技抗逆力。伊朗核项目起步于西方的扶持，后又得益于与俄罗斯的合作，但是其核心科技与装备（软硬件系统）始终依赖于国外，受制于人，科技抗逆力偏弱。

（2）网络与信息安全抗逆力

“震网”病毒通过网络和介质扩散与传播。尽管伊朗重视网络与信息安全，但是由于其和项目合作方较多，有俄罗斯、白俄罗斯等国家，病毒入侵渠道防不胜防。一般认为，病毒攻击的目的是获取和回传有价值的信息，而此次“震网”病毒定向攻击工业设备和设施，超出人们意料之外。而且伊朗自身在信息安全方面的能力和水平与西方国家相比较处于弱势的地位，因此其网络与信息安全抗逆力并没有发挥应有的作用。

（3）核抗逆力

核抗逆力是保障一国核科技、核设施、核能利用的重要保障，尤其核设施与核装备是国家关键基础设施，应是国家安全保障的重点。伊朗纳坦兹核设施受到“震网”病毒的攻击并严重地迟滞了项目进程，从抗逆力的周期来看，伊朗核抗逆力的表现也差强人意：准备阶段的预警能力、抵御阶段的吸收能力、恢复阶段的适应能力、总结与反思能力等方面存在不足。

3. 国家安全情报与战略抗逆力缺乏有效融合

一般来讲，核项目是涉及多领域、跨学科，而且是高风险的国家安全利益的重大工程，但是伊朗未能推动安全情报与战略抗逆力有效融合的安全保障战略，也是导致“震网”病毒成功袭击的重要原因之一。“震网”病毒的研发要精通计算机程序设计，针对性地发现系统漏洞，熟悉核技术装备的编程控制过程，掌握离心机的工作流程（如何破坏其工作环境），如何定向性地对核设施发动攻击，而这些又恰好均是伊朗安全情报与战略抗逆力间的弱点，二者间缺乏有效的融合，缺乏协同与合作。

（1）伊朗的多源情报缺乏融合，跨领域抗逆力缺乏协同与合作

“震网”病毒是集多学科、多领域科技于一身，单一情报源缺乏有效应对。同样地，在战略抗逆力层面，核抗逆力、网络与信息抗逆力、工业系统安全抗逆力没能够有效协同，才使得病毒穿透层层保障网实施攻击。

（2）伊朗国家安全情报与战略抗逆力之间缺乏有效的融合

一方面，如果战略抗逆力与安全情报有效融合，核专家、信息安全专家、工业设备控制专家可参与到国家安全情报的环境态势感知和预警、判断分析进程中，那么就可能会增加发现“震网”病毒的机会。另一方面，如果国家安全情报与战略抗逆力有效融合，国家安全情报专家可深入到核设施领域，全面评估安全保障，探查脆弱性，增强鲁棒性，便能在病毒攻击的初始采取最有效的措施。

（三）伊朗“震网”事件的启示

1. 重视相关领域的国家安全保障

伊朗屡遭恶意定向病毒的攻击，并非仅此一例。作为网络与信息技术最发达的国家——美国也非常重视其网络与信息安全。如 2017 年 5 月美国总统特朗普签署总统令《增强联邦政府网络与关键性基础设施网络安全》，其中多次提及战略抗逆力对于关键基础设施的作用，抵御僵尸网络和其他网络威胁。我国目前工业网络化、自动化、智能化发展已经处于较高水平，工控系统中的安全风险也愈发处于突出位置，亟待提升我国相关领域安全情报能力以及战略抗逆力水平，以保护我国关键基础设施不受威胁与侵害，保障重大科技项目实施和推进过程中的科技安全、工业安全、公共安全等。

（1）加强我国关键基础设施的安全保障

所谓关键基础设施，是指能够为国土防御、经济安全以及国民健康、福利事业持续提供产品或服务的行业、公共机构和传播媒介。这些关键基础设施之间又是彼此联系和相互依赖的，如电信与能源又是其他关键基础设施的重要支撑，如电信基础设施的破坏，不可避免地将影响到公共事业、金融和物流的正常运转。因此，关键基础设施是国家安全重点关注对象，西方发达国家，如美国、日本、德国、英国等诸多国家均通过政令或立法来保障关键基础设施安全，并在资金、安保人员、情报、战略抗逆力的形成给予重点倾斜。

（2）增强我国网络与信息安全防范和预警的意识、能力

随着我国信息化程度日益加深，“互联网 +”战略逐步推动，我国社会赖以运行的各类关键基础设施已经互联互通，如交通、金融、商务等在信息技术支持下形成跨领域、跨组织机构、跨层级、巨复杂的体系结构。这些系统的核心硬件、操作系统、数据系统等应用软件多为国外公司开发，漏洞频现，给我国相关领域的安全保障提出了严峻的挑战。且单一领域的安全情报与战略抗逆力均不足以保障关键基础设施的安全，需要多领域的国家安全情报与战略抗逆力深度融合，在各自内部以及彼此之间进行合作与共享、协同与联动。

首先，不同类别的国家安全情报之间实现情报融合。“震网”“火焰”等病毒不仅仅是单一窃取信息的计算机程序，而是与侵害工业化控制系统、破坏核设施运行系统等多个领域为目标，是跨领域、跨学科团队经过有组织和有预谋地开发出来的，从而实现攻击之目标。涉及核安全情报、网络与信息安全情报、科技安全情报（工业自动化技术）等，单一安全情报能力都难以胜任信息的搜集、分析、判断并发出准确的预警情报，多元安全情报融合为全面的情报收集、分析、判断和发出预警提供坚实的基础。其次，不同领域战略抗逆力的融合。如果相关领域战略抗逆力在准备阶段，通过脆弱性评估，实现资源冗余、能力冗余，增强关键基础设施的鲁棒性，即使在国家安全情报失能（未能有效发出预警）情况下，在突发事件来临时，也能通过战略抗

逆力的合作与共享体系，实现最短的响应与恢复时间、最小的核心功能损失，以保障关键基础设施的安全运维。再次，多元国家安全情报与战略抗逆力之间的交叉融合。不但要实现多源情报之间的融合与多领域战略抗逆力之间的融合，还要能实现情报信息、资源、战略抗逆力等之间的合作与共享，以及主体间的协同与联动，为关键基础设施的安全保障增加了多重、立体、加强型的安全屏障。

（3）提升我国科技安全保障能力

科技安全对其他领域的国家安全具有基础性的支撑作用。要提升我国科技安全保障能力，应该从提升国家科技安全情报能力与科技领域战略抗逆力水平，通过国家科技安全情报与战略抗逆力之间合作与共享、协同与联动，以实现国家科技安全保障。一是提升国家科技战略规划前瞻性、预见性、预警性的能力。二是国家科技安全情报和反情报能力的建设。三是国家科技安全教育。国家科技安全教育是面向教育与培训系统，目的是提升国家科技工作者的安全意识，既是科技安全情报工作的需要，也是科技抗逆力的重要组成。

2. 加强信息安全情报与信息抗逆力的融合

《中华人民共和国网络安全法》已于 2017 年正式实施，这是专门针对我国网络与信息安全的一部法律，对于维护我国网络与信息安全具有里程碑式的重要意义。依据法律，还应强化网络与信息安全保障措施。

（1）加强信息安全情报与信息基础设施战略抗逆力融合

信息安全情报主要是收集、处理、分析和研判潜在的各种信息安全威胁，如网络上出现各种与信息安全相关的情报（各类系统的漏洞或隐患、新型木马、恶意程序、病毒等），并实时发布预警、警告通知等。同时，在战略抗逆力层面上，应经常评估网络与信息相关的关键基础设施，发现脆弱性，提高网络抗毁性的能力。信息安全情报与关键基础设施战略抗逆力的融合体现在两个方面：一方面，安全情报信息的合作与共享，脆弱性评估；另一方面，后者向前者提供可能的攻击源、恶意程序、木马、病毒等，从而为前者扩大监控对象数据库、提升安全情报侦测能力提供帮助。

（2）加强网络中特定领域的安全情报与该领域其他渠道情报或战略抗逆力融合

网络与信息安全不仅仅是数据和信息的安全，更重要与各个领域的信息内容安全，网络上流动的内容与相应领域的国家安全情报或战略抗逆力有着重要的关联。因此，应提升我国各领域的国家安全情报、战略抗逆力在网络与信息安全领域相融合的技术与能力，对于防范相关领域的国家安全有着重要的作用。

3. 提升智慧韧性城市建设中的安全保障能力

移动互联网、物联网等信息技术的发展，推动了智慧城市的快速建设。但是，还应从总体国家安全观出发，树立整体的、系统的、融合的安全观，重视智慧城市建设在推动国家安全各领域中国家安全情报与战略抗逆力融合所发挥的作用。

（1）将各领域国家安全情报工作和战略抗逆力建设融入至智慧城市建设

要充分利用智慧城市建设的基础性、集成性、系统性的整体推进优势，与相应的国家安全情报工作和战略抗逆力作用进行对接，如智慧金融与金融安全乃至经济安全相结合，能够及时就经济、金融领域风险的环境态势感知并发出预警；突发事件的舆情信息与公共安全治理；公安情报与智慧监控相结合；基于网络的文化安全情报与文化抗逆力的融合等。

（2）借力智慧城市建设，推进国家安全情报工作与战略抗逆力的融合

智慧城市建设将各类网络平台、系统、数据库集成在一起，为国家安全情报与战略抗逆力实现情报信息共享与合作、协同与联动提供了相应的“管道”，降低了融合的成本，减少了协同与联动的响应时滞。

（3）重视智慧城市建设中的关键基础设施的安全保障工作

智慧城市是巨复杂的信息系统集成，复杂性越高，其脆弱性程度越甚，一些工业自动化系统也接入智慧城市的底层系统，使得城市中各类系统容易受到攻击（可能是物理上的攻击、也可能是软件系统的攻击）。因此，要加强关键基础设施（包括信息基础设施）的安全情报和战略抗逆力的协同与联动的融合工作，要进行常态化演习、模拟、训练，以提高响应能力，提升防灾、

备灾，环境态势感知、预警、预防等能力。

（4）加强智慧城市建设规划中国家安全保障评估工作

智慧城市建设规划评审专家应包含国家安全相关领域的专家，以确保在国家安全的基础上实现智慧城市的各项功能。防止只重视城市的互联、互通，和智能化、自动化等功能，而忽视国家安全保障功能体系的建设。

总之，网络安全并不仅仅是最底层——网络本体的安全，而且还要重视基于网络的中间层面——各领域服务系统及数据的安全；同时，还要重视建立在服务系统基础上的顶层（应用层面）——各领域的内容与应用安全；并且将网络安全与国家的政治、经济、军事、科技、文化等所有领域紧密结合起来，推动基于网络之上各领域国家安全情报与战略抗逆力的深度融合，才能全方位地保障国家安全。

七、非常规作战中的文化情报[1]

2005至2006年，美军在伊拉克和阿富汗战场开展的反叛乱行动遭受重大挫折，一个重要原因是其忽视了非常规作战中的文化情报准备，没有意识到全面掌握当地社会文化特征对作战行动的重要作用。为此，美军总结战场经验和教训，建立了人文地形系统（Human Terrain System, HTS），以满足军队在战术层面对文化情报的重大需求。

（一）非常规作战中的文化情报需求

“文化情报”是涉及一个国家或者地区的学术知识、理论思想、社会文化动态、民风民俗民情、山川地理、物产等全方位系统化的综合性信息。常规战争中，交战形式主要是以武器平台为核心的硬实力对抗，交战双方地位相当，与对方民众之间无需有过多交流，因此文化情报的收集主要服务于国家

[1]　庞超伟、马晓雷、侯豫、王泳利：《论美军在非常规作战中的文化情报工作——美陆军人文地形系统的建设与启示》，载《情报杂志》2015年第3期。摘编后收入本书。

整体战略，其战术价值一直没有得到军方的足够重视，更谈不上进入条令和作战决策过程。

然而，在非常规作战中，由于战争环境和规律的改变，作战地域文化情报的重要性得到极大凸显。美国防部2010年颁布的条令《非常规战争：应对非常规威胁》中将非常规战争定义为“恐怖分子、叛乱分子、犯罪网络或国家采取非常规手段与常规军事力量进行对抗的活动”。在非常规战场，敌对双方力量悬殊，非常规势力不会选择正面对抗，而是借用其熟悉本地社会文化的优势，隐匿在人群之中利用简易爆炸装置等发动偷袭，给对手造成伤亡以及沉重的心理负担。

美军之所以在伊拉克和阿富汗的后续行动中举步维艰，一个非常重要的原因就在于他们面临的已不再是常规军事力量，而是隐匿在人群之中的叛乱分子、恐怖分子等非常规武装，过去的作战经验已难以适应反恐、平叛、维稳等非常规作战环境。由于美军对当地社会文化缺乏了解，无法化解当地民众的敌意，更谈不上协调当地不同种族以及宗教派别之间的冲突，致使其难以获取有效情报，也不能精确识别叛乱分子，发起的打击收效甚微，且容易误伤平民，从而使局势不断恶化。

（二）文化情报对非规战争的影响

美军之所以一度忽略文化情报的战术价值，是因为其长期存在两大认识误区。误区之一是美军武力至上的战略指导思想。“9·11事件”之前，美国军事战略仍然沿用冷战思维，即立足于发挥自身拥有的军事科技优势打赢常规战争。军方在这样的战略思维指导下，认为拥有高技术装备及优势兵力便可以解决战场上的一切问题，因此形成了强调进攻的战术指导原则。

误区之二是美国外交政策一向采取文化中心主义的立场，将美式民主、自由、人权等价值观视为普世价值，自我赋予了一种道德优越感。其对不同文化采取的是“模糊差异”的策略，以实现用美国文化同化其他文化的目的。也就是说，美国将美式民主视为唯一“正确”的生活方式，而忽略了文化多样性的重要性及其对作战带来的潜在影响。军方通过研究认为，导致局势失控的原因在于作战指挥官没有正确认识作战地区的社会文化对军事行动可能产生的影响。

非常规作战不仅取决于军事力量，还取决于军队对部落政治、社会网络、宗教影响和文化道德等社会文化因素的理解。要赢得非常规战争，就必须改变原来强调进攻的战术指导思想，转而重视文化情报在行动中的作用。非常规作战的关键是人，而非武器平台和先进技术。文化知识影响人的思维方式和反应模式，因此应被视作是制定政策和战略的重要维度。

（三）服务战术行动的文化情报

美军将服务战术行动的文化情报称为"人文地形"。实际上，"人文地形"对美军来说并非是一个全新的概念。早在 20 世纪 60 年代的越南战争时期，当时的众议院非美活动调查委员会（即现在的"众议院国内安全委员会"）在一份分析游击战特征的报告中便首次使用了"人文地形"一词，强调打击激进武装应掌握相应的地区人文特征。

现代"人文地形"的研究始于 2000 年，Ralph Peters 在《城市作战中的人文地形》一文中指出，城市的"人文结构"即"人文地形"……将决定行动的成败……城市作战的重心从来不是总统官邸、电视台、大桥或者军营，而一直是人本身。美国军方进一步明确，人文地形涵盖"作战地区有关物理安全、经济安全、意识形态、信仰体系、权威人物、主要社会族群及组织等方面的信息。可以说，人文地形是在具体时间和具体地点上一个群体社会文化特征的集合，研究人文地形的核心目的是要弄清一个区域的社会文化因素如何影响人的行为，关键之处是把这些信息与地理坐标相联系，能够以地图的形式呈现出来。一旦人文信息与地形信息有效结合，并在信息可视化技术的辅助下形成人文地形图，就能够更好地辅助战场决策，其情报价值也会得到成倍提升。

2006 年底，人文地形的重要性首次在美军官方条令中得到了承认。美国陆军颁布的新版《FM3-24 反叛乱手册》，首次详细阐述了文化知识与作战行动之间的关联。手册指出，"文化知识对成功实施反叛乱行动至关重要。美国人关于‘正常’和‘理性’的理解并不是全球统一的。相反，不同社会对理性、适当行为、宗教的虔诚度以及有关性别的规范都有不同理解。因此对一个外部人看来是非正常或者是奇怪的举动对内部成员来说可能是极为正常的。基于此，参与反叛乱的人员，尤其是指挥官、作战计划制定者以及连排长等，要避免一味使用自身文化的标准来处理外国文化问题”。可见，美军已经意识到，文化中心主义无助于战局的顺利进行，摈弃这一观念，进而扎实掌握对方文化情报才是最佳的战略选择。美国国防部预测，在今后多年，类似于伊拉克战争和阿富汗战争的非常规战争将成为主要的战争形式，未来的美国陆军要更好地应对新的战场环境，就需要了解当地社会文化知识，深入理解个人、群体、社会乃至国家的行为特征，从而有效提升美军作战效能。

（四）美军人文地形系统的建设

认识到在新的作战环境中掌握当地“人文地形”的重要性后，美军逐步开展了建设“人文地形系统”的论证。2006 年，伊拉克和阿富汗战场局势的不断恶化加速了美军人文地形系统的进展。经过充分研究之后，国防部正式拨款，面向社会招募人类学家、文化学家等专业人员，建立人文地形系统。2007 年 2 月，2 支新成立的人文地形分队部署到了阿富汗，之后陆续又有 3 支分队部署到了伊拉克。至 2008 年底，总计有 28 支分队在伊拉克开展过行动。2011 年 6 月，随着美军陆续从伊拉克撤军，所有分队随之撤离了伊拉克。但截至 2013 年 8 月，仍然有 14 支分队在阿富汗开展行动，支持北约和国际安全援助部队。

1. 人文地形系统的组织架构

整个人文地形系统由美军训练与条令司令部（Training and Doctrine Command）负责管理、保障和监督。系统由一名主任和一名副主任领导。主任为陆军上校，负责整个系统的运作；副主任为中校，负责总部的日常事务，并且在主任不在位时代替行使主任职责。

整个系统可分为两个主要部分：前线部署分队和分别位于弗吉尼亚州纽波特纽斯市以及堪萨斯州列文斯堡市的本土支援机构（见图 3.1）。前线部署分队包括四种组织：一是人文地形分队，主要对旅团级司令部提供支援；二是人文地形分析分队，主要对师以上司令部提供支援；三是战区协调小组，主要为战区司令部提供社会科学支持，对部署在伊拉克和阿富汗的分队提供战区项目管理支持，以及协调社会科学研究任务；四是战区支援办公室，主要对战区人文地形分队提供行政和后勤保障，并负责分队和作战指挥官之间的联络。

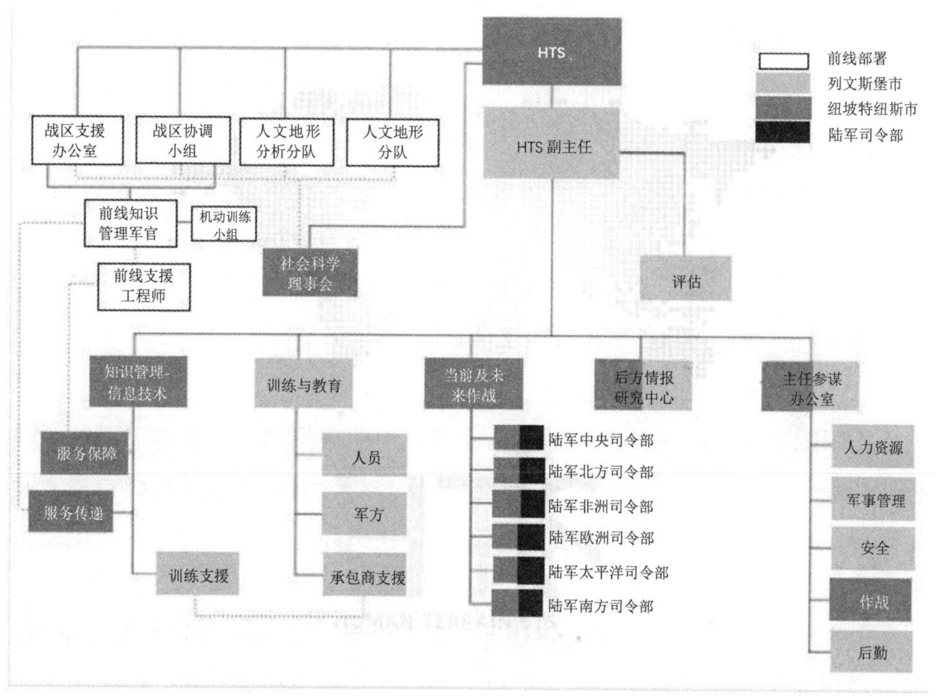

图3.1 美军人文地形系统组织架构图

本土支援机构包括一个独立的社会科学理事会、知识管理与信息技术部、训练与教育部、作战部、后方情报研究中心、主任参谋办公室等。社会科学理事会直接接受主任和副主任领导，参与人文地形系统的整体工作，确保项目的连续性。知识管理与信息技术部下设三个分部：服务保障，服务传递以及训练支援，负责保障部署到阿富汗的前线知识管理军官、机动训练小组和前线支援工程师，为前线部署分队提供训练和信息技术支援。训练与教育部也下设三个分部，分别负责人员管理、军事训练支援和承包商支援。后方情报研究中心主要负责开展研究和分析，支援前方部署的人文地形分队。主任参谋办公室属于行政管理机构，下设人力资源、军事管理、安全、作战、后勤等岗位。整个系统的核心是人文地形分队，每支分队由 5 至 9 名现役及文职人员组成，满编包括 1 名队长，2 名社会科学家，2 名研究助理，4 名人文地形分析人员，美军还原则上要求每支分队都应至少包含 1 名女性。

美军人文地形系统的建立既是新战争形式的需要，也是适应信息化战争的一次创新。首先，人文地形系统在军队各个层面设置分队，将文化情报与作战决策过程相融合，体现了战略、战役、战术层次一体化的特点；其次，人文地形系统实现了文化情报的数字化和信息化，体现了作战软硬实力结合、作战决策实时化的特点；第三，人文地形系统将前线部署分队和后方情报支援机构有机融为一体，充分发挥作战组织的整体优势，确保了重大情报分析的准确性和时效性，体现了作战力量体系化的特点。

2. 人文地形系统的使命任务

美国陆军颁布的《人文地形分队手册》中明确指出，人文地形系统的核心使命是：开展与作战有关的开源社会科学分析，为旅团级及师级指挥官及参谋提供新的知识能力，为作战计划制定、决策和评估建立统一的文化分析框架。

人文地形分队具有五项关键任务。首先，针对作战环境进行文化准备，即提前研究作战地区的社会文化信息，制定人文地形研究计划，协调文化研究活动；其次，将文化情报的分析结果与部队作战计划制订过程有机衔接；第三，对当前行动开展支援，即通过观察分析，确定能够影响当地民众的文化因素，向指挥官及参谋建议应该采取的恰当措施；第四，评估作战地区的人文地形效果，即动态评价交战双方行动对当地民众产生的影响；最后，对全体部队就相关社会文化问题进行培训。军方希望人文地形分队能够从两个方面减少伤亡：一是与当地民众进行有效沟通后，减少武力的使用，从而降低战场伤亡数量；二是在士兵掌握了详细的人文地形后，能够发动更加精确的打击，减少对无辜平民的伤害。

为了高效整合各种文化信息和资源，军方使用了“人文地形测绘平台”（Mapping the Human Terrain，MAP-HT），这是一种自动化的数据管理和交互工具，可以方便文化数据的收集、存储、处理和传递。人文地形测绘平台能够通过可视化的方式，将上述信息快速绘制成易于理解的人文地形测绘图，从而使专家和指挥官更直观地掌握某一战区的社会结构分布信息，进而采取预防性措施，提高对突发事件的反应速度。

3. 效果与评价

经过实际战场的检验，人文地形系统基本完成了其预期的使命任务，对作战行动的顺利开展做出了突出贡献。人文地形分队能够让地面指挥官了解交际的文化模式，掌握与当地文化族群进行交际的诀窍。例如，在“伊拉克自由”行动期间，第 1 骑兵师第 1 旅在任务区遭遇当地一个极端组织“圣战军”的袭扰。传统情报部门的报告显示这些人宁愿战死也不愿与盟军议和，但是配属该旅的人文地形分队却发现“圣战军”领导层中有很多人存在厌战思想，他们虽然反对盟军继续留在伊拉克，但却愿意支持当地政府开展重建工作。因此分队通过当地酋长协调，安排盟军指挥官与 10 余名“圣战军”领导人进行了会谈，成功促使该组织同意发表声明放下武器、支持地方政府建设。可以预见，如果没有人文地形分队的工作，当地的冲突还将继续持续下去。又例如，编配给第 3 骑兵团的人文地形分队通过在本地环境中与当地民众进行交流，为美国军方、当地政府和伊拉克民众之间建立起了更为顺畅的交流渠道，有效化解了多起潜在冲突。

针对人文地形系统的官方评估也在逐步展开。2010 年，美国国防领域著名智库之一——海军分析中心对人文地形系统取得的成效给予了高度评价，认为其在许多方面取得了成功。根据美国国防大学发布的一份研究报告，许多军队旅级指挥官高度认可人文地形系统存在的价值，并认为人文地形分队的数量应进一步扩大并部署至连一级部队。美国中央司令部已经明确提出要进一步增加部署在阿富汗的人文地形分队的数量，到 2014 年夏天增加至 31 支。

当然，作为一个新生事物，人文地形系统在发展的过程中也存在很多争议。首先，职业伦理饱受批评。美国人类学协会执行委员会曾发布声明，反对美军人文地形计划，并指出让社会学家为军队工作已经违反了职业原则，认为研究者不应干扰研究对象的生存状态。第二，人员招募环节标准不严，部分人员参与行动后能力素质不能达到军方预期。第三，分队部署与作战需求还存在脱节。当前人文地形分队主要部署于旅团级部队，但是在反叛乱行动中大部分具有决定性的行动是由营级以下部队组织实施的，因此人文地形分队缺乏必要的灵活性和资源来支援连、排级指挥官。这些问题已经引起了美国军方的重视，并有望在今后逐步得到改进。

综上，美军人文地形系统的诞生，在一定程度上弥补了美军在伊拉克和阿富汗战场中对当地文化情报准备不足的缺憾。经过数年建设，美军人文地形系统已经形成了完整的体系并取得了不俗的成效。在有效保证作战行动顺利开展的同时，该系统必然对未来作战样式以及国家安全产生深远影响。

（五）文化情报系统的借鉴意义

美军人文地形系统的发展和目前取得的成果体现出了当前及今后非常规作战行动对文化情报的特殊需求。尽管整个系统可能还存在一定的问题，但其经验和教训对我国应对各种安全威胁具有积极的参考价值。

1. 增强非常规军事行动中的文化情报意识

在可预见的未来，国家间出现常规战争对抗的可能性已经大为降低。冲突的主要形式将是“发生在人群中而非人群周围”的非常规战争。美军的经验已经表明，文化情报工作对这样的作战行动至关重要，军队能否快速适应陌生的文化氛围将是决定战争胜负的关键因素。当前，我国国家利益不断拓展，军队将承担更加多样化的任务，加上我国周边邻国众多，安全形势复杂。因此，要有效保护我国海外利益，应对周边安全威胁以及恐怖主义威胁，我们应该进一步增强文化情报意识，加强顶层设计，将文化情报视为重要的作战资源；同时，警惕文化中心主义的思维定式，把掌握和运用文化情报的能力视为战斗力的重要组成部分和军事软实力的重要体现；此外，还应积极研究现代战场决策机制，探索文化情报工作在作战行动中如何与作战决策有机融合。

2. 探索文化情报专业人员培养模式

文化情报的分析研究始终离不开专业人员的参与，因此文化情报专业人员的培养也是情报保障的中心环节。美军人文地形系统已经探索出了一条军民融合式的专业人才储备和使用模式。在系统建设前期，学术界与军方进行了紧密合作，做了大量的理论研究，很多学术界的研究成果均被军方加以利用。同时美军人文地形系统中的大部分社会科学分析者和人类学家都是面向社会招募的文职人员，不仅节约了人才培养时间和经费，又保证了分队的专业性和可靠性。因此，可以考虑在军队自身加强有关人才培养的同时，积极利用地方专业人才，促进军方和地方研究机构的合作，同时吸取美军的教训，处理好学术与军事的界限，避免学术伦理上的争执，使军地联手，共同维护国家安全。

3. 推进文化情报处理的信息化进程

要能够在未来信息化条件下的局部战争中具备快速响应的能力，文化情报的处理和运用也应及时跟上信息化的步伐，美军“人文地形测绘平台”的开发和运用已经证明了这一点。因此，需要创新思维，着手对文化情报资源进行信息化建设，重视数据积累和平台建设。首先，应确定需重点关注的区域和事件，加强对这些关键区域的文化研究和信息跟踪与收集，确保基础信息的针对性、全面性和准确性。其次，应加大投入，适应大数据时代的特点，建设统一的信息化平台，将基础信息数字化，同时开发相应的应用工具和终端，供战场快速决策使用。第三，还要进一步创新军队训练机制，将文化情报知识和有关工具的使用纳入军队训练计划，提高军队的整体跨文化意识和水平。

第三节
反情报

一、美国国家反情报管理 [1]

美国国家反情报管理制度实际上就是以国家反情报与安全中心为管理主体，以《2002 年反情报增强法案》及一系列总统行政指令、情报界指令为政策基础，对美国政府范围内的反情报执行部门、安全部门等管理客体实施管理，并根据管理实效对管理主体进行调整的一整套规程。

（一）建立背景

冷战后，美国面临的宏观国际政治格局发生了巨大变化，所面临的技术发展环境和国民的文化环境也有了调整，面对新时代的挑战，美国原有的反情报管理制度已无法应对新的威胁和新的形势，新的国家反情报管理制度也应运而生。

1. 冷战后国际环境发生深刻变化

苏联解体后，两极对抗的局面不复存在，美国作为唯一的超级大国，对

[1] 朱亚捷、王子豪：《美国国家反情报管理制度分析》，载《情报杂志》2020年第2期。摘编后收入本书。

全球的控制达到了前所未有的高度。在这种背景下，恐怖主义、跨国犯罪等非传统安全威胁开始凸显，针对美国高新技术领域和经济领域的外国情报活动逐渐显现。在情报领域，美国的关注对象日益多元，使得美国在冷战结束后遭受了严重的打击。美国开始认识到冷战的结束意味着其将作为世界秩序的维护者，需要面对更为复杂多变且高度分散的安全威胁。冷战时期针对单一对手设立的反情报机构，越来越难以适应新的国际环境，因此需要进行改革，以提高其效能。

2. 信息通信技术的更新换代

21 世纪以来，通信技术的不断发展使得情报传递更为便捷迅速，而互联网的匿名性使发现网络空间的情报威胁变得更为困难。通信技术革命，使得国家不再是尖端技术的唯一掌握者，个人和民间企业拥有的技术已超过了国家机构，使得政府机构必须和民间企业合作。另一方面，信息技术革命产生的海量信息需要更多的资源来处理，而传统的情报机构所掌握的资源和技术难以应对。技术的发展使得威胁的数量、种类增多，通信技术的迅速发展也使得信息的传递变得更为隐蔽迅速，给反情报工作带来了极大困难。曾经以各反情报部门为主导独立进行的反情报工作不再适用于新的信息时代，美国迫切需要建立一套新的国家反情报管理制度来应对技术发展带来的挑战。

3. 安全观念下降的威胁

根据美国皮尤研究中心发布的调查报告，美国千禧一代相较于之前几代人，其对爱国主义的接受程度明显降低，只有近半（49%）的千禧一代自称爱国，而此前这一数字基本在 80%—90%。面对新兴的社会主体，原有的“忠诚”概念可能不再适用，年轻的涉密人员对情报工作乃至对自身身份的认同感降低可能会导致严重的内部威胁。确保情报界内员工，乃至所有能接触到美国敏感信息的人员，不再发生严重失泄密事件，成为美国反情报工作的重点。

（二）发展历程

自 2000 年美国建立起统一的国家反情报管理制度雏形开始，大致经历了制度初创、作为有限、大力转改和重塑成熟四个时期。

1. 制度初创期（2000 年—2004 年）

2000 年 12 月 28 日，克林顿总统签署了第 75 号总统决策指令《美国反情报效用——21 世纪的反情报》，构建起了美国国家反情报制度的基本框架。指令建立了一整套国家反情报管理制度：以国家反情报领导委员会为最高领导，监督和评价国家反情报执行官的职权履行效果；以国家反情报执行官作为最高执行领导，领导国家反情报执行办公室对各反情报执行部门进行管理；以国家反情报政策委员会作为协调各部门反情报活动的最高论坛，设立国家安全委员会代表委员会负责批准其职能、组成和职责。

而随着克林顿总统的卸任，第 75 号总统决策指令的内容并未被完全落实。小布什总统上任后，签署了《2002 年反情报增强法案》，将第 75 号总统决策指令的部分内容以法律的形式确立了下来，但未接受关于国家反情报领导委员会和国家安全委员会代表委员会的设计。《2002 年反情报增强法案》的出台，首次将国家反情报体制以法律的形式确立了下来，取消了国家反情报指导委员会的设计，由总统直接委任国家反情报执行官（如图 3.2 所示）。

可以看出，《2002 年反情报增强法案》规定国家反情报执行官直接由总统进行委任，而这样的设置意味着国家反情报执行官发挥其职责依赖于其和总统的关系。

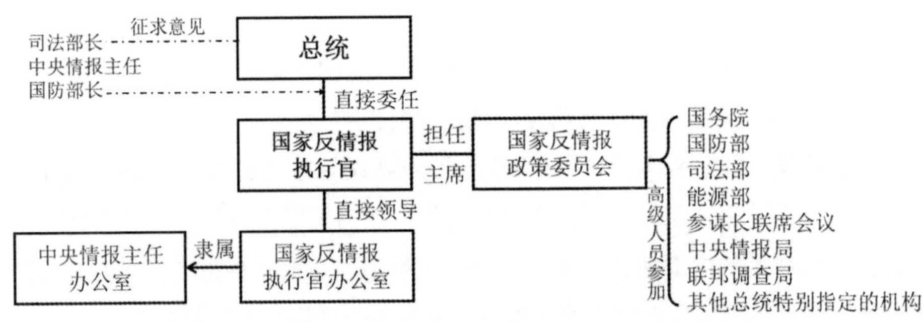

图3.2 《2002年反情报增强法案》建立的美国国家反情报管理制度

2. 作为有限期（2004 年—2010 年）

“9·11 事件”的发生迫使美国于 2004 年颁布了《情报改革和恐怖主义防

止法》，美国的国家反情报管理制度也顺势进行了改革。法案取消了总统对国家反情报主任的直接委任，而将此项权力交给国家情报总监，国家情报总监需根据司法部长、中央情报局局长和联邦调查局局长的意见来确定国家反情报执行官的人选，国家反情报执行官办公室也随之由中央情报主任办公室迁移至国家情报总监办公室。

《情报改革和恐怖主义防止法》基本确立了实行至今的美国国家反情报顶层框架，而此后针对国家反情报顶层框架改革的重点，也由大体的框架设计转向了针对国家反情报执行办公室的改革。国家反情报执行办公室作为美国国家反情报管理制度的核心节点，将负责在国家反情报管理制度和各反情报执行机构发挥其协调和桥梁作用。2006 年，国家情报执行官范・克里芙卸任，国家反情报执行办公室由总统行政办公室迁移至国家情报总监办公室，这一举措符合美国国家情报管理制度改革的总体趋势，使国家反情报管理制度更为明晰。但是，在加强反情报工作统管权的同时，国家反情报执行官不再具有此前与高层直接接触的优势。由于国家反情报执行官缺乏法令上和政策上对各反情报机构实际有效的控制，国家反情报管理制度统一管理国家反情报工作职能发挥得较为有限。

3. 大力转改期（2011 年至今）

2010 年，“维基解密”事件使美国国家反情报制度面临着重重质疑，其协调各反情报机构的能力也备受指责，美国开始了反情报管理制度的新一轮变革。期间，国家反情报与安全中心的框架在反复磨合中才基本确立，国家反情报执行办公室融合了特别安全处和安全评估中心，开始将保护机构安全的职能融入美国国家反情报管理体制。

2011 年 11 月，第 13587 号行政令（Executive Order 13587）赋予了国家情报总监“安全执行专员”（Security Execute Agency）的职责，而国家反情报执行办公室下属的特别安全处，将作为国家情报总监履行“安全执行专员”职责的具体执行机构，全权代表国家情报总监执行其安全职能和职责，在全政府范围内保护人员、敏感信息、基础设施等的安全。国家反情报执行官的职能愈加重要，国家反情报制度开始发挥实际作用。国家反情报体制的职能开始扩展到反情报与安全领域，负责对美国情报界、美国各政府机构乃至企业提供全方位的保护。与此同时，情报界陆续发布了一系列反情报相关情报界指令（Intelligence Community Directives），对美国反情报工作的概念进行了界定，并就美国国家反情报管理制度应包括的内容如分类标签系统、供应链管理和损失评估等进行阐述，以及对人员、信息的保密制度进行了具体规范。

随着对反情报概念的认识逐渐加深，国家反情报执行官办公室的职能已不仅限于传统的反情报，安全工作也逐渐作为其重要职能之一。因此，国家情报总监于 2014 年以国家反情报执行办公室为基础成立了国家反情报和安全中心，由国家反情报执行官担任国家反情报和安全中心主任，其组织架构如图 3.3 所示。

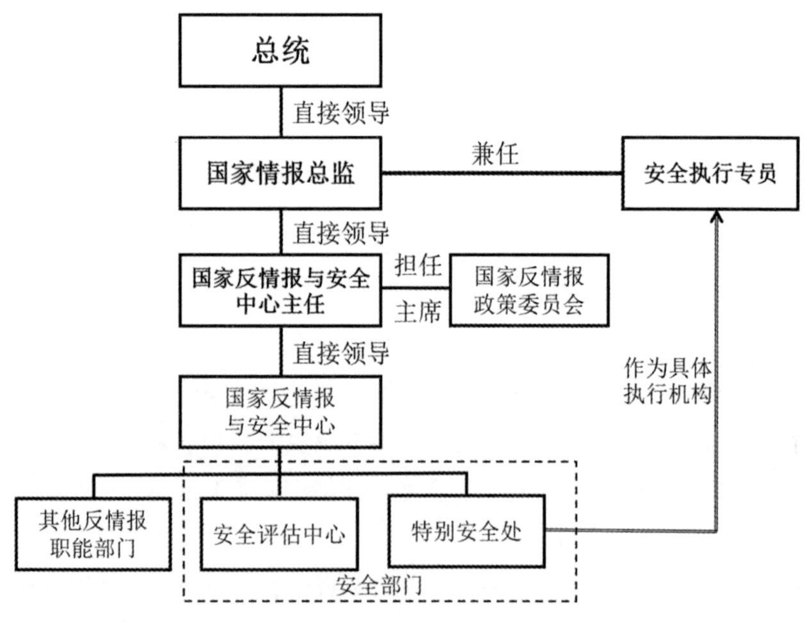

图3.3 美国国家反情报管理组织架构

至此，国家反情报与安全中心开始真正发挥其协调作用，其下属的各部门分别按照《国家反情报战略》中规定的不同职能来协调情报界内各机构乃至政府范围内各机构的运作。至此，美国的国家反情报管理体制较为稳定成熟，其部门建设也渐趋完善，对情报界内各反情报部门的协调和管理能力也有了很大提高。

（三）主要特点

1. 协调为主，监督并重

美国国家反情报管理制度是以发布战略、制定工作目标、监督各反情报部门对战略的实施状况的方式，实现对各反情报部门的宏观指导，并不强调利用预算、人事对情报界内的各反情报部门实施控制和管理，同时，国家反情报管理制度还广泛组建跨部门的工作组、特别小组，以实现各反情报部门微观上的协调和对各反情报部门的监督。

形成原因之一是美国国家反情报管理制度缺乏对各反情报部门的直接管控能力。由于各反情报部门所隶属机构权力较大，如中央情报局、联邦调查局，而国家反情报与安全中心作为国家反情报管理的职能机构，既缺乏针对各反情报部门的预算、人事的控制，也缺乏预算、人员以及各种资源来发展自身、扩大影响力，这直接影响了国家反情报管理制度发挥的效用。

另一重要原因是反情报工作的特有属性。由于反情报工作主要针对对手的情报机构，有时甚至还有己方人员，具有极高的机密性。同时，又因为反情报工作往往与抓捕对手间谍或己方泄密者等具体行动相关，又具有更鲜明的行动导向性。反情报工作的这两点基本属性，导致反情报工作必须要有细化的工作小组、相对固定的人员组成、较为简洁的行动指导模式以及极为有限的知密范围。随着反情报工作的发展，其工作内涵不仅仅包括了针对敌人情报机构的打击，同时也包括了针对己方泄密者的审查，国家反情报管理制度逐渐形成了反情报与安全并重的工作重点，此时监督各机构是否能够落实既有的安全标准和反情报工作任务指导就成为了国家反情报管理制度的重点。

2. 高层驱动，逐步推进

纵观美国国家反情报管理制度的发展历程，总统、国家情报总监等高层领导对其影响巨大，高层的重视对其职能发挥起到了重要作用。从 2002 年小布什总统推动国家反情报管理制度的建设开始，由于总统的重视，加之反情报执行官在白宫中身居要职，在2002年到2006年间，国家反情报管理制度在高层驱动下发展得十分迅速，创立了美国国家反情报管理制度的基础，也开创了反情报研究学会以推动整个反情报行业的发展。

但随着美国国家反情报管理制度的调整，反情报工作从直接对总统负责转向了对国家情报总监负责，自詹姆斯·克拉珀（James Clapper）于2010年担任美国国家情报总监后，他的重视促使国家反情报管理制度开始了新一轮的改革，其对各反情报部门的协调管理能力也不断增强。此外，奥巴马总统对反情报工作的重视驱动了反情报相关法案的建立，使得各反情报部门的职权得到了加强。由于反情报工作开始具有了统一的宏观任务领导，又具有统一的微观行动领导，还具有了总统和国会的法律支持，美国国家反情报工作开始作为一个协调的整体进行工作，国家反情报管理制度的作用也日益显现。

从第75号总统决策指令的颁布，到《2002年反情报增强法案》的出台，再到反情报执行官的划归和国家反情报与安全中心的成立，美国国家反情报管理制度在高层的驱动下逐步推进，得到了完善和加强。

3. 问题导向，应激而变

推动美国国家反情报管理制度发展的最主要原因就是其反情报工作的失误，其“头痛医头，脚痛医脚”的特点表现得十分明显。在没有重大反情报失误时，国家反情报管理制度的发展缓慢，甚至会出现效能下降的情况。最初克林顿总统建立这一体系的直接原因就在于美国的反情报工作出现了多次重大失误，使美国认识到必须对国家反情报管理制度进行改革，建立新的国家反情报管理制度。从“维基解密事件”，到“斯诺登事件”，一系列的反情报失误对美国反情报界的震动极大，如何避免此类事情再次发生，如何减轻因内部人员泄密导致的损失成为了美国国家反情报管理制度关注的重点。以丑闻为契机，美国就此又开始了新一轮的改革，开始注重扩大国家反情报管理制度所涵盖的范围，将安全与反情报进行融合，确保不会有类似的严重事故再次发生。

可以说，美国的国家反情报管理制度最大的推动力是反情报失误，这是因为反情报管理制度高度依赖高层的支持，如果高层没有意识到反情报工作疏漏会带来的严重后果，这一制度体系拥有强大的变革惰性，难有较大的变动。所以，美国国家反情报管理制度的发展有较大的应激性，缺少变革的持久动力。

（四）未来走向

反情报工作由于其自身特点难以进行统一管理，只能从协调合作与安全指导的方面进行国家反情报管理体制建设，而美国在不增设机构的情况下，提高国家反情报与安全中心的地位与职能可能是最为现实有效的途径。事实上，国家反情报管理制度自诞生之日起，美国法律对其一直有具体明确要求。但长期以来，由于种种阻力，其实际所具有的职能并未完全达到法案要求。国家反情报管理体制在未来可能进一步落实法案的要求，按照《国家情报战略》，通过发布《统一情报战略：反情报》（Unifying Intelligence Strategy for Counterintelligence），对各反情报部门实施指导，实现对各反情报部门的行动、计划和预算的审查，逐步增强其对国家反情报工作的影响力。

《国家反情报与安全中心 2018—2022 战略规划》中也指明了未来国家反情报与安全中心将重在“推进反情报和安全使命，并通过合作伙伴关系优化业界能力”。即美国国家反情报管理制度将通过加强中心与各反情报部门、各政府部门以及各私营企业的伙伴关系，强化中心在协调方面的能力，通过增强各机构间的协作来提高各反情报部门的能力。因此，可以预见到，未来美国国家反情报管理体制将仍是一个以协调和任务指导为主的体制，其协调的基本属性不会因职能的加强和领域的融合而发生改变。

美国国家反情报管理制度从 21 世纪初的雏形，发展到如今具有较为完整功能的协调机制。反情报事务是以防范为主的工作，防患于未然，而非危机驱动的国家反情报管理制度更应该成为建设方向。因此，加强反情报管理的超前制度设计，促进各反情报部门的协调与融合，应该是国家反情报管理制度的重点建设方向。

二、网络间谍的国际法规制[1]

（一）网络间谍行为概述

1. 间谍的出现与发展

间谍自古以来就存在，古时中国又将间谍称之为“细作”。自古以来间谍就已经活动于军事与政治斗争当中。我国的《现代汉语词典》中将“间谍”定义为：潜入敌方或外国，从事刺探军事情报、国家机密或进行颠覆活动的人。在现代，间谍的活动范围已不仅局限于传统领域，经济、技术领域的间谍事件也层出不穷。例如2009年因铁矿石交易引发的澳大利亚力拓间谍门事件，就是网络间谍在经济领域活动的标志。

与此同时，间谍的内涵也在发生改变。传统意义上的间谍获取情报的方式有很多种，随着历史的变迁，这些方式也在改变。到现代，高空侦察技术、间谍卫星通信技术、各种电话窃听装置、红外线激光通信、显微技术等等都成为间谍人员常用的获取情报的手段。时至今日，随着间谍活动领域的扩大，计算机技术的革新，传统意义上获取情报的方式发生了极大的变化，由此便出现了网络间谍。

网络的互联互通功能使信息从三维物理空间的传递向多维度的网络虚拟空间的传递发生转变，这种转变促使信息的获取变得更加简便化，人们几乎可以足不出户就能捕捉到各种信息。而网络技术的变革与应用能力的不断增强，也导致前所未有的网络攻击现象的出现。所以这也对信息安全提出了更高的要求。作为众多间谍类型的一种，网络间谍的出现已然成为当今威胁国家政治军事安全、企业经济发展与知识产权保护的新的重要因素之一。

2. 网络间谍的概念与行为特点

（1）网络间谍的概念

网络间谍不等同于黑客，所有的网络间谍都是黑客，而所有的黑客都是潜在的网络间谍。黑客源于英文 hacker 的音译，泛指热衷于探索计算机技术，

---

[1] 吕昇、李驰、徐天宁：《网络间谍的国际法地位研究》，载《情报杂志》2016年第5期。摘编后收入本书。

具有很高的计算机水平，善于发现计算机漏洞并提供补救措施的人，另一种说法认为黑客也包括非法入侵他人计算机系统以干扰他人计算机程序，或查看、更改、窃取秘密信息的人。基于此，实际中黑客也被划分为“黑帽子”与“白帽子”。

虽然网络间谍属于间谍在技术上的分类，但其也有特殊的含义。首先，从行为目的上看，网络间谍的行为目的大致可以包括：①窃取各类情报，包括但不限于军事、政治类情报以及经济技术机密。②利用网络散播不实消息或攻击性与诬蔑性语言等具有危害性的消息、制造煽动性事件，破坏他国正常社会秩序、损害他国国际形象等。③入侵他国信息系统，篡改信息甚至发动对信息系统及其他基础设施的网络攻击。简而言之，网络间谍的目的大致包括三个方面：盗窃、欺诈和攻击。其次，从网络间谍的行为性质上看，其行为是非正义的，是为了某些国家、组织或个人的不正当目的，在未经授权的情况下，在网络空间进行的间谍行为。再次，从行为方式来看，网络间谍以计算机技术为主要手段依靠，以网络虚拟空间为主要活动平台，以窃取网络上的机密信息、利用网络散播虚假消息实施欺诈、干扰破坏网络系统为实施间谍活动的主要方式。最后，从行为效果上看，网络间谍犯罪应该是行为犯而非结果犯，即对其行为效果的定义应是因为上述行为目的、行为性质、行为方式，造成或者可能造成被侵犯对象信息泄露、经济损失、信息系统或网络基础设施被破坏，甚至导致被侵犯对象社会秩序混乱、国家政权倾覆。

网络间谍可以定义为：出于窃取各类情报、制造煽动性事件、入侵或攻击他国信息系统或其他基础设施等侵犯他国主权的各种非正义目的，在未经授权的情况下，凭借计算机或互联网关联的技术手段，入侵被侵犯对象的网络空间，实施窃取或篡改机密信息、攻击被侵害对象的网络信息系统及其他基础设施、利用网络散播不实消息或其他具有危害性的消息进行欺诈或扰乱社会秩序的行为，造成或者可能造成被侵犯对象信息泄露、经济损失、信息系统等基础设施损坏，甚至导致被侵犯对象社会秩序混乱、国家政权颠覆等一系列后果的受特定组织或国家雇佣或自主行动的个人或者组织。

（2）网络间谍的行为特点

网络间谍的组成结构与行为目的决定了其具有以下几个主要特点：

一是诱惑力大。近几年在我国发生过多起网络间谍事件中，境外间谍机构所采取的手段大致相同，即以网络为平台，通过女色或者金钱诱惑当事人。由于对涉密信息的重要性认识不清，保密意识不强，我国的涉案人员很容易受到诱惑。

二是隐蔽性强。网络间谍可以利用多种方式获取重要情报、篡改信息或进行攻击活动，纯粹的通过网络技术的方式可以有以下几种：获取口令破解重要信息的储存密码；放置木马病毒；电子邮件攻击；网络监听；寻找系统漏洞进行攻击；以虚拟 IP 地址或者将网络服务器放置其他第三国家，等等。这些技术的运用完全可以帮助间谍在网络上以悄无声息的方式实现其目的。另外，随着网络安全行业的发展，一些传统型的获取情报信息的手段也在发生转变，以求更好的隐蔽性。

三是效率高。网络间谍受到的时间和空间的限制很小，若网络间谍以获取访问特权口令的方式入侵重要数据库或信息系统，大量资源将会在瞬间丢失殆尽或者被篡改销毁。

四是破坏力惊人。如在 2008 年俄罗斯与格鲁吉亚战争中，俄罗斯侵入并控制了格鲁吉亚网络系统，导致格鲁吉亚的金融、通信、媒体以及交通几乎全部瘫痪。

（二）国际法对网络间谍的规制

尽管国际法上关于网络间谍的规定不多，但作为间谍的新形态，可以从国际公约对间谍的规定窥探网络间谍的国际法地位。国际法中只是少量的对间谍活动有些许规定，而且这些规定多存在于战争法当中。在和平时期，间谍活动的领域不断扩大，间谍种类也在增多，但国际法对这些类型的间谍的法律地位界定和对其行为的规制却始终缺位，这也导致目前对间谍的认定、逮捕、审判和处罚多是以国内法为依据。

1. 战争时期间谍的国际法地位

战争时期，间谍的国际法地位和规制主要表现在两个方面，一个是国家使用间谍活动是否具有合法性，另一个是间谍被捕后享有何种待遇。

首先，关于国家使用间谍活动是否合法的问题。作为战场上的使用最频繁的手段之一，1907 年海牙第二次会议修订的《陆战法规和惯例公约》（又称“海牙第四公约”）及其附件《陆战法规和惯例章程》（以下简称“《海牙章程》”）第 24 条规定：采用战争诈术和使用必要的取得有关敌人和地形的情报的手段应视为许可的。这似乎间接承认战争时期采取间谍活动获取情报的合法性。在《海牙章程》的第 30 条中又规定：当场逮捕的间谍不得未经预先审判而受到惩处。可以看出，尽管《海牙章程》认为战时利用间谍活动获取情报是被允许的，但当间谍被敌国逮捕后，敌国有权对其进行审判，而审判的法律依据，根据国家实践，各国多以本国国内法进行审判。这种规定似乎带有一定的“矛盾性”，一方面允许交战双方采用间谍活动，另一方面也不禁止交战双方对实施间谍活动的个人进行审判并处罚。间谍根据国家授权从事间谍活动，根据国际法相关原则，基于国家授权的行为能够产生国家责任，但在这种情况下，国家却无需承担国家责任，反而是从事间谍行为的个人去承担相应法律责任。

其次，关于间谍被逮捕后享有何种待遇的问题。在《海牙章程》第 29 条中规定：只有以秘密或伪装方式在交战一方作战区内搜集或设法搜集情报，并企图将情报递交敌方的人方能视为间谍。因此，没有伪装而深入敌军作战区搜集情报的军人不得被视为间谍，同样，因负责将信件送交本国军队或敌军而公开执行任务的军人和平民也不得视为间谍。不仅《海牙章程》有此规定，在 1913 年的《海战法手册》（又称 1913 年牛津手册）第 67 条中也有相同的规定：一个人只有当他秘密地或以欺诈的手段活动，从而隐瞒其行动，获取或企图获取交战国作战区域的情报，打算把情报通报敌方时，方可将其当做间谍。因此，未经伪装潜入敌方舰队作战区域获取情报的军人，不得将其视为间谍，但应作为战俘对待。

然而对于《海牙章程》第 29 条中不适用间谍规定的人该如何界定，根据

1949 年《关于战俘待遇的日内瓦公约》第 4 条之规定，一般可将其纳入战俘范围中。同时在《海牙章程》第 31 条中又有规定：重归所属部队而日后被敌方俘获的间谍，应作为战俘对待并对他过去的间谍行为不承担任何责任。与此规定相契合的另一国际公约是 1977 年 6 月签订的《关于保护国际性武装冲突受难者的附加议定书》（第一议定书）规定：冲突一方武装部队的任何人员，在从事间谍行为时落入敌方权力之下，不具有战俘身份，不享有战俘权利，并可以按照间谍对待。

依此可以分析得出，战时间谍的特性有两点：第一，必须要有伪装性或者秘密性；第二，被逮捕时要处于正在进行间谍活动的状态。倘若先前从事过间谍活动，后因为武装斗争被抓捕，那么就不会因为之前的间谍行为而被视作间谍，此时被抓捕人应享有战俘身份。从国际法上来看，间谍行为在战争时期被国际法认为是一种合法的战争手段而存在。但同时交战双方对于间谍的处罚，国际法既没有允许也没有禁止。

2. 和平时期间谍的国际法地位

和平时期的间谍活动在国际法视角下是否被允许历来也存在争议。支持间谍行为合法的学者认为，间谍有助于国家之间的合作，通过间谍活动使得国与国之间可以更加深入了解，在某些方面，能够有效促进国家间合作的一致性，至少可以检测出有哪些国家有违背所签署的公约禁止的行为，因此间谍为国与国之间创造了一个合作的机会，使得国家之间互惠互利。但同时也有观点认为和平时期的间谍行为违反了国际法。一是因为它违反了尊重国家主权和领土完整的国际法基本原则；二是因为根据各国国家实践来看，通过对间谍活动的惩处也可以推测出，各国在法律上是否定这种行为的。

上述两种观点尽管都有可取之处，但也都存在不足。首先，关于“国际法没有禁止即为合法”的原则的适用，本原则在国际法院对 1927 年“荷花号”案件的判决中确认下来，但本原则在适用过程中也饱受争议。一般情况下，本原则的适用存在相应的条件：即只有处理与本国领土管辖范围内的外交与内政相关的事务时，才能适用本原则，而并非所有的国际法未禁止之事。

从另一层面上来看，如果间谍行为被认为是合法的，那么各国对间谍行为的处罚就涉及违反国际法，而在实际的国家立法与审判实践中，对于间谍行为的处罚都是十分严厉的。因此，根据国际法没有明文规定禁止间谍行为而认为间谍行为是合法的说法并不具有相当的说服力。其次，认为间谍行为有助于国家之间的合作的说法也并不被认可，根据上文分析间谍行为的目的有很多，不单是为了获取情报，即使以获取情报为目的，为何不直接建立相关的情报交换机制呢？相反，诸多事件表明，间谍活动的主要目的往往是为了本国的国家利益而并非是为了促进国家合作。再次，主张间谍行为违反国家主权与领土完整的说法也具有漏洞。这并非与前一种说法存在矛盾，而是根据间谍的种类和行为方式提出的质疑，例如网络间谍可以在一国领土之外利用网络技术进行情报窃取，但这种方式是否侵犯了传统意义上的国家主权也存在争议。

可见，间谍在当今国际法上的地位具有模糊性与双重性特点，而造成这种现象的缘由主要是基于各个国家之间的相互博弈：一方面希望限制其他国家利用间谍活动，另一方面又不希望本国受到这种限制。正是这种博弈造成间谍活动的规制在国际法层面上处于一种“灰色地带”，根据国际法的相关规定和判例，既无法界定间谍行为的合法性，又没法否定它的非法性，因此在一般的国家实践中，对间谍的规制往往成了国内法所管辖的范围。

同时，虽然在一些国际条约中也存在规制网络行为的相关规定，但关于如何规制网络间谍并不明确，甚至可以说是对网络间谍避而不谈。国际条约中与网络间谍相关度较高的便是由欧盟 26 个成员国以及美国，加拿大，日本等国家在 2001 年共同签署的第一部以打击网络犯罪为目的的《网络犯罪公约》。在该公约第 2 章自第 2 条至第 10 条规定了实体网络犯罪的种类，其中与间谍行为相关联的有：非法进入、非法拦截、数据干扰、系统干扰、滥用装置、版权侵犯。虽然这几种行为是网络间谍常用的手段，但是《网络犯罪公约》并没有明确提出禁止网络间谍和禁止国家之间通过网络进行攻击的行为，也就是说，即使有人采用这几种明文禁止的行为进行间谍活动，根据《网络犯罪公约》却也无法将其定义为网络间谍，而仅仅是作为一般的刑事犯罪。

（三）重塑网络间谍在和平时期的国际法地位

1. 关于网络主权的存在与性质认知

因为网络间谍行为利用网络技术突破了领土的界限，在网络空间就可以获取情报，导致关于网络间谍行为是否违反了国际法上的尊重国家主权原则仍存在争议，而其中争议的缘由就在于对网络主权认知的偏差。

首先是关于网络空间是否存在主权的问题。由于网络信息的流动性和网络结构的跨国性使得国家主权边界逐渐模糊，“去主权化”观点成为网络技术在政治领域产生的最为重要且不可避免的影响之一。因此，部分国家以网络空间无国界为由认为在网络空间里并不存在主权，如 2010 年加拿大发布的《网络安全战略》就认为网络空间属于全世界的公共领域。但尽管如此，从国际实践上来看，国家一方面通过立法的方式，打击网络犯罪以规制网络行为，净化网络环境，另一方面，通过提高自身网络技术以及制定本国的网络安全战略以抵御网络空间中的外来入侵，成为绝大多数国家的选择。随着网络空间安全在全世界范围内受到越来越大的关注和重视，各国不断抓紧制定本国的网络安全战略，这种网络法律的制定、监管机制的健全以及防御机制的完善，明确了国家在网络空间内的管辖权，以及国家在网络空间中的主导地位，这正是主权向网络空间的延伸的表现。所以，不管各个国家有没有明文提出网络主权概念，各国的实践确实表明，网络空间已经被纳入国家治理的范围之内。

其次是对网络主权性质认知的问题。尽管网络主权已得到国际社会的承认，但仍存在不同的争议，主要表现在两个方面：即网络主权的性质和如何维护网络主权。在网络主权的性质认知上，发展中国家认为网络主权仅仅是传统主权观念在网络领域中的一种延伸，因此，维护网络主权必然要以现存的国际法有关规定为基础。但发达国家则是常把网络主权与网络基础设施联系在一起，2013 年 9 月，北约网络国防合作高级中心制定了《塔林手册》，其中有关于网络中的主权的相关规定“一国有权控制领土主权范围内的网络基础设施与网络行动”，在对此条的第 1 则评注中写道，尽管没有国家宣称网络空间主权，但国家可以对其领土范围内的网络基础设施以及网络行动行使主权。但在第 6 则评注中又写道，如果对国家主权范围内的网络基础设施造成物理破坏（Cause Damage），则构成侵犯他国主权。这一则评注显露出的问题是，《塔林手册》认为只有破坏网络基础设施才侵犯他国主权，但假如没有对网络基础设施进行物理破坏，而是仅仅是网络监控，是否侵犯他国主权，《塔林手册》的态度并不明确。显然《塔林手册》将网络主权外化成国家主权对网络基础设施和网络行动的控制的做法，无法解决更多的现实问题。

所以网络主权的实质就是主权在虚拟的互联网空间的延伸而并非是在实体物理空间的继续。另外在遵守网络主权方面，发达国家又一直存在双重标准。笔者认为网络主权从属于国家主权，网络主权的作用对象不仅包括实体的网络基础设施，更包括虚拟的网络空间内的各种活动，网络主权应该参照国际法上对国家主权的规定而受到保护。

2. 网络间谍与网络主权的关系

网络间谍多存在于网络空间之中，而若否定网络主权或者不能正确认识网络主权内容，对网络间谍的行为规制便无根据可言。网络主权的内容可以划分为四个方面：即网络空间管辖权，网络空间独立权，网络空间平等权与网络空间自卫权。

网络空间管辖权是指国家对本国的网络空间活动以及相关网络基础设施拥有管辖的权利。一方面要求网络空间的活动不仅要符合本国国内法规定，同时还要求国家对本国网络空间信息安全提供立法与技术上的保护。另外，也要求对本国网络基础设施进行管理。网络空间独立权相对于国家独立权而言，是指一国的网络空间独立于其他国家而存在，国家对本国的网络空间的管理不受他国干涉。网络空间平等权是指各国的网络空间在国际法上同属于平等的地位，不受他国侵犯。网络空间自卫权是指当国家网络空间受到侵犯时，有权利采取防护或者攻击手段进行自我防卫。

网络间谍与网络主权之间的关系是传统型间谍与国家主权间关系在计算机网络空间的活动表现。所以，侵入和破坏他国网络系统、窃取他国储存在网络上的机密信息等行为的本质就是对他国网络空间主权的侵犯。虽然国际法并未明文规定对和平时期的网络间谍如何进行规制，甚至对普通间谍行为规制也存在盲点，但我们无法否认在和平时期，无论是网络间谍还是传统型间谍，其行为的实质均涉及对他国主权的侵犯，这也就不难理解为何每个国家的国内法对于打击间谍行为在立法上的规定都很严格。

综上所述，网络间谍的出现不仅是对于国家网络安全的一大挑战，也是影响国际社会和谐的重要因素之一。基于国家利益的需要，国家一方面企图利用间谍窃取情报，另一方面明确禁止在本国发生间谍行为。这种双重标准的存在使得间谍在国际社会中也处在一种“己所不欲，施之于他人”的状态，其国际法地位也无法明确，但无论如何间谍行为都涉及对他国国家主权的侵犯，虽然网络技术的出现成为网络间谍产生的温床，但新时期，主权的内涵也在随着网络空间的产生发生扩大，网络间谍行为与网络主权的关系实质上就是间谍行为与主权关系在网络空间上的平移。正是因为这种平移，才导致网络间谍在国际法上与其他形式的间谍一样，即国际法不明确禁止也不明确支持，但国内法对其则是严厉打击。这是国家间利益相互博弈的结果，而这种博弈会持续存在。

三、网络间谍的防控策略[1]

2013 年 6 月，中央情报局前雇员斯诺登通过媒体曝光了美国政府及其合作机构的秘密监控计划——Prism（棱镜计划），这种通过秘密途径监视、窃取、并进行破坏就是典型的间谍行为。网络空间是政府、安全部门和犯罪团伙新的虚拟战场，老式的间谍活动正在被互联网情报收集所取代。

（一）网络间谍的界定

网络间谍是信息时代“间谍”的表现形式，英文为 Cyber Espionage/

[1] 韩秋明、周西平、谢晓专：《网络间谍的角色分析及防控策略研究》，载《情报杂志》2014年第6期。摘编后收入本书。

Spy 和 Digital Espionage/Spy 等，我国一般称为“网络间谍”，也有称“网络特务”或“网络特工”，专指通过互联网发布信息来制造舆论、改变舆论的人员。网络间谍的结构组成主要包含网络间谍人员、间谍机构或组织、雇佣关系、网络攻击工具等四个要素。网络间谍的作用主要体现在盗取或篡改信息、监视或破坏信息系统运行状况，在网络空间发表煽动性、虚假性、污蔑性和攻击性言论来引导当地的舆论等。网络间谍的性质主要表现在受雇佣、有组织、有经济利益关系的从事破坏性活动的社会角色。因此，网络间谍是受特定组织机构雇佣，以网络技术为工具，从事盗取、篡改、破坏信息及信息系统以及制造虚假舆论的人员、组织的社会角色集合。

（二）网络间谍的角色

1. 角色认同

认同是个体与社会结构之间联系的桥梁，个人只有在自己的主观意识中知道、认可并建构某一个角色，才能够在社会生活中表现出与这一角色相关联的诸多行为。网络间谍是一种特殊的社会角色，是间谍在互联网空间的应用和拓展。由于近些年网络间谍攻击事件的曝光率不断增加，并且一些有关网络特工的好莱坞电影的热映，民众对网络间谍这一社会角色都渐渐有了些许认知。尽管大部分人对这一角色持否定态度，认为违反社会道德规范，违反法律，是一种犯罪行为，但这一角色所体现出来的神秘感、成就感、炫丽的网络攻击技术以及在网络世界中可以肆意妄为的行为方式还是会让一部分人心生向往。

这些特点会使一部分人被网络间谍这一社会角色所吸引，使他们的内心对这一角色不排斥。这些人中的大部分是可能掌握或有机会接触到一些对某外国政府或特定机构有用的信息的年轻人，他们的价值观、思维方式和判断力还不够成熟，比较不喜欢受世俗的约束，也更容易被神秘、炫目的东西所吸引。如果年轻人参与传统的间谍活动，由于没有经过特殊训练，且身份不容易掩饰，传送情报的过程中很有可能被捕，因而转向通过网络来传输情报更有利于掩饰身份，躲避追查。

此外，那些对网络间谍持否定态度的人中，也会有一部分人因为社会生活中一些因素的变化来改变对这一角色的认知，这种认知的转变可能是短期暂时的，也可能是长期的。这些因素有很多，比如对政府政策的幻想破灭、对自己的工作感到不满、自尊的问题、理想与现实的冲突；或是反对情绪或者复仇、受到强迫和威逼以及妄尊自大；贪欲、侥幸、急于求成和自由心理等因素都有可能导致个体对网络间谍角色认知的改变。

2. 角色期望

角色期望包含他人的期望和自己的期望两部分。网络间谍角色期望分析首先要考虑他人对这一角色的期望，即雇佣方的期望。由于网络空间的广域和信息壁垒的存在这一矛盾，无论是国家对抗、企业竞争亦或是个人与他人之间的角逐，都存在严重的信息不对等。为了掌控更多的有用信息，并对敌对一方造成干扰和破坏，就需要专门的角色来完成这一使命。这是雇佣方对网络间谍的基本期望。

雇佣方对网络间谍的期望不言而喻，很容易理解。其次要考虑个体对网络间谍这一角色的期望。个体决定担任网络间谍的角色，必然有深层次的原因。很多国外的学者对间谍行为的动机做过研究，毋庸置疑，金钱是从事间谍活动人员的最大期望，网络间谍也不例外，但是绝不仅仅是金钱就能使人做出这种犯罪行为，还会有别的深层次期望。

3. 角色定位

角色定位包含两个层次的内容，一个是社会层次，一个是个体层次。社会层次的角色定位指的是在社会结构中，明确在复杂的社会关系中，所承担角色所处的位置、角色的职能以及与角色要求相对应的权利、义务以及行为规范。个体层次的角色定位是指个体对自身所承担的诸多角色有明确的排序。角色的本质就是社会性，那么个体在社会活动中会承担多重角色，即拥有一个角色集合，那么角色集合中就会包含一个角色序列，也就是说个体会根据角色认同的不同程度将诸多社会角色进行排序。如果个体对某一角色的认同程度较高，则个体的行为方式也就会趋向于这一角色。需要说明的是，这一序列可能会随着社会情境和个体认知的变化而变化。

从社会层次来看，对雇佣方来说，网络间谍是他们的耳目、尖兵，是通过网络技术获取重要信息的高级技术人员，是承担着打破信息垄断这一艰巨使命的在“深海网络”中寻找重要信息的英雄式人物，是捍卫网络自由、信息无界的卫士。对受害方来说，网络间谍是隐藏在网络中的盗窃犯、强盗，他们只顾自身利益而对其他信息拥有者所遭受的经济和精神伤害不闻不问，不理会知识产权和相关法律的约束，是网络既有规则的破坏者，是犯罪分子。对于第三方的公众来说，网络间谍也是贬义的代名词，他们从事着在网络上偷窃信息、破坏系统和防火墙，制造病毒软件，违反法律法规，并组织互联网的“水军”，影响社会舆论，在一些敏感事件中混淆视听，遮人耳目，是互联网上的罪犯。

从个人层次来看，个体所处的情境对网络间谍角色的定位来说至关重要。个体在社会活动中会承担多重角色，当网络间谍机构希望招募新人时，会对候选人进行一系列的引诱，包括物质层面的，也有精神层面的，比如对网络间谍精神的宣传，主要是针对那些希望尝试刺激性职业，工作不顺、具有孤傲性格或者容易受他人影响的人。这些引诱通常发挥很大的作用，使得部分候选人改变对网络间谍角色的认同，并构建这一角色，将其加到自己的角色集合中。当物质和精神引诱起作用时，他们会铤而走险，为了金钱和贪婪的欲望，为了报复造成其生活坎坷的组织或个人，为了体现个人的与众不同等诸多原因，将其他更符合社会规范的角色的认同度降低，将网络间谍这一角色在个人的角色序列中的排序提前。

4. **角色行为**

角色行为指人们按照特定的社会角色与他人发生联系的行为、活动。网络间谍典型的行为有以下几种：

第一，利用黑客技术进入网络系统和信息系统，进行盗窃、篡改和破坏，或者采用人工方式安装间谍软件或窃听设备，从而监听信息。比如 2011 年格鲁吉亚政府计算机安全应急响应组遭到网络攻击，2013 年斯诺登揭露的美国“棱镜计划”等。

第二，通过社交网站，跟参与其中的网民进行接触，通过聊天等方式博取其信任，套取其身份、职业等情况，再从中物色可利用的人进行欺骗、利诱，甚至明码标价购买网络间谍需要的秘密信息。此外，间谍组织还通过网上发布招聘人员从事科研、新闻报道的虚假信息，或者向一些有业余爱好（主要是军事、经济、政治等方面）又有分析能力的人约稿，来吸引有利用价值的人为其工作，然后对其逐步提高任务要求，并及时兑现重金“报酬”，确认对象利用价值后，通过一系列的手段让其加入。

第三，是在影响力较大的网络空间中，使用虚假信息注册账号，以普通网民的身份发帖污蔑、攻击当地的政府或者组织，散布谣言和虚假信息，混淆视听，制造混乱，来达到不可告人的目的。

（三）网络间谍防控策略

通过上述分析，可以大致得出一个网络间谍的四维角色模型，如图 3.4 所示：

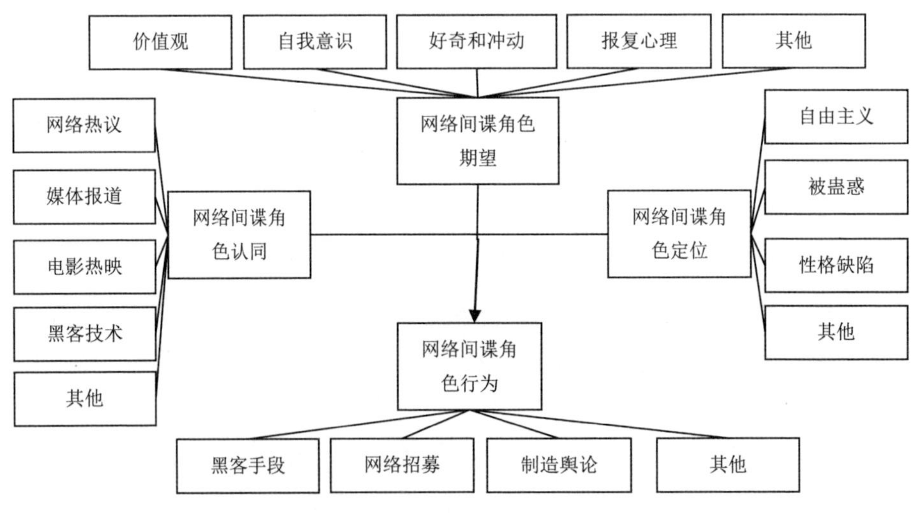

图3.4 网络间谍四维角色模型

要想有效地管理和控制网络间谍，需要防控结合。控，是针对已经掌握的网络间谍的招募流程、攻击手段和破坏方式，对其进行严格的打击和治理，以此来减少损失。防，是在个体采取网络间谍行为之前，在角色认同、角色期望、角色定位等阶段采取相应的措施进行引导。

1. 网络间谍角色行为防控策略

（1）社会管理层面的防控策略

第一，针对黑客手段。完善信息安全的防御手段，深入研究信息安全的保障技术。以我国为例，目前来看，尽管有不少单位采购了诸如系统维护、安全检测、容灾备份与恢复、应急响应等服务，也进行存储备份、口令加密和访问控制，以及制定了安全管理规章制度，但这毕竟还是少数。我国整体的计算机病毒感染和反复感染，以及受网络攻击并造成损失的情况时有发生，相关防御手段还需要加强，应该采取多种手段，诸如鼓励更多的单位建立专门的信息安全部门，采取信息安全分级、入侵检测、身份认证、访问控制、数据加密等多种手段配合防御。此外，还需要加强在网络安全核心技术的攻坚力度。

第二，针对网络招募。加强注册信息的审核，建立网民举报机制。由于敌对机构在互联网上招募网络间谍大部分都是通过公共的网络空间，且都是用虚假的组织或个人信息注册、发帖。因此，需要公共网络空间的管理者加强对注册信息的审核，强制用户浏览注册的责任与义务声明，推进组织或个人实名制的应用范围，对使用虚假信息注册的会员予以删除和清理。可以起草并推广《网络公共空间使用公约》，设置相应的奖罚规定，鼓励网民遇到可疑行为及时向管理员举报。

第三，针对虚假舆论。规范信息发布流程，对敏感话题进行发布审核。由于网络媒体“把关人”的弱化，任何人在公共网络空间中发布信息更加容易。因此，要对热门事件相关的信息发布流程进行规范，并对内容进行审核，可以通过对转发进行适当过滤、对评论数量加以限制等措施。这样可以通过一些恶意攻击的言辞或观点发表设置障碍，且别人无法转发或者复制后重新发布，从而控制网络内容的“裂变”式传播。与此同时，还可即时扩展多种其他媒体的声音，适度引导舆论的导向。

第四，制定相关法律，明令禁止和严重制裁。目前我国关于间谍罪的量刑标准主要分布在《国家安全法》中，对其他网络犯罪的规定分布在《保密法》《反不正当竞争法》以及《信息网络传播权保护条例》等法规之中，因此无法清晰的考量网络间谍攻击机间谍软件罪行。因此，《信息法》的制定已经势在必行。

（2）个体层面的防控策略

第一，针对黑客手段。个人在互联网时代也应该多掌握一些应对黑客手段的必要技能，例如在个人计算机上安装杀毒软件和防火墙，设置访问密码，减少使用不出名的网络代理等；另外，对电子邮件的接收与处理、U 盘等移动介质的使用、在不知名的网站或论坛上下载软件、重要信息传输使用等方面都需要掌握安全操作方式。

第二，针对网络招募。在网络公共空间活动时，懂得保护有关个人的敏感信息。当面对陌生人以交流观点、图片，或者对你的赞扬、向你约稿（涉及军事、商业机密等）等借口，希望可以通过打探、套问、索要有用信息时，要保持理智和冷静。

（3）针对虚假舆论

面对敏感和热议的话题，要有自己的立场。当信息不完全，无法做出自己的判断时，也要做到不盲目跟风，不随意转发，不被反动言论和杜撰捏造的文字所迷惑，不轻易散播并未核实的事件，保持理性地看待各方观点，从自身做起减少虚假舆论对社会的影响力。

2. 网络间谍角色环境防控策略

上述的应对策略是在直接防控网络间谍方面的，属于“治标”，应对网络间谍，还应该“标本兼治”，即还需要引导网络间谍角色认同、树立正确的生活期望，培养更多的社会意识，调整自身角色的定位。

（1）制定国家层面的防控体系

网络间谍的防范不只体现在技术层面，还涉及管理、政策、文化等多方面的问题，是一个复杂的系统工程，国家有关部门应该建立包含组织框架、监管监控、打击犯罪、应急处理等方面防控体系，并从政策上和财政上支持具有自主知识产权的国内网络安全企业挑战核心技术，提高产品质量，促进信息安全产业的发展。从而建立一个全社会层面的网络间谍防控体系。

（2）价值观引导

目前社会上有“拜金”的倾向，特别是年轻人，这种倾向更为严重，以至于把金钱或者满足自己的贪欲作为个人的价值衡量标准。这种价值观无疑是网络间谍机构招募和利用的有利前提。因此，应该教育引导年轻人树立正确的人生观和价值观，鼓励那些曾经饱受挫折的成功人士在公众面前进行道德宣传和个人经历分享，对人们进行有益的价值观引导。抑或是举办因为贪图金钱而落入法网的“名人”的实例、图片、事件展览，引导年轻人客观看待“拜金”倾向。

（3）提倡个人之间协作的意识

很多人从事间谍活动是因为他们认为自己的上级、同事或者朋友不会关注自己的行动，更不会揭发自己的行为。因此，在日常生活、工作中，上级要多关心下级，同事之间要多交流，特别是与那些性格孤僻的人。

（4）安全教育

社会机构和媒体有责任进行宣传，帮助人们对网络间谍这一社会角色所可能承担的代价有清醒的认识。同时进行相应的世界观教育，使人们热爱祖国、热爱工作、恪尽职守，树立自己的道德行为底线，面对网络间谍林林总总的引诱手段，保持理性清醒的头脑，时刻捍卫国家和组织的信息安全。

四、美国网络威胁情报应用[1]

（一）网络威胁情报概述

信息技术的发展使得网络安全环境日趋复杂，大数据技术特别是云技术的进步使得物理安全边界逐渐模糊，传统的基于签名和特征码的被动式防御体系已不能适应高级持续性威胁（APT）等新型网络攻击的防护，而网络威

[1] 陶昱玮：《美国网络威胁情报应用评析》，载《情报杂志》2017年第11期。摘编后收入本书。

胁情报（Cyber Threat Intelligence）的出现弥补了这一不足。

作为近几年来兴起的安全热点，网络威胁情报已经从理念到技术逐步开始落地。一般认为，网络威胁情报是一种基于证据的知识，它就网络资产可能存在或出现的风险、威胁，给出了相关联的环境、机制、指标、内涵及可付诸行动的建议，可为主体响应相关威胁或风险提供决策帮助。这些信息揭示了网络可能面临的威胁或危险，帮助用户提出有针对性的应对措施。网络威胁情报对于预知网络安全威胁、抵御网络攻击发挥着重要作用。

美国将网络空间主导权视为巩固其超级大国地位的重要抓手。作为国际互联网空间的缔造者，美国也是网络空间的头号强国，更是网络威胁情报研究的先行者。20 世纪末，美国就开始关注网络威胁与情报的关系，至 2015 年 2 月，在国家情报主任办公室设立与国家反恐中心地位等同的网络威胁情报整合中心，逐步建立起一套基于网络威胁情报应对网络威胁的完整体系。经过多年发展，美国逐渐将网络威胁情报纳入国家安全战略规划，有步骤地推进网络威胁情报应用。

（二）网络威胁情报的逻辑链路

美国网络威胁情报已深度参与国家网络安全实践，形成自身独特的应用逻辑和管理规程，以网络威胁情报为中心的新型信息安全保障框架正逐渐形成。

1. 应用逻辑

在网络威胁情报领域，理论同样是实践的先导，为情报应用提供永续支持。美国网络威胁情报应用的逻辑链路是其情报理论逐步发展的必然结果。总体来看，美国网络威胁情报研究基于情报学理论和信息安全理论的融合，遵循“理论—模型—应用”的发展路径，诞生了经典的“主动防御”理论和“情报驱动的网络安全”理论，并在此基础上建立了“网络威胁杀伤链”模型、“网络威胁框架”模型，搭建了理论与实践的桥梁。再观美国网络威胁情报应用情况，其在信息安全理念变革的驱动下逐步从基础标准进入实体项目，进而在相关模型帮助下实现产业平台以及与之相适应的协同体系，最终达成网络威胁情报生态系统，形成并遵循“标准—项目—平台—系统”的逻辑路径。

2. 应用标准

标准化是安全构件通用性的必然要求，是网络安全不断发展的重要技术基础，更是国家安全保障水平的集中体现。美国向来注重标准化的建设，在国际标准化组织中占重要地位，作为应用的起始点，其网络威胁情报标准的起草与部署逐步成熟。

（1）标准化动因

描述、共享、自动化三大动因催生了美国网络威胁情报标准的诞生。首先，网络威胁情报最基础的作用是描述网络威胁的特征：已经发生、正在发生哪些威胁活动？在何时采用何种方式检测、响应这些威胁活动？威胁行为体是谁？具有什么能力？希望达到什么样的目标？可能的战术、技术、程序是什么？利用哪些漏洞或缺陷？对这些内容的描述必须依托标准的词汇、语法以达到及时服务决策的效用；第二，网络威胁日益复杂，单一组织必须融合内外部情报源并与其他组织进行可信情报交换，而标准化是威胁情报共享的必要条件；第三，事件的快速响应以及相关数据的搜集与预处理必须以自动化的情报处理为基础，威胁情报内容的多样性导致情报素材本身的异构性，必须采用标准化的表达方式才能有效利用搜集到的原始数据。

（2）主流标准

美国网络威胁情报标准化工作的基础环境营造是由国防信息系统局和国家标准与技术研究院负责。国防信息系统局负责制定《安全技术实施指南》，用于规范信息系统的安全部署，而国家标准与技术研究院负责制定信息系统的安全规则和标准，帮助安全机构调动安全资源，得到应对攻击的指导，锁定可能受损的信息系统。这些基础性工作使得网络威胁情报的标准化获得了底层支持。

网络威胁情报标准化由美国国土安全部下属的网络安全和通信办公室具体落实，依托网络安全服务商米特雷呈现。网络威胁情报的描述标准化、撰文标准化、共享标准化分别由 CYBOX、STIX、TAXII 实现。以上三者都是米特雷公司的标准化产品，并配有相应的开源软件与互动社区。米特雷作为美国国土安全系统工程与开发研究所（SEDI）指定的管理者对标准进行管理和更新。CYBOX、STIX、TAXII 作用于不同的情报流程，共同实现网络威胁情报从搜集、利用到共享完整链条的标准化架构：STIX 使用 CYBOX 词汇通过 TAXII 进行通信。STIX 描述了通信的内容，而 TAXII 定义了 STIX 的共享方式。当前美国网络威胁情报的标准化表达与共享架构已经具有准确、灵活、可拓展的特性。

3. 应用项目

网络威胁情报项目是应用的具象化表达。为了高效管理情报项目，防止职能机构掣肘，美采用“双星系统”对权力部门进行制衡，促进网络威胁情报的搜集、分析与共享。

（1）项目管理“双星系统”

目前，美国网络威胁情报项目覆盖情报、国防、国土安全和司法四个基本领域，涉及情报界、国防部、国土安全部、司法部等部门的多家机构。物理学中定义绕公共圆心转动的两个星体组成的系统为双星系统，星体各自所需的向心力由彼此间的万有引力相互提供。依托原有的网络空间安全管理体系，围绕情报界网络威胁情报整合中心（以下简称“威胁情报中心”）与国土安全部的国家网络安全与通信整合中心（以下简称“网安通信中心”），美国网络威胁情报项目管理形成了动态平衡的“双星系统”。

2015 年组建的威胁情报中心位于核心地位，直接负责统筹协调、组织管理网络威胁情报项目。该中心重点关注国外恶意的网络威胁活动及影响美国国家利益的网络事件，能够及时向美国决策者提供网络威胁的全源分析。中心每周生产约两次威胁情报摘要，为情报界及其他机构提供连续的威胁态势感知，借鉴政府的反恐经验采取“全政府”（Whole-of-Government）的做法来应对网络威胁。

网安通信中心作为“双星系统”的次核心，其组织协调覆盖域大于网络威胁情报整合中心，是威胁情报进一步“分发”的中继站，也是美国当前跨部门、跨地区管理和协调网络威胁事件的总归口，负责与各利益攸关方协调合作建立、维护一体化的网络空间安全管理体系。

作为一个重要安全控制域的关键控制手段，美国重视网络威胁情报项目管理的平衡性，防止任一强力部门职权不受监管——威胁情报中心直接负责网络威胁情报项目但不具有遂行独立情报活动的能力，网安通信中心拥有完整情报与安全响应架构但须依托情报整合中心的情报共享。“双星系统”保证了两个机构相对独立的持续运转与挟制。此外，“双星系统”也使得美国网络威胁情报的组织管理体系能够实现系统级的统一协调，充分发挥不同部门的优势。这一协调机制显示了美国网络空间安全管理体系适应时代发展而进行的努力与尝试。

（2）关键项目

全面监控——爱因斯坦计划。最早见于2010年美国信息安全大会，时任美国总统网络安全协调官的霍华德·斯密特（Howard Schmidt）对美国国家网络安全综合计划部分内容的解密。爱因斯坦计划主要作用是搜集、分析、共享联邦政府内部网络安全信息并引导事件的应急响应。随着技术的发展，爱因斯坦计划实质上成为了一种网络威胁情报搜集项目——根据美国计算机应急响应小组提供的数据，爱因斯坦计划具有对全球的网络安全态势进行感知并进行主动防御的能力。计划是战略层面的威胁情报项目，其表面是增强联邦网络的安全防护能力，实质上增强的是政府对网络的掌控能力。2016年，爱因斯坦计划所搜集到的威胁情报已被批准在国土安全部授权后交由国家安全局进一步分析。计划绝不仅仅是美国政府监管网络安全的一种手段，它已成为网络空间作战域的一种重要作战手段，是多层次攫取网络优势的重要把手。

情报可视化——网络天气地图。2014年12月10日，美国国土安全部国家防护和计划执行局网络安全会议披露，国土安全部部署了网络天气地图项目以解决持续和新兴的网络威胁。项目由三个主要板块组成，分别是“网络威胁情报源”“网络威胁情报分析”和“网络威胁情报分发”。情报源分为内部自产源和外部共享源，提供高速的机器到机器的技术情报及情报人员参与的战略战役层级情报。情报在分析板块进行综合、关联，随后能够以“及时性措施”的形式送往需要进行安全防御的组织，同时提交国家网络安全保护系统扩散。

项目的核心是基于网络威胁情报可视化特征的“网络天气展示中心”，该中心以实时视觉反馈提供网络安全状态信息。可视化发挥了有效的“信噪分离”作用——情报交叉验证变得灵活主动，情报人员可以对不同来源的情报进行并行分析。此外，可视化使得受到影响的政府机构、企业用户和安全厂商能够确认彼此安全状况，合作应对，推动网络安全领域协同联动机制的发展。

4. 应用平台

网络威胁情报平台是威胁情报活动的指挥——它发出指令并组织进攻。应用平台是其网络威胁情报应用体系建设中的关键一环，平台实质上是一种较为系统的网络安全态势感知产品，能够根据具体安全、情报需求融合运用多种分系统，从多个维度进行情报的搜集、分析与分发，进而在全景视角实现有效的威胁情报感知。面对复杂的威胁形势，平台能够积极融合大数据、云计算等前沿技术，建立分布式的情报深度挖掘与分析系统，在进一步关联的基础上进行分发，帮助组织进行动态的策略调整，确保关键资产的安全，促进组织间的情报交流。

美国国土安全部与网络安全服务商艾诺米（Anomali）于 2016 年 9 月合作部署了网络威胁情报平台“威胁流”（Threat Stream）。“威胁流”是一种智能化的高级平台，允许介入平台的组织快速访问所需的网络威胁情报并能够与组织内部原生的安全系统集成。“威胁流”主要由情报控制、情报源聚合、情报融合、威胁活动调查、网络安全监控以及情报共享等模块组成。该平台通过监视网络活动日志，将数以千万计的威胁指标相关联，可以进行长达一年的电子取证，从而在组织的网络中检测和识别威胁活动、行为体。艾诺米的方法可以在网络威胁杀伤链上的每个关键节点与阶段进行检测，从而有可能在组织发生实质损害之前消除或减轻威胁。基于国土安全部共享系统的网络威胁情报平台“威胁流”的部署旨在缩小目标和威胁行为体的网络安全技能差距，改善整体安全态势，加强对网络攻击的识别和治理。此外，艾诺米的网络安全实验室还将向国家网络安全与通信整合中心提供其开源“先进蜜罐网络（Modern Honey Net）项目”的数据，帮助威胁情报平台的搭建。2016 年 12 月，该平台进一步升级成为网络威胁情报网。

5. 生态系统

成熟的网络生态系统应当能实现实时与近实时的自我防御与协作，预测并阻止网络威胁活动，帮助建设更加安全的网络。在这一背景下的美国网络威胁情报生态系统这一附属于网络生态系统的重要子系统也成为美着力构建的安全支点。

（1）生态系统之于网络威胁情报

网络威胁情报生态系统，又称网络威胁情报生态圈，指包含网络威胁情报生产者与用户在内的，能够在较长时间内自主进行情报生产与消费的稳定环境。网络威胁情报生态系统能够不断吸收碎片化的网络威胁情报工作片段，将其作用于全局性的情报活动。整体来看，美国网络威胁情报生态系统完成了网络安全关键支点搭建的战略筹谋，将网络威胁情报工作置于网络安全战略视角下进行布局。

生态系统的搭建使得威胁情报“知”的工作，从“知其一，知其二”拓展为一种“知的环境”，即“知己”“知彼”“知威胁”。同时，这种“环境”形成三种维度，第一是全局维度；第二是时间维度；第三是空间维度。全局维度使得威胁事件本身成为系统中的事件，从点变成系统中的点，帮助情报人员了解威胁点与其他节点的关系及其影响，将其放在系统中去讨论，避免了独立、片面的思考；时间维度使得情报人员可以考虑全时序的威胁活动，形成时间上的“全知”；空间维度指的是网络威胁情报生态系统将组织内部和组织外部的情报信息都囊括其间，情报人员可以从内部和外部两个维度展开相关的情报活动。

（2）实现“情报驱动的网络安全”

“情报驱动的网络安全”由洛克希德·马丁公司提出，后被美国国土安全部采纳。其认为有效的网络安全防御应当开始和结束于情报——每个组织都有数据，但是如果技术、人员和流程不能将其转化为有效的可操作的网络威胁情报，则安全会永远滞后于网络威胁的发展。组织必须要从反应战略转变为主动的积极战略、获得更成熟的网络安全状态。

网络威胁情报生态系统可以实现不同操作环境下工具的无缝对接，满足一体化的安全管理需求。这种安全管理实际上是一种情报驱动的网络安全模型，与深层防御、分层防御、边界防御不同，网络威胁情报生态系统是基于威胁检测的，采用辐轴结构的动态网络安全模型。这一系统改变了大量的安全资源集中于被动防御层面的情况，使得有限的资源可以基于威胁情报进行系统内的调配，提供基于网络威胁情报的安全控制。网络威胁情报生态系统伴随着网络终端及网络流量的检测与响应，推动网络安全从“保护和控制”转变为“检测和修复”，更为务实地对待难以做到绝对安全的网络现状，强调网络的“弹性安全”。

（3）美国网络威胁情报生态系统动向

网络威胁情报生态系统是美国重要信息基础设施完成现代化部署的重要组成部分，也是美国国土安全部正在推进并试图完成的愿景。国土安全部搭建网络威胁情报生态系统来提升网络的安全性、交互性。美国网络威胁情报生态系统目前主要架构由关键信息基础设施、自动化威胁情报环境、威胁情报具体项目三大板块组成，覆盖网络安全多个战略节点。系统关注网络威胁情报的交互性、自动化、信任、共享、通信五个关键问题，期望通过生态系统的搭建完成碎片化网络安全力量的整合与自动化，将网络威胁行为体的自由攻击时间由数月缩短至数秒。美国网络威胁情报生态系统的生态属性还体现在系统的可拓展性与拓展后的稳定性，新技术、新标准、新项目、新平台能够在“增强网络安全”这一整体目标下融入网络威胁情报生态系统。

（三）网络威胁情报的应用特点

1. 标准化程度高

首先，应用标准根据美国情报工作的现实需要，不断进行更新和维护。这种即时性的技术更新能够保持标准的有效性和先进性，使得情报工作本身能够适应不断变化的网络安全环境，抵御网络威胁。美国国家标准与技术研究院 SP-800 系列文件遵循这一特性进行修订，通过部署环节的引导将新技术应用于网络安全工作。

其次，美国网络威胁情报的标准化还借助军民融合这一发展快车道：军用标准适用范围逐渐扩大——外包公司为国防部提供的网络威胁情报标准解决方案逐步公开，用于指导全美网络威胁情报工作；民用标准发挥重要作用——在标准探索方面，美民间机构不断吸收新技术，拓宽标准基本面，在质量和数量上都能达到军民共用的要求。此外，许多基础性的标准都依托民间机构进行研发，这一路径与美军方自行研制相比，不仅使得标准体系更为开放，也大幅减少了专项经费的支出。制度也为美网络威胁情报标准的军民融合提供了保障：国防部的采办标准将民用协议优先性置于军用标准之前，以机制性、长期性的措施保障民间标准的活力。这些利好使得美网络威胁情报的标准建设过程速度快，阻力小，适应性强。

2. 研发部署速度快

2013 年，信息技术咨询公司高德纳（Gartner）推出网络安全行业认可的网络威胁情报定义，发展不过数年，网络威胁情报连续多年成为美国信息安全大会的热门词汇。网络威胁情报的发展速度不仅快，而且能够做到在技术与安全之间取得平衡，这体现在其理论上的前沿性、趋势性和实际部署上的克制性与现实性——关键节点并没有使用基于情报的安全机制，以及更为激进的人工智能技术取代基于签名和特征的传统安全机制，而是采用双管齐下的双保险策略，在保障关键基础设施对抗先进网络威胁能力的同时，避免出现“米波雷达”式的安全漏洞。美国安全部门抱着一种“空杯”态度，积极响应网络环境特别是网络威胁环境的变化，在战略对手尚未认可这一“未来趋势”之际，学习并付诸行动。美国国防部《网络空间行动战略》明确提及要注重“网络战备”，落实到网络威胁情报层面，最关键的就是技术储备，在网络空间成为“行动域”的当下，利用技术的“代差”谋求“网络威慑”效果。网络威胁情报的技术研发、系统部署不仅使得美国的情报作业面拓展进入关键信息基础设施领域，更是将美国防部、国土安全部、情报界和司法部等多部门的安全力量进行整合，动用“整个政府层面”和“整个国家层面”的力量慑止网络威胁。

3. 情报即服务

情报即服务既是网络威胁情报应用的一种理念，又是其本身所具有的一种特性。云计算创造了新的网络生态，改变了传统安全样式，网络威胁情报也成为网络安全新的柱石并提供新型的服务模式。不同于一般的交付性情报产品，其更加强调用户需求，是面向问题、面向任务并由其推动的情报品类，拥有面向服务的情报（Service-Oriented Intelligence）工作架构。组织不需要承担高额的安全和情报预算，配置完整的技术人员或进行全面的基础设施信息化建设，只需根据自己实际需要配置相关服务，拉取对应情报。网络威胁情报工作流程突破了传统情报组织一家包揽情报流程的情况，其完整作业程序依托网络安全机构、情报机构等已有的组织和基础设施，形成一种“互助式服务”。在实际应用和部署层面，也着重突出实际效果，围绕情报用户的深层次需求，进行设备铺装和情报作业。

4. 以应对网络威胁为目标

美国网络威胁情报应用的目标是鲜明的，那就是应对以高级持续性威胁为代表的新型网络威胁，其应用部署步骤也体现出鲜明的目标导向性。这种导向首先是网络安全思路上的：网络威胁情报改变传统安全防御中不同组织独立实施的方案、摒弃了防御关键网络或系统等特定目标的方法、改善了以控制为基础要素的网络安全防护理念，转变为建设以响应和恢复为主要方式、重视人员干预的快速协同防御体系。其次是情报实践上的：实体空间内的对抗逐渐进入网络空间，实体空间的情报工作也逐渐渗入。在网络威胁情报出现前，情报工作多以网络为管道或平台展开，深入网络的数据安全情报、信息安全情报、关键信息基础设施安全情报并没有很好的着力点，美国情报界一直在在网络空间非核心区域徘徊。正是这种安全需求的牵引，网络威胁情报成为了网络空间情报博弈的最优解。两个维度的导向牵引美国网络威胁情报应用从各自为政、信息闭塞的孤岛，转向相互协助、打破藩篱的生态系统。

（四）网络威胁情报应用面临的挑战

1. 应急响应流程有待完善

美国网络安全事件的应急响应流程沿用美国国土安全部2010年发布的《国家网络应急响应计划》（NCIRP）。这一计划在网络威胁情报产生并发展的当下逐步暴露出弊端。其一，计划未针对网络威胁情报参与下的网络安全响应进行必要的更新和调整。网络威胁情报只能以附属和连带的关系参与网络应急响应。特别是网络威胁情报整合中心不能发挥核心的协调作用，只能作为合作伙伴，为应急响应流程提供网络威胁感知、判定。其二，与网络威胁情报在平时和战时同样能发挥效能的情况不同，应急响应流程的适用范围有限。流程只适用于非战争时期——一旦美国政府宣布进入战争状态，授权采取军事行动，该流程则立刻终止其职能，中心也只能配合国防部开展相应的工作。网络威胁情报对于嗅探战略突袭具有先天性优势，而流程的不健全无疑将影响战略预警。其三，该流程的重点在于处理达到美国国家网络风险预警系统二级以上的重大网络安全事件，有且只有达到该层级的网络安全威胁才能要求国家层面的协调处理力量的介入。这对网络威胁情报检测到的、未形成安全影响，或未达到相应级别影响的、却可能包含对手高层次力量介入的网络事件的发掘和溯源极为不利，容易造成情报流失。其四，该计划是美国国土安全部主导的协调性质的应急响应框架，这样的应急框架虽然能够提高应急响应措施的全局效果，保证政策的连贯性与一致性，但与网络威胁情报要求的时效性格格不入。同时，这样一个庞杂系统使得网络威胁情报作为重要可信信息的权重明显降低。

2. 技术、行业准入门槛高

准入门槛是防止和纠正情报失误，保证情报可控的重要手段，能够有效降低网络威胁情报应用过程中的内部威胁。然而过高的准入门槛与关键环节的技术门槛却对美国网络威胁情报的发展起到了阻碍作用。行业准入门槛的影响主要表现在联邦政府很难在现有情报机构的原始骨架上进行简单的机构归并、新立达成网络威胁情报工作作业要求，政府必须对符合条件的组织进行彻底解构、再造才能实现网络威胁情报能力——这将牵扯大量的预算和战略布局调整。美国采用了折中的办法来应对这一不利局面，一是利用美军网络司令部的升格，赋予其与美国家安全局更充分的网络安全职能，利用升格建设的机会吸收新架构；二是成立中枢性质的网络威胁情报整合中心，站在更高层次上布局网络威胁情报工作，先抓成效再补充基础设施。技术门槛则表现在情报流程自动化方面。现有的成熟网络威胁情报自动化产品多出自传统网络安全巨头，新型技术公司难以左右核心标准，其基于威胁情报的产品难以接入国家级的情报系统，从而大大影响情报搜集的细粒度和规模性，丧失进一步发展的空间。

3. 网络威胁情报共享困局

共享是网络威胁情报应用不可或缺的组成部分，也是网络威胁情报发挥效能的本质要求，但多个挑战汇聚的共享困局缠附着美国网络威胁情报的发展。

（1）共享存在泄密风险

共享必然意味着情报受众增加，随之而来的就是泄密风险的上升。共享情报的不当使用可能导致侦察手段和线路的暴露，这些安全风险可能导致相关节点的监控设备失效，给美网络威胁情报带来毁灭性的打击。情报共享的安全性还涉及隐私问题，何种程度的个人与组织隐私信息可以被合法采集，在多大范围内可以合法使用。规范网络威胁情报搜集主要依靠《2015 年紧急预算综合法案》附加的《2015 年网络安全法案》相关法条的约束。该法案在一定程度上给予了网络威胁情报搜集的合法性，但先搜集再移除的思路引起了隐私保护者的反对，网络威胁情报的部署工作因透明与隐私问题屡屡受挫。

（2）共享效能难以提升

情报共享对于情报用户来说是二次情报搜集活动，这不可避免地涉及情报的筛选问题。网络威胁情报如何在共享环节实现精确匹配，按照情报用户的个性化情报需求定制筛选规则，在尽可能减少反复协商的情况下完成针对性的情报分发，已经非常困难。然而，情报共享是一个双向的过程，必须考虑情报共享的效率，主动情报拉取机制也必须建立。外部访问链路是完成情报拉取的必由之路，这带来了昂贵的基础设施建设和维持费用。进一步而言，网络威胁情报共享必须在内部和外部实现一定程度的互操作性——不同的计算机系统、网络和应用程序必须在能够互动的基础上实现情报的传输、存储和访问，这对情报共享的效费比提出了更高的要求。

（3）共享社区难以建立

所谓情报共享社区，可以理解为情报共享的范围，即参加情报共享的个人和组织的集合。这种社区一旦建立无疑能够实现常态化的情报共享，但社区的建立是一个博弈过程：情报的收发方不可避免地考虑信任和效益问题。情报共享参与者首先会根据自己的情报需求以及共享社区内的信息环境作出决策，决定进行或者不进行情报共享，从而形成一种博弈过程，问题在于这种过程很可能是重复的和动态的——在每一次情报共享前都会进行博弈。这就违反了情报共享的初衷，使得情报共享失去意义。参与者往往希望参与共享以提高自身的网络威胁情报知识，而往往又有对共享利益分配不均衡、情报共享质量与数量不对等产生质疑。搭建情报社区的过程就是为网络威胁情报共享博弈寻求最优解的过程，如何找到利益均衡点，避免共享困境的产生，在均衡点附近的阈值内实现可持续的共享，这些问题的解答考验着美国网络威胁情报的发展。

（五）网络威胁情报应用发展趋势

1. 逐渐缩短“自由攻击时间”实现“实时网络威胁情报”

情报的作用在于“先知”，能够帮助己方实现“料敌”与“先敌而动”。从对手的角度看，处于情报侦察监视范围以外的时间减少，能够出其不意的时间也就减少。换言之，情报工作决定了能够发动突袭的时间窗口。在网络空间领域，这一时间窗口依然存在。“自由攻击时间”用来描述网络攻击在开始和被确认之间的时间间隔。采用积极的纵深防御手段，逐步减少自由攻击时间，这是美国网络威胁情报发展的重要趋势之一。网络威胁情报正在逐步填充网络安全外防与内控的空白点，试图更快速地发现、更果断地响应、更精准地预警。网络威胁情报正逐步成为网络防御、检测、响应和恢复的基石。网络威胁情报营造的网络态势感知环境，以及在此基础上的情报分析和共享，不仅是美国网络威胁情报应用发展的一个趋势，更是美国网络安全发展的趋势。

2. 逐渐形成国家主导，网络安全服务商主建的发展模式

美国网络威胁情报的发展在其战略目标的牵引下逐渐形成了国家主导网络威胁情报战略格局，网络安全服务商参与建设的体系结构。网络威胁情报涉及网络安全前沿技术，国家布局的模式能够动用国家资源建立深度分析系统、基于深度挖掘和情报融合的态势评估与反馈系统，能够有效避免研究成果散乱、部署方案难以敲定的不良局面。而网络安全服务商参与建设可以帮助改善情报系统的官僚体制，为网络威胁情报工作带来市场活力和竞争环境。之所以国家主导，网络安全服务商主建是美网络威胁情报的发展趋势而非特点，是因为当前美国网络威胁情报建设的参与者虽然改变了发展初期操之过急，未摸清安全态势就急于部署产品，瓜分市场导致的混乱局面，但仍未按照美国官方构想，形成合力，建成国家级的网络威胁情报生态系统。在美国政府的持续调控下，网络安全服务商正努力转变为网络威胁情报某一领域而非全局的参与方。

3. 逐渐实现基于“网络威胁情报感知”的网络安全控制

美国网络威胁情报的应用逐渐重视情报的“控制作用”，试图将网络威胁情报发展为国家网络安全的战略哨兵与第一道防线。“对外积极情报”一直是美国关注的重点，但安全环境的变化尤其是非传统安全不稳定因素的上升，使得其不得不重视“对内消极情报”，企划开展一致、协调与全面的情报与反情报工作。网络威胁情报成为美国在网络安全领域串联情报板块——对外情报、国土安全情报与军事情报，实现网络态势感知继而完成网络安全控制的重要工具。根据美国网络威胁情报的部署情况可以判定，网络威胁情报扮演的角色绝不仅仅是一个情报品类，遂行的也不仅仅是情报活动。传统情报活动的终点，网络威胁情报的作用才开始大放异彩——除了提供及时性的情报产品，网络威胁情报工作逐渐呈现一种“连续性侦察与监视”的性质：对进出联邦政府的数据端口进行监控、对机构间的流量进行分析。网络威胁情报正连点成线，建构美国网络安全监控网。

美国之所以企图利用网络威胁情报进行网络安全控制，一是网络威胁情报强调可操作，本身能够实现一定的安全目标；二是网络威胁情报对安全极度敏感，一旦精心定义并强制执行的安全策略发生改变，会导致情报系统最迅速的应激反应；三是网络威胁情报是依托智能架构的“人”的活动，这种活动覆盖了几乎所有需要保护的网络资产。“人为”保证了网络威胁情报活动支撑的网络安全体系的最后一道防线是拥有能动性的“人”——自动化的控制手段有可能被对手反制，“人”的核心作用避免了这种极端情况的发生，使得其安全可控、可调。

第四章

情报管理

第一节
情报战略

一、国家情报战略概述[1]

（一）国家情报战略概念

“国家情报战略”目前还是一个新兴的概念，相关概念界定的文献很少见。美国的相关文献中直接对“国家情报战略”进行界定的只有 2005 年版的《美国国家情报战略：通过整合和创新实现转型》，时任美国国家情报主任内格罗蓬特在该版战略的序言中指出，“这份战略是事关根本价值观、优先次序和未来发展方向的宣言，同时也是行动的纲领”。从这个定义我们可以看出，美国对于“国家情报战略”概念的认识相对宽泛、模糊，仅仅是对国家情报战略的性质和定位进行了界定，并没有对其进行规范的定义。国家情报战略是“战略”概念泛化的结果，而对于“战略”的不同认知也就带来了学者们对于“国家情报战略”不同的理解。

有学者认为（国家）情报战略可以理解为对（本国）情报工作全局的筹

[1] 单东：《国家情报战略概念及其构成要素论析》，载《情报杂志》2016年第1期。摘编后收入本书。

划和指导；（国家）情报战略也可以据此理解为，（国家）发展和运用情报力量以达到保障目标的艺术和科学；也有学者认为“国家情报战略就是有效分配和利用国家各种情报资源以维护国家安全的科学和艺术”；还有学者认为国家情报战略是情报界为了完成国家情报担负的国家安全使命，协调一致地运用和发展国家情报能力的纲领和计划。笔者认为，国家情报战略是协调运用各种国家情报资源、发展国家情报能力以构筑认知优势、维护国家安全的纲领和计划。

（二）国家情报战略构成要素

战略的构成要素非常丰富，如战略环境、战略目标、战略方针、战略原则、战略途径、战略手段、战略计划、战略实施、战略模式、战略文化，等等。但核心内容是目标和途径，即如何有效地运用和发展各种资源手段以达成目标。因此国家情报战略的核心构成要素至少应当包括国家情报工作目标、国家情报力量运用和国家情报战略的实施，其他战略要素将会内化在这三个方面当中。

1. 国家情报工作目标

国家情报工作目标是国家情报战略的出发点和落脚点，是整部战略的基础和路标。可以说，国家情报战略的制定、实施、效果评估、未来展望全都是围绕国家情报工作目标展开。而国家情报与国家战略的互动关系，就使国家情报战略目标与国家总体战略紧密联系，与国家的威胁和利益判断直接相关。

以美国为例，冷战时期，美国国家安全目标十分明确，即对苏联及社会主义阵营国家实行“遏制”战略，因此，美国国家情报工作的目标也主要集中在掌握苏联及社会主义国家的情报上，美国情报界的主要分析产品《国家情报评估》也主要是针对苏联、中国等社会主义国家。冷战结束后，美国的安全环境发生了巨大的变化，威胁的数量激增，威胁的性质也发生了质变，而美国对国家安全的定位却很模糊，美国官方也惯于用“混乱”和“不确定”来概括冷战后的世界。“9·11 事件”发生后，恐怖主义和大规模杀伤性武器的扩散成为了美国国家安全的主要威胁，对此美国迅速对国家安全战略进行了重大的调整。

2005 年，美国情报界根据国家安全战略目标，颁布了第一份《国家情报战略》，提出了统一协调全国情报工作、提高运作效能，更好地服务于美国国家安全的总目标，强调情报是美国国家安全的第一道防线，情报为美国全体人民、美国的价值观和美国宪法服务。自此之后，美国国家情报工作“一体化”“灵活”“创新”的核心目标确立下来，并与国家安全战略的发展保持一致。

2. 国家情报力量运用

国家情报目标的实现依赖于国家情报力量的运用，而国家情报力量怎么用、何时用就是国家情报战略需要考虑的核心问题。

仍以美国为例，经过近十余年情报改革实践，美国情报界在情报力量运用方面有几个关键的地方值得借鉴。首先是在思想认识上强调“一体化”“可行动”。“9・11 事件”发生的一大原因就是各个情报机构“条块分割”严重，缺乏“共享”观念，各自为政，互不合作，导致国家情报力量配置不合理，运行不流畅。因此，从 2005 年第一版《国家情报战略》出台以来，“一体化”就是美国国家情报战略的关注重点，要求使情报人员从“需要知道”向“有责任提供”转变，从而形成合力。而为了使“情报”与“作战”一体化，美国情报界又提出了“可行动”的概念，要求情报人员为用户提供实时准确的情报，从而实现情报的最大效能。其次，在机构设置上强调融合共享。为了打破“条块分割”的弊端，美国情报界设立了国家反恐中心、国家反扩散中心、国家反情报与安全中心、网络威胁情报整合中心 4 个核心部门，实现各个领域情报信息资源的融合回击，使各情报机构的信息资源能够得到更充分的开发和利用。最后，在分析研判上强调创新竞争。一方面，引入竞争性情报分析方法。在近两版《国家情报战略》中，美国情报界首脑反复强调“红队”“A-B 小组”等竞争性分析机制的作用，以克服情报分析人员的认知偏见，提高情报分析质量。另一方面，引入先进的分析辅助平台。此外，美国加紧整合“全球情报通信系统”（JWICS）、“秘密因特网路由器网络”（SIPRNET）和“非密连接网络”三大数据库，并开发了“国家情报图书馆”（National Intelligence Library）、“分析空间”（Analysis Space）和“情报百科”（Intellipedia）等高效的分析工具，创新了情报分析模式。

3. 国家情报战略的实施

国家情报战略的实施是通过情报界的一系列行动，把国家情报战略目标变成现实的能动过程。对于情报战略而言，战略的实施至关重要。作为支援国家宏观决策、维护国家安全的重要工具，如果情报战略实施不力，轻则丧失国家发展的重要战略机遇期，重则会发生重大的安全事件，严重威胁国家安全。因此首先要将战略转化为战略执行计划和政策。以美国为例，美国情报界建立了系统完备的政策执行体系，从上至下分别为《情报界指令》(ICD)、《情报界政策指导》(ICPG)、《情报界备忘录》(ICPM)、《情报界标准》(ICS)、《国家情报主任行政通讯》(DNI Executive Correspondence) 和功能主管 (Functional Manager) 或其他官员发布的指导文件。除此之外，国家主任办公室还将系列政策进行分类编号管理，使政策执行高效有据。

表4.1 国家情报主任办公室的系列政策

系列编号	内容
100	管理
200	分析
300	搜集
400	用户需求
500	信息管理
600	人力资本
700	安全与反情报
800	科技
900	任务管理

另外，出台配套战略分解细化国家情报战略。在颁布施行3版《美国国家情报战略》之后，又颁布了如《美国国家反情报战略》《国防情报战略》《美国情报界信息共享战略》《美国情报界人力资本五年战略规划》《情报、监视与侦察转型路线图》《美国情报界整合与共享的100天计划》等一系列细化战略及过程性计划，实现了对宏观战略的分解，使战略提出的目标得到了落实。

二、国家情报体系构建[1]

（一）情报科学与情报方法论

情报体系是由与情报认识活动和情报实践活动相关的一切事物所组成的整体，主要包括情报逻辑、情报问题、情报中介、情报过程、情报方法、情报部门以及情报保障等七大部分。对现代情报体系的构建过程实质也是国家情报体系的构建过程，即国家情报体系在现代情报体系中具有总纲性，以对外关系处理为核心的国家情报体系，对军事、外宣、经济、公安、反恐、科技等其他国家情报活动具有主导和引领作用。因此，2017 年颁布的中国《国家情报法》明确限定了国家安全机关、公安机关情报机构和军队情报机构作为开展国家情报工作的权力部门。

然而，纵观中国《情报杂志》、英国《情报与国家安全》、美国《国际情报和反情报杂志》以及《情报研究》四大学术阵营，当代的中外情报理论研究主要集中在以情报循环为核心，以 Intelligence Studies 为内容的部门情报方法论层面。而在国家情报层面，依然局限于情报历史、制度建设、立法监督、国家政策、安全治理、国家情报模式（警务为核心）、国家竞争情报（经济为核心）等经典话题，对国家情报的环境态势感知、整体力量部署、体系动态运筹、标准规范建设、技术系统集成等极少涉猎。实际上，随着中国国力的上升，如何适应和塑造以新兴国家为主要变革力量的世界新秩序，中国情报界和情报学界已经到了必须将国家情报作为一个整体的研究阶段，应开辟以现代情报体系为框架，以体系化、科学化、技术化等为方向，以超越中国传统情报理论和美国现代情报理论为目标的现代化研究道路，从而以先进的方法论为武装，提升国家情报实践与治理的能力。

现代情报理论的研究必须走解释性与建设性相结合的综合创新道路。情报研究不应割裂学科间的融合发展，或沿袭旧论，或直接师承美国，而应吸收信息科学、政治学、管理学等先进成果，创建开放、包容、积极、现代的

[1] 赵冰峰：《论国家情报体系的基本属性、系统运筹与对外政策》，载《情报杂志》2018年第2期。摘编后收入本书。

具有中国特色社会主义的情报理论体系，少使用英文单词作为情报概念核心，少以部门语言或生造词汇作为通行称谓，少以涉密实例作为研究论据。情报研究不应脱离国家情报实践主题，应与国际政治、国际经济、国家军事、国家外交、对外宣传、国家科技等开展交互性研究，重点关注部门理论融合、国家情报规律、情报组织演变、新侦察技术、新型情报活动、反恐情报、经济情报、外交文宣情报等具有现代性的国家安全与情报治理领域，努力总结社会主义国家的成功经验。情报研究应重点关注对手国家的动向与政策，以对手国家的活动为前提，以超越对手国家的活动为标准，构建基于主客体认知对抗的理论体系。

认知对抗理论在国家情报体系的历史演变、活动机理、关系属性、体系结构、治理策略和方法论等研究基础上，对国家情报理论为主体的现代情报理论研究，应着重引入源自军事领域的冲突理论，以解释和论述情报活动的发生与发展；应着重引入源自物理领域的场理论，以描述和重构情报活动的过程与模型；应着重引入源自数学领域的运筹学，以分析和指导情报组织和资源的部署与治理；从而在理论方法上将“情报研究”（Intelligence Studies）彻底推进到“情报科学”（Intelligence Science）的新阶段。这种新血液的引入为情报理论的定性研究跃升为定性与定量相结合的研究奠定了科学化道路，情报理论不再是历史与经验的抽象性总结，而是可以开展实验设计、数据统计、模拟计算、可视化表达的科学推理；这种新血液的引入为情报活动的科学化规划和体系化建设铺平了道路，情报不再是天马行空的神秘活动，而是可以开展调查、研究、设计、调控与评估的显性的和可控的行为；这种新血液的引入也为传统的国家情报体系转型为系统工程化的现代管控体系提供了基础，国家情报体系可以采用运筹优化、模拟预测、指挥控制等新手段开展宏观和中观的国家治理。

从这个角度看，解决中国情报事业转型的方法论问题，实质也是解决中国现代情报理论从“情报研究”迈向“情报科学”的问题，它们是一个问题的两面；随着“情报科学”的逐步建立，中国国家情报体系的治理也必将在先进方法论的指导下走向现代化。

（二）国家情报活动与国际冲突的伴生性

国际冲突是国家情报活动的主因，在根本上决定着国家情报的对抗属性和对抗强度。国际冲突分为军事、政治、经济、文化甚至宗教、种族等不同的领域类型，形成差异化的国际冲突结构。这种冲突结构受到国家实力、地缘政治、军事武装、国家制度等客观因素的作用，但更受国家意志、对外策略等主观因素的影响，比如《孙子兵法·谋攻篇》就强调“上兵伐谋，其次伐交，其次伐兵，其下攻城”，即对外策略在塑造国际冲突结构中发挥了关键的作用。因此，美国当代战略家们不遗余力地创造出能够适应不同冲突领域的对外策略模型，从而使得美国在世界秩序中能够不断地维护其霸权地位。比如，美国兰德公司在网络治理理论中，提出了外交与经济、网络空间、实体力量、核力量四种梯次增强的国家对外策略模型，情报体系作为国家力量的一部分，看似随国家政策历经变迁，毫无规律。但事实上，情报体系与国际冲突和国内冲突构成同周期、共频率的历史波动规律，并具有与国家安全和国家发展的周期性战略互动属性，即国家情报是国际冲突和国内冲突的伴生物，国家情报具有伴生性，国际冲突和国内冲突在根本上决定着国家情报活动的特性和强度。比如在非军事战争时期，国家之间处于和平状态，各自的情报活动虽有发生，但强度比战争时期小得多，而一旦交战，情报活动则协同军事战争，形成军事战争的强力补充。

（三）国家情报在国家软实力中的主导性

在国家实力中，情报与冲突的伴生性表现为国家情报体系属于政权统治、军事武装、安全维稳、经济生产、科技研发等硬实力相伴生的软实力体系，而且国家情报主导着国家软实力。

软实力理论由出身于美国情报界领导层的约瑟夫·奈在20世纪90年代提出，主张将道义和可信度等软实力要素作为国际权力的重要来源。软实力理论一经推出就风靡全球，亦受到中国政府与学界的热捧，但中国对该理论疏于批判，软实力体系建设也未见实质性提升。必须注意的是，由“道义、信誉、可信度、品牌、文化”等意识形态因素构建起来的国家体系，尽管被命名为软实力，但它们并非国家政治体系在国际的声誉或印象，而是国家对外输出的一种力量，即将意识形态作为一种隐蔽着的政治影响能力，输出到目标国家或对象国家，通过塑造这些国家的政治系统以在国际冲突或合作中赢得战略优势；它们是进攻性力量，而不是防御性力量；它们不等同于国内政治治理中的道德权力；它们只有在对他国政治产生影响的前提下才能作为国家实力存在。因此，软实力往往来源于对外传播、对象国家政治操纵、政治代理人、金融操纵、科技操纵等以隐蔽形态存在的国家对外运作体系，而这些隐蔽运作正是国家情报体系中实践体系的核心内容。可以说国家软实力就是国家情报实践能力。

（四）国家情报体系的边界性

尽管情报体系主导着国家的软实力，但必须正视的是，情报与冲突的伴生性也根本性地决定了情报体系具有边界性，或称之为情报力量的有限性。

情报体系的边界性（或情报力量的有限性），首先源自国际冲突或国内冲突在地域上的集中性和非均衡性；冲突在相当长一个时期内比较集中地发生在某一个区域内，这就限定了情报活动的基本范围。情报体系的边界性（或情报力量的有限性）还源自国家对情报体系的投入规模受到国家实力的限制，这是情报主客体自身对情报活动的规定性。另外，这种边界性（或有限性）还源自情报活动所能发挥的认知对手效能、防御对手效能和打击对手效能等在塑造对抗形势方面具有非常明显的局限性。情报活动只能通过认知优势间接地在目标国家或对象国家的政治舆论、外交传播、高层决策、心理活动、代理人活动、技术研发等方面塑造对抗优势，而无法像军事武装一样，具有直接的、强大的攻击作用或摧毁作用。

情报体系边界性的直观特征是情报力量的投入规模存在边际效益递减规律，即国家建造的情报体系会依照国际冲突和国内冲突的性质，最终稳定在一定的势力边界范围之内，不会随意地膨胀或缩减；这个规律为情报体系（或情报力量）的部署与建设提出了系统规划与动态运筹的客观要求，即通过情报规划与情报运筹，尽量使情报体系（或情报力量）的总体效益落在情报投入边际效益曲线的附近，避免落入该曲线内侧的低效益区和避免落入该曲线外侧的高成本区。

（五）国家情报体系的场分布与地缘分布

情报与冲突的伴生性在时空领域里主要表现为情报场规律。情报场是情报主客体之间的认知对抗活动构成的时空结构特征（如图 4.1 所示），即在国际冲突或国内冲突的某一历史波动短周期截面内，情报主客体在一定的空间范围内围绕对方的信息、意识与决策等情报中介开展对抗性操作活动，形成疏密有序的场分布形态。

情报场的元模型由情报主体、情报主体代表（如情报机构、调查机构、社会机构、特殊个体等）、情报客体、情报客体代表（与情报主体代表类同）、情报中介、情报环境等六部分组成。情报场可以依照活动领域划分为政治、军事、外交、文化、宣传、公安、经济、科技等属性单一或多个属性叠加的类型。在这些活动领域内，围绕情报知行循环模型，情报场可进一步细分为不同领域的情报侦察场和情报行动场等。为了描述与分析的便利，情报场还可以依照问题需求进行专题分层，形成情报客体空间分布、情报客体信息密度分布、情报主体侦察场分布、情报主体行动场分布、情报对抗态势等各类专题地图或更细分专题地图。

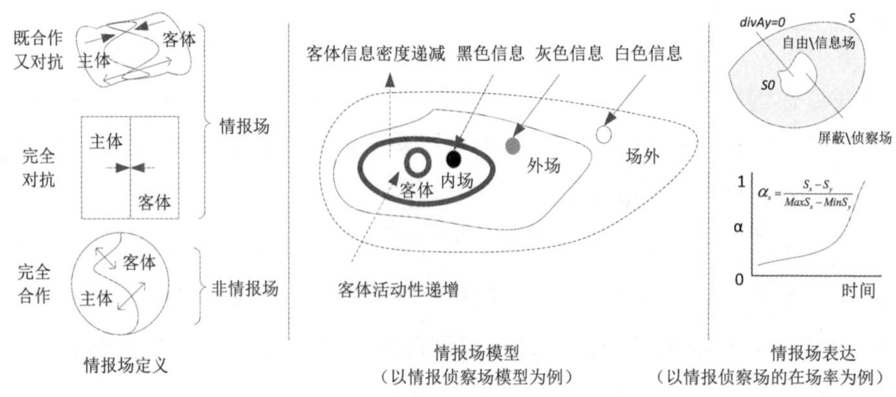

图4.1　情报场的定义、模型与表达

情报场的空间分布是个极为重要的研究领域。在单一属性的情报场空间中，除行政、人口、地形、交通等基础要素外，可依照情报活动特性形成驻扎点、活动带（主体活动点的辐射范围）、投入量、活动强度、优势比率（主体相对于客体的控场比率、胜算比率）等空间特征要素。我们可以对这些特征要素在地理情报系统或其他系统中进行分层或叠加操作，从而绘制出情报力量部署图、情报侦察图、情报行动图等，并结合情报过程建模，以动态地描述、分析、模拟、监测、评估与调整情报活动。这样的情报体系，就打通了与军事和公安等的技术性隔离，可以联合统筹在同一个技术平台和指控系统上，为国家安全与国家情报的一体化治理奠定基础。

多个单一属性情报场在地理上的分布或叠加则依照世界各国的边境线、冲突地区、城市群落等空间关系，呈现出线状、块状或群落等地缘分布特征。情报场的地缘分布受到国际冲突或国内冲突的制约，即情报活动区域与国际冲突区域或国内冲突区域呈紧密伴生的关系，情报活动往往集中于政治冲突、军事冲突、经济冲突、科技冲突、文化冲突甚至社会冲突的地区；情报场的地缘分布还在不同的历史时期受到技术变革的影响，特别是在互联网技术条件下，情报活动往往趋向于跨距离或远程投射方式展开，情报主客体的空间组织形态也向网络化协作方向演变。

（六）国家情报体系的部署与运筹

情报场是逻辑形式上的情报体系运行状态，在实际运作中，受到情报力量有限性制约，国家要构建一个有利于我的情报场，必须紧贴对外政策，对情报体系或情报力量尤其是侦察部分和行动部分的投送规模与辐射范围进行周密的研究部署和科学的运筹优化，而且还要积极塑造环境，让情报体系达到投入精准、运作高效的状态。

在情报体系的运筹方面，建立情报运筹的方法论体系，主要的内容包括情报活动与情报体系的框架、冲突形势分析、情报空间布局与资源优化、情报侦察理论、情报分析与情报设计理论、情报行动理论、情报决策与控制理论、情报活动优化、情报体系效能评估、情报仿真与模拟等。在这个方法论框架基础上，可以设立情报运筹学，以开展情报体系运作管理的专门研究。

（七）国家情报体系的系统工程、标准与技术

国家情报体系是个庞大的运作系统，体系的变革应该走系统工程建设道路。系统工程是钱学森等总结提炼的科学管理方法论，包括两个核心思想，一是将目标体系依照系统原理进行规划和设计，二是依照科学工程方法进行建造与试验。世界上包括铁路、民航、卫星、飞机制造等几乎所有的庞大工业运行体系无一不是系统工程的结晶。美国情报界自二战以来能够抗衡苏联并最终独霸全球的一个核心因素就是，它吸收了美国大工业系统的建设经验，实现了情报侦察作业的标准化、流程化与信息化，使情报界的整体效能远远超过其他大国水平。

国家情报体系的系统工程建设，应该按照体系发展目标进行集成式系统规划、工程化项目切分、模块化并行建设、渐进式技术融合、协同式联合作战，其工程化建设项目至少应包括情报需求工程、情报侦察工程、情报分析工程、情报设计工程、情报行动工程、情报指控工程、情报模拟与评估工程等。

要想实现国家情报体系的现代化变革，就必须尽快建立起独立自主的国家情报标准体系。情报标准是情报界对情报活动及其最佳实践成果进行统一化、规则化的共同约定，比如美国情报界颁布的各类手册、指南、规则等就是其国家情报标准的典型文本。情报标准也是情报工程建设、情报系统开发、情报体系运筹、情报联合作战的制度依据，是情报体系内部各子系统进行联合运作的统一接口，尤其在信息技术支撑的体系对抗环境中，情报标准具有顶梁柱的作用。如果我们缺失情报标准，国家情报工作将出现各自为战、成效比低、难以协同、难以升级等困境。

情报技术是国家情报体系的重要支撑，是情报体系子系统之间联合协同的主要载体，更是高效率获取目标国家信息的主要手段。情报技术的构成要素包括情报侦察技术、情报分析技术、情报设计技术、情报行动技术、情报指控技术、情报通讯技术、情报信息系统与数据库等，大致可分为组织外部装备技术（以侦察和行动等技术种类为主）和组织内部装备技术。但应注意

的是，情报技术不等同于信息数据，目前存在盲目跟风大数据的现象，将大数据内容作为核心资产，从而忽视了生产大数据内容的技术体系本身。

（八）国家情报体系的对外政策与能力构成

国家情报体系的部署建设和系统运筹，应服从顶层的国家安全与情报对外政策，并在其指导下形成独特的国家情报能力。国家情报政策是指导国家情报体系建设与国家情报工作实践的总纲领或总的指导原则，对国家情报体系的能力构成发挥着指导和规范作用；国家情报体系的能力构成是国家情报体系处理对外关系的总体能力构成形式，受制于国家实力和情报政策的约束，体现出强烈的国家特性。目前，新中国成立前后实行的统一战线政策和美国冷战期间始行的和平演变政策是世界上最为典型的两种国家安全与情报政策。

中外情报学界和政界对美国和平演变政策及其指导下的美国安全情报能力构成的研究成果较多，理论体系也较成熟。和平演变政策始于 20 世纪 50 年代，以输出价值观来争取目标国家民众的支持为目的，以对外宣传为手段，以文化交流为载体，以政治代理人为主导，在对以苏联为首的社会主义国家阵营的冷战对抗中获得成功，并一直延续至今。目前，和平演变政策已衍生出软实力、战略传播、新自由主义等各种理论或政策变种。从体系建设和情报运筹的角度分析，和平演变政策因其具有成本高昂的特点和维护帝国霸权的本质属性，在其指导下的技术侦察与隐蔽行动并重的美国国家情报能力构成，亦难直接移植成为中国的标杆体系。

通过比较与综合研究，笔者认为，中国国家安全与情报体系应实行和平建设的对外政策，一方面继续承应和平与发展的时代主题，另一方面坚持以积极塑造公正合理的国际新秩序为建设目标。和平建设政策既体现出统一战线政策所蕴含的社会主义原则，又发挥了改革开放政策所凝聚的现实主义精神，可作为中国共产党在当前及未来一段时期内建设中国特色的社会主义国家安全与情报体系的总纲领。和平建设政策指导下的中国国家情报能力构成，则将主要地表现为获取全球信息、维护国家安全与利益、塑造国际安全环境、不搞代理政治、不搞意识形态运动，重点促进国际投资、国际贸易、国际金融、国际科技文化信息交流等合作，重点围绕“一环三区、一带一路”的中国国家安全与情报力量的全球地缘布局，积极构建新型的大国安全与情报体系。

三、中国情报界的战略选择

（一）我国情报工作的困境[1]

情报活动自古有之，是人类生存和发展、竞争和决策的必然需求和产物。进入21世纪，世界多极化、经济全球化、社会信息化的趋势日益明显，传统安全和非传统安全形势错综复杂，面对各种可以预见和不可预见的风险、威胁和挑战，我国国家情报工作应深化改革，全面解决自身存在的陈疾痼弊，主动适应和积极利用国家安全治理和经济社会发展的重要战略机遇期，为各领域的重大战略决策和顶层设计的制定和实施提供坚实的情报支撑。

由于历史和现实的复杂原因，总体而言，我国各领域情报工作还存在着一些亟待解决的、普遍存在的基本问题，面临着一系列必须正视的困境和挑战。

1. 缺乏明晰化的国家情报工作界定

无论是革命战争年代的情报保卫工作，还是新中国成立后的各领域情报工作，都遵循“耳目、尖兵、参谋”的基本定位。军事情报工作在现代战争和大国博弈中作用突出，国安情报工作在国家安全和反间谍工作中功不可没，公安情报工作在维护国家安全和社会稳定、驾驭复杂社会局势和服务经济社会发展中成绩显著，科技情报工作在国家科学技术研究、科学技术创新和预测科学技术发展趋势中砥砺前行，经济情报工作在国家经济建设和经济安全中保驾护航，竞争情报工作在市场竞争和企业战略中价值凸显。但是20世纪90年代以来，我国部分领域将情报工作与图书馆、资料室等对文献信息辑、整理、加工等资料工作视为等同，偏重文献整理和信息检索，在国家进步和

[1] 包昌火、马德辉、李艳、张薇：《我国国家情报工作的挑战、机遇和应对》，载《情报杂志》2016年第10期。摘编后收入本书。

创新发展的重大决策中缺少响亮的声音；同时，军事情报、安全情报等工作一直神秘色彩浓重，导致在当代，我国国家情报工作缺少科学、系统、统一、明晰、公开的界定。

2. 缺乏一体化的国家情报工作体制

情报体制是国家情报工作的最根本的核心问题之一，是国家情报工作的组织形式和基本制度。长期以来，我国的情报工作条块分割严重，利益制衡普遍。虽然在情报工作中也建立了诸如部际联席会议等一些协调工作机制，但是从总体上仍不能有效地解决情报的准确性和及时性等基本问题，也难以主动协调、快速出击，发挥情报的预警、预知和预防的先导作用。从根本上讲，我国尚未形成面向国家安全治理和经济社会发展整体需求的统一、高效的国家情报工作体制。当国家安全和社会发展的重大利益关切需要情报工作进行有力支撑时，没有统一协调、高效运行、保障有力的国家情报工作体制机制是难以想象的，出现情报失误也是在所难免的。

3. 缺乏融合化的国家情报数据平台

当前，信息社会正朝着数字化、网络化和智能化方向纵深发展。从情报工作来看，数据和信息是情报的基础和原料，情报是对数据和信息进行分析的结果，是决策的基础和先导。大数据的挖掘和分析就是情报工作的重要组成部分，是日新月异的信息技术在情报工作中的深度应用，是情报搜集和分析等技术的完善创新，所以，应该充分利用云计算和大数据等先进的信息技术，积极构建面向国家安全治理和经济社会发展的融合化的国家情报数据平台或中心，充分挖掘政府、社会和企业相关领域的大数据资源，提供及时、准确、高效的情报服务乃是国家情报工作的当务之急。

4. 缺乏特色化的国家情报思想体系

我国历代的兵法中体现了丰富的军事情报思想，《孙子兵法》乃集大成者，在国外的情报论著中都会提到《孙子兵法》及其在世界情报史上的重要地位，在美国情报界《孙子兵法》也被视为经典，奉为圭臬。中国共产党领导下的情报保卫工作也产生了一些重要的情报思想，著名科学家钱学森对科技情报工作的思想观点和论述都是对情报和情报工作本质和基本规律的深刻认识。然而令人遗憾的是，历史的辉煌不能掩盖当代的浮躁、迷茫和苍白，为什么在当代缺乏根植于情报工作实践沃土的具有中国特色的国家情报思想体系、理论或学说？为什么尚未出现为大家所公认的情报理论大师？没有情报理论指导的国家情报工作是没有生命力的，脱离国家情报工作实践的情报理论是没有任何现实意义的。

美国是世界情报大国和强国，美国情报界非常重视情报理论和方法的研究，这些情报思想和方法构成了一个较为系统和成熟的国家情报理论体系，对于我国国家情报思想体系的形成具有重要的借鉴意义。

5. 缺乏制度化的国家情报法治体系

国家情报工作既要得到法律的保护，更要受到法律的制约。西方国家一直较为重视情报工作法律建设问题。相对而言，我国的情报立法相对滞后，至今还没有一部真正意义上的国家情报法，对涉及情报工作的公民隐私权的系统保护等问题尚未上升到专门法律的制定层面，更是缺少制度化的法律监督。近年来，虽然也陆续颁布了相关法律，但是与科学、成熟、制度化的国家情报工作法治体系以及与国家情报工作有法可依、有法必依、违法必究、执法必严的法治目标尚有很大差距。

（二）国家情报工作的战略重点

情报工作是国家安全和社会发展的一个基本工具。新时代国家情报工作，应以情报引领、服务国家安全治理和经济社会发展的重大决策。

1. 建立举国一致的情报体制

情报体制是国家情报工作顺利开展必须要理顺和解决的根本问题之一。由于我国长期缺乏一体化的情报体制机制，各领域情报工作分散割据、利益冲突、协调困难等难以解决的关键问题日益突出，有必要在整合现有情报体制机制的基础上，建立与国家安全委员会相适应的国家情报委员会，始终以国家安全治理和经济社会发展为目标导向，在国家层面统筹协调政治、经济、军事、国安、外交、公安、科技、文化、市场竞争等领域的情报工作，为国家安全和发展战略的重大决策提供高质量的情报产品和服务。为此，需要积极倡导建立举国一致、官民一致、军民融合、纵横贯通、互惠共赢、灵活高效的国家情报体制机制，充分调动社会力量，重点整合社会资源，大力发扬全民精神，最大限度发挥统一战线和群众路线的优势。

2. 发展现代情报理论和技术

情报既是一门科学，也是一门技艺。在情报思想和情报手段方面，虽然我国曾创造过历史的辉煌，但是在当代，无论是情报理论，还是情报方法和技术，都存在一些不足。如 2016 年相关部门组建的“钱学森数据推进实验室”，就是集数据分析、挖掘、集成、融合等为一体的情报数据推动平台，以钱学森系统科学思想与系统工程方法为指导，开展大数据环境下的新原理、新方法、新技术的运用研究，推动数据科学和情报应用等的顶层设计和前沿技术探索。这些情报数据平台的建立，表明了我国情报理论和情报技术的创新发展大有潜力，产生具有中国特色情报理论和自主知识产权的情报技术成果指日可待。

3. 加快设立国家情报一级学科

国家情报工作离不开情报教育和人才培养，加快构建国家情报学科专业体系是当下我国情报学教育和研究的最紧迫的问题。国务院学位委员会、教育部印发的《学位授予和人才培养学科目录（2011 年）》中设立的与情报相关的一级学科，是“图书情报与档案管理”。长期以来，我国普通高等院校信息管理学院（系）开设的“情报”学科专业源于并归于图书情报学或文献信息学，对应国外的 Library and Information Science，即图书馆和信息科学。由于保密和安全等原因，作为国家情报学科专业体系重要组成部分的军事情报学和公安情报学等学科专业也局限于为数不多的高等院校。这导致了我国情报学科专业建设出现了并不完美的现象，很显然，“图书情报与档案管理”并不能涵盖军事情报学、公安情报学等情报学科专业。所以，应尽快重新论证国家情报学科专业体系，构建更为合理的、与我国情报工作实践相符合的国家情报一级学科，而非现在的图书情报与档案管理。

4. 社会／情报智库双轮驱动发展

由于历史和现实的原因，我国多个领域将情报工作作为文献资料的整理加工、分类编目等工作来看待，将情报机构视为图书馆、档案馆和资料室，导致情报机构在一定程度上丧失了为决策服务的参谋、智囊等基本职能。在国家安全和社会发展的新形势下，为推动国家情报工作与之适应、全面发展，应发挥社会智库对国家情报工作的推动作用，激发社会智库对国家情报工作和情报理论的研究。此外，整合国家情报机构、高等院校、科研机构等丰富的情报和智力资源，建立国家级情报智库——国家情报研究院的构想，以期成为中国特色情报智库的标杆，加强国家情报工作基本规律的研究，加大国家情报工作实战应用力度，提升国家战略情报分析的能力和水平，为国家安全和发展战略的重大决策出谋划策。社会智库和情报智库双轮驱动必将有利于我国国家情报工作的深化改革和创新发展。

中国情报学是中国情报界的一个重大创举，它包含了“信息序化”和“信息转化”两大议题。中国情报学应建立在 information 和 intelligence 两大基石之上，并将信息转化为情报和谋略作为情报工作和情报学的核心任务。进入 21 世纪，面对国家安全和社会发展的新形势和新挑战，中国情报工作和情报学应树立总体国家情报观，构建国家情报学说，对国家情报体制、国家情报模式、国家情报战略、国家情报法律等国家情报工作发展的若干基本问题进行全面、系统、深入的研究，发挥情报工作和情报学研究在国家安全和社会发展重大决策中的智库和神经系统的作用。

（三）国家情报工作核心任务[1]

1. 制定国家情报发展战略

国家战略是战略体系中最高层次的战略，国家情报发展战略是为了适应国家安全与社会发展需要而制定的大规模、全方位、长期的情报发展计划，对全国情报事业发展起直接统领作用。

国家情报发展战略应包括四个主要方面：一是树立以坚决拥护国家安全和社会发展为核心的情报价值观；二时确定国家情报工作的中长期目标和短期目标；三是布局国家情报工作体系，成立一个统领国家情报工作的最高权

[1] 包昌火、金学慧、张婧、赵芳、靳晓宏、刘彦君：《论中国情报学学科体系的构建》，载《情报杂志》2018年第10期。摘编后收入本书。

力组织，从而形成自上而下、高效协调的国家情报工作领导体制；四时以国家情报工作系统为依托，面向军事、国安、公安、科技、经济、社会、外交等国家重大领域的安全和发展问题，逐级出台国家情报发展战略规划及其配套文件，形成完备的国家情报战略体系。

2. 实行一体化的国家情报工作体制

国家情报工作体制是国家情报工作的组织形式和基本制度，涉及行业和部门的权力制衡和利益分配，是我国情报事业良性有序发展的根本保障。随着社会的一体化发展加速，军事、科技、经济、外交、文化、法律、安全等多领域融合，决策者面临的问题更加复杂、环境更加多变，在这种情况下，条块分割的情报工作格局将难以主动协调、快速出击、发挥情报预知、预警、预防的先导作用，中国情报工作急需一个“总指挥部”，以便形成全国面向国家安全和社会发展整体需求的统一、高效的国家情报工作体制。

3. 建立国家情报数据平台

以数据和信息为工作原材料的情报研究机构，向来重视数据建设工作。当前，信息社会正在向数字化、网络化、智能化方向发展，国家情报数据共享平台应充分运用云计算、大数据、人工智能等现代信息技术，实现全国情报数据的对接、共享，充分挖掘来自政府、企业、社会等渠道的大数据资源的情报价值，提升情报分析的广度、深度和响应速度，更好地为国家重大问题的决策提供高质量的参谋服务。

4. 形成国家情报思想体系

二战后，随着美国情报学从军事领域逐渐扩展到外交、商业、科技等领域，军事情报家关注的焦点也开始发生相应的转移，军事情报思想向其他领域移植、升华，并碰撞出了新的思想火花，如谢尔曼·肯特的战略情报思想、安吉洛·科迪维拉（Angelo Codevilla）的国家情报观、赫林的竞争情报循环论等等，构成了美国生机勃勃的情报思想体系。我国的现代情报学是一门年轻的学科，发展至今不过半个多世纪，有关情报学的本土理论和观点的累积相对薄弱，未形成有享誉世界的情报思想和理论成果，构建具有中国特色且具有世界知名度的国家情报思想体系，任重道远。

5. 建立制度化的国家情报法治体系

情报工作从个体化走向组织化，标志着我国情报事业的开端，而决定我国情报事业能够走向更高层次、发挥更大作用的关键是制度建设。但目前情报工作的制度化建设在我国还比较滞后，成为阻碍我国情报事业发展的瓶颈。

2017 年 6 月《中华人民共和国国家情报法》正式公布，明确指出国家情报工作坚持总体国家安全观，为国家重大决策提供情报参考。我国情报工作法制化建设，一方面除了需要制定国家情报法外，还需要在情报机构内部设立法律部门和法务人员，以确保各项情报工作的开展有法可依。

6. 形成军民融合的情报工作格局

军民融合战略的实施，一方面给我们传统的、条块分割的情报工作带来了新的需求和新的发展空间，另一方面为我国军事情报工作、安全情报工作与科技情报工作、竞争情报工作等之间的融合创造了条件。形成军民融合的情报工作格局可加快促进我国情报事业大一统局面的形成，促进统一、协调、分工明确的国家情报工作体系的形成；对科技情报机构、军事情报机构、安全情报机构等机构带来新的发展生机。

7. 发展新时期现代情报理论和技术

任何一门学科都有其变与不变的东西，其中的变是指其所处的社会环境、社会需求是不断变化的，需要在理论与技术手段上探索新亮点、新突破。信息社会，数字化、网络化、智能化是其主要发展特征与发展趋势，以环境敏感性、社会洞察力为职业特征和以信息技术为重要武器的情报研究工作，也在不断进行新的理论与技术摸索。加强新时期现代情报理论与技术，需要理论联系实际，注重抽象思维，从中概括、提炼出新发现、新思想、新观点。

8. 建立国家情报智库

我国情报工作向来就有服务决策的职能，而为政府决策者提供决策参谋的服务功能与智库的机构职能是完全相吻合的。情报机构与智库同属于为管理者提供决策参谋服务的软科学研究机构。如果将智库看作一个行业的话，情报机构是智库的一个类别，即情报智库，它与高校院所智库、媒体智库、外交智库等等同属于智库大家族。

在我国，很多科技情报机构长期以来主要以科技文献收集、整理，国外科技动态翻译报道为主要工作，深度挖掘、直击要害的富有真正情报意味的情报工作芳踪难觅。近几年，随着中央提出“建设中国特色新型智库”的要求，各级情报机构开始重新思考其“耳目、尖兵、参谋”的定位，积极尝试从信息服务向决策服务回归，积极参与智库建设。因此，可以组建成立“中国情报研究院”，以国家智库的身份引领我国情报智库发展，统筹情报资源，发挥情报机构的信息资源、信息能力与环境敏感性等工作优势，引领我国情报事业发展。此外，还可以依托实力相对较为雄厚的高校、院所、企业，以单独建或合作共建的方式成立一批高规格情报智库，走国家高端情报智库路线，引领我国情报智库迈上新台阶。

9. 变革情报人才培养机制

人才是情报事业的根本。情报事业发达的国家，必然也是一个重视情报人才培养的国家。我国当前的情报人才培养要么由传统的图书馆学换名而来，或者是为了迎合信息科学的强势兴起潮流而开设的信息类学科，进行着缺乏“情报”元素的教育教学，这与《国家情报法》提出的“坚持总体国家安全观，为国家重大决策提供情报参考”的定位有差距。因此，我国情报人才的培养亟待从学科定位设置、教学内容设置上进行大刀阔斧的变革，建立以满足国家需求为目标、服务决策的情报学教育培训体系。发展适合国家需要的人才培养机制，既要从学院教育开始，又要加强职业培训。。

总之，我国的国家情报工作应该在观念、体制、模式、战略和政策等方面进行深化改革和全面创新，以国家安全和社会发展为总体导向，以国家情报工作实践为研究内容，以设立高等情报学院，成立全国情报学术组织，设立情报学研究基金，建立国家安全与情报智库等为具体措施，以“情报先行，谋略为上”为基本原则，为中华民族的伟大复兴、国家安全与社会发展提供情报理论和谋略支撑。

四、美国国家情报战略体系[1]

（一）美国国家情报战略的地位

自2005年美国颁布了首版《美国国家情报战略》之后，美国国家情报战略正式纳入美国国家战略体系，成为了美国国家安全战略之下极为重要的一个战略分支。

战略研究专家薄富尔在其经典著作《战略绪论》中提出了战略金字塔模型，即“战略好像金字塔，有其不同的方面和层次，但又结合成为一个整体。所有一切行动之间都有良好协调，并指向同一目标”，美国国家战略有四级体系，位于顶端的是“国家安全战略”（National Security Strategy，又称“大战略”），其下分别有“国防战略”（National Defense Strategy）、“国家军事战略”（National Military Strategy）和“战区战略”（Theater Strategy），这4种战略自上而下形成了指导和服务的关系。上一个层次的战略是制定下一个层次战略的制定依据，为下一个层次的战略提出目标。

从美国国家情报战略的适用范围来看，美国国家情报战略广泛应用于国家安全的各个方面，从历版的《美国国家安全战略》可以发现，美国国家情报战略并不仅仅是为了支援联合作战而出台，它还广泛地规划了国家政治、经济、军事、反恐、反扩散等各个方面的国家情报工作。而美国国防战略则是采取多层主动防御手段营造尊重主权的有利条件和安全的国际秩序，也不仅仅局限于军事方面，其使用范围与美国国家情报战略大体相当。再从战略的制定和签发来看，美国国家情报战略是由美国国家情报主任负责制定和签发，美国国家情报主任是美国情报界的最高首长，美国军方情报最高首长——负责情报的国防部副部长（Under Secretary of Defense（Intelligence））也在其领导之下。除此之外，美国国家情报主任还领导各个内阁部下属的情报部门，因此，可以认为美国国家情报主任制定签发的美国国家情报战略应当高于普通的单一部门战略，是美国四级战略体系当中的第二层级，即位于

[1] 单东：《美国国家情报战略体系解析》，载《情报杂志》2016年第3期。摘编后收入本书。

美国国家安全战略之下，与美国国防战略的地位相称（如图 4.2 所示）

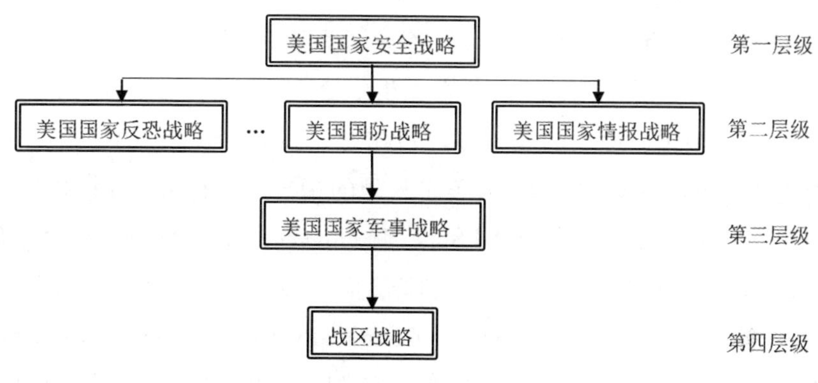

图4.2 美国国家战略体系

（二）美国国家情报战略体系的构成

在首版《美国国家情报战略》颁布之后，还颁布了一系列过程性计划、构想以及阶段性评估报告以分解国家情报战略，并且在《美国国家情报战略》的指导下，情报界各个机构也纷纷制定了自己部门的战略，构成了高低搭配的国家情报战略体系。虽然其中不少文件并没有冠以“战略”的字眼出现，但是它们的内容、目的和作用都是为了更好地完成《美国国家情报战略》中的各类要求，并且在形式上符合战略的基本范式，即“目标”“环境”和“途径”。因此，广义而言，它们均应属于美国国家情报战略。具体来看，美国现阶段所颁布的情报战略文件分为以下几类：

第一类，美国国家情报主任签署颁布的战略文件。其中《美国国家情报战略》是最为重要的一部战略文件，居于美国国家情报战略体系的核心地位。它是协调、整合情报界力量，指导美国整个情报界工作和未来发展的4-5 年期战略规划。至今，已经出台了 3 版（2005 年版、2009 年版和 2014 年版），对美国国家情报工作的实施与发展起到了举足轻重的作用。与其配套的有《情报界规划指导》(Intelligence Community Planning Guidance)，不过该文件为秘密级文件，我们只能从其他战略文献当中获知它的存在。其次是《展望 2015：一个全球网络化一体化的情报业界》（Vision 2015: A Globally Networked and Integrated Intelligence Enterprise），该文件是第二任国家情报主任麦康奈尔（John M. McConnell）签发，为了完成情报界一体化建设而专门制定的远景性战略规划。它为情报界设定了未来较长一段时间的发展蓝图，类似于美国军方提出的《2010 联合构想》（Joint Vision 2010）与《2020 联合构想》（Joint Vision 2020）对美军转型的指导。还有《美国情报界整合与合作的 100 天计划》（United States Intelligence Community 100 Day Plan for Integration and Collaboration）、《美国情报界整合与合作的 100 天计划的跟进报告》（United States Intelligence Community 100 Day Plan for Integration and Collaboration Follow-up Report）与《美国情报界整合与合作的 500 天计划》（United States Intelligence Community 500 Day Plan for Integration and Collaboration）、《美国情报界整合与合作的 500 天计划的跟进报告》（United States Intelligence Community 500 Day Plan for Integration and Collaboration Follow-up Report）均是落实《美国国家情报战略》的过程性短期战略计划，它们对《美国国家情报战略》提出的转型要求进行细化落实，并将阶段性成果进行评估，为下一版《美国国家情报战略》的制定提供依据。

第二类，美国情报主任办公室内各个部门、中心制定的各类战略。国家反情报总监（National Counterintelligence Executive）领导的国家反情报与安全中心（National Counterintelligence and Security Center）发布的《美国国家反情报战略》（The National Counterintelligence Strategy of the United States），目前公开的有 4 版（2005 年、2007 年、2008 年和 2015 年颁布）战略报告。该战略是在《美国国家情报战略》的指导下，国家反情报工作运用与发展的重要战略文件。它对于美国面临的反情报威胁进行了细致地分析，并提出加强反情报信息共享、加强网络空间反情报等重要观念。美国情报界首席信息官（IC Chief Information Officer）签署发布的《美国情报界信息共享战略》（United States Intelligence Community Information Sharing）与《美国情报界信息共享的战略意图 2011—2015》（United States Intelligence Community Strategic Intent for Information Sharing 2011—2015），这两部战略是整个情报界加快信息共享进程的战略指导文件，它明确了信息共享必须从“知情需求”（need to know）向“有责任提供”（Responsibility to Provide）转变。美国情报界首席人力资本官（Chief Human Capital Officer）颁布的《美国情报界人力资本五年战略规划》（The US Intelligence Community’s Five Year Strategic Human Capital Plan）对情报界的人力资源建设进行了规划，着力打造具有共享和创新精神的情报人才。主管政策、计划与需求的国家情报副主任（Deputy Director of National Intelligence for Policy, Plans, and Requirements）颁布的《四年情报界评估》（Quadrennial Intelligence Community Review）是情报界 10-20 年长期战略规划的文件，它为《美国国家情报战略》的制定提供前瞻性的视角，它根据国家情报委员会的《全球趋势》（Global Trends）系列报告为依据，来构建对未来国家情报的展望。

第三类，各个情报界成员颁布的战略报告。由于情报秘密的属性，许多情报界成员并没有公开颁布其机构的情报战略，目前可查到的各机构情报战略主要有：①中央情报局。中央情报局很少以战略文件的形式来公布其战略，它常以中央情报局局长讲话的形式来申明机构的战略，在《中央情报局 2015》（CIA 2015）以及《中央情报局战略意图 2007—2011》中，“CIA 2015”提出了中央情报局未来发展的“三个支柱”：一是要加强人员建设，招募、训练并保持高水平、多元化的情报人员以完成各类任务。二是加强技术的建设，扩展中央情报局的搜集与分析边界，使中央情报局更加高效。三是实现更高层次的灵活性，使机构保持全球存在，随时应对危机。《中央情报局战略意图 2007—2011》提出，“我们共同的文化将会是一个机构一个业界”；②国家安全局。国家安全局颁布了《国家安全局 / 中央安全部战略》（NSA/ CSS Strategy），提出了国家安全局未来五个发展目标，并规定了国家安全局人员的基本职业道德规范。③联邦调查局。联邦调查局颁布的《今日的联邦调查局：事实与数据 2013—2014》（Today’s FBI: Fact & Figures 2013—2014）虽然没有被冠以“战略”的名称，但是其内容主要为过去一年的工作回顾，与未来工作的展望及发展的优先框架，可以认为是其机构的发展战略。④国家侦察办公室。国家侦察办公室的《2009 年国家侦察办公室战略》（NRO Strategic

Plan）以及《战略展望（Strategic Vision）指出了当前侦察所面临的诸多困难，并提出了未来机构着力转型的五个战略目标。⑤国防部与各军种情报机构的战略。首先，国防部主管情报的国防部副部长签署颁布了《国防情报战略》(Defense Intelligence Strategy)，它对美国军方各情报机构的战略目标，优先框架进行了规定，并指出了未来军方情报机构的发展方向与支援重点。其次，国防情报局颁布了《2012—2017 国防情报局战略》(2012—2017 Defense Intelligence Agency Strategy）和《2012-2017 战略构想》(Strategic Vision 2012-2017)，提出了国防情报“一个任务”“一个团队”“一个机构”的建设目标。相比其他机构战略相比，《国防情报局战略》更加系统公开，目前已经出台了 4 版战略报告和若干构想计划。⑥各军种情报机构也出台了各军种的情报战略。如空军司令部颁布的《空军情报、侦察与监视 2023：提供决策优势，空军情报、侦察与监视业界的一个战略构想》(Air Force ISR 2023：Delivering Decision Advantage, A Strategic Vision for AF ISR Enterprise）以及陆军提出的《陆军情报 2020：在转型中实现决定性作战》(Army Intelligence 2020: Enabling Decisive Operations While Transforming in the Breach）也都从各个军种的角度对情报提出了未来的要求。美国国家情报战略体系如图 4.3 所示。

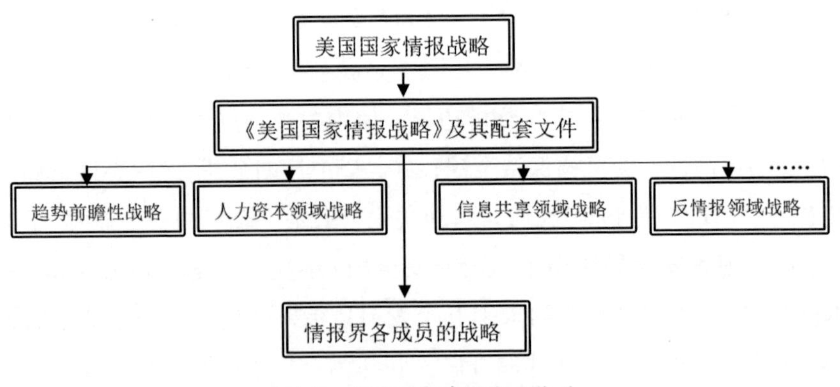

图4.3 美国国家情报战略体系

（三）美国国家情报战略体系的特点

一是具有全面性。这里所指称的全面性是指美国国家情报战略体系涵盖了情报活动的各个阶段、各个内容、各个机构。不论是情报前端搜集、分析研判再到分发共享，还是人力资源建设再到未来前沿的预测分析，在美国国家情报战略体系当中均会找到与之相对应的战略。不论是军方还是国家情报机构，不论是情报搜集、分析机构还是情报执法机构，均能按照国家情报主任办公室所提出的宏观战略进行相应的战略规划。

二是具有内在融合性。美国情报界在体制上历来就有军方与国家情报机构之分，设立国家情报主任之后，各个情报机构之间的融合一体建设不断加深。反映到国家情报战略体系方面，就体现在许多部门的战略在内容上相互联系、相互衔接、相互借鉴。比如美国军方最早提出的“可行动情报”概念，就被借鉴到2009年版和2014年版《美国国家情报战略》当中，成为了未来美国国家情报工作重点的发展目标。“红队分析”“机会分析”等情报分析方法也在各个战略报告中互有体现。虽然许多部门战略针对的战略重点不同，但是美国情报界对于“情报共享”“任务管理”“情报流程”“人才建设”等情报基础问题有着共同的认识，并且许多先进性的做法往往也是一家首创，全业界吸收推广。

三是具有稳定性。从美国情报界战略演变的态势来看，《美国国家情报战略》目前已经向体制化、机制化发展，战略框架、战略主题与行文风格已经基本确定。各部门的战略也在不断进行更新，形成了固定的情报战略周期，已经初步形成了系列。除此之外，各个情报战略的门类也基本趋于稳定。

四是不够成熟。虽然美国国家层面的情报战略最早可以追溯到中央情报局局长威廉・切尔西时代，但是那时的情报战略仅仅针对苏联，也“缺乏实质意义”。从对美国整个情报界工作有真正指导意义的、成型的《美国国家情报战略》出台时间来看，美国国家情报战略的历史也才十余年，虽然在“9・11事件”的大力推动下，美国已经初步建立起来了一套比较完备的国家情报战略体系，但是这个体系还显得相当不成熟。比如，由于国家情报主任更迭频繁，第二任国家情报主任提出的《100天计划》《500天计划》并没有被继续推行。

第二节
情报体制

一、美国情报管理体制[1]

情报管理体制是情报工作系统的组织形式，主要研究情报工作的组织系统、机构设置、建制和领导关系，以及情报机构的职能及分工等，反映了一个国家对情报工作的总体部署，以及国家和军队对情报工作的认知。一个合理、完善的情报管理体制，能够优化情报力量的配置，提高情报机构的效率，确定合理的情报需求，对重大的情报问题形成情报界共同的意见。不合理的情报管理体制则会干扰情报工作的正常开展，影响情报机构的工作效率，防碍情报机构的信息共享，不能使情报机构形成合力。

（一）情报管理体制的几种形式

历史上出现过三种类型的情报管理体制，即分散型、有限协调型、集中型。

[1] 高金虎：《试论国家情报体制的管理——基于美国情报界的考察》，载《情报杂志》2014年第2期。摘编后收入本书。

1. 分散型情报管理体制

这是历史上出现最早、持续时间最长的情报管理体制。它的典型特征是，情报机构依军种设立，仅极少数国家设立了综合性的总参情报部或国防情报局；没有统一的规划，各军种情报机构为了军费你争我夺，有的时候甚至不惜夸大外在威胁，使决策者得出错误的结论；没有统一的国防情报需求，在情报搜集方面各自为战；没有统一的国防情报，在情报评估方面，总是自说自话。

在情报管理上，分散型情报管理体制实际上没有建立正式的协调机制，国家和军队通过职能部门管理下属情报机构，缺乏一个专职的情报管理部门。例如，20 世纪 30 年代，英国安全局（MI 5，又称军情五局）局长和秘密情报局（SIS，又称军情六局）局长之间有直通电话，但两人很少通过电话联系，问题均通过各自主管部门，即内政部和外交部联系。中国国民政府的军统和中统有一条戒律，即两家机构的工作人员不得私下接触。其他国家的情景大抵如此。

军种情报机构之间缺乏协调，军事情报机构与文职情报机构之间更缺乏协调。专业情报机构和政府各部门驻外机构构成国家对外关系的一部分，其活动构成了国家对外情报活动的全部内容。如何提高这些驻外机构的情报搜集效率，协调其对外情报活动，就显得十分重要，但事实上，在第二次世界大战前，这样的协调并不存在。在从事对外情报活动时，各情报机构多以军种利益或部门利益为重，很少从国家利益的角度考虑问题。第二次世界大战前美国三大情报机构联邦调查局和陆军情报部、海军情报部对新出现的情报协调局（COI，战略情报局的前身）充满了敌意。美国海军通信部与英国谈判信号情报合作问题时，只代表美国海军的利益，美国陆军无权分享。驻扎在英国信号情报机构政府密码学校的美国海军代表，竟然不让陆军接近正在破译海军“埃尼格码”（Enigna）的地方。在与中国情报机构的合作问题上，这种现象表现得特别明显。陆军派遣的马格鲁德使团只代表陆军的利益，战略情报局和海军情报部都不能插足。海军把中美合作所看作是自己的禁脔，也禁止其他机构进入。战略情报局与中国情报机构的合作受阻，在很大程度上是由于陆军和海军情报机构的阻挠。

由于情报体制过于分散，情报机构的力量配置很不合理，出现了许多重复配置和资源浪费。主要表现在，这些情报机构都只对自己的主管部门负责，各个情报机构搜集的情报资料，总是相互封锁，相互之间没有信息共享。在美国情报界，这种现象被称为“烟囱”（stovepipe）式体制。烟囱的存在提高了情报机构的搜集效率，但也产生了严重的管理问题。过于分散的情报体制，是情报失误发生的主要原因。

2. 集中型情报管理体制

集中型的情报管理体制高度集中，情报机构负责人位高权重，情报需求由国家最高决策者统一决定，情报资源由一个机构统一调配，在情报评估上，也只有一种声音。

这种体制通常与政府体制有关。实行集权型政治体制的国家，大多是集中型情报体制。例如，苏联总共只有国家安全机构和总参情报部两个机构，但从成立伊始，总参情报部（格鲁乌）就受制于国家安全机构。军事情报机构的负责人来自由国家安全机构。国家安全机构的负责人还可以进入政治局，甚至可以成为常委。

集权型的国家通常建立集权型的情报体制，但在特定的条件下，实行议会民主制的国家，也可以建立集权型的情报体制。例如，第四次中东战争前的以色列情报体制，就是一个集权型的情报体制。由于以色列在第三次中东战争中取得了辉煌的胜利，军事情报部的地位随之上升，凌驾于其他情报机构之上。军事情报部不仅搜集军事情报，而且涉足其他情报领域，成为政府主要的情报来源，并在某种程度上参与了政府的决策。由于情报体制过于集中，以色列军事情报机构所犯的错误，成了以色列情报界的集体错误，导致情报失误不可避免。

3. 有限协调型情报管理体制

分散型情报管理体制不能满足整个国家的情报需求，也不能满足联合作战对情报的需求。从 20 世纪初开始，许多国家就在探索情报体制的协调问题。英国于 1908 年成立了帝国防务委员会，1936 年又建立了联合情报委员会（Joint Intelligence Committee），1945 年底，成立联合情报局（Joint Intelligence Bureau, JIB），以协调原先由各军种情报机构和经济战部等机构负责的科技情报和经济情报工作。这是英国在统一处理和分析情报方面进行的第一个尝试。

英国的情报实践对美国影响很大。1942 年 2 月 11 日，英美联席参谋长会议发布命令，成立美国联合情报委员会（Joint Intelligence Committee，JIC）。1943 年 5 月，随着陆军航空队的独立性愈益增强，负责陆军航空队情报事务的助理空军参谋长也参加了联合情报委员会，其支持机构也更名为联合情报参谋部（Joint Intelligence Staff，JIS）。

珍珠港事件更使美国人意识到情报协调的重要。大量的听证调查显示，缺乏一个高质量的情报协调机构，是珍珠港事件得以发生的根本原因。美国战后成立的第一个中央情报机构中央情报组就是一个情报协调机构，它的职能包括三个方面，即协调、汇编情报、开展情报活动。

1947 年《国家安全法》通过后，美国设立了以中央情报主任（Director of Central Intelligence）为首的情报协调体制。在这个体制中，由中央情报局局长兼任的中央情报主任担任了美国情报界的首长，就美国的情报工作进行有限协调。但是，受各种因素的影响，中央情报主任的权限非常有限。他不具备拨款权，不能就情报经费的支配发挥决定性的影响，也不具备人事权，也不能干涉其他情报机构的人事和情报项目。因此，他对美国情报界的领导仅仅是名义上的，他的大量工作实际上局限于中央情报局。美国情报界的协调，仅仅体现在一年数次的情报工作会议上，情报经费分配的不断讨价还价上，以及《国家情报评估》的生产上。

第二次世界大战后，苏联在情报协调方面也有过类似的举措。1947 年，为了协调对外情报工作，苏联成立了“情报委员会”（简称 К И），由外交部领导，对苏联部长会议负责，负责秘密情报工作的全面指导。但是，由于情报委员会触动了其他情报机构的利益，结果只存在一年就被取消。

（二）情报管理体制的设计原则

一个合理、完善的情报体制应该注意两个原则：一是适度归口，二是有限竞争。

1. 适度归口原则

现代情报机构大多依情报搜集手段而设立，从而形成了所谓的“烟囱式”（stovepipe）情报体制。例如，在第二次世界大战期间，英国把分散在陆军和海军的信号情报工作统一于政府通信总部（Government Communications Headquarters，GCH）。美国在 1946 年把分散在陆军和海军的信号情报机构统一于武装部队安全局（Armed Forces Security Agency），朝鲜战争爆发后进一步统一于国家安全局。在图像情报方面，1996 年 10 月 1 日，美国把与图像情报有关的机构、人员全部合并成国家影像情报局（National Imagery And Mapping Agency），2003 年 11 月又更名为国家地理空间情报局。经过整合的“烟囱”，避免了各军种、各部门的重复劳动，确实提高了情报工作的效率。

在情报分析方面，美国各个情报机构均从事某种类型的情报分析，但主要的情报分析由中央情报局、国防情报局和国务院情报研究局负责。为了规范这些机构的情报分析，避免产品的重复，防止先入之见主宰情报分析，美国情报界对情报分析进行了某种程度的统一，其重要举措就是建立《国家情报评估》（National Intelligence Estimates，NIEs）制度，设立国家情报委员会（National Intelligence Council，NIC）这样的机构来从事《国家情报评估》的生产工作，最终保证决策者能够听到情报界共同的意见。而英国国家情报的生产则是由以联合情报委员会为轴心的中央情报机制（Central Intelligence Machinery）负责。

可以判断，情报管理体制适度归口，是情报事业发展的必然之路。

2. 适度竞争原则

在情报集中归口处理的情况下，应注意集思广益，兼收并蓄，避免对某一种或某几种情报来源的偏听偏信，从而在判断上造成失误。总部、战区和军兵种对情报的需求各有不同，需要配置与其任务相适应的情报搜集力量，并对获取的情报进行处理。基于此，美国情报界提出“竞争性分析”（Competitive Analysis）的理论，以防止情报分析中的先入为主。

“竞争性分析”是美国情报界改进情报分析的一个尝试，政府特意设立独立的分析中心，每个分析中心都有权拟制并分发其情报评估，原则上各中心都有平等而广泛的途径接触各个情报机构搜集的原始资料。例如，美国的情报分析主要是由中央情报局、国防情报局和国务院情报研究局三大机构进行的，三个机构均为政府或军事机构的有机组成成分，其职能主要是满足其上级组织的专门情报需求。但是对重大情报问题的分析与评估，则是各机构均可以进行的。在进行竞争性分析时，美国情报界不仅要强调达成共识，以一个声音说话，更要保证不同意见能得到公平对待。

（三）美国国家情报总监办公室

从美国的历次情报改革来看，协调型的情报体制有可能是情报机构发展的方向。"9·11 事件后"，美国通过了《情报改革与反恐法》，设立了国家情报总监（Director Of National Intelligence，DNI），以强化对情报机构的管理。这一体制就是一个协调型体制，也是一种网络状体制。

与 9·11 恐怖袭击前的情报管理体制相比，当今美国情报管理体制最大的变化是中央情报主任的取消和国家情报总监的设立。除了他兼任的中央情报局局长这一头衔外，原先由中央情报主任兼任的一系列职务和职能现在都交给了国家情报总监。国家情报总监是总统的首席情报顾问，是情报界的首长，情报机构的负责人的任命必须得到他的同意，在征得主管部长的同意后，他可以更改某个情报机构的情报项目。

更重要的是，国家情报总监设立了一系列实体机构和任务主管（Mission Manager），来协助他调控情报界的活动。如他通过国家反恐中心（National Counterterrorism Center，NCTC）来协调全美国的反恐情报工作，通过国家反情报执行办公室（National Counterintelligence Executive，NCIX）协调全美的反情报工作。这些协调型机构的存在使国家情报总监有了一定的行动能力。他对情报界的管理能力大大提升。

设立任务主管是国家情报总监管理情报界的有效形式。2006 年 5 月 1 日，国家情报总监办公室颁布了第一号情报界指令《关于情报界领导体制的政策指令》，规定设立情报门类的主管，领导和管理跨机构的情报门类。这种由情报门类（情报搜集手段）加任务的管理方式有效地加强了对情报界活动的控制。但是，它又不是一个集中型的情报管理体制。国家情报总监对情报机构的管控是通过一整套机制进行的，他的办公室只有 2000 人的规模，且不具备行动能力。

当然，这样的管理体制，在实际运作中，也经暴露出一些问题。例如，除了他的办公室外，国家情报总监不领导任何一家情报机构。这是一个优点，但也是一个缺点，因为国家情报总监只能指挥他的办公室，其实际影响力要弱。其次，国家情报总监与国防部长的关系没有厘清。在美国情报界，来自国防部的情报系统阵容强大，国家安全局、国防情报局、国家地理空间情报局（National Geospatial-Intelligence Agency）、空中侦察计划（Airborne Reconnaissance Program）、军种情报单位（Service Intelligence Units），以及十个联合战区司令部下设的情报部门，都是国防部下属情报单位，这些机构在人员和资金数量上远远超过中央情报局和国家情报总监手下的部门。一般来说，国防部长大约控制着 75% 至 80% 的情报界。因此，在对情报界的管理方面，国防部长的权限远远大于国家情报总监。此外，国家情报总监与国家安全委员会、国土安全部和国会也存在着类似的紧张关系。这些紧张关系制约了他对情报界的有效管理。在设计情报管理体制的时候，计划者和立法者并没有考虑到这些问题的存在。可以说，国家情报总监的定位不清，权责不清，是主要的症结所在。中央情报局走上了重行动轻协调的老路，从而与其他情报机构产生了激烈的竞争。

2004 年《情报改革与反恐法》通过后，设立的美国国家情报总监办公室，正是一个不具备行动能力的协调机构。但对国家情报总监的职能和权力，依然存在定位不清的问题。根据法律规定，国家情报总监是总统的首席情报顾问，高级情报官员、决策者和国会在遭遇情报相关问题时总是向国家情报总监寻求帮助。这将使他陷入越来越多的情报行动，忽略对情报界事务的管理。国家情报总监本身也希望寻求更大的权力，从而与其他情报机构产生了激烈的冲突。

正确的选择是，国家情报总监应该摈弃具体的情报冗务，专心致志地扮演好情报界首席执行官的职责。他的主要职责应该是代替总统管理情报界，负责情报战略的制定，情报计划的协调，情报经费的划拨，情报人员的管理与培训，以及情报业绩的评价。他不应该卷入具体的情报事务，而只应负责政策指导，计划执行与提供情报不是他的职能。换句话说，他不应该是总统的首席情报顾问，不是情报界的首席运营官，而是首席执行官。

二、美国国家情报管理机制[1]

美国国家情报管理的法制程度较高，不仅国家情报管理组织的建构以法规为基础，而且其机制的运行也以法规为根本。通过构建一套层次分明、体系完备、有机统一的国家情报管理法规体系，较好地实现了法规对国家情报管理的全方位覆盖。其国家情报管理机制与法规体系之间，国家情报法制管理与国家安全之间都形成了互动循环。其国家情报法制管理能够以法规为媒介，不断自我调适，及时应对国家安全环境的变迁，有效维护美国的国家安全。

（一）国家情报管理机制与法规体系的互动循环

把法规与国家情报管理组织及其运行机制作为两个独立的模块，两者之间的互动关系如图 4.4 所示。

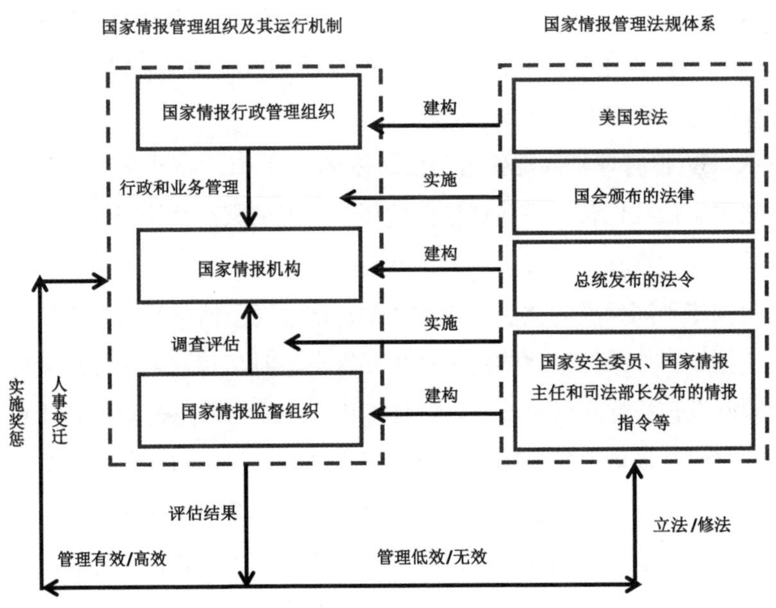

图4.4 国家情报机制与国家情报法规体系的互动关系图

[1] 胡荟：《论美国国家情报法制管理的循环演进机制》，载《情报杂志》2017年第4期。摘编后收入本书。

图中左侧虚线框内反映的是国家情报管理组织及其运行机制的大体情况。国家行政管理组织所代表的主要是以总统为首的行政管理机构，其主要负责对国家情报机构实施行政管理和业务管理，包括：为国家情报机构制订国家情报优先目标，拟制国家情报项目，指导、协调和组织实施国家情报活动等等；国家情报监督组织主要代表以国会和联邦最高法院为首的情报监督机构，其主要负责调查评估和监督制衡等事务。右侧虚线框内反映的是国家情报管理法规体系的构成情况。

这两个虚线框分别构成国家情报的管理机制模和法规体系模块，二个模块之间存在着一个闭合的互动循环。

1. 法规体系决定国家情报管理机制

从组织构成的静态视角看，美国国家情报管理职位、机构及其相应的职能使命均依法确定，其人事规则也依法设置，整个国家情报管理组织是以法为基础建构而成。而从机制的运行的动态视角看，美国在国家情报管理的各个环节也都奉行依法管理和以法管理的原则。法规是国家情报管理的核心和灵魂，发挥着不可替代的关键作用。

2. 国家情报管理机制反作用于法规体系

如果国家情报监督组织在评估问效环节发现国家情报管理组织的建构和管理机制的运行中存在不足或缺陷时，就会需要根据问题的严峻程度和管理者的管理权限实施不同程度的立法和修法活动，推动国家情报管理法规体系向前不断发展。例如，如果调查评估是由总统授权实施时，其调查评估结果将可能引发总统重新发布或修正各类法令，这种修正活动将可能迅速对法规体系产生较大影响，促使法规体系发生较大变化。相比之下，国会制订和修正法律的步骤比较繁琐，而总统、国家安全委员会、国家情报主任和司法部长发布总统法令和各类指令的步骤相对简单。因此，这些总统法令和各类指令更加灵活，更能及时应对各类威胁和挑战，在较短的时间内处理遇到的各类问题。

总体上看，国家情报管理法规体系决定了国家情报管理机制，而国家情报管理组织及其运行机制又反过来作用于法规体系，令其不断丰富完善。这种作用与反作用的相互关系构成了一个闭合的循环，令美国国家情报法制管理在自身内部形成了动态调适，使其得以不断自我革新和发展演进。

（二）国家安全与国家情报法制管理的互动循环

国家情报法制管理和国家安全之间也存在着一套互动循环，其关系如图 2 所示：国家安全形势发生变化后，将带动国家情报需求发生变化；而变化后的国家情报需求又导致原有的国家情报管理机制出现低效或不适；之后，这些低效和不适情况也将推动美国国家情报管理层实施各类调查评估活动；调查评估结果创设或修正相关法规；以该法规为基础，国家情报管理机制又将进行调整改革，更加高效地支撑国家安全决策，并最终有效应对变化后的国家安全形势。当国家安全形势再次发生变化时，以上流程将再次重演。由此可见，国家情报法制管理与国家安全之间构成了一个闭合的互动循环。该循环令国家情报法制管理能够随着国家安全形势的不断变化而作出相应改变，并以此有效应对不断变化的国家安全形势。

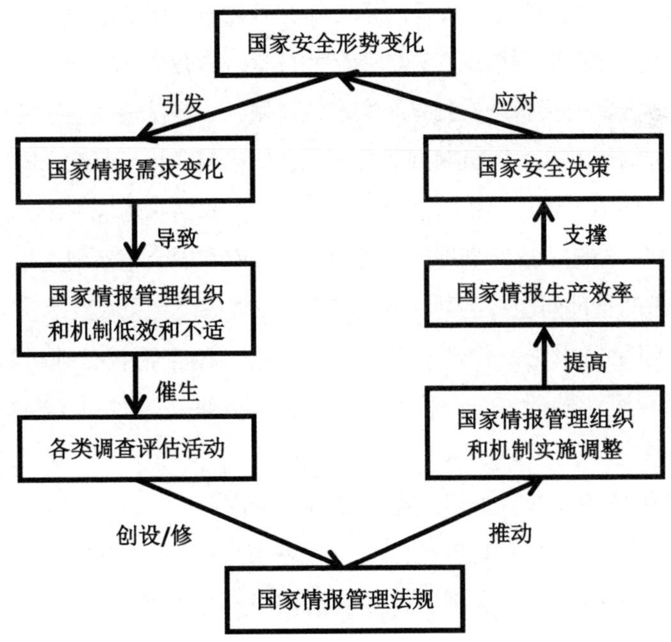

图4.5 国家安全与国家情报法制管理的互动关系图

从《1947年国家安全法》的创立以及《第13355号行政命令》和《2004年情报改革与防止恐怖主义法》的创立，这两件标志性的法规创立活动中，都可以发现该互动循环的运动情况。

国家情报法制管理在发展演进中遵循了一个基本规律，即国家情报管理始终以法规为媒介，随着国家安全形势的变化而自主动态调适。这套动态调适机制不仅是美国国家情报法制管理能够长期保持高效的重要原因，也是其能够与时俱进，充满活力的奥秘之所在。

（三）循环演进机制的特点和优势

在美国国家情报法制管理的发展演进中，存在着两大互动循环。在这两套循环的共同作用下，美国国家情报管理组织及其运行机制得以始终保持较高的效率，不断与时俱进，并持续推动美国国家情报法制管理的法制进程，最终实现了维护国家安全的根本目标。

1. 国家情报管理机制与法规体系之间交互助推、共同演进

法规是国家情报管理组织建构的基础和前提，也是国家情报管理机制运行的依据和保障，国家情报管理机制具有决定性作用，一旦法规发生了变化，相应的国家情报管理组织及其运行机制都会发生或大或小的变化。当然，国家情报管理机制也可以反作用于法规体系。众所周知，每当国家情报管理组织及其运行机制中出现了弊病和缺陷，这些管理问题又会倒逼政府和国会重新创立或修正法规体系。一些严重的管理问题甚至可以推动整个法规体系发生重大改变。

从美国国家情报法制管理的发展历程上看，国家情报管理机制与法规体系之间互为表里，辩证统一，相互依存，共同发展。这也是美国国家情报法制管理的独特之处。

2. 互动循环无需外界干预，可实现自主演进

国家情报管理组织及其运行机制与国家情报管理法规体系之间的互动循环，无需外界干预，就可实现自身的发展演进。立法和修法已经成为国家情报管理机制正常运行所不可分割的一部分，成为国家情报管理机制不断发展成熟的重要媒介，而用法规的力量解决国家情报管理中的各类问题也成为了国家情报法制管理的内在逻辑。

如果从法规体系自身发展的角度上看，美国创建国家情报管理法规的初衷就是规范国家情报管理组织的建构和机制的运行。而法规创设后，不断应用于管理实践，也客观上促使法规的数量不断扩大，种类不断增加，质量不断提高，其结果必然是法规体系不断发展壮大，并一步一步走向科学和完备。可以说，国家情报管理实践也是法规体系正常运行和发展不可分割的一部分。

3. 以法规为媒介实现对国家安全的动态调适

国家情报管理法规发挥着承上启下的重要作用，它是国家情报管理组织及其运行机制能够不断适应国家安全形势的重要保证，也是确保循环能够正常运转的关键环节。依靠法规调适国家情报管理及其运行，可以确保调适后的国家情报管理机制不会偏离正确的方向，并使其具备较强的科学性，保持较高的运行效率。虽然其他的调适手段可以在科学性或者效率上单方面超过法制手段，但是，从维持二者整体平衡的角度进行综合考虑，到目前为止，尚没有其他管理手段超过法制手段。这也是美国国家情报管理的法制程度得以不断深化的重要原因。

三、俄联邦情报管理体制[1]

冷战结束后，围绕着国家转型需要以及国家安全面对的新威胁、新挑战，俄联邦在情报管理体制创建方面进行了相应的探索和尝试，经历了一个调整、改革和完善的过程。2000 年普京当选总统以后，初步形成了适应俄罗斯国家安全需要的情报管理体制。

（一）俄联邦情报管理体制基本框架

俄联邦情报体系作为俄罗斯强力部门的组成部分，受到俄联邦国家战略

[1] 王亮：《俄罗斯联邦情报管理体制分析》，载《情报杂志》2015年第9期。摘编后收入本书。

领导与协调体系的领导。而其中作为俄联邦军事力量一部分的军事情报机关另外还要接受军事领导体系的领导。国家与军事情报领导与指挥体系中的各成员职责明确。

1. 总统是情报体系的最高领导

1993 年，俄联邦宪法确立了“三权分立”的政治体制，《宪法》《俄罗斯联邦安全法》及其他情报立法相应地确立了俄联邦总统在情报体制中至高无上的领导地位和强势的权力。特别是俄罗斯最重要的三个情报机构中的两个——联邦安全局和对外情报局，均由总统直接领导。

俄联邦总统主要通过五种方式行使其领导权。①确定情报工作基本战略方针。俄联邦总统通过确定俄联邦国家安全政策，以情报体系的任务作为牵引，确定情报工作领域的基本战略方针。②直接管理情报体系和情报机构。俄联邦任何国家情报组织的设立、取消和改组都要经过总统的批准才合法。总统时常通过改变情报体系结构与职能，从组织角度实现对情报体系的直接领导。③任命情报机关领导人。俄联邦情报机关领导人的任命权都由总统亲自掌管。总统通过任免情报机关领导人的方式，来调整情报机关的发展方向。④评价情报机关的工作绩效。俄联邦总统除在自己的职权范围内直接给所属各情报机关下达情报保障任务外，常常还以评价各情报机关情报工作业绩的方式，间接提出对情报机关完成情报任务的要求。⑤批准各情报机关的国际合作事项。俄联邦情报体系的特点之一是内外分立，分散配置，统一归口。俄总统作为俄联邦各情报机关的终极用户以及最高领导，是各情报机关情报产品的最终归口。俄罗斯各情报业务机关国际合作事项必须由总统批准方能付诸实施。

2. 安全会议是决策协调机构

俄联邦安全会议是由俄联邦总统亲自掌管的辅助总统进行安全决策的机关，其工作范围相当宽泛。安全会议由总统担任主席，其常委和委员由总统任命，成员不固定，对情报体系具有领导和协调的双重作用。

首先，俄联邦安全会议通过其业务活动实现对情报体系的领导。安全会议为辅助总统进行国家安全决策，其第一项任务就是为联邦总统和安全会议就当前安全问题、评估面临的内外安全威胁、阐明威胁来源提供情报与分析保障，准备分析材料和对影响安全形势的内外条件变化进行预测。其次，俄联邦安全会议是俄情报体系各组成部门的协调机构。俄罗斯的情报传统是各情报机构之间平行运行，彼此保持相互竞争关系，而俄联邦安全会议的一项重要职能就是在战略层次上为最重要的情报机关的首长提供一个交流平台，同时也就承担起了协调各情报机关立场的作用。

3. 联邦政府是执行协调机构

总统是情报机关最高领导，联邦政府依据总统命令和批示协调相关工作。通常通过两种方式进行：第一，提出有关情报机关的政府预算。政府拥有制定并向国家杜马提出年度联邦预算的权力，预算的多少直接决定了机构的生存与发展状态。制定预算的权力是俄联邦政府对情报部门实施影响的一个重要杠杆。第二，向总统提交联邦执行权力机关组成的建议。俄罗斯联邦政府总理在"有关建立、改组或撤销执行权力机构问题"拥有一定的发言权。

4. 联邦会议是立法与监督机构

联邦会议是俄联邦立法机关，由联邦委员会和国家杜马两院组成。俄联邦会议对情报体系实施立法与监督职能主要表现为三种方式：第一，情报安全立法权。俄联邦成立后，加大了国家安全与情报领域的立法力度。目前已经建立起了相对完整的情报法律法规：既有宪法这样的根本法，也有国家安全层面的总体性法律，各主要情报机关也都拥有了相应的部门法。这些法律法规，不仅赋予了各情报机关存在的合法性，更规范了情报机关的活动方式等。第二，情报机关监督权。联邦会议对情报机关的监督途径，一是进行财政监督。联邦会议下院杜马在审议联邦预算时，可以是否批准情报部门的经费开支来对情报体系的运行形成影响。二是进行议会调查。根据俄联邦《国会调查法》，对严重危害宪法所保障的各项权利等事件，除总统及司法案件之外，都可进行调查。第三，议会质询权。按照相关法律规定，联邦会议两院代表有权在联邦委员会或国家杜马会议上，以书面形式向俄罗斯联邦政府、各联邦执行权力机关领导人提出质询。国家杜马代表还有权在本院会议上，向俄罗斯联邦政府的任何成员提出问题。俄联邦各情报机关作为联邦执行权力机关，就有接受议会质询的义务。

近年来由于联邦会议上下两院相关委员会中的成员组成多为强力部门出身，导致相关委员会在履行自己的职责时态度颇多暧昧，更由于俄情报系统固有的封闭传统，导致联邦会议的立法监督权很难得以实现。

5. 国防部是最高军事领导机构

俄联邦军事情报机构作为俄联邦执行权力机关国防部的职能部门，不仅要接受总统、联邦安全会议、联邦政府以及联邦会议的领导与协调，在军队内部还必须接受国防部和总参谋部的领导与指挥。俄联邦国防部作为俄联邦军事情报体制的最高军事领导机构，不仅可以统一领导俄军一切情报力量，还有权组织其他非国防部系统的情报力量从事“有利于国防利益的情报活动”。

6. 总参谋部是直接管理机构

俄联邦武装力量总参谋部是俄联邦武装力量的“中央军事指挥机关”和“基本作战指挥机关”。在2004年之前，俄联邦总参谋部要协调其他强力部门及其部队“完成国防任务”。这样的特权就使得总参谋部在一定程度上超越了国防部。所以国防部与总参谋部的权力之争成为俄军方的一个难解的问题。

2004年，通过的《俄罗斯联邦国防法》修正案，对总参谋部和国防部的机关进行了大范围的重组。总参谋部成为了国防部的一个下属部门。改组后的总参谋部只剩下作战总局、组织动员总局、情报总局以及其他一些部门。“组织以国防和安全为目的情报活动”，作为总参谋部的主要职能之一，地位得到进一步凸显。而这也成为总参情报总局等军事情报部门直接隶属于总参谋部的法律依据。

（二）俄联邦情报管理体制的主要特点

俄联邦情报管理体制的最突出的特点就是军政分立、垂直领导。总统通过安全会议统一组织协调军地两方面情报资源，以联邦安全总局、对外情报总局和总参情报总局为主要职能部门，归口管理各情报机构，合理配置、区域协同，确保国家情报管理体制的运作高效畅通。

1. 高度集中、垂直领导

苏联时期，俄罗斯实行的是“高度集中、垂直领导”情报管理模式，党的总书记拥有对整个国家情报体制的最高领导权，他通过国家安全委员会（克格勃）和国防部对情报体制进行总体领导。这种高度集权的领导模式有效地整合了国家情报资源，能够避免分权带来的弊端，最大限度地发挥情报的效益。俄联邦独立后，叶利钦对原有的情报体系进行了以“分权”为主要特征的改革，分权虽然可以更加有效地执行监督制衡的职能，但各自分立的情报安全机构又出现了因各自独立、互不沟通所产生的资源浪费、效率低下等问题。普京上任后重新提出高度集中的改革思路，致力于整合情报机构，建立一个统一高效的情报体制，以帮助其重振俄罗斯的大国地位。通过两次对联邦安全总局的大规模的调整和扩权，一定程度上回归了苏联时期克格勃的管理模式。但是也应该看到这种垂直领导模式也存在机构庞大、领导环节过多、决策程序过长的缺陷，从而影响到国家情报管理的效能。

2. 军政分立、各司其职

苏联时期，俄罗斯实行的是政府、军队二元并立的情报管理体制，两者相互竞争、相互监督，又在一定程度上相互协调，共同服务于国家安全的总体利益。俄联邦成立后，总参情报总局与克格勃的继承者对外情报总局和联邦安全总局继续保持着相互协同的关系。他们在情报工作领域各有侧重，又相互交叉。长期以来，他们在各自的情报活动中保持着密切的合作，从职权上看，实力雄厚、经验丰富的格鲁乌与对外情报总局是黄金搭档，长期分工合作使两个部门形成了有效的行动模式。

3. 权责明晰、依法管理

俄罗斯已经把国家情报立法作为情报系统改革、生存与发展的基石，颁布了多部有关法律，并根据情报变化不断对其进行修订和补充，有关安全保障的法律形成了一个相对齐备的法律体系。其中，《俄罗斯联邦宪法》是国家安全法律保障机制的核心，它对维护俄罗斯联邦国家安全的根本原则和有关国家安全机构的活动进行了规范。一系列有关国家安全问题的俄联邦法律构成了国家安全法律保障机制的最重要内容，此类联邦法律包括《俄罗斯联邦安全法》《俄罗斯联邦对外情报法》《俄罗斯联邦侦查活动法》《俄罗斯联邦安全局机关法》以及有关国家安全机关的组织条例。同时，俄联邦每一次对情报安全机构的改组和调整，都一定伴随着一部相关法律的出台，来规定国家情报机构的任务、职能、建制和领导关系等，以使情报机构在法律规定的范围内行事。最近几年，俄罗斯的情报机关立法向更专业、更明确、更清晰的方向发展。

（三）俄罗斯情报管理体制的启示

1. 建立适应形势需要的情报体制和运行机制

情报机构在维护国家安全方面发挥着非常重要的作用。随着国家安全形势的不断变化，情报机构也应该不断进行改革和调整，建立真正适应形势需要的情报体制和高效畅通的情报运行机制，以提高工作效能和战斗力。

2. 必须保持国家情报体制和运行机制的稳定有效

俄罗斯的情报实践表明，只有稳定的情报体制才能为国家和军队提供稳定和准确的情报保障。否则，将会给国家和军队带来灾难性的后果。俄罗斯的经验表明，稳定是军事情报事业得以取得顺利发展的前提，苏联解体后，总参情报总局之所以能够发挥较好的情报保障作用，最根本的原因就是保持了相对稳定的发展状态，而克格勃则是遭受肢解而使其功能大大降低的。

3. 必须为情报管理体制提供必要的法律保障

苏联解体后，俄罗斯把国家情报立法作为情报系统改革、生存和发展的基石，颁布了多部有关法律，并根据情况的不断变化及时进行修订和补充。国家各项法律、总统令、特工部门单行条例、国家安全构想等为情报工作构建了坚实的法律基础，确立了国家安全保障体系及其职能，廓清了情报工作中的一些基本概念和范围，规定了特工部门的地位、职责、权力、人员、手段及开展情报侦察活动的监督程序。对在复杂动荡的政治局势下，保持国家情报体制的稳定起到了重要的作用。

四、英国秘密情报转向诉讼证据[1]

在国家安全领域，情报至少具有两种功能：一是防控功能，即通过对收集的情报进行研判分析，防范危害国家安全活动的发生；二是诉讼功能，即通过情报向诉讼证据的转化，实现危害国家安全犯罪的追诉。然而，由于人权保障和公平审判等现代刑事司法理念要求对证据可采性进行严格限制，且证据需在法庭上接受控辩双方的交叉询问，这极可能对情报的秘密性乃至国家安全构成威胁。因此，如何处理国家安全维护和被告权利保障之间紧张关系，遂成为在恐怖主义及其关联犯罪追诉中情报向诉讼证据转化的核心问题。为化解这一矛盾，英国创设了极具特色的秘密情报向诉讼证据转化制度。

（一）秘密情报向诉讼证据转化制度的产生和发展

1. 制度的产生

英国是唯一通过立法形式确立秘密情报向诉讼证据转化制度的欧洲国家。该制度包括秘密听证程序和特别律师两项核心内容，即在没有当事人及其代理人参加的秘密听证程序中，由获得安全准入的特别律师和法官对秘密情报进行审查和检验。

为保护公民隐私，长期以来秘密听证一直是英国家事审判制度的重要内容。英国秘密情报向诉讼证据转化制度是1997年议会回应欧洲人权法院查哈尔案判决的结果。1997年之前，英国内政部长可以在考量所有相关材料的基础上，以国家安全为由作出驱逐某个移民的决定。为便于内政部长作出决定，英国法律设置了专家咨询小组审查制度。该小组在充分审查不能向当事人及其代理人披露的可能威胁国家安全情报的基础上，向内政部长提交是否应予驱逐的建议。因披露会危及国家安全，专家小组的建议无需向当事人及其代理人提供。当事人对于内政部长的决定没有上诉权。但这一移民驱逐程序是否符合《欧洲人权公约》和欧盟第64 / 221号指令的要求一直存在争论。《欧

---

[1]　吴常青、吴轩、李晨蕾：《英国秘密情报向诉讼证据转化制度研究》，载《情报杂志》2018年第2期。摘编后收入本书。

洲人权公约》第 13 条规定，在公民于公约中规定拥有的权利受到侵害时，必须要能够获得国家机关的有效救济。若公民无法有效地获得国内法院之救济，该国将违反公约所规定的此等义务，而公民可以就此对该国提起独立的诉讼。

为回应欧洲人权法院的裁决，英国议会通过了《1997 年特别移民上诉委员会法》。该法设置特别移民上诉委员会以审理涉及因国家安全利益逐出、要求离境或驱逐出境的上诉案件。在涉及秘密情报材料时，该法允许特别移民上诉委员会的首席法官将上诉人及其代理人排除在秘密听证程序之外，此时，该法允许指定特别律师对秘密情报材料进行质证和检验，但是特别律师无需对上诉人的利益负责。

2. 制度适用范围的扩展

为有效预防和打击恐怖主义活动，“9 · 11”恐怖袭击事件后，议会通过了《2001 年反恐怖主义、犯罪和安全法》。该法规定内政部长有权不经审判程序拘禁恐怖主义活动的嫌疑人。被拘禁的人可以上诉至特别移民上诉委员会。若决定拘禁嫌疑人的依据涉及秘密情报，内政部长则会启动秘密听证程序。此时，内政部长将通知总检察长，由其根据《1997 年特别移民上诉委员会法》为上诉人指定特别律师。特别律师仅代表上诉人维护其利益但不向他负责。实践中，特别律师可以接触内政部长向法庭提交的秘密情报，而且可以在法官审查这些证据时基于上诉人的利益提出代理意见，但其不能向上诉人及其代理人披露这些材料，也不能在听证之后与上诉人及其代理人讨论这些材料。由于上诉人被排除在秘密听证程序之外，特别律师也无法与上诉人交流，获得上诉人的指示。根据秘密听证程序，英国在贝尔马什监狱拘禁了许多恐怖主义活动嫌疑人。

2004 年 12 月 16 日英国上议院在 A and others v. Secretary of State for the Home Department 案中裁决政府部门拘禁恐怖主义嫌疑人程序违反《欧洲人权公约》的规定，导致议会颁布《2005 年预防恐怖主义法》废除《2001 年反恐怖主义，犯罪和安全法》规定的拘禁恐怖主义活动嫌疑人条款，以授予内政部长签发禁止恐怖主义活动嫌疑人携带某些物品或进行特定活动“禁止令”（control orders）的权力。虽然该法对秘密听证程序和特别律师制度的适用范围有所限缩，但影响该程序公正性的诸多问题并未得到解决。同时，该法将秘密听证程序和特别律师移植到英国高等法院。尽管《2011 年预防恐怖主义和侦查措施法》废除“禁止令”制度，但是秘密听证程序和特别律师制度得以保留用于处理此类案件。

2005 年英国宪法事务委员会出版了《特别移民上诉委员会和特别律师制度运作报告》对特别律师制度适用情况进行了分析。该报告认为：虽然特别律师制度的适用范围持续扩展，但是我们认为其仅应在涉及秘密情报的极其例外的情况下才能适用。另外，特别移民上诉委员会秘密听证程序证据开示的司法保护功能极其微弱。尽管如此，特别律师制度适用范围还是被极大的扩展，其中比较著名的案件是上议院裁决的 Roberts v. Parole Board 案。正义组织（非政府组织）认为罗伯茨案表明秘密情报证据已遍及英国各地的法院和法庭。

2007 年英国人权联合委员会在经过一系列调查后发布《反恐政策与人权报告》。该报告对特别律师是否能够真正维护当事人的利益，以及秘密情报向诉讼证据转化制度的公正性持保留态度。尽管人权联合委员会对秘密情报向诉讼证据转化制度进行谴责，但议会还是通过了《2008 年反恐法》，授权在涉及资助恐怖主义组织的案件中使用秘密听证程序。该法还允许某些上诉法院可以使用秘密听证程序，但未提及英国最高法院是否可以使用该程序。2013 年英国最高法院根据《2008 年反恐法》，使用秘密听证程序来审查下级法院在秘密听证程序中提交的秘密情报。秘密情报向诉讼证据转化制度的适用范围进而扩展到英国最高法院。

（二）制度的基本内容

英国秘密情报向诉讼证据转化制度主要由《1997 年特别移民上诉委员会法》以及根据《1997 年特别移民上诉委员会法》和《2001 年反恐怖主义、犯罪和安全法》制定的《2003 年特别移民上诉委员会（程序）规则》（以下简称《规则》）确立的。

1．特别律师制度

特别律师是英国秘密情报向诉讼证据转化的关键制度装置，其是由

《1997 年特别移民上诉委员会法》引入。该法第 6 条规定，在特别移民上诉委员会的任何程序阶段，只要上诉人及其代理人被排除在程序之外，总检察长就可以为上诉人指定特别律师以维护上诉人的利益，但其不对其所代表的上诉人的利益负责。根据相关规定，英国特别律师制度主要内容包括：

第一，特别律师的独立性和公正性保障。特别律师虽是由总检察长指定，但其并非政府的代言人，相反，特别律师需有独立性和公正性保障。特别律师一般从移民、刑事和人权等领域享有较高声誉的律师中选任。不过，国家安全和情报业务背景并非特别律师选任的必要条件。为防止名册固化，进而损及特别律师的独立性和公正性，选任机关尽可能地将具有不同专业背景和不同层次业务经历的出庭律师纳入名册。

第二，特别律师的安全性保障。为确保国家安全和情报秘密，在被选任为特别律师前，律师必须经过审查和评估，以确定其在接触秘密情报时的可信性。此种审查和评估通常是秘密进行的。审查的方式和信息来源均不会向被审查人透露。审查的内容一般包括被审查人的背景情况、财务状况、婚姻状况等非常私密的信息。

第三，特别律师的任命。根据《规则》第 34 条规定，除非不反对上诉或申请、不反对向上诉人披露任何材料，或者已经指定一名特别律师，否则，在收到上诉或申请通知书副本后，司法部长必须向相关法律官员提出任命特别律师的程序性告知。相关法律官员在接到告知后，可指定一名特别律师在特别上诉委员会听证程序中代表被上诉人的利益。如果特别移民上诉委员会听证程序被延期而上诉人未被指定特别律师，上诉人或司法部长随时可要求相关法律官员为其指定一名特别律师。

第四，特别律师的职责。根据《规则》第 35 条规定，特别律师的职责是代表上诉人的利益：在上诉人及其代理人被排除在外的任何程序中，向特别移民上诉委员会提交意见书；在任何听证程序中对证人进行交叉询问；向特别移民上诉委员会提交书面意见。总体而言，特别律师主要履行两项职责：一是检验政府部门所称秘密情报是否真的需要保密而不向上诉人及其代理人披露，因此，特别律师需要极力寻找秘密情报无需保密而应向上诉人及其代理人披露的证据。二是尽其所能保护其所代表当事人的利益。

第五，特别律师与上诉人及其代理人的沟通交流。根据《规则》第 35 条规定，在内政部长向特别律师提供秘密情报之前，特别律师可以与上诉人或其代理人进行沟通交流，而一旦特别律师收到秘密情报，即不得就程序有关的任何事项与任何人进行沟通。如果特别律师希望与上诉人或其代理人或其他任何人进行沟通交流，需获得特别移民上诉委员会的授权，且事先需通知内政部长。内政部长有权反对进行沟通交流或是沟通交流的方式。然而，《规则》并不禁止上诉人与特别律师沟通，不过这种交流只能经由代理人并以书面的形式进行。且特别律师对沟通交流的回复必须符合特别移民上诉委员会的指导性要求。

2．秘密听证程序

一旦涉及秘密情报就要适用秘密听证程序，不过，其仅是整个案件处理程序的一个部分。《1997 年特别移民上诉委员会法》第 5 条赋予首席大法官制定特别移民上诉委员会程序规则，特别是可规定特别移民上诉委员会的程序进行，无须告知上诉人决定上诉理由的全部详情，可规定特别上诉委员会的程序可在包括上诉人及其代理人在内的任何人缺席的情况下进行。《规则》对秘密听证程序作出了更为详细的规定，主要包括以下内容 ：

第一，秘密情报。根据《规则》第 4 条规定，特别移民上诉委员会行使其职能时应确保信息的披露不违背国家安全的利益，不危及英国的国际关系，不影响犯罪的预防和侦查或者不损害社会公共利益。如果相关程序涉及上述信息，特别移民上诉委员会可能会要求保密。根据《规则》第 10 条的规定，如果内政部长反对上诉，他必须向委员会提供一份其反对上诉及其辩解所依赖的证据的说明。《规则》第 37 条特别重要，因为它提供了秘密情报的定义。根据该条，秘密情报指的是那些内政部长希望在特别移民上诉委员会的任何程序阶段使用而反对向上诉人或其代理人披露的材料。如果内政部长打算使用秘密情报，需有特别律师被指定以代表上诉人的利益。在内政部长希望使用秘密情报和特别律师已经指定的情况下，内政部长必须向特别移民上诉委员会和特别律师提供秘密情报的副本、其反对披露材料理由的说明等材料。

如果在某种程度上不披露信息将违背公共利益，则可向上诉人提供无需保密的秘密情报概要。

此时，特别律师一项重要职能就是仔细对政府部门所称的秘密情报进行检查以争论材料分类的合法性。有时特殊律师仅通过简单的互联网搜索就可发现政府部门强烈要求保密的信息已经在公共领域开放了。因此，花费大量时间将政府部门所称的秘密情报与已经公开的信息进行交叉比对似乎是必不可少的，其目的是加强对被排除在听证程序之外的上诉人及其代理人的信息披露。

第二，反对披露材料的审查。根据《规则》第 38 条的规定，如果内政部长反对披露某些材料，特别移民上诉委员会必须根据本规则决定是否支持内政部长的主张。除非特别律师告知委员会其不质疑内政部长的主张、先前已就相同材料举行过听审或内政部长与特别律师同意委员会不就此问题举行言词听证，那么，特别移民上诉委员会需召集由内政部长和特别律师参加的听审以听取双方的口头陈述。在听证程序开始之前，内政部长和特别律师需向委员会提交写明争议焦点、简要理由以及解决争议建议的书面材料。经过听审，委员会必须作出支持或否决内政部长主张的决定。如果委员会认为披露材料会损害公共利益，则支持内政部长的主张。在这种情况下，委员会必须评估是否应向上诉人提交非保密的秘密情报概要，并向内政部长作出提交相关材料的指示。如果内政部长选择不再使用相关材料，则无需向上诉人提交材料。

第三，上诉案件审理中的秘密听审。涉及秘密情报的上诉案件审理程序由秘密听审和公开听审两部分组成。首先进行的是公开听审。与公开听审不同，秘密听审只有内政部长和特别律师才能参加，其基本要求是信息的保密。秘密听审中特别律师的角色是由《规则》第 35 条规定的，即通过向特别移民上诉委员会提交书面、口头的说明、提交证据、交叉询问证人的形式维护上诉人的利益。实践中，特别律师的角色是极力挑战政府的主张。例如，通过进行法庭辩论质疑政府所提交证据的可采性和可信性，辨别证人证言的不一致性，并基于政府所提交的证据做出有利于上诉人的辩论。某些情况下，通过查询、比对，特别律师能够揭示不同案件中政府主张的差异性。

第四，秘密听审的裁判文书。经过上诉审理，特别移民上诉委员会需作出相关判决。判决书一般是公开的。然而，当披露某些敏感信息将威胁到国家安全时，判决书的部分理由可不向上诉人及其代理人公开。《规则》第47条规定，委员会必须向双方当事人提供包含决定结果及其理由的判决书。如果判决书不包括作出决定所依赖的全部理由，特别移民上诉委员会必须向内政部长和特别律师提供包括这些理由的单独文书。

不难发现，英国通过立法明确规定秘密情报向诉讼证据转化制度，一方面，通过秘密听证、安全准入等制度设置确保情报诉讼证据转化的秘密性，另一方面，为上诉人指定特别律师与政府部门形成对抗，挑战其诉讼主张，极力保障上诉人的诉讼权利、维系对抗制司法传统。

（三）制度的争议

在英国，秘密情报向诉讼证据转化制度及其扩展适用引起诸多争议：

1. 上诉人自由选择辩护人权利受到限制

自由选择辩护人既是公民自由权的体现，也是平等武装这一公正审判权核心要素的基本要求。由于被告人辩护能力存在天然的缺陷，英国法赋予被告人自由聘请辩护人的权利以及在其无力聘请辩护人时获得指定辩护人的权利。当然，后一种情况由国家为被告人指定辩护人并非是对其自由聘请辩护人权利的否定，反而是维护平等武装的必然要求。然而，在秘密听证程序中，由总检察长为上诉人指定特别律师的性质就有所不同。为上诉人指定特别律师不是因其不愿意聘请律师，也并非上诉人无力聘请律师，而是因特殊目的设置特别程序将上诉人及其代理人屏蔽于特定程序之外，这显然与上诉人自由选择辩护人权利相悖。

2. 侵犯上诉人知悉证据并对证据进行质证的权利

被告人知悉对其指控的证据，进而为诉讼进行充分的准备，并对控方提出的对其不利的证据进行质证，是植根于公正审判原则的核心权利。在秘密听证程序中，政府部门不向上诉人披露对其不利的秘密情报，上诉人根本无从得知这些材料，也不能在听证程序中对这些材料进行质证。虽然，特别律师可为被告的利益对秘密情报提出意见、进行质证，但因其不能就相关证据与上诉人进行充分的交流讨论，获得上诉人的指示，其质证的能力受到严重的限制。特别律师通常只能检验政府部门所提交证据不一致之处，或者证据是否能够支持其指控，而无法对证据的真实性、合法性进行挑战。因此，在秘密听证程序中，上诉人知悉证据并对证据进行质证的权利有被剥夺之虞。

3．违背审判公开原则

英国法律有云“正义不仅要实现，而且要以看得见的方式实现”。作为一般原则，英国司法制度要求审判过程必须公开。在英国人看来，如果法院的所作所为无法隐藏而为公众所知悉，这将为防止司法独断专行提供保障，并维持公众对司法的信心。审判公开一般包括庭审过程公开和裁判结果公开。虽然，英国法也为审判公开设置国家秘密的例外，即在涉及国家秘密的案件审理时可进行秘密听审，而将公众（而非案件的当事人及其代理人）排除在听审之外。基于向公众披露秘密情报可能对正在进行的侦查活动、国家安全机关预防恐怖活动的能力产生严重的负面影响，亦可能暴露情报来源，危及情报人员或情报提供人员的生命安全，因此秘密听审程序不向公众公开符合英国法审判公开的精神，但其将案件的当事人及其代理人排除在听审程序之外显然超出审判公开的要求，这必然导致秘密情报向诉讼证据转化制度民主控制的弱化。另外，在秘密听证程序中，法院可以秘密地作出裁判，当事人仅能获知判决的结果，而无法得到对其不利判决的全部理由。如此，当事人根本无从得知基于何种理由被判败诉，也无从评判是否需要寻求进一步的司法救济。被排除在秘密听证程序之外的当事人难免会充满怨恨、困惑、愤怒，进而对程序和结果的公正性产生怀疑。

4．特别律师挑战政府案件能力的不足

特别律师制度设置的重要功能就在于在秘密听证程序中通过检验秘密情报，维护当事人的利益。然而，在秘密听证程序中，特别律师挑战政府案件的能力往往受到质疑，原因在于：第一，特别律师与当事人交流受到严重的限制。与当事人充分沟通、交流是律师履行职责的重要保障。但在秘密听证程序中，仅在初始阶段，特别律师可以与当事人进行沟通，一旦特别律师收到秘密情报，就不得与任何人沟通与程序有关的任何事项。这被认为是对传统的公平审判标准最显著的背离，清楚地反映了政府对秘密情报可能被疏忽大意泄露的担忧。第二，政府部门所提供材料的误导性。在秘密听证程序中，政府部门必须向特别律师提供秘密情报的副本，然而这些副本的真实性往往存在疑问。有特别律师认为，秘密听证程序与通常所理解的英国司法体系中的传统对抗制司法完全格格不入。

尽管秘密情报向诉讼证据转化制度及其实践运作存在诸多问题和多方质疑，但也得到极大的肯认。政府部门认为，该制度迎合了英国追诉恐怖主义及关联犯罪的现实需求，同时也符合公正审判的基本要求。英国国家安全部门公开支持该法案，认为它有可能将以前因安全原因而被拒绝的案件得以顺利追诉。一些情报官员认为，秘密情报向诉讼证据转化制度将改善情报界的问责机制。也有的学者认为，英国秘密情报向诉讼证据转化制度注重在控、审之外引入辩护力量，虽然特别律师的辩护手段和方法受到诸多限制，但有特别律师代表辩方利益，强化了程序的对抗性和总体的公正性。更为重要的是，法院认为该制度符合《欧洲人权公约》第 6 条公正审判的基本要求。

综上所述，在恐怖袭击事件频发和反恐形势日益严峻的当今世界，越来越多的国家和地区开始将秘密情报引入对恐怖主义及关联犯罪的追诉。鉴于反恐的现实需要，英国以对抗制诉讼模式为基础构建起极具特色的秘密情报向诉讼证据转化制度。该制度一方面突显与公正审判原则的冲突，甚至引发权力分离、民主控制等问题，进而受到多方质疑；另一方面，与情报界未来的改变以及提供何种秘密情报以供法院审查等重要问题密切关联。毋庸置疑，该制度在英国的实践运作及其引致的争议会为世界其他国家和地区相关制度的构建提供丰富的养分。

五、韩国情报体制及工作特点[1]

（一）韩国情报力量构成

韩国自建国之日起，历届政府都十分重视情报工作。韩国已经拥有了覆盖整个朝鲜半岛，触角伸向世界各地较为完善的国家情报机构，主要可以划分为国家情报机构和军方情报机构两部分。

1. 国家情报机构

韩国国家情报院（National Intelligence Service，NIS）是韩国最高国家情报机关，前身是1961年朴正熙执政时期建立的中央情报部，最初是在美国中央情报局的帮助下建立的。国家情报院自创立以来一直都是总统直属机关，其院长由总统直接任命，编制体制调整也要经过总统的批准。国家情报院下设有企划调整室、监察室、安全搜查局、对北工作局、对北战略局、情报管理室、海外工作局、国家安全战略研究所、国际犯罪情报中心等机构。近几年，为了适应新的情报工作需求，韩国国家情报院先后成立了“国家产业机密保护中心”“国家网络安全中心”“国家反恐怖情报综合中心”和“国际犯罪情报中心”。

国家情报院作为韩国最主要的国家情报机关其主要职能是负责对国内及国外情报的搜集、分析和分发，对属于国家机密的文件、材料、设施、区域的安全防护，调查与国家情报院职员相关的犯罪，情报及安保业务的规划调整等。同时，国家情报院对政、军、警所有情报机构在发展规划、经费划拨、手段建设以及情报搜集、分析和汇总等与情报工作相关的业务上进行统一的管理和控制。军、政、警所辖的各级情报机关根据国家情报院统一下达的情报需求，按照各自的分工及职能进行相关的情报工作。

除了最主要的国家情报院，韩国还有“警察厅情报局”以及外交通商部情报分析室、统一部朝鲜情报分析局、国家航空航天研究院卫星情报研究所等设在政府部门内的专业性情报机构。这些专门性情报机构都接受国家情报

[1] 张静、刘国政、林媛、蒋飞：《韩国情报体制及工作特点》，载《情报杂志》2018年第1期。摘编后收入本书。

院的领导，接受具体任务分配。

2. 军方情报机构

韩国的主要情报力量构成除了以国家情报院为主导的国家情报机构，还有许多服务于军方的情报机构，主要负责军事情报的搜集、分析等工作。

国防情报本部是韩国军方最高情报机构，主要负责对其下属情报机构及情报部队上报的情报进行整理，并上报给国家情报院以及国防部。同时，国防情报本部直接向参联本部报告情报以方便参联本部向陆海空部队下达作战指挥任务。除此之外，国防情报本部的职责还有：根据国家情报院的任务分配制定相应的国防情报政策、调整业务；军事战略情报的搜集、分析及分发；同驻韩外国武官的合作以及外国情报军事机构的交流沟通，例如《韩日军事情报保护协定》签订后韩日两国的军事情报合作；根据实际需求对其所属部队下达情报工作任务等业务。

国防情报本部下属的两大主要情报机构分别是“韩军情报司令部”及“第 777 部队”。前者主要负责军事图像及人力情报业务，同时会制定一系列反制敌方对己方情报侦察的政策和措施；后者主要利用 RC-800 等电子侦察机及地面监听基地搜集、分析信号情报，为部队作战提供情报支援。需要注意的是，韩军“第 777 部队”除了接受国防情报本部的领导外，还向美国国家安全局报告情报，并接受美国国家安全局提供的情报，是韩国军方情报机构中同美国进行情报合作的主要机构。

此外，韩军的情报机构还有负责作战地形情报工作的“国防地形情报团”，负责军事机密安全及反间谍、军内犯罪情况调查工作的机务（机密事务）司令部以及各军种下属的情报部队。陆军的情报机构主要是分属于各军的情报大队，主要利用地面电子侦察设备及 RQ-101 型“苍鹰”无人侦察机等无人机进行情报侦察任务；海军情报部队主要是海洋战术情报团，主要利用“新世纪”等情报舰以及“影子 -400”无人侦察机为韩海军提供海上气象信息及战术情报侦查服务；空军情报机构主要是第 37 战术情报队为代表的专门的情报侦察部队，通过 E-737 预警机以及 RC-800 型电子侦察机为韩空军提供情报侦察支援。

（二）韩国情报工作特点及发展趋势

韩国情报工作是随着国家的整体发展而不断推进和完善的，韩国特殊的国内外政治环境使得其情报工作具有自身的一些特点，同时在其情报工作的不断发展和完善过程中也随着国家安全局势的变化和现实需要有了新的变化和调整。

1. 情报工作特点

从韩国独特的国家发展历程和现实国家安全环境，可以发现韩国情报工作独具特点。

（1）“国家情报观”突出，情报融合机制较为完善

韩国的核心情报机构——国家情报院，前身是于 1961 年在美国的支持下建立的中央情报部（KCIA），被称为韩国的 CIA。国家情报院对韩国的情报工作进行总体的规划和领导，政、军、警所有的情报机构都接受它的直接管辖。虽然在国家及军队层面设有不同情报机构，但是实际运行中，所有涉及国家安全、发展等方面的情报最终都通过情报系统内部的数据链和通信系统汇集到国家情报院，并最终上报到总统而服务于国家决策。同时，韩国国家情报院作为全源情报融合机构，对汇集到的所有情报按照其他国家机关的不同需求进行分发。相比于美国国家情报总监的职能，韩国国家情报院通过对情报的全面融合，避免了单一情报机构间由于共享不足等而引起的情报失误，其性质更类似于美国的情报融合中心，但是实际的情报融合能力更加强，工作效果也更加突出。一方面是韩国自身的政治体制的影响，因为总统在政治体制中几乎拥有绝对的权力，国家情报院接受总统的直接领导，因而其情报工作具有较为严格的整体性和统一性。另一方面，朝韩长期对峙加上韩国处于大国博弈的亚太地区，严峻的国家安全形势也要求其情报工作必须具有整体的国家情报观念，以保证对国家安全形势作出准确的判断。

（2）搜集手段方面重人力轻技术

长期以来，对朝情报工作一直都是韩国情报工作的中心。韩国国家情报院虽然没有美国中央情报局、苏联克格勃和以色列摩萨德那样有名，但在对

朝情报工作方面有着其他国家情报机构无法比拟的优势。韩国国家情报院拥有相当庞大的特工队伍，仅总部工作人员就有 2 万—3 万人，为它服务的总人数多达 30 余万。朝韩两国有着很长的边界，同属一个民族，使用相同的语言和文字，这为韩国对朝情报工作，尤其是谍报工作提供了很大的便利条件。由于朝鲜的相对封闭，许多情报无法用卫星以及电子侦察设备获取，但是韩国的特工往往能够获得关于朝鲜的最新情报。尤其是近些年来关于朝鲜核试验等相关情报，韩国往往先于美国和中国等国获取。

近些年随着公开情报搜集的发展，韩国更是派遣了大批情报工作人员对朝鲜的朝中社等新闻媒体进行监控，进行相应的记录和分析，从中提取有用的情报。韩国在大力发展人力情报手段的同时，对于技术情报并不是十分重视，一方面是由于其自身情报搜集技术手段不够发达，另一方面，长期以来韩国的主要情报工作对象是朝鲜，朝鲜的许多情报难以通过技术手段获得，所以韩国在情报工作手段上以人力情报为主。

（3）情报工作对美国依赖性较大，自主性差

从韩国的情报工作发展历史来看，朝韩分裂后，美军为顺利控制韩国，主导设立了一系列情报机构。1961 年韩国中央情报部的设立更是被称为是美国中央情报部在韩国的分部。现在韩国的情报工作，尤其是军方的情报工作，对美国的依赖性仍然较强。一方面韩国的许多军事活动需要通过韩美联合司令部指挥进行，尤其是韩国的战时指挥权仍然掌握在美国手里；另一方面，韩国长期以来更多注重发展的是人力情报，信号情报、地理空间情报等技术性情报相对落后，尖端情报技术及基础设施较落后。所以，至今韩国每年仍然要通过美国获得由高空侦察机或 KH-12 等情报侦察卫星拍摄的照片。韩国情报工作这一问题，近些年来已经成为其情报工作改进的关注重点。但从另一个角度来看，长期以来韩国同美国的情报合作已经促使两国形成了较为完善的情报共享机制，韩美两国可以利用自身的情报工作优势，通过双方的情报共享来提升自身的情报工作能力。韩日《军事情报保护协定》的签订无疑进一步深化了韩日之间的情报合作，也是美日韩三国情报共享建设发展的一大进步，这些都从侧面印证了韩国在情报工作中十分注重同其他国家，尤其

是盟国的情报合作和共享。

（4）企业情报机构作用突出，政企情报融合特征明显

朴正熙政府时期实行的一系列积极经济政策使得韩国经济不断发展，尤其是进入 21 世纪以后，随着经济全球化的不断拓展，韩国几大商业集团海外业务大幅增加。进入信息化时代，尖端的科学技术成为决定企业甚至是国家综合竞争能力的重要因素。一方面，韩国国家情报院内部设有专门的商业机密保护中心，在韩国政府机构的情报部门中，外交通商部下属的韩国贸易投资促进会在国家情报领域是一个知名的机构，以系统的搜集和分析关于外国贸易和投资方面的环境要素信息而著称；另一方面，韩国的许多工商企业，尤其是一些大型的企业都具有自身的专业情报搜集分析机构，政府在对企业情报工作进行支持的同时，也能够通过企业情报部门为国家情报工作提供支持和帮助。

需要注意的是，韩国的国家情报机构正是利用了企业情报这一便利条件，在企业中安插情报人员，尤其是外派到其他国家的分公司，这也恰恰是韩国诸多情报特工的工作方式。所以，企业情报随着经济的不断发展，在情报工作中作用日益凸显。韩国的情报机构和企业之间是互利共赢的关系，企业为国家提供情报，国家情报机构同样会为企业提供一些国家对外政策，尤其是经济方面相关的情报，以保证韩国企业在对外投资以及自身发展中处于有利地位。同时，拥有国家情报机构作支持，各企业的情报部门也能够获得更多的技术及资金支持，进一步提升情报工作能力。

2. 情报工作发展趋势

近些年，随着东北亚地区尤其是朝鲜半岛局势的变化，韩国对其自身的国家安全战略有了新的调整。一方面，朝鲜接二连三的核试验使得韩国感受到前所未有的严重威胁；另一方面，中国高速发展和壮大也引起了韩国政府的高度关注。在这些因素的促使下，韩国的情报工作也有了相应的变化调整。

（1）对朝情报工作主要方向由追求“南北统一”转向应对朝鲜“核威胁”

自朝韩在朝鲜半岛上分裂后，双方都一直渴望实现由自己主导的南北统

一，韩国情报机构的中心工作都是为实现由韩国主导的南北统一而进行的。近些年来，随着朝鲜不断地推行核试验，尤其是2009年朝鲜退出“六方会谈”后，韩国感受到了严重的威胁，对朝情报工作也自然慢慢从“南北统一”转向“朝核威胁”。从近几次的朝鲜核试验及导弹试射来看，韩国在朝鲜进行试验前夕都对朝鲜情况有所掌握并且对外发布了相关消息，而且与实际情况相吻合。对于朝核问题的情报工作，无论从关注度还是实际成果来看，韩国的情报工作表现突出。

（2）对华情报工作增加，中心情报工作向如何应对“中美博弈”转变

近些年，随着中国的高速发展，韩国无论是出于对自身的考虑还是作为美国的盟国，逐渐将目光投向中国。一方面，中韩贸易往来不断增加，中国已经是韩国最大的贸易出口国，中韩FTA签订后，更加促进了中韩贸易往来发展，韩国在华投资企业也大幅增加。企业情报是韩国情报工作的重要组成部分，诸多在华企业，尤其是大型企业成为韩国对华情报工作的主要途径之一。另一方面，美国“重返亚太”战略的持续推进使得“中美博弈”日渐明显，无论在地缘环境还是外交关系上，韩国十分关注其自身的未来走向。2016年11月23日，韩日两国正式签署韩日《军事情报保护协定》，加上之前韩美及美日之间的军事情报共享协定，美日韩三国情报工作的铁三角已然形成。表面上韩日两国宣称是为了共享对朝情报，但实际上也进一步强化了美日韩同盟对华情报工作，这也从侧面印证了韩国在不断加强对华情报工作。

（3）打造网络战部队，积极开展网络侦察，提升网络情报能力

根据韩国国家情报院的调查报告称，朝鲜自20世纪90年代开始，随着朝鲜经济的衰退，朝鲜逐渐把对韩斗争向核武器、弹道导弹、特种部队以及网络战等“非对称作战力量”方向转变。随着当代信息化部队建设的持续推进，韩国为维护网络信息安全，防止网络泄密，于2003年建立了韩军机务司令部国防信息战中心，2010年成立了隶属于国防情报本部的网络司令部。近几年，韩国更加关注网络战人才的培养，先后在高丽大学及首尔大学开设了相关专业，同时还在全国范围招聘顶尖的黑客作为网络

“白客”，以维护网络安全。在总体战略方面，韩国决定放弃网络防守战略，转向实行更加积极主动的网络行动，这也意味着韩国将进一步加强其网络情报工作能力。

（三）启示与应对

1. 建立情报共享机制，提升情报工作协同能力

目前，我国同其他国家的情报工作合作较少，即使对共同的对象也没有做到情报共享，没有形成优势互补。对此，我国应当加强同重要合作伙伴国家的情报协同共享，以求在情报工作方面处于主动。另外，我国长期以来并没有像美国国家情报主任或韩国国家情报院一样对全国整体的情报工作进行统一规范管理的机构，使得各情报机构工作过于分散，情报成果不能够有效发挥作用。对此，有必要调整现有情报工作机制，加强国家情报机构的情报合作共享，在现有国家情报机构基础上进行情报体制调整。在总体国家安全观这一大的框架下进行有效整合，树立“情报总体安全观”，加强情报融合，在国家层面设立一个对多方情报工作进行统一管理的国家情报机构。全面的情报融合能够对所获得的情报信息作出更加准确有效的分析，防止情报失误的发生。同时，可以在各省市等不同级别设立相应的情报融合中心，促进全国政、军、地等多方的情报融合，依托现有通信系统组成较为固定的情报数据链，形成全国性的情报工作网络，构成全面高效的情报工作机制。

2. 发挥民间机构作用

长期以来，我国国家层面的情报工作基本集中于政府及军队内部，很少与地方企业等进行合作。就现实情况来看，越来越多的民间性质的咨询公司、民间智库等已经成为我国情报工作的重要组成部分，可以充分利用现有的民间信息咨询机构、智库等，为国家情报工作提供帮助。

3. 加强对全民的国防安全教育

中国国土面积广阔且人口众多，近年来周边安全局势日益紧张，情报工作面临的形势更为严峻，而国家层面的情报工作能力是有限的。现实证明，类似“朝阳群众”的广大人民群众为维护社会公共安全做出了一定的贡献，如果能够发挥群众的力量，将使我国的情报工作更加全面和广泛。各级院校应当将国防安全教育融入日常教育，提高广大青少年的保密防间意识。针对广大的社会群体，各级政府部门同样要加大对国防安全教育的宣传力度，使广大人民群众认识到保守国家秘密、保卫国家安全是每个公民的责任和义务。

第三节
情报立法

一、国家安全情报法律体系构建[1]

宪法是引领国家法治的根本大法，宪法“国家安全”条款作为国家安全治理的基础规范，是理解我国国家安全的重要依据，处理好宪法与安全部门法的关系是推动安全情报法治必须面对的议题。然而囿于理论上学科跨度与实践中沟通机制的缺乏，我国至今没有形成宪法与国家安全情报部门法的良性互动机制，这直接影响到了我国安全情报法律体系的完善。为此，我国亟需优化宪法与安全情报法治的沟通路径，尤其是在立法领域形成宪法“国家安全”条款对国家安全情报部门法的全面辐射。

（一）宪法中“国家安全”内涵的确立与发展

在 1949 年《中国人民政治协商会议共同纲领》、1954 年《宪法》、1978 年《宪法》、1982 年《宪法》等几部宪法文本中，关于“国家安全”条款的历

[1] 周智博：《宪法“国家安全”条款视阈下国家安全情报法律体系建构》，载《情报杂志》2020年第3期。摘编后收入本书。

史变迁暗含着国家安全的内涵走向，为我国宪法“国家安全”内涵的确立和发展提供了理论基础和制度渊源。

首先，国家安全与国家核心利益紧密相关。国家安全事关国家存续之根本，不同时期的宪法都将维护国家安全提高到了根本法层面。其国家物质文明、政治文明、精神文明、社会文明、生态文明在内的所有关键要素无疑例外都以国家安全为逻辑起点。其次，国家安全具有开放性和多维性。国家安全在不同的时代背景下被宪法赋予了不同的内涵。在国家安全的主体设定上，包含了国家机关和公民这两类宪法主体。在国家安全的客体定位中，历经了国家政治安全、军事安全、经济安全、文化安全、社会安全以及公民安全等多类安全要素。在国家安全的治理方式上，同样经过了战争、动员、戒严等一系列手段。再次，重视对宪法国家安全条款的规范分析。国家安全作为一个专门的法律术语或者法学的一个基本范畴，其解释必须规范化和法定化，否则，就会有损坏国家安全法制的严肃性和统一性。宪法作为国家根本法，统领着国家安全治理的基本方向，在整个国家安全治理体系中处于基础地位，国家安全法律体系的建构必须始终以宪法为根本准则，保障宪法国家安全条款的规范、原理和精神能够得到充分落实。

当然，我们必须用发展和包容的眼光来看待宪法国家安全条款，更要用辩证的眼光来看待宪法与国家安全情报部门法的关系。一方面，宪法是国家的高级法，在一国法律体系中居于最高地位，国家安全情报部门法唯有主动接受宪法规范的“合宪性”指引，才能够更好地融入社会主义法制体系，取得长足的进步和发展。另一方面，要认识到宪法毕竟是国家根本法，其抽象性与稳定性决定了宪法不可能像《国家安全法》和《国家情报法》那样作出详尽规定，并对现实需要予以及时回应。因此，宪法国家安全条款并非完美无瑕，除了对国家安全情报部门法进行辐射以外，其自身也要从国家安全情报部门法中汲取养分，如此才能形成宪法与国家安全情报法的良性互动。

（二）宪法中“国家安全”内涵的确立与发展

在1982年12月修订完成的《宪法》中，国家安全条款体系初步健全，并主要分为国家安全核心条款、国家安全普通条款以及宪法基础条款这三个层次。

国家安全核心条款的典型特征是宪法条款中明确出现“国家安全”“国家的安全”“国家独立与安全”等字眼，其中以宪法序言第6自然段、第28条、第40条、第54条最为典型。相关条款共同构成了宪法关于国家安全的基本界定，并通过国家安全的义务主体、客体、目标与手段这四个维度体现出来。宪法中的国家安全条款在时间的洗礼中不断完善和健全的。国家安全的义务主体是国家、公民与组织；国家安全客体是传统安全以及非传统安全；国家安全的目标是为了国家安全、人民安全和全球安全；国家安全的治理手段包括协同共治、权利保障与法制统一。

（三）国家安全情报法律体系的优化

在国家安全治理领域，我国的国家安全法律体系主要由“宪法国家安全条款、安全基本法、具体安全领域立法、其他部门法这一四层次体系结构所组成。”因此，国家安全情报法律体系的优化同样需要与之同步健全。宪法国家安全条款规范内涵的明晰为国家安全情报法律体系的优化提供了一个契机。

1. 宪法“国家安全”条款自身之优化

推进“总体国家安全观”条款入宪。2014年习近平总书记在中央国家安全委员会第一次会议上提出“总体国家安全观”，正式拉开了我国新时期国家安全的序幕。总体国家安全观为我国国家安全工作的发展提供了新的契机，国家安全体制、法律机制都开始出现新的变化。《国家安全法》和《国家情报法》更是明确规定了总体国家安全观的指导地位。在此情形下，如果缺失宪法层面的积极回应，国家安全法治很容易偏离既定轨道。

为此，我国必须实现“总体国家安全观”条款入宪。宪法国家安全条款即可实现体系化，以本款作为纲领条款，其余国家安全主体条款、客体条款、目标条款与手段条款便可实现协调。同时，宪法也可以立足于基本权利保障视角对总体国家安全观内部的价值冲突进行取舍，以此化解不同安全要素间的内在张力。此外，一旦“总体国家安全观”思想入宪，宪法便可以与国家安全部门法建立实质性连接，克服宪法国家安全条款因变迁能力不足所导致的封闭滞后性。

2. 国家安全情报部门法的优化

当前，无论是《国家安全法》还是《国家情报法》，其第一条都明确规定“根据宪法，制定本法”。但这种形式上的合宪效用毕竟有限，唯有将宪法国家安全条款的精神内涵落实到安全情报部门法当中，才能促使安全情报部门法得以真正健全。因此，这就需要国家安全情报部门法积极落实宪法关于安全主体、安全客体、权利保障以及体系统一方面的价值指引。

（1）国家安全情报部门之主体立法

宪法将国家、公民和组织定位为维护国家安全的主要主体。笔者认为现行国家安全情报部分法亟需在以下两个方面进行优化：一是立法厘清国家安全情报机关的职能划分。当前国家安全情报机关的职责权限不清，国家中央安全领导机构的指向不明。为此，必须加强国家安全机构立法，明确安全机关、公安机关以及军事机关的各项安全职能的内容和范畴，并在此基础上根据机关特色进行宏观上的统筹与微观上的调整。二是立法加强国家安全情报义务主体的协同互动。明确公民和组织参与安全情报治理工作的程序和路径。公民和组织不能只处于被管理的“对象”或者“客体”，应该激发其积极性和主动性；明确其在安全治理格局中的主体性地位和其参与机制、配合机制以及保障方式。此外，健全公民组织参与国家安全情报事务的引导、鼓励和保障机制，从而更好地调动公民和组织的积极性。

（2）国家安全情报部门之外延立法

立法拓宽国家安全情报的外延。随着经济社会的发展，情报安全业已跨越了传统安全与非传统安全的领域限制。在多项安全因素相互交织影响的情况下，迫切需要国家安全情报部门法在外延上有所作为。国家安全情报立法实现以保障政治安全为根本，以保障经济安全和社会安全为基础，以军事和国防安全为依托，以文化、科技、生态、资源、网络和信息安全为重心，统筹传统安全情报与非传统安全情报这对辩证关系，形成宪法层面国家安全情报外延的全覆盖。

此外，立法健全各领域情报资源的分享机制。宪法国家安全条款不仅要求国家安全情报立法在宏观上进行外延拓宽，还要求在微观上开展要效整合，即通过各领域情报资源的协同共享，推动安全情报机制运行的一体化程度。这就要求我们“软硬皆施”，从立法源头上建立好情报资源的协同共享机制。就“硬件立法”而言，建立负责国家安全情报资源共享的协同机构；就“软件立法”而言，我国安全情报部门法亟需进行立法补充，完善“组织法”方面的设定，具体包括深化情报资源的协同共享管理机制，规范协同共享的程序、标准以及流程，最终营造一个高效、规范的情报资源共享环境。

（3）国家安全情报部门之权利立法

现行《情报法》在权利保障方面仍需进一步完善。一是立法细化国家安全情报的治理边界。作为一种特殊的公权力，国家情报权往往更具侵犯性，这就要求其权力行使必须纳入宪法框架。在理念上，需要严格落实宪法国家安全条款的权利保障精神；在程序上，减少国家安全情报职权行使过程中的自由裁量权，在立法中明确国家情报获取的权力边界，明确规定限制公民权利的主体、条件、手段、程序、依据以及效力等因素；在机制上，融入合宪性审查思维，将立法中不符合宪法规定和宪法精神的相关规定予以剔除，从而保障国家安全职权不被滥用。二是立法健全公民的权利救济机制。积极落实《宪法》第33条“国家尊重和保障人权”的价值理念，健全公民的权利救济途径，将基于国家安全受到权利侵犯的情形纳入行政诉讼、行政复议和国家赔偿的范围之内，将审判经验凝聚成固化的审查标准与审查力度。

（4）国家安全情报部门之法体系协调

宪法国家安全条款始终蕴含着立法体系化的要求，因此我国安全情报立法仍需进一步完善。一是需要明确《国家安全法》在安全情报部门法中的基本法地位，发挥其应有的统摄功能。《国家情报法》《反分裂国家法》等立法应该自觉接受《国家安全法》的统领，围绕《国家安全法》进行立改废释以及法律清理活动，最大程度上保证安全情报部门法体系的统一性。二是需要加强国家安全情报部门法之间的协调，主要是指安全部门法、刑事部门法、行政部门法以及经济部门法之间的协调。首先必须统一部门法中关键概念的内涵，部门法应普遍以《国家安全法》和《国家情报法》所认定的“国家安全”与“情报安全”为基准进行概念界定，确保法规范的统一性。其次，要统筹国家安全的外延，各部门法应该将宪法多元安全观的思想融入立法内容当中，就传统安全与非传统安全进行统筹，争取将每一类安全类型都纳入现有法律体系之内，减少重复性规定与立法空白。最后，要协调好部门法间的规制手段，尤其是处理好刑罚处罚、行政处罚与经济处罚之间的标准和界限，按照行为性质、社会危害性、人身危险性和所造成的损害结果等情节对危害国家安全情报行为的惩治予以更清晰的规定。

二、美国国家情报立法及对外情报立法

（一）美国国家情报立法[1]

1. 国家情报立法的改革

21 世纪初，美国在国家情报领域已经形成由国会立法、总统令、部门指令构成的三位一体的法律制度体系。法律制度条文的性质也完成了由简约、模糊向详细、具体的转变，已成为制衡、牵引美国国家情报机制运行和发展的重要因素。

（1）国家情报立法思路的转变

冷战后，以国防和情报预算缩减为契机，美国国会着手整改国家情报法律条文简约、模糊的状况。以年度情报授权法案（Intelligence Authorization Act）这一传统立法手段，通过《1993 财年情报授权法》中的独立法案《情报组织法》（Intelligence Organization Act of 1992），将当时国家情报的运行机制

[1] 邓娥荣：《论21世纪美国国家情报立法的利益竞争困境》，载《情报杂志》2017年第1期。摘编后收入本书。

详细地写入国家情报宪章——《国家安全法》(National Security Act of 1947)中。此后，美国国会通过颁布情报授权法的方式，不断出台新的法律条款，如：《情报革新与改革法》(Intelligence Renewal and Reform Act of 1996)，对美国国家情报机制的运行和发展提供不间断的指导和监督。据此，美国国家情报立法也逐步由反映式立法向推动建设式立法转变，也正是这种转变不断提升法律制度在美国国家情报工作中的地位和作用。

(2)国家情报领域进行改革性立法

从2001年到2004年，美国政府就如何以立法的方式引导情报领域的改革，进行了持续的调查、交流和争论。美国国会首先达成一致，对国家情报进行大规模立法。2004年8月2日，小布什总统宣布修改《国家安全法》的决定，正式启动国家情报领域的改革性立法。

政府内部在早期就已达成共识，设立专司国家情报体系管理的国家情报总监一职。但在赋予国家情报总监何等权力上，存在分歧。以美国参议院为代表的部分力量，主张将国家安全局、国家地理空间情报局、国家侦察局、中央情报局等国家情报机构收拢，组建"国家情报部"，由国家情报总监直接管理。以美国众议院，尤其是其下军事委员会为代表的力量，则主张在原有的架构体系上适度增强国家情报首脑对国家情报资源的影响力，亦即保持各部门对下属情报机构的指挥链条。无论何种提案，都对以国防部为代表的美国政府部门的传统利益构成了不同程度的威胁。

(3)国防部对国家情报立法的干预

新型战争形式的现实需要，使得美国国防部高级官员和一线的军事指挥官都非常依赖国家情报系统提供的信息数据。而要将国家安全局等国家情报机构从国防部剥离，组建国家情报部门这类颠覆部门结构的变革性立法倡议，遭到美国国防部的坚决抵制。

在国家情报立法辩论的过程中，美国国防部利用一切机会来维护传统情报指挥链条，制约和削弱国家情报总监的权力。最终，国会通过《情报改革与恐怖主义预防法》，法律赋予国家情报总监权力，但是却没有设立"情报部"来直接指挥、管理和控制所有的情报机构。这表明国防部情报机构将与军事力量高度融合在一起，以支援军事行动为核心职责。

2. 美国国家情报立法的举措

利益竞争的深层原因，是国家情报需求与部门情报需求、军事情报需求之间的共存与矛盾。在情报资源有限的前提下，如何在响应国家情报需求的同时，确保部门情报需求，尤其是军事行动对情报的需求，是美国国家情报立法的主要困境。对此，美国国家情报立法以阐明行为体间关系链的方式，寻求国家情报与部门情报、军事情报之间的平衡点。

（1）有关国家情报效能的法律条款

提升国家情报生产效能，是美国国家情报立法的根本出发点。美国国家情报法律条文提出了多项加强国家情报资源对国家情报需求响应度的具体举措，主要方式是明确国家情报体系顶层设计，对美国国家情报总监在十八个方面的职权进行了详细、全面、具体的规范，其中对国家情报工作影响最为之大的包括：其在国家情报指挥层级、国家情报需求秩序设定、国家情报分析中心建设、国家情报计划的预算制定和执行、情报界人事调动、重大情报侦察体系研发等领域的法定权力，而这些法定权力都形成了历史性突破。

（2）束缚国家情报总监权限的法律条款

迫于美国政府行政机构的压力，国家情报法律中也包含多项束缚国家情报总监权限的法律条文。小布什总统在总统令中强调，国家情报总监在履行《国家安全法》和本命令所赋予的权力时，不能侵蚀美国政府各部门首脑和中央情报局局长的法定和其他职权，任何其所属单位为情报界成员的部门首脑，如果认为国家情报总监的指令或行动违反了《情报改革与恐怖主义预防法》第 1018 条或本条款，应提请国家情报总监、国家安全委员会或总统注意该事宜，请其以尊重并不侵蚀各部门首脑法定权力的方式解决。

具体到美国国防部下属情报界机构，法律还有许多特殊规定，比如：国家情报总监所制定的人事政策不适用于军事机构；牵涉到国防部的大规模系统的采购，国家情报总监需要咨询国防部长的意见等。

（3）专门阐述国家情报与国防部情报机构之间的关系链

国防部情报机构是情报界的主体，是国家情报计划资金的主要占有者，也军事情报计划资金的全部占有者，美国国家情报法律专辟条款来阐述其与国家情报顶层之间的特殊关系。

依据法律，美国国防部长是下属情报机构业务的总指挥和总负责。国防部不仅是军事情报活动的控制和实施者，也是国家情报需求与国防部情报机构情报活动之间的纽带和中间人。在解决国家情报与军事情报需求之间矛盾这一问题上，军事部门拥有法律上的优势。通过这些法律条款，美国国家情报总监的政策、命令、指挥、权力链条都无法直达国防部情报机构，只能通过国防部长这一“中间桥梁”。

（4）明确赋予国防部对下属情报机构的行政管辖权

国家情报立法不仅没有将国防部情报机构移交给国家情报总监，而且还巩固了国防部对下属情报机构的行政控制权。依据法律，国防部长负责确保国防部内的情报界成员的预算能够满足国防部的情报需要，包括参谋长联席会议主席、联合和特种司令部司令的需求，在执行政府范围职能时，能够满足其他部门和机构的需要；甚至对于秘密、特别或突发目标实施情报和反情报活动时，可以不遵守政府资金使用相关法律法规要求，使用国防部内的情报界所属成员和国家情报计划中不超过 5% 的预算。

3. 国家情报法律的执行

（1）不影响行政机构利益的法律条文落实程度较高

在不影响美国政府行政机构传统利益的前提下，国家情报法律制度中的举措性法律条款，其落实和执行程度是比较彻底的。美国国家情报总监走马上任后，接管了国家情报的最高整合中心——国家情报委员会，组建了国家反恐中心；创建任务主管和任务中心；创建了国家情报优先框架这一机制，国家情报总监所采取的这些举措，均为法律条文中明确要求落实的。在与行政机构传统利益相冲突时，美国国家情报总监看似宽泛的权力可操作空间就极小。

（2）利益竞争影响落实性情报政策、指令的兼容性

在美国国家情报系统内，情报界指令、内阁各大部门相关指令是情报法律的末端落实，对情报工作运行和发展的直接指导意义更强。然而，情报界

指令与各大部门情报指令同级同等，侧重点又各不相同，很难形成兼容性。情报界指令侧重情报界的共同建设，然而无法形成强行执行力；而且部门指令直接关系下属机构发展，更注重部门内部需求的响应。

美国国家情报法律与制度虽形成宏观体系，然而，内在却未能形成共同的理念。部门指令虽不能与法律相违背，然而在不违法的情况下仍有大量的自由裁量权，也为部门竞争预留了无声的“战场”。

（3）利益竞争导致核心资源无法得到统筹利用

情报需求的矛盾，根源在于核心资源的有限。美国政府希望通过国家情报计划和军事情报计划两大块预算的集中管控，来实现情报资源的合理投放和高效运用，避免不必要的浪费。仅以最受关注、耗资最多的卫星研发领域为例，由于法律并未明确授权，国家情报法律与国家情报体系的运行之间，还存在很大的空隙，导致效果欠佳。有观察者指出，2006-2010 年间情报授权法缺失，误导了情报优先秩序，产生了数亿美元资金的浪费。

国家情报总监及其办公室依然在运行当中，依然还在为国家情报资源的整合而努力，依然在不断促进国家情报机构对国家情报需求的响应度。当然，国家情报需求与部门情报需求、军事情报需求之间的矛盾，还将长期存在。

（二）美国对外情报立法[1]

“9·11 事件”后，恐怖主义作为美国国家安全、国土安全的首要威胁，其特殊运行方式对美国情报界和执法界各自独立的烟囱式工作模式提出了挑战，打破横亘于对外情报和执法的壁垒，成为了“9·11 事件”后美国为应对恐怖主义威胁采取的首轮措施之一。

1. 对外情报法律壁垒

在美国境内开展以获取对外情报信息为目的的调查和以获取刑事犯罪证据的调查执行两套法律程序，分别受 1978 年《对外情报监视法》（Foreign Intelligence Surveillance Act）和 1968 年《综合犯罪控制与街道安全法》

[1] 邓娥荣、任国军：《“9·11”后美国打破对外情报与执法壁垒的立法举措》，载《情报杂志》2020年第2期。摘编后收入本书。

（Omnibus Crime Control and Safe Streets Act）第 III 编约束。两者间存在很大差异。首先，对外情报监视的获批门槛更低。其次，对外情报电子监视可获授权的时限相对更长，且无须告知被监视对象。第三，对外情报监视审批程序的秘密性强。美国《对外情报监视法》为审批对外情报监视活动设立了专门的对外情报监视法院，对外情报监视活动的审批是单方面、秘密进行的，其判决和庭谕都受到保密法律和制度的绝对保护。

为防止更具侵犯性的对外情报监视手段滥用于执法调查，美国逐步形成了《对外情报监视法》首要目的适用标准，限制这该法的适用范围。作为对首要目的标准的执行和落实，美国司法部 1995 年 7 月制定的“联邦调查局与刑事犯罪科围绕对外情报与对外反情报调查事宜接触的章程”，这些规定不仅阻碍了司法部内部对外情报与执法的协商交流，更是使得司法部的执法机构就根本无法从情报界获得情报信息了，进一步筑高了对外情报和执法间的壁垒。

2. 对外情报立法新举措

2001 年 10 月 26 日，美国国会以绝对多数赞成的方式通过了《美国爱国者法》（USA PATRIOT Act），对美国境内执法调查和对外情报监视法律条款作出了重大修订。

（1）将《对外情报监视法》“目的”改为“重要目的”

《美国爱国者法》第 218 条款是打破执法情报与对外情报间壁垒的第一步，它将《对外情报监视法》中的“目的”（the purpose）一词改为“重要目的”（significant purpose），这一修订，改变了美国政府在美国境内为获取对外情报信息为目的开展电子监视和物理搜查的前提。它意味着《对外情报监视法》可用于执法情报的搜集，在此基础上，《美国爱国者法》从法律层面明文要求参与调查或防御外国势力或其代理人实施的事实或潜在攻击或其他重大敌对行动、阴谋破坏或国际恐怖活动、秘密情报活动的对外情报与执法人员加强协同合作。这对拆除分隔情报官员和执法官员的壁垒起到了推动作用。

（2）确立“重要目的”标准

重要目的标准取代首要目的标准，作为美国政府将其付诸衡量《对外情报监视法》适用范围的基本标准有三项：一是政府可将其用于调查和起诉“对外情报犯罪”；二是政府不可将其用于唯一目的是获取起诉证据的调查，即便是针对对外情报犯罪；三是政府不可将其用于首要目的是起诉非对外情报犯罪的调查。这拓展了《对外情报监视法》的适用范围，也将法律适用范围限定在对外情报领域，反对将法律无限制地适用于执法调查。

（3）推进对外情报和执法信息共享

《美国爱国者法》第 203（a）和（b）条款消除了执法情报与国家安全官员共享的壁垒，允许大陪审团传票或执法监听等重要刑事调查工具所获信息的常态信息共享。在此基础上，905 条款还为执法情报与对外情报共享专门作出规范。首先，强制要求执法情报流向对外情报领域；其次强化情报界与执法界的协作，进一步规范执法界对情报来源的保护。

3. 新举措产生的积极影响

“9 · 11”后，随着《美国爱国者法》的修订，美国司法部颁布了系列纲领文件重新规整其对外情报共享问题，并与情报界、国家安全部达成了多项情报共享协议。这些新举措多次受到国会的正面肯定。因此，2006 年 3 月 9 日，美国国会通过了《美国爱国者法改进和再授权法》（USA PATRIOT Act Improvement and Reauthorization Act），将打破对外情报与执法壁垒的法律条款全部固化，使其成为长期有效的法律条款。美国政府多层次的法律制度，有力推进了美国对外情报与执法情报的整合。

（1）顺畅了沟通协调机制

系列法律制度的颁布和执行，重建并顺畅了美国司法部内部对外情报与刑事调查的沟通协调机制。在放低了联邦调查局对外情报信息流向刑事犯罪部标准的基础上，极大地放松了对司法部刑事调查科为联邦调查局提供建议的限制。2002 年 3 月，美国司法部修改情报共享章程，鼓励联邦调查局、刑事调查科、情报政策与评估办公室，就对外情报和对外反情报调查事宜进行相互协商。司法部的章程有效清除了司法部内部对外情报与执法信息共享、行动协调的法律障碍，也为情报界与执法界的信息共享提供了现实基础。

（2）使执法情报成为对外情报的重要来源

系列法律制度的颁布和执行，使得美国执法情报信息在对外情报搜集、分析中发挥了更为重要的作用。首先，执法情报信息为对外情报搜集提供重要线索，依照法律，联邦调查局可将在刑事调查中发现的有情报价值的信息，与中央情报局及其他情报机构共享，从而促进情报机构情报搜集。其次，执法情报信息也可作为重要的情报资料。第三，执法情报信息也能为情报界提供成系统的情报知识。

（3）提升了反恐调查手段的灵活性

《美国爱国者法》第218条款的修订则表明，《对外情报监视法》可用于刑事证据的搜集。新条款丰富了美国反恐调查中综合、变通使用对外情报监视手段和刑事调查手段，极大地提高了美国司法部开展跨国情报调查的能力，并提升了其预防恐怖组织对美国本土实施恐怖袭击的能力。“9・11事件”后，美国将刑事诉讼也作为惩治恐怖分子的一种手段，而依据《对外情报监视法》获取的情报信息也成为刑事诉讼的有力证据。

（4）达成了多部门的反恐情报共享

在法律文件的引导下，2003年3月，美国情报界、司法部、国土安全部达成的信息共享备忘录，着力于推动美国政府在恐怖主义等首要国家安全威胁领域的信息资料共享和分析观点的协商。一是决意在让渡部分利益的前提下，突破信息来源限制，推动三大系统信息资料的共享。二是重视在重大国家安全威胁领域分析结论的充分沟通。在恐怖主义构成的现实威胁压力下，情报共享备忘录在情报界、执法界和国土安全部三大系统内都得到了有效的执行和落实，有力地推进了美国反恐情报在各个层次的整合。

总之，从立法层面打破对外情报与执法壁垒，既是美国政府对“9・11”恐怖袭击的应急反应，也是美国应对21世纪非传统国家安全威胁的必然选择。尽管《美国爱国者法》的部分条款已经失效，但其打破对外情报与执法壁垒的法律制度依然有效，且产生了极为深刻的影响。打破对外情报与执法的法律制度壁垒，在很大程度上改变了美国联邦政府在部分领域的运行模式，总体提升美国政府在世界范围内预防和打击恐怖主义等国家安全威胁的能力。跨部门、跨机构、跨领域、跨层级情报信息共享的机制也已形成，情报信息在国家层面的整合力度在增强、整合范围在扩大、整合效果日趋显著。

三、俄罗斯联邦情报法制建设[1]

俄罗斯联邦自建立以来，把国家情报立法作为政治体制转型的组成部分，注重以情报立法规范情报系统的生存、改革与发展，先后颁布了多部法律法规，并根据情况变化不断对其进行修订和补充，相关法律业已形成一个相对齐备的法律体系。

（一）情报立法的基础

俄联邦当代学者认为，苏联的国家情报与安全立法很不完善，情报机关实际是在没有法律根据的条件下行使它的职权，这意味着苏联情报机关的活动几乎不受法律的限制，甚至“凌驾于法律之上”。事实上，苏联的情报机关主要是“按自己内部的规矩办事”。比如，仅克格勃就有近五千条工作条例，但是这些条例未能纳入国家法律。

直到戈尔巴乔夫执政后，在公开和民主思潮推动下，1991 年 5 月 16 日，由克格勃时任主席克留奇科夫提出的《苏联国家安全机关法》得到苏联最高苏维埃批准而正式出台，成为苏联第一部情报机关立法，在苏联历史上首次以法律形式确定了克格勃的性质、任务、权限及活动范围。但是，该法一出台就遭到了很多人的批评。一是认为该法作为一部规范安全与情报机关某一部门的法律，不能横空出世，在出台之前，应该首先制定并通过苏联关于安全基本问题的法律。只有在此基础上，作为安全与情报机关的克格勃的法律才有合法性；二是依据当时“民主派”的标准，认为该法没有出台就

[1]　彭亚平、王亮：《俄罗斯联邦情报法制建设及其特点》，载《情报杂志》2017年第1期。摘编后收入本书。

已经过时。

所以，在“8·19”事件后巴卡京作为“民主派”的代表，在主导对克格勃的肢解活动过程中，就开始强调一种观念，就是国家情报安全机构在履行职能时，必须遵守国家的宪法、法律和法规。

（二）情报法律体系结构

目前，俄联邦的情报法律法规已经基本实现了系统化。按层次可以分为：

1. 基本法类

主要有《俄罗斯联邦宪法》、俄联邦《安全法》等法律。

1993 年 12 月 12 日出台的《俄罗斯联邦宪法》是俄联邦的基本法。因而也是俄联邦国家情报法律保障机制的核心。它对维护俄罗斯联邦国家安全的根本原则和有关国家情报机关的活动进行了规范，从而构成了俄罗斯“国家安全保障体系的核心法律基础”。

1992 年 3 月 5 日出台的《俄联邦安全法》则首次明确了俄联邦有关“安全”“国家安全”等概念的认知问题，同时，作为俄联邦安全领域的基本立法，本身也成为俄联邦情报立法的基础，俄联邦情报立法不得与之相抵触。

另外，俄联邦出台的一些纲领性文件，比如《俄联邦国家安全构想》《2020 年前俄联邦国家安全战略》《俄联邦军事学说》《俄联邦信息安全学说》《俄罗斯对外政策构想》等，都对俄联邦情报机关的行为具有基本规范作用。

2. 情报部门法律、法规及规章

俄联邦情报体系部门法律可以分为三类：

第一类是俄情报领导机关的部门法律法规。比如，《俄联邦政府法》《俄联邦国防法》《俄联邦安全会议条例》《俄罗斯联邦国防部条例》《总参谋部条例》等法律法规。主要是对俄联邦情报领导体制中各主体在情报领域中的领导职责进行规定。

第二类是业务立法。是对情报部门所从事的某项业务进行的立法。比如，俄联邦《业务侦察法》和俄联邦《国家秘密法》等。前者是对各安全与情报机关从事业务侦察进行规范，后者则对什么是国家秘密以及各部门在保守国家秘密中的职责进行的规范。

第三类是各情报机关的部门法律法规。这类法律法规是俄联邦情报法律体系中的主体，目前俄联邦各主要情报机关都有自己的单行法律，它们也是各情报机关存在的最直接法律基础。

俄联邦先后颁布的其他情报机关法有：《俄联邦国家安全机关法》（1992年）、俄联邦《政府通信和信息机关法》（1993年）、《俄联邦反间谍总局条例》（1994年）、《俄联邦安全局条例》（1998年）、《俄联邦边防局法》（2000年）等。这些法律都是相应情报机关存在的合法性基础，同时也对其行为进行规范。

3. 总统令

总统令是俄联邦总统作为情报体系最高领导实施对情报体系领导活动的重要形式。情报界为总统直属机关，总统对其有重大领导与改革举措时，都先由总统令批准。此后，会在部门法律法规中对其进行调整后的结构与职能进行具体确认，以形成稳定性。如果说俄联邦情报机关的单行法律法规有着相对稳定性，那么总统令作为法律手段，则体现出了最高决策层对情报部门领导活动的相对灵活性。如1991年12月19日，叶利钦总统签署《关于成立俄联邦安全与内务部的总统令》；2003年3月11日，普京总统签署《关于完善俄罗斯联邦安全部门结构措施的总统令》，是普京情报改革的总指挥棒。2004年7月11日，总统普京签署《俄联邦安全局问题的总统令》，对联邦安全局的结构进行调整，提高其地位，扩大其职权；2006年2月15日，总统普京签署了《关于打击恐怖主义措施的总统令》。根据此法令，俄罗斯反恐协调与指挥机制进行较大调整，成立了新的反恐情报协调机构——国家反恐委员会，确立了以联邦安全局为首的总统垂直领导的反恐协调指挥体系。

4. 国际法规、协议

根据各项法律法规，俄情报机关遵守签署的国际法规、协议。例如，联邦安全局与多个国家积极开展双边或多边国际反恐情报合作，常常签有合作协议。正是这些需要慎重遵守的协议保证了双方互信程度达到较高水平。

需要指出的是，俄联邦自成立以来，不仅注重情报机关立法的从无到有的建设过程，更注重紧随形势对相关法律法规的修订工作。

（三）情报立法的内容及功能

俄联邦情报法律法规已经为俄联邦情报机关一切行为提供了基本依据。法律赋予情报机关存在的合法性，法律规定情报机关存在的形式、活动的样式、活动的原则，法律保障情报人员的权利，法律规定对情报机关与情报活动的监督权力与监督程序。

1. 情报基本概念的法制化

俄联邦的相关法律中，通常会首先定义所涉及的核心概念。比如，俄联邦《安全法》开篇就对“安全”“安全威胁”“安全的主客体”等基本概念给出了解释；《国家秘密法》则对于保密问题的众多概念给出了法律解释；《对外情报机关法》则将对外情报机关定义为从事对外情报活动的机关的总和，而不是单纯指俄联邦对外情报局。

情报法律法规对相关核心概念的界定，可以说是情报基本概念的法制化，这些核心概念法制化的背后是俄联邦基本情报理念的法制化。

2. 情报组织的法制化

俄联邦情报法律体系的一项基本职能就是赋予相应情报组织存在的合法性。

在赋予情报组织合法性的同时，情报法律法规还要从情报组织的职能、权力以及结构等方面对其进行规范。无论是《对外情报机关法》《对外情报局条例》，还是《俄联邦国家安全机关法》《俄联邦安全局条例》等所有相关法律，其主体内容都是如此。当然，情报组织的改组与裁撤也要由相应的法律法规和总统令来确定。

3. 情报活动的法制化

情报法律另一项重要的内容就是对情报活动提出基本规范，诸如，情报活动的主体、情报活动的范围、情报活动使用的手段、情报活动要遵守的法律基础、情报活动的基本原则、情报活动的目的、情报活动的经费保障，等等。

各情报法律对情报机关工作应遵循的基本原则的规定有着高度的共通性，基本上都是“合法性”“尊重和遵守人和公民的权利与自由”“公开与非公开活动方法和手段相结合”等。

4. 情报人员权利的法制化

随着俄联邦情报法律体系的逐渐健全，作为情报活动主体的情报人员，其权利与义务不再像苏联时期那样更多的是以“内部规矩”的形式存在，而是逐步实现了法制化。以《对外情报机关法》为例，该法将从事对外情报活动的人员细致地区分为对外情报机关干部、对外情报机关职员、对外情报机关协作人员，依据人员身份的不同，分别对其责任与权利进行了规定。在1992年出台后，该法对正处在混乱的俄联邦情报机关处转型过程中的对外情报机关的相关人员起到了稳定军心的作用。在后来则起到了规范情报人员行为的作用。

5. 情报监督的法制化

俄联邦自成立后就认为，对情报机关的活动实施监督是其宪政体制的必然要求。“由谁（机关）实施监督”“如何进行监督”“监督什么”“在实施监督的过程中如何处理监督与保密的关系”，俄联邦相关情报法律法规都作出了具体的规定，从而实现了俄联邦情报监督活动的法制化。

综上，苏联解体后俄罗斯把国家情报立法作为情报系统改革、生存和发展的基石，颁布了多部有关法律，并根据情况的不断变化及时进行修订和补充。俄总统也多次颁令部署和指导情报安全部门的改革工作，各部委根据有关法律和总统令也下达了多项保证情报安全工作开展的命令。国家各项法律、总统令、特工部门单行条例、国家安全构想等为情报工作构建了坚实的法律基础，确立了国家安全保障体系及其职能，廓清了情报工作中的一些基本概念和范围，规定了特工部门的地位、职责、权力、人员、手段及开展情报侦察活动的监督程序。对在复杂动荡的政治局势下，保持国家情报体制的稳定起到了重要的作用。

四、俄罗斯对军事技术情报的法律规制[1]

俄罗斯是军民融合发展强国，同时也是军事技术高度发达，拥有先进军事技术情报管控体系的军事大国。在此双重优势基础上，以军民融合产业需求为靶向，对军事技术情报的非军事化运用与涉外合作进行法律规制，既能够服务于国家经济利益的持续性增长，增加其灵活性与战略性，保持军地间的良好合作、互动态势，也能有效保证军事技术情报在多元合作、运用、交流、互换中的安全性，进而确保俄罗斯的国家利益和军事优势不受损害。俄罗斯依靠长期的军民融合经验、军事情报管理经验和立法实践，走出了兼具特色与张力的军事技术情报法律规制道路。

俄罗斯现行针对军民融合中的军事技术情报法律规制体系由联邦法、总统令、政府令中的部分法律法规所共同构成。

（一）军事技术情报法律法规体系概述

自俄罗斯联邦成立以来，历届俄中央政府均高度重视国内军民融合过程中的军事技术情报法律法规体系建设，并不断完善涉外军事技术情报合作的法律规制范围与力度。无论是在叶利钦时代还是普京、梅德韦杰夫执政时期，都将军民融合中的军事技术情报法律法规体系建设纳入知识产权法范畴，使其成为整个知识产权法序列内的重要一环。现阶段，对于俄罗斯军民融合中的军事技术情报法律法规体系的认知，可从其构建路径以及各组成部分间的作用区别等层面渐次展开。

1. 军民融合中军事技术情报法律体系构建路径

由于俄罗斯政府将军民融合中的军事技术情报法律法规体系纳入国家知识产权法体系的建设轨道之中。因此，俄罗斯军民融合中的军事技术情报法律法规体系的建构路径主要经由以下三个步骤。首先，依据俄罗斯的根本大法《俄联邦宪法》来制定维护、保障国家军事技术情报安全与合规性的基本

---

[1] 马天：《俄罗斯军民融合中的军事技术情报法律规制研究》，载《情报杂志》2020年第6期。摘编后收入本书。

原则。其次，在国内建立起较为完善的知识产权法体系，以保证军民融合发展过程中的军事技术合作能够有据可循，并对军地间、国际间涉及军事技术情报及相关知识产权问题的法律法规进行调适与整合。再次，于知识产权法体系内，以军事技术情报为调整对象，根据其本质、特点及安全需求创设新的法律法规，抑或是对原有法律法规进行补充、完善。

2. 军民融合中军事技术情报的不同规制

当前，俄罗斯知识产权法体系由 25 部联邦法、10 项总统令和 10 项政府令共同组成。其中直接或间接涉及俄国内军民融合中的军事技术情报、涉外军事技术情报合作的联邦法共计 6 部，总统令 7 项、政府令 8 项。三类法规在对军民融合中的军事技术情报的规制有明显的差异。主要体现在三者主体内容的指向性方面。

6 部联邦法主要对俄国内军民融合中的军事技术情报以及涉外军事技术情报合作的实体性内容进行了阐述和规范；7 项总统令中的 6 项是以军事技术情报的管控机构等为主要规制对象，对其存在的内部问题和管理原则进行了扼要说明；8 项政府令则主要聚焦于国防订货和军用、专用、军地两用科研、技术成果中的军事技术情报安全保障问题及相应的登记、管理办法。虽然三者对军民融合中的军事技术情报进行指导、规制时的内容指向与侧重点不同。但三者间各司其职、协调互补的关系也造就了俄罗斯军民融合中的军事技术情报法律法规体系的功能完整性与覆盖全面性。

（二）联邦法：明确概念、适用范围与涉外合作原则

截至 2019 年底，俄罗斯联邦法系统中涉及军民融合背景下军事技术情报规范性治理的有《俄联邦保守国家秘密法》《俄联邦国防订货法》《俄联邦出口管制法》《俄联邦对外军事合作法》《俄联邦商业秘密法》《俄联邦信息、信息化和信息保护法》六部法律。从国家宏观角度对军民融合产业中的军事技术情报性质、地位，特别是其涉密等级和涉外合作时的基本原则作了明确规定。为总统令和政府令体系中针对军用、专用和军民两用军事技术情报合规使用与安全性的法律保障、监督机制奠定了关键性法理基础。

1.《俄联邦保守国家秘密法》和《俄联邦信息、信息化和信息保护法》规定了军事技术情报的概念、载体形式与保密机制

在俄罗斯，军事技术情报属于军事情报的一种，主要指为达到军事技术研发、创新目的而获取的国内外关于军事技术的最前沿情报，亦包括对于各国现有军用装备技术与信息的收集和汇编。一般而言，军事技术情报兼具目的性、准确性、时效性、预测性和机密性等多元化特征。值得注意的是，若所附加的要素种类越齐全，细节叙述越为详尽，则其本体的参考、运用价值就越大。将信息系统、信息资源一并纳入信息技术范畴，使之成为军事技术情报的有机组成部分，并被视为国家在信息化领域政策的优先管制对象，以保障国家安全利益为先，实现公司和机构的权益为次要。军事技术情报纳入俄罗斯国家秘密情报清单之列，受国家秘密情报保护体系的监控与保障。军事技术情报的定密并不是通过“一刀切”的方式，而要依据其同国家、社会、公民生活利益间的关系，在具体问题具体分析之后划分为绝密、机密和秘密三个等级。最后，关于军事技术情报保密机制的具体落实，《俄联邦保守国家秘密法》通过支配条例和保护规则予以规制。军民融合产业合作中的军事技术情报可在国家权力机构、企事业单位和地方、军事组织间相互转交，也可在委托工作或合作工作中进行转交。其次，军民融合领域的军事技术情报涉密保护执行机构包括国家秘密保护委员会、国家权力机关、企事业单位、各军地组织等。同时，公民和公职人员在经过一定程序的合规申请之后也能接触到军事技术情报。

2.《俄联邦商业秘密法》和《俄联邦国防订货法》确定了军事技术情报在军民融合发展中的适用范围

在过去的10年间，俄罗斯军民融合军事技术情报的适用范围逐年扩大，形成了以新兴的“军—地”间市场化合作为主，以传统的“军—军”间制度化合作为辅的全新格局。“秘密级”的军事技术情报可被视为商业秘密的一种，广泛应用于军民融合领域内的制造、研发、信息服务等市场行为之中。专门强调可将“信息”列入构成商业秘密的要素之中，各种载体形式的军事技术情报都应在劳动关系内、民事法律关系内、军地协同关系内以及各种转让、委托关系内依法保密。明确了俄罗斯联邦政府的国防订货是为保持国家防御能力和维护国家安全而向联邦军队提供必需品、装备的行为；国防订货行为是一种基于军、地间融合宗旨而形成的协同行为。主体是联邦政府、军队和总承包商，而总承包商是指与国家、军队订货人签订了国防订货产品或劳务服务合同的，依法经过资格合法审查的产品提供单位；总承包商在具体的生产、研发过程中对军事技术情报的保密负有完全责任。此外，将涉密的军事技术情报共享视为促进军地、军民间经济往来和产业互动的经济激励措施之一。既能够持续性保证民营企业、科研单位、地方组织的核心竞争力，也能更好地服务于联邦军队发展对于相关产品供货数量和质量的提升性需求。

3.《俄联邦出口管制法》和《俄联邦对外军事合作法》确立了在涉外合作时关于军事技术情报的基本原则

军事技术及相应的情报、智力成果、知识产权均被视为涉外合作的一部分。密级较高，或是出于自身特点和性能可能制造出大规模杀伤性武器、造成巨大破坏的军事技术及其智力成果被列入了受管制工艺序列，反之则可参与俄罗斯涉外合作。适用范围方面，该法既适用于调控俄罗斯国家政权、机构和涉外合作参与者之间的关系。也适用于作为军用产品，以及军事技术及其情报、智力成果、知识产权的出口管制依据。该法的首要管制目标是保护俄罗斯的国家利益，以及为实现联邦经济与世界经济一体化而创造条件。与之近同的是，其出口管制原则也将保证国家安全和军事利益、优势、震慑力放在了首位，将在军用、军民两用技术、情报出口管制领域履行俄罗斯联邦的国际义务放在了次位。既强调了在涉外合作中要对涉及俄罗斯国家安全和军事利益的军事技术情报安全予以重点管控、保障，又许可了军事技术情报在不违反国际准则和惯例，不涉及制造大规模杀伤性武器的前提下能够参与涉外合作，并通过建立许可证制度进一步对其进行规范化治理和监控。

（三）总统令：对成果运用与机构权责确立予以补充性规制

总统令和政府令主要用于协力、辅助联邦法的贯彻落实，并对其施行过程中的不足和争议点进行查漏补缺。

1. 对军事技术、情报合作成果的既有法规进行补充性说明

在联邦法体系中，着重对军用、专用及军民两用技术、情报、知识产权的合作申报程序、权责划分等作了细致规定。但对于相关成果的保护目标、路径、机制等甚少提及。因此，通过总统令，对相关成果的法律规范与保护进行补充性说明。首先，该政府令要求军用、专用及军民两用领域基于军事技术合作，特别是涉及军事技术情报、知识产权而产生的成果，在经济和民法领域使用过程中应确保不会对国家利益和军事安全造成损害。进而责成俄罗斯联邦司法部对上述成果的合法权益进行非军事序列法律保障。其次，对因国防订货行为产生的基于军事技术、情报、知识产权交流、合作而获得的各类智力成果，要通过各部门协同措施，确保其在经济与民事法律领域使用中得到完善的法律保障。同时，要求联邦司法部和联邦执行权力机构定期对相关智力成果采取联合清查，以监督其合法合规性。

2. 消除俄罗斯联邦对外军事技术合作法规中的重复性内容

由于联邦法在对涉外军事技术合作进行规制时所涉及的部门、机构较多，因而造成了重复性行政审查、监督、协同规定的存在。为此，通过第 1488 号总统令对其予以简化规范，避免二次行政等时弊，进一步对各部门在涉外军事技术合作中的责任义务进行划分，撤销联邦对外军事技术情报合作跨部门协调委员会等重复性机构，这样大大提升了联邦法的权威性、便捷性、聚焦性，降低了相关领域的司法成本。从而更好地对以军事技术、情报、知识产权为中心内容的涉外军事技术合作进行法律规范、治理与保障。

3. 明确各部门的权责义务，深化彼此间的协同性

基于明确各部门权限义务，强化部门间协调性的重要程度。俄罗斯自 2003 年起陆续颁布的 7 部总统令，均以综述附带章程的形式对涉及军事技术合作与军事技术情报法律规制的 7 大部门进行了深入性规范。尤其对它们的责任、权限、义务、开展联合工作的程序等内容进行了详细阐释。对部分权责确立不明晰、有碍于部门间实施联合执法、监督、保障举措的条款、规则予以废止。

（四）政府令：对联邦法和总统令进行二次完善

在联邦法和总统令之外，政府令也是俄罗斯的法律形式之一。其制定过程与审批程序的相对迅捷，具有时效性和针对性。

总体上看，涉及军事技术情报领域的政府令共计 8 项，其中紧急措施 1 项、临时决议 7 项。紧急措施是俄罗斯联邦第 1132 号政府令，旨在对涉及军事技术、情报、智力成果和知识产权的军地合作分配机制与监督审查机制进行规范性重构。其一，要求俄罗斯联邦司法部组建联邦军用、专用和军地两用军事技术成果法律保护局，对相关情报成果和智力成果在经济和民事法律领域的使用、流通情况进行大数据分析。其二，由俄罗斯联邦司法部代替国防部，与联邦执行权力机构共同作为国防订货人。对最终的军民融合产业所产出的军事技术成果、情报成果和智力成果等进行支配。其三，对军民融合体制下的军事技术、情报、知识产权合作合同形制进行补充，新增时效规范与协同义务。

7 项临时决议则分别对编制联邦国防订货的指标参数、军民两用军事技术情报出口管制的范围程序、引导军事技术成果与情报智力成果进入经济流通领域的方针策略、对运用于军民融合领域的军事技术情报实行国家登记制度等问题作了补充解释和条文完善。有效弥补了联邦法和总统令因概述笼统、行政机构与工作职权反复重叠等情况所导致的法意模糊问题。

第四节
情报监督

一、英美情报监督体系[1]

情报监督是指对情报工作在搜集、整理、分析、发布、使用、评估等情报流程的各个环节从合法性、合规性等方面进行审查和监督的工作，是情报学研究重要内容之一。国外关于情报监督问题的关注和研究大约起步于 20 世纪 70 年代。随着形势变化，一些国家结合当前安全环境的新特点，开始反思过去情报监督体制和机制的不足，试图设计更有效合理的情报监督体系。这种重大变化重点表现在以“伊斯兰国”和“基地”组织为代表的国际恐怖主义的威胁持续存在；以俄罗斯在乌克兰和克里米亚问题上的行动为标志，凸显的东西方关系对抗；通过“斯诺登事件”披露的以“棱镜”项目为代表的大规模监听行为。约大学法学院的两位研究者高德曼（Zachary K. Goldman）和拉斯科夫（Samuel J. Rascoff）认为在 21 世纪，情报监督不再是传统的狭义意义上的，不仅仅是通过立法、行政和司法等手段规范情报机构行动合法性。

[1] 蒋东龙：《论英美情报监督体系及其启示》，载《情报杂志》2020年第1期。摘编后收入本书。

在新的全球安全环境下，一些新机制和新动力对情报监督也发挥着重要作用。

（一）英美情报监督体系概述

无论是在英国、美国、加拿大、法国等发达国家，还是在罗马尼亚、马其顿等国家，情报监督工作都得到了重视。由于英国、美国在情报系统比较发达，两个国家情报监督工作相比较其他国家而言起步也较早，情报监督专题的公开资料也比较丰富，本节对这两国的情报监督体系进行介绍。

1. 英国情报监督体系概况

英国的安全情报部门由三个主要机构组成：军情五处（MI5）、军情六处（MI6）和政府通信总局（GCHQ）。这些机构是在20世纪初期为了应对德国的威胁而建立。在过去一百多年的历史中，英国情报机构不断发展，其情报监督体系也逐步完善并独具特色。

情报工作由于其秘密性，长期以来人们难得管窥其真正的面目。英国的情报工作也是如此。在20世纪80年代之前，英国政府并没有正式承认其核心情报机构军情六处的存在。在此情况下，要实现对军情六处的监督根本不可能。直到20世纪80年代，英国情报机构针对国内的一些左翼组织和左翼人士开展了大规模调查，一些全国性的倡导权利保障的组织和运动蓬勃发展，对情报机构的批评与质疑越来越多。对情报机构进行规范和监督也成为一个重要的议题。此后，英国加大了对情报机构的监督。先后出台了一系列法律，规范了情报监督体系。

英国情报工作内部监督的重要举措是于1994年根据《情报工作法》（Intelligence Services Act ）的授权在英国议会内部成立了“情报与安全委员会”（Intelligence and Security Committee，简称ISC）。该委员会的建立标志着英国情报工作的内部监督机制逐步完善。英国三大情报机构的政策、管理和经费都接受该委员会的监督。2013年英国制定了《司法与安全法》（Justice and Security Act），进一步明确了“情报与安全委员会”的地位和职责，并赋予其更大的监督权力，其监督的范围不仅包括英国三大情报机构，也包括英国内阁其他部门和军方，对所有这些部门与情报工作相关的各项政策、行动与预算进行监督。

英国虽然是最早开展现代情报工作的国家之一。但早期的英国情报工作并没有完善的监督体系。在开展情报工作过程中，侵犯隐私、权力滥用等违法问题时有出现。20 世纪 80 年代以后，英国逐步建立了较为规范的情报监督体系，规定了情报监督主体、明确了情报监督范围、确立了情报监督的原则、强化了情报监督的措施、规范了情报监督的抓手等方面，形成了比较明确的结构和工作内容。

（1）英国情报监督的主体是以“情报与安全委员会”为核心的多层次结构

英国情报机构除了以军情五处、军情六处和政府通信总局为主以外，还有其他一些部门也参与情报工作。例如，内阁办公室安全委员会在涉及重大基础设施安全防范方面参与情报部门的工作；国家犯罪情报局（National Criminal Intelligence Service，NCIS）在打击有组织犯罪、恐怖主义等严重暴力犯罪方面与军情五处密切合作。由于军情五处并没有逮捕权，因此，军情五处与苏格兰场和地方警察部门必须密切合作。在苏格兰场警察局和地方警察局设立的特别行动处（Special Branch，SB）是警察部门与情报部门开展合作的纽带。

为了对这些情报部门和开展情报工作的执法部门进行监督，英国形成了以议会“情报与安全委员会”为核心，情报工作专员（Intelligence Services Commissioner）和通信拦截工作专员（Interception of Communications Commissioner）为主干，内政部、外交部、国防部等职能部门为支撑，侦查权力法庭（Investigatory Powers Tribunal）为补充的情报监督结构体系。在这个监督体系中，议会的“情报与安全委员会”居于核心地位。该委员会成员由首相提名、议会任命，由九名成员构成；有权检查和监督情报机构的政策、预算、管理和行动。2000 年制定的《侦查权力法》设置了情报工作专员和通信拦截工作专员这两个重要的职位，来实现对情报工作的内部监督。英国内政部、外交部则建立自身的监督机构对相关情报部门的工作开展监督。例如，英国外交部对军情六处和政府通信总局负有监督责任。内政部对军情五处负有监督责任。设立侦查权力法庭是英国情报监督体制的独特之处。该法庭的人员由女王任命。法庭负责解决情报工作所涉及的争议与纠纷。

（2）英国情报监督范围主要针对情报机构的政策、预算、管理和行动

英国情报监督工作的范围主要围绕情报机构的政策、预算、管理和行动等方面。具体来说，作为情报监督核心机构的议会“情报与安全委员会”行使着最广泛的监督权力，其监督工作的覆盖范围也最广，涉及政策、预算、管理和行动等诸方面。相比较而言，情报工作专员（Intelligence Services Commissioner）和通信拦截工作专员（Interception of Communications Commissioner）两者的监督范围则更聚焦情报工作的具体层面。情报工作专员虽然可以在首相授权之后对情报机构及其成员的任何职务行为开展监督和调查，但情报工作专员的主要监督职责是审查和监督国务大臣、国防部长和情报机构首脑等使用各种侦察措施的行为是否具有合法性；通信拦截工作专员的监督职责则更加明确，其职责范围主要是对国务大臣和情报机构在采取侦察措施对特定对象实施通信拦截时，其许可令的签发、延长、取消，通信拦截的程序以及获取的通信信息内容的保存等是否合法。

（3）审核监督情报工作合法性的依据是法律和公民隐私保护

英国制定了一系列法律来规范情报机构及其工作。对三大情报机构之一的军情五处，英国在1989年制定的《军情五处法》（the Security Service Act）中明确规定了该机构的任务、职能和行为规则，并将其置于内政大臣的管辖之下。1994年制定的《情报工作法》（Intelligence Services Act）和2000年制定的《侦查权力法》（the Regulation of Investigatory Powers Act，RIPA）则是针对情报机构广泛使用的电子监听技术与手段采取的规范性措施。根据这两项法律，英国情报机构的技术侦察措施必须符合《欧洲人权公约》的规定。

为了保障公民的隐私权，英国通过了一系列法律，努力保障在情报机构开展行动过程中，公民权利（特别是隐私权）不被侵犯。这些法律包括《信息保护法案（1988）》《信息自由法（2000）》《2015公共部门信息再利用条例》《网络安全：个人在线数据保护（2016）》等。情报机构在开展行动时，特别是采取技术侦察措施时，必须依法获得许可，按照规范的流程操作，防止侵

犯公民的合法权利。

（4）将情报监督的法律和伦理融入情报专业人才培养过程

英国非常注重对情报专业人才的培养，建立了情报专业机构与社会学校共同培养情报专业人才的合作机制，并具有完整的人才培养方案及课程体系。通过加强理论与实践的合作，着力培养复合型人才，从而形成了从比较完整的情报专业人才培养体系。如在英国具有培养情报学专业的大学中，伦敦国王学院和英国莱斯特大学在情报学硕士学位层次的课程中都有情报伦理学课程。其中，莱斯特大学政治与国际关系系把情报伦理学列为情报与安全专业硕士学位四大核心模块之一。除此之外，法律方面的课程模块也是学习的重点。在英国一些高校情报专业的课程模块中，专门设立了信息政策与法律模块，明确规定必须学习法律与伦理课程，职业意识，信息法律，文件管理与信息法等内容，通过学习，全面培养情报人员的法律素养及情报职业操守。

（5）以情报监督评估工作为抓手，规范情报工作流程

英国的情报评估制度被誉为“战后英国对美国及英联邦国家最后制度出口品”，特别是其建立的跨部门情报协调和评估机制比较成熟，且被许多国家所借鉴。联合情报委员会是国家情报评估的核心机构，包含多个部门，直接对内阁办公室负责，负责起草对战略问题以及安全形势的全源情报评估且提供预警，运行过程中突出协调，重视协商民主，发挥集体头脑风暴，实现优势互补，形成了跨部门的政治文化，特色的文官系统营造了评估人员向权力说真话的氛围，集权与分权相统一，形成了高效的运行机制，管理与分析职能相分离，情报产品的需求与生产有机结合。

2. 美国情报监督体系

情报监督是美国情报的一大特色，其情报监督工作可以追溯到1947年的《国家安全法》，根据该法的授权，情报监督职能由国家安全委员会行使。通过建立战略情报决策模式来监督调控情报机构，战略监督的模式主要通过建立各种委员会来监督管理情报界，同时美国的国会也对情报事件进行监督。经过多年的发展，美国的情报监督体系在情报实践中不断完善。从最初的“特别情报小组委员会监督模式”到“特别情报调查委员会”，再到“参众两

院常设特别情报委员会”的成立，构建了从立法、经费预算、保护公民隐私等方面的情报监督机制，建立了一套相对完善的情报监督体系，有效地规范了情报部门的权力，在相当程度上促进了情报工作的健康有序发展。

（1）美国情报监督类型

美国情报监督的主要动机是不让情报机构侵犯公民的自由与个人的隐私，让情报活动在“阳光”下运行，其情报监督类型具有多样性。

从情报监督的主体和对象关系看，情报监督可以分为情报的内部监督和外部监督；从情报监督的性质看，情报监督可以分为正式监督和非正式监督。情报的内部监督就是情报系统对其自身的监督；外部监督则是情报系统之外的其他机构或部门对情报工作的监督，包括立法部门（国会）、行政部门和社会媒体的监督。正式监督指立法、行政等正式机构对情报工作的监督，非正式监督主要指社会和媒体对情报工作的监督。

在情报的内部监督方面，情报界的监察长监督机制是内部监督机制的重要组成部分。美国情报界的监察长监督机制是以情报界监察长为首、情报界各机构的监察长为成员、情报界监察长论坛为协调工具的内部监督机制。该机制具有法治化、专业化和相对独立的特点。在外部监督机构方面，美国国会、白宫和社会媒体等都构成对情报工作的外部监督。其中，国会和白宫对情报工作的监督更具效力和权威性。社会媒体的监督虽然规范性和权威性不如国会或白宫的监督，但仍然是美国情报监督体系中不可或缺的组成部分。例如在美国的“棱镜门”事件中，许多与情报监督相关的事件被媒体所披露，让民众了解了事情的真相，参与监督情报机构，此事件也导致了情报部门在情报监督工作方面进行了改进。

（2）美国情报监督的机制

1947 年《国家安全法》将情报监督工作交给了国家安全委员会（称国安委），由总统实际控制，奠定了美国的现代化国家情报治理机制，确立了国家情报工作机制与监督体系。但在实际运行过程中，导致整个监督机构的权力过大，但却对情报部门的监督工作做得少，后来，经过一系列的改革，形成了一套监督系统。

一是总统监督和调控方式。此种方式，主要通过建立战略情报机制、各种委员会、任命委员会三种模式来完成。1959 年的《国家安全局法》、1980 年的《情报监督法》，确立了国会的两大情报监督委员会。在战略情报监督机制下，国安委是核心机构，其重大的战略决策都由国安委来负责，总统通过此机构来完成监督，此种方式并不是最有效的，其原因在于中央情报局成立以前，许多行政部门都有自己的情报部门。“9 · 11 事件”后，美国反思了在情报方面存在的问题，2004 年颁布了《情报改革与防止恐怖法》，成立国土安全部，设立国家情报总监，打破部门壁垒，以统筹整个情报界的情报信息内容收集与分析工作，但在实施过程中，同样存在着一定问题，最明显的是使情报系统的组织架构扩大、权力扩张，情报机构之间竞争激烈、相互推诿或夺权。在情报决策方面，由于情报主要是为总统负责，导致一些情报机构政治化。在委员会机制下，最早成立的是“情报咨询委员会”，由中情局局长担任主席，各机构的负责人是成员。为了适应新的情报发展，1947 年委员会进行了改组为“情报咨询会议”。1956 年成立了“总统对外情报活动顾问委员会”。在国会中，常设特别情报委员会负责对情报机构的监督。预算管理局是情报监督的核心部门，其主要职责是监督各部门的经费，特别是情报部门。在任命委员会制下，监督方式主要是通过报告建议来完成监督，改进情报体系。

二是洛克菲勒委员会和墨菲委员会。1975 年 1 月，美国成立了洛克菲勒委员会，其主要职责就是监督中情局在情报工作中违法行为，同时享有一定的特权对情报部门进行调查。1975 年 6 月，墨菲委员会成立，任务之一就是调查情报系统的组织和表现，此委员会对情报调查委员会所进行的调查帮助非常大，强化了对情报机构的监督。与前面的总统及国会监督相比，这两个委员会在具体的监督工作方面，发挥非常重要的作用，直接对其进行监督，而不是像国会进行宏观监督，为情报机构的重组与改革做出了非常重要的贡献。

三是国会监督。国会一开始就对情报系统进行了监督，国会也一直致力于让中情局发挥最大功能来保护美国的本土安全。国会的监督权主要由众议院情报委员会和参议院情报委员会行使。国会监督的重点对预算、情报分析质量、合法性及失误的监督。在 1949 年的《中央情报局法案》中，明确授权中央情报局长能够对情报部门的工作进行监督，但总统却绕开了此监督体系。在 1947 年到 70 年代中，成立了特别情报小组委员会对情报机构进行监督。

四是非正式监督机制。美国的情报监督机制除了由行政、立法机关及情报机构内部等主体实施监督之外，还有一种非常重要的监督机制，即非正式监督机制。所谓非正式监督机制就是通过社会力量（包括媒体、非政府组织与利益集团、专家学者等）对情报机构实施的监督。其中媒体的监督作用非常重要，因为媒体在美国一直以“政府监督者”或“公众知情权”的捍卫者自居，并被认为是行政权、立法权、司法权之外的第四种政治权力。美国媒体在揭露情报黑幕方面发挥了明显作用。如在水门事件中，媒体发挥“揭幕者”的作用。当然媒体之所以能够起到这个作用，与美国宪法保护下的言论自由有关。非政府组织、利益集团在情报监督过程中，发挥着公众监督作用，因为这些组织及集团有相当一部分是为整个社会服务，他们通过多种方式向公众宣传与情报机构相关的政策，在情报机构面前代表了普通公民的声音，他们通过游说等方法将所关心的情报问题提到议事日程。另一方面，学者与专家也参与情报监督。通过上述非正式组织的监督，有效的补充了正式组织难以发挥的监督效果与作用。

（3）美国情报监督的内容

情报监督的工作内容主要是由情报监督机构对情报行动和情报经费通过正式或非正式监督的方式审查其合法性，从而实现监督目的。主要有以下 4 方面内容：

第一，正式监督主体是由行政、立法和司法部门构成的综合监督主体。美国政治体制建立在三权分立的理论基础之上。行政权、立法权、司法权三者之间相互制衡。这种政治体制模式也体现在情报监督工作中。代表三种权力的美国白宫、国会和法院都可以对情报工作实施监督。

白宫对情报工作的监督重点是对情报机构的隐蔽行动和间谍行动实施监督。根据美国《情报授权法》和《休斯－雷恩法》，总统是行政部门对情报工作实施监督的最高官员。总统对情报实施监督主要依托于总统情报咨询委员会、总检察长办公室、国家安全委员会、管理与预算办公室、国防部情报监督办公室等。总统也可以通过成立特别委员会实施对情报工作的调查实现监督的作用。

在整个情报监督体系中，国会扮演者至关重要的角色。国会侧重于对情报预算、情报产品质量、情报行动合法性和情报失察等方面实施监督。1947年美国建立了中情局，在其后的25年时间里，对情报监督工作并没有起多大作用，但国会设立了“特别情报小组委员会”来监督情报部门的工作。在“水门事件”后，美国情报部门意识到情报监督体系的不足，于1974年制定了《休斯－雷恩修正案》，加强了对情报机构的监督。1975年1月27日，成立了特别情报委员会，标志着美国情报监督走出重要的一步，情报监督机构获取了更多的监督权力。1976年5月19日，第400号决议案成立参议院常设特别情报委员会，加强对情报机构的监督，并对其管辖范围内的部门有权进行调查和传讯且有权对情报机构的经费进行监督。1978年美国颁布了《情报授权法》。该法赋予委员会对情报机构资金的决定权，确立了情报监督机构的地位。同时该法也明确了国会对情报工作实施监督的核心部门是国会特别情报委员会。1980年，美国国会通过了《情报活动责任法案》，强化了特别情报委员会的监督地位。“9·11事件”后，美国情报界进行了改革，国会也加强了对情报部门的监督力度，监督的方向由防止监督情报部门出事转向提高情报部门的效率为主。经过这一系列的改革，美国强化了国会对情报工作的监督，提高了情报工作的效率。

此外，美国司法部门也拥有对情报工作的监督职责。1978年美国国会批准建立了“涉外情报侦察法院”(Foreign Intelligence Surveillance Court)。该法院的职责是对在美国国内的外国间谍采取技术侦察措施时，美国国家安全局或联邦调查局需要向该法院提出申请。获得该法院的批准后，才能实施电子监听、搜查等行动。

第二，情报监督机构依法履行监督职能。立法监督是美国情报监督的主要方式之一，国会通过立法 对情报机构的行为进行监督。如1980年的《情报监督法》、1991年的《情报授权法》。美国国会在情报监督主主要采取两种来完成：制度性监督和调查性监督。从制度上监督，主要通过立法对情报活动进行授权、拨款。美国国会通过的《爱国者法》使情报机构获得更多的权力，让情报机构向准军事的方向发展，使其权力得到固定化。从调查性监督来看，主要是通过调查委员会和举行听证会方式来完成。2004 年，美国通过《情报改革与恐怖主义预防法》，在此法案中，设立了国家情报总监，并成立了国家情报总监办公室，在总监的职能范围中便有监督权力。在美国，《情报界指令》由国家情报总监办公室制定，具有法律效力，对情报机构具有约束力，是对情报机构实施监督的重要依据。《情报界指令》确保了情报工作规范有序。上述这些法律条例确保了情报监督政策的有效落实，而法律的持续性保证了情报监督政策的稳定性，为情报监督工作提供了法律保护，确保了情报监督的合法性，在监督的同时，确保了情报工作依法有序开展。

第三，对情报经费预算的监督是情报监督工作的重要内容之一。在经费预算上，为了监督情报部门的开支，情报机构的经费预算受到行政部门、国会、司法控制，并有相关的法律为约束，所有经费开支必须经过预算且在法律框架内运作，所有的经费都有预算。但现实的情况却出现了许多问题，在预算方面，由于情报机构的保密性，导致一些预算“黑洞”。加之在情报产品生产的过程中，许多情报必须发动社会力量参与，一些业务进行外包，导致经费预算过程中，难以监管这些资金，且在外包过程中，一些私人公司本身就是情报部门的部分人员开设的。但从总体情况来看，美国的情报监督部门通过多种方式对经费的预算进行监督，规范资金的使用、流向，但不可避免存在着一些问题。根据预算的不同，美国的情报开支分为国家情报项目、战术情报和相关活动以及联合军事情报项目等，以预算时，参议院与众议院下设立的特别情报委员会通过秘密听证会的方式进行监督，国会拨款委员会会对下属的国防小组委员会审查情报预算要求和批准资金数额。

第四，对情报工作流程以及情报业务形式的合法性进行审核与监督。美国是国家情报体系比较完善的国家，在情报工作中具有严格的流程与体系，如在对外情报体系中，基本是由中央情报局和隶属于国防部的国防情报局、国家安全局等情报部门组成，各自职责与分工明确。国会下面的众议院与参议院的主要职责之一就是对情报进行监督。在其颁布的一系列法律条文中，明确和细化了工作规范和工作内容，如在《情报改革法》中，打破情报部门的隔阂，形成了扁平化的管理机制，明确规定各情报部门在情报收集、分析、处理方面的权利与义务，情报总监对其情报负责。另一方面，强化战略情报，出台《国家情报战略》报告，全面规划国家的情报体系，从而避免过多的公众监督和司法监督，降低对外开展情报活动的社会压力和国际压力。

（二）英美情报监督的主要特征

情报监督机制的主要作用在于规范情报机构的行为，避免情报机构被个人或利益集团所利用并为之谋取利益，损害国家利益并侵害个人合法权利，特别是侵害个人隐私权。在政治上通过权力制衡，将情报活动合法化。分析美英情报监督机制的内容，我们可以归纳出以下主要特点：

1. 约束性与监督性并重

情报监督机构的主要职责是监督情报机构，防止他们滥用权力，侵犯公民的隐私。情报监督的权力主要来源于宪法及相关的法律条文，这些法律条文或机构对情报机构具有约束性。在情报经费预算、情报政策、情报行动、情报产品质量控制、情报失察与效果等方面，情报监督机构对情报机构都具有约束性与监督性。

2. 规范性与合法性为主

情报监督机构对情报机构的监督依法进行，相关的活动必须通过授权来完成，也必须在一定的法律框架内来开展。如美国的《爱国者法》授权情报机构实施监听措施，收集通信和互联网信息。在情报机构依法采取行动的同时，另一方面，情报监督机构开展工作也必须在法律框架内进行。无论是总统，还是国会或联邦法院，对情报工作的监督必须合法、规范。唯有如此，情报监督工作才能进行，其效果才能彰显。

3. 保密性与公开性结合

一般来说，情报机构的运转是在一个相对封闭的环境中进行，其具体的行动模式与情报流程一般不被外界所知。情报服务主要是与国家安全密切相关的领域，与国家利益息息相关。一旦发生失泄密事件，将会给国家造成巨大的损失。从英美国家的情报体制来看，情报机构直接服务于高层，情报监督机构的行动同样受到严格的保密限制，即使是要对情报机构进行监督与审查，也必须经过相应的批准程序后才能进行。在监督过程中，即使是发现问题，也不能及时或全部对外进行公开。这些因素，决定了情报监督机构具有强烈的保密性。但是，另一方面，情报监督过程中由于需要动员社会力量，保障公民隐私，因此，情报监督工作必然不能在黑箱中操作，而具有一定的公开性。

（三）美英情报监督机制的问题

虽然英美情报监督体系较为完善，但不可否认仍然存在着诸多问题。

1. 情报监督不足，普通公民隐私被侵犯

“9·11事件”后，为了预防与打击恐怖主义威胁，国家安全理念得到强化，情报机构的权力扩大，但情报监督却被忽视。情报收集的过程中，不可避免地接触到普通公民的一些信息，这些信息与所要收集的一些情报信息具有关联点。特别是在收集反恐情报过程中，恐怖分子的一些信息与普通的犯罪具有交叉点，一些普通公民的行为与之有偶然的联系，这给情报部门的收集工作带来一定的难度，导致在信息收集过程中，不得不关注普通公民的隐私。当然也有可能是情报部门在收集情报时，错误地把怀疑对象扩大化，导致普通公民的隐私权被侵犯。面对困境，美国通过了一系列的情报监督法律，如《外国情报侦察法》《情报监督法》，成立总统情报顾问委员会、情报监督委员会和情报机构内的检察长，国会成立特别情报委员会，以加强对情报机构的监督。但是情报机构违反法律，超越权力，普通公民的隐私不断被侵犯，引起了公众的反感，特别是“棱镜门”事件，把情报机构推到了风口浪尖。

2. 情报政治化损害情报监督的有效性

在情报产生流程中，情报监督机构在有关部门的授权下，会在某种程度上对情报工作采取干涉性措施。这就容易导致情报监督机构成为为权力部门与情报部门之间的介入者，使情报监督机构容易沦为权力部门的工具。情报机构的顶层在相关利益面前，也有可能出现干涉情报监督机构的行为。情报监督机构在压力下，不得不放弃立场，服务于政治，偏离情报工作的中立性，屈从于掌控权力的个人或利益集团。

3. 情报收集的“秘密性”与情报监督的“公开性”之间的矛盾突出

因为许多情报工作与国家安全密切相关，这就决定了必须在相当程度上秘密开展工作。但情报监督工作却具有公开性，要了解情报部门的相关工作，对公众怀疑或监督部门怀疑的事情进行一定质询。在了解工作过程中，情报部门出于某些特殊原因或要求，也只会让监督部门了解一个基本情况，实质性的问题一般不会太多主动介绍，哪怕是在上级部门的压力下，也仅只会透露少量的信息，并且有可能掺杂一些虚假的信息。

4. 经费监督效果不明显，预算超支情况严重

情报机构的许多经费拨款及用途是不能公开的，这就给情报监督机构的监管工作带来困难，无法有效对这些经费进行监督，形成监管的“无人区”。在情报工作中，情报外包工作在所难免。在外包业务中，对情报预算资金的监管难度增大，一些内部的情报人员会把资金划拨到个人的私人公司。如美国国家安全局外包的间谍卫星计划就外包给私人公司。这些都给情报监督机构的监管工作带来挑战。

二、美国总审计署的情报监督 [1]

（一）法理基础

美国总审计署隶属于美国国会，直接对国会负责。总审计署对情报界的审计监督是国会情报监督的一部分。

1. 国会情报监督的法理基础

美国《宪法》文本中明确规定，国会享有立法权、财政权、人事批准权、弹劾权和调查权等权力。《宪法》虽然没有明确授予国会情报监督权，但暗含

[1] 王万、张伟伟：《论美国总审计署对情报界的监督》，载《情报杂志》2017年第10期。摘编后收入本书。

在宪法所授予国会的一系列权力之中。美国国会一直是情报监督管理的重要参与者。作为美国国会的前身，大陆会议直接通过秘密委员会实施情报活动，策划并批准隐蔽行动，并通过内部一个名为“秘密通信委员会”的机构，负责与间谍联络。自 1947 年进入现代情报时期以来，为规范和调整美国情报界及其活动，美国国会先后颁布《1947 年国家安全法》《1974 年休斯 - 瑞安修正案》《1980 年情报监督法》以及《2004 年情报改革与预防恐怖主义法》等在内的数十部法律，这些法律规范美国情报界的职能、组织结构和工作程序，为国会开展情报监督提供了法理依据和保障。

2. 国会情报预算监督的法律依据

国会制约和监督行政部门的最重要的手段就是掌握着“钱袋权”。美国《宪法》第一条中对国会财政预算拨款作出较为具体的规定，这为国会进行相应的情报财政监督提供有力法律支持。情报界所实施的项目和活动都必须经过国会的授权法案和拨款法案才能从国库中获得拨款。在制定情报预算授权法和拨款法时，各相关委员会会举行听证会，要求情报界官员作证，说明现有各项情报计划和项目的执行情况和效益以及未来计划项目。

3. 总审计署情报审计监督的法律依据

国会每年通过授权法案和拨款法案控制行政部门预算，使国会预算监督成为一种长效机制。但随着美国对外扩张脚步扩大，总统代表的行政部门的数量和权力不断扩大，由财政部向国会各委员会分别提交预算申请造成很大混乱，加之财政部负责预算使用情况的审计，国会对预算权的控制非常不力。

1921 年 6 月，国会通过《预算和会计法》，增强国会对行政部门进行预算监督的权力。该法规定，总统向国会提交预算草案，这改变了原来财政部向国会各委员会分别递交预算申请的混乱做法，在行政部门建立一套统一的预算制度，有利于国会进行集中统一的审批；同时，设立对国会负责的总审计署，将原来由财政部负责审计支出的职能转交审计总署，财政部的审计长也由审计总署的总审计长取代，并赋予总审计长广泛的调查权，主要为国会及任何一个对公共开支拥有管理权的国会委员会提供必要的服务。该法约束总统财政权力，巩固了国会财政监督权力，奠定了总审计署对行政部门进行审计监督的法律地位。其后，国会不断立法扩大总审计署对行政部门的审计监督权力。《1945 年政府法人控制法案》赋予其审计政府法人财政事务的职权；《1950 年预算与会计程序法案》赋予其为联邦政府建立会计准则以及实施内部审计控制和财务管理的职权；《1970 年立法机关整编法案》赋予了美国审计署对联邦政府工作项目进行评估和分析的权力；《1974 年美国国会预算和节流控制法案》为美国审计署提供了复查报告或未报告的扣留款的权力；《1994 年政府管理改革法案》赋予了美国审计署审计代理人财务报表和美国年度统一财务报表的职权。

美国情报界作为联邦政府行政部门的一部分，总审计署具有对情报界进行审计监督的充分法律基础。但由于冷战、国会内部管辖权冲突以及情报活动的保密性等原因，美国总审计署对于情报界的审计监督并非一帆风顺。

（二）历史概观

二战前，美国情报活动呈“战时扩、建，平时裁、撤”状态。为应对冷战初期严峻的国家安全形势，国会于 1947 年通过《1947 年国家安全法》，构建了美国现代情报体制。总审计署开始积极关注自身在情报事务上的监督角色。总审计署情报监督历史大致划分为三个阶段，即被忽视阶段（1947 年—1975 年）、管辖权争端阶段（1976 年—2001 年）以及改革发展阶段（2001 年至今）。

1. 被忽视阶段

二战后，美国上下形成所谓的“国家安全至上”的“冷战共识”，国会在情报监督问题上屈从于总统与情报界。尽管国会两院军事委员会和拨款委员会负责对情报界的监督，但国会情报监督基本处于放任自流阶段。负责情报监督事务的议员，仅限小部分高资历的冷战斗士。因而，总审计署对情报界的审计监督功能被忽视和限制。总审计署成立于 1921 年，规定创建中央情报局的《国家安全法》于 1947 年通过；因此，在总审计署宪章里并未明确授予对中央情报局财务审查和业务表现评估的权力。1949 年的《中央情报局法》里，也并未明确注明总审计署的监督权力，却授予中央情报主任对情报行动资金的“最终审计权”（Final Accounting）。时任中央情报主任西伦科特（Hillenkoetter）认为，中情局用于情报行动的预算开支拥有不需要报销凭证的合法权力。这是情报活动特殊性的重要表现，一些特殊人力情报源和隐蔽活动是不可能给出报销凭证的。当时，美国总审计署处于凭证检查时期，这就大大削弱了总审计署对中情局资金进行审计监督的权力。1959 年，总审计署告知众议院军事委员会，由于中情局拒绝提供有价值的信息，将计划停止对中情局的审计。国会敦促中央情报局与总审计署尝试解决双方分歧，但经过数月协商，双方未达成共识，国会众议院军事委员会最终同意总审计署决定。1962 年，总审计署停止对中情局的审计。

2. 管辖权争端阶段

“水门事件”引发美国民众对情报界活动的极大怀疑，1974 年 12 月 22 日，《纽约时报》头版曝光中情局“家庭珍宝”丑闻，推动国会成立丘奇、派克委员会对情报界违法活动进行彻底调查，最终国会建立对情报活动进行专职监督的情报特别委员会，由过去的屈从转变为积极行使情报监督权。

根据美国法律和国会规则，总审计署由国会政府事务委员会管辖（该委员会现更名为国会国土安全和政府事务委员会）。1976 年后，国会两院的政府事务委员会屡次提出立法提案，要求授予总审计署评估中央情报局为代表的情报界项目和行动的权力。由于“管辖权”不属于国会情报委员会，国会情报委员会视总审计署为行使情报监督的潜在权力竞争者，而非监督情报界活动的有效补充，经常抵制授权法案乃至暗中阻碍总审计署对情报界的监督，谨慎地防备着其他委员会可能进行的权力蚕食。

1988 年，美国司法部认定，国会情报委员会为国会唯一的情报监督机构，从而将总审计署的情报界审计监督功能剥夺。时任参议院情报委员会主席大卫 · 勃伦（David Boren）认为，未来肯定有更多关于总审计署审计监督情报界提案的责难，因此，国会情报委员会需尽早做出提前应对，在国会情报委员会内创建一个对应小组委员会，负责对中情局正在实施的隐蔽行动项目进行独立审计，从而确保国会情报调查权仍在情报监督委员会手中。中央情报局支持勃伦的动议。整个 90 年代，情报委员会并未设立负责审计监督情报界的小组委员会；总审计署也未能对情报界进行审计监督。

3. 改革发展阶段

“9·11 事件”后，国会情报监督面临巨大改革压力，国会开始寻求解决总审计署与情报委员会之间的管辖权纠纷，努力通过立法推进总审计署在情报监督上发挥作用。2007 年 3 月，时任总审计长沃克（David M. Walker）致信参议院情报委员会主席洛克菲勒（John D. Rockefeller IV）和副主席邦德（Christopher S. Bond）。信中特别声明，总审计署关于情报界的审计工作将完全在情报委员会领导之下进行，总审计署将作为情报委员会的助手来监督情报界工作，而非侵犯情报委员会的情报监督权力；总审计署对情报界的审计监督，无论是自主实施还是因应其他非情报监督委员会邀请，如果涉及到情报界，将会向国会情报委员会报告并告知国家情报总监，不会弱化情报委员会主管国会情报监督事务的领导权；总审计署仅能在两院情报委员会或两院多数党或少数党领袖要求下，对涉及情报来源、手段或者隐蔽行动的情报活动进行审计[1]。

从 2007 年起，李硕（Daniel Akaka）、汤普森（Glenn Thompson）、桑德斯（Bernie Sanders）等多名参议员提交提案，要求授权总审计署对情报界进行审计，扩大其接触情报界敏感信息的权限。经过这些国会议员努力，国会情报委员会《2010 财年预算法案》内包含关于总审计署监督情报界授权的法案。为了顺利通过预算法案，法案决定采取折中方案，让国家情报总监就总审计署接触情报的权限作出决定，这比国会议员们力争的接触权限要低得多。

（三）工作流程

情报财政监督权是美国国会最重要的情报权力。每年 1 月，总统必须向国会提供下一财年的预算建议，请求国会审议。只有情报授权法案成为法律，

[1] David M. Walker. Intelligence Reform: GAO Can Assist the Congress and the Intelligence Community on Management Reform Initiatives. Testimony Before the Committee on Homeland Security and Governmental Affairs, U.S. Senate. GAO-08-413T. Washington, D.C.,2007（02）.

财政部才能依据法律向情报界提供拨款。一个情报财政年度结束后，国会将要求总审计署对情报界各机构经费使用情况进行审计，对其情报计划、活动和财务工作进行评估并提出建议，提交国会。长期以来，由于保密程序问题以及情报界的抵制，美国总审计署并未对情报界进行整体审计，但总审计署仍具有接触情报项目的某些权限，每年对国家安全局监控项目、ISR 情报项目等进行审计。2010 年后，总审计署陆续开始要求国家情报总监提供敏感资料，对中央情报局进行审计监督。

1. 情报审计监督原则

作为美国最高审计机构，总审计署在进行情报监督审计时，遵守以下原则：

（1）独立性

为了保证总审计署工作的独立性，其活动经费由国会单独列预算予以保证，法律规定总审计长由总统任命，参院批准，任期为 15 年，并且非因弹劾或总统与国会共同决定，不得解职，其内部机构设置和人员配备，由总审计长自主确定。这确保总审计署对情报界进行审计时，能够提供专业的、客观的、事实导向的、超党派的、无意识形态的、公正的、平衡的审计信息。

（2）透明性

总审计署向国会提交的审计报告，其绝大多数审计结果会向传媒和社会各界披露，公众可通过上网等途径获取有关预算审计结果。这推动情报工作自我完善和发展，使情报界活动获得公众支持与理解，赢得信任，摆脱滥用权力的恶名。

（3）适当保密性

在确保情报审计监督公开性和透明度同时，对于事关国家安全的情报项目采取适当保密性审计原则，总审计署会严格控制和限制保密项目的审计结果分发，只向国会情报委员会和国家情报总监汇报；并在需要时，实施更为严格的审计过程和审计结果分发限制。在情报审计监督过程中，审计活动均在情报界各成员提供的保密地点进行。

2. 审计监督的工作方法

美国总审计署的情报审计监督工作在法律框架下工作：

（1）对情报机构及其项目进行财务审计和项目复查

核查情报机构资金的使用情况，通过调查，评估是否存在非法或不恰当行为，并通过财务和其他管理审计检查情报机构工作，判断预算使用是否具有效率和效益；分析这些机构及其项目的财务后果，提高其资金使用的效率和效果，并定期对情报界提供的资产信息进行汇总。

（2）对情报机构及其活动项目的跟踪评估

评估情报机构的项目和工作，提供情报界人力资源评估、情报项目评估，针对情报机构管理中长期存在的严重问题提出长远性的解决方案，对经评估认为需要的行为和所采纳的行动提供政策分析，在情报界进行重大改革方面发挥积极的作用。

（3）支持国会工作

对国会就检查、拨款、立法和其他责任行为提供一系列广泛的信息、建议和帮助，帮助国会进行有效的情报立法、情报监督、情报决策以及情报资金合理分配。

3. 审计监督结果分发

总审计署作为国会的审计援助机构，只有调查权和审计权，而无处置权，审计报告的结果和建议不具备法律约束力。总审计署在审计结束后会形成审计简报（briefing）、报告（report）、听证会证词（congressional testimony）以及立法建议（legal opinion），告知被审计机构，同时向国会报告。相关机构应接受审计建议进行整改，否则，国会主要通过两条途径发挥审计监督报告的作用。

一是对不接受审计建议的单位停止拨款，这一做法使得审计报告具有极强的约束力；二是召开听证会，对于存在严重浪费或管理不善的单位，国会两院在必要时可召开听证会，在听证会上公开审计报告或邀请审计人员作证。虽然听证会不做任何处理，也不具备法律约束力，但舆论会带给被审计单位极大压力。审计结合听证会对于推动审计监督建议的落实和强化具有重要意义。

（四）博弈关系

总之，总统和情报界限制总审计署审计监督的主要理由，一是总审计署具备接触敏感信息权限（SCI，即 sensitive compartmented information）的雇员太少，不能有效处理保密材料；二是总审计署报告易为公众或敌人获取而导致失泄密；三是总审计署缺乏存储保密材料的设施；四是总审计署缺乏处理情报界独特情报政策和活动的战略远见；此外，总审计署的工作与情报界总检察长以及其他审计机构的活动可能重复或重叠。与情报界总检察长的内部审计相比，总审计署的全面外部审计可以与之相互补充而非重复浪费。

总审计署是美国现有情报监督机制中最富有成效和创造力的武器；正因为如此，情报界才害怕与总审计署进行合作，坚决抵制总审计署在情报监督上发挥作用。对于情报界来说，情报搜集和隐蔽行动必须秘密进行，如果接受总审计署的审计监督，那么其在海外肆意使用酷刑、暗杀、使用无人机攻击平民等禁忌行动就会受到极大约束，不能所欲为。对行政部门来说，尽管总审计署的审计监督调查是基于事实、职业化、客观、非党派、非意识形态的监督，可充分提高情报界组织结构合理性和情报项目效能，对美国情报界来说是长期的战略支援。但由于总审计署隶属于国会，其深入介入情报监督即助长国会在情报事务上权力的进一步增长，扩大国会情报发言权；因此，总统不惜采取否决情报预算法案的极端办法来抵制总审计署监督，这不是总审计署本身监督机制的问题，而是美国分权体制产生“府院之争”带来的恶果。

第五节
情报监控

一、国外情报监听立法比较[1]

（一）国外情报监听立法概述

国外情报监听立法较为完善，本节选取美国、英国、法国、日本、德国等几个情报监听立法较为典型的国家，从立法模式、立法目的、适用范围、监听期限、监听程序、救济措施和监听资料的使用 7 个方面进行对比分析。

1. 立法模式

国外对于情报监听立法模式的选择分为两种观点：一是对情报监听进行专项立法。例如美国针对情报监听设有《对外情报监视法》（Foreign Intelligence Surveillance Act）等；日本通过并实施《通信监听法》对情报监听进行法律规制；英国设有《通信截收法案》（the Interception of Communication Act）和《侦查权规范法》（Regulation of Investigation Powers Act）等专项立法；二是将情报监听的立法内容归入刑事诉讼法中进行附属立法。例如德国

[1] 张秋波、孙晓宇、郭永良：《中外情报监听立法比较及启示》，载《情报杂志》2016年第2期。摘编后收入本书。

在《刑事诉讼法》中规定，情报监听手段的采用只能通过公共电子通信设备进行，且只适用于五类犯罪；法国在《刑事诉讼法典》中对情报监听进行了详细规定。

2. 立法目的

综观各国情报监听立法，其立法目的都围绕寻求打击犯罪与保障人权两大价值目标的平衡。

美国、英国立法历史悠久，在立法目的上遵循促进打击犯罪与保障人权的平衡。例如，美国《综合犯罪控制与街道安全法》规定情报监听的条件、程序、方式等，目的是实现打击犯罪与保护公民权利的平衡，而后美国通过了《对外情报监视法》《电子通信隐私法》等专门性情报监听立法，其出发点都是在维护国家安全利益和保护公民通信隐私之间的平衡。

日本、德国沿袭保障人权的立法目的。日本、德国对于情报监听的立法规制十分严格，旨在维护公民权利，保障人权，防止非法监听活动的发生。体现在一方面对情报监听的规定较为严格，注重情报监听的监督机制；另一方面具有完善的当事人权利救济制度，保障当事人个人权利。

法国的立法目的侧重打击犯罪，法国《刑事诉讼法典》规定预审法官依法进行一切有利于查明事实真相的侦查行动。只要是出于“侦查的需要”，便可以采取一切侦查措施，包括情报监听。该法侧重打击犯罪，在保障人权方面稍显不足。

3. 适用范围

国外对于情报监听适用范围的立法技术主要有三种形式：一是列举式，将适用情报监听的案件类型逐条列举出来；二是概括式，从判处刑罚轻重的角度规定；三是列举式与概括式相结合，共同规范情报监听适用范围。

美国采用罪行轻重法与罪名列举法相结合的方式规范情报监听的适用范围。只要通过监听手段能够获取或者已经有证据证明上述犯罪的，均可采取监听手段。且美国立法规定有线通信和口头通讯监听适用范围主要包括三种：一是关系国家安全的犯罪；二是本质上具有危险性的犯罪；三是有组织的犯罪活动。

英国、日本、德国等国家采用列举式规定情报监听适用范围。英国《侦查权限制法》将规范的范围由公共通信延伸到了私人通信，包括移动电话、寻呼机以及网络通信等。日本《通信监听法》规定，情报监听适用于三类犯罪：涉及毒品或枪支的犯罪、有组织杀人罪和有组织非法越境罪。德国《刑事诉讼法典》规定情报监听手段的采用只能通过公共电子通信设备进行，且只适用于五类犯罪：(1) 反和平罪、叛国罪；(2) 危害国防罪；(3) 危害公共秩序罪；(4) 非军人煽动、辅助军人逃亡罪；(5) 危害北大西洋公约组织罪。

法国以概括式规范情报监听适用范围。法国《刑事诉讼法典》规定，对于可能判处两年或两年以上监禁的情况可适用情报监听。

4. 监听期限

国外立法明确规定采取情报监听手段的有效期限及延长。

美国、日本对监听时间的规定较为严格，有效期间较短。美国《电子通信隐私法》规定，对于授权或批准的对有线、口头和电子通信实施的监听活动，其有效期限不得超过达到目的所需的必要时间，且在任何情况下不得超过 30 天。监听期限的延长须由申请人依照法定程序申请，经批准后方可延长期限，且不得超过 30 天，在情报监听达到目标或者期限满 30 天时必须立即停止情报监听活动。日本《通信监听法》规定，首次授权的监听期限一般为 10 天，如果遇到特殊情况需要延长监听期限的，则依据检察官的请求可以延长期限，但总计不得超过 30 天。

英国、法国、德国的监听有效期限较长。英国规定情报监听的最初有效期限为 3 个月，期限届满需要延长监听期限的，经批准可以延长 3 个月；但遇到紧急情况，或者以国家安全或经济发展为理由的，有效期可以延长至 6 个月。法国规定监听期限最长为四个月，按照相同形式与时间条件才能延长。德国情报监听期限最长为三个月，如果监听条件仍然存在，可对期限延长，但每次不超过三个月。

5. 监听程序

国外规定情报监听都应遵循申请、审批和签发的程序。

美国规定情报监听应先由实施机关提出申请，经法官审查后，由法官发布授权命令。除了按照法定程序开展外，在紧急情况下侦查机关也可享有无证监听权。法国对于情报监听的令状要求及审批程序较为宽松，认为只要是“出于侦查的需要”，均可以采取情报监听，并由预审法官对情报监听进行授权及监督。英国、日本、德国等国家对监听程序要求严格，必须按照法定程序申请及审批监听活动。英国规定情报监听活动的申请必须由少数高级官员或其代表提出，由国务大臣根据监听的必要性等情况负责审批签发。

6. 救济措施

美国、日本、德国、英国对于当事人的权利救济较为完备。不仅赋予监听对象以知情权，同时有完善的损害赔偿制度。

美国规定监听对象具有知情权，且对于违反规定的监听行为或者故意使用被监听者的电子通信内容，则被监听人员有权通过民事诉讼获得适当的救济，法院对原告遭受的损害进行评估并赔偿。日本规定当事人享有知悉权和异议权，当事人在监听结束后的一个月内被告知监听事项，且能够听取、阅览或复制监听材料。德国《刑事诉讼法典》规定，达到侦查目的，或者对公共及他人安全不构成危险时，应将监听措施通知当事人，并且当监听资料不再需要时，应当在检察院的监督下立即销毁资料。英国规定情报监听活动由通信专员和侦查权力裁决委员会负责监督。当事人有权提起民事诉讼。法国对于权利救济较为薄弱。法国规定情报监听的决定应为书面决定，该决定不具有司法权性质，当事人对监听不具有异议权。

7. 监听资料使用

法国对于监听资料的使用较为宽泛，即使未按照法定程序开展监听活动，所获得的材料也可以作为证据使用。

除法国外，国外对于监听所得资料的使用都有严格要求，对于非法监听获得的资料予以排除，对监听资料有严格的保存及销毁制度。美国规定对于违反宪法第四修正案获取的材料不得作为证据使用，体现在对非法监听获取的内容予以排除，包括这些内容的延伸证据也应当予以排除，即“毒树之果”理论。英国对于监听所得资料的使用有三种措施：一是限制使用范围，对于监听手段获取的情报信息的使用应当限制在最小范围内，不得任意扩展；二是明确保密原则，英国《侦查权限制法》对于保密范围作了具体规定，包括监听所得情报信息的范围及保密人员的范围；三是有明确的保存和销毁制度，运用监听手段获取的情报信息应当以安全的方式进行保存，在情报信息没有必要保存时，应当及时销毁。日本规定，监听资料应当立即交由签发令状的法官，并对其封存及保管，以保证监听资料的完整与保密。德国对于监听所得证据资料的使用非常严格。德国规定只有合法取得的监听材料能够作为证据使用，否则都无法作为证据使用。如未经过法官授权，擅自开展情报监听活动所获取的证据资料；监听活动经过授权，但是在监听过程中存在违法行为的；合法获取的监听材料，但仅使用片段或总结性的使用该内容等，这些都属于违法行为，为判例所禁止，在该种情况下监听所获材料都无法作为证据使用。

将上述 7 个方面的重点进行整理，如表 4.2 所示。

表4.2　主要国家情报监听立法的比较

项目 \ 国别	美国	英国	法国	日本	德国
立法模式	单独立法	单独立法	附属立法	单独立法	附属立法
立法目的	打击犯罪与保障人权平衡	打击犯罪与保障人权平衡	打击犯罪	保障人权	保障人权
适用范围	列举与概括结合	列举式	概括式	列举式	列举式
监听期限	一个月	三个月	四个月	10天	三个月
监听程序	法院	国务大臣及官员	法院	预审法官	法官
救济措施	知情权、损害赔偿	民事诉讼	无	知情权、异议权	知情权
资料使用	非法证据排除规则	限制使用范围	无条件作为证据使用	严格封存及保管	非法证据排除规则

（二）国外情报监听立法的启示

不难看出，各国情报监听立法均在尊重本国法制传统的同时，因地制宜选择法治路径和立法方案，对我国有一定的借鉴和启示。

1. 立法模式的选择

比较国内外的两种情报监听立法模式，偏向于在《刑事诉讼法》中以附属立法的形式加入情报监听的内容。基于以下两点考虑：第一，情报监听的主要目的是获取与犯罪嫌疑人有关的信息，其属于技术侦查的范畴，而刑事诉讼法中已经对技术侦查措施作了相关规定，因此可在该节补充情报监听的立法内容，并制定相应实施细则。第二，可以保证整个刑事诉讼体系的协调与统一，也方便掌握和运用。

2. 立法目的的厘定

立法目的是立法的起点和归宿，始终贯穿于立法过程中。情报监听立法的直接目的在于构建完善的情报监听立法体系，指导并规范侦查机关的情报监听行为。情报监听立法的根本目的在于促进打击犯罪和保障人权的平衡。长期以来，我国公安机关的执法理念偏向于“重实体、轻程序”，片面强调实体公正而忽略了程序公正，认为只要达到侦查目的、获取犯罪嫌疑人证据就可以了，往往对程序公正的重视度不够。然而程序公正是实体公正的基础，忽略程序公正，采用违反程序的其他方法所取得的实体公正并不为法庭所接受，在开展情报监听活动时容易产生情报监听的申请及审批手续不完备、超出监听期限、滥用监听所获取的证据资料等情况，使得情报监听活动不合法，最后通过监听获取的情报信息也无法有效运用，在刑事诉讼环节不具备证据效力。

3. 立法内容的确定

（1）适用原则

第一，重罪原则。重罪原则是指情报监听手段的使用只能针对有一定事实依据或有重大嫌疑的某些特定的犯罪，主要指对国家安全和社会秩序造成严重危害的犯罪。两大法系均注重重罪原则，情报监听作为一种技术侦查措施，在能够高效获取情报信息的同时，极易造成对犯罪嫌疑人人权的侵犯，因此需要慎重采用情报监听手段，只有对于危害性极大的犯罪才可适用情报监听，监听的合理性必须与犯罪的危害性相适应。

第二，必要性原则。必要性原则是指只有在确有必要的时候才能采取监听手段，这种必要性体现在采取常规侦查手段无法取得良好效果、难以查清案件事实，或者运用常规侦查手段容易遭受危险的情况下，则可以采取情报监听手段。如果运用常规侦查手段就能侦破的案件，则不适用情报监听手段，以此防止监听的滥用。纵观国外的情报监听立法，都强调必要性原则，只不过说法不同，例如美国称之为最后手段原则，强调侦查机关必须首先尝试一般的、常规的侦查手段和方式，只有在这些常规侦查手段失败后，才能够采取情报监听手段，英国、法国、日本等国家也强调只有在“万不得已”的情况下才能够采取情报监听手段。

第三，相关性原则。相关性原则是指监听手段的使用必须与特定的人或特定的案件相关。特定的人是指本案的犯罪嫌疑人，情报监听涉及到犯罪嫌疑人的电子通信、有线通信以及口头交流等方式，因此必然会与犯罪嫌疑人本身以外的人进行交流，公安机关不得对这些人进行监听，如有明确证据确定其与本案有关，则经过规定的申请及审批程序，能够开展情报监听活动。特定的案件是指只能针对监听审批时的案件范围，超出案件范围的则不予监听。

（2）适用范围

国外对于监听适用范围的规定主要包括三种：列举式、概括式、列举与概括相结合。笔者认为我国采取列举式与概括式结合最恰当，采用这种方式的好处是对于某些可能判处刑罚较重但不在所列举的犯罪案件类型之中，且通过传统侦查手段难以侦破的，也可适用情报监听，从而形成互补，更科学地规范情报监听的适用范围。除了《新刑事诉讼法》规定的公安机关及人民检察院能够采取技术侦查措施的案件类型，同时可以考虑对于有可能判处5年及5年以上有期徒刑的犯罪，将其纳入情报监听的适用范围。

（3）期限设定

情报监听只能在规定的期限内开展，不能无限期进行。既能够帮助侦查机关查明案件事实、获取与犯罪嫌疑人有关的证据，同时又能够减少对犯罪嫌疑人人权的侵犯。新刑讼法规定技术侦查措施在批准后3个月内有效，期限届满，需要延长侦查期限的，经过批准可以延长，但每次不得超过3个月。基于此，我国立法可以规定情报监听的期限自侦查机关所获批准之日起3个月内有效，期限届满需要延长监听期限的，需在期限届满前向检察院提出申请，经批准后方可延长，且每次延长时间不得超过 3 个月。另外，不论期限是否届满，若监听已达目的，则必须立即停止监听，不得从事与本案无关的监听活动。

4. 程序要求

一是申请。只有具备侦查权的机关能够申请情报监听活动，申请方式包括书面申请以及非书面申请两种形式，可以规定情报监听的申请应当以书面形式提出，特殊情况无法及时提交书面申请的，经侦查机关负责人批准，可以立即采取情报监听措施，但必须在 24 小时内提交申请，未及时申请，或申请被驳回的，应立即停止情报监听活动。

二是审批。国外立法大多规定由中立法院对情报监听活动进行审批，但根据我国目前的体制和实际情况来看，将情报监听的审批权交由法院还不切实际，因此，侦查机关向其上级机关申请情报监听活动，由上级机关的负责人对其进行审核，对于符合要求，准予监听的，应当作出同意监听的决定，对于不符合情报监听要求的，则作出不予批准的决定。

三是执行。国内的技术侦查措施大多由技侦部门执行，因此，情报监听的执行仍可沿用该项规定，由技侦部门开展。执行过程中，必须全程做好记录，一方面为刑事诉讼过程中监听材料发挥证据效力提供保障，另一方面为将来对情报监听活动的审查提供有力支撑。在情报监听活动的执行过程中，应当要求监督人员在场，对侦查机关的情报监听活动进行监督，保障侦查机关合法地、顺利地开展监听活动。

5. 权利救济

情报监听手段的运用，难免会对公民隐私权造成侵犯，因此，为了减少这种侵害，就需要对被监听者进行权利救济。一方面，赋予监听对象以知情权和异议权。在侦查终结时，应当将侦查机关实施的监听情况告知当事人，当事人有权查阅或听取监听资料，若当事人对监听活动存有异议，认为侦查机关的监听行为不当，则有权提起诉讼，由法院作出判决，若确实侦查机关实施非法监听活动，则撤销监听行为，同时销毁监听资料。另一方面，完善损害赔偿制度。对于因情报监听活动而产生的侵犯监听对象个人权利，应当赔偿的，应纳入国家赔偿法的范畴中，给予监听对象权利救济。

6. 资料使用

通过情报监听手段获取的资料往往是第一手的，也最具有证据效力。刑事诉讼法中已经规定通过情报监听获取的材料能够作为证据使用。然而，我国还应当明确规定非法证据排除规则，可以借鉴美国的“毒树之果”理论，只有合法取得的监听资料能够作为证据使用，非法获取的资料无效，且通过这些资料获取的其他证据同样无效。同时，应注重监听资料的保管及销毁。监听所得资料的保管必须坚持保密原则，无论是在监听时还是监听后，都不得将监听资料外泄以及传播。为了防止监听资料的滥用，应当及时销毁。考虑到我国实际情况，可以规定监听资料应当保管 5 年，到期应在法官的监督下进行销毁。对于监听所获取的与案件事实无关的资料，或者不能在刑事诉讼程序中作为证据使用的资料，应当在法官以及当事人的监督下将监听资料销毁。

总之，在科技手段日新月异的时代，犯罪手段日趋隐蔽化、先进化，因此，需要不断更新技术侦查手段，以弥补传统侦查手段的不足，在打击疑难案件中取得良好的侦查效益。情报监听作为一种技术侦查手段，能够高效、准确地侦破案件，然而，这种高效势必会造成对公民基本权利的侵犯，与国家尊重和保障人权相悖，故应当对情报监听予以立法规制，寻求打击犯罪与保障人权的契合点。各国情报监听立法及实务证明，打击犯罪与保障人权之间的张力可以通过明确情报监听立法予以消除或缓解。

我国应当以《国家安全法》的出台为契机，加强对情报监听手段的规制，大力推进情报监听立法的完善。

二、美国涉外情报监控法[1]

为确保宪法赋予公民的权利不被情报部门以维护国家安全之名加以不当

[1] 吴常青、薛大政、李晨蕾：《美国涉外情报监控法院制度研究》，载《情报杂志》2017年第4期。摘编后收入本书。

干预，美国1978年颁布的《涉外情报监控法》建立了涉外情报监控法院制度，通过引入司法审查机制防止政府部门滥用情报监控权。2013年“斯诺登事件”引发了各界对包括涉外情报监控法院在内的美国涉外情报监控制度的激烈辩论，最终促成2015年《自由法案》的一系列改革举措。

（一）涉外情报监控法院的建立与发展

1．涉外情报监控法院的建立

1972年“水门事件”东窗事发，引发人们对情报部门滥用监控权力的全面反思。为此，美国联邦参议院于1975年1月组建丘奇委员会，启动了情报监控调查工作。丘奇委员会调查后认为主要原因在于：一是法律对“国家安全”“外国情报”等术语的模糊规定留给政府任意解释的机会。二是政府官员对监控行为持默许态度，助长监控权力不断扩张。三是监控行为的秘密性使其缺乏来自公众的监督，即使是非法监控也不受惩罚。四是缺少国会和法院的制约，监控权力逐渐发展成“不受制约的总统权力”之一。

作为回应，1978年联邦国会制定了《涉外情报监控法》。该法既为限制情报部门权力提供了一个更为具体的法律框架，又通过设立涉外情报监控法院，负责审查情报部门的监控申请。该法还建立了涉外情报监控复审法院，负责审查涉外情报监控法院拒绝监控申请的上诉案件。涉外情报监控法院最初由七名联邦地区法院法官组成，负责审查情报部门以具体个人为监控目标的事前情报监控申请。涉外情报监控复审法院由三名巡回法院法官组成，有权审查涉外情报监控法院的裁决，可以修改或撤销原裁决，也可以裁定强制执行原裁决。

2．涉外情报监控法院的发展

1978年至2001年间，涉外情报监控法院一直沿着《涉外情报监控法》设定的轨迹行进。然而，“9·11事件”后，美国联邦国会通过一系列立法对《涉外情报监控法》进行修改，涉外情报监控法院也逐步发生改变。

（1）《爱国者法案》的影响

“9·11事件”后，联邦国会迅速颁布《爱国者法案》。该法案对涉外情报监控法院的影响主要体现在两个方面：一是扩大法院批准情报部门监控申请的范围。虽然该法案保留了个案申请的要求，但情报部门完全可以根据总统授权，在完全没有涉外情报监控法院的参与下进行大规模电话、网络元数据监控；二是修改了法院对情报部门监控申请的批准标准。情报监控目的从之前的“首要目的”调整为“重要目的”。该法案颁布后，涉外情报监控法“目的”是获取情报，并允许情报部门之间可以共享情报。

（2）《保护美国法》的影响

《爱国者法案》使情报部门的监控权得到空前扩张，人们开始思考如何平衡国家安全维护和公民权利保障。对此，2007 年联邦国会通过《保护美国法》，力图在保护美国公民宪法权利的同时，使涉外情报监控法院不会阻碍情报部门针对位于美国境外的目标获取情报。该法规定，即使没有涉外情报监控法院的批准，国家情报局局长和联邦总检察长也可授权收集外国情报长达一年；此外，允许涉外情报监控法院，可以要求第三方为情报收集活动提供帮助。据此，涉外情报监控法院的工作重心已从事前批准转变为事后审查。

（3）《涉外情报监控法修正案》的影响

随着反恐形势日益严峻，且总统权力不断扩张，2008 年联邦国会颁布了《涉外情报监控法修正案》，进一步扩大了涉外情报监控法院对情报部门监控申请批准的范围，即扩大到了“任何海外的非美国人”，且只要美国公民不是监控的“目标”，情报部门就可以收集该美国公民的情报。只要情报部门认为所收集的情报与国家安全有关，涉外情报监控法院必须允许其开展监控工作；且一旦涉外情报监控法院批准监控申请，其将无法对监控活动中的目标进行司法审查。该修正案不仅允许情报部门获取监控目标的通信交互信息，也允许在某些情况下获取监控目标的全部信息。

（4）《自由法案》的影响

2013 年，“斯诺登事件”，披露了大量有关秘密情报收集计划的信息，其中包括法院发布的一个意见：涉外情报监控法院根据《爱国者法案》第 215 条命令美国最大的电话通讯公司 Verizon 每天向国家安全局提交一次用户电话元数据。斯诺登事件，引发了公众的批评，认为涉外情报监控法院成为情报部门的橡皮图章，以牺牲公民自由为代价维护国家安全。迫于压力，美国联邦国会于2015年通过《自由法案》，不得不对涉外情报监控制度进行改革。

（二）对涉外情报监控法院制度的问题

虽历经近40年的发展，涉外情报监控法院制度仍存在诸多问题，主要有以下四个方面：

1. 对抗性问题

对抗制诉讼作为美国司法制度的一项重要准则，其根本观点是诉讼程序由当事人主导和积极推进，法官消极中立的通过双方当事人针锋相对的辩论发现案件事实，进而审慎权衡双方当事人的主张并作出裁判。涉外情报监控法院设立之初就面临着审查程序不具有对抗性的质疑。随着涉外情报监控法院的发展，其已不再审查情报部门针对特定目标的事前申请，而是对情报部门的大规模监控进行一般性批准，法院的审查转变为行政机关内部审批。缺乏对抗性很难保证其能够对情报监控的合理性问题进行公正审查，这降低了法院裁决、命令或意见的可信度。此外，根据《涉外情报监控法》，情报部门有权针对涉外情报监控法院拒绝批准监控的申请向涉外情报监控复审法院提起上诉。由于缺乏对抗性，涉外情报监控复审法院往往更容易改变涉外情报监控法院的裁判。为避免情报部门上诉以及随之而来的涉外情报复审法院推翻原裁判，涉外情报监控法院一般都会批准监控申请。这不仅导致涉外情报监控法院对监控申请有求必应，也使涉外情报监控复审法院失去其作为上诉法院的监督作用。

2. 秘密性问题

鉴于涉及国家安全情报信息的敏感性，一直以来，涉外情报监控法院具有极强的秘密色彩。问题主要表现在两个方面：一是审查程序的秘密性。涉外情报监控法院的审查程序是以不公开为原则，以公开为例外的。一般仅有少数情报部门官员才能进入到涉外情报监控法院的监控申请审查程序；二是法院裁决、命令或意见的秘密性。主要是因为，情报部门在将监控申请文件提交给涉外情报监控法院之前就已将大多数文件分为机密或最高机密，这样，涉外情报监控法院的裁决、命令或意见公开与否的决定权掌握在情报部门手中，情报部门可以选择解密部分或全部裁决、命令或意见。

3. 法官选任制度问题

表现为两方面：一是法官的任命。这避免权力绝对集中，联邦宪法将联邦法院法官的提名权和批准权相分离，即法官由总统负责提名人选，由参议院负责批准任职。而涉外情报监控法院法官却由联邦最高法院首席大法官独自选任。这不仅违背权力分立原则，而且因党派性极易导致法官任命的党派分配失衡。二是法官任期问题。联邦宪法规定联邦法院法官的任期是终身制。特别是因审查对象的特殊性，涉外情报监控法院法官任职期间学习的专业知识、积累的工作经验相较于其他法院法官更具独特性，其更应该采终身制。然而，涉外情报监控法院法官任期最长为七年，且不得连续任职。

4. 信息和知识缺乏问题

尽管法律规定涉外情报监控法院可以要求情报部门提供更多信息，但是情报部门提交的监控申请中的笼统描述与实际操作中的监控行为往往出入较大，而且经常不合理地延迟提交监控申请，有时甚至延迟长达数年。对涉外情报监控法院来说要求情报部门提供法院“盲区”中的未知信息是不现实的。此外，缺乏与情报部门所使用监控技术有关的专业知识。与其他案件不同，由于涉外情报监控法院审查监控行为必然涉及到情报部门所使用的监控技术，而这些技术涉及最先进的尖端科技，具有高度专业的技术性知识体系，且不断发展，涉外情报监控法院法官在审查监控申请时，因缺乏与情报部门所使用监控技术有关的专业知识，使得法官很难对监控行为合理与否作出正确的判断。

（三）《自由法案》的改革及回应

2015 年美国联邦国会制定《自由法案》对包括涉外情报监控法院在内的情报监控制度进行改革。

1. 引入法庭之友制度

《自由法案》试图在涉外情报监控法院中增加对抗性，鼓励法官任命法庭之友参与到审查程序中。根据该法案第 401 条的规定，除非法院裁定任命法庭之友不当，否则应当任命一名法庭之友协助法院审查监控申请，负责在法院的意见中提出新颖的或重要的法律解释；向法院提供促进个人隐私和公民自由保护的法律建议、与情报收集或通信技术有关的信息或者其他任何相关的建议或信息。法院还可以任命法庭之友代表与案件结果有利害关系的个人或组织提交意见。在上诉审时，法庭之友有权决定是否参与上诉。

2. 公开部分法院裁决、命令或意见

根据《自由法案》第 602 条规定，国家情报局长和联邦总检察长应对涉外情报监控法院和涉外情报监控复审法院发布的裁决、命令或意见逐一进行审查，并在最大程度上向公众公开。此外，这些裁决、命令或意见也要以一定方式迅速向国会公开。

涉外情报监控法院审查监控申请，实质上是在安全价值与自由价值之间权衡，将这种权衡置于公众和国会监督之下的改革路径是值得肯定的，但是，公开决定权的归属问题，以及公开内容的范围问题，仍存在争议。

3. 回避法官选任制度改革

对于涉外情报监控法院法官选任制度存在的问题，《自由法案》选择了回避。

赞同这做法的认为，可以在不改革涉外情报监控法院法官选任制度的基础上，改良法官制度。根据美国法典第 28 章第 291-296 条的规定，联邦最高法院首席大法官有权指定联邦法官到其他法院临时任职。由于涉外情报监控法院法官的临时任命可能被撤销，反而使其不太可能屈服于政治压力，故应继续维持目前的法官选任制度，但需对涉外情报监控法院法官制度进行改良。如，加强涉外情报监控法院法官经常与情报部门沟通，建议涉外情报监控法院每周应由至少三名法官同时参与审查申请程序。多名法官制有助于决策的公正性，也使得每个法官都将获得更多的经验。

4. 增加法院的专业知识

《自由法案》第 402 条规定，涉外情报监控法院在其认为适当的情况下可以任命个人或者组织向其提供专业技术知识。由于涉外情报监控法院可以不适当为由拒绝任命技术专家，所以并不是所有的监控申请都有技术专家的参与，为此，需要通过立法使技术专家能够参与到每一个申请的审查过程中，以增加涉外情报监控法院的专业技术知识。

三、欧盟对情报部门元数据监控管理[1]

元数据又被称为“关于数据的数据”或“关于信息的信息”，是指在通信传输过程中产生的与通信内容无关的相关信息。无论何时何地，只要人们使用手机、电脑等设备或者电子邮件、社交网络、搜索引擎等服务，就会产生海量的元数据。通过对一段时间元数据的分析，人们可以轻易掌握通信主体的个人及家庭生活、职业、社会关系，可以获得关于个人信仰、偏好以及行为举止等详细信息。基于此，国际社会逐渐认识到，情报部门为国家安全目的对元数据进行监控，亦会严重干涉被监控者的基本权利。国际社会开始反思和调整元数据监控的政策、法律，以在国家安全利益维护与公民基本权利保障之间取得平衡。对元数据监控的法律规制，欧盟法一直处于国际社会的前列，且对欧盟成员国产生重大影响。

（一）情报部门元数据监控与公民基本权利

元数据监控是指根据法律规定，监控主体对被监控者通讯中产生的元数据进行收集、保存，并为特定目的对所保存的元数据进行分析、使用的行为。

科学技术的迅猛发展极大地改变了人们的通信方式，通信设备的便携化，越来越方便人们随身携带，人们几乎一直随身携带着处于运行状态的移动通

[1] 吴常青、薛大政、吴轩：《欧盟法视野下的情报部门元数据监控》，载《情报杂志》2016年第11期。摘编后收入本书。

信设备；通信设备的智能化，让个人通信终端完成了通话与互联网的融合。科学技术的发展不仅使元数据的种类扩增、数量增多，而且使得对元数据的收集更加方便容易。这些转变使得情报部门的元数据监控，对公民基本权利的干预发生根本性变化，主要体现在两个方面：一是元数据监控对象的广泛性。"9·11事件"后，元数据监控几乎成为一项致力于预防恐怖袭击的全球普适性政策，越来越多的国家和地区对元数据监控持肯定态度。情报部门元数据监控成了对所有通信设备使用者进行地毯式的监控。人们只要使用电子通信设备，就是元数据监控的对象。此外，不同层面的合作使得元数据监控对象更为广泛。可以说，在目前的元数据监控政策下几乎人人都处于被监控的状态。二是元数据监控干涉基本权利的广泛性。由于元数据中很多信息特别是有关种族、民族、政治观点、财政状况以及病史等常常是通信主体不愿为人所知的，因此对此进行监控无疑会对公民的隐私权造成严重干涉。

（二）欧盟法与情报部门元数据监控

欧盟法对情报部门元数据监控的规制一直处于国际社会前列。《数据保护指令》《数据保存指令》和《欧盟基本权利宪章》是规制情报部门元数据监控的重要法律规范。

1. 数据保护指令

欧盟法对元数据监控的规制可追溯到1995年。1995年10月24日，欧洲议会和欧盟理事会通过了《关于涉及个人数据处理的个人保护以及此类数据自由流动的指令》（简称《数据保护指令》）。其主要内容包括：第一，允许成员国对公民个人数据隐私进行一定的限制。该指令第1条开宗明义的规定，"保护人之所以为人的基本权利和自由，特别是保护个人数据隐私"是每个欧盟成员国的基本义务。需要注意的是，《数据保护指令》规定的"个人数据"是非常宽泛的概念，是指能够识别数据主体身份的一切数据，不仅包括通信内容，也包括通信元数据。第二，对限制个人数据隐私设置了较为严格的条件。要求对个人数据的收集、处理必须符合所要实现的目的，并需征得数据主体的同意；数据主体享有对所收集个人数据的知情权，有权在需要时要求对收集、处理的数据进行纠正、锁定或删除。此外，该指令禁止对“种族和民族起源、政治观点、宗教或哲学信仰、工会会员身份，以及……关于健康或性生活的”敏感数据加以使用。随着电子通信技术的发展，2002 年 6 月 12 日通过的《隐私与电子通信指令》，更新了《数据保护指令》的内容，将电子通信中的个人数据纳入欧盟法规制范围。

2. 数据保存指令

欧盟法明确对元数据监控进行规制的法律规范是《数据保存指令》。该指令规定，为了调查、发现和起诉严重刑事犯罪，各成员国有义务制定国内相关规定要求通信服务商保存所有自然人和法人在使用其电子通信服务过程中产生的元数据。《数据保存指令》颁布后，欧盟成员国纷纷制定、颁布了本国数据保存相关规定，这导致诸多国家法院依据本国宪法裁判本国的数据保存相关规定无效。然而，对《数据保存指令》的挑战并未因此而消失，且随着《欧盟基本权利宪章》的生效，这种挑战更为致命。

3. 欧盟基本权利宪章

在 2000 年 12 月 7 日的欧盟首脑会议发表了《欧盟基本权利宪章》（以下简称“宪章”）。作为一部宪法性文件，宪章旨在保障欧盟公民的基本权利。其中明确规定，每个人都有权要求私人生活和家庭生活、住宅和通信之尊重；每个人都有权要求个人数据之保护；个人数据必须为了明确的目的公平处理，并且经过数据所涉及当事人的同意或者有法律规定的其他合法事由；每个人都有权利知晓所收集到的个人数据，并且有权要求销毁个人数据。应由独立的有权机关来监督这些规则的遵守。但宪章直到 2009 年 12 月 1 日才正式生效。

欧洲法院作为维系欧盟法律秩序的宪法法院，有权审查欧盟机构和欧盟成员国是否遵守宪章的规定。欧洲法院对欧盟法进行合宪性审查是有前提的，即欧盟法被直接适用或转化为成员国国内法适用，且以个案形式向欧洲法院提起诉请。宪章的生效对《数据保存指令》造成极大的冲击，原因在于《数据保存指令》被转化为成员国国内相关规定得以实施，一旦有人在欧洲法院对《数据保存指令》提出质疑，那么欧洲法院就可以对其进行合宪性审查。

（三）欧洲法院判决的“数字权利案”

1. 数字权利案概况

数字权利案是欧洲法院对爱尔兰高等法院和奥地利宪法法院分别提出审查《数据保存指令》合法性申请，进行合并审理、判决案件的简称。成立于2006年的爱尔兰数字权利有限责任公司是专门从事移动电话业务的公司，其章程明确公司设立目的之一是促进和保护现代通信技术领域的人权。根据爱尔兰数据保存相关规定，情报部门可以对该公司及其客户的元数据进行监控。2012年该公司向爱尔兰高等法院提起诉讼，主张爱尔兰数据保存相关规定侵犯了公民的个人生活权、家庭生活权和通信自由权，应认定无效。此外，根据宪章和欧盟惯例对基本权利和自由的保障，该公司也对《数据保存指令》的有效性提出质疑。同年，奥地利克恩顿州政府、迈克尔斯特林格先生等分别向奥地利宪法法院提起诉讼，认为奥地利数据保存相关规定侵犯了他们的基本权利，并要求法院宣布废止奥地利数据保存相关规定。

针对原告对本国数据保存相关规定提出的挑战，爱尔兰高等法院和奥地利宪法法院中止了国内诉讼，并请求欧洲法院对《数据保存指令》的有效性进行审查。基于两个诉讼的关联性，欧洲法院于2014年4月8日作出联合判决。

2. 数字权利案裁判的法理

欧洲法院在总结该案相关事实和法律后认为，元数据作为一个“整体”，会非常精确地展现人们的生活，尽管《数据保存指令》不允许保存通信内容，但保存通信元数据依然会干涉自由权以及个人生活权，且对元数据进行有目的的处理会干涉个人数据权。

针对第一个问题，法院认为《数据保存指令》规定的数据保存义务和数据保存期限构成对宪章的干涉；情报部门对元数据的分析、使用也构成对宪章的干涉。此外，法院认为这些干涉是非常广泛且特别严重的，政府部门没有将元数据的保存以及随之而来的处理的事实告知被监控对象，这就给人们造成一种“被监控感”。

根据法院的分析，实施《数据保存指令》是为了打击国际恐怖主义和严重刑事犯罪，进而维护国家安全，追求这些普遍利益本身是合法的。情报部门进行元数据监控有助于收集危害国家安全的信息、发现严重刑事犯罪，是“适当的”但不是“必要的”。法院指出，数字化时代打击严重刑事犯罪，尤其是有组织犯罪和恐怖主义犯罪，在很大程度上依赖于现代调查技术的使用。但目的不能为手段做辩护。

具体而言，法院认为以下五个方面的问题撼动了《数据保存指令》的合法性：一是《数据保存指令》没有对元数据监控的对象做出任何限制；二是《数据保存指令》没有对元数据监控的目的进行严格限定；三是《数据保存指令》对元数据监控的期限规定十分笼统，不符合明确性要求；四是《数据保存指令》没有对通信服务商所保存元数据的安全提供充足的保障。一方面，《数据保存指令》不能强制通信服务商提高所保存元数据的保护级别；另一方面，也无法保证通信服务商在监控期结束后彻底删除元数据；五是情报部门可以任意获取通信服务商所保存的元数据，元数据监控很难得到独立有权机关的监督。

基于《数据保存指令》对欧盟公民基本权利干预的广泛性和严重性，法院认为面对情报部门地毯式元数据监控，应充分保障欧盟公民的基本权利。最后，法院判决认为《数据保存指令》中元数据监控对基本权利的干涉不符合比例原则，该指令自始无效，从而将其排除于欧盟法律框架之外。

（四）数字权利案的广泛影响

数字权利案的判决不是从根本上否定情报部门元数据监控，而是在肯定其维护国家安全目的的价值的前提下，要求元数据监控的立法必须符合比例原则，严格限制监控对象、严格限定监控目的、明确监控期限、提供充分的数据安全保障以及有效的外部监督，进而充分保障公民的基本权利。该判决不仅对欧盟成员国产生深远的影响，对欧盟以外国家和地区也具有重要的参考意义。

1. 对欧盟成员国的影响

数字权利案后，欧盟成员国的政府和法院不仅对该案判决采取态度截然不同，而且对国内数据保存相关规定的效力问题各执己见。对欧盟成员国法院而言，虽然数字权利案判决的效力仅针对爱尔兰和奥地利两国，并不能直接约束欧盟其他成员国，但作为一个判例，并不妨碍欧盟其他成员国法院在审理本国数据保存相关规定与公民基本权利兼容性问题时将此案作为参照。事实上，无论是中止审判程序等待欧洲法院作出判决的成员国法院，还是数字权利案后启动审判程序的成员国法院，最终都无一例外地判决本国数据保存相关规定无效，并予以废止。在国家安全维护和公民基本权利保障之间，成员国法院选择充当公民基本权利强有力的捍卫者。总言之，成员国法院采取严格解释的态度，即只要成员国数据保存相关规定侵犯了本国宪法所保障的公民基本权利，那么此规定就因违宪而无法律效力。

与欧盟成员国法院的立场不同，欧盟成员国政府往往采取宽松解释的态度，即在解释本国公民所享有的基本权利时，成员国政府会在法律允许的范围内最大程度地对基本权利进行限缩，以便提高政策实施的效率。成员国政府认为较之《数据保存指令》，现行或即将实行的成员国数据保存相关规定中有着更加健全的基本权利保障措施，这些规定可以解决欧洲法院在数字权利案判决中提出的五个问题，因此，成员国数据保存相关规定并不违宪。

不过，数字权利案对基本权利保障的积极作用是毋庸置疑的。尽管数字权利案不意味着地毯式元数据监控的终结，但其在一定程度上促使成员国政府在建构国内元数据监控制度时更加注重公民基本权利保障。

2. 对欧盟以外国家和地区的影响

数字权利案对情报部门元数据监控与基本权利关系来说是一个标志性事件。尤其在“斯诺登事件”之后，人们发现国家情报部门可以通过先进的科技手段轻而易举地对人们的通信进行地毯式监控。这导致在全球范围内展开了对数字化时代自由和安全之间如何平衡的大讨论。

数字权利案所带来的对元数据监控规制的新发展，为欧盟以外其他国家和地区相关制度的构建提供了不可忽视的经验素材和论理路径。综观数字权利案，有以下两个方面的经验值得欧盟以外其他国家和地区借鉴：

一是欧洲法院给欧盟以外其他国家和地区的法院树立了模范带头作用。

面对数字化时代的挑战，法院更应在加强对元数据监控法律规制方面发挥积极作用。无区别的广泛收集并保存元数据所产生的“被监控感”不利于公民基本权利的保障和民主价值的实现，人们使用新型通信设备所产生的元数据应受到法律的严格保护。

二是数字权利案对欧盟以外其他国家和地区的政府部门有重要的启示。关于保存元数据的主体，实践中主要有两种做法：通信服务商保存元数据或者政府保存元数据。前者是欧盟国家的做法，后者是《爱国者法案》时期美国的做法。欧洲法院给决策者们的回答是：在数字化时代，基本权利的保护必须得到加强，无论由谁负责保存元数据，元数据监控都应受到限制。数字权利案并未否定元数据监控，但它直接质疑了地毯式元数据监控。

四、德国通信战略性监控制度[1]

随着 2013 年“斯诺登事件”持续发酵，德国联邦情报局被爆出大肆监控本国公民和欧盟机构的丑闻，引发轩然大波。迫于政治压力，德国联邦议会于 2016 年 12 月修订了《联邦情报局法》，加强对联邦情报局境外通信监控的规制，进一步提升德国情报监控法治化水平。

（一）通信监控制度的历史

通信战略性监控是指德国联邦情报局利用技术手段大规模截取不特定对象的跨境或境外通信的活动。因此类监控最初服务于军事目的，即及早发现影响国家安全的因素，防止战争的发生，以维护国防安全，所以也被称为“战略性”监控。德国情报法制经过 50 多年的发展，逐步形成两类战略性监控制度：一是“外国与德国通信战略性监控”（以下简称为跨境通信监控），其监控对象为“国际通信关系”，即目的地为德国或从德国发出的跨境通信；

[1] 吴常青、李晨蕾：《德国联邦情报局通讯战略性监控制度研究》，载《情报杂志》2019年第10期。摘编后收入本书。

二是“外国与外国通信战略性监控”（以下简称为境外通信监控），其受《联邦情报局法》规制，监控对象为所有通信参与者均在德国境外的通信。

1. 跨境通信监控制度历史

鉴于情报对战争胜负的关键性作用，第一次世界大战期间德国情报部门就将通信技术应用于情报收集，发明了无线电收发报机和电话窃听装置，建立了无线电截听站和密码分析机构。第二次世界大战期间，德国情报部门迅速发展，由原来的几个增加到 20 多个，二战后，德国又重建情报机构。1947 年，在美国中央情报局的指令和资助下，成立了一个情报组织，人称“盖伦组织”，收集关于苏联及其盟国在中、东欧所有有益的情报，后由德国政府接管，并于 1956 年改名为“联邦情报局”。然而，由于人们普遍认为，联邦情报局的通信监控活动并不干涉任何基本权利，且绝大部分在德国境外进行，不受德国基本法调整，直到 20 世纪 60 年代末，联邦情报局通信监控活动仍没有相关法律进行规范，仅由内部管控。

规制跨境通信监控的 G10 法是在德国为脱离二战战败国地位的过程中诞生的。1945 年 5 月，德国投降之后，德意志联邦共和国（西德）从被占领国向完全主权国家过渡，有必要赋予国家安全机关足够的权力，以确保西德的安全。为此，西德从 1954 年 12 月起积极推动制定包括 G10 法在内的紧急宪法相关法律，联邦议会于 1968 年 8 月 13 日通过了 G10 法，授权联邦情报局等情报部门在严格的法律界限内采取干预基本法第 10 条的监控措施：一是个案通信监控；二是针对不特定对象的跨境通信战略性监控。

2. 境外通信监控制度的历史

境外通信监控与一国地理位置和通信基础设施关系密切。由于德国独特的地理位置，世界上一些大的互联网交换点（Internet Exchange Points）设置在德国，使其成为世界大部分互联网流量的中心枢纽。由于此类监控针对的是德国境外的外国通信，不属于 G10 法调整的范畴，因此不受 G10 委员会的监督，仅受议会控制小组的监督。

因境外通信监控缺乏严格的控制，所以改革呼声不断。特别是在“斯诺登事件”后，德国联邦议会于 2014 年 3 月成立了专门调查委员会，以调查联邦情报局与“五眼联盟”国家在德国大规模通信监控活动的关联。结果显示：此类监控命令的决定权掌控在行政部门内部的少数人手中，且缺乏任何形式的独立监督；尽管此类监控由公共财政支出，但从未对其有效性进行过独立评估；政府部门也未为监控所获取的数据提供足够的保护。长期以来，德国情报监控极高的法治化程度一直为德国各界引以为傲，也是世界各国相关立法的重要参照系。专门调查委员会调查的结果及不断曝光的信息，使得德国情报监控法制本身问题化了，进而使德国国内舆论关注的焦点从美国国家安全局转移到德国联邦情报局。

基于此种背景，2016 年 12 月 30 日德国联邦议会对《联邦情报局法》进行了修改，新法进一步明确，境外通信监控不能收集德国公民、国内法人或在德国居住的外国人的通信信息。如果附带的收集了上述通信信息必须立即清除，除非根据 G10 法单独获得授权。

（二）通信监控制度的基本内容

因两类通信监控所针对的对象以及是否干预基本权利存在差异，G10 法和《联邦情报局法》为其设置了不同的实体要件和程序要件，不过后者控权密度明显低于前者：

1. 通信监控发动的门槛

对跨境通信监控而言，G10 法第 5 条第 1 款，规定依联邦情报局的申请，为收集通信信息，可命令为 G10 法第 1 条国际通信关系的监控措施。该监控措施列出了 8 条安全威胁作为启动监控的门槛，且为防止此类威胁而有收集相关情报的必要时，才能为之。而根据《联邦情报局法》第 6 条第 1 款规定，只要通信信息对于识别、反击针对德国国内或国外的安全威胁、确保德国具有采取行动的能力，或者获得与德国外交和安全政策相关的其他情报是必要的，联邦情报局就可以采取境外通信战略性监控收集德国境外非德国人的通信，而不要求存在具体的威胁。

2. 通信监控的申请、命令及审查

G10 法第 9 条第 2 款规定，联邦宪法保护局、各邦宪法保护局、军事反情报局和联邦情报局在自身业务范围内，其部门负责人或其代理人有申请监控措施的权限。根据德国情报机关职责分工，联邦情报局负责涉外情报的收集与评估。因此，联邦情报局有权采取书面形式申请跨境通信监控。必须包括监控命令所必备事项且附具理由。根据G10法第10条规定，联邦情报局将申请提交联邦内政部，由其进行独立评估后，签发监控命令。监控命令必须明示命令的根据、执行机关、进行搜寻的关键词（如圣战、盖达、炸弹、恐怖活动等）、通信的传输方式及收集的范围（不能超过通信传输线路全部传输容量的20%）和期限。

表4.3　2012、2013、2015年两类威胁跨境通信监控情况

威胁类型	2012年		2013年		2015年	
国际恐怖袭击	搜索关键词	2229	搜索关键词	1643	搜索关键词	1762
	通信传输方式	1804	通信传输方式	906	通信传输方式	1132
	电子邮件	595	电子邮件	1	-	-
	传真	290	传真	20	-	-
	电报	9	电报	11	-	-
	语音通信	58	语音通信	175	-	-
	元数据链接	816	元数据链接	639	-	-
	手机短信	36	手机短信	60	-	-
	相关拦截	137	相关拦截	73	相关拦截	41
军火走私	搜索关键词	24775	搜索关键词	23400	-	-
	通信传输方式	849497	通信传输方式	14411	-	-
	相关拦截	107	相关拦截	32	-	-

就境外通信监控，根据《联邦情报局法》第9条第4、5款的规定，联邦情报局将申请提交联邦总理。随后，政府部门做出监控命令，并提交给独立委员会进行合法性和必要性审查。

3. 对受监控措施影响之人的通知

通知受监控措施影响之人的目的在于告知其通信被监控，若其认为权利遭受不当干预，可据此寻求救济。根据 G10 法第 12 条规定，一般而言，联邦情报局应在跨境监控停止执行后，通知受监控措施影响的人。但是，联邦情报局实施的境外通讯监控，被监控对象不仅不享有德国基本法第 10 条所保护的基本权利，而且居住在德国境外，即使通知也可能存在着障碍。因此，《联邦情报局法》第 6 条第 1 款规定，联邦情报局一般没有通知受监控措施影响之人的义务。仅在境外通信监控违反《联邦情报局法》第 6 条第 4 款规定，意外收集到德国公民、国内法人或在德国的外国人数据时，才有通知的义务。

4. 监控所收集数据的保护

联邦情报局实施跨境通信监控所收集的数据，受到 G10 法严格的保护。根据 G10 法第 6 条规定，联邦情报局对所收集的数据，应立即审查其是否符合 G10 法第 5 条第 1 款规范目的的必要性，并在其后的 6 个月内进行持续性审查。如果某些数据不符合相关规范目的，且也没有传递给其他机关的必要，应立即销毁，并制作销毁记录。剩余数据必须予以标识，即使数据被传递给其他机关，标识也应维持。监控所收集数据只有在符合 G10 法第 5 条、第 7 条规范目的时方得利用。然而，因立法者对境外通信监控不会干涉德国基本法第 10 条所保护基本权利的认知，《联邦情报局法》虽如同 G10 法于第 11 条规定了保护私人生活核心领域的一般性条款，但其对监控所收集数据的保护要比 G10 法低得多。

5. 对通信监控的控制

为落实德国基本法第 10 条第 2 款规定的由联邦议会监督替代法官制约机制，G10 法在联邦议会监督委员会下设 G10 委员会，以弥补秘密通信自由权遭受侵害时司法救济的不足。G10 委员会是跨境通信战略性监控最主要的监督机关，其有权事先对跨境通信战略性监控进行合法性和合目的性监督。一般情况，只有经过 G10 委员会批准，方能执行监控措施；如果认为监控措施的合法性及目的性欠缺，权责机关不得执行。对已经执行的监控措施，委员会认为其不可接受或不必要时，联邦内政部部长应立即停止。紧急情况下，可先行执行监控措施，但若 G10 委员会不同意或者认为不必要时，应立即取消。

（三）通信战略性监控制度的争论

德国联邦议会将境外通信监控纳入法制监管，但德国各界对于联邦情报局通信战略性监控制度仍存在着激烈的争论，其焦点主要集中在以下两个方面：

1. 基于被监控人国籍和所在位置区分立法的争论

首先，基于被监控人国籍和所在位置区分的立法是否合宪。现代主权国家基于属人和属地管辖，在情报监控法中以被监控人国籍和所在位置设置不同的实体条件和程序条件是通行做法。2016 年修改的《联邦情报局法》虽将在德国境内收集境外外国人通信活动进行详密的规制，但其权力控制密度相较于跨境通信监控明显要低。

其次，基于被监控人国籍和所在位置区分立法的实践难题。基于被监控人国籍和所在位置区分的立法，是建立在能够将国内通信与国外通讯分开以及确定每个通信参与人的国籍和位置在技术上是可行的假设基础之上的，而这种假设在分组交换时代是不切实际的，因为要区分纯粹的国内通信传输线路和国际通信传输线路几乎是不可能的。不仅如此，鉴于网络结构的复杂性以及数据包传输的高度动态性因素，也很难判断数据包在两个路由器之间的哪条线路上传输。基于上述技术背景，德国联邦情报局是否真正能够以必要的、可靠性技术手段将国内通信、跨境通信和境外通信区分开是值得怀疑的。

2. 对 G10 委员会和独立委员会监督实效的争论

在德国情报监控法中，G10 委员会和独立委员会是通信监控最主要的监督制度设置，但其监督实效却受到不少质疑。

影响 G10 委员会监督实效的主要原因在于：第一，G10 委员会非司法机关，而是由议会任命的辅助机构，委员任期与联邦议会议员相同，其审查程序不具有公开性、对抗性等典型司法程序的特征，故其对监控申请的审查并非司法审查。第二，情报监控申请数量大，G10 委员会审查时间不足。根据联邦议会控制小组 2013 年度报告，G10 委员会平均每个申请审查时间不足 5

分钟。第三，G10 委员会工作人员配置不足。虽然 G10 法规定给予 G10 委员会必要的人力和专家资源，但委员会的工作人员仅有 4 人。第四，G10 委员会成员缺乏与监控相关的技术知识。G10 委员会成员均是有着丰富经验的法律专家，但是其缺乏审查的情报活动所涉及的复杂技术（比如联邦情报局的过滤技术）的理解能力，也缺乏协助其确认情报部门所述监控技术精确性的技术专家。

2016 年《联邦情报局法》不是将监督境外通信监控的权力赋予 G10 委员会，而是另起炉灶创设了独立委员会，该委员会也同样面临着诸多类似的质疑。第一，它既不具有独立性，也并非法院，被认为是一个行政机构。第二，《联邦情报局法》对于独立委员会的监督范围、监督权的保障等内容均未涉及。第三，境外通信监控命令一般不用列明搜索关键词，亦不需要载明监控通信的传输方式及监控的比例，这意味着独立委员会无法根据搜索关键词来评估监控措施的合法性和必要性，其审查结果的可信度难免令人质疑。

第五章

情报教育

第一节
情报学科

一、情报的本源内涵和情报学学科边界 [1]

（一）中国情报学的乱象

随着中国改革开放的深入发展，有关“情报”（intelligence）问题的研究不断繁荣，正作为一个重要的学科领域方兴未艾。2017 年 6 月 27 日《中华人民共和国国家情报法》（以下简称为《国家情报法》）的正式颁布，为情报学科建设与发展提供了法律保障。但是，近年来，有关中国的情报学建设，国内学界有不同观点。

多年来，我国的“情报学”建设体系庞杂，至少涵盖了科技领域、图书馆领域、军事领域、公安领域和管理领域等，造成了中国“情报学”的乱象。其中比较典型的就是基于图书馆学建立以来的被称之为“图书情报学”或“图书馆学情报学”。图书情报学或图书馆学情报学与真正意义上的情报

[1] 刘强：《中国“情报学”乱象和迷途的终结与选择——基于信息与情报的本源内涵和学科机理与边界》，载《情报杂志》2018年第11期。摘编后收入本书。

学（Intelligence Studies）均是舶来品，尽管从内容上看，它们之间有着极小部分的交叉或关联，但从内涵到外延、从研究对象到研究性质，都有着本质的区别。

即便是被置于“图书情报与档案管理”一级学科之下的“情报学”，也几乎极少进行过与“情报”本源内涵和功能相关的教育与研究。时至今日，若将“情报学”从原有的学科目录抽出重建，尤其是将貌似有联系的“图书馆学情报学”等学科专业与情报学合并，以此来建设所谓的“大情报学”，显然既不符合学理规范，也不利于学科专业的建设发展。

因此，有必要对学科目录中的“情报学”进行追根溯源、理性分析，进而对图书信息学和情报学进行理性的思考，厘清各自的本源内涵与外延并最终划定其应有的学科边界，使得各自学科按照应有的内涵进行建设，进而推进情报学建设与发展。

（二）“信息”与“情报”的语义内涵

长期以来，国内学界几乎一直将“信息”与“情报”两个词汇等同，甚至有学者认为在西方，“信息”与“情报”都是一个词，均对应英语的information。事实上，“信息”与“情报”两个词汇无论是在汉语语境下，还是英语语境下，其语义尽管有天然的联系和一定的重叠，但究其本源内涵却有着根本差异。尤其是在英语语境中，information与intelligence尽管极为相近，但依旧有细微区别，从而使用在不同地方。

1．“信息”与“情报”语义内涵的差异

就中文语义而言，“信息”一是指音信、消息，二是信息论中指用符号传递的报道，报道的内容是接受符号者预先不知道的。而“情报”则是指关于某种情况的消息报告，多带机密性质。

在英文语义下，“信息”所对应的information和“情报”所对应的intelligence同样也有着本源内涵差异。《朗文词典》对information的解释是“使人了解形势、人物和事件等的实情或详情”。而英文intelligence的语义则相对复杂，涉及智力、聪慧和理解力等内涵，但跟information相近的语义解释是“有关外国政府秘密行动、敌人的军事计划等的信息”。

仅从语义的解释不难发现，无论是中文还是英文，“信息”（information）和“情报”（intelligence）有些共性的重叠，即都是有关某些事情的情况或消息，但其根本内涵区别在于，前者不具备秘密性，而后者具有。换句话说，前者是公开的情况或消息，并非对手想隐匿的，而后者则是秘密的情况或消息，是对手想要隐匿的。可见，无论是中文语境下的“情报”还是英文语境下的 intelligence，因其所具有的秘密性而更多地反映在国家安全尤其是军事安全领域，而“信息”或 information 则更多反映在社会信息传播领域。

也有人认为，秘密性或隐匿性并非“情报”的必然属性，因为从情报搜集的角度看，其中一些情报被称为“公开情报”或“开源情报”，是“秘密情报”的有力补充，甚至在一些特殊国家和特殊情况下，可能成为情报工作的主要产品。但是，这种“公开”或“开源”指的是从公开渠道、公开来源，利用公开手段从公开载体（包括人）获取的，一旦成为情报即具有秘密性，因此秘密性也被定性为“情报”特质之一。

众所周知，出于国家安全考虑，国家或组织会对具有“秘密性”的信息进行保护并采取相应的防泄露措施，即将其隐匿起来，而这些被隐匿起来的信息，恰恰就是情报，已非普通信息。理论上说，那些具有秘密性质的信息不该出现在公开载体或平台上，但由于人们对于一些信息所含秘密性的认知不同，不知道其所发布信息的秘密性或隐匿性，而情报搜集人员则根据自身需求，在公开载体或平台挖掘、发现那些未被隐匿的带有秘密性的信息，并通过分析和研判最终生产出情报产品。此时的“信息”就不是原来的“信息”，而升华为“情报”。

总之，原本具有秘密性、被保护隐匿起来、有价值的信息是情报，而绝大多数散落于公开载体或平台上的信息，既不具有秘密性也不是情报（误操作发布或意外泄露的原本具有秘密性该被隐匿的除外）。只有那些被需求者搜集后甄别、分析研判形成成果的信息才变为情报，同时也具有了秘密性。因此，秘密性成为区分“信息”与“情报”的最重要标志。

2. 反映出的学科差异

在研究情报学尤其是军事情报学时，首先要厘清信息、情报与军事情报的联系与区别。大致有四种不同的认识。其一，知识来源于信息，是被人们认识了的、经过人类大脑重新组合形成的序列化的信息，即情报是知识。信息、知识、情报三者之间的关系是逐层包含的关系。其二，知识、情报都是特殊的信息。其三，情报就是信息、知识和事实中被人们搜集到的有特定使用价值的部分。其四，信息属于物质范畴、情报和知识属于意识范畴。其中第四点认知值得注意，它将信息和情报划为物质和意识两个不同的领域。

因此，虽然情报来源于信息，但只有那些被需求者认知为有价值的信息才是情报。进一步从学科视角审视可以发现，以中文表述的“图书馆学情报学”“图书情报学”，其英文名称是 Library & Information Science，与西方 Library & Information Science（图书馆信息学）的表述相一致。显然，“情报”的英文表述是 information 而非 intelligence。

而作为学科建设的情报学（Intelligence Studies）同样源自西方（尽管在情报思想尤其是军事情报思想领域，西方人也时常推崇中国的孙武，但那并非学科概念），与其相关问题的文字表述中“情报”一词，其英文表述一定是 intelligence，而不是 information（尽管过去西方也有不严谨混用的现象，但目前已几乎完全进行了区分）。这点可以从西方无数的相关著述和西方院校所开设课程名称中得到印证。《孙子兵法》中所言“情报”，也一定不是“信息”，翻译成英文必须是 intelligence 而不是 information。

3.“信息”与“情报”区别使用

人们在叙述问题时，之所以会使用不同词汇，充分说明，不同词汇间存在本质性差异，即便是相近词汇，也因其细微差异而被选择用于不同之处。

无论是国人所称“图书情报学”或“图书馆学情报学”，其核心主体是比信息学（Information Science）更为古老的图书馆学，但随着信息学的出现，其与信息学就有了千丝万缕的联系。从图书馆学和信息学的共性看，知识（knowledge）与信息（information）是核心问题。也许正是基于这个因由，才最终形成了图书馆信息学（Library & Information SCIENCE），也就是国人通常所说的“图书馆学情报学”。

然而，情报学的核心问题则是情报（intelligence）而非信息（information），情报学与信息学中的“情报”与“信息”尽管从语义而言有着极为相近的成分，但到了学科领域却有着泾渭分明的内涵特质，就必须择其要义而使用。因此，有学者在研究 Library & Information Science，即图书馆信息学相关问题并将其汇集成书时，并未使用国人的惯用名称“图书馆学情报学”，而是将其定名为“图书馆信息学”应该说是十分严谨的。

（三）“图书馆情报学”与情报学的学科属性

由于每个学科都有着各自不同的学习或研究领域，并依据独特方法论构建起一个区别与其他知识范畴并被普遍接受的知识体系，其中，既有固定的规则，也有一定的程序。因此，为避免不同学科无序竞争和盲目发展，就必须建立起相应的规则，即所谓的“方法论准则和程序”；而规则的建立，就意味着除了基于学术自身的考量外，学科分类还被纳入制度化管理的体系。显然，“图书情报学”或“图书馆学情报学”——图书馆信息学与以军事情报学为核心代表，包括科技情报和竞争情报在内的情报学，就其方法论准则和程序建立起的规则而言，并不属于同一学科。

1. 目前学科目录中的“情报学”实为“信息学”

从我国现行教育与研究现状看，与图书馆信息学概念相关的学科分类大致有图书馆学、情报学、档案学、图书情报学或图书馆学情报学等几个称谓，均是以图书馆学为核心内涵演变发展而来。究其根源，其共同基础是与图书、信息、资料、档案相关的图书馆理论和信息理论及其管理实务。

国务院学位办 2018 年 4 月发布的《学位授予和人才培养学科目录》（以下简称学科目录）中，与图书馆信息学相关的学科称之为“图书情报与档案管理”（1205），它是被置于管理学学科门类下的一级学科。尽管最新公布的学科目录未涉及二级学科，但从过往的学科目录可以发现，“图书情报与档案管理”（1205）学科下包含三个二级学科，即图书馆学（120501）情报学（120502）和档案学（120503）。

《图书馆学情报学大辞典》（2013 版）对“情报学”（或被称之为情报科学 Information Science）的解释为：“研究情报传递的理论、方法和原理的学科。其主要任务在于揭示情报的产生、加工处理、传递交流和利用的一般规律。不仅研究和分析情报来源、传递内容、传递方法以及其发展、组织、使用和管理，而且还系统地在情报理论上尽心研究和总结。”而“百度百科”对于“图书情报与档案管理”中的“情报学”的介绍则是：“情报学是研究情报的产生、传递、利用规律和用现代化信息技术与手段，使情报流通过程、情报系统保持最佳效能状态的一门科学。它帮助人们充分利用信息技术和手段，提高情报产生、加工、贮存、流通、利用的效率。”两者比较，尽管文字表述略有不同，但总体含义相近。但这里所说的“情报”实则应该是“信息”。

从专业硕士研究生的相关课程设置看，其知识结构构成依旧是以“信息”为核心来设置的。例如，以“情报学”国家重点学科建设单位南京大学本专业硕士研究生的课程体系看，共设有 22 门课程，从课程名称可明显发现，除了使用“信息”的十分明了外，使用“情报”的共计有 6 门，其中情报研究方法、竞争情报研究、情报处理技术研究、情报预测与决策研究和情报检索算法研究等 5 门；其绝大部分课程都是以“信息”为核心开设的，它依旧未改变或正契合了图书馆信息学的研究对象和研究性质，其方法论规则和程序亦然，而与情报学（Intelligence Studies）应有的学科内涵相去甚远。

2.“图书馆学情报学”的中文误称

始于近代的图书馆学是 20 世纪 50 年代从苏联引入中国的，其研究对象和研究性质经过世界范围内近 200 年的争论已达成学术认识，即图书馆学的研究对象是图书馆，主要是研究图书馆的发生发展、组织管理以及图书馆工作规律的科学。而“图书馆信息学”是以图书馆学为基础并与信息学交叉互动发展起来的，其研究对象的核心仍是“信息”（information）而非“情报”（intelligence）。美国长岛大学图书馆与信息学院教授储荷婷等在其主编的《图书馆信息学》“前言”中，清楚地说明是“围绕信息、信息用户和信息技术这三个要素”展开的，是科学地依据该学科的英文表述，即 Library & Information Science，以严谨的学科内涵为依据给出了中文名称，可认为是对这一学科名称的正本清源。

从更为宽泛的视角看，图书馆信息学的内容甚至包括出版学、图书馆学、信息学（旧称情报学）、档案学、博物馆学、文献学、古典文献学和知识管理。从现有西方的图书馆信息学硕士研究生的课程体系看，其更加倾向于“信息”研究。以伊利诺伊大学香槟分校的课程设置，几乎无一例外地都是围绕着与图书馆相关的 information（信息）问题为核心展开，根本见不到与 intelligence（情报）相关的内容。

一个非常值得关注的问题是，无论是图书馆学还是图书馆信息学，都是舶来品，是可以查到这一名称词汇起源的；而“图书情报”这一词汇的缘起却查阅不到。

虽然从一些文献中看到，我国在 20 世纪 80 年代提出了图书情报一体化的概念，90 年代国内有上海情报所与上海图书馆合并的实例，逐渐形成了“图书情报是一家”的格局。但从学理上看，却是将两个完全不同内涵的体系整合，形成了“图书情报学”或“图书馆学情报学”。究其根源，就是错把信息（information）当情报（intelligence）。更为重要的是，这种误读和误解反应在这一学科专业名称上，并最终形成了误导效应。我们国内的“图书馆学情报学”内涵与国际通行术语 library and information science 并不完全吻合，因为它与 Intelligence（情报）几乎无涉。因此它的标准称谓应该是来自这门学科发源地人们对它的称呼，即：图书馆信息学，只有这样才符合其应有的学科内涵。

3. 两个完全不同的学科属性

从西方的情报学课程体系设置中可以清晰地看出情报学（Intelligence Studies）与图书馆信息学（library and information science）两者有着完全不同的学科属性。西方的情报学从理念到内容与我们的“情报学”完全不同，甚至可谓天壤之别。以美国为例，梅西赫斯特大学（Mercyhurst University）的情报学学士学位（BA Intelligence Studies）的课程设置与上述美国 iSchool 图书馆信息学的课程设置，有着本质的学科属性差异。它们设置的课程主要有：情报学概论、情报方法与分、国家安全与情报、商业情报、专业沟通 / 交流、情报写作与演示、执法情报、情报分析沟通、美国军事史、战争与军事情报、情报搜集、社交媒体区情报搜集与分析、电影中的情报、数据可视化、高级执法情报、执法确保法律与伦理、执法情报应用方法、金融情报分析、高级竞争情报、气候变化与国家安全、恐怖主义、地理空间情报、战略情报、规划与情报、市场调研与基本情报、防扩散分析等。显而易见，从就学科内涵而言，美国的情报学与图书馆信息学完全不是一个方法论准则和程序规制下的学科。

从美国院校的情报学专业课程设置看，从军队到地方几乎无一例外地均聚焦于国家安全，除了一些院校依据自身特色设置的个别课程外，均以情报史、情报理论、情报机构、情报搜集与分析、战略情报、开源情报、人力情报、信号情报、地理空间情报、批判性思维，安全与情报学的研究方法、危机分析、决策理论与分析、反情报、跨国威胁、情报交流与写作、国家（国土）安全等内容设置课程。因此，可以发现西方的“情报”概念，与我国的“图情学”中的“情报”显然具有完全不同的内涵，其所使用的词汇也完全不同。国内的“图书情报与档案管理”学科之下的“情报学”，基本不设置上述西方“情报学”的教学内容。

多数国人之所以将 Library and Information Science 定名为“图情学”，顾名思义，此“情报学”是图书馆学视野下的情报学，是以图书馆为平台，以信息为主要内容的一门学科。之所以将本应称信息（information）者称之为“情报”，除了上述认为是将 information 翻译称“情报”或将“科技情报”引入图书馆学的因素导致外，另外也有其他原因：一是未从根本上厘清或混淆了信息（information）与情报（intelligence）的本源内涵，二是受到苏联文字表述的影响，甚至还有可能受到日语表述的影响（因为日文中的 information 语义的汉字表述是“情报”）。其中考虑到新中国成立后教育和科研大都学习苏联，而俄语中并非像英语或汉语有“信息”（information）和“情报”（intelligence）两个貌似相近实则有内涵区别的词汇。从这点看，将“情报”这一词汇用于图书馆学领域，从一开始就是个错误，或者说是个伪命题，搅乱了人们对这一学科本质认识。

就本质而言，如果说将“情报”问题作为一门学问即情报学，其最根本的源泉显然是军事情报学。这与“情报”的本源内涵有着极为密切的关系。那就是情报（intelligence）和情报工作的核心诉求是为了赢得战争和维护国家安全提供决策依据和支撑，小至军事安全、大至国家安全。但“信息”（information）则不然，信息和信息工作的核心诉求是在交互中获得知识和提高能力，其影响面在于社会变化。这就导致了信息学（Information Science）或与之相近相关学科与情报学（Intelligence Studies）有着本质的差异。

被誉为世界情报思想泰斗级人物并被世界各国所推崇的孙武，在其《孙子兵法》的最后一篇即“用间篇”中，用不到500字精辟地论述情报和情报工作问题，其诸多论点被奉为情报理论的箴言或圭臬。这里所论及的“情报”，显然已不是具有普遍意义的“信息”，因为他是从军事或国家安全的视角出发而论及的。如今，从大情报观的视角看，其蕴含的科学要义已不仅适用于军事，尚可大至国家生存发展层面加以运用。因此，从学习和教育的视角而言，学习和研究与信息学相关专业的人不一定要读《孙子兵法》，而学情报学者则是必读之书。这是由两个不同学科性质所决定了的。

也正是基于上述原因，导致国内学界在谈论图书信息与情报问题时，往往内涵和外延不明确，以至概念混淆，进而导致情报学学科边界不清的长期现状，这不仅给相关的学生、教师和学者带来了极大的困惑，也给学科发展带来了不小负面影响。

（四）情报学的学科边界

目前，国内的图书馆学与“情报学”一直混在一起，直至衍生出“图书馆学情报学”。而此处的“情报学”与真正意义上的情报学（Intelligence Studies）尚不在一个逻辑内涵之内，事实上一直在图书馆信息学的框架下运转。划清两个不同学科的应有边界，使其均能与世界接轨，从而良性发展。

1. 科学划定学科边界

长期以来，国内的“图书馆学情报学”实则图书馆信息学，与国际通行的情报学（intelligence studies）学科内涵完全不同，这种局面，不仅使得自身发展方向出现了迷茫，也使真正意义上的情报学发展受到了一定影响。

由于种种原因，国家尚未将情报学作为一级学科来建设，即便是目前军事情报学作为二级学科被置于军队指挥学之下也缺少应有的科学依据，应该尽早予以纠正。因此，一些学者呼吁建立情报学一级学科的建议是及时的也是必要的。但是，情报学一级学科的建设应该是建立在与国际接轨的intelligence studies之上的情报学。

从前述分析看，图书馆信息学与情报学有着明显的学科边界，两者的根本区别在于，一个是主要围绕秘密问题展开的，而另一个则是围绕公开问题展开的。情报学主要研究的是服务于国家安全领域的秘密情报兼有公开但带有秘密性质的有价值信息问题，是研究情报特性和情报工作规律的科学，其使命是服务和辅助决策。而“图书馆学情报学”研究的主要是研究信息的产生、表述、组织、存取和使用的科学，其使命是传播知识和管理知识。因此，两者并不属于同一性质更不该属于同一学科。从已正式颁布的《国家情报法》所涉及的内容不难看出，其所言及的“情报”显然不是“信息”。

将原隶属于“图书情报与档案管理”下的“情报学”注入与国家安全相关的内容，这势必导致了其学科性质的异变，不再属于本学科——信息科学（Information Science）应有的知识体系。这不仅抽空了原有学科的基础性或支柱性知识体系，使得该学科空壳化，也使得新建立起来的情报学的知识体系不够科学，学科边界变得更加模糊不清，内容的杂陈也会使得学科的中心和重点难以突出，不利于学科建设与发展。

若要将所有与信息和情报相关的问题进行综合研究，并将其从原有领域独立出来，构建起一个包容性极强的情报学来做大做强，既做到与世界接轨，又形成中国特色，也因其涉及的领域过于宽阔，且具有极大的前沿交叉性质，那么，它就该成为一个学科门类而非一级学科。

2. 相互借鉴，理性选择

对现有学科目录“图书情报与档案管理”（1205）进行改革，将其下的三个二级学科，即图书馆学（120501）、情报学（120502）和档案学（120503）更改成图书馆学、信息学和档案学，并以“图书信息与档案管理”冠名，构建起一个以信息学为核心，以图书信息服务与管理和档案管理为支撑的学科体系。同时，将竞争情报引入原有的军事情报学和公安情报学，构建起以军事情报为核心，以政治情报、经济情报、外交情报、科技情报、文化情报和竞争情报等为支撑的学科体系，并以“情报学”或“国家情报学”作为一级学科名称加以固定，即构建起一个以研究情报特性和情报工作内在规律予以指导维护国家安全实践工作的学科，以此划定图书馆信息学与情报学两个学科的学科边界，分别建设与发展，才是应有的路径选择。

既然“信息”与“情报”有着天然的联系，但也有着本质的差异，由此建立起来的各自学科也同样有着不同的目标和方法论，完全可以相互借鉴共促发展，而不是强拉硬拽地将其融合在一起或另起炉灶。否则，混淆学科边界或不顾学科边界地盲目发展，势必使得图书馆信息学进一步迷失方向，也使情报学建设与发展形成“四不像”的局面。

总之，任何形而上的理论均来源于形而下的实践，并最终完成其终极任务——以形而上的理论指导形而下的实践。因此，从实践内容去考察一个学科与另一个学科的差异，最为清晰可见。图书馆学、图书馆信息学与情报学，从组织形态，到目标任务、再到活动方式和管控模式，存在着极大的差异，是两个截然不同的领域，多年来已形成了不同的“阵营”，并在各自的道路上有所发展。因此，在教育和研究领域划清两个不同学科边界的前提下，依据学科内涵在相互借鉴、适度必要交叉，但走各自建设发展之路，才有利于各自学科的发展。这既是科学精神的体现，也是实事求是原则在现实问题中的要求。

综上所述，“信息”与“情报”两个词汇本源内涵属性的不同，决定了两者从语义到实际应用的不同，延伸至与这两个词汇相关的学科，也反映出明显的差异性。我国现有学科目录下的“情报学”实为“信息学”，与真正意义上的情报学（Intelligence Studies）无涉，而将其与图书馆学融合形成的“图情学”的称谓原本就是个错误，应称之为“图书馆信息学”。划定严格的学科边界，依据不同学科内涵相互借鉴，以形而上的理论指导形而下的实践，这才是有利于各自学科建设和发展的应有理性选择。

二、中国情报学的研究内容 [1]

中国情报学站在国家安全与发展的整体层面，以情报流程为主线，情报生产为核心，理论研究为先导，管理研究为杠杆，方法研究为手段，教育研究为侧翼，应用研究为基础，构建中国的情报学整体内容框架。该框架分为五个层次：情报流程层、基本理论层、方法技术层、应用研究层以及基础条件保障层（见图 5.1）。

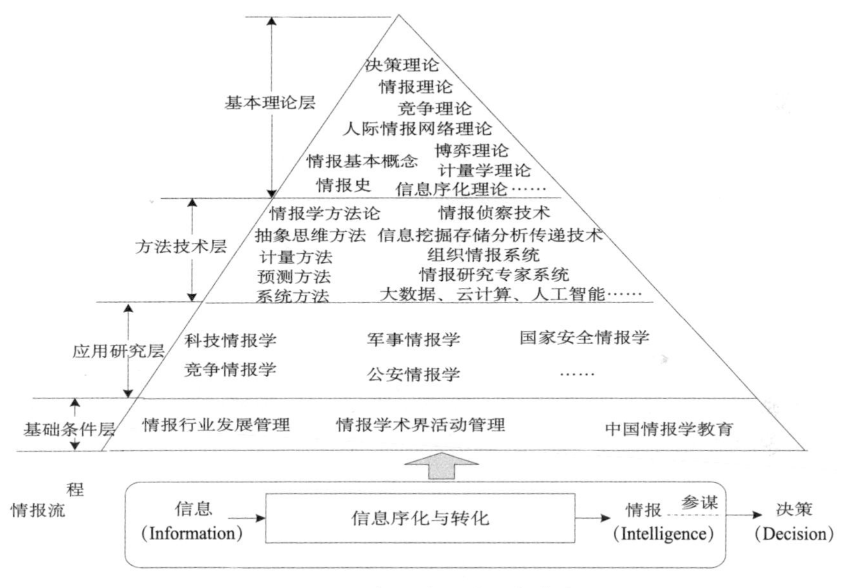

图5.1　中国情报学研究内容

中国情报学学科分支随社会的发展而发展，有可能出现新的学科方向。但从当前的情报工作实践来看，按领域，建议将中国情报学设为一级学科，包含以下分支学科：科技情报学、竞争情报学、军事情报学、公安情报学、国家安全情报学等。

[1]　包昌火、金学慧、张婧、赵芳、靳晓宏、刘彦君：《论中国情报学学科体系的构建》，载《情报杂志》2018年第10期。摘编后收入本书。

（一）科技情报学

业界一般认为，我国现代意义上的情报学是以中国20世纪50年代科技情报工作的兴起和大规模开展发展而来，因此，中国现代情报学的先导是科技情报学。科技情报学从狭义上来说，就是研究科技领域情报活动及其规律的学科。但科技又与经济、军事、安全、社会等各个领域联系紧密，是推动社会进步的原动力，因此广义的科技情报学不光研究科技情报活动及其规律，常常还跨界研究科技与经济、社会相互关系的情报活动及其规律，技术竞争情报研究就是其中的典型范例。

在我国科技情报工作确立之初就对其有明确的定位："耳目、尖兵和参谋"，这种定位确切地概括了中国科技情报学研究的两大阵地：信息检索与情报研究，并以后者为核心，具有明显的支撑决策的软科学学科属性。但是，曾经中国科技情报学在这两大阵地之间出现过较长一段时间的偏移，本末倒置。这种偏移虽然曾经一度使中国情报学陷入混乱，但是也为信息检索、信息组织、情报方法技术的现代化等做出了贡献。

以李艳教授构建的中国（科技）情报学学科体系为基础，形成了中国科技情报学内容框架（见图5.2）。

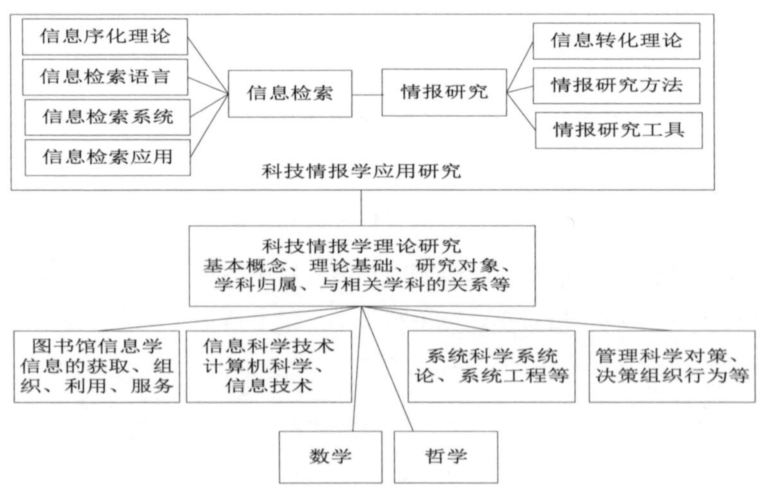

图5.2 科技情报学学科体系

中国科技情报学相对于竞争情报学、军事情报学、公安情报学等，有其明显的特点：一是发展时间较长，成果丰富；二是强信息性。科技决策如科技发展规划，它与企业管理决策或者公共问题决策存在明显不同，前者往往需要长时间跨度的科技发展脉络追溯，并需要对历史数据建模、预测、检验等，进而分析未来科技发展趋势，为决策提供参考，后者则更强调环境。前者连贯性强，后者受环境变化影响要相对随机和片段化得多。科技情报工作虽然需要建立在庞大的数据和信息之上，但信息不是目的，研判未来、为科技决策参谋才是最终目的，所以对科技情报学来说，信息检索和情报研究不可偏废。

（二）竞争情报学

竞争情报是市场经济的产物，竞争情报学是市场经济条件下研究企业情报活动规律及其方法的学科，其目的是为企业决策提供情报支撑。它与军事学、经济学、管理学等密切相关，是这些学科相互交融的结果，是一门相对独立的横断学科。

1995 年我国竞争情报专业组织——中国科技情报学会竞争情报分会（对外亦称“中国竞争情报研究会”）成立，标志着我国竞争情报进入有组织的、规范化发展时期。同年，北京市科委启动北京市竞争情报示范工程，是我国官产学办竞争情报的重要案例。2001 年开始，包昌火领衔的《竞争情报丛书》《信息分析丛书》陆续问世，为我国竞争情报学的形成与发展打下了厚实的基础。发展至今，中国竞争情报学已经形成完整的学科体系（见图 5.3）。

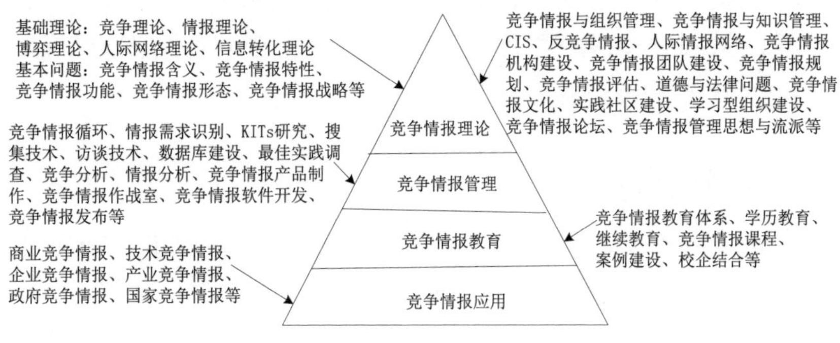

图5.3　竞争情报学学科体系

竞争情报学在中国情报学发展史上具有重要意义：首先，正值 90 年代我国情报界信息化思潮泛滥、情报工作偏离 Intelligence 的倾向日趋明显之时，以包昌火为代表的一批情报学家，很有先见之明地力推竞争情报工作在我国的应用，并带头开展了广泛深入的研究；第二，中国竞争情报学最初从美国引入，此后在长期的研究和实践中，仍然保持着高度关注并引进美国竞争情报研究经典成果，大大拓宽了我国情报机构的国际化视野；第三，在引进吸收国外先进思想的同时，中国情报人结合本国国情，提出了如人际情报网络、技术竞争情报、政府竞争情报、产业竞争情报等本土化的竞争情报新理论，丰富了中国情报学的理论研究成果。

（三）军事情报学

军事情报学是研究军事领域情报活动现象及其规律的科学。军事情报伴随着战争的出现而出现，是战争的产物，但战争并不是从来就有的，也不是永恒的，这决定了军事情报随社会的发展而发展，战争年代与和平年代的军事情报也必然存在显著差异。

军事情报学是情报学系统中的一个子类，具有情报学的共性特征，都是为了满足某一领域安全与发展的需要，采取各种手段获取信息并实现信息向情报与谋略的转化，都具有目的性、准确性、时效性等特征。但军事情报的性质决定了它又具有强对抗性、神秘性的独特属性。

军事情报学是一门既古老又充满活力的学科，它的研究领域决定了它的学科理论来源，包括军事哲学、军事基础理论、情报学基础理论、军事情报学自创理论等，此外，随着军民融合趋势的到来，还将可能吸收经济学、社会学等研究领域的智慧成果。

（四）公安情报学

公安情报学是指公安部门在实施侦破案件、打击犯罪的警务活动中所进行的情报活动及其规律。公安情报学是情报学理论与公安警务情报工作实践相结合而形成的一门特色情报学学科，本质上属于情报学范畴。公安情报学理论以情报理论为蓝本演化而来，它主要以服务国家安全和社会稳定相关决策为己任。公安数据管理、公安情报系统、刑事侦查、公安情报分析、公安情报与刑事侦查技术、现代信息技术的结合等都是公安情报学的研究内容。

公安情报学作为情报学的一个应用分支学科，其研究内容既有与情报学相重合的地方，又有自己的特色。二者之间共性内容如情报基本理论、情报流程、现代情报技术与方法论等方面，自身独特的内容如信息搜集方面以社会犯罪、公共安全、社会治安等方向为主，犯罪心理学、犯罪统计理论、应急管理决策、侦查技术等都是公安情报学特有的研究内容，情报学与公安情报学既是包含与被包含的关系，也是相互借鉴、相互促进的关系，在开放融合的大时代，二者之间更需要协同发展。

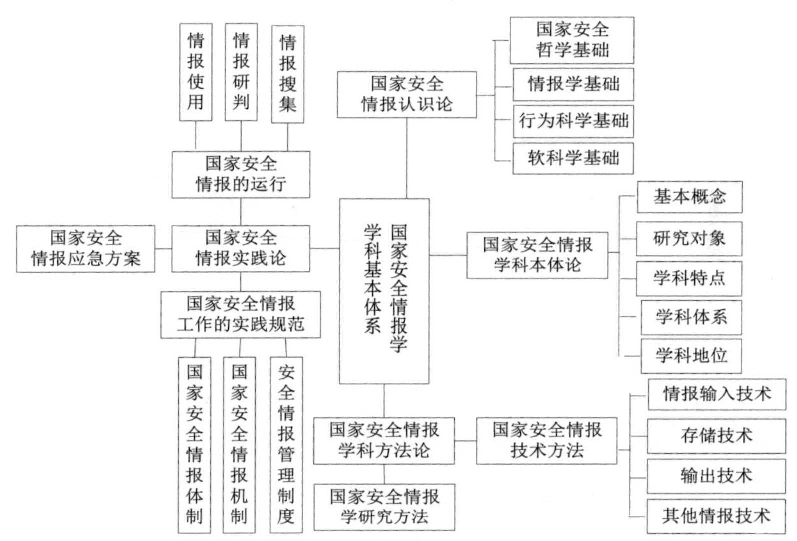

图5.4　国家安全情报学学科体系

（五）国家安全情报学

国家安全情报学（简称“国安情报学”）顾名思义就是一门关于国家安全领域的情报活动及其规律的科学。自从国家诞生以来，国家安全就是一个永恒的课题，在我国随着《国家安全法》《国家情报法》等的出台，国家安全作为国家战略的重要组成部分，其情报需求大、要求高的特点，给国安情报学的发展既带来了更多机会也带来了更大挑战。

国安情报学的学科构建是通过对情报学基础知识的把握来拓宽国家安全学的理论视野。由此看出，国安情报学是一个显著的交叉学科，是情报学与国家安全学相结合的产物。学者商瀑构建的国家安全情报学学科体系如图 5.4 所示。

三、中国情报学学科重构 [1]

2017 年 6 月颁布的《中华人民共和国国家情报法》，是我国就情报工作的首次立法，以明确国家情报工作的职权、国家情报工作的保障，以及对国家情报工作的规范与监督，揭示了一个完全不同于传统观念的情报工作。那么长期以来，国内以“图书情报”定位的中国情报学界，该如何以国家需求为导向，重构中国情报学学科体系，是一个不可回避的现实问题。

（一）名不符实的中国情报学

在教育部颁布的学科目录中，“图书馆、情报与档案”是管理学门类下属的一级学科，同时也是国家社科基金正式使用的 23 个学科名称之一。国内不少“图情学”专家学者认为，情报学的核心是要解决浩如烟海的情报信息的搜集、加工、存储、检索和服务等，在某种程度上，与图书馆学和档案学类似，因此将情报学与图书馆学、档案学归为一类，在学科目录中作为一级学科，并列设置。这一学科设置，是对中国的情报研究从源头上的误导，也由此形成了“图情学”派在整个情报学界的核心地位。

“图书馆情报学”英译为 Library and Information Science，图书馆学者与

---

[1] 高金虎：《从“国家情报法”谈中国情报学的重构》，载《情报杂志》2017年第6期。摘编后收入本书。

Information Studies 学者，在交流上遵守同一学术规范、使用同样的术语、研究同类问题，不会有任何障碍。

但一个不可忽视的现象是，欧美不仅有 Information Studies，更有 Intelligence Study。美国的许多大学都开设有 Intelligence Study 课程，美国国防情报学院（现国家情报大学，National Intelligence University）于 1973 年就开办 Master of Science of Strategic Intelligence（MSSI）课程，并于 1980 获得立法授权。今天的国家情报大学（National Intelligence University）设有 Center for Science and Technology Intelligence，School of Science and Technology Intelligence，授予 Bachelor of Science in Intelligence、Master of Science and Technology Intelligence，Master of Science of Strategic Intelligence，并与马里兰大学合办情报学博士点。在欧美学术界，Intelligence Study 已经是社会科学研究的一个重要组成部分。Intelligence Study 与 Information Studies 虽然有联系，但大家都承认两者相互独立，是两个不同的学科。

然而在中国，这两个不同的学科却有一个共同的名字——情报学。情报这个词，不仅军方使用，安全部门使用，公安部门使用，信息管理部门也使用，由此造成了中国情报学界目前的混乱：从事情报研究的学者缺乏同一的学术规范，使用不同的学术语言，因此很难进行真正的交流。造成这一混乱的主要原因，在于中国情报学人对“情报”和“信息”这两个词的混用。像“情报”和“信息”、“情报学”、“资讯学”和“信息科学”这类词，几乎是想怎么用就怎么用，很少琢磨哪个更合适，表现出很大的随意性。这种随意性，在 information 和 intelligence 这两个英文词的翻译上表现得特别明显。中国的情报学人从一开始就把中文“情报”与英文 Information 相对应，并把信息科学（Information Science）或者说图书馆与信息科学（Library&Information Science）作为情报学（Intelligence Studies）来研究。换句话说，中国的情报学人，可能从来就没有研究过 intelligence，而只是研究了 information。

英语中同时用 information 和 intelligence 来表示情报，但早期 information 用得更多，在信息科学产生以后，英语学术界较严格地区分了 information 与 intelligence。例如，美国情报机构曾长期使用 information 来指代情报。美国内战时期成立的波托马克河军区军事情报局名为 Bureau of Military Information，1885 年成立的美国陆军情报机构名为陆军情报部（Division of Military Information），1899 年美菲战争爆发后，美军远征军设立的情报机构名为军事情报局（Bureau of Military Information），美国第二次世界大战时期建立的战略情报机构名为情报协调局（Coordinator of Information）。

到了 1946 年，美国才成立了中央情报组（Central Intelligence Group, CIG，中央情报局的前身），从这时起，美国开始使用 intelligence。Information 专门用来指代信息，指的是断片的事实、知识和获得这些事实、知识的过程，intelligence 则译为“情报”，是一个从得到的信息中勾画出对象全貌的过程。美国情报界认为，情报机构搜集的原始资料只能称为数据（data），数据必须经过加工处理后形成信息（information），信息经分析处理后成为情报（intelligence）。所以，美国《国防部军事与相关术语辞典》严格区分了 information 和 intelligence。在这部辞典中，information 是指任何形式或任何媒介的事实、数据或指令（facts, data, or instructions in any medium or form），而 intelligence 则是对信息进行搜集、处理、综合、评估和分析、解释的结果。因此，信息需要通过分析、综合、解读和评估，才能转化为情报。information 与 intelligence 之间的差别，一目了然。

这种看法与英国情报界的看法颇有不同。英国情报界很少使用 information 一词，而大量使用 intelligence。例如，1873 年英国成立陆军部情报处（War Office Intelligence Branch），1878 年成立印度情报处（Indian Intelligence Branch），1882 年海军成立国外情报委员会（Foreign Intelligence Committee），第一次世界大战期间成立军事情报总局（Directorate of Military Intelligence，著名的军情五局和军情六局的上级机构）。英国情报界认为情报机构搜集的就是情报（或者是“原始情报”，raw intelligence）。从上述用法可知，英国情报界对“信息”与“情报”的区分并不如美国那么严格，通常情况下它更倾向于使用 intelligence，无论其所指是“情报”还是“信息”。

信息与情报的混用始于日本。日本最早把 information 译成“情报”，并像老黄牛一样辛辛苦苦地搜寻各种信息。日本最著名的民间情报机构满铁在中国广泛从事各种调查活动，十分重视搜集公开发行的各类图书、报纸、文献等出版物，通过翻译、研究，从中挖掘有价值的情报。为了充实图书馆的文献资料，日军曾展开大规模的文献劫掠活动。这种将情报信息化的做法后来产生了消极的后果。直到现在，日本人还没有搞清 information 和 intelligence 的区别。不少日本大学设有“情报科学”学部，其实是“信息科学”学部，是搞 IT 的，而不是说日本培养那么多大学生去做特务。日本通产省曾经考虑从中文引进“信息”一词用来替换日语中用来翻译 information 的“情报”，防卫厅和自卫队都坚决支持通产省，说当年把这两个词混为一谈吃的苦头实在太多了。但有许多人认为说没有见过这个词，顾虑较大，因而作罢。

日本的做法对中国情报学人影响很大。将 information 译成“情报”，将 information 与 intelligence 列为同一义项，是中国情报学界走入误区的首要原因。当中国的情报学人在谈论情报的时候，他们实际上是在讨论信息；当他们在讨论情报学科的时候，他们讨论的实际上是信息科学（Information Science）。他们把图书馆学的基本概念与方法引入了情报研究，并从图书馆学的视角对照情报工作。由此，他们完全忽略了军事情报工作和安全情报工作的存在，只把信息管理当作情报工作，而完全忽略了国家情报工作中的斗智斗勇，国家情报工作形形色色的搜集手段，国家情报分析中的拒止与欺骗，当然也完全忽略了《孙子兵法》这样的最早的军事情报学著作的存在，忽略了以谢尔曼·肯特为代表的美国情报学人在建构现代情报理论方面的努力，而认为美国的情报学教育出现于 20 世纪 60 年代。

与科技情报界和图书情报界不同，中国军事情报学界对信息与情报有着严格的区分。曾任国民党保密局局长的郑介民在其所著《军事情报学》认为，军事情报“乃对于实际或假想的敌人，与作战地区（含天候与地形）情形所需要的一切情报资料而为我军事行动，经汇集、鉴定、分析、比较、整理、研判等程序所得的成品，而为我军事行动达成使命（目的与任务）所必须者”。《中国军事百科全书·军事情报》中认为军事情报是为满足军事活动需求而搜集的有关国家安全环境、作战指挥和军队建设情况以及对其研究判断的成果。郑介民的著作完成于1943年，早于肯特的《战略情报：为美国世界政策服务》(1949年)，也早于Vannevar Bush的《诚若我思》(*As We May Think*，1945年)，但遗憾的是，对这样的认识，中国科技情报学界与图书情报学界视而不见。

可喜的是，在包昌火研究员的倡导下，在陕西科学技术情报研究院主办的《情报杂志》的大力推动下，中国的情报学人逐渐认识到information和intelligence的区别。

（二）对情报工作的认知偏差

情报工作到底是什么？什么样的情报工作才是真正的情报工作？对这个问题，中国情报学人与普通读者的看法迥异，与《情报法》规定的国家情报工作有着天壤之别。他们在情报工作起源、情报工作的开展方式等方面，存在许多误解。

中国情报学人在考虑情报工作起源时，会将图书馆学的诞生或中国科技情报研究所成立的1956年作为所谓中国情报1.0时代的起源。这种说法完全忽略了情报工作的真正源头——战争（军事行动）和治安活动，也与《情报法》所规定的国家情报工作完全不相吻合。《情报法》规定，国家情报工作的目的是维护国家安全和利益。国家情报工作应当坚持总体国家安全观，为国家重大决策提供情报参考，为防范和化解危害国家安全的风险提供情报支持，维护国家政权、主权、统一、独立和领土完整、人民福祉、经济社会可持续发展和国家其他重大利益。这样的职能，由国家情报机构履行。国家情报机构由国家安全机关和公安机关情报机构、军队情报机构组成。由此，国家情报工作可以分成两个组成部分，即对外情报（军事情报）和安全情报。

情报工作首先是战争的产物，正是战争催生了情报工作。最早的情报活动践行者是间谍和侦察兵，以间谍为核心的人力情报是最主要的情报来源，间谍活动几乎是情报活动的代名词，间谍被认为为世界上第二种最古老的职业。军事情报工作，是情报工作的第一个源头，真正的情报学，必须研究军事情报工作。

维持治安和社会稳定、保卫政权的安全，历来是情报机构的重要使命。由此，公安情报或执法情报成为情报工作的另一源头。春秋战国时期，先秦诸子已经提出密探侦察思想，如墨子主张在全国设置耳目，君主可以任用亲信、密探作为耳目，通过秘密监察，君主可以迅速了解下情。《荀子·君道》君主应使用亲信充当特务、密探，混入臣民，侦察他们的思想和言行。韩非子还提倡告密。每个人、每个角落都深陷于告密网中，大臣、百姓之间可以互相告密。公元前 1 世纪，罗马出现了秘密警察机构弗鲁曼塔里伊(Frumentarii)。到 3 世纪时，罗马的秘密警察已经无处不在，“前三头”和“后三头”（公元前 60 年，恺撒、克拉苏和庞培组成政治联盟，被称为“前三头”；公元前 43 年，屋大维、安东尼和雷必达组成政治联盟，被称为“后三头”）都建立了完备的暗探网络，以获取对手的情报。政治情报工作的发达导致罗马成立了专业性的反间谍机构（Agentes in Rebus）。这样的情报工作，一直延续至今。公安情报或执法情报，理所当然应该是情报学研究的重点方向之一。

国内图情界认为情报工作主要是信息管理，对文献资源进行收集、组织、存储、获取、解释与应用，这与普通民众对情报工作的理解存在很大差别，也与真正的情报工作存在天壤之别。《情报法》规定，根据工作需要，按照国家有关规定，经过严格的批准手续，国家情报工作机构可以采取技术侦察措施。这一规定，揭示了真实的情报工作手段：对外谍报派遣，特种技术侦察。这种情报活动，不仅中国开展，其他各国也都开展，只是程度不一而已。

如前所述，最早的情报获取手段是人力，间谍、侦察兵，是最早的情报获取人员。而随着科学技术的发展和情报工作的进步，越来越多的技术装备被用于信息的获取。17 世纪初荷兰发明望远镜后，开始借助技术器材实施战场观察。1835 年底第一台电报机问世；1837 年发明的照相机为情报的记录和搜集提供了方便；1895 年前后，无线电报的出现，实现了远距离通信的即时传输。1903 年秋，美国的莱特兄弟成功制造出世界上第一架动力飞机，实现了人类飞行的梦想，侦察平台从陆地拓展到空中。20 世纪 30 年代，英国和德国分别发明的雷达和声呐，使侦察范围进一步扩展，在空战和海战中发挥了重要作用。

20 世纪 50 年代以来，人类历史上出现了一场规模最大的军事技术革命，引起了军事领域的巨大变革。遥感、声呐、雷达等情报侦察技术逐步成了信息获取的主要手段。

今天，情报界根据其所使用的侦察技术的性质，将这些手段命名为信号情报、地理空间情报、测量与特征情报、网络情报，它们与人力情报和开源情报一起，成为主要的信息来源。而科技情报、图书情报和竞争情报，都只以开源信息为主要的情报来源。这是军事情报工作、安全情报工作与图书情报工作、科技情报工作存在本质差异的地方，而中国的情报学人只看到了通过开源渠道获取的公开图书信息和科技信息，而全然忽视了激烈的情报攻防，忽视了复杂的技术搜集，忽略了对手通过拒止与欺骗提供的假信息，把所有的信息都看成是自然信息，把自己的视野局限于信息处理一隅，而在信息加工处理的过程中，又忽略了分析人员自身的认知偏见对分析过程与分析结果的影响。这样的情报工作大大降低了信息处理的复杂程度，其处理的结果不可能反映客观、真实的外部世界，不可能成为决策的依据，当然，也不可能为决策者所看重。

（三）“科技信息工作”与“科技情报工作”的轮回

科技情报与图书情报，是国内情报学界研究的主要方向，并将 1956 年中国科学院情报研究所的成立，作为中国情报工作甚至是情报工作的起点。然而，这一观点完全不符合实际情况，也与国家对科技情报的定位不符。

所谓科技情报工作，指获取有关科学技术以及生产工艺等方面的最新研究进展，研究动态、研究成果等。科技情报工作主要包括如下任务：①收集国内外各类科学技术文献；②加工报道所收藏的国内外科学技术文献、编译出版检索类、报道类和研究类科技情报刊物；③利用国内外各种类型的检索工具和手段，开展手工和计算机检索服务，组织建立适合中国国情需要的中外文文献数据库，逐步建成科技情报联机情报检索网络，检索和利用国内外科技情报资源；④开展国内外科技情报分析研究、报道国内外科学技术成就和水平动向，为决策部门提供综合性战略性情报服务；⑤开展馆藏文献阅览、咨询、翻译、复制和声像资料的摄制与播放等项情报服务工作，提供专题情报服务；⑥登记、加工、报道和组织交流国家重要科技成果，尽快掌握并及时向有关领导部门报告国内科技进展情况。

这样的工作与传统的图书馆工作确有许多共同之处，但与真正的情报工作距离很远。各国对尖端技术一向严加保密，仅靠公开手段根本不可能完成国家赋予的重任，所以，获取外国的先进科学技术和武器装备的职责，被赋予专业的军事情报机构和国家安全机构。为了获取西方先进的造船技术和经验，彼得大帝化装潜入欧洲，参观荷兰的造船厂和英国的海军船坞，学会了航海技术。20 世纪 20 年代，苏联国家政治保卫局将获取“外国科学技术成就”作为自己的情报目标，法国的军事工业尤其是其航空业、化学工业以及大炮制造技术，德国 30 年代的化学工业、钢铁工业、电子工业、航空工业，都是苏联谍报机构的重要目标。在苏联原子弹的研发中，苏联科技情报人员居功至伟，正是他们首先发现了英美研制原子弹的秘密，并在随后的情报行动中获取了英美原子弹研制的图纸和相关技术。根据窃取的科技情报，苏联仿制了美国空中预警系统、美国“B－IB”轰炸机（即苏联“海盗旗”轰炸机）、IBM 计算机系列、SS-20 导弹的设计等。美国也是如此。美国中央情报局科技分局（Directorate of Science and Technology）是其下属五大分局之一，其职能之一就是获取外国的先进科学技术，评估外国的最先科研动向。而法国情报机构一向把获取外国的先进科技、支持法国公司增强其竞争力作为重要任务。这些由国家情报机构进行的科技情报活动，都是通过非法手段获取外国的先进技术和先进装备，而并非对公开信息进行加工与整理。

一直以来，国内大多数科技情报（信息）机构所做的对公开信息的收集和加工，是合法的信息整理工作，而不是非法的情报工作。所以，长期以来中国科技情报界引以为自豪的科技情报工作，实际上是科技信息工作。称之为“情报”工作，确有名不正言不顺之嫌，因此，20 世纪 90 年代开始的国内科技情报机构将“科技情报”改为“科技信息”的更名举动，恰好是对这种信息工作的准确定位。

随着中央提出“建设新型高端智库”的要求，国内各级科技情报（信息）机构，重新思考作为“耳目、尖兵、参谋”的功能定位，肩负起支撑政府决策的“参谋”职能，正在逐步从信息服务向决策支持转型，积极尝试向智库发展。将“信息”改回“情报”的新一轮更名，正在进行中。

（四）重构中国情报学学科体系

现代西方的情报研究发端于第二次世界大战后的美国，成型的标志是谢尔曼·肯特《战略情报：为美国世界政策服务》一书的出版。肯特是耶鲁大学历史学教授，第二次世界大战期间担任美国战略情报局研究分析处欧洲——非洲科的科长，战后一度回到耶鲁重执教鞭，随后担任中央情报局国家评估办公室主任，成为美国首席情报分析师。在影响美国情报分析的大师名单上，他名列榜首，被尊为美国战略情报分析之父。

早在第二次世界大战期间，肯特根据自己在研究分析处任职时取得的情报工作经验，认为必要的情报文献的储备是情报作为一门学科发展起来的基础。他提议建立情报研究中心，创办相应的学术刊物。1955 年，中央情报局的内部刊物《情报研究》创刊。肯特为情报理论和情报学科的发展奠定了极其重要的基础；他 1949 年出版的《战略情报》一书，成为情报研究领域的奠基之作。今天，在美国和英国、加拿大等西方国家，情报研究已经是一门显学，是社会科学研究的一个重要内容。而谢尔曼·肯特，当之无愧是美国情报研究的创始人之一。

在 60 年的美国情报研究史上，可谓大家云集。这些人有一个显著特点：他们多是学者出身，后投身于情报工作，从情报部门离职后再次投身学术研究。他们有坚实的学术素养，丰富的情报工作履历，所以能够自如地把情报理论与情报实践结合起来，借助自己的学术素养从事情报实践，从情报实践中验证和发展理论，完成对理论的升华。这是美国情报研究长盛不衰、领先于世界的基础。

中国虽然是古典情报理论的源头，拥有孙子这样的情报大家，抗战时期产生过如郑介民《军事情报学》这样的情报学奠基作品，但近些年理论研究上却少建树，少有的几本著作处于保密状态。我们现在从公开的《中国军事百科全书·作战》卷“军事情报学”词条可以了解到，早在1988年军队就有《军事情报学概论》一书问世，2002年解放军国际关系学院出版过系列《军事情报学教程》。但这样的著作因为保密的原因，仅作为相关专业的教材在内部使用，而没有公开发行。军方和安全情报系统放弃了国家安全情报领域的发言权，从而将这个领域的话语权拱手相让。

而在地方学术机构，一群科技情报工作者和“图书情报”工作者借鉴图书馆学尤其是信息科学的理论，开始了艰难的探索。但不幸的是，他们大多来源于图书馆学领域，谙熟信息科学，缺乏情报机构任职经历，不了解真正的情报工作，一开始就走上了错误的道路。

十八大之后，随着总体国家安全观的提出，中国情报学人渐趋活跃，越来越多的情报学人开始摒弃传统的科技情报观念特别是“图书情报”观念，开始关注国家安全情报工作。情报工作正本清源，情报学从图书馆学和档案学独立、成为一个独立的一级学科，这样的呼声日盛，《情报杂志》将“情报学一级学科建设”作为“焦点话题”，专门开设专题进行讨论，在国内情报界引起强烈反响，一些专家学者们积极响应，发表各自观点。

借《情报法》颁布之机，启动情报学一级学科的论证工作，此其时也。借鉴科技情报学已经取得的成果，特别是其在分析、处理信息时所使用的方法，用于提升军事情报分析的精确性，是未来军事情报工作的必然趋势。科技情报学（信息学）则必须全面引进军事情报学的研究范式，实现information的intelligence化。

在国务院的学科分类中，情报学是管理学门类下属与图书馆学、档案学并列的二级学科。“图书、情报与档案学”是国家社科基金正式使用的23个学科名称之一，情报学地位的变化，必然会引起一系列连锁反应，牵涉面非常广，至少涉及中宣部、教育部、社科院、中科院、科技部等部门，对这样的问题，当然需要有专门机构进行协调，而协调机构，当然是国务院学位委员会和教育部莫属。厘清学科边界，对科学研究提供指导，是其本职工作。

至于说新的情报学一级学科如何与 library and information science（图书馆学情报学）对接，如前所述，真正的情报学应讨论 intelligence，而不是 information，后者只是情报工作的原料，而不是产品，情报研究要借助于信息科学的数据分类、数据处理之类的方法，但这些只是科学研究的基本方法，任何一个学科都需要借用的，因此，根本不存在情报学与信息科学的对接问题。真正的情报学英译名应为情报研究（Intelligence Study），这也是国际情报界通行的术语，不会存在交流障碍。

真正的情报学设立后，必将对整个学科的发展产生一系列的影响。军事情报学、公安情报学、国家安全情报学、竞争情报学等二级学科会得到发展，各学科的观点可以借鉴和影响。只有在广泛借鉴、相互吸收的基础上，中国的情报学派才可能成立，中国的情报学人才不会言必称欧美，才不会认为情报学起源于图书馆学，或者情报工作开始于 1956 年或第二次世界大战，才不会将布什（Vannervar Bush）和克劳迪·香农（Claude E.Shannon）奉为情报学的鼻祖。

真正的情报学设立后，也会对情报工作特别是情报培训产生影响。《情报法》要求建立适应情报工作需要的人员录用、选调、考核、培训、待遇、退出等管理制度。这对情报人才培养提出了新的要求。

目前的情报学（信息科学）以信息管理为培养目标。由此设置的人才培养方案，只传授基本的信息管理知识，而这是每一个科研人员都必须掌握的基本技能，就像语言技能和文字处理技能一样。如此培养出来的学生，不可能胜任国家安全情报工作。

一个国家情报机构工作人员，不管他在哪一种类型的情报机构工作，不管他从事的是哪一种岗位，他都必须具备坚定的政治信仰、合理的知识结构，过硬的心理素质、敏锐的情报意识、严密的逻辑思维能力。例如，他要具有丰富的情报专业知识，对情报工作的理论与实践有较深入的了解。他要清楚情报的基本要求，了解情报工作的流程等。对一个情报分析人员而言，他要熟悉情报分析的基本理论，了解影响情报认知的主要因素，掌握对手拒止与欺骗的基本技巧，懂得如何与搜集人员和情报用户互动。他也必须掌握相关军事、外交和国际问题知识，具备良好的知识结构，了解所研究的主题与国家安全政策的关系，以及对国家安全政策的潜在影响。对一个驻外秘密人力情报人员而言，他必须具备的最重要素质，就是洞察重大事件的超强能力和察觉事件变化的高度敏感力。同时，他必须全面了解本国的外交政策和战略需求，必须清楚国内的情报需求，知道哪些是重要的，哪些是无关紧要的。寻求新的证实信息或证伪信息时，他必须善于想象；面对新的证据时，他必须苛刻；整理确定事实时，他必须耐心细致；提出假设时，他必须客观公正。简而言之，尽管他的工作不是以研究为主，但是他必须具备一个专业研究人员的素质，并且掌握相关技巧。这样的情报人才培养，对目前以信息管理为核心的情报教育内容提出了严峻的挑战。

中国的情报学研究，任重道远!

四、面向安全与发展的情报学学科基础[1]

以美国战略情报之父谢尔曼·肯特（Sherman Kent）于 1949 年出版《战略情报：为美国世界政策服务》一书为标志，情报作为一门独立的学科研究已经有 70 年的历史，但就情报理论而言仍然处在探索阶段。近些年出现的航运情报学、金融情报学、科技情报学、中医药情报学、网络情报学等分支学科，无论其核心架构是以信息还是情报为主体，均冠之以情报学名称。这些理念和思想促使了情报学涵盖范围进一步扩大。从某种层面来说，学科范围边界广说明了其具有良好的渗透力，但另一方面也会造成学科游离、内容泛化的现象。一般而言，一个学科想要建立自身完整的理论体系离不开对自身理论基础与学科基础的深度挖掘，只有明确面向安全与发展的情报学学科基

[1]　胡雅萍、石进：《三维向度中面向安全与发展的情报学学科基础与理论溯源》，载《情报杂志》2019年第6期。摘编后收入本书。

础，才能进一步探究理论、方法与应用体系。

（一）情报学理论溯源

实践永远是提供理论养分的土壤。与情报学理论界限模糊不清形成鲜明对照的是，情报实践有非常明确的应用领域，构成了情报学理论的土壤。概括起来可分为以下几个方面：

一是军事国防领域。自古以来情报在战争中都起着至关重要的作用，作为“耳目、尖兵、参谋”的情报一直与军事安全和国防保卫密不可分，也正因为此，民口会出现“谈情报色变”的现象，即先入为主地将其与战争、保密联系在一起。作为情报学传统应用领域，西方国家情报研究（intelligence studies）也是源于军事情报研究，其理论视野遍及情报流程、情报失察、情报分析、情报控制、情报支援、公开源情报等，并将我国古代著名军事著作《孙子兵法》奉为最古老的经典情报理论著作，直到现今也一直被推崇。包昌火研究员也曾多次强调“情报学应该起源于军事学和谋略学，起源于人类的情报活动和咨询活动”并指出中国情报学理论的源头“并非香农，也并非布什，而是孙子”。为维护个体、团体、组织的绝对优势或相对优势为主要目标而展开的一系列活动，具有对抗性、谋略性、竞争性等基本特点，这些才是情报的核心要义。军事情报作为情报研究的学科源头，其理论、方法、技术虽围绕传统安全领域展开，但对当今非传统安全领域（金融安全、信息安全、文化安全、生态安全等）仍然具有很强的实用性，军事情报学的理论基础、学科范式、工作实践经验对面向安全与发展的情报学建设具有重要的指导意义。

二是政府和政治活动领域。政府领域的情报实践几乎与军事领域同样地早，主要体现在外交活动中。尽管有别于军事活动，但政府领域的情报实践其目的却与军事领域一样，都是为了国家政权的稳定。近年来，还兴起了国家情报战略的研究，这些都说明情报在政府部门的应用非常重要。在行政与司法部门，通过发挥情报在审查、安全和支持方面的职能，在肃贪、反贪工作中发挥了重要作用。

三是工商业领域。经济、科技等对国家和社会的重要性日益突出，能源、经济、商业问题比战争以外的军事状态对国家安全的威胁更频繁，情报活动已从最初的军事需要演变成科技、经济、商业等领域的需要。特别是随着军队安全部门许多资深情报官员加入到商业组织中，从而进一步加强了竞争情报的研究与分析力量，使竞争情报在企业战略规划、信息系统建设方面发挥了重要作用，也形成了特定的基础理论，如迈克尔·波特的竞争理论（竞争五力模型、三种竞争战略、价值链理论、钻石体系）、竞合理论、博弈论、反竞争情报理论等。

以上三大实践领域是情报理论构建的源泉，随着和平与发展成为当今世界上两大主题，各行各业对于情报的需求与依赖与日俱增，情报活动的领域有进一步向其他领域（如文化、体育、教育）拓展渗透的趋势，分布范围将更加广泛，只有对情报理论本源、学科基础进行深入探讨，情报研究才能走在实践前列，引领指导实践发展。

（二）情报学基础学科的三维向度

目前，国内所构建的情报学理论体系受图书馆学理论和信息科学理论的影响非常大。然而，情报学的核心理论构建远未完善，现有的情报学理论都从某个侧面对情报现象进行总结提升，还缺乏公认的能够对情报现象作出比较完备描述的综合理论。从情报工作丰富的实践领域不难看出情报学应具有广泛的理论视域，以情报循环模型为例，每个阶段情报工作的开展都吸收了来自不同学科的理论与方法，在情报整序方面，吸收了系统论、耗散结构理论、协同论的观点和图书馆文献组织方法论的思想；在情报分析、评价、预测方面，主要依赖数学原理和方法；在情报交流方面，吸收了传播学、通信学的主要思想。

因此，以情报过程模型为主轴，对情报各环节步骤工作所涉及学科群进行分类，认为情报必须具备以下特征：①阐述对抗博弈环境中的信息现象并回答有关信息激活过程中的 intelligence 行为问题；②能够跟随科技发展利用先进技术方法扩展“耳目、尖兵”的职能，激活、发掘决策环境中的隐秘联系，降低或消除决策中的不确定性；③担负起从单纯的信息处理走向知识发现、知识运用，促进决策者的认知转化“参谋”的重任。因而，从功效特征角度考虑，可从三维向度对学科群进行归纳划分，即担负研究知识吸收的认知维（智能科学群），实现情报有效传递和服务的管理维（管理科学群）；帮助实现信息激活的技术、方法，即工具维（信息科学群），如图 5.5 所示。

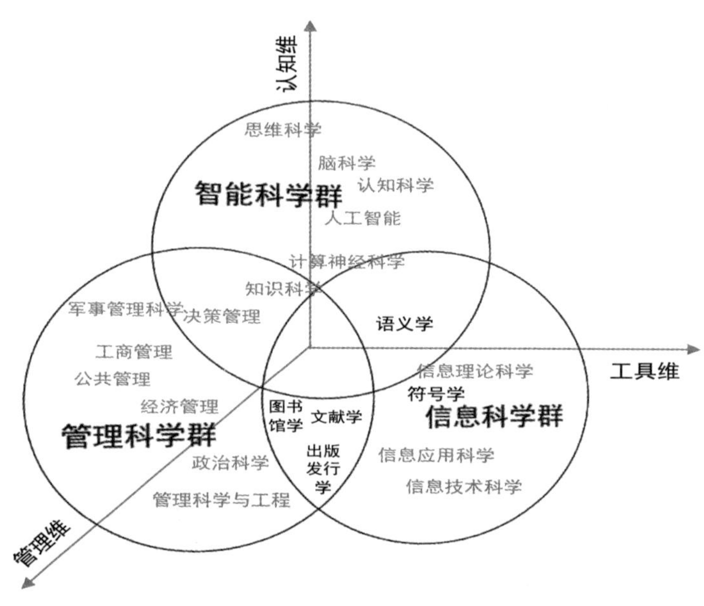

图5.5　情报学核心理论及与支撑科学群的相互关系图

学科群往往指某一科学体系的众多学科的统称，不指哪一门具体学科。三大学科群是一个互有重叠的交叉学科群，三个学科群中有的学科与情报学有传统的姻缘关系，如管理科学群中的军事科学、政治科学、图书馆学；有的是情报学在扩展渗透的过程与之结缘有关学科，如信息科学群中的计算机科学，管理科学群中的经济学、法学等，形成情报经济学、信息法学；有的是与情报学发展方向有关的学科，如管理科学群中的决策科学，智能科学群中的认知科学等，此外，安全视域下的军事情报学、国家安全学、公安情报学也是面向安全与发展情报的学科基础，多种学科的融合贯通，有助于开辟新的研究视域，同时为情报学理论体系构建提供了丰富的养分。情报学的核心理论不是这三个学科群的叠加，也不是其中的若干独立的学科，而是析取这些学科中对完成情报学中心任务起指导作用的理论，加以整合与完善。

1. 认知维：智能科学群

认知维是从用户视角来考虑的，即重视研究情报用户的需求、用户行为、情报机构的中介角色，研究知识的组织、控制、发掘和增值等问题；情报活动，自始至终都伴随有主体的认知活动。对知识的筛选、加工、传递，人们需要充分发挥心智才能，而用户对知识的吸收更需要心智运作。知识一旦被激活，映射到人的大脑组织之中，经过匹配、重构，用户的知识结构方能产生变化。要想在更深的层次上探索情报活动的规律性，就必须将其置入认知坐标系之中。Intelligence 一词，在英汉词典中一般有译为两个义项——“智能”和“情报”。与 Intelligence 联系最密切的首要是智慧、智力和谋略，而不是“信息”。信息工作者的首要任务是满足用户信息需求，提供客观、准确的信息，是传递信息的桥梁；而情报工作者的主要任务是为决策者提供或协助提供解决方案要求能捕捉信息中的有用知识，起“思想库”“智囊团”的作用。因此，情报活动是一种智力活动，情报与信息的一个本质区别就在于智能性。所谓智能，就是活用知识解决问题的能力。从知识学派的观点来看情报是“激活了的知识”，而不仅仅是“加工了的信息”。因此，情报学赖以建构的对象领域应当回到 intelligence 上来，正是由于长期缺失对智能维度的关注与探索，才导致情报学过份依赖图书馆与文献学，也只有将研究视角延展到这个领域，才有可能在探索情报规律、情报理论方面取得新的进展与突破。因此，智能科学群必然成为面向安全与发展情报学的三大支撑学科群之一。

智能科学群（intelligence science）研究智能的基本理论和实现技术，还没有达成一个统一的理论和确切的科学定义。思维科学是研究人有意识思维的规律，包含抽象思维学、形象思维学与创造思维学三个组成部分。目前，智能科学群中许多理论课题也是情报学正在探索的，如感觉信息如何整合起来用以认知外部世界？感官输入的信息如何被组织赋义并判别重要程度？问题解决时分析人员假设推理机制是怎样发挥作用的？复杂环境下个体吸收知识的认知过程如何？情报失察产生的机理？思维模式如何影响个体判断？为了探索以上问题，提高情报人员的思维能力，涌现出了一批代表性理论成果，这些成果从认知局限、思维机制特点入手，代表了情报分析认知理论的形成，是情报分析理论发展过程中一次重要的创新。创新性的成果将促使人类更加了解自我与控制自我，智能科学的兴起与发展将为丰富情报学理论注入新的活力，需要情报研究者寻找恰当的理论结合点，结合可用的技术与方法开辟情报分析理论新的研究课题。

2. 工具维：信息科学群

工具维是从理论的实现技术和方法视角来考虑的，侧重情报工作中的技术要素和方法论问题。随着数据储备的日益丰富，大数据技术、虚拟现实技术的不断发展，信息技术已成为拓展情报工作“耳目”“尖兵”视野的利器，信息科学群已成为提供更快速获取信息，更精准分析信息理论方法的源泉。

信息科学群（Information Science）是不同学科领域对信息现象的共同探索所形成的，其目标是提高人类信息功能的整体水平。正如自然科学、工程技术、社会科学和人文科学都在研究网络一样，信息现象更为广泛的渗透性使它成为几乎所有学科的研究对象。

随着信息科学越来越深刻地揭示人类思维领域中的信息加工与处理的内在机制，应从信息科学群中抽取基本原理、基础理论、方法和工具应用于面向安全与发展的情报学，且需要将新技术融入情报流程的各个环节以提升各环节的情报响应能力。但是，相较于信息科学注重对技术的革新与拓展，情报学更注重以“人为中心”，关注的是人对信息的采集、吸收、利用与传递，重视人在情报利用（决策）过程中的知识结构和认知能力，因此认为情报学需要从信息科学群汲取养分而非全盘接受，可以重点关注理论、方法如表 5.5 所示：

表5.5 信息科学群的关注领域

理论领域		方法论领域	
基础理论	哲学观、体系观、实践观和理论流派；	信息传播	传播模型（通信、传播学、流行病学、热传导模型）
信息描述	概率信息、偶发信息、确定信息、语义信息、语用信息及全信息描述	信息获取	检索理论及技术（性质、作用、学派与方法论）、信息采集及转换方法论体系
信息获取	信息的感知、信息的识别（统计识别、模糊识别的语言学方法、神经网络方法、机器学习）	信息组织	信息源分析、信息组织和储存的原理、层次和方法
信息传递	信息传递模型	信息利用	用户行为决策、需求理论（需求、信息获取、信息理解）、信息分析方法、信息综合方法
信息处理与再生原理	信息处理、再生的含义；决策信息模型及求解	信息预测	单方程回归模型、联立方程模型（估计方法、建模过程）、时间序列模型
信息控制	控制的基本问题；控制问题的描述；控制机制的分析，控制的信息法则、新老三论（系统论、耗散结构理论、协同论、突变论的观点）在情报学的应用	信息评价	关联矩阵法、模糊综合评价法、层次分析法
信息组织	信息与系统、信息与优化，信息与自组织	信息服务	信息市场、信息政策、信息法规、信息资源宏观调控体制

3. 管理维：管理科学群

管理维是从情报事业实践工作的视角来考虑，无论从情报组织管理的角度还是从组织决策的角度看，情报工作离不开管理活动。管理维强调在实践中对情报活动的管理以及情报组织自身的管理问题，就情报系统与情报工作流程管理而言，管理活动在情报系统内运作的基本目标是促使投入情报采集、加工、服务的人力、物力、方法、手段、组织机构产生最佳效用，使信息资源能够及时转化为情报产品与服务活动，满足决策需求；就情报组织自身管理而言，目的是发挥情报机构的协同优势，通过情报机构改革建立资源共享、情报共享机制，主要关注政策保障、权益分配和情报传递、服务的效率等问题。因此情报工作与管理活动是紧密联系的有机整体，了解管理科学群中先进理论和方法是情报工作要研究和熟悉的内容。

管理科学群（Management science）有自己的研究对象和完整的学科体系，其核心管理理论发展经历了古典管理理论、行为主义科学、结构主义科学三个时期，形成了以基本管理理论为核心，其他管理相关知识为外延的理论体系。其中基本管理理论包括普遍适用于各种组织和组织中各个层次的管理知识，而情报学需要从中汲取适用于组织改革、组织协调等养分，如从管理理论中归纳出的适合当代管理活动通用的八条原理（系统原理、整分合原理、反馈原理、封闭原理、能级管理、弹性原理、动力原理、效益原理），这八条原理不仅对情报业务有指导意义，对丰富情报管理理论同样有参考价值。同样可以析出如管理过程理论、行为管理理论、领导行为理论、组织变革理论、决策科学理论、危机管理理论、知识管理理论等，将这些理论用于机构内部情报网的布点和管理、情报人员激励管理、情报组织管理、用户需求分析、决策层人员分析等具有直接的指导意义。

综上所述，任何一个学科体系的建立，都离不开学科基础的保障，面向安全与发展的情报学科生长与成熟也同样需要有牢固的学科基础作为支撑。从实践领域的理论溯源强调了情报工作的本质以及情报工作存在的价值，即情报工作在特定的竞争对抗情境下，为了维护自身、组织、团体的绝对优势而展开的活动。“三维向度”学科群决定了情报学学科建设外延的广泛性，即可以提升认知、工具、管理为目标，以开放的视角、创新的思维、发散的眼光学习、吸收、借鉴、内化其他学科先进的分析方法和科学手段来丰富情报学研究。但作为一门应用型学科，面向安全与发展的情报学既需要普适理论和一般方法做指导，又需要突出自身行业实践特点、特殊规律与专门方法；

既需要从哲学层面探寻逻辑起点，又需要从大量工作实践中抽象、总结原理及一般规律。因此，在研究和构建面向安全与发展的情报学理论体系时，需要以实践工作为牵引，在凝练学科特点时关注行业领域内的新问题、新动向。

五、军事情报学与中国情报学学科融合[1]

学科一词有两层含义。作为知识，它是知识发展并分化到一定阶段的产物。随着知识的不断发展、分化，学科意义上的知识形态逐渐独立，并趋于专业化、专门化。作为组织，学科成熟的基本标志是，形成自觉遵守既定规范的学术共同体。

（一）军事情报学发展概述

1. 我国军事情报学已具规模，在情报学学科群中独树一帜

（1）军事情报学的产生

军事情报学学科的产生，一方面是军事情报实践者从自发总结迈向自觉建构的结果。

情报，发端于军事、战争活动。军事情报实践是战争活剧的伴生物。战争的酝酿、准备、实施，情报都不可或缺。情报活动的历史与战争史同样漫长，军事情报学可谓是古老而又年轻。说它古老，是因为作为军事情报实践的研究总结，军事情报研究已绵延数千年；说它年轻，是因为作为一门分科的知识体系，军事情报学是不足百年的新兴学科。它的学科源头可以追溯到《孙子兵法》和《战争论》，这两部兵学圣典中都有关于情报的专章与专篇论述。军事情报学在中国已成为学科。在国外，战略情报学或称情报研究，也有清晰的发展脉络。其标志性事件之一是，1949 年美国中央情报局的谢尔曼·肯特博士将社会科学理论引入国家安全情报实践总结，以大学、报社和企业为类比，创造性概括出情报的知识、组织和活动三个层面，初步搭建起

[1]　申华：《军事情报学视野下的中国情报学融合发展研究》，载《情报杂志》2019年第9期。摘编后收入本书。

了美国战略情报学理论大厦。

军事情报学是信息学分支，属于国家安全信息学。同时，它也是军事学分支，隶属军队指挥学，是服务于作战取胜的知识体系。情报的功能在于，在敌我对抗中，通过赢得情报优势来实现指挥决策优势，而情报优势是通过产业化情报组织的不间断活动来实现的。西方强国情报组织实现专业化、职业化，形成分工协作、与决策部门良性互动关系是在二战结束、冷战之初。

战略情报学在西方自 1949 年始发展至今，已走过 70 年，情报研究在西方国家尤其美国早已是公开的学问：研究者涵盖了政府与社会各界的专家学者、举办有专门的学术研讨会，创办有著名的学术期刊，形成了一定规模的研究群体。情报人物回忆录出版、历史档案解密、丑闻调查报告披露、公共政策辩论与重大国际事件发生，都直接推动了美国战略情报研究的发展。在英、美等国，历史学与国际关系学者推动了战略情报学术的学科化，形成了英、美中心论的战略情报理论。1955 年美国中央情报局创刊《情报研究》，1986 年，《情报与国家安全》期刊在伦敦发行，同年春，《情报与反情报》季刊在美国问世。1979 年，美国成立了情报研究协会，1984 年英国成立了情报研究小组，同年加拿大设立了安全与情报研究协会。1980 年 10 月，美国参众两院授予防务情报学校战略情报学硕士学位授予权。

在中国，台湾地区“国家安全局”局长郑介民于 1958 年出版了《军事情报学》。在我国大陆，军事情报教育也有了 30 年历史。1989 年军事情报学被国务院学位办正式列为军队指挥学一级学科下的二级学科。目前，我军已拥有三家军事情报学博士学位授权点与十余家军事情报学硕士学位授权点。继美国谢尔曼・肯特的著作《战略情报：为美国世界政策服务》问世之后，我国的郑介民、许果复、张晓军、阎晋中、高金虎等军事情报研究者先后出版了著作《军事情报学》。

（2）军事情报学的孕育土壤

军事情报学的产生，另一方面动因是更深广的外部世界深入发展的助推。

信息情报活动是人类社会的普遍现象。国家安全以及社会各行各业都需要获取完成任务所需的专用信息。这是军事情报学孕育、发展的深厚土壤。

第一，相关研究为军事情报研究上升为独立学科提供知识支撑与方法借鉴。随着战争的社会化，军事情报活动遍涉人类事务所有领域，军事情报学研究范畴相应有了广泛覆盖面。军事学、信息学、社会学、经济学、文化学、人类学、心理学、未来学、医学、气象学、计算机科学等，都是军事情报学的外部研究资源。第二，相近、交叉学科的交相发展，使军事情报学的发展有了参照系与助推器。与军事情报学不断壮大相伴相生的是，国内的情报学、信息学相关和相近的学科也取得了长足发展。相关与相近学科的发展，与军事情报学一道，形成了情报信息学科群，呈现出百家争鸣、百花齐放的研究格局。

2. 军事情报学尚非成熟学科，更非显学

一方面，情报学的研究实践积淀了丰厚的遗产，形成了渐趋蓬勃的研究格局。新兴的军事情报学在学科形成之前的知识积累，称为情报研究。中外军事情报实践的智慧积淀，从谍报术到情报研究，从秘密事务成为公共议题，再到军事情报学学科的设立，历程漫长。另一方面，我国的军事情报学研究正处于从自主性发育转变到自觉性发展阶段，离一门成熟、公认的学科还有距离。

学科不成熟的表现，主要在以下两方面：一是研究方法。最近几十年来，情报研究在理论化之路上取得了显著进展，然而其研究方法依然是相对不发达的。由于研究材料的匮乏，大众对情报事务的陌生，在西方国家，二战以来，情报研究只能借助历史研究与国际关系研究。1980 年代，世界上还没有形成统一的情报研究中心或思想学派。英国重点发展的是情报史研究。国会“丘奇委员会”调查国内情报监视活动，带动了美国情报事务的社会科学研究。二是知识积累。对于军事情报学来讲，系统化、理论化、可应用、公认的专业知识，明显还不够。军事情报活动神秘面纱背后，是现状的众说纷纭与体系性原理的稀缺。公认的军事情报理论还没建立起来。

在西方话语主导现象突出的同时，情报学术研究呈现内核虚化与外壳泛化两大特征。内核虚化表现为学科原理知识单薄，学术话语碎片化，尚未形成涵盖标识性概念、核心命题、基本判断、学科原理的系统性话语体系。现代国家，对于情报的技术与学术，均系严守秘密，不肯轻易示人；所能见到的文献，亦大半仅系一般概念的介绍，业务处理的研究。

外壳泛化在于在缺乏统一性、基础上的多样性。因实战时间紧迫，情报实践中情报搜集与情报分析、人力情报与技术情报等环节习惯于各自为战，研究往往自说自话、就事论事，多是经验性总结、解释理解式的译介评析，基本理论问题少人问津，从而未能构建军事情报学原理来统领、整合现有情报实践。

3. 军事情报实践活动有从兴盛转向衰落的隐忧

情报活动从早期的军事领域独一无二到信息时代的无处不在。战争要素的复杂化、体系化，相应的情报元素也复杂化、体系化了。战争的先后工业化、信息化，分别带动情报的工业化、信息化，牵动情报行业的崛起与衰落。20 世纪，军事情报活动从临时业余性质成长为永久性职业领域，成为国家安全的核心要素。在这一百年内，军事情报实践与情报学术实现了迅速崛起与扩展。情报行业的鼎盛期在第二次世界大战至冷战结束。

信息时代，是与情报共生的时代，军事情报实践有衰落隐忧。一是军事情报活动的独特性减弱了。技术应用全球化，使世界变得更为透明、开放。由于国家利益的激烈争夺，信息革命浪潮促成了情报社会以及情报社会化，信息消费成为全球性趋势。社会情报现象在泛化，削弱了军事情报活动的独特性。许多从前属于情报的内容，现在成了信息，情报贬值了。二是 20 世纪后半期形成的军事情报模式变得不适应了。太空和信息领域技术革命冲击各国情报活动流程。21 世纪网络开启全球通信新时代，信息技术的飞跃、新对手新威胁的出现、民众热衷社交媒体，将情报推入了与冷战不同的环境。世界日渐开放，信息、观点、人口、货物、服务都能迅速流通，越来越多的人通过网络在线平台交换数据，这深刻改变了对情报机构的要求，从根本上改变了如何、何时、从何处搜集情报的传统模式。三是面对竞争军事情报能力削弱了。传统的集中式国家安全威胁分散化了，甚至超越国界全球化，促使基于威胁的情报搜集分析生产方式变革，情报力量分散配置，联合使用。军事情报界没有以往那么内行了。因此，为专门用户提供专门而稀缺信息的可能性下降了。比如，美国国家安全局官员声称，二战以来的 50 年中，科技是国家安全局的朋友，现在却已成为秘密情报的敌人。原因在于情报部门已无法占据技术垄断地位。随着情报需求的多样化，与情报相关的新领域知识兴起，在竞争性知识环境下，情报界内部的专业知识已难于满足国家安全新兴领域的情报需求。情报能力因扩散而贬值，效仿与竞争者的大量出现，独有来源与方法的相对重要性在下降。

（二）军事情报学的学科特性

1. 作为政治和政策工具之学，军事情报学有着服务性或政治性

基于对抗，从属于国家安全需要，这是军事情报学的第一属性，也是军事情报不同于普通情报的最重要之处。这门学问随着国家安全利益的产生而产生、发展而发展。离开了国家安全，尤其是军事安全需求，军事情报实践及其研究就失去了生存之根。而军事情报活动的服务性，也决定了情报工作与决策关系上的被动性。

2. 因军事情报实践的保密、神秘形成的学科非正式性

由于国家间利益的竞争与对抗，军事情报活动长期以来是国家君王的“暗器”。真正从事情报实践的人将行业内幕守口如瓶，只做不说，多做少说，决定了这门学科不是“阳光下”的学问。相应研究也受到同样制约，从而军事情报及其学问蒙上了神秘面纱。英国历史学家克里斯托福·安德鲁 1984 年称，情报是历史研究中“缺失的维度”。在中国古代，也仅仅有《武经七书》、《间书》等著作对此有所涉猎。

在我国，难以公开研究本国现实军事情报工作，对军事情报学的发展形成了一定制约。相关资料的不可得，使研究探讨缺乏依托，在学科确立之前，只能到历史研究、国际关系研究、战史、战争回忆录中溯源。

割据式的情报实践下，在情报研究的多样性中寻求统一性。军事情报活动经历了从非正式到正式、从一到多、从相安无事到混乱失序的过程。各国情报机构都是由军事情报、外交情报、警察治安情报三个源头，整合为国家情报。美国《情报改革与恐怖主义预防法》规定，国家情报包括对外情报、国内情报及国土安全情报三部分。从服务对象上看内外有别，但界限往往难以完全划清，打乱仗与内耗时有发生。

3. 业内人士垄断式研究导致的学科经验性

在美国的情报监督与审查兴起、情报丑闻揭示成为社会舆论事件之前，情报研究是情报实践专家的专利。情报工作如何开展，也只有情报首脑能说明白。杜勒斯的《情报术》、郑介民的《军事情报学》、谢尔曼·肯特的《战略情报：为美国世界政策服务》等著作对情报活动的揭秘，属个体自发行为，均为特定时代情报活动揭示，远未成为一个群体性的自觉活动。可以发现，军事情报学的研究，主要是个体依据特长、凭兴趣的自发行为。因此，尽管军事情报学术文献的种类多、数量大，但是，知识上的重复多，创造的新知识很少，情报研究积累理论化程度低，主要是以经验和智慧主导。。

4. 有跨学科性，但学科化程度低

情报事务的跨部门性决定了情报学的跨学科性。军事情报事务包罗万象，高度复杂，政治、经济、外交、地理空间与战场环境、武器装备、指挥控制系统，无所不包。历史学家、政治科学家、社会学家与情报专家一起，构成了越来越壮大的研究群体。情报实践的综合性，决定了军事情报学这门后起的新兴学科，在知识范畴、研究方法、人员来源上都有着复合性。现代情报研究从其开端，就具备跨学科特性。信息社会的互联加速，使情报作为独立要素更难辨识。为此，有学者认为，情报研究是一个宽泛的集合名词，涵盖了本质上多学科的主题领域。

跨学科性，造成学科本体知识的建构之难。情报工作社会职业化表明，情报社会已经到来。在信息社会研究信息学，正如在全球化时代研究战略，容易成为泛泛之论。军事情报学可谓是杂学，情报触角广泛，情报品类众多，流程中环节多，环节间差异大，各环节相对独立，条块分割在情理之中，相互理解难，协作共享难，为此情报统合、战略管理难，全知全能难。

（三）运用统合思维，建强中国情报学学科体系

国际视野下中国情报学理论体系的构建，既是当代中国军事情报理论研究的基点，也是中国情报学研究的共同任务。

军事情报学的现状及其特点，一定程度上也反映了相近的情报学学科的

情况。情报学科群职业化、专业化水平参差不齐，总体水平还不高。情报学尚是个“任人打扮的小姑娘”，情报学科群的内部关系未理清，情报学本体研究缺乏，群雄割据，条块分割有余，视野通达不足。还未形成一个演绎体系，缺少公理，更像一种多学科研究结论的拼盘。主要原因，一是对情报研究的重视不够，二是文化上的过度保密与讳言失败，三是情报理论与情报实践相对区隔，四是军地相关学科的互不开放。

为加快克服学科理论发展滞后的步伐，构建中国军事情报学话语体系，需要明确三个理念前提。首先，融会贯通，精准把握中西思维方式特性、差异。中西方文化和思维方式差异，造成情报观念、情报方式方法、情报活动内涵等的差异。同时，国内理论研究呈现出“国外热、国内冷”的失衡态势。对国外相关研究翻译介绍性成果数量较多，国内情报学本体研究总结不够。其次，应以批判眼光吸收国外研究理论，不能简单地实行“拿来主义”。第三，摒弃相互排斥、否定的对立思维，强化综合性研究、跨学科合作研究和反思性研究，以兼容并包、矛盾调适、协同互补和整合创新来形成军事情报理论。

1. 正本清源，解决情报与信息等核心概念混用问题

概念不清，是学科发展水平低下的表现之一。概念一般是指思维活动中，事物经概括产生的共同、本质特征。准确、统一的概念，是理论体系和观点的基本细胞。学科知识性命题都需要通过基础性概念及其关系来表达。概念的使用及其被普遍接受认可，就是学术话语权的建立。情报学的发展，首先要在概念的统合一致上有所作为，加强基本概念的界定，构建共通的基本原理，是情报学科群建设的当务之急。

信息的词源是 Information，而情报的词源是 Intelligence。用 Information 来表达情报，是一种泛化的情报观。其实，二者概念的区别，是信息学与情报学根基上的差异。信息是一种普遍存在、可自由获取的数据，而情报则是特定组织或个人对信息处理加工后形成的专用的、观念形态的信息。换句话说，信息涵盖了情报，是其上位概念。只有经过人的鉴别的信息才是情报。情报学与信息学的区别就在于，情报学更加强调人的智能在数据、信息处理中的能动作用。信息可以检索，但情报必须经过人的智能分析。

情报概念的歧义与多义性，至今仍然存在。目前看，用于规范现实情报工作的严密概念体系尚未完全建立起来，情报学核心概念界定工作尚未完成。情报文献很丰富，但理论却很薄弱，原因在于知识的积累和统合方面的普遍失败。情报研究未能积累，缺乏将新知识置于旧知识之上的方法，总是新瓶装旧酒。

作为“情报术”的总结与提升，情报学科知识是情报行业的“元知识”，必须加强构建。情报学科群需要通过整合、贯通概念，推进学科基础建设，形成打通碎片与烟囱的统一知识框架，从不同环节、程序、过程中提取最大公约数，提供共同的规律与知识，为学科健康发展夯实根基。

2. 分门别类，解决情报学学科群属种关系问题

为满足现实认知，并回应时代课题，我国从理论上已建立起较稳定的学科范畴和学科观念，形成了多家争鸣的情报学学科群。

我国现有的情报学学科包括，军事情报学、公安情报学、图书、情报与档案学、竞争情报学、科技情报学、信息管理学等。以上这些学科都是专门性社会活动情报的揭示与利用的学问。相通之处，都是基于知识搜集、整理、鉴别、生产服务的学问。

不同的主体与服务指向，不同的研究视角，不同的研究立场，不同的研究方法，都可能导致情报研究的门派林立。我国的社会情报学中，有三大研究主体。一是科技情报（信息），二是图书馆情报，三是竞争情报。不同在于，服务领域上有国家安全、军事胜利与科技经济商业竞争优势的区分；有服务方式上的对抗性与非对抗性（竞争性）的区别；有工作程序步骤上复杂性与相对简单性的差异。军事、公安和边防这三类情报有着激烈的敌我对抗性，服务对象是国家安全，服务方式上有高度机密性。也正因为如此，我国《国家情报法》只涉及军事、国安和公安领域的情报。

分门别类，在学科关系问题上谋求共鸣、共识。以国家情报为统领，在区分基础上作整合，借鉴武警部队改革中“军是军、警是警、民是民”的原则，中国情报学应分为两大类，第一大类作为国家情报学，包含军事情报学、外交情报学、公安情报学、国家安全情报学，它们是有关国家安全的对抗性情报，研究指向与国家安全、战争准备与实施相关的领域；第二大类是社会情报学，一部分是公益、公共的科技情报学与图书、情报档案学，另一部分是基于经济利益的企业竞争情报学。

3. 发挥军事情报学对情报学科群建设的牵引作用

2017年6月27日《中华人民共和国国家情报法》颁布，以法的形式对我国国家情报活动进行了规范。这是我国国家情报事业发展的里程碑，也是发展中国情报学的“尚方宝剑”，为此，可以从以下几方面着手构建中国情报学学科群。

（1）加强顶层设计，明确中国情报学学科群的发展思路

服务国家和行业利益需求，校准各自学科定位，强化学科内涵建设，强化各自优势特色，在辨别异同的基础上，同步加强普通情报学与专门情报学的学科建设，谋求差异化集聚发展；摒弃领地与门户意识，建立横向交流机制与联合攻研机制，优势互补，提升学科群整体竞争力。

（2）强化学科管理，构建综合化、融合式学科环境

学科的高质量发展离不开高水平的管理。情报学科群从自发发散式发展，到融合碰撞的自觉性群聚发展，首先需要理顺学科群内在关系，各学科在差异化发展过程中，相互交流、借鉴、整合，促进知识共享与互鉴，强化共通内核，形成统一战线。着力加强学科资源共享，建立更多类似“华山情报论坛”这样的合作机制，形成统一的研讨联盟，组织有力深入的学术讨论，构建系统化理论知识共同体，最终形成有“中国意识”的中国情报研究学派。

（3）巩固学科优势，强化学科特色

明确优势与特色，就需要对本学科基本理论核心问题作出回答。首要的、关键问题是，情报对谁有用，有多大用，如何发挥作用？ 第二个问题，情报的功能是什么？ 第三个问题，情报体系内部关系如何？情报能力中最重要的因素是什么？ 这三个基本问题的回答中，可以确立各学科的特色和优势。

（4）建立现实情报生产圈与情报后方研究圈的旋转门

情报学科群共同的最大的挑战：一是理论价值与实际地位反差，研究需求与研究成果供给双重不足的困境。二是工作负荷过重，疲于日常，疏于长远，行业发展规划与战略指导主动性不足。这些问题的解决，靠的是情报实践圈子与情报理论研究界的争鸣、互动与融合。谢尔曼·肯特成为情报研究

大师，凭借的是深厚的理论功底与丰厚的工作实践的结合。只有建立了旋转门，才能实现情报理论与实践的真正融合。

（5）实施学科大师培育与学科经典培育工程

托马斯·库恩指出，科学进步表现为一个占主要地位的范式被取代，新范式为知识探索提供新框架，设定研究日程，并为科学知识与理论的增加与积累提供基础。那么，情报研究的范式是什么？情报学的研究范式需要从知识型研究转换成思想型研究，而这离不开学科大师的培塑与学科经典的沉淀。

（6）强化多学科方法的应用

经典的情报学产生于碰撞与争鸣。情报学要运用多学科交叉方法，进行跨学科的知识吸收与整合。理想主义的情报学者，与从事实践的现实主义者需要合流，跨学科地融合大数据处理、预测学、未来学的知识，围绕情报的内涵、分类、功能、情报方法发展、情报技术变革等，强化理论总结，在多学科、跨学科竞争中沉淀经典知识，从夯实学科之基开始，加强基础理论构建，充实与规范概念、规律、原理等基本命题，形成更多公认的学科硬知识，构建一个普遍认可、超越国界、反映现实常态、适应信息时代的情报学知识体系。

六、中国公安情报学的演进和范式

（一）中国公安情报学的兴起和发展[1]

21世纪伊始，公安情报学的兴起和发展已载入中国情报学发展史册。情报学是一门研究情报的收集、整理、分析、传递以及服务决策的基本规律的社会科学；是对政治、经济、文化、科技、军事、外交、安全、执法等国家安全和社会发展各领域的、整体上的、一体化的“情报生态系统”的科学研究。毋庸置疑，公安情报学是中国情报学生态版图的重要组成部分，其丰富和充实了中国情报学的基本内涵和整体构架，对中国情报学的整体发展意义重大。

[1] 马德辉：《中国公安情报学的兴起和发展》，载《情报杂志》2015年第11期。摘编后收入本书。

1. **时代背景**

公安情报学的兴起和发展有其深刻的时代背景。进入 21 世纪，特别是“9·11 事件”后，全球范围的人流、物流和信息流与日俱增，世界多极化、经济全球化、社会信息化和犯罪国际化的趋势日益突出，传统安全与非传统安全威胁相互交织的态势错综复杂，金融犯罪、信息诈骗、恐怖主义、走私贩毒、洗钱、黑社会性质的有组织犯罪等更加猖獗，全球正在陷入新的社会动荡期。各种犯罪活动高发的挑战、政府与公众期望的攀升以及低成本高效益理念的推广等不可回避的关键问题促使传统警务向现代警务特别是情报主导警务模式转变，将情报置于警务战略的核心地位，充分发挥情报引领警务决策、提高警务效能、合理配置资源、预防打击犯罪的基础和先导作用。

新形势下的国家安全和社会稳定面临着来自国内外的可以预见和难以预见的威胁和风险明显增多，特别是各种威胁和挑战联动效应明显，安全稳定形势更加复杂敏感，不断发生暴力恐怖案件、个人极端案件、刑事犯罪案件、公共安全事件以及群体性事件。面对信息时代日益严峻的安全和稳定形势，必须加大力度研究如何高效利用情报在应对复杂安全和稳定形势中的基本规律和解决之道。所以，公安情报学诞生于安全威胁、信息爆炸、警务变革等多重因素叠加交织的时代背景之下，其兴起是积极应对非传统安全挑战的需求，是不断适应信息社会发展的结果，是主动研究公安情报工作的选择。

2. **实践基础**

现今的公安情报工作是主动适应动态化、信息化条件下的现实斗争和执法环境变化的历史必然；是下好先手棋，打好主动仗，发挥情报的预警、预知、预防作用的历史必然；是信息时代公安信息化建设和应用深入发展的历史必然；是解决部门壁垒、信息孤岛，实现资源整合、情报共享、综合应用、协同作战的历史必然。公安情报工作的快速发展与现实需求为公安情报学的兴起奠定了重要的实践基础，是公安情报学兴起和发展的内在动因。

公安信息化建设与应用是公安情报工作的重要基础。20 世纪 80 年代开始，随着国家信息化工作的推进，公安信息化工作逐步发展起来。1984 年，公安系统计算机网络建设正式启动。1994 年底，“中国犯罪信息中心”

（CCIC）正式运行。2001 年 4 月，“金盾工程”正式立项，列为国家信息化重点工程之一。标志着公安信息化建设和应用进入了深化阶段。

2004 年 12 月，全国公安厅局长会议明确提出了建立“公安情报信息体系”的任务，要求树立情报主导警务理念，建设综合公安情报机构以及提高情报收集和分析研判水平。历经十余年发展，公安情报工作在机构建设、队伍建设、机制建设、资源整合、平台建设、模型战法、服务实战等方面取得了前所未有的进步；情报在维护国家安全和社会稳定、加强社会管理、打击违法犯罪、服务警务决策、支撑警种实战等工作中发挥着不可或缺的基础和先导作用。

公安情报工作是一个“以信息化应用为支撑、以情报研判为主要内容、以服务于警务决策为目标”的工作体系，综合分析研判是公安情报工作的核心竞争力。公安情报工作是一项在遵循公安工作和情报工作客观规律基础之上，由专门机构和专业人员利用科学的方法和先进的信息技术手段，整合共享公安内外大数据资源，对情报进行规划、收集、整理、分析，形成价值增值的情报产品，为公安工作科学发展提供决策依据和智力支撑的系统工程和基础工作；是一个提升公安机关维护国家安全、驾驭社会治安局势、处置突发事件以及服务经济社会发展等能力的基本工具。

3. 理论基础

“情报主导警务”（ILP）理念源于 20 世纪 90 年代初的英国，历经发展和演变，已从预防和打击犯罪的警务工作模式上升为全球许多国家广泛接受的、具有普遍意义的管理思想和警务哲学。虽然这些警务管理思想源于英、美等国警务工作的实践和创新，但是也可以为中国公安情报学的兴起和发展提供借鉴。

（1）社区警务

在美国，20 世纪 60—70 年代，警民关系破裂促使警方大力倡导社区警务。从情报视角考察，通过实施社区警务，基层公安机关可以进一步扩展情报的收集渠道和来源，社区民警可以主动收集大量的社会面源头信息；同时，社区的重点人员动态管控工作也需要由社区民警逐一去落实。社区警务理论体现出的情报思想的本质是，公安情报工作要专群结合、依靠群众、发动群众，走群众路线，在第一时间获取鲜活的、动态的第一手情报，实现“基础工作信息化、信息工作基础化”的管理思想。

（2）问题导向警务

1979 年，美国威斯康星大学 Herman Goldstein 撰文提出问题导向警务理念，威斯康星州麦迪逊警察局第一个实施该模式。问题导向警务强调警方应识别复杂性的系列犯罪案件，通过这些迹象发现社会面潜在问题，并进行全面分析，找到多种解决办法和应对战略。SARA 模型，即 Scanning（识别问题）、Analysis（分析原因）、Response（作出反应）以及 Assessment（评估成效），是进行犯罪分析和解决问题的主要思路和方法。从情报视角看，SARA 模型与情报流程（Intelligence Process）有异曲同工之妙。

（3）比较统计模式

比较统计模式是警察部门的一个管理哲学，核心是使用地理信息系统和犯罪地图分析方法对近期的发案数据进行地图标图和判读，以发现犯罪热点问题，并在每周的犯罪对策会议上，由辖区指挥官进行介绍并由与会者共同讨论，设计策略，解决问题。从情报角度讲，比较统计模式在本质上是一个数据 / 信息驱动的管理模式；强调管理责任的重要性以及准确及时的情报在制定战术和配置资源中的基础地位，是情报主导警务理念在美国纽约警察局的具体实现机制。

（4）情报主导警务

20 世纪 70 年代初，警务情报工作在美国执法机构已经开展起来。21 世纪以来，澳大利亚、新西兰、美国、加拿大等国家也大力推进情报主导警务理念并形成各自的警务情报工作模式。与此同时，情报主导警务理念开始为我国公安机关所接受，上海、广东、浙江等经济发达地区先行先试，进行了有益的探索，取得了显著的成效。

情报主导警务是一个“分析驱动的模式”，其核心是对犯罪问题的情报分析、战略管理以及基于情报对警务资源的优化配置。鉴于此，情报主导警务既不完全同于注重信息收集的信息主导警务，也不完全局限于某一警种侦查破案的情报主导侦查，更不意味着过多地使用秘密 / 监控力量等人力 / 技术情报手段。所以，决策者应学会与情报分析师合作，激发情报分析师提出解决问题的战略性举措。只有当情报成为决策和组织思维不可或缺的一部分的时候，一个组织才是真正意义上的“情报主导警务”组织。

4. 兴起标志和基本内涵

公安情报学兴起的标志是公安情报学专业的设置及学历教育的开展；同时，公安情报学的基本内涵等基本问题尚需进行长期的科学研究，渐进形成统一的思想认知和共同的语言规范，逐步上升为系统的、成熟的、科学的学科专业体系。

（1）兴起标志

根据教育部《关于做好普通高等学校本科学科专业结构调整工作的若干原则意见》的通知（教高〔2001〕5号）的精神，2004年9月，中国人民公安大学在全国率先申报公安情报学本科专业。2005年3月，教育部批准中国人民公安大学试点开设公安情报学本科专业，专业代码为030511S。2005年9月，中国人民公安大学招收全国第一批公安情报学专业全日制本科生。专业的获批和学生的培养标志着中国公安情报学学历教育以及学科专业建设的正式开始。虽然在此之前存在侦查等专业开设的《犯罪情报学》这门课程，但是还不能将其称之为专业，更没有获国家教育主管部门审批，所以，有理由将2005年称为中国公安情报学兴起和发展的元年。

（2）基本内涵

作为新兴学科，公安情报学是一门研究公安情报的知识客体、公安情报的机构主体和公安情报的活动流程等基本问题的现象、本质和规律的交叉学科，具有社会科学、思维科学、管理科学、应用科学等基本属性。公安情报学的学科结构应以法学、公安学、情报学、管理学、信息科学等为学科基础；以警务哲学和情报理论为理论基础；以哲学方法、一般方法和专门方法为方法论基础。公安情报学的研究内容包括：从学理角度对学科定位、研究对象、方法论、研究范式、理论基础、学科体系、专业教育等学科专业建设问题进行科学归纳；从实战角度对公安情报的工作流程再造、体制机制改革、情报治理模式、方法工具创新、技术手段升级、系统平台优化、最佳情报实践、情报文化建设、政策法律规制、安全威胁监测等实践应用发展问题进行系统研究。

5. 中国公安情报学的发展

历经十年探索，公安情报学在学科专业建设、专业人才培养、基础科学研究、交流合作培训等方面取得了较快较好发展。

（1）学科专业建设

专业位置和归属问题是学科专业生存和发展的必要条件。2011 年，公安学（0306）和公安技术（0838）被确定为一级学科。2012 年《普通高等学校本科专业目录（2012 年）》发布，公安情报学专业被调整为特设专业和国家控制布点专业，至此，“法学门类（03）—公安学一级学科（0306）—公安情报学二级学科（030610TK）”的学位授予和人才培养结构基本形成。公安情报学学科专业的归属问题得到了解决。

开办院校数量不断增加。截至 2015 年 3 月，全国共有 5 所公安高等院校已经教育部备案和审批开设公安情报学本科专业。还有一些公安高等院校也已具备申报公安情报学专业的基本条件，并积极组织力量进行科学论证。

（2）专业人才培养

无论是人才培养模式，还是课程体系建设，都应该反映公安情报学的应用科学属性，既要坚持理论思维的教育，更要坚持实战技能的培养。

一门学科的发展应以专业教育和人才培养为基础。十年来，全国公安情报学专业教育和人才培养走出了具有自身特色的道路。在人才培养层次上，初步形成了“本科—体制改革试点二学位（公安情报学方向）—硕士研究生（学术型和警务硕士研究生）”的公安情报学学历层次。在人才培养模式上，积极打造教、学、练、战一体化的人才培养模式，努力培养具有综合素养和能力的公安情报专门人才。

课程建设从无到有，取得了较大进步，课程体系逐渐形成。以中国人民公安大学为例，除了通识课程外，本科课程包括：专业基础课（情报类、拓展类），专业必修课（公安情报收集、公安情报分析、公安情报整编、公安情报综合实训等）和专业选修课（理论类、技术类、调查类、语言类、拓展类、法律类）。此外，学术型学位硕士研究生情报类课程开发也渐成体系。

（3）基础科学研究

学科发展以及人才培养都离不开基础科学研究。公安情报学兴起和发展的十年，基础科学研究扎实推进，主要表现为：一是国家项目数量攀升。2005—2015 年，公安情报学共有 7 个项目获国家社科基金资助，内容主题涉及基本理论、情报分析、信息控制、决策系统、信息资源开发利用、情报法制等公安情报学的重要研究领域。近两年，国家自然科学基金项目立项取得了零的突破，中国人民公安大学连续获得 3 个立项，这些项目涉及情报的隐藏传递技术、视频分析技术、图像处理技术等，图像视频情报的研究成果对于预防处置大型突发事件和打击违法犯罪活动具有重要的实战价值，对于公安情报技术的深度发展具有重要的理论意义。二是理论研究不断深入。从论文看，十年间，公安情报学论文具有以下特点：一是研究主题涉及面广，紧跟时代发展，关注热点难点问题。论文大多数发表在公安类期刊，特别是公安院校学报，近年来，情报类核心期刊刊文逐渐增多，有利于逐步扩大公安情报学的影响。二是开始系统化研究基础理论问题。从专著看，代表性著作包括《再造公安情报——中国情报主导警务理念、分析工具、实施策略》(2008)、《情报攻歼全维战法——战术研判方法模型与实战操作》(2013）等。两部专著比较系统地阐述了作者对中国公安情报工作相关问题的理解，初步形成了自己的框架体系，具有一定的理论和实战价值。

（4）交流合作培训

国内外的学术交流、高校与实战单位的互动合作以及公安情报的业务培训等方式有助于交流思想、碰撞思维、驱动创新，是公安情报学可持续发展的重要推动力。这方面的主要表现为：一是学术交流活跃有序。2005 年 6 月，公安部外事局（国际合作局）在全国第一次主办了以公安情报信息体系建设为主题的国际性论坛——“情报信息主导警务”国际讲坛（杭州），之后，陆续举办了数次全国性研讨会。这些会议广泛邀请高校情报学专家学者以及公安院校同仁和实战单位兄弟共商公安情报学发展问题。另外，相关高校还利用国际警务论坛、引智项目等途径和方式不定期邀请国外专家就警务情报的理论和实践问题进行建设性交流。

二是校局合作共谋发展。校局合作是高等院校与实战单位良性互动的重要渠道，共谋发展是坚持理论与实践相结合原则的双赢之道。具体实现机制包括：建立教师借调或下派锻炼制度；建立调查研究制度，相关院校不定期带着调研课题到实战单位，有针对性地进行调查研究；联合举办高峰论坛，全国各地公安综合情报部门负责人与高等院校专家学者共议公安情报工作及公安情报学发展中的热点、难点问题，取得了良好的效果。

三是情报培训注重层次。情报培训是提高实战部门管理人员和情报民警情报管理思维和能力的重要途径，也是公安情报学专业教师扩展自身知识储备的重要方法。随着公安情报工作的全面推进，公安部加大培训力度，不同层次和级别的培训班都安排公安情报专题，相关院校公安情报学专业教师跟班学习，及时掌握我国公安情报工作实战的最新发展动态。其他业务警种也都有各自警种的情报业务培训。另外，相关院校公安情报学系组织各地基层情报民警的在职培训，进一步提升公安情报学专业教师与一线情报民警的互动学习能力。

回顾历史，展望未来，公安情报学的可持续发展切实需要理论界深入公安情报实战，推动最佳情报实践模式上升为具有普遍意义的思想体系；切实需要公安情报理论界和实战部门凝神聚力，推动公安情报学全国性非营利性研究团体的早日成立，发挥公安情报智库在维护国家安全和社会稳定中的“参谋”和“助手”作用；切实需要公安情报理论界自身努力及中国情报界同仁和政府相关部门的大力支持，推动公安情报学学术期刊的公开发行，搭建公安情报理论与实践交流的学术平台。

（二）公安情报学的总体范式[1]

1. 学科范式与研究范式

范式理论对于总结学科发展的一般规律，探求学科未来发展的新路径、新方向具有重要意义。由于所选取的视角以及范式所作用的范畴等不同，一

[1] 马德辉、刘杰、江宁：《新安全时代公安情报学总体范式观的思考》，载《情报杂志》2018年第10期。摘编后收入本书。

般可将范式分为学科范式和研究范式两种。

（1）库恩范式思想

“范式”（Paradigm）一词源于古希腊，原意是“共同显示”（Show Side by Side），后由美国科学哲学家托马斯·库恩（Thomas Kuhn）于1959年首次将“范式”引入科学研究领域。此后，范式一词便开始从哲学领域逐步渗透到了自然科学、社会科学以及人文科学等领域，并在西方引发了广泛讨论。参考库恩的范式思想，可以认为，范式是从事某种特定研究的科学共同体，在其学科领域内所认同的一种模型、范例或准则。范式规定了科学共同体的基本理论、基本观点和基本方法，为它们提供了共同的理论模型和解决问题的框架，从而成为其学科领域的一种共同传统，并规定了该学科发展的共同方向。

（2）学科范式

无论是自然科学，还是社会科学，都由不同的学科构成。对于出现的同一个问题，我们很自然地会在自身所处的学科框架下，根据相应的“范式”进行研究，这就是“学科范式”（Paradigm of Discipline）。学科范式是该学科在特定历史时期，以一种基本的研究意向为主导，排斥了与它相对立的其他方面所形成的；是该学科所有成员所共同拥有的东西；是区别于其他学科范式所单独存在的，即该学科所独有的。

将范式理论引入学科领域对于学科的划分具有重大意义。人们据此可以区分不同学科以及某一学科的历史发展阶段和学派，甚至可以成为判断该学科是否成熟的重要标准。公安情报学作为一门新兴学科，是关于我国公安情报工作实践的系统认知，及在此基础上形成的知识框架和理论体系，是对公安情报工作实践的经验总结和理论提升。然而，令人遗憾的是，当前的公安情报学界（科学共同体）并未形成普遍认同的学科范式。

（3）研究范式

任何研究都是一个选择课题，利用各种工具，在有效方法指导下解决问题，最后再运用相应标准验证结论的过程。这为我们提供了一般性指导的方法和模式的总和，即“研究范式”（research paradigm）。研究范式与研究活动密切相关，具体内容包括研究方法、研究途径或研究模式，在一定程度上，也包括对我们研究结论的价值判断。研究范式不涉及学科的基础理论框架，但有时会超越学科边界，成为跨学科的一种方法和规范。例如，实证主义研究范式既是心理学、教育学等社会科学的主流研究范式，也是天文学、物理学等自然科学的主流研究范式。因此，公安情报学研究范式应该是指导我们如何研究公安情报学的基本规范，界定了应该研究什么，应该提出什么问题，规划了基本的研究思路和路径，指明了发展方向，描绘了公安情报学的未来发展愿景。

（4）学科范式与研究范式的关系

学科范式和研究范式都从属于范式这一概念范畴。具体而言，两者既存在明显区别，也具有密切联系。区别表现在：学科范式侧重从学科本体角度探寻对该学科的基本认识和解决办法，从而形成本学科的特色，是学科所独有的；而研究范式则指向研究活动本身，更侧重从方法和方法论角度思考问题，它既不完全等同于可直接运用技术、工具解决问题的研究方法，也不直接等同于上升到体系化、理论化的方法论，在逻辑结构上介于范式和学科范式这二者之间。密切联系主要指，在某一学科框架下，学科范式在某种程度上规定着研究范式的形成与选择，也潜在地影响着某种研究范式内的基本研究逻辑。鉴于学科范式和研究范式的明确关系，公安情报学科学共同体应主动运用研究范式，静心提炼学科范式，推动形成公安情报学总体范式理论。

2. 公安情报学研究的主要矛盾及瓶颈

目前，作为新兴的公安情报学，还没有形成内在的学科范式，对相关研究范式的认识和运用也不很到位。公安情报学研究仍然存在诸多问题和矛盾，主要表现为以下几个方面。

（1）文献分析

选取中国期刊网学术论文及国家图书馆、中国人民公安大学图书馆馆藏编专译著等文献为样本（时间截止到 2017 年 12 月底），对我国公安情报学研究的基本状况进行了简要统计分析。选取“公安情报”“犯罪情报”“执法情报”“刑事侦查情报”“情报主导警务”等专业术语，分别作为检索词，在“篇名”中对期刊论文和编专译著进行检索。经清洗和优化分析后发现：在学术论文方面。总体数量不多，学术论文 700 篇左右；文献来源多样，以“期刊论文”为主体，大约占 74.09%；文章质量不高。发表在情报学核心期刊的文章很少，大多发表在地方警院学报等一般刊物。虽然近年《情报杂志》等刊物录用量增多，状况稍有改善，但是科研能力仍有待提升；主题较为宽泛，研究缺乏深度；社会力量参与不够，发文单位以公安高等院校为主，社会力量参与公安情报学研究极为薄弱。在编专译著方面，公安情报相关图书不足百部。在公安情报学专业设置之后，公安情报学研究虽有明显发展，但出版的编专译著也不多，缺乏科学的规划和内在的体系。

（2）主要矛盾

当前我国的公安情报学研究存在的矛盾，主要表现在以下几个方面：

第一，套用图书信息学框架与公安情报学特色研究之间的矛盾。不可否认，公安情报学研究需要阅读大量文献，图书信息学的研究工具和方法对公安情报学的发展也是不可或缺的。但是公安情报学是一门实践学科，有自己的特殊性。所以，不能量图书信息学的“体”，裁公安情报学的“衣”。公安情报学相关论文和著作，特别是早期的一些文章及编专著，甚至是一些教材，大量套用图书馆和信息科学的研究依据和内容框架，缺乏公安情报学理论依据和研究方法，缺乏对公安情报内在规律的深入挖掘和探究，形成“套用图书文献信息基本规律，解释公安情报基本规律”的研究怪圈，这样的研究思维和道路不利于公安情报学自身发展，甚至是有害的。

第二，借鉴国外警务情报理念与公安情报学内生原创之间的矛盾。英美等国在执法情报、犯罪情报、警务情报等领域的研究起步较早，成果丰富，借鉴其思想理论、研究方法、重要成果对我国公安情报学发展和科学研究大有裨益。但是一些文章或直接翻译介绍国外资料，仅停留翻译和介绍的层面，缺乏系统性、建设性意见，缺乏对我国公安情报具体实践的适应性思考和批判性改造。我国绵长悠久的情报历史孕育了博大精深的情报思想，就连美国的情报机构及情报学者都视《孙子兵法》一书为案头必备。中国共产党领导的情报保卫工作溯源于中央特科，中共情报保卫活动中蕴藏着丰富的公安情报思想。但从已有研究看，对我国公安情报历史及思想的挖掘和原创性研究还远远不够。同时，当前大数据时代的公安情报工作发生了深刻变革，具有各地特色的最佳情报实践都值得内生原创性研究。

第三，闭门造车拍脑袋式研究与公安情报学实证研究之间的矛盾。目前，公安情报学研究的主力军是全国公安高等院校的教师。不少教师拥有情报学、计算机科学与技术及相关专业博士学位或硕士学位，具有一定的理论功底和研究能力，但这支队伍还很年轻，由于教学压力等原因，还不能在短时间内深入公安情报工作实践，即使有一些公安业务实践和调研机会，也大多流于走形式，走过场。这就不可避免地造成了上述只好套用图书文献信息学的研究框架等一系列现象。当然，值得肯定的是，也包括少数来自各层级具有丰富经验的公安实战人员撰写的文章。这些文章具有一定价值，但往往局限于工作总结、经验介绍等写法，缺乏系统化、理论化的指导和提升，再加上主观经验的影响，有时也可能不自主地陷入拍脑袋的思维模式。

（3）研究瓶颈

综合而言，我国公安情报学研究还存在着理论实践脱节、研究团队不实、科研能力不强、学科交流不足、学术水平不高等影响公安情报学可持续发展的一系列基本问题。从深层次讲，公安情报学研究瓶颈集中表现在：缺乏充分体现我国公安情报工作基本规律和实践特色的哲学思想、理论流派、研究范式、科学方法以及技术工具。其中，范式理论对一门学科的发展至关重要，急需对公安情报学范式进行深入研究，探求公安情报学总体范式观。

3. 新安全时代公安情报学总体范式观

“9 · 11 事件”以来，世界安全形势发生了复杂而深刻的变革，传统安全和非传统安全相互交织的态势日益突出。在国内，国家安全和公共安全面临着可预测不可预测的各种风险和前所未有的严峻挑战。在此背景下，我国公安情报学得以兴起和发展，肩负着研究面向国家安全和社会稳定的公安情报工作基本规律的重要使命。同时，我国总体国家安全观的形成和安全情报立法的实施，也为公安情报学及研究提供了重要的发展机遇。

（1）新安全观和安全情报立法

为积极应对全球安全威胁和挑战，我国国家领导人高瞻远瞩，适时提出新的国家安全基本理念和话语体系，同时，相关部门积极推动国家安全和国家情报相关立法，初步构建了我国国家安全和国家情报的法律体系。站在新安全时代的历史起点，我国情报学界的众多学者逐渐摒弃传统的科技情报观念，特别是图书情报观念，重新思考情报学回归本来面目。就公安情报学而言，需要强调的是，国家情报法明确规定，公安机关的情报工作是国家情报工作的重要组成部分。这一法定地位在学科专业建设上可理解为，公安情报学是国家情报学的学科分支。因此，在这一基本定位下，我们应积极研究公安情报学范式等一系列基本问题，倡导总体范式观，不断丰富和完善公安情报学的研究内容和学术体系。

（2）总体范式观

与传统的公安情报工作着重于耳目特情、情报搜集、刑事侦查应用等相比，新安全时代的公安情报工作应强化情报主导警务理念，加强情报分析和战略管理，紧跟新兴信息技术应用，推进公安情报文化培育，坚持社会力量融合发展。新安全时代的公安情报学发展及研究应坚持集历史、实践、文化、技术、社会为一体的总体范式观。其中，历史范式是公安情报学发展和研究的底蕴根基，实践范式是公安情报学发展和研究的源头活水，文化范式是公安情报学发展和研究的心智传承，技术范式是公安情报学发展和研究的能动支撑，社会范式是公安情报学发展和研究的外脑助力。“五位一体”的总体范式观既注重历史文脉，也注重现实发展；既强调理论提升，也强调技术应用；既挖掘内生力量，也鼓励社会融合。它们之间看似相互独立，实则紧密关联，形成有机的统一整体，是新安全时代公安情报学发展及研究需要的总体范式观。

（3）历史范式

“以史为鉴可以知兴替”。无论战争年代，还是和平时期，中国共产党的情报工作和公安情报工作都形成了丰富的情报思想，留下了大量的情报文献。然而，令人遗憾的是，公安情报学共同体对我国公安情报史的研究还远远不够。因此，公安情报学历史范式就是在坚持辩证唯物主义历史观的基础上，运用历史思维，采用解剖档案及实物，采访政策制定者或活动参与者，以及实地调研情报机构旧址等研究方法，科学系统地挖掘丰富的公安情报史料宝藏，梳理公安情报工作发展基本脉络，总结公安情报工作历史规律。

（4）实践范式

被称为“情报分析之父”的谢尔曼·肯特从事战略情报分析工作近30年，拥有丰富的情报实践经验，形成了关于战略情报的思想体系及情报分析的基本理念。伟大的思想理论往往是源于实践。因此，公安情报学实践范式的基本内涵是，公安情报学共同体应坚持辩证唯物主义实践观，抛弃主观主义、形式主义、浮夸主义的学术风气，倡导踏实、严谨、钻研的学术精神，俯下身子扎根公安情报工作实践，与实战部门建立协同高效的良性互动研究机制，将公安情报工作实践中活生生的做法、经验提升为系统、科学的思想理论，逐步构建公安情报学理论体系和学科框架。

（5）文化范式

就人类社会发展而言，文化是人类在长期实践过程中不断继承、融合、发展而形成的物质财富与精神财富的总和。就一个组织发展来讲，组织文化是由一些基本假设构成的模式。而情报文化则是一个国家、一个民族的思想在情报工作中的具体体现。当前的公安情报学发展和研究尚未形成文化范式。从全国来看，公安情报学研究团队建设堪忧，单打独斗现象十分严重，国内外学术交流缺乏话语权。更为重要的是，缺乏共同的关于公安情报学发展和研究的价值观、理念和假设，以及认可、共享的心智模式。因此，公安情报学文化范式就是推动学术共同体建设，提炼学术共同体的价值观、理念和假设，形成共有的心智模式。文化范式对于公安情报学学术共同体的建设、发展和传承至关重要，是公安情报学发展及研究的强大基因。

（6）技术范式

在科学发展中，技术可为科学研究活动提供能动支撑。技术对于包括公安情报学在内的任何学科发展的能动作用都是不能被忽视的，技术应用的多少也将决定公安情报学发展和研究的深度。随着大数据、物联网、云计算、人工智能等信息技术的方兴未艾，公安情报学共同体虽已探索将大数据等技术引入公安情报工作实践和公安情报学研究等领域，但由于缺乏普遍认同的基本规范和具体路径，在一定程度上并没有很好地发挥科学技术的能动作用。所以，公安情报学技术范式的重点在于，公安情报学共同体应逐步培养和形成利用先进科学技术手段和工具，解决公安情报工作现实问题和理论瓶颈的共同信念和思维模式，建立共有的科学技术能力体系。简言之，技术范式应为公安情报学发展及研究利用最新兴、最前沿的科学技术，提供不可替代的支撑和保障。

（7）社会范式

公安情报的搜集、分析等工作环节离不开社会中产生的海量数据信息，可以说，公安情报工作的基础存在于社会之中。社区警务工作模式就充分体现了专群结合、依靠群众、发动群众、走群众路线的情报思想本质。公安情报工作离不开社会，公安情报学发展和研究同样离不开社会这个广阔舞台，离不开社会组织和研究机构的广泛参与。在国家推进科研资源共享的背景下，积极鼓励和引入社会力量参与公安情报学发展及研究，弥补公安情报学发展和研究的短板和不足。因此，公安情报学社会范式主要强调，公安情报学共同体要努力培育社会化思维，与社会保持密切联系，充分盘活和利用社会资源和公众智慧，与社会科研机构或高科技公司建立战略伙伴关系，在相关政策规定下，深入研究智慧公安等热点、难点问题，增强公安机关驾驭社会治安局势的能力，服务于国家安全和经济社会发展大局。

总之，历经十几年的探索，虽然我国公安情报学发展及研究已经步入正轨，并取得一定成绩，但是距离生长成为一门成熟的学科，还有漫长的道路要走，依然存在缺乏实证分析、内生原创、特色研究等诸多问题，是公安情报学发展和研究无法回避并必须接受的严峻现实。随着新安全时代的到来，面对机遇与挑战，公安情报学共同体应以公安情报工作实践需求和公安情报学理论构建为基本遵循和目标导向，主动破解长期困扰公安情报学发展和研究的主要矛盾和关键瓶颈，积极构建集历史范式、实践范式、文化范式、技术范式和社会范式于一体的总体范式理论，推进公安情报学及研究长期稳定健康发展。

七、公安情报学的研究对象[1]

一门新兴学科在形成的过程中，其研究对象大多会经历由模糊、笼统，到清晰、明确的过程。研究对象问题的提出，是这门学科发展到成熟阶段的产物。公安情报学作为一门新学科，直到2011年以后才获得正式认可。在国务院学位委员会、教育部印发的《学位授予和人才培养学科目录（2011年）》中，公安学增列为一级学科，公安情报学列入公安学二级学科。

（一）公安情报学研究对象的演化

所谓研究对象，是指一门学科所研究的特定事物。事物具有多样性、复杂性、多变性。因此，学科研究对象所指的“特定”事物，并不是绝对固定的，或不可变易的。随着研究的深入，可以围绕这一特定事物，从不同角度开展研究。这样，研究对象会随着学科的发展而发生变化。

从学理而言，学科产生以后方有研究对象。然而，公安情报学产生以前，有一个较长时期的学术积累过程；开展学术追踪，方能完整地呈现其研究对象的形成过程。公安情报学是一门实践性很强的学科，与公安情报工作联系密切，且深受后者的影响。公安情报的工作对象与公安情报学的研究对象往往具有相关性甚至同一性。

1. 秘密情报

自1927年建立中央特科，中共中央相继组建了一系列情报保卫机构。这些机构的情报活动包含有公安情报的内容，可视为特殊形态的公安情报活动。它们主要围绕敌情、特情展开。新中国成立以后，公安机关在打击犯罪与对敌斗争中，需要通过秘密侦查手段获取深层次的、内幕性的情报。这些情报一般是通过人力手段，采取秘密活动的方式获得的。

在这一阶段，公安情报理论主要围绕秘密情报开展研究，其研究对象属

[1] 彭知辉：《论公安情报学的研究对象》，载《情报杂志》2017年第4期。摘编后收入本书。

于我国传统情报的范畴，是我国情报军语渊源的延续。因此，这一时期的理论研究是以秘密情报为研究对象。

2. 刑事犯罪情报资料

1984 年，公安部印发《关于刑事犯罪情报资料工作暂行规定》，开始在全国范围内开展刑事犯罪情报资料建设。刑事犯罪情报资料的对象和范围包括：刑事犯罪及嫌疑人员资料、案件资料（如现场痕迹、损失物品的照片资料）、犯罪情报资料（如犯罪团伙的犯罪线索和活动情况，通缉令、通报）等。后来，它的范围进一步拓展，包括指纹、DNA、犯罪现场资料、被害人资料以及专家破案经验资料等。

在公安情报工作的推动下，情报理论研究进入全面发展阶段。为配合刑事犯罪情报资料工作的实施、推广，出现了大量学术文献。它们普遍沿用情报学理论框架（如严怡民《情报学概论》，武汉大学出版社 1983 年版），来构建以情报资料管理为核心的理论体系。其研究对象为刑事犯罪情报资料，即公安机关侦查部门有计划、有目的地收集与积累的有关刑事犯罪活动的人、事、物等方面的情况和线索。这时，公安情报理论研究已经脱离了秘密情报的范畴，主要研究情报资料的组织管理，如采集、加工、存储与检索等。

3. 犯罪信息

20 世纪 90 年代以后，公安机关开始启动公安信息化建设。1994 年底，全国犯罪信息中心（简称 CCIC）正式开通运行，初步实现跨地区信息资源共享与查询。随着计算机的普及和各类信息系统的开发，刑事犯罪情报资料由手工录入改为计算机管理，情报内容由静态资料向动态信息拓展。2000 年，公安部刑事侦查局对《关于刑事犯罪情报资料工作暂行规定》进行修改，形成《公安机关刑事犯罪信息工作规定》。该规定第九条提出，刑事犯罪信息搜集贯穿于侦查活动、治安管理、安全保卫等工作的全过程，是各级公安业务部门和每个民警的责任。这样，公安情报工作不再局限于刑侦部门和侦查活动，已扩展至各警种、各部门以及各项业务工作。将“刑事犯罪情报资料”改名为“刑事犯罪信息”，用形式多样的“信息”取代单一的“资料”；而且，其范围、对象包括“公安机关获取的各种刑事犯罪信息及其相关的信息”，这样，各种类型的犯罪信息，乃至公安机关日常工作中所产生或涉及的各类信息，都包括在内。

学术界关于犯罪信息的研究，不再局限于情报业务方面的内容，而能从理论高度阐释犯罪信息的本质，它与侦查破案的关系，应用于侦查破案的原理等，从而具备了“学”（学科）的性质。这些文献的研究对象为犯罪信息，即一切能够反映刑事犯罪活动状态及变化的信息。在社会信息化及公安信息化快速发展的背景下，公安机关汇集了越来越多的信息资源。从信息资源中提取公安情报，成为当前公安情报工作的中心任务。这样，公安情报学的研究对象由犯罪信息进一步拓展至内容更为广泛的公安信息。

4. 公安情报

2000 年以后，一些地方公安机关借鉴欧美及中国香港“情报主导警务”（Intelligence-led Policing）的理念、方法，探索新的情报工作模式。2004 年底，公安部正式在全国范围内实施情报主导警务战略。2005 年，启动公安情报体系建设，提出情报体系的总体架构。全国各地公安机关开始组建公安综合情报部门——公安情报中心，强化对公安情报工作的统筹规划与归口管理。随着公安情报战略部署的提出，专门机构的设置，专业队伍的组建，公安情报工作进入空前活跃的阶段。

2005 年，中国人民公安大学设立公安情报学本科专业，在专业建设的推动下开始形成一支专门的公安情报学学术队伍。公安情报理论研究呈现出兴盛的局面，公安情报学学科也从无到有，逐步形成。学术界用“公安情报”作为统一术语，对其他各类表述如“犯罪情报”“刑事侦查情报”“公安情报信息”“警务情报”等进行整合；并探索以公安情报为研究对象构建公安情报学学科体系。因为，情报是 intelligence，而非 information，公安情报作为公安情报学研究对象，与公安信息有着严格的区分，它是对多条信息进行分析研判后的结果。然而，由于“情报（intelligence）= 信息（information）+ 分析研判”，公安情报纠葛于情报（intelligence）与信息（information）的概念之争中，这样公安情报学仍然没能解决研究对象的问题。

（二）公安情报学研究对象解析

从上述公安情报实践与理论的历时梳理中可以看出，公安情报学的研究对象一直在发展演变，且存在多个研究对象。

1. 公安情报学研究对象的更迭变化，是为了适应社会发展的需要

研究对象的发展变化，实际上是公安情报学研究领域调整、转换的结果。通过秘密侦查获取情报，是公安机关一项传统的、具有独特效力的侦查手段。然而，这种手段不具有普遍性，只能应用于特定专门领域。随着法治化进程的推进，公安情报工作必然摆脱对秘密情报的依赖，而以公开情报为主。“秘密情报”从研究对象中淡出，这是公安情报学的一次重要转型。为有效打击犯罪特别是预防犯罪，公安机关全面推行刑事犯罪情报资料工作，这样公安情报学的研究对象也随之转向“刑事犯罪情报资料”。在社会信息化和公安信息化发展的推动下，其研究对象进一步拓展至“犯罪信息”。然而，当信息不断激增，海量信息只存在稀疏的情报价值，信息泛滥反而不利于情报获取。这时，公安情报学研究对象又出现一次重大变易，由 information 转向 intelligence，研究内容由信息序化转向情报转化。由此可见，由于社会形势的发展变化，公安情报学需要通过研究对象的调整，来适应社会发展的需要。

2. 公安情报学的多个研究对象，可以统一于情报链

公安情报学研究对象不但存在多样性，同时也具有统一性，这一点可以用“情报链”理论来解释。根据情报链理论，事实、数据、信息、资料等都可以转化成为情报，这样就可以解释公安情报学研究对象多样性的问题。它们作为情报链构成要素，是情报的不同表现形式，因此公安情报学的不同研究对象可以统一于情报链。秘密情报是由情报人员直接接触情报目标对象，获取第一手资料（即事实）而形成的。情报资料是用文字、图形、符号等，将知识、信息等固化在一定物质载体（如纸张）上。它在形式上属于文献，在内容上表现为信息，是重要的情报源。信息经过有序化处理，通过分析研判，可以转化为情报。由此可见，秘密情报、刑事犯罪情报资料、犯罪信息、公安情报，是在公安情报学的不同发展阶段，先后在情报链中突显出来，而成为公安情报学研究对象的。

3. 科学界定公安情报概念，可以实现公安情报学研究对象的整合

公安情报学主要研究公安情报现象，“公安情报”是公安情报学的核心概念。科学界定公安情报概念是确定公安情报学研究对象的关键。而且，上述不同研究对象统一于情报链，且在情报链中都居于公安情报的上游，因此，可以用“公安情报”来统摄公安情报学的不同研究对象。

然而目前公安情报仍是一个存在分歧的概念。这种分歧，主要体现在狭义、广义之争。狭义的公安情报特是公安机关运用特殊的手段、方法，而获取的深层次、内幕性、隐蔽性情报；广义的公安情报概念将其外延扩展至公安信息，包括公安机关根据工作需要有针对性地收集的、具有潜在价值的信息，以及据此而得到的增殖性情报。这两种定义各有其合理性，实际上可以兼顾广义、狭义，来理解公安情报概念：在外延上，与 information 对接，公安机关所掌握的各种情况、数据、信息、资料、情报等，都属于公安情报；在内涵上，与 intelligence 对接，公安情报是对原始情报资料进行分析研判而形成的主观性成果。如此，可以将这一概念特征的“公安情报”作为公安情报学研究对象；将它理解为公安情报学不同研究对象的共名，秘密情报、刑事犯罪情报资料、犯罪信息等，只是它不同的表现形式而已。

（三）数据将成为公安情报学的研究对象

随着大数据时代的到来，各种类型的数据特别是非结构化数据因为蕴含丰富的价值，引起了社会各界的广泛关注。公安情报工作因大数据而进入一个新的阶段，数据（包括大数据）也开始进入公安情报学研究视野。

1. 大数据技术的发展，为数据成为公安情报学研究对象创造了条件

据上述情报链分析，数据位列其中，显然具有情报价值。数据、信息、情报是对同一对象不同角度的具体表述，不存在绝对的界限，它们之间并不完全是一种递进式的线性关系，数据可以直接生成情报，而无须先转化为信息。目前大数据技术的发展，使得数据直接转化为情报，业已成为现实。已经成熟并不断发展的大数据技术，具有强大的数据处理能力，特别是有效解决了传统数据库技术无法处理非结构化数据的难题，实现了数据的自动化处理，可以直接生成高质量的情报。而且，由于减少了中间环节，保留了数据的原始性，这样情报更加准确有效。特别是，有些数据类型，如射频识别数据、智能电网数据、传感器数据，以及指纹、DNA、虹膜、人脸等生物计量学数据，由各种没有具体意义的符号、字符串等构成，难以转化为具有语义表征的信息。如果拘泥于“数据→信息→情报”的转换，这些数据的情报价值就会被忽略。

2. 数据概念泛化且与信息趋于合一，自然成为公安情报学研究对象

从概念的演变看，数据与信息已经趋于同一。现在，各种数字化设备更加广泛，出现了数据无处不在、无时不在的现象。数据概念泛化，外延不断扩大，成为一种普遍的、客观的存在；数据是对事物状态及状态变化方式的记录与描述，也具有普遍性与广泛性：数据是信息的载体，信息是数据的内容；信息表现为数据，数据用以表达信息。从当前公安情报发展实际情况看，数据已经取代信息成为通用的术语，数据作为公安情报工作对象已是普遍现象，这样，数据成为公安情报学研究对象，也就顺理成章了。

3. 数据成为公安情报学研究对象，有利于公安情报学的发展

在情报链中，数据虽然远离“情报”端，但同时最靠近“事实”端，故而能真实、全面地反映事实。在大数据环境下，几乎可实现“全数据”模式，这样数据反映事实的功能进一步强大。因此，可以构建“事实→数据→情报”的情报链：情报来源于事实，事实体现在数据中；通过数据分析可以把握事实，从而生成高质量的情报。因此，将数据纳入公安情报学研究对象，符合情报生成原理及公安情报学发展的规律。

数据本来就是情报链中的一个要素，在公安情报实践和理论研究中一直有数据的身影。大数据技术解决了海量数据无法利用的难题，数量庞大、类型多样的各种数据都可以进入公安情报学的视野。因此，数据成为公安情报学研究对象，是公安情报学自身发展的结果。

在大数据时代，公安情报学应该高度重视数据的研究，提高从海量数据中获取情报价值的水平，这样方能在“数据为王”的时代获得立足之地。公安情报学将数据作为研究对象，也是顺应时代发展的需要。

（四）以数据为研究对象情境下公安情报学的发展策略

钱学森曾指出，学科的区分并不在于学科研究对象之不同，而在于研究或看问题的角度不同。在大数据时代，众多学科聚集于数据的研究，“同”（指研究对象的指称）而“不同”（指研究的角度、方法等），丰富并推动对数据的研究。数据成为公安情报学研究对象，必然会给公安情报学带来一些新变化。公安情报学有必要作出调整，以适应大数据发展的需要。同时，也要避免脱离自身学科特性，沦为大数据或数据科学的附庸。

1. 加强数据情报属性的研究

数据成为公安情报学新的研究对象，学术界需要加强对数据的情报属性及公安情报价值的研究。例如，情报视角数据本质的研究：科学界定数据的内涵，阐释情报链中数据与事实、信息、情报之间的关系；数据的情报价值研究：数据的情报价值从何而来，如何评估，其公安情报价值体现在哪些方面；数据类型研究：不同类型的数据，其情报价值与应用方式有所不同，如网络社交数据、时间和方位数据、用户行为数据等公安机关常见的数据类型，有必要深入开展研究。

2. 拓展公安情报学的研究内容

一门学科的研究内容往往是其研究对象的具体化，研究对象则规定或确立了学科的研究内容。数据成为公安情报学的研究对象，必然带来公安情报学研究内容的拓展与更新。例如，在理论基础研究方面，应重视情报转化论的研究，为研究数据与情报之间的转化、数据情报价值的发掘等，提供理论支撑；在情报流程研究方面，应探讨大数据流程如何融入公安情报流程中，促成后者的优化；在情报分析方法、技术研究方面，探讨哪些大数据方法、技术可以移植并且如何移植到公安情报分析中；在情报应用研究方面，应深入探讨基于数据的公安情报工作如何在各个领域发挥作用；在情报管理研究方面，可以探索公安情报机构随着数据处理成为核心任务其职能的变化，以及公安情报队伍如何适应大数据发展，等等。

3. 重视公安情报学不同研究对象的综合研究

公安情报学历经不同研究对象演化的过程，但是，这些研究对象之间并不是相互替代的关系，而是作为公安情报学的研究对象，同时并存。因此，不能因为出现了新的研究对象，而忽略甚至弃除原有研究对象。例如，秘密情报仍是公安情报学不可或缺的研究对象，这一方面的研究不应忽视。不同研究对象之间并不存在严格的分野，公安情报学应该从更为宏观、开阔的视角来探讨这些研究对象的整合与融合。例如，可以对数据与秘密情报开展综合研究：通过公开数据有时也能获取具有秘密特性的情报；秘密情报与公开数据资料核实、印证，可以提高其情报价值。

4. 保持公安情报学的学科特性

数据成为公安情报学研究对象，使得公安情报学出现一些新的特征。例如，它的自然科学、技术科学属性将得到强化，研究领域将进一步拓展。然而，需要警惕的是，数据特别是盛行一时的大数据，会改变公安情报学，甚至可能会造成公安情报学被大数据同化而失去自身学科特性。数据属于科学（自然科学和技术科学）的范畴。一般认为，科学的本质就是采用观察和实验的方法来收集反映事实的数据，然后运用逻辑的方法从这些事实中推导出定律和理论。科学的研究对象是纯粹客观的存在，否认任何主观意志的投入和作用。但是，因为公安情报学具有鲜明的社会科学属性，它主要从社会、政治、经济、文化和宗教等角度，采用情报视角来研究公共安全和社会秩序问题。如果将研究对象视为不受人的主观因素影响，完全可以用数据进行精确量化分析的事物，片面夸大数据的功用及情报分析的准确性，这样反而会导致公安情报学误入歧途。在大数据环境下，公安情报学要避免盲目追新赶潮，应始终保持自身学科特性。

第二节
情报教学

一、情报专业特色教育[1]

情报专业特色教育，既是学科建设中的一个教育议题，也是情报事业发展中的一个学术议题。针对国家各领域安全与发展所产生的情报人才需求搭建有针对性的课程体系，结合情报研究的具体实践组织灵活的教学活动，关乎情报专业特色教育的实现，决定着情报事业的兴衰。中国科技情报业走过了 60 年历程，但是从学科建设的角度来看，情报学术的发展并不理想。其中一个表现就是专业教育中侧重以信息资源、信息技术等情报工作的对象和手段作为核心或重点内容，而疏于对情报本质和情报业务特殊规律的揭示，以致在情报学的研究领域中大量成果以信息管理、信息资源管理、信息管理与信息系统等关键词来标识，鲜有情报字样。

[1] 王延飞、钟灿涛、赵柯然、陈美华：《论情报专业特色教育》，载《情报杂志》2016年第11期。摘编后收入本书。

（一）情报科学教育中的几个关键问题

开展正规的学科专业教育，通常要求恰当理解学科对象、把握好理论与实践的关系、重视相关教学环境的特殊之处。

1. 情报学的学科对象

情报学的学科对象包括情报业务对象、情报事业管理、情报人才的培养教育和情报人员的业务培训。

情报工作的根本任务是解决管理决策过程中信息不完备的问题，情报业务自然是围绕情报工作的任务目标展开进行。管理决策过程中的信息不完备表现为如下两种形式，即：信息难获取；信息难认识。因此，情报业务便是以信息为操作对象、含有诸多环节的工作集合，其中的主要环节则包括：通过对信息的搜集、整序和分析得到各种形式的情报产品；利用特定的渠道进行投送传递；最终实现决策信息保障。

情报业务以信息为操作对象，因而关于信息、信息资源、信息技术与信息行为的议题充填着情报学术领域有其合理性，情报学与图书馆学、档案学交织相融也符合历史逻辑。但是仅根据议题分布表现的情况来说明情报学的学科对象会落入忽视情报根本任务使命的认识陷阱，误导对情报事业管理的理论探索。

情报任务决定了情报工作的公开程度随着决策层级和决策领域重要性的提升而降低。相关的事业管理议题自然也不会太多地直接出现在学术研究的语境中，即使有相关的研究，也多加以变通，用类似咨询、智库研究成果的形式对外展示。长此以往，在情报学的理论成果中出现最多的是有关信息和信息管理的研究，情报事业也难免被人理解成信息或信息服务事业。相应的事业管理表征亦自觉不自觉地被打上信息管理或信息资源管理的烙印，使得相当一部分情报机构其表现与情报使命渐行渐远，甚或将情报使命分解转托给各种新兴的战略研究机构或智库单位。

情报人员专业背景的多样性是适应情报任务跨领域和跨学科特色要求的反映。无论专业背景如何，对情报人员的业务素质培养主要采取两种方式：

一是进行正规的情报专业教育；二进行各种形式的情报业务培训。培养方式可以不同，但是情报人员的核心业务素质组成中都少不了情报意识、工作作风和方法技术。意识养成、作风塑造和方法习得既是情报专业教育传授的内容，也是情报专业教育研究的对象。

梳理情报学学科对象的目的是为了强调：情报学术研究既要针对情报业务的任务对象和方法对象，又要关注情报事业的管理，更要重视情报人才的素质培养。

2. 情报理论与实践的关系

情报学术理论与情报业务实践有着紧密的联系，纵观国内外有着长期与广泛影响的理论成果，无不与情报业务或情报事业管理实践关系密切。这些理论成果既源于实践又指导或影响着实践，理论与实践的关系表现则可以通过观察理论成果内容和理论发展过程来进行梳理。

（1）情报理论成果内容与情报实践的关系

立足情报工作的基本使命，着眼情报分析的核心业务，梳理与情报研究有关的著作，可以发现情报学的理论大致有以下四类：一是本体研究。针对情报的基本概念、情报业务内容、情报产品和情报工作中存在的各种关系等情报专业的知识本体对象进行研究，此类成果以肯特所著《战略情报》和舒尔斯基等人所著《无声的战争》等为代表。二是组织管理评价研究。就情报业务和情报事业的评价、组织、管理、人才培养和队伍建设等议题开展研究，此类成果可以约翰斯顿所著的《美国情报界的分析文化》为代表。三是内省研究。从对情报人员主观认知、心理和心智活动的分析出发，探索情报分析质量的影响和控制机理，此类成果中以修厄（亦被译为霍耶尔）所著《情报分析心理学》为影响最大者。四是方法论研究。总结、探索情报分析所采用的方法、工具、技术和手段。此类成果形式多样、种类繁多、易于引起关注。在我国影响最大的该类成果当属包昌火研究员主编的《情报研究方法论》和克拉克所著的《情报分析》。

高金虎教授在其主持的《情报与反情报丛书》编纂工作中对上述所提的绝大多数外国文献进行了翻译出版，起到很好的理论知识普及推广作用。

（2）情报理论发展与情报实践的关系

情报理论研究通过发现和预见来指导或引领情报实践，因而源于实践的理论应该在发展中实现对实践的超越。尽管理想中的理论成果要实现超越，这个超越发展的过程还是与情报实践紧密相关与时时互动的。张晓军教授在《美国军事情报理论研究》一书中详细介绍了美国情报分析理论与实践遥相呼应的演进过程，指出自杜诺万开创以学术研究来引领情报分析的传统以来，美国情报分析理论历经“传统分析”“定量分析”“群体分析”“竞争性假设分析”（即“排查分析”）、“机会分析”“可选择性分析”和“枢纽分析”等标志性时代，理论能够顺利演进的经验则是：厘清分析与决策关系；把握好主客观关系的平衡；重视利用技术融合多源情资、强化人员互动、辅助分析判断和整合人力资源；将情报分析理论研究的重点放在适应环境和模式创建上。情报分析理论是情报学术研究的核心内容，其演进过程所呈现出来的特点对于理解情报理论的发展动态具有重要的参考作用。

从情报学术研究的内容和情报理论发展的过程可以看出，对情报理论与实践关系的把握既要关注内容关联，也要重视过程关联。

3. 情报教学环境的特殊性

内容敏感、实践性强是情报教育的固有标签。营造有特色的情报教学环境，保证情报教育工作者在施教过程中既能坚持遵循一般的教育规律又能体现和适应情报教育的特殊要求，是情报专业教育中不能忽视的基本条件。情报教学环境的特别之处通过施教者的经验、教育学习资料和分析练习所用软件工具体现出来。

（1）施教者的经验

情报工作行业具有智力密集的特性，以决策议题为核心，依照准确、快速、有效的原则，对信息素材进行搜集筛选、参详分析，最终提出参考意见，是情报研究工作的典型流程。在此流程中任何一个环节都离不开有关人员智力因素的介入，情报任务和任务条件多变致使现实工作中对每一个情报项目的操作难有一定之规。经验对于情报研究者能否担当使命至关重要，中美学者曾对各自国家优秀情报分析人员成长过程中所需的历练时间做过统计，时间结果的一致不应被看作是巧合，而应看作是人因的共性。

经验对于情报业务人员尚且如此重要，对于承担传道授业解惑责任的施教者其重要性更是自不待言。然而由于存在诸多限制，具有综合情报实践经验的教师并不多见，使得理论与实践搭桥者的稀缺很容易成为情报专业教育环境建设中的短板，直接影响对受教育者情报意识的塑造。

（2）教育学习资料

情报工作通过克服信息的获取和认知困难来解决决策过程中的信息不完备问题，情报工作对象和内容具有稀缺和敏感的特性，由情报工作实践中所能提取出来公开用作教育学习资料的案例素材自然会受限制，经过脱密处理的学习素材还会使学习研读者产生时空隔阂的感觉，因此，对情报教育学习资料的使用更强调学习者在学习资料所提供的语境基础上跨时空的抽象与提炼能力，这种能力的大小恰恰反映了学习者情报意识的强弱程度。

（3）分析练习所用软件工具

情报工作实务中所使用的分析软件工具随着任务对象而定，既可选用公开的通用软件，也会根据需要进行定制。而情报教育的分析练习一般选用公开的通用软件。无论是通用软件还是定制软件，在情报分析情境下都要呈现出适合情报业务对于信息获取特别要求的工作状态，要具备能够响应“搜采”“布种”和“控收”要求的情报软件基本功能。在情报分析的练习过程中，对软件工具特定功能的理解、设计、激活和使用离不开就有关议题的情报认知，情报认知的获取则是情报意识作用的结果。

如果说施教者的经验、教育学习资料和分析练习所用软件工具分别饰演了情报教学环境的特殊性承载要素角色，那么只要细究这些角色的特殊性承载机理便可以发现，情报意识才是营造特殊的决定性因素。认识到这一点，对于在情报学科建设中探索专业特色教育的实现途径不无裨益。

情报专业特色教育所要达到的目标是认清情报学的学科对象、处理好理论与实践关系、营造和利用情报教学的特殊环境，实现该目标则需要通过相应的教育系统来进行。

（二）情报专业特色教育系统的关键成功因素

宗旨（决定态度和目的）、内容和教法决定着一门课程的教学效果，情报专业特色教育系统的关键成功因素则应来自以下三个方面：教育系统的目标设定；教学的内容与形式；教学过程中需要关注的重要关系中的特殊要求。

1. 情报专业特色教育系统的目标设定

情报专业特色教育系统所设定的目标存在两个选项，即培养职业情报人或培养情报专业人。两种目标虽然都指向对情报人的培养，但在初衷和落实上还是存在明显不同。

情报人是指具有情报意识和必要信息手段、可以进入情报工作领域的人。情报意识和信息手段是情报素养的必要成分。一般说来，职业情报人对于信息搜集、分析和处理手段的知识学习和运用能力要求较高，情报专业人则以较高的情报素养而有别于非情报专业人士。职业情报人和情报专业人在情报素养方面的要求有交集，在培养途径上和培养方式上有所不同，前者常通过专门培训机构以职业培训方式进行培养，后者则主要通过教育部门以专业教育方式进行培养。

如果将情报人的素养教育目标设定为“情报素养＝情报意识＋信息手段”，则对职业情报人的目标重心会放在“信息手段”上，强调在情报意识基础上的信息处理能力；而对情报专业人的目标重心则会放在“＋”号上，强调对于情报意识和信息手段的融合能力。在情报教育中还有面向非情报人的普及性情报素养教育，此类教育的目标重心应该放在“情报意识”上。

可见，情报教育具有多重含义，实施情报专业特色教育，必须在明晰教育目标重心的前提下，才能把握教学的内容与形式。

2. 教学的内容与形式

情报专业特色教育的目标，瞄定在以“＋”为核心的情报素养教育上，专业教学的内容则随着情报任务需求和情报工作环境的变化而调整。梳理我国专业教育工作者较为关注的国外有关高校的课程设置可以看出，各校、各专业通过专业课程体系来引导学生对毕业去向的想定，课程设置体现出了业务特色。例如，美国民口高校在本科层次的课程设置主要以信息通识和信息处理技术为主，信息组织、信息检索、信息系统和网络技术等是常见于教学计划中的必修课程名称，诸如战略情报和情报分析等情报特色课程则大多出现在民口高校的研究生培养阶段，美国军口高校在本科阶段，设有较多富有情报特色的课程，如公开信息源（情报）搜集、数据的情报分析、情报组织、批判性思维、情报研究方法、威胁分析等。

我国民口高校对应专业的课程设置也呈现出类似的状态，如：本科阶段较为常见的课程是，信息管理概论、信息组织、信息检索、信息分析、信息系统、信息社会、信息行为和信息治理等，而为情报业务所特别需要的信息理解、信息表达等则呈现缺失状态，这种现象的存在与本科生的毕业去向宽泛有关。

可见，教育过程中情报专业的特色通过以课程为代表的教学内容体现出来，受教者的职业目标愈明确，教学内容的专业色彩就愈加浓重。

无论从事情报学术还是从事情报业务，情报人的专业素养都是通过思想意识、作风精神和方法技巧而表现出来的，情报专业特色教育强调对相关的思想意识的培养、作风精神的磨炼和方法技巧的应用，对应的教学形式离不开做、议、思这三个必需的知识获取动作，即：教学过程中组织进行情报研究实作，有助于学生理解情报意识、作风和方法的关系，感受体会情报需求与情报业务的衔接机理；教师主导的课堂讨论和学习研究中成果、思路的碰撞有助于学生解放思想，尽早适应情报分析的研究工作氛围；浏览、阅读后的反思、总结与联想展望是教学规范要求的过程形式，也是教学成果得到升华的表现形式。

因而，坚持以课程体系引导，在教学的内容和形式上注意体现情报业务特色，是情报专业特色教育规划设计中不可忽视的原则性要求。明确此要求，还需在教学过程加以落实。

3. 教学过程中需要关注重要关系中的特殊要求

在情报专业教学过程中为了落实特色教育目标而把握和处理一些重要关系问题时，需要注意其中的某些特殊要求。常见的重要关系包括：情报专业教学与跨学科情报实践的关系；情报专业教育课程与情报素养教育课程的关系；情报分析中的硬模型与软估计的关系。

（1）情报专业教学与跨学科情报实践关系中的特殊要求

情报专业教学要求施教者具备情报实践经验，而情报实践中的任务对象千差万别，所涉及的专业领域丰富多彩，因此，在衔接教学与跨学科情报实践活动的教学环节对施教者提出的一个特殊要求是：发挥经验优势培养适应未知任务环境的情报专业人才。施教者为满足这个要求所要做的则是：实践经验+体系感知+重点坚守，即：运用好自己的实践经验，帮助学生追求提升情报语境下的体系感知能力，坚持传授最重要的情报业务基本概念，如积累、关联、前瞻、预警等。长此以往，师生们在见到各种不同内容的信息素材时便会做出符合专业要求的反应。例如，见到形如“美国国防部在《四年国防审查报告》中强调要充分利用盟友的科技能力和资源。”的信息素材时，就会关注科技数据联盟的作用意义；见到形如“英国国防部宣布启动国防科技创新倡议，旨在促进政府、工业界和科研机构间的合作，以增强国防能力、找到最紧迫的国家安全问题解决方案。英国国防部将建立创新与研究洞察组织（IRIS），其职责是预测技术发展趋势，分析其军事与安全方面的潜在应用”。的信息素材时，就会关注智库建设的相关议题。

（2）情报专业教育课程与情报素养教育课程关系中的特殊要求

情报专业教育强调情报意识和信息手段的融合能力，情报素养教育更重视情报意识的塑造，虽然二者的教育侧重点有所不同，但是二者对于情报意识处于相关的知识、能力学习构建体系中的首要位置的观点是没有异议的，因此尽管情报专业教育和情报素养教育的施教形式和内容可能会有差异，两者在意识引导的方向上却是一致的。如果对情报意识的塑造和培养可以通过课程形式进行组织的话，那么有关课程既应该是情报专业教育中的基础课，也应作为情报素养教育的主干课，专业教育中的其他课程应该在此基础上进行实践和拓展，素养教育中的其他课程则应对其进行印证和诠释。相关课程依其讲授的主要内容应该被叫作情报研究或情报分析，一般情况下也可以称其为信息分析。课程的组织宜重视情报课题的实习和讲评，令学生在情报任务情景中去学习、体会和思考。

（3）情报分析中硬模型与软估计关系中的特殊要求

情报分析的核心使命是从信息、数据素材中发现、阐释和运用各种关联关系，针对素材关联关系的发现和表达处理工具、方法与技术自然会在有关的学术探讨和专业教育中得到重视，相关的理论成果和教材往往会罗列展示出若干成型的算法和规则，譬如定标比超、SWOT 分析、回归分析、线性规划等等不一而足。需要引起注意的是，任何分析工具或方法都有其特定的适用对象和范围，一般说来，在情报分析中，对于对诸如实体功能等科技领域的实体型数据对象可尝试模型预测算法，对于诸如思想意识和态度等人文社科领域的软性对象则经常采用排列估计的做法。因此，在关乎情报分析的工具、方法教育实践中要防止出现交流和体会重点偏颇的现象。对工具、方法的理解使用需要平衡与集成，而迄今平衡与集成效果最为理想的场所仍然是在情报任务的情景之中。

情报专业教学过程中对重要关系处理存在的特殊要求使得对于情报专业教学的评价标准有别于对其他专业教学的常规评价标准，教学过程中鼓励学生进行自觉、自主探索的重要性被提至不容置疑的高度，而接轨或国际化的问题则被置于国情、特色的限制性空间里进行考虑。在情报学术和情报教育领域中尤其要防止出现由于不完备的管理评价所导致的专业特色能力的退化。

二、美国高校情报教育[1]

长期以来，由于“情报”术语的混用，我国情报学研究多以信息资源开发与利用的“图情学”研究（LIS）为主，学科建设的探索也多从国外 LIS 领域的教育规划中汲取养分，较少关注西方安全领域 Intelligence Studies 的理

[1]　胡雅萍、遇妍：《美国高校情报教育研究》，载《情报杂志》2016年第11期。摘编后收入本书。

论、知识、方法与技巧。随着国家安全形势带来的情报价值冲突与情报服务实践方式的转变，让情报服务于高层管理和战略决策、服务于国家和企业重大利益，这是改变情报观念、提升情报工作地位和情报学地位的重要途径。情报教育肩负着培养高质量、高水平情报专业人才的责任。中国的情报要服务于安全与发展的国家战略，更需要为国家与组织战略提供理论基础、实施方法与人才支撑。

（一）美国情报教育培训历史沿革

高素质的情报人才的塑造与培养，是高水平情报工作的重要保障。美国作为情报大国与情报强国，其显著的情报优势很大程度上得益于随着时代改变而不断改进的情报人才培养工作。探求其系统化情报教育培训体系的变革与形成，以重大情报历史事件、重要教育法案、重要情报教育机构、代表性情报文献为线索，整理补充美国情报教育发展过程中的重要标志，如表 5.2 所示：

表5.2　美国情报教育培训发展标志事件

时间线	重要标志性事件
1942年	日本突袭珍珠港
1945年	美国科学家联盟（FAS）成立
1949年	谢尔曼·肯特出版《战略情报：为美国世界政策服务》
1955年	《情报研究》创刊
1958年	《国防教育法》颁布
1959年	国际研究协会（ISA）成立
1962年	国防情报学校设立
1965年	国家密码逻辑学校设立
1975年	前情报官员协会（AFIO）成立
1985年	ISA国际标准协会情报研究科（ISS）设立
1986年	《国际情报与反情报杂志》创刊
1987年	哈佛大学情报及政策项目贝尔弗中心设立
1990年	中央情报局案例研究法项目

（续表）

时间线	重要标志性事件
1991年	《国家安全教育法案》颁布
1992年	Mercyhurst University建立第一个情报学位项目
1994年	中央情报局召开情报教育研讨会
1999年	JMIC情报教育主题会议召开
2000年	CIA肯特学校建立
2001年	“9·11”恐怖袭击；联合虚拟情报大学成立
2002年	国土安全部成立卓越中心
2004年	情报教育国际协会成立；颁布《国家情报教育培训法》《国家安全改革法》
2005年	美国国家情报主任办公室成立学术卓越情报机构中心、经验教训中心
2006年	美国国家情报主任办公室成立国家情报大学（NIU）
2007年	美国国家情报主任办公室制定广义情报机构分析人员能力标准
2009年	《美国国家情报战略》报告发布
2010年	网络安全与加速、国际太空合作计划发布纲要

1942 年日本突袭珍珠港事件，促使情报界的广泛思考与讨论，如罗伯塔·沃尔斯泰特（Roberta Wohlstetter）1962 年出版的《珍珠港——预警与决策》一书在分析“珍珠港事件”失误原因的基础上提出了著名的“信号 - 噪音”理论。这种军事战例与情报失察结合在一起的研究一直延续到今天，包括著名的猪湾事件、伊朗革命等历史事件，由此产生的大量情报失察文献，为后期情报教育提供了丰富的理论与实践的经典教材。冷战结束后，情报教育曾一度发展缓慢。“9·11 事件”后，公众和决策者对情报分析专业化的呼声日益增强，对情报专业人才的需求也日益增长。美国国会开始追加对情报教育与培训的资金投入，情报教育项目开始大范围涌现，渐渐填补民口高校情报教育的空白。某种程度而言，情报学教育的快速发展源自国家安全问题的推动。

1949 年谢尔曼·肯特出版的《战略情报：为美国世界政策服务》成为奠

定美国情报学理论的基础。该作品的诞生预示着教师与实践者之间紧密合作的开始，肯特也被誉为“美国战略情报之父”。经典著作的涌现为情报教学提供了丰富的研习材料，同样，及时紧跟情报理论与实践前沿的安全情报类期刊杂志的诞生，成为情报学者与教师学术探讨的理论根据地，也是推动情报教育发展不可忽略的标志。其中最具代表性的期刊为以下几种：1955 年创刊的 CIA 内部发行杂志《情报研究》，最初面向中情局的分析与特工人员，近些年 CIA 开始出版部分未涉密文献，研究内容从最初的战场研究过渡到情报与决策、情报失察、情报分析方法、情报历史、国家安全等方面；1986 年创刊的《国际情报与反情报杂志》，刊发大量关于情报失察、情报史、情报改革与情报教育的内容。类似期刊还有由国家军事情报协会（NMIA）出版的《美国情报杂志》《情报与国家安全》等。

情报教育快速有序的发展离不开相关制度与法案的保障：1958 年 9 月 2 日，美国总统艾森豪威尔亲自批准了《国防教育法》；1991 年，总统签署了《国家安全教育法》并将其纳入法律。该法案成立了国家安全教育项目（National Security Education Program）、国家安全教育委员会以及国家安全教育资金，其目标是建立国家安全专家研究基地，增强对外国文化的理解，保持与美国国家安全相关的全球性事务参与度，提高国家安全教育人才的水平与能力。2004 年 3 月，颁布的《国家情报教育培训法》强调需要建立执法情报教育培训学院。同年 12 月颁布了《国家安全情报改革法》，提出对情报教育与训练整合的需求。2009 年，由美国国家情报主任办公室发布了《国家情报战略》报告指出，必须吸引、发展和维持一支多样化、高素质的人才队伍以应对国家安全面临的挑战。为了达到此目标，情报界必须打造一支多样化和平衡的情报人员队伍；加强专业培训；对人员队伍进行教育和训练等。这些法案、规范的颁布凸显了情报专业教育的重要性与必要性，为其从研究领域逐步形成专业化、职业化奠定了基础。

随着英美情报战略转向经济、政治等领域，情报研究出现了繁荣现象，涌现出了一批专业学会和研究组织。1945 年由参加美国曼哈顿计划的科学家们成立了美国科学家联盟（FAS），联盟支持和开发了大量情报项目，如情报数据处理，多源信息分析、监察信息处理、威胁评估等。1959 年成立的国际研究协会（ISA），有超过 80 个国家 6200 多个会员，是国际研究领域最著名的学术交流平台。1985 年其下设立情报研究科（ISS），致力于研究和探索情报教学的特定主题，包括国际关系、外交政策、政治、经济与军事安全等；每年定期召开年度会议，加强各国情报研究者之间的交流与合作，推动了情报教育事业发展。1975 年由 David Atlee Philips 创立的前情报官员协会（AFIO）是一个非营利、无党派组织，其主要任务是关注情报学术与教育，联合高校师资力量提供学术交流计划（AEP），为学员提供丰富的情报、国土安全、反恐情报相关教学资源。同时，每年定期召开国家安全与情报会议，为高校学生提供了解真实情报职业技巧的机会。AFIO 的设立为整合国家情报教育资源，给学员提供情报职业培训提供了便利，成为联结教育界与情报界的纽带，类似的教育协会和非营利学术学会还有先进技术情报学会（ATIA）、情报研究中心（CFIS）、情报与国家安全联盟（INSA）等，但较为突出的有 2004 年成立了情报教育国际联盟（IAFIE），其目标是推动政府、学界以及情报界的联合沟通、资源共享。2016 年年会以“推进欧洲、北美以及更广范围内的情报教育沟通联结”为主题，为推动情报教育事业繁荣发展做出了重要贡献。

相较于行业协会为业界和学界提供高端交流对话平台，大规模高校情报教育的设立，标志着情报教育逐步走向专业化与标准化。1992 年，Mercyhurst 大学设立了第一个情报项目，标志着情报学术项目开始在民口高校出现，其目标是培养入门级全才以满足情报界的人才需求。其“通才”办学理念后期成为很多高校效仿的对象。2001 年由美国国防情报局创建的联合虚拟情报大学（JVIU），成为第一个提供基于互联网教学，提供分布式学习的联合军事情报培训的高校，提倡“任何时候、任何地点”的学习理念，以适应冷战后快速、全球范围内军事转移的战略需求，也掀起了情报教育网络化的序幕。

（二）民口高校教育现状调研

美国的情报人才培养主要以情报机构培养和院校情报人才培养为主，非政府培训机构为辅，其中院校包括军事类院校与民口高校。美国民口高校提供了更为广泛的情报全才培养，以美国民口高校的安全情报人才教育培养为研究对象，对我国民口高校情报学科建设更具有针对意义。笔者以美国高校研究生目录网站为数据源，以“intelligence”为关键词，检索情报相关学位课程，选取标题名称中含有“intelligence”词汇的学位，共得到45所院校，并回溯各高校官网，进行数据补充验证。

1. 高校情报教育分析

（1）培养层次

就培训专业技术人才的而言，美国高校情报教育更倾向于对“全才”的培养，注重学员对广博情报理论知识的涉猎。为满足不同层次的人才需求呈现出多培养层次的特点，培养层次除了本科、学士后、硕士、硕士后、博士教育，还设立了资格认证班、研修班以及网络学位认证班。列举高校学位设置情况，如表5.3：

表5.3　部分高校情报学位一览

学校	教学层次	学位名称	地区
盎格鲁州立大学 Anglo State University	B.S./M.S./ Online M.S.	情报、安全研究与分析	得克萨斯州
贝佛大学 Bellevue University	B.S./M.S.	国际安全与情报研究	内布拉斯加州
乔治梅森大学 George Mason University	M.S.	地理信息科学与地理空间情报	弗吉尼亚州
	Certificates	地理空间情报	
亨利普特南大学 Henley-Putnam University	B.S./M.S.	情报管理	加利福尼亚州
	Doctorate	战略安全	
	Certificates	情报分析；情报搜集；战略情报；情报与反恐	
世界政治学院 Institute of world politics	M.A.	战略情报研究	华盛顿特区
	Certificates	反情报；情报	

（续表）

约翰霍普金斯大学 Johns Hopkins University	M.S.	情报分析	马里兰州
梅西赫斯特大学 Mercyhurst University	B.A.	情报研究/工商竞争情报	宾夕法尼亚州
	M.S	应用情报	
圣母院学院 Notre Dame College	B.A./M.A	国家安全与情报研究	俄亥俄州
博恩特帕克大学 Point Park University	B.S./M.S./ Certificate	情报与国家安全	宾夕法尼亚州
	M.A./Online M.A	情报与全球安全	
尤蒂卡学院 Utica College	M.S./Online M.S.	网络安全情报与取证	纽约州

不同培养层次的目标不同，本科教育注重培养情报实践者，为情报工作输送专业技能人员，研究生教育则强调培养“认真的战略思考者，而非操作者”。两者的差异表现在课程设置的内容深度上，如采用将情报分析课程分级的方式。通过梳理发现，情报教育培养阶段多集中于本科与硕士阶段，而博士阶段较少，该现象的产生与情报工作注重实践能力密不可分。正如很多情报雇主所言，他们更倾向于招聘拥有不同专业背景，同时掌握情报理论、技能的人才，而非情报专才。从理学硕士与文学硕士设置来看，情报学位设置呈现出文理兼有的特点，学位设置文理科的不同，常常反映出不同高校对情报学人才培养的侧重点不同。一般而言，情报文科学位更倾向于知识的广博与多样化，理科学位则强调具体技术应用。同时，很多高校开始逐步推出网络学位认证等。

（2）课程设置

搜集高校的教学大纲（syllabus），按照其课程描述，采用质性研究的方法对同名及相似课程进行合并归类，并逐级聚类，摘录部分如表 5.4。

表5.4　高校课程设置归类（摘录）

一级指标	二级指标	课程名称
核心基础	情报理论	公开信息源研究、公开源情报、情报理论与应用、情报概念：理论与政策、情报概论、全源情报、情报失察、战略情报的沿革、
	情报文化	全球情报研究、全球情报研究（高级）、战略分析的文化启示、冲突的性质与冲突能力、全球化时代的文化与同一性、全球化：情报的语境、情报的法律与道德问题、情报历史
	情报机构	情报机构管理、情报系统比较、美国情报界：主要结构、作用与当前问题、组织情报中的领导与行为、情报机构与团体管理
工作技巧	情报搜集技巧	情报采集、情报收集、谍报技术
	分析方法	情报失察与成功案例研究、分析模拟练习、犯罪情报分析、批判性思维及逻辑学导论、战略思维：概念、政策、计划及实践、分析方法论、情报分析案例研究、情报分析基础、社会网络分析
	情报工作技能	情报分析、写作与简报、情报专业人员写作、情报行动、分析型写作、情报交流、填平情报间隙：分析人员与搜集人员的交互
应用知识	国家安全	国家安全的起源、情报与非传统威胁、应急管理、反恐分析、国家安全问题、反间谍与决策、国家安全状态的崛起、国际反恐、情报与国家安全、国外情报与安全系统、恐怖主义与国家安全
	信息安全	信息保护与计算机安全、网络管理与安全、信息安全与保证、网络战与网络反恐、数据库安全、网络与软件安全
	公共安全	犯罪调查、剖析与行为预测、犯罪分析、执法情报
	商业安全	金融犯罪分析、商务战略情报、竞争情报、商业情报、国际商业情报与安全实践、商业情报与工业安全

通过对课程归类，发现美国情报学位项目课程可以从三个方面进行设置：核心基础课、工作技巧以及应用知识类。

①核心基础课涵盖了情报理论、情报文化与情报机构等相关课程，是帮助学员了解基本情报原理、情报规律以及情报领域特有的价值观和习惯规范。情报理论类如美国公立大学开设的“情报概论”课程，通过介绍美国情报学界，介绍情报在历史上发挥的关键作用，分析情报成功与失败案例，帮助学员了解情报工作的每个环节。情报文化课程常常采用历史研究的方法帮助学员了解一个国家或民族对情报工作的态度，以及情报在文明的创造与发展中所发挥的重要作用。情报机构的课程大多属于政治学范畴，探讨情报组织作为政府机器的一部分是如何参与政策治理，或对比不同的政治系统以及不同政治系统下情报的服务模式，不同情报系统的优劣势。如世界政治学院开设的“情报系统比较课程”通过介绍国外情报与反情报系统，帮助学员了解其与美国本土情报/反情报系统的差异性以及情报/反间谍文化的独特性，从而理解这些机构如何影响国内外政策与战略行为。核心基础课的开设为学员接收广泛的情报知识构建了基础知识框架。

②工作技巧类课程主要关于情报搜集、分析、整理、传递各阶段所涉及到的知识技巧，更多面向职业化，强调学员对情报实践工作中先进技术的掌握与应用以及日常工作中的实用技巧。如情报搜集课，不仅整合上述专业内容，还将搜集技术、信息系统和情报机构的相关内容融入课程。分析方法课程包括两种类型：一是情报学研究方法，即情报研究应该遵循的科学方法。另一类是认知方法，即通过介绍多种情报分析技巧，帮助学员消除认知偏差，整合了推理逻辑、批判性思维、分析方法学、认知学、文化偏见、决策科学、情报失察评估等相关学科和研究的内容，帮助其改进分析的方法和评估标准。如亨利普特南大学开设的“批判性思维及逻辑学导论”。对于工作技能培养课程，具有明显的指导特点，强调实用性与情报职业胜任力，目的是加深学员对情报工作流程的了解，如“情报交流”“分析型写作”。此类课程通常采用案例课或实践课的形式，培养学员有效表达沟通、陈述思想、团队合作的能力，以及独立学习和掌握工具的能力、评估各种信息源的能力。

③应用知识课程，包括但不限于国家安全、公共安全、商业安全与信息安全，在非传统安全愈来愈引起各方面重视的当下，针对以全球化为背景的经济、科技、文化、资源、环境、有组织犯罪、恐怖主义等主题的情报教育培训内容越来越多，反映出情报研究多学科背景的特点。应用知识课程设立是帮助学员掌握情报在不同领域的操作与应用，为其未来职业发展奠定基础。

（3）机遇与挑战

情报能力培养是国家安全决策过程中重要的一个环节。为了适应纷繁复杂的世界格局变换，美国情报界必须不断改革以应对全球全球化的挑战，不断积极培养和打造专业情报团队。美国情报学教育的快速发展在一定程度上正是源于其国家安全问题的推动，特别是“9·11 事件”以后，情报学专家对如何在高校中更有效开展情报教育展开了如火如荼的探索。在情报教育面临快速发展机遇的同时，也面临了一些挑战：①日益增长的情报需求与师资团队建设问题。很多高校在打造情报教师队伍时注重平衡理论派与实践派，随着情报教育项目的普及，一线情报实践工作经验的教师需求量远远超过了供给；②情报教育网络化与培养目标、远程课程设置问题。随着网络技术的迅速发展，不仅诞生了基于网络的 JVIU 和 APUS 远程认证学习机构，也有很多高校开始逐步推广网络学位认证，如博恩特帕克大学的在线文学硕士学位，网络情报教育是未来的发展趋势，也由此会带来培养目标、课程设计与教授方式、课程评估的变革。高校情报教育课程如何整合技能培训，设计出既满足职业市场需求同时又具备较高抽象的理论知识是又一挑战；③情报教育研究的兴起与其专业化、标准化的问题。任何一个学科都应该有一个充实的学科理论体系和面向行业的高技能岗位。法律、医学、建筑之所以能够形成专业学位，就是因为它们在与具体职业相对应的同时，也具备完善的理论体系和知识体系。情报学作为一门实践性、操作性极强的学科，尽管 IAFIE 经过讨论建立了情报教育培训的标准，但目前业界、学界关于此话题的研究仍在继续。

三、美国情报专业课程设计[1]

“9·11事件”后，美国情报学（Intelligence Studies）获得前所未有的发展，高等院校积极开发国土安全、情报分析、执法等项目或课程，以促进国家安全；还出现了专门从事情报研究与教学工作的学院，Intelligence Studies逐渐成为一门学科。与美国蓬勃发展的态势形成鲜明的对比，我国Intelligence Studies发展式微，地方高校的Intelligence Studies教育限于竞争（商业）情报领域，安全和执法领域的情报教育囿于军事院校和警察院校，Intelligence Studies不仅未能作为独立的学科专业进入我国主流高等教育与人才培养体系，在地方高校的课程体系中甚至连相关课程都杳无踪影。

（一）情报学专业设置与考察样本

1. 专业设置

在我国教育部颁布的学科专业目录中，有两类“情报学”：一是“图书馆、情报与档案管理”一级学科下设“情报学”（Information Science或Informatics）；二是“军队指挥学”和“公安学”两个一级学科分别设有“军事情报学”和“公安情报学”（Intelligence Studies）。美国与我国类似，根据美国国家教育统计中心2010年颁布的高校学科专业目录（CIP），信息学类专业主要有计算机信息科学、图书馆信息科学、商业信息资源管理（含管理信息系统、信息资源管理、知识管理）、生物信息学、医学信息学、地理信息学等专业或方向；情报学专业主要有四类：一是军事科学领域的情报原理、战略情报与信号/地理空间情报，二是国际关系与国家安全学领域的情报专业，三是国土安全、执法与安保领域的执法情报分析专业，四是商业、管理与市场营销领域的竞争情报或商业情报专业（详情见表5.5）。

[1] 谢晓专：《美国国土安全与执法类情报专业硕士课程体系结构、内容与启示》，载《情报杂志》2017年第6期。摘编后收入本书。

表5.5 美国情报学专业设置情况（CIP-2010）

一级目录	二级目录	三级目录
29 军事技术与应用科学	29.02 情报、指挥控制与信息战	29.0201 情报通论Intelligence, General
		29.0202 战略情报Strategic Intelligence
		29.0203 信号/地理空间情报Signal/Geospatial Intelligence
	其他开设情报专业方向或课程的专业领域	29.0206 信息/心理战和军事媒体关系Information/Psychological Warfare and Military Media Relations
		29.0405联合指挥/任务组（C3,C4I）系统Joint Command/Task Force（C3, C4I）Systems
43 国土安全、执法、消防和安保服务	43.01 刑事司法与矫正	43.0118 执法情报分析Law Enforcement Intelligence Analysis
	其他开设情报方向或课程的专业领域	43.0120 安保服务工作Protective Services Operations
		43.0301 国土安全Homeland Security
		43.0303 关键基础设施保护Critical Infrastructure Protection
		43.0304 恐怖主义与反恐工作Terrorism and Counterterrorism Operations
45 社会科学	45.09 国际关系与国家安全学	45.0902国家安全政策学（下设情报方向）National Security Policy Studies
52 商业、管理、营销与相关支持服务	52.13 管理科学与数量方法	52.1301 管理科学（下设“商业情报”“竞争情报”专业方向或课程）Management Science

2. 研究样本

根据google检索，共获得23所提供情报学专业硕士学位项目的美国高校（不完全统计）。按照课程设置特点与人才培养方向，可分为四类：一是国土安全与执法类；二是国际关系与国家安全类；三是通用和综合类，所谓通用类，即课程不涉及具体的业务领域，仅提供情报理论、方法和技术等通用知识与技能；综合类是指课程广泛涉及国土安全与执法、国际关系与国家安全、商业情报等各领域；四是特色类，例如个别高校开设地理情报、网络情报等特殊专业或专业方向。国内学界对美国商业、管理与市场营销领域的竞争情报或商业情报专业课程有较多的介绍，但对国土安全与执法类情报专业鲜有关注。本节所获样本数据中共有 5 所高校提供国土安全与执法类情报学硕士学位项目，具体清单如表 5.6 所示。

表5.6　美国国土安全与执法类情报专业硕士学位项目列表

学校名称	专业名称
底特律大学	情报分析Intelligence Analysis
密歇根州立大学	执法情报与分析 Law Enforcement Intelligence and Analysis
中俄克拉荷马大学	犯罪与情报分析Crime and Intelligence Analysis
圣约瑟大学	刑事司法专业-情报与犯罪分析方向Intelligence and Crime Analysis
南卡罗来纳军事学院	情报与安全学Intelligence and Security Studies

（二）课程体系结构与内容

1. 课程体系设置与学制学分

5 所学校除南卡罗来纳军事学院是军事院校外，其他 4 所高校均为知名的综合性大学。底特律大学连续十余年被《美国新闻与世界报道》评为美国中西部地区一流大学，密歇根州立大学被誉为“公立常春藤”大学，中俄克拉荷马大学是全美 110 所顶尖综合性大学之一，圣约瑟大学曾被《新闻与世界报道》列为“美国最好的大学之一”。这 5 所学校情报专业硕士学位课程设置情况如表 5.7 所示：

表5.7　美国国土安全与执法类情报专业硕士学位课程设置情况

学校	学位/学分	课程设置
底特律大学	M.S/33学分	**必修课**：情报研究方法；空间分析与制图；恐怖主义：理论与实践；国土安全与威胁评估；21世纪冲突根源；情报获取；情报分析顶点课 **必选课**：情报主导警务；政策分析与策略创新（联邦执法）；私人安全情报：基础设施保护；行为刻画与预测（犯罪分析） **推荐选修课**：情报机构领导力和行为；数据挖掘与情报报告；当代情报分析问题；跨国犯罪网络；文学与犯罪；情报热点专题；安全问题研讨；其他选修课
密歇根州立大学	M.S/30学分	**必修课**：执法情报工作专题；刑事司法研究设计与分析；刑事司法研究定量方法 **选修课**：犯罪预防与控制；国土安全基础；刑事司法专题课；比较刑事司法；犯罪全球化；反恐与情报；恐怖主义问题；分析思维与情报；警务高级专题；地理空间技术；动态环境下的政策分析；学生指导委员会批准的其他3个学分选修课
中俄克拉荷马大学	M.A/36学分	**必修课**：刑事司法研究设计与分析；刑事司法制度比较；环境犯罪学与犯罪分析；犯罪分析技术；犯罪分析实践工作；刑事司法专题课 **选修课**：矫正系统行政管理；被害人学；网络犯罪；白领犯罪；恐怖主义与国土安全；犯罪理论前沿 **公选课**：历史学/地理学/政治学课程
圣约瑟大学	M.S/30学分	**必修课**：研究方法与分析；犯罪学理论；伦理与刑事司法；执法职业写作 **选修课**：执法情报分析；执法情报：政策与程序；司法财务分析；国土安全；恐怖主义：威胁与策略；刑事司法系统；刑事司法文化多元论；青少年司法与审判：问题与对策；风险评估；灾难社会学；联邦刑事司法；联邦刑事法律与诉讼
南卡罗来纳军事学院	M.A/32学分	**必修课**：社会科学研究方法；国土安全；情报概论；国际与国内恐怖主义 **选修课**：组织领导力；刑事司法专题；国土安全专题；刑事司法领导力应用课程；国土安全与刑事司法行政管理；比较刑事司法制度；国家安全政策；国土安全伦理与公正；情报研究与分析；情报理论应用；跨国有组织犯罪；情报热点专题

这5所学校的情报专业均由刑事司法学院（系）开设，基本特点如下：一是研究领域相同，但专业名称各异；二是学制均为2年，学习年限贯穿4个学期；三是有2所高校授予文科学位（M.A），3所学校授予理学学位（M.S）；四是学分要求一般为30-36学分，所有课程均为3学分，申请硕士学位需要修读的课程数量最多12门，最少10门，其中必修课为3-7门，选修课6至9门；五是这5所学校中有3所学校提供网络在线教学模式，便于情报在职人员修读。

2．侧重领域、培养目标与就业方向

总的看来，美国国土安全与执法类情报专业培养目标和侧重点如下：一是研究能力；二是情报分析解读能力；三是刑事司法制度与程序知识；四是国土安全，包括国土安全威胁因素与根源、恐怖主义与反恐、政策分析以及国土安全威胁评估知识与技能等。其就业方向主要有执法、国土安全和私营情报机构等，职业方向有犯罪分析师、情报分析师、犯罪调查专家、安全管理专家、项目管理专家、安保顾问、应急管理专家等。

不同学校的课程侧重领域与培养方向各有特色，大致可分为两类：一是综合类。底特律大学、密歇根州立大学、南卡罗来纳军事学院的课程体系相对综合，既关注犯罪与刑事司法，也关注国土安全与恐怖主义。底特律大学重在培养学生开源情报信息获取与分析能力，毕业生目标就业单位是国土安全部门的情报分析岗和警察机构的犯罪分析岗。密歇根州立大学主要为情报分析师、执法和安全职业从业者提供情报分析领域的学术训练，其目标是满足国家联邦、州和地区警务部门、私营机构安全官员的需求。南卡罗来纳军事学院重在培养情报与国土安全领导力，通过探讨情报与国家安全实践、理论和经验，培育学生的批判性思维，教授应用性管理理论和政策分析方法，培育领导力技能，以应对安全和情报挑战。二是刑事司法与犯罪分析类。圣约瑟大学和中俄克拉荷马大学主要聚焦于犯罪与刑事司法领域，其就业方向主要是警察机构和其他刑事司法机构。

3．课程体系结构分析

从课程性质看，5所院校的课程体系均由必修课（核心课）和选修课（专业选修课、推荐选修课）构成。5 所学校共 80 门课程，必修课总量为 24 门，平均每所学校 4.8 门课，其中最多的 7 门，最少的 3 门，选修课一般设 12 门左右（如表 5.8 所示）。

表5.8　必修课与选修课数量对比表

课程性质＼院校	底特律大学	密歇根州立大学	中俄克拉荷马大学	圣约瑟大学	南卡罗来纳军事学院	总数
必修课	7	3	6	4	4	24
选修课	>12	12	8	12	12	>56

从课程内容看，可归为 6 类，其内容结构与课程占比如图 5.6 与表 5.9 所示。

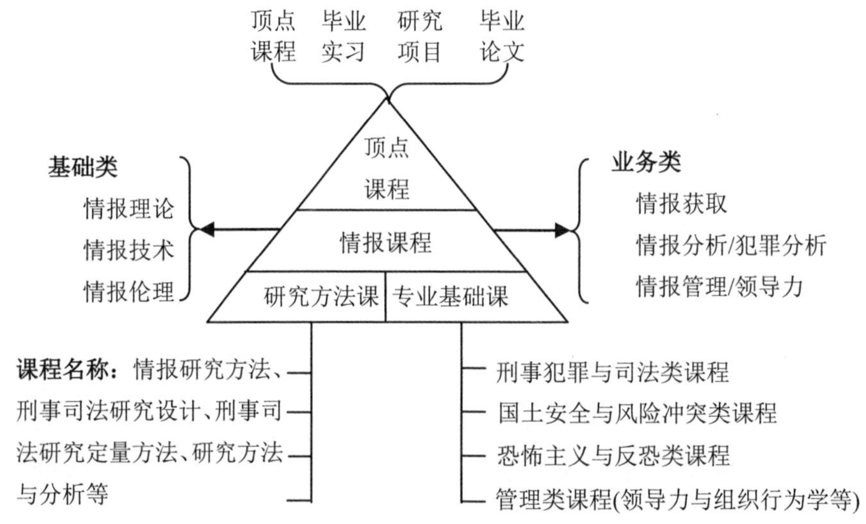

图5.6　美国国土安全与执法类情报专业硕士学位课程体系结构图

主要特点如下：①必开课有 4 类，5 所学校均开设有研究方法、国土安全与恐怖主义、犯罪与刑事司法和情报类课程。②从课程数量看，从多到少依次是为犯罪与刑事司法类（37 门，占 46.25%）、情报类（23 门，占 28.75%）、国土安全与恐怖主义类（共20，占25%）、研究方法类（6门）、恐怖主义类（6门）、管理类（3门）课程。③从课程逻辑结构看，有两大基础：一是研究方法论基础，此类课程旨在让学生掌握科学研究方法，提高科学研究能力；二是业务基础，国土安全、风险、冲突、恐怖主义、犯罪等现象和威胁是情报搜集与分析的对象，刑事司法制度、法律和伦理准则是情报工作的行动准则，两类知识是做好情报业务的前提和基础，两类课程总数占比71.25%，充分体现了“宽口径、厚基础”的理念。

表5.9　美国国土安全与执法类情报专业硕士学位课程类型统计表

课程类别 / 学校名称	研究方法课程数	国土安全与风险冲突课程数	恐怖主义与反恐课程数	犯罪与刑事司法课程数	情报课程数	管理课程数
底特律大学	1	4	1	4	10	1
密歇根州立大学	2	1	2	8	4	0
圣约瑟大学	1	3	1	9	2	0
中俄克拉荷马大学	1	1	1	11	3	0
南卡罗来纳军事学院	1	5	1	5	4	2
总计	6	14	6	37	23	3

4. 课程主要内容

全面梳理美国国土安全与执法情报专业硕士学位课程内容并详细描述，有助于深入理解美国情报专业知识体系并方便我国高校参考借鉴。根据图5.6，将其分为基础课程和情报课程两大类。

一是基础课程，由研究方法论基础（科学研究方法）和业务基础课（国土安全与风险冲突、恐怖主义与反恐、刑事犯罪与司法）构成，具体内容如表5.10所示：

表 5.10　美国国土安全与执法类情报专业硕士学位基础课程内容清单

<table>
<tr><th colspan="3">课程类目</th><th>课程内容</th></tr>
<tr><td rowspan="3">科学研究方法</td><td colspan="2">理论</td><td>概念、假设、实证科学理论以及相关伦理问题等</td></tr>
<tr><td colspan="2">操作</td><td>变量操作化、研究设计、数据采集、统计分析、逻辑推演、数据解释、结论阐释</td></tr>
<tr><td colspan="2">工具</td><td>应用统计学、SPSS以及计算机在统计分析中的运用等知识和技巧</td></tr>
<tr><td rowspan="3">国土安全与风险冲突</td><td colspan="2">理论</td><td>灾难社会学、冲突根源、国土安全与应急管理原理、公共卫生与环境保护、安全与公民权利保护、私营机构在安全中的角色与影响、国土安全法律与伦理困境等</td></tr>
<tr><td colspan="2">政策</td><td>美国国家安全政策构成、国家安全政策机构与角色、影响国家安全的因素</td></tr>
<tr><td colspan="2">管理</td><td>国土安全组织架构、职责与工作流程；风险识别与评估、解决复杂国土安全问题的方法和技巧；国土安全管理以及基础设施保护策略和经验等</td></tr>
<tr><td rowspan="3">恐怖主义与反恐</td><td colspan="2">政治暴力理论</td><td>从宗教和历史视角探讨政治结构与恐怖主义的关系；政治暴力的本质；暴力政治结构以及当代政治暴力的历史教训和模式等</td></tr>
<tr><td colspan="2">恐怖主义理论</td><td>恐怖主义定义与性质；恐怖主义理论；恐怖主义的根源与影响；反恐部门面临的问题；国家恐怖主义及其对美国外交政策的潜在影响；恐怖主义未来发展等</td></tr>
<tr><td colspan="2">反恐策略</td><td>恐怖主义威胁与应对策略等</td></tr>
<tr><td rowspan="4">刑事犯罪与司法</td><td rowspan="4">犯罪学理论与犯罪问题</td><td>犯罪学理论</td><td>犯罪学理论及其如何转化为政策；被害人学理论与历史、刑事被害人类型与被害人服务；文学与犯罪的互动关系等</td></tr>
<tr><td>犯罪全球化与跨国犯罪</td><td>国际犯罪和有组织犯罪；跨国犯罪与恐怖主义之的关系；打击跨国犯罪的方法；世界各重点国家地区跨国有组织犯罪现象</td></tr>
<tr><td>类型犯罪</td><td>白领犯罪、网络犯罪等类型犯罪的理论阐释、量刑及调查取证技术</td></tr>
<tr><td>犯罪预防与证据调查</td><td>犯罪预防与控制策略、非法财务调查分析技术、相关数据搜集分析技术、诉讼准备工作等</td></tr>
</table>

（续表）

课程类目		课程内容	
刑事犯罪与司法	刑事司法制度和程序	刑事司法制度程序概述	包括犯罪、法律、犯罪学、执法、法庭判决、司法矫正、青少年司法、司法问题和政策等议题
		美国联邦刑事法律制度研究	美国联邦刑事法律起源与范围；法典构成要素、判例法和法庭规则；联邦司法诉讼机构/角色/使命/预算；调查/起诉/缓刑/矫正等部门及相互关系；诉讼与量刑指南、财产没收程序；刑事司法制度发展趋势和问题等
		各国刑事司法制度比较	刑事司法制度及其未来发展趋势比较；各国刑事司法从业人员的伦理准则、价值观和实践；各国刑事司法实践面临的困境和问题
		司法矫正制度	司法矫正程序及其与其他刑事司法体系构成要素的关系
		青少年犯罪	青少年犯罪理论问题、青少年犯罪司法制度与司法程序、青少年犯罪问题解决办法和青少年犯罪群体服务等
		刑事司法多元文化问题	刑事司法体制下少数民族特殊情况问题，鼓励培育多元文化、兼容技巧与有效路径，以更充分满足少数民族民众关切的事务、问题和需求
	政策分析策略创新	刑事司法制度修订、采纳和实施的政策分析方法；运用多源数据研究制定反恐、国土安全和犯罪打击策略与政策，合理配置资源，保护公众和基础设施安全	
	刑事司法伦理	法律与道德之间的关系、刑罚理论、程序正义观；搜查和扣押规则、精神障碍辩护与精神障碍者犯罪裁定、诉讼交易、死刑、非暴力反抗、致命武器使用的限制等	
	警务	警务工作问题与解决办法，情报主导警务，问题解决警务，警察招募与发展，警务行为和道德规范，警方与媒体的关系，警察亚文化，警察自杀等	
	执法专业写作	执法工作中有效传播的技术与技巧，如何运用计算机技术写作，如何提升执法写作技能与水平等	

二是情报课程，可分为情报基本理论问题、情报获取与分析、情报管理 / 职业伦理、情报技术以及热点专题与顶点课程等 5 大类，具体内容如表 5.11 所示：

表6　美国国土安全与执法类情报专业硕士学位情报课程内容清单

类目	课程内容	
情报基本理论问题	情报理论	情报概念；情报主导警务和数据驱动理论；战略、战术和行动性情报的功能及其对犯罪预防政策的影响；情报流程（周期）；影响情报实践的历史/伦理/法律/操作问题；情报心理和文化认知差异
	情报史/情报界	美国情报界的历史与发展；情报系统（情报界）的职能；情报组织结构与管理操作规程；美国情报界的重组、监督和问责机制
	情报与决策	情报专业人员与政策制定者之间的关系；执法情报与组织计划决策之间的关系；执法情报在案件侦查和资源配置中的作用等
情报获取与分析	询问/讯问技巧	从法律/心理/科技/科研/伦理等视角介绍调查/询问/审问的方法和技术
	情报分析机制	执法机构情报分析部门的组织构架、监督管理以及情报分析师的角色
	情报分析方法	情报产品生产过程中的认知活动和方法论；情报分析思维（重点是批判性思维）、分析流程、分析工具、分析方法及其应用
	情报分析业务	1.多源数据收集规划和协调；2.运用数据挖掘技术解释犯罪模式，使用分析工具建立人、事、物、地以及其他实体之间的联系，运用软件程序可视化呈现复杂关系；3.运用犯罪情报分析方法、统计方法和数学模型预测趋势，分析犯罪组织的脆弱性、能力、意图、变化和进行预警；4.运用社会心理行为模式进行疑似被害人分析、犯罪地理画像和威胁评估，对犯罪行为与心理进行刻画与预测。
	情报分析产品	情报报告的撰写；沟通交流技巧；情报产品传播
情报管理/职业伦理	情报机构领导力与组织行为	管理学派观点、私营/公共部门管理、情报职业的挑战、情报工作者学习交流、组织权力、情报组织架构、“情绪情报”与人力资源规划评估等
	情报职业伦理	情报搜集和使用的职业道德伦理，例如情报分析师如何对待通过非道德手段获取的信息，法律强制手段和入侵手段的隐私审查问题等
情报技术	1.数据驱动决策技术，通过案例呈现技术和数据驱动决策的经验教训；2.空间分析与制图、地理空间技术，含遥感/图像处理/全球定位系统/空间数据结构/地理信息系统等	
热点专题顶点课程	1.热点专题：议题包括自杀性炸弹袭击、大规模杀伤性武器、非对称性战争、恐怖主义、毒品犯罪等；2.顶点课程：让学生综合运用专业所学知识与技能解决问题并撰写战略情报报告	

（三）比较分析与启示

1. 专业设置

“9·11 事件”后，美国国土安全与执法类情报专业发展迅速，“执法情报分析”专业被列入美国高校学科专业目录，诸多有影响力的综合性大学参与国土安全与执法类情报专业的教育与人才培养，其人才输送方向不仅包括国土安全、执法等部门，还包括其他政府部门、公共机构和私营机构。我国国土安全与执法类情报专业发展缓慢，尽管公安情报学专业已于 2005 年纳入教育部专业目录，至今 10 年有余，但其发展局限于公安、武警类院校，地方高校不参与亦不关注国土安全和执法领域情报专业建设与人才培养问题，该领域成为封闭的“行业孤岛”。

“情报”是一个历史悠久、涉及面广阔的现实存在，学术界的参与将大大提高其规范与文明程度，更好地保卫国家与百姓福祉。随着我国社会经济快速发展并全面参与全球事务，海外利益遍及全球各地，与此同时国内社会矛盾凸显，公共安全威胁因素增多，可以预见，不仅各级政府部门、公共安全与执法机构对情报专业人才的需求将日趋迫切，各类企事业单位与私营机构对情报人才的潜在需求也会非常庞大。目前，以警校为代表的公安情报专业仅仅为警务执法机构培养情报人才，社会面的安全情报人才培养处于缺失的状态，现有的学科专业建设与人才培养滞后于市场需求。

鉴于此，一是建议我国有条件的高校积极借鉴西方国家经验，发挥自身优势，参与执法、公共安全、国土安全领域的情报教育与人才培养，培养高素质的情报人才。二是重点依托信息管理类、刑事司法类、公共安全类专业开设情报专业方向，面向公共安全、执法界以及各级政府机构、私营机构提供非涉密类安全与执法情报学历教育项目与职业培训项目。三是我国情报学（此处专指 Informatics）具有中国特色，学科既重视 Information 研究，也存在 Intelligence 学派，在 Intelligence Studies 方面有较好的基础，建议情报学（Informatics）学界在加强竞争情报研究与人才培养的同时，适应国家安全、社会公共安全市场需求形势，投入力量开展国土安全与执法情报学术研究与人才培养工作，该领域有望成为情报学（Informatics）专业新的增长点。

2. 学制学分

我国提供公共安全与执法类情报专业硕士学位的高校仅有为数不多的几所警校或军事院校。中国人民公安大学（下文简称公大）按照一级学科公安学（Public Security Science）招收硕士研究生，设有公安情报学方向，学制三年，课程结构如下：一是学位课程共 7 门，17 学分；二是非学位课程，即选修课，不少于 9 学分，其中情报类选修课 7 门。三是必修环节，共 4 学分，含警务化管理、军训、社会实践、文献综述与开题报告、学术活动、警体训练、警务实训、人文学科素质教育等。

由上可见，中美执法情报专业硕士学位课程设置存在明显差异，具体表现如下：公大公安情报专业学制长达 3 年，但课程学分要求却相对少（仅需 30 学分），课程内容分散，共需修读课程总数 15 门以上（每门课程 1 学分或 2 个学分），且要求 1 年或 1 年半修完。美国情报专业硕士学位学制 2 年，课程学分要求一般为 30-36 学分，课程设置相对集中，共需修读课程为 10-12 门课，课程均为 3 学分，课程修读贯穿 4 个学期。显然，后者的安排更为合理，前者存在诸多问题：一是专业核心课程授课时间太少；二是课程过于零碎分散；三是修课时间松紧过度。

对于上述问题，建议对学制学分进行必要调整：一是学制方面，可延长课程学习时间，每个学期课程不宜过密，修读课程时间延至 2 年；或者学制压缩至 2 年，紧凑安排课程，凝练课程体系，聚焦核心模块，提高时间利用率；或者学制实行弹性制，学生可以根据自身具体情况选择修读时间，提升效率与效果；二是学分方面，适当增加学分，重视专业核心课程建设，加大业务课程学时学分比重，强化研究能力和专业能力培养。

3. 课程设置

美国国土安全与执法情报专业研究生学位课程设置突出三大理念：一是“宽口径、厚基础”，其业务基础课程广泛涉及国土安全、风险冲突、恐怖主义、刑事司法、刑事犯罪、热点问题等，博而不泛，视野开阔，为情报工作提供了厚实的刑事司法与安全业务知识基础；二是“重方法、强能力”，科学研究方法论、批判性思维与创新思维、情报搜集与分析业务技能是课程体系重要内容，科学研究能力、批判思维与创新能力、情报专业能力培养贯穿课程全局；三是“重专业精神与职业道德伦理”，美国将独立设置刑事司法与情报职业伦理道德课程，或在课程内设置相关内容模块，这在我国情报专业课程设置中严重缺失。

美国课程设置基本理念值得我国借鉴，建议我国高校应加大专业核心课程学分学时比重，进一步凝练课程模块，突出批判性思维、研究能力、专业核心能力和职业道德伦理培养，具体说来：一是明确培养目标，尊重多元，各学校根据自身师资力量、专业优势，着重打造有特色的情报专业课程体系。例如，警察院校可围绕犯罪与刑事司法、反恐等领域开发实战性、应用性强的情报课程；地方综合性大学的普通情报学（Informatics）可以着重在公共安全信息资源规划，信息搜集、信息处理与分析技术，数据挖掘、安全风险评估等方面着力。此外，也可充分发挥不同高校或院系的优势，联合培养情报人才，例如信息管理类院系和刑事司法类院系联合开办具有特色的情报专业是可行的方案。二是要进一步明确专业课程内在逻辑，参照“宽口径、厚基础，重方法、强能力”的基本理念，突出研究能力、批判思维、创新能力与职业道德精神培养，重点围绕“科学研究方法论、国土安全与恐怖主义、犯罪与刑事司法、情报搜集与分析、情报管理与领导力、执法写作”等6个核心模块开发课程，优化课程体系结构与内容，加大业务课程比重，给足学分学时，打造核心课程，强化专业能力。三是重视情报职业道德伦理准则类课程建设，提升情报职业化水准与专业精神。四是建议增加批判性思维训练课程、专题讨论课和“顶点”课程，通过批判性思维课程、专题讨论课变革教学方式方法，提高学生思辨能力、表达能力和创新精神，通过设置“顶点”课程，让学生综合运用所学知识解决问题或完成特定任务，为所学专业知识融会贯通提供整体图景和训练机会。

当然，美国国土安全与执法情报专业研究生课程体系设置也存在诸多问题，例如：从专业和课程名称看，美国各高校专业名称、课程名称均各不相同，五花八门，缺乏统一规划和标准，不利于质量监管，不利于教育资源共享，不利用有组织地推进专业总体开发设计和建设；从课程内容看，美国情报专业课程内容重业务知识而忽视业务技术技能培养，在情报实战应用技能

（如情报搜集与分析技战术）、新兴技术应用（如国土安全与执法情报信息系统开发建设与应用）等方面比较薄弱，难以适应新形势下国土安全与执法工作发展需求。这些问题我国应引以为戒，深入研究专业内核，总结该领域一般性规律，形成通用的专业课程体系的基本规范是必要的；深入调查研究情报实践进展，总结实战经验做法，将最鲜活最佳实践、经验教训和新兴技术手段引入课堂，也是应用型专业人才培养的必然选择。

四、美国情报分析教学培训 [1]

情报分析是情报流程中的重要环节，是将原始数据进行序化编码，利用一定的分析工具进行处理加工的过程。其中，分析人员担负着有效分析和准确传递的重要作用。由于环境的复杂性和不确定性，分析人员的偏见、缺乏想象力、镜像思维等因素都会导致情报的失察，因而分析过程的规范性和科学性就显得尤为重要，提高情报分析准确性的同时也对情报分析的教学者提出了更高的要求。如何制定规范的分析流程和结构化的分析方法，采用何种教学手段能迅速提升分析人员的研判能力，这些都是情报教育与培训需要思考的问题。肯特学院（Sherman Kent School for Intelligence Analysis）是情报分析培训界具有代表性的机构，对其课程设置、教学方法、教学内容等方面进行研究，归纳 CIA 情报培训体系，力求窥一斑而知全豹。

（一）美国情报分析培训

美国的情报研究具有丰富理论与实践经验，“9·11 事件”后，美国对情报教育的需求表现出极大的迫切性，涌现出了大量对情报失察问题的关注，其中主要是如何避免失察以及提升情报分析准确性的研究。情报分析的准确与否直接关系到情报结果的成败。然而，情报分析是十分复杂的过程，情报

[1] 胡雅萍、潘彬彬：《美国情报分析培训研究——以CIA 肯特学院为例》，载《情报杂志》2014年第7期。摘编后收入本书。

分析的结论大多数情况下是探索性的。即便情报机构搜集了相同的数据，不同分析师分析也会得出不同的结论。

因此，学术界和情报界以提升情报分析准确性为主要目标，积极开发情报分析类教育培训课程。以往政府情报部门侧重于情报实践研究，高校侧重于长期具有连续性的理论研究的情况。但随着教育培训网络体系不断深化，这种情况有所改变，两大主体教育形式和培训内容具有不断融合的趋势，即出现政府情报部门通过联盟的方式构建研究型大学。

与情报教育的广泛性和长期性不同，情报培训具有短期、针对性强、面向特定群体等特点。情报人员常常根据工作需要或职业发展，进行有目的提升。表 5.12 是情报培训内容的主要分类。

表5.12　情报培训分类和描述

划分标准	培训类别	描述
研究内容划分	情报理论	是情报培训中最广泛的内容，目的是构建“情报意识”，包括情报原则纪律的相关内容（如定义、方法、流程等）通常结合特定的主题进行教授（如禁毒、反恐、执法等），属于知识普及类培训。
	情报实践	提供实际应用类的情报知识，目的是解决学员日常工作实践中所遇的情报问题。
	情报分析类	针对情报周期中的分析环节进行深入研究和专项培训，课程包括对思维方式、分析方法以及分析工具开发等内容。
面向对象划分	情报分析人员	针对专业从事反恐、军事、公安等人员的培训。课程以情报分析中的特定主题展开培训，每个主题持续几小时。
	调查员和相关工作人员	培训内容层次略高于通识教育，却缺乏深度培训。培训对象多为需要从事相关分析工作人员。
研究类别划分	区域知识	研究特殊地理区域的地理、历史、政治结构等知识，如远东、南亚、非洲等地区的专业知识。这类课程通常要求具备一定的语言基础，以及大学期间的相关背景，课程采用内部研讨会的形式展开。
	技术知识	重点培训“间谍情报技术”，较为代表的是肯特学院的谍报技术课程。也包括“软件类课程”，即如何使用特定类型的情报软件（分析软件或数据库）。
	专业知识	这类培训与个人日后从事的职业密切相关，如从事政治、军事、经济和领导力等分析，需要专门进行政治科学、军事科学、经济学和政治心理学等学术课程的学习。

（二）CIA 肯特学院概况

美国中央情报局为了促进和提升情报人员的情报分析能力，于 2000 年成立了肯特学院（Kent School），专门为情报处（DI）提供情报分析及管理培训，被誉为情报分析培训的“最佳实践”。2002 年合并到新成立的 CIA 大学中，作为一个独立的学院提供外语、区域研究、谍报技术培训以及媒体报道服务。肯特学院的目标是培养具有出色情报分析能力的分析人员，要求学员具备高效解决问题的能力、较强的沟通能力和团队协作能力。

肯特学院由三部分组成：①基础培训：教授基本技能，分析人员将学会思考、写作、简报技巧等必备素养，以及研究分析工具、预警能力、反间谍等问题，通常培训时间持续 4 个月，其中最著名的是提供给新分析人员的职业分析项目（The Career Analyst Program, CAP）；②中高级培训：培训对象主要是分析师及管理人员，内容包括领导技能、分析方法及实质性管理问题，主要目的是提升领导力，较为代表的如提供给中高层职业分析人员的情报分析培训项目，该项目一般要求受训人员需具备 5 年或以上的情报分析经验；③肯特中心（Kent Center），学校的宣传中心，用来传播和评价中情局的情报产品，为学术和社会情报团体提供推广。

另外，肯特学校培训提供持续培训与异地培训两种形式：异地培训是指分析人员除了在华盛顿地区的大学接受训练以外还可选择其他地区提供的专职训练，如陆军、海军战争学院或国家战争学院的军事服务计划，包括外语培训和区域知识培训，可选择全日制或兼读课程的形式。持续培训是指当新入职人员经过 CAP 训练后，在整个职业生涯中随时返回肯特学院接受持续培训，以便及时了解情报技术的变革以及关注情报界和全球发展的关键问题。

1. 培训内容分析

CIA 肯特学院的教学与研究的重点之一就是不断探索科学严谨的分析方法，培养分析人员形成批判性、创造性思维以及采用科学化的分析方法。以下以最为著名且拥有较长历史的职业分析项目（CAP）为例：

职业分析项目是中情局“第一个为专业新入职情报分析人员打造的全面培

训计划”。为了促使新入职的分析人员能够更有效进行情报分析和生成情报产品，更精准分析的原因和手段以避免情报失误，CAP 教授情报知识、技巧、认知工具以帮助分析人员利用科学方法构建自身的分析体系。培训使用谢尔曼·肯特的“情报分析原则”作为学生学习分析技巧的指导方针，强调分析严谨的重要性，鼓励使用外部专家意见以避免内部闭门造车，同时坦率承认分析的不足以及积极从失误中进行学习。CAP 培训的时长为期 22 周。

第 1 周（课堂教学）：介绍情报话题：包括历史、任务、CIA 的价值观，同时关注情报历史和情报文献，相关课程由情报研究中心的历史教员进行教授。

第 2—5 周（课堂教学）：教授情报技巧，包括分析思维，写作和编辑，简报、数据分析技巧和团队写作能力训练。因为情报分析需要关注于决策者对不同问题的信息需求，因而，简报技巧并不强调学术上的研究性，而是注重如何提升情报传递给政府的有效性。另外，分析思维培训在于避免分析人员在撰写情报分析材料时带有个人主观色彩和自身经验。

第 6—10 周（临时任务）：进行轮值锻炼。学员被分配到 CIA 其他部门、其他联邦机构或政府部门外的情报分析公司。轮值的目的在于让学员更切实的感受情报实践工作，以便于更加适应 CIA 工作，特别是从分析专家视角了解其他决策机构的工作情况，以便更好地完成工作任务。

第 11—14 周（课堂教学）：高级情报话题培训课程：包括写作、编辑长篇论文以及特定问题的模式话题。为分析人员设计特殊核心课程，教授关于情报分析技巧类话题，包括概念、技术、方法对情报问题研究的假设、复杂问题简单化等。

第 15—18 周（第二阶段临时任务）：进行室外恐怖危机模拟训练，CAP 创造情境来模拟日后分析人员工作中可能面临的突发情况。高峰仿真与困境能在整个课程学习的过程中迫使学员即兴创作和发挥自身技能；临时任务还包括采用角色扮演的方式模拟 CIA 分析员，撰写总统每日简报（Presidential Daily Briefs），并进行情报数据评估。

第 19—22 周（课堂教学）：先进话题课程：教授分析人员关于情报政治化和职业道德问题，确保情报的中立性；开设提供直接面向 CIA 高层和决策者的情报写作课程；组织开展圆桌会议和经验交流座谈等，邀请有经验的分析家提供在处理国会、公众和媒体关系方面来之不易的实践经验，为新入职人员答疑解惑。

综上可以发现，CAP 采用由简到繁、由易到难的进阶式的教学方式。在课堂教学中穿插户外实践，将理论学习与实践教育相结合，能够更有效地促进学员对情报知识的掌握。同时，采用实时评估的方式来考察学员的知识掌握情况。这些都为分析人员正式投入工作奠定了理论和实践基础。

2. 案例教学研究

为了帮助学员更快速地掌握情报知识和分析技巧，CIA 肯特学院会聘请具有丰富经验的分析家为学员讲授在职业生涯中的经验教训，同时积极丰富教学方法，其中应用最广泛也最有效的教学方法是案例教学法。在这个培训体系中，CIA 教员担负着案例撰写者、学习者、培训者多重角色，每一个案例讲授前，教员都会进行为期 4—5 天的统一培训，对案例内容、演示方法进行讨论分析以达到更好授课的目的。

（1）提升教学质量：为情报教员培训

CIA 肯特学院的教师队伍分为固定和兼职两类，固定教师都是专业分析人员，主要职责是管理和指导 CAP 以及肯特学院的其他项目，兼职教师包括 CIA 已退休员工和在职分析师。所有任职教师都必须经过 CIA 大学注册认证，同时参与为期 1 周的教员课程和不间断的课程评估。

第 1 天：包括两个演示案例教学法培训、案例类型讨论和教授方法讨论。这样做的目的是为了促进更广泛的案例讨论和教学方法的讨论，促进教学风格的对比。

第 2 天：集中讨论“教学案例”，包括讨论案例中重要问题、评论反馈和总结案例。案例教学最重要的方面是每一个案例都需要经过工作组集中讨论。在培训过程中，经验丰富的分析家提供对教学计划的反馈以及自身关于案例的经验建议，及时帮助和鼓励教员。

第 3 天：对所有案例进行回顾和反馈、教授案例研究和案例撰写技能。小组成员发表案例讨论心得（包括本组讨论与他组评论）。当每个教员都有机会发表评论后，经验丰富的导师提供点评。当天培训结束后，参与者反馈获得的经验，并总结如何将这些方法融入自身的教学中。

第 4 天：确定教学目标、教学计划，学习提问、倾听与回应技巧。教员培训的最后一个上午，每个小组提交案例的概述，包括课程如何教授、教学重点范围，如何调动课堂氛围技巧等。

在授课前对教员进行培训，不仅规范了教学手段目标，同时增进了教员间的相互学习交流，提升授课技巧。在授课培训的过程中，还鼓励教员勇于探索新方法，从教授转向研究和案例撰写，构建案例数据库。教学过程中常利用场景模拟，角色扮演，战争故事、虚拟管理等方式来进行交互式教学，最大化方便学员获取知识提升分析能力。

（2）提升教学内容：构建情报案例库

CIA 案例方法教学小组还鼓励教员主动参与案例的撰写与分析过程，如 1980 年末 CIA 与哈佛大学肯尼迪学院合作，一起撰写重大历史事件的案例研究，积极探索 CIA 在美国政策制定中的作用。90 年代中期时，中央情报局的案例教学法项目已经被国家认可，并广泛的应用于美国情报界培训中，为此还构建了专门的案例库，作为重要历史事件的永久记录，同时也作为情报培训的教材库。美国情报界案例教学法课程部分公开内容如表 5.13 所示。

表5.13 美国情报界案例教学法课程（摘录公开部分）

案例分类	具体内容
情报分析 （Intelligence Analysis）	环城公路狙击手（The Beltway Snipers） 西贡陷落（The Fall of Saigon） 德国重新武装（German Rearmament,1919-1935） 杀害特别代理卡马雷纳（The Killing of Special Agent Camarena） 国家情报评估南斯拉夫（A National Intelligence Estimate on Yugoslavia） 恐怖东京（Terror in Tokyo） 新年攻势（The Tet Offensive）
反间谍 （Counterintelligence）	曼努埃尔·奥尔特加（Manuel Ortega）
秘密行动 （Clandestine Operations）	如何处理血腥的美国人（How to Deal With Those Bloody Americans） 代号“PBSUCESS”秘密行动

（续表）

案例分类	具体内容
领导和人员管理（Leadership and Management of People）	选择DIA的高级情报官员（Choosing a New Senior Intelligence Officer at DIA） 格林维尔号航空母舰碰撞（The USS Greenville Collision） 劳伦斯·波特（Lawrence Potter）
项目管理（Management of Project）	联邦执法培训中心（The Federal Law Enforcement Training Center）
危机管理（Management of Crisis）	吉隆坡空气污染（Air Pollution in Kuala Lumpur） 从卢旺达疏散美国人（Evacuating the Americans from Rwanda） 几内亚比绍兵变（A Mutiny in Guinea-Bissau）
伦理及企业文化（Ethics and Organizational Culture）	詹姆斯马丁（James Martin）
军事行动（Support to Military Operations）	贝鲁特营房爆炸（The Bombing of the Marine Barracks in Beirut,23 October 1983） 胡拜耳塔（Khobar Towers） 莫斯达尔救济（The Relief of Mosar） 索马里武器搜索（Searching for Weapons in Somalia）

强调案例研究能够帮助学员加深对情报问题的认知。通过对以上案例归类，可以发现研究对象为国内外重大历史事件，内容涉及包括大部分情报活动，如情报分析、反间谍、秘密行动、军事行动等。案例针对个人或团体问题，需要学员设法找寻解决方案，以辅助决策者在缺乏完整信息条件下作出决策。通过诸如此类开放性讨论，学员不断学习操作性技巧、总结归纳情报管理方式，以提升分析能力。而教员所做的是不断构建情报情境，启发学生思维，学习提问、倾听与回应的技巧。

3. 教研结合——肯特中心

CIA 肯特学院作为一个学习型组织，有效整合了教学、研究与传播的职能。肯特中心是分享情报专业知识的研发综合体，主要以出版学术刊物及情报理论著作来促进情报理论、学说以及分析实践的发展，是肯特学院不可分割的一部分。出版物包括不定期的情报分析专题文件、《情报研究》季刊以及情报学者的论著。肯特中心后来和联合军事情报大学（JMIC）创造了“战略情报研究中心”，集中研究情报实践知识，鼓励经验丰富的情报专家撰写文献，并公开出版这些非机密文献。随着这些研究刊物的出版，不断推进情报理论研究的发展与创新。这些研究成果作为教学材料应用于课程当中，将理论成果以最快速度传递给学员，以提升其分析能力。可以说，肯特中心既是 CIA 理论研究的核心部门，同时又是学者与分析人员进行思维碰撞的中心，教研相结合大大促进了肯特学院培训教育的发展。

（三）情报培训模式构建

肯特学校通过规范化和科学的教学方法为情报分析研究提供方法论和理论基础，帮助分析人员构建认知结构形成科学的思维方式，掌握国家的历史、文化、区域动态，政府运作等知识。通过专业培训，分析人员能够从事专门研究工作，解释在经济学、政治、心理学、国际关系等领域产生的问题，为决策制定提供详实充分的依据。

通过梳理 CIA 肯特学院情报培训的方法、内容、架构，可以归纳出促进情报培训发展的阶梯式培训模式。其培训发展过程经历“认知、情感、精神”三个阶段。认知阶段学习通常包括专业知识和理性学习，可以开设如情报基础理论、作业流程和情报文化的相关课程；情感阶段学习包括对态度、价值的感知，可以开设适合中高级情报人员学习的管理技巧、沟通技巧等；精神阶段学习往往是个人通过长时间的学习与经验积累，达到个人精神层次的升华。同时，该体系知识层级间并不是毫无交流，当通过培训和实践之后，达到较高层级成为导师时，则可进行情报教育研究工作以及向低层级的学员进行经验传授，从而形成周而复始、逐级递进、多种教学方式组合（学术政府机构培训、公众社会学习、个人经验积累）的培训体系，构建如图 5.7 所示。

CIA 肯特学院的经验在于，能够着眼于社会各领域广泛的情报需求去发现情报分析工作机会，以工作需求为导向，培养具有应用水平专业分析人员；面向复杂的信息环境和用户多样化的情报需求，以情报分析能力的提升作为

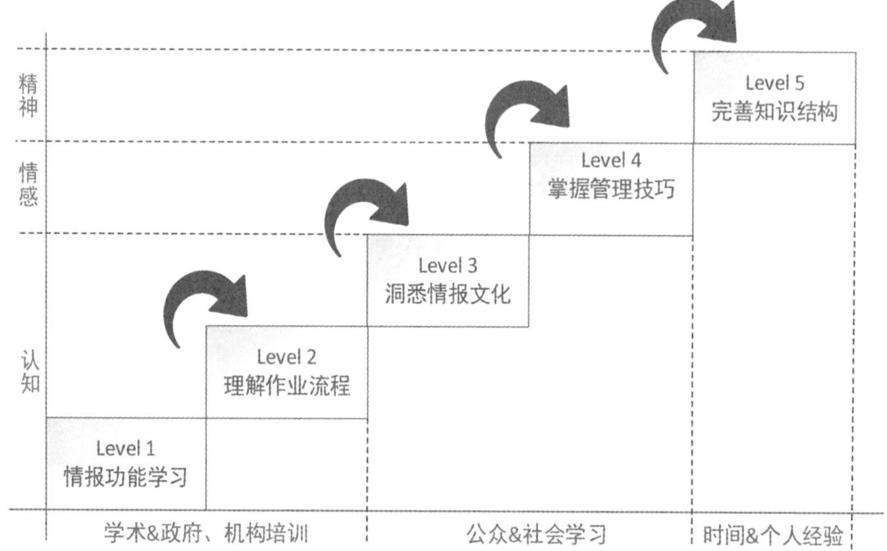

图5.7　情报培训层级模式

核心确定培养目标；针对服务决策的情报问题，深化课程内容，协调发展教学与研究，形成特有的培训体系。尤其在教育层次的多样性以形式多样的教学实践等方面的先进经验为我国情报培训领域提供了重要参考。

五、美国执法情报分析师的认证和培训[1]

“9·11 事件”后，美国将执法情报分析师（law enforcement intelligence analyst）队伍的培养和建设作为执法情报工作改革的重要举措，经过近十年来的发展逐渐形成了一套比较成熟的执法情报分析师职业培训认证制度体系，执法情报分析师在美国执法界已经成为一种专业化的职业并被制度化，在执

[1]　谢晓专：《美国执法情报分析师培训认证制度的源起与发展》，载《情报杂志》2014年第7期。摘编后收入本书。

法与国土安全事务中发挥着举足轻重的作用。

（一）执法情报分析师概述

根据美国《执法分析师认证标准》，所谓执法情报分析师，是指收集各类犯罪事实与文档资料、情况、证据、讯问记录以及其他与犯罪有关的材料，并按照特定的逻辑与相关框架研究罪案，解释犯罪现象，描述犯罪活动与犯罪趋势的专业人员。其主要职责是为研究和分析原始数据，运用批判性思维和逻辑能力形成合理的结论和建议，以清晰的方式为管理者提供具有实战价值的情报。

“9·11 事件”后，美国执法界与情报界深刻认识到情报分析师在执法与国土安全工作中的重要性。分析师（含犯罪与情报分析师）被认为是各级执法机构犯罪分析中心（crime analysis centers）、情报部门（intelligence units）以及主要城市区域融合中心（major urban area fusion centers）、区域性信息共享系统（RISS）中心、高强度贩毒区域（HIDTA）调查支持中心的关键角色。分析师通过运用战术、行动和战略情报分析，能够为组织机构的资源配置、人员部署、案件支持、评估开发以及犯罪模式与趋势分析提供支持。正是基于这种认知，美国执法界与国土安全界近十年来大力推进情报分析师培训认证制度建设，逐渐构建了一套比较成熟的情报分析师培训认证标准与制度体系，为推动执法情报资源的共享整合与开发利用，打击违法犯罪，维护国土安全，提供了强有力的保障。

（二）执法情报分析师认证的发展历程

美国开展执法情报分析师培训认证工作由来已久。早在 80 年代，美国国际执法情报分析师协会（简称 IALEIA）的章程就提出了分析师的认证需求，要求 IALEIA“为该行业开发认证标准与能力指标”。为此，IALEIA 成立了标准和认证委员会负责开发认证项目。1989 年，注册犯罪分析师协会（the Society of Certified Criminal Analysts，简称 SCCA）开始为符合一定教育、培训、工作经验、考核条件的 IALEIA 会员提供认证，该认证还面向澳大利亚专业情报人员协会（the Australian Institute of Professional Intelligence Officers）的成员开放。1996 年 IALEIA 承认并采纳 SCCA 认证。此外，美国区域信息共享系统（RISS）中心依托 SCCA 认证满足自己的分析师认证需求。

进入 90 年代后，美国各地涌现了很多执法情报分析师认证项目，代表性的有加利福尼亚州司法部门（the California Department of Justice）主管实施的认证项目、佛罗里达执法部门（the Florida Department of Law Enforcement）推行的认证项目等。部分执法机构也开始对其自身的分析师进行认证，例如联邦调查局（FBI）对自身的分析师进行考核认证。一些学院和大学提供情报分析"认证项目"，还提供情报分析相关的学位课程。

这一时期美国执法情报分析培训认证工作尚处于一种自发的阶段，国家层面缺乏统一标准，也没有成立专门机构对情报分析培训进行统一协调，情报分析培训认证的目标、内容、课程、时长、认证程序与条件等各行其是，质量与效果缺乏保障，没有形成制度化、标准化、规范化的培训认证机制。

1. 培训认证制度化的源起

美国走上执法情报分析师培训认证标准化、制度化、规范化的道路，始于对"9·11 事件"的反思与改革。2002 年 3 月在弗吉尼亚州亚历山大市举行的 IACP 犯罪情报共享峰会（IACP Criminal Intelligence Sharing Summit）上，执法官员与情报专家们提出了一个与布什总统计划建立内阁级国土安全协调机构相适应的情报共享计划，即《犯罪情报共享：一项推动地区、州、联邦层面情报主导警务战略的国家计划》。来自全美范围的执法官员与情报专家建议改进情报分析工作的不足，认为美国执法界与情报界面临泛滥的"信息"但却缺乏简明的、有针对性的、经过评估的"情报"；部分与会代表提出尖锐批评，认为一些情报分析师在实际工作中更像信息检索者而不是情报生产者；与会代表建议犯罪情报协调委员会和所有执法机构都应重视真正意义上的情报分析，推进情报分析师职业的发展并为分析师高效从事情报工作提供条件，国际执法情报分析师协会（IALEIA）这类组织应承担起这项至关重要的培训任务和相关职责。美国大城市警察局长协会（Major Cities Chiefs Association，简称 MCCA）的一项调查结果，认为执法界情报分析的缺乏，特别是缺少兼容性分析软件失，缺少分析方面的支持、人员、设备和培训，是阻碍情报信息在执法机构之间流动的五个主要障碍之一；认为培训对于推动执法机构向国家情报计划迈进的作用是多方面的，没有合适的培训，很可能改变的只是整个执法系统的上层建筑，而无法改变新的情报“文化”框架下的具体行动与行为，进而提出了“通过就犯罪情报及其作用达成共识来促进情报主导警务”的建议。此外，IACP 还在“实现计划的核心建议”中明确了若干情报培训问题：一是提供“为决策者提供具有针对性的总结数据支持”的技巧的培训；二是为执法人员提供信息共享系统以及犯罪情报理念的培训；三是培训应有助于情报共享信任网络与公民权利 / 宪法权利保护的建设；四是培训应强调所有人员均负有一定的情报与信息共享义务；五是培训能够为被培训者提供最新的方法技术。

作为回应，美国司法部（DOJ）、司法项目办公室（OJP）、司法援助局（BJA）批准建立司法部全球司法信息共享计划（Global Justice Information Sharing Initiative，简称 Global）情报工作组（Intelligence Working Group，简称 GIWG），下设培训委员会（Training Committee），负责为各级执法人员最低培训标准的开发提供建议。该培训委员会在广泛调查讨论的基础上起草了《美国执法和其他刑事司法机构犯罪情报培训核心标准》，明确了执法人员（Law Enforcement Officers）、执法官员（Law Enforcement Executives）、情报指挥官 / 管理者（Intelligence Commanders/Supervisors）、情报人员 / 搜集者（Intelligence Officers/Collectors）、情报分析师（Intelligence Analysts）、培训教员（Train-the-Trainer）等六类对象的核心培训目标，并被建议作为情报培训国家标准，为所有执法机构实现情报主导警务所需的核心知识创建蓝图。

2003 年司法部以及联邦、州、地区等执法机构和国土安全部的代表举行大会，通过了《美国犯罪情报共享计划》（The National Criminal Intelligence Sharing Plan，简称 NCISP），确认该计划作为执法界情报共享的蓝图。具体内容包括：建议由国际执法情报分析师协会（IALEIA）代表犯罪情报协调委员会（Criminal Intelligence Coordinating Council，简称 CICC）开发情报分析最低标准；建议向顺利完成情报培训的人员颁发证书；建议犯罪情报协调委员会（CICC）与相关协会、培训组织建立工作关系以推进情报培训。

根据美国《国家犯罪情报共享计划》（NCISP）的建议及其附件列出的核心培训标准，司法项目办公室（OJP）建立了“反恐培训协调工作组”（Counter-Terrorism Training Coordination Working Group，简称 CTTWG），并启动犯罪情报培训协调战略（Criminal Intelligence Training Coordination Strategy，简称 CITCS）。CITCS 工作组下设四个委员会，负责情报分析师、情报官 / 管理者、执法官员、执法人员、培训教员这五类培训标准的研究。最终形成的《美国执法与其他刑事司法机构犯罪情报培训最低标准》，吸收了《美国执法与其他刑事司法机构的犯罪情报培训核心标准》的内容，明确了情报分析师、情报官等六类群体情报培训的最低标准，为美国执法情报初级培训提供了统一的标准。

2004 年 11 月国际执法情报分析师协会（IALEIA）开发并发布《执法分析标准》。《犯罪情报培训最低标准》与《执法分析标准》共同构成了美国初级分析师培训的最低标准。2006 年 8 月发布了《执法分析师认证标准》，明确了执法分析师（犯罪与情报分析师）认证机构的资质条件、要求以及认证条件与程序等事项。

上述文件与标准的面世拉开了美国执法情报分析师培训认证制度化的序幕，初步建立了美国情报分析培训认证制度体系。

2. 培训认证制度的发展

随着美国执法与国土安全环境的变化，执法情报与国土安全情报工作迅速发展，情报界与执法界之间的界限逐渐模糊，情报融合中心、执法与国土安全部门工作的分析业务交叉重叠，美国意识到建立全国普遍接受的情报分析师一般素质能力标准，对于国土安全界的发展至关重要。国家情报办公室（the Director of National Intelligence，简称 ODNI）依托国土安全部创建了州、地区与部族培训工作组（State, Local, and Tribal Training Working Group，简称 SLT 培训工作小组）。SLT 培训工作组由国土安全部情报与分析办公室任务支持局情报培训处负责，由来自国土安全部情报与分析局（DHS I&A）、国土安全部联邦应急管理局（FEMA）、司法部司法援助局（BJA）、联邦调查局（FBI）、联邦执法培训中心（FLETC）、国家反恐中心（NCTC）、国家情报大学（NIU）、国家情报总监办公室（ODNI）的代表组成，负责研究、分析和整理现有的执法与情报分析师相关培训和间谍情报技术文献，识别情报分析师所需的一般素质能力，评估情报培训课程与职业发展机会，开发国家战略，推动情报职业培训。随后 SLT 培训工作组形成了《州、地区、部族情报分析师一般素质能力清单》，系统总结了国土安全情报分析师能力（Homeland Security Intelligence Analyst Competency）及分析技能行为指标（Analytic Skill Behavioral Indicators），为情报分析师培训、认证、考核、招募、评估等提供了更为全面、科学的依据，是美国情报分析师培训认证制度的重要组成部分，标志着美国情报分析师培训认证制度化建设进入新阶段。

此外，2007 年，《美国执法与其他刑事司法机构犯罪情报培训最低标准》（第二版）面世，优化了情报初级培训标准的内容与课程建议。2013 年，开发了《中级分析培训课程最低标准》，相关部门开始研究制定“高级分析师培训最低标准”（Advanced Analytic Minimum Training Standards）和“分析职业发展路线图”（analytic professional development roadmap）以推动情报分析师职业的发展。如此，美国执法情报分析师培训认证工作正逐步形成以初级、中级、高级三级分析培训标准与认证制度为核心内容，以情报分析职业发展路线图为指引的相对完备的制度体系。

（三）培训认证制度体系的构成

美国通过十年来的努力，开发了一系列旨在推动执法情报、犯罪情报、国土安全情报培训认证工作发展的标准和制度。这些已经发布或正在开发的标准与制度对执法情报分析师的一般素质能力要求，对初级、中级、高级分析师的培训对象、培训范围、培训目标、培训内容、培训课程，以及分析师认证机构资质条件、认证申请者的条件及认证程序等内容作了全方位的规定，形成了以国家战略计划（《国家犯罪情报共享计划》）及相关法规为指导，以情报分析师一般素质能力清单、情报分析职业学习路线图、执法情报分析标准为基础，以初级情报分析培训最低标准（《犯罪情报培训最低标准》与《执法分析标准》）、中级情报分析培训最低标准（《中级分析培训课程最低标准》）、高级情报分析培训最低标准（尚在开发中）以及分析师认证标准（《执法分析师认证标准》）为主要内容，以职业发展路线图（尚在开发中）为基本路径的相对完备的情报分析师培训认证制度体系。

该制度体系主要由四个方面的内容构成：一是情报分析师的一般素质能力清单，深入识别情报分析师的能力素质要求是执法情报分析培训认证的基础；二是情报分析师培训内容标准，包括培训目标、主题内容、参考资料与课程体系安排等方面的标准与建议，培训内容标准与课程建设是整个培训认证制度的核心；三是情报分析师认证标准，严格的认证条件与透明公正的认证程序是培训认证工作的质量保障；四是职业发展路线图，这是情报分析师职业生涯发展的指南，是整个制度设计的整体逻辑与落脚点。

表 5.14 梳理了若干重要的执法情报分析师培训认证相关制度文本内容，这些文件相互关联，相互衔接，形成体系化的制度规范，集中反映了近十年来美国在执法情报分析师培训认证方面的探索、做法和经验。

表5.14 美国执法情报分析师培训认证相关制度文本

文件名	文件内容概述	时间 / 版本
美国国家犯罪情报共享计划	1.第12、13、18、19条涉及情报培训，建议国际执法情报分析师协会（IALEIA）代表犯罪情报协调委员会（CICC）于2004年6月30日前完成情报分析最低标准的开发；建议向顺利完成情报培训的人员颁发证书；建议犯罪情报协调委员会（CICC）与相关协会、培训组织建立工作关系以推进情报培训。 2.附件D《美国执法与其刑事司法机构犯罪情报培训核心标准》，明确了情报培训的目标、对象范围，重点阐述了执法人员、执法官员、情报人员/搜集人员、情报官员、情报分析师、培训讲师等六类群体情报培训的核心标准。	2003年第1版/2013年第2版
犯罪情报培训最低标准	确定了情报分析师、情报人员/收集者、情报官/管理者、执法人员、执法官员、培训教员等六类人员情报培训的最低标准，明确了培训目标、培训内容标准、培训时间安排、培训课程建议及参考资料等。	2004年第1版/2007年第2版

（续表）

文件名	文件内容概述	时间 / 版本
执法分析标准	包括情报分析师、情报分析流程和情报分析产品等三个方面的标准。情报分析师标准具体包括教育、培训、继续教育、职业发展、认证、职业联络、分析能力等6个方面；情报分析流程标准具体包括计划与指导、搜集与跟踪、评估、整理、计算机辅助分析、分析结果、传播方案等7个方面；分析产品标准具体包括分析的准确性、分析产品内容、分析产品格式、分析报告、数据资源归属、分析反馈与产品评估、陈述、证词、法律方面的考虑等9个方面。	2006年第1版/2012年第2版
执法分析师认证标准	包括10项执法分析师认证机构标准和9项认证程序标准，对认证机构的资质条件、职责任务以及认证申请者的条件和认证考核程序作了详细的规定。	2006年
情报分析师的一般素质能力清单	总结了情报分析师的一般素质能力清单，具体包括5种至关重要的基本能力，一是情报工作全过程（情报周期）中的批判性思考能力；二是共享信息与协作能力；三是国土安全环境下融合情报与执法情报分析技术（包括分析方法、技术与工具）；四是交流沟通能力（交流传递分析结果与判断，制作情报产品的能力）；五是将概念和原理转化为行动的能力。	2010年
中级分析培训课程最低标准	主要包括7大培训目标内容：一是保护隐私、公民权利和自由；二是情报分析过程中的批判性思维；三是理解执法或国土安全环境下信息共享和协作的重要性；四是在执法和国土安全环境下融合情报与执法领域的情报分析技术；五是传递观察结果与研判结论，制作分析产品；六是将概念和原理转化为行动；七是提升领导力和项目管理技能。	2013年
高级分析师培训最低标准	根据犯罪情报协调委员会（CICC）和全球司法信息共享计划（Global）顾问委员会（GAC）的建议，以《犯罪情报培训最低标准》《中级分析师培训课程最低标准》以及《情报分析师一般素质能力清单》等文件确定的能力清单和行为指标为基础，开发《高级分析培训最低标准》文件。	尚未发布

（四）执法情报分析职业培训[1]

“9·11 事件”后，美国执法情报分析领域职业培训发展迅速，政府机构、专业协会、高等院校以及私营机构等各类主体积极参与开发和提供执法情报

[1] 谢晓专：《美国执法情报分析职业培训项目与课程设置调查研究》，载《情报杂志》2014年第8期。摘编后收入本书。

分析职业培训课程项目，执法情报分析职业培训市场日趋成熟。

1. 课程项目调查

调查美国执法情报分析培训课程项目的渠道主要通过以下四个方式：一是阅读美国执法情报相关文献；二是浏览执法情报资源网站、执法情报协会网站、执法机构与国土安全机构网站；三是查询司法部、国土安全部、专业协会等资助的情报培训项目目录；四是查阅执法机构情报分析师职位招聘公告。美国执法情报分析职业培训课程项目开发和提供主体主要有四类：第一类是私营机构。在美国，大多数的执法情报分析师主要通过私营供应商接受培训。阿纳卡帕科学有限公司（Anacapa Sciences, Inc.）、阿尔法集团中心（Alpha Group Center）、情报分析培训股份有限公司（Intelligence Analysis Training Ltd.）等私营企业在美国情报分析培训领域具有较大的影响力。第二类是专业协会。美国国际执法情报分析师协会（IALEIA）、国际犯罪分析师协会（IACA）、执法情报单位协会（LEIU）三大协会组织在美国执法情报领域具有举足轻重的地位。第三类是执法机构。美国国土安全部、联邦调查局、美国缉毒署、联邦执法培训中心以及部分州和地区执法机构的情报分析培训项目成效颇为显著。此外，国家白领犯罪中心、移民与海关执法局国土安全调查情报办公室、新泽西州警察局地方情报研究所、高强度毒品交易区域（HIDTA）以及州和地方反恐培训机构（SLATT）等执法机构提供各类具有特色的情报分析培训课程，在各自领域具有一定的影响。第四类是高等院校。美国的高等院校是执法情报学历教育和在职培训的重要力量，提供情报分析本科学位、硕士学位课程和在职认证培训课程。密歇根州立大学（MSU）、美国国防情报学院、中央情报局大学、美国海军研究生院、美国国土安全部国土防卫与安全中心、马里兰大学公共政策学院、圣母学院、亨利普特南大学等院校研究所提供情报分析学历教育或职业认证培训项目。还有部分高校与执法机构合作开发情报分析培训课程。

在各级各类情报分析培训课程项目中，尤其值得关注的是执法机构与国土安全机构资助的情报培训课程，这些课程在情报分析培训中具有重要的地位。一是美国司法部情报培训协调工作组（ITCWG）和反恐培训协调工作组（CTTCWG）

提出的培训计划项目，得到了司法部、司法项目办公室、司法援助局的资助；二是符合美国《州、地区和部族情报分析师通用能力》标准，满足融合中心分析师的培训需求，并经美国联邦紧急事务管理署（FEMA）的批准，纳入国家培训与教育部门培训课程目录或州 / 联邦资助培训课程目录，列入国土安全拨款计划的培训项目，这些项目主要有：初级情报与威胁评估课程（BITAC）、脆弱性 / 威胁和风险评估（VTRA）、批判性思维与分析方法（CTAM）、情报整编基本原则（PIWB）、写作效用最大化（WFMU）、情报分析基础培训（FIAT）、中级融合中心分析师培训（分析与恐怖主义预防、战略分析和口头报告）、执法分析师项目、国家情报办公室 - 分析 101、融合中心分析师风险分析入门等。

2. 职业培训课程设置实例

为了进一步了解美国执法情报分析培训课程的设置情况，选取若干具有典型代表性的课程作分析样本，选择标准如下：一是获得官方与权威协会承认并资助的培训课程项目；二是在美国情报分析培训领域具有较高认同度，各级执法机构在招募情报分析人员公告中予以认可的培训课程项目。

（1）情报分析基础培训课程（FIAT）

情报分析基础培训项目（FIAT）是为期 5 天（40 小时）的执法情报分析基本知识培训认证项目，旨在为初级分析师介绍执法分析职业基本要素与知识，促进对该职业的理解，并奠定情报分析基础。FIAT 课程设置主要包括情报分析概述、情报分析思维和分析方法与技巧三大模块。

（2）初级情报与威胁分析课程（BITAC）

初级情报与威胁分析课程（BITAC）是经美国国土安全部审定并资助的培训课程，为期 5 周共 25 天，为国土安全情报初级分析师提供必要的知识和技能，该课程将情报界指令（ICD）作为培训主要内容，根据“DHS 核心能力”“情报界（IC）分析核心能力”“情报职业学习路线图”所列标准设计，由 5 个内容模块构成。

（3）中级融合中心分析师培训课程（IFCAT）

中级融合中心分析师培训课程（IFCAT）是国土安全部情报与分析办公室（I&A）、国内基础设施威胁与风险分析中心（HITRAC）与联邦应急管理署（FEMA）为融合中心分析师提供的中级风险分析课程，根据国家融合中心分析工作岗位的任务开发，学时为130小时，由4部分组成。该课程在入门课程的基础上更加深入地向融合中心分析师介绍风险分析方法和工具，它侧重于教授、演示和练习定性分析方法、半定量和定量分析技术，要求分析师理解并亲自动手使用风险矩阵和分析工具进行风险分析。

（4）情报分析师培训课程（IATP）

情报分析师培训项目（IATP）是由联邦执法培训中心（FLETC）调查行动部门金融诈骗研究所开发的面向情报分析师、犯罪研究专家、调查分析师以及来自其他合作机构执法情报人员的培训项目，该项目课程按照分析师的“通用能力”标准和“执法情报分析师分析标准”设置，提供76个学时的犯罪/执法情报分析培训课程。

（4）犯罪和情报分析认证课程（CIACP）

加州大学河滨分校与加州司法部门合作的“犯罪和情报分析认证项目”（CIACP）主要是为侦查人员、情报人员提供犯罪分析知识。学会分析犯罪，运用执法数据预测犯罪在何时何地发生；发现和理解各类犯罪模式之间的区别；运用情报信息指导巡逻或战术行动，提高效率；搜集数据并进行统计分析，提出和检验假设，根据普遍接受的刑事司法研究标准撰写报告。顺利通过该项目的学员将获得UCR Extension以及加利福尼亚州司法部门承认的注册犯罪分析师证书。

（5）佛罗里达执法分析师课程（LEAP）

佛罗里达执法分析师计划（LEAP）设有两大执法分析师培训课程：佛罗里达执法分析师培训Ⅰ（FLEATⅠ）和佛罗里达执法分析师培训Ⅱ（FLEATⅡ），其课程设置主要包括：情报分析师角色、职业操守、调整分析、分析思维过程等，以及一些软件工具的使用。

（6）犯罪/执法情报分析最低培训标准课程

2004年出台的《美国执法与其他刑事司法机构犯罪情报培训最低标准》，明确了情报分析师、情报官等六类对象的初级培训最低标准。随后国际执法情报分析师协会（IALEIA）开发的《执法分析标准》围绕最低培训标准关于情报分析师八大培训目标，提出了为期一周（40小时）的培训课程。之后，经过几次修订，对情报分析师最低培训标准作了修正，设30项课程，增加了国家安全、犯罪指标、数据挖掘等内容，其课程大致可分为情报分析基础、法律传伦理、分析思维与逻辑推理、分析方法工具以及报撰写等几个模块。

3. 培训项目与课程的特点

（1）从培训主体看：主体多元化，培训市场化

美国执法情报领域推行相对开放的培训市场政策。开发和提供执法情报分析培训课程的主体不仅有执法与国土安全等政府部门，还包括非营利性的专业协会和高等院校，以及营利性的私营机构。这不仅为执法情报分析从业人员提供了更多的选择，而且有助于通过竞争培育高质量的培训项目，吸收更多优秀的人才加入情报分析培训工作，增强培训力量，引入商业、军事等领域的情报分析方法、技术和工具，丰富培训内容。

（2）从培训层次看：分层次进行，以初级培训为主

美国执法情报分析培训分为初级、中级和高级三个层次，分别制定了最低培训标准。当前美国执法情报分析市场大多面向初级分析师提供入门级或认识型培训，中高级培训课程很少见。其原因大致有三，一是出于保密原因，中高级等深层次的培训课程不宜公开；二是因为中高级课程对课程内容、培训讲师等各个方面有更高的要求，符合相应要求的课程尚不多见；三是美国《中级分析培训课程最低标准》2013年才发布，高级分析培训课程最低标准尚处于酝酿中，相应层次的培训课程项目尚未开发出来。

（3）从培训类型看：通用型与专业型课程兼有

美国情报分析职业培训中既有通用型课程，也有专业型课程。通用型课程主要提供情报分析基本流程、情报分析方法与工具、情报分析思维（逻辑、推理、创造性思维、批判性思维等）、情报分析报告撰写与陈述等方面的培训，不提供特定领域的业务知识，具有广泛的适用性。专业型培训课程提供特定业务领域的情报培训，例如贩毒走私、恐怖主义、洗钱、盗窃等特定主题业务领域的情报分析培训，这类课程往往在情报分析方法、技术与工具相关课程设置的基础上开设有特定业务领域的知识课程。

（4）从培训领域看：国土安全和执法情报融合

美国执法情报分析职业培训既有侧重于国土安全情报分析的项目，也有侧重于执法犯罪情报分析的项目，“9・11事件”后美国日益认识到国土安全情报和执法情报工作融合的重要性，推动情报共享和情报融合中心建设成为美国执法与国土安全情报工作变革的重要举措。国土安全情报分析与执法情报分析工作交叉重叠，相应的，两类课程内容交叉融合又有所区别，例如一般都设有情报周期、情报信息源、批判性思维、逻辑推理、情报分析方法技术、情报产品开发与陈述技巧等课程内容，同时也各有侧重，前者通常重视脆弱性、威胁、风险评估以及反恐等内容，后者通常重视犯罪模式分析、犯罪地理画像、犯罪制图等内容。

（5）从培训内容看：理论为辅，实战为主，战略战术相结合

美国执法情报分析职业培训课程设置以理论为辅，实战为主。理论方面，设有情报概述（导论）、情报主导警务、情报周期、情报分析史等课程，课时不多，但几乎所有的培训项目都开设有这些内容，让学员从整体上了解情报思想、情报流程、情报发展史等知识。实战方面，大部分课程是实用性、操作性课程，包括信息共享、信息源与信息搜集、信息评估、情报产品计划、用户需求、用户反馈、人际网络、信息管理、隐私与公民权利保护等基础课程，以及情报分析思维、方法、技术、工具以及分析报告的撰写和陈述技巧等核心课程，都是情报实战应用中必备的知识与技能。此外，战略战术类课程相结合，既有战略层面的威胁风险评估、犯罪模式分析等课程，也有战术层面的话单分析、通信分析、金融分析、犯罪制图、报告撰写等课程。可见，美国执法情报分析职业培训课程既追求课程的实战性，也追求知识体系的相对完整性。

（6）从发展趋势看：培训课程将逐步规范化和标准化

美国市场上大部分执法情报分析培训课程项目比美国《国家犯罪情报共享计划》标准和情报培训相关标准面世得早，因此执法情报分析职业培训呈现百家争鸣的态势，培训内容、培训时长等标准不一。但随着美国《国家犯罪情报共享计划》《犯罪情报最低培训标准》《执法分析标准》《中级分析课程最低培训标准》《情报分析师的通用能力》等规范性文件的出台，情报分析职

业培训项目和课程势必走向规范化、标准化与制度化，最终形成多层次、多类别的、规范的职业培训课程体系。

（7）重视隐私、公民权利、公民自由与伦理规范

无论是执法机构、高等院校或专业协会，还是私营机构提供的培训课程，均无一例外将隐私、公民宪法权利与公民自由保护以及伦理规范等作为重要的培训内容。这是确保情报分析工作具备合法性、广泛赢得公众信任支持的关键环节，同时也是规范情报分析职业道德伦理、体现执法情报分析工作宗旨目标、培育情报分析专业主义精神、提升情报分析职业制度化程度与法律地位的重要举措。

4. 启示

借鉴美国成熟的职业培训与课程设置经验，结合我国情报工作实际需求，构建具有我国特色的情报分析师职业培训课程体系，是实现跨越式发展的有效路径。纵观美国执法情报分析培训项目与课程，有以下几点突出的启示：

第一，应适当开放情报分析市场，充分开发和利用执法机构、高等院校、专业协会、私营机构等资源参与非涉密的情报分析培训工作，有助于迅速增强培训力量，开阔视野，吸收军事、商业、科技等领域的情报分析技术与知识，形成竞争态势，提升培训课程质量。

第二，规范情报分析市场，培育高质量的、多元化的情报分析培训课程品牌项目，形成专业化、规范化的、标准化的和常态化的情报职业培训机制。执法机构应与专业协会、高等院校合作，通过联合攻关、资助研究等多样化的、灵活的方式，研发情报分析培训课程、培训最低标准、情报职业学习路线图、情报职业发展路线图，遴选和资助培训效果好的培训课程，打造品牌培训项目，培育培训讲师队伍，推进情报培训的制度化、规范化、标准化、专业化和常态化发展进程。

第三，在培训过程中既要重视学员情报分析技能与实战能力的提升，也要重视和加强相关法律法规、隐私 / 公民权利保护和职业伦理规范的教育，培育情报专业主义精神，为提升情报分析职业的社会认同度与法律地位奠定基础。